# 图解中国神秘文化 百科1001问

王学典 / 主编

武汉出版社
WUHAN PUBLISHING HOUSE

（鄂）新登字08号

**图书在版编目（CIP）数据**

图解中国神秘文化百科1001问：一次完全读懂命理运程梦占／王学典主编.—武汉：武汉出版社，2011.6
ISBN 978-7-5430-5799-9

Ⅰ．①图… Ⅱ．①王… Ⅲ．①命书–中国–问题解答②占星术–问题解答③梦–占卜–中国–问题解答 Ⅳ．①B99-44

中国版本图书馆CIP数据核字（2011）第063464号

| | |
|---|---|
| 书　　　名 | 图解中国神秘文化百科1001问：一次完全读懂命理运程梦占 |
| 主　　　编 | 王学典 |
| 责任编辑 | 梁桂莲 |
| 特约编辑 | 杨　意 |
| 装帧设计 | 含章行文 装帧 |
| 出　　　版 | 武汉出版社 |
| 社　　　址 | 武汉市江汉区新华下路103号 |
| 邮　　　编 | 430015 |
| 电　　　话 | （027）85606403　85600625 |
| http | ://www.whcbs.com　　　E-mail：zbs@whcbs.com |
| 印　　　刷 | 北京佳明伟业印务有限公司　　经　　销：新华书店 |
| 开　　　本 | 787mm×1092mm　1/16 |
| 印　　　张 | 32　　　　　　　　　　　字　　数：530千字 |
| 版　　　次 | 2011年06月第1版　　2011年06月第1次印刷 |
| 定　　　价 | 68.00元 |

版权所有·翻印必究
如有质量问题，由承印厂负责调换。

# 前　言

　　术数在"经史子集"中隶属子集，广义上的术数泛指天文、历法等，狭义上的术数专指用以推算未来、趋吉避凶的各种方术系统。"术"在古代指道路，后引申为方法、技术；"数"指对事物量的规定。术数的内容涵盖卜筮、风水、命理、运程、梦占等，推算内容包括人、事物、家居及先人墓地等的运势与吉凶。

　　从公元前16世纪的殷商卜辞到现在，术数的发展已经有三千多年历史。发展到现在，术数形成了一套结构严密、内容丰富的理论体系。在古代，无论政治策略、行军打仗、赴考求官、经营谋财还是婚嫁丧葬、土木兴建，上至帝王，下到庶民，无不求助于术数，以期提前获知吉凶。今天，随着科技的发展，术数的神秘面纱已被揭开，它的预示功能已经渐渐淡去。但在生活的层面，紫微斗数、星座、生肖、血型性格等仍然影响着我们。作为传统文化的一个重要组成部分，术数蕴含着许多经世处事的原则和哲理。比如，阴阳五行相生相克，相反相成，物极必反等，都体现了深邃的哲学思想。在"学习传统文化热"的影响下，术数文化也引起了术数爱好者的关注、研究。

　　但术数是一种与大家既亲密无间又遥不可及的文化。说它亲密无间，是因为我们时时都能在耳边听到阴阳五行、星座血型等言辞；说它遥不可及，是因为冲合刑害、神煞、行限等内容对我们来说很陌生。前人留下了不少术数的典籍，但我们读者常常一知半解，犹如雾里看花。

　　为了帮助广大术数文化爱好者研习术数，让大家能全面、轻松地弄懂术数文化，本书在参考前人研究成果的基础上，对前人成果加以分类整理，共分三篇十五章，对术数文化进行阐释。全书采用问答的形式，通过1001个问题，对术数文化的相关知识进行了阐述。全书图文并茂，将深奥的理论变得浅显易懂，力求立体呈现术数文化。

　　本书适合想初步了解术数文化和对术数文化有一定认识，想进一步深入的术数爱好者。我们相信，阅读本书能使读者对术数文化有全面的认识和了解，而其认识的过程将是轻松、愉悦的。但中国传统文化博大精深，编者在编辑本书的过程中难免会有所疏漏，希望读者朋友提出宝贵的意见，以便我们在以后的工作中注意并改进。

编者

2011年4月

# 神煞

"神煞"又称"神杀",是吉神凶煞的简称。神煞指不以正统阴阳五行的生克制化原理所定出的特殊吉凶星。神煞大致可以分为四类:吉星吉神、凶星凶神、小儿关煞、和婚神煞。神煞的设定,多由片面的干支而来,很少牵涉逻辑性的推理技巧,故历来备受争议。但推命者多兼谈神煞,还有专以神煞为人论命者。

## 太极贵人

太极贵人,属于吉祥神煞。命带太极贵人者,聪明好学,对神秘的事物充满好奇,喜欢文史哲宗教等科目。为人公正,做事善始善终,有锲而不舍的执著精神。

太极贵人,又名科名星。命带太极贵人者多喜欢中医、鬼怪、神道等神秘事物。

**权杖** 公正、权力的代表。

**阴阳太极图** "一"为"太极",太极生阴阳。阴阳太极图呈现平衡统一的理想状态。

**仙鹿** 瑞兽之一,古代神话传说认为千年为苍鹿,两千年为玄鹿。鹿是代表长寿的仙兽,主福禄双全,大富大贵。"鹿"又与"禄"同音,常表示繁荣昌盛。

# 三奇贵人

　　三奇贵人，属于吉祥神煞。三奇贵人取自"甲遁入戊""太乙进位""壬水空亡"这三种特异的象数关系。三奇在柱中必顺步紧连，不能间隔逆乱。不是顺连，或者不是年月日时相连的都不算。命带三奇贵人者，精神超人，襟怀坦荡，博学多才。

**背光**　神煞背后散发的光明，也称光焰、圆光。三奇贵人拥有三轮背光。

**持物**

**仙狮**　狮子外貌威严，在我国古代被视为法的拥护者。它是寺院等神经建筑的守护者，是三奇贵人乘坐的神兽。它亦被视为喜庆的象征。

三奇贵人指天上三奇甲戊庚，地下三奇乙丙丁，人中三奇壬癸辛。

# 天德贵人

天德贵人，属于吉祥神煞。天德贵人以月令查四柱干支，乾坤艮巽代表亥申寅巳，巧记法诀为：正丁二坤宫，三壬四辛同。五乾六甲上，七癸八艮逢。九丙十居乙，子巽丑庚中。命带天德贵人者，恺悌慈祥、待人诚实仁厚。命主一生安逸，不犯刑律，不逢盗贼，不遇凶祸，逢凶化吉。

**法杖** 权力与身份地位的象征。

**天平** 公平与正义的象征。

**七彩祥云**

天德贵人通常会和月德贵人一起出现，一般以天德贵人为重，月德贵人次之。

# 月德贵人

月德贵人,属于吉祥神煞。月德贵人以月支查四柱天干,巧记法诀为:寅午戌月生者见丙,申子辰月生者见壬,亥卯未月生者见甲,巳酉丑月生者见庚。月德贵人为逢凶化吉之神,作用与天德贵人相似,常常将两者合看。

头饰宝石象征高洁华贵。

月德贵人的标志 手持一弯明月。

腕饰玉镯象征冰清玉洁。

**凤凰坐骑** 凤凰是神话传说中一种美丽的神鸟。它以歌声与仪态为百鸟之王,能给人间带来祥瑞,同时拥有"非梧桐不栖,非竹实不食,非醴泉不饮"的特殊灵性。

# 文昌贵人

文昌贵人，属于吉祥神煞。文昌贵人以年干、日干查四柱地支，巧记法诀为：甲乙巳午报君知，丙戊申宫丁己鸡，庚猪辛鼠壬逢虎，癸人见卯入云梯。文昌是食神之禄，该星命主聪明灵秀，气质出众，举止形态都有大家风范。如果是男性有很深的内涵修养，内心十分丰富；如果是女性，有姣好的容貌，非凡的气质。

官帽

书简 象征学识渊博。

坐骑麒麟 麒麟，亦作"骐麟"。上古传说中的仁兽、瑞兽，被称为圣兽王，也比喻才能杰出的人。

命带文昌贵人者，一生中近官利贵，朋友不俗，能逢凶化吉。

# 华盖

华盖，属于吉祥神煞。华盖以年支或日支查其余各支，巧记法诀为：寅午戌见戌，亥卯未见未，申子辰见辰，巳酉丑见丑。华盖是文章、艺术、聪明之星。该星的人喜欢琴棋书画，在绘画、音乐、书法方面颇有成就。如果华盖星死绝空破，该人在幼年时最好皈依佛门或道门，这样才能避免灾难。

**华盖** 又称天盖，最早源自印度佛教，后用为佛像的庄严具。其上常饰以宝珠、璎珞等。

**箫** 音乐书画的象征。

**蛇身**

华盖是大帝头上的一颗星神，他的作用是护帝。

**狮子尾巴**

**坐骑龙** 龙是中国最大的神兽，代表吉祥。龙也是古代帝王权力和尊严的象征。

**鹿角**

**鹰爪**

# 禄神

禄神即十干临官之位，属于吉祥神煞。禄神以日干查四柱地支，巧记法诀为：甲禄在寅，乙禄在卯，丙戊禄在巳，丁己禄在午，庚禄在申，辛禄在酉，壬禄在亥，癸禄在子。禄神临年支为岁禄；临月支为建禄；临日支为专禄；临时支为归禄。

**聚宝盆** 传说中能让财富以相乘速度增加的吉祥物，富贵人家常用它摆放宝物。

**鱼** 鱼与"余"同音，在传统文化中，鱼被视为吉祥物，常用来比喻富余、吉庆和幸运。

禄，即福禄、衣禄，为养命之源。禄神主衣食无忧，财运兴旺。

莲叶

# 天医

　　天医，属于吉祥神煞。天医以月支查年、日、时支，巧记法诀为：子月生见亥，丑月生见子，寅月生见丑，卯月生见寅，辰月生见卯，巳月生见辰，午月生见巳，未月生见午，申月生见未，酉月生见申，戌月生见酉，亥月生见戌。四柱逢天医，天医星生旺，又有其他吉星相助，命主多身体健康少病，适合从事医务工作及心理学、哲学的研究。

**灵芝** 拥有数千年药用历史的中国传统珍稀药材。

**头巾** 儒生的标志。

**天山雪莲** 又名"雪荷花"，生长于天山山脉悬崖陡壁之上。人们奉雪莲为"百草之王""药中极品"。

> 天医是掌管疾病之事的星神。《命理通鉴》记载："天医拱照，可作良医。"

# 国印贵人

国印贵人，属于吉祥神煞。国印贵人以年干或日干查四柱地支，巧记法诀为：甲见戌，乙见亥，丙见丑，丁见寅，戊见丑，己见寅，庚见辰，辛见巳，壬见未，癸见申。四柱带国印贵人，命主诚实、可信，严守清规，照章行事，办事公道，为人和悦，礼仪仁慈，气宇轩昂。若四柱中带国印又得其他吉星相助，不逢冲破克害，可得实权。

国印贵人主命主一生工作、生活环境变化多。

国印　国印为一国之印，相当于古代的玉玺。

官服　权力与地位的象征。

芙蓉花　荣华富贵的象征。

# 六甲空亡

六甲空亡，又叫旬空，属于凶神神煞。六甲空亡查法以日柱干支所在甲旬的空亡地支查年月时柱地支，见者即是，巧记法诀为：甲子旬中戌亥空；甲戌旬中申酉空；甲申旬中午未空；甲午旬中辰巳空；甲辰旬中寅卯空；甲寅旬中子丑空。

命带六甲空亡者，若处死绝，命主多无成就，四处漂泊；若处生旺，命主多气度宽大，心宽体胖；与贵人、华盖一同出现，命主多拥有大智慧，性情恬淡，品德高尚。

**乌鸦** 唐代以前，乌鸦在中国民俗文化中代表吉祥和预言作用的神鸟，有"乌鸦报喜，始有周兴"的传说；唐代以后，人们普遍认为乌鸦主凶兆。

战甲

空亡如果遇见三会、三合、六合就不作空亡论。

刀倒刺入地表现了六甲空亡的凶狠。

# 亡神

　　亡神，属于凶神神煞。亡神以年支或日支查其余三支，巧记法诀为：申子辰见亥，寅午戌见巳，巳酉丑见申，亥卯未见寅。亡神入命，城府多深，做事疑虑；亡神与天乙贵人同现，多老谋深算；亡神为喜神，面有威仪，足智多谋，处事严谨。亡神为命中凶忌之神时，命主心性难定，气量狭小，轻浮浪荡，脾气粗俗，严重者有官司牢狱之灾。

上竖的头发代表怒气与霸气。

锋利的刀代表杀气。

骷髅头项链代表死亡之气。

**蝎子坐骑** 蝎子在传统文化中代表阴森、冷静。

# 咸池

　　咸池，又称桃花，属于凶神神煞。咸池以年支或日支查其余各支，巧记法诀为：申子辰在酉，寅午戌在卯，巳酉丑在午，亥卯未在子。咸池居三合局的沐浴之地，主要影响人的情感、性欲、魅力、恋爱、婚姻生活以及隐秘。咸池分内桃花和外桃花。内桃花外人不易进入，多夫妻恩爱，但怕遭冲，冲者门开，外人易进入。外桃花，男命多轻狂好色，拈花惹草，女命多轻佻放浪。

**桃花** 咸池的象征标志。桃花在传统文化中代表女性，也代表桃花运与桃色纠纷。

**彩带** 表现咸池的轻盈、灵动。

**腰饰** 表现咸池的妩媚。

咸池分内桃花和外桃花。出现在年支、月支的为内桃花，出现在日支、时支的为外桃花。

# 羊刃

羊刃，属于凶神神煞。巧记法诀为：甲刃在卯，乙刃在寅，丙刃在午，丁刃在巳，戊刃在午，己刃在巳，庚刃在酉，辛刃在申，壬刃在子，癸刃在亥。身强时遇到羊刃煞者，大凶。如果刑冲，原局没有足够的食伤或官杀贴近日主克制泄化，该人性格大多不好，常常外表比较温和，其实内心非常强硬，不相信他人，自以为是，刚愎自用，对他人的意见也不会采纳，思想容易走极端，或好或坏。

刃 短刀，代表肃杀。

羊 古人把"羊"与"祥"通用，"大吉羊"即为"大吉祥"。羊在传统文化中有吉利、祥瑞的意义。

饰物

羊刃，本为司刑之星，该星的特点是刚烈、暴戾、激进、暴躁，多出怪杰、烈士、孝妇等。

# 目 录

前言 /3
神煞 /4

## 上篇：命理

### 第一章 命理学的历史

001 什么是命理学？/36
002 命理学包括哪些内容？/37
003 命理学可以分为哪些派别？/37
004 八字推命有什么特点？/38
005 占星推命有什么特点？/38
006 唐代之前，命理学经历了怎样的发展？/39
007 命理学在唐代经历了怎样的发展？/39
008 命理学在宋代经历了怎样的变化和发展？/40
009 明清时期，命理学得到了怎样的发展？/40
010 近现代以来，命理学涌现了哪些新作？/41
011 后世为何尊鬼谷子为命理学之祖？/41
012 袁天罡为命理学的发展作出了哪些贡献？/42
013 李虚中为命理学的发展作出了哪些贡献？/42
014 徐子平为命理学的发展作出了哪些贡献？/43
015 张楠为命理学的发展作出了哪些贡献？/43
016 陈素庵为命理学的发展作出了哪些贡献？/43
017 万民英对命理学进行了哪些总结？/44
018 沈孝瞻为命理学的发展作出了哪些贡献？/44
019 任铁樵为命理学的发展作出了哪些贡献？/45
020 徐乐吾在命理学领域取得了怎样的成就？/45
021 袁树珊在命理学领域取得了怎样的成就？/46
022 韦千里在命理学领域取得了怎样的成就？/46
023 为什么称《渊海子平》为四柱命理学的宗祖之作？/46
024 《李虚中命书》在命理学中有着怎样的地位？/47
025 《滴天髓》在命理学中有着怎样的地位？/47
026 《玉照定真经》是怎样一部命理学书籍？/48
027 《穷通宝鉴》对命理学进行了怎样的讲解？/48
028 《神峰通考》是怎样的一部命理学书籍？/49
029 《命理约言》是怎样的一部命理学书籍？/49
030 为什么称《三命通会》为命理学的集大成之作？/50
031 《星学大成》对星命术进行了怎样的总结？/50
032 《子平真诠》一书有什么特色？/51
033 《千里命稿》一书有什么特色？/51
034 《命理探源》一书有什么特色？/52
035 现代有哪些著名的命理学者？/53
036 近现代命理学可以分为哪两个体系？/53
037 紫微斗数有哪些派别？/54
038 八字预测有哪几种操作模式？/54

### 第二章 基础概念

039 什么是阴阳？/55
040 什么是五行？/56
041 五行之间有着怎样的生克关系？/57
042 什么是十天干？/57
043 什么是十二地支？/58
044 十天干的阴阳五行属性是怎样的？/58
045 什么是十天干的合化？/58

046 十二地支的阴阳五行属性是怎样的？/59
047 天干地支各属于什么方位？/59
048 什么是地支六合？/60
049 什么是地支三合局？/60
050 什么是地支三会局？/60
051 什么是地支六冲？/61
052 什么是地支相刑？/61
053 什么是地支相害？/62
054 什么是地支相破？/62
055 什么是地支藏干？/62
056 什么是十干的生旺死绝？/63
057 什么是五行的旺相休囚死？/64
058 什么是六十甲子？/64
059 什么是纳音？/65
060 什么是六十甲子纳音？/65
061 什么是二十四节气？/66
062 什么是十二辰、十二次？/66
063 什么是黄道十二宫？/67
064 什么是"七政四余"？/67
065 十二星座、二十八星宿及地面分野是如何对应的？/68
066 什么是四象和二十八星宿？/68
067 什么是三垣？/70
068 什么是紫微十二宫？/71
069 命宫代表什么？/71
070 兄弟宫代表什么？/72
071 夫妻宫代表什么？/72
072 子女宫代表什么？/73
073 财帛宫代表什么？/73
074 疾厄宫代表什么？/74

075 迁移宫代表什么？/74
076 奴仆宫代表什么？/75
077 官禄宫代表什么？/75
078 田宅宫代表什么？/76
079 福德宫代表什么？/76
080 父母宫代表什么？/77
081 紫微十二宫之间有什么相互关系？/77
082 紫微斗数的基本架构是怎样的？/78
083 什么是紫微星？/78
084 什么是贪狼星？/80
085 什么是巨门星？/80
086 什么是廉贞星？/81
087 什么是武曲星？/81
088 什么是破军星？/82
089 什么是天府星？/82
090 什么是天机星？/83
091 什么是天相星？/83
092 什么是天梁星？/84
093 什么是天同星？/84
094 什么是七杀星？/85
095 什么是太阳星？/85
096 什么是太阴星？/86
097 现阶段，命理学亟待完善的问题主要有哪些？/86

## 第三章 四柱八字命理

098 什么是四柱？/87
099 排年柱时有哪四种情况？/88
100 如何根据出生的公历年份排年柱？/88
101 如何根据公历排月柱的地支？/89

102 如何根据公历排月柱的天干？/89
103 如何根据出生的公历排日柱？/90
104 如何根据出生的公历排时柱的地支？/90
105 如何根据出生的公历排时柱的天干？/90
106 什么是守命神煞？/91
107 什么是命宫？/91
108 逢十二守命神煞的吉凶如何？/92
109 什么是吉神凶煞？/92
110 八字推命中有哪些吉神凶煞？/93
111 天乙贵人有哪些吉祥意义？/93
112 太极贵人有哪些吉祥意义？/94
113 三奇贵人有哪些吉祥意义？/94
114 天德贵人有哪些吉祥意义？/95
115 月德贵人有哪些吉祥意义？/95
116 文昌贵人有哪些吉祥意义？/96
117 华盖有哪些吉凶意义？/96
118 魁罡贵人有哪些吉祥意义？/97
119 禄神有哪些吉祥意义？/97
120 将星有哪些吉凶意义？/98
121 金神有哪些吉凶意义？/98
122 天赦有哪些吉凶意义？/99
123 驿马有哪些吉凶意义？/99
124 天医有哪些吉祥意义？/100
125 国印贵人有哪些吉祥意义？/100
126 命带灾煞有些什么凶祸？/101
127 命带劫煞有些什么凶祸？/101
128 命带天罗地网有些什么凶祸？/102
129 命带阴阳差错有些什么凶祸？/102
130 命带四废煞有些什么凶祸？/103
131 命带元辰有些什么凶祸？/103

132 命带六甲空亡有些什么凶祸？/104
133 四柱中遇六甲空亡有什么预示？/104
134 命带孤辰寡宿有些什么凶祸？/105
135 命带亡神有哪些凶祸？/105
136 命带咸池有哪些凶祸？/106
137 命带六厄有哪些凶祸？/106
138 命带羊刃有些什么凶祸？/107
139 四柱中遇羊刃煞有什么预示？/107
140 什么是十神推命？/108
141 日主在八字推命中具有怎样的意义？/109
142 日主、命局、忌神、用神等的含义是什么？/109
143 如何判断日主的强弱？/110
144 如何判断身旺或身弱？/110
145 取用神的原则及方法是什么？/111
146 用神、忌神按正星、偏星来分是否正确？/111
147 在日干强的情况下，官杀、食伤、财星如何取用？/112
148 八字推命如何取用神？/112
149 日主属木者如何取用神？/113
150 日主属火者如何取用神？/113
151 日主属土者如何取用神？/113
152 日主属金者如何取用神？/114
153 日主属水者如何取用神？/114
154 日主强弱不同时如何取用神？/114
155 命局中带比肩有何寓意？/115
156 命局中带劫财有何寓意？/115
157 命局中带偏印有何寓意？/115
158 命局中带正印有何寓意？/116
159 命局中带偏财有何寓意？/116

160 命局中带正财有何寓意？/116
161 命局中带正官有何寓意？/117
162 命局中带偏官有何寓意？/117
163 命局中带食神有何寓意？/117
164 命局中带伤官有何寓意？/118
165 什么是格局？/118
166 格局可以分为哪些？/119
167 什么是曲直格？/119
168 什么是炎上格？/120
169 什么是稼穑格？/120
170 什么是从革格？/121
171 什么是润下格？/121
172 什么是日刃格？/122
173 什么是壬骑龙背格？/122
174 什么是日贵格？/123
175 什么是一气生成格？/123
176 什么是四位纯全格？/123
177 如何根据命局判断命主祖上的情况？/124
178 如何根据命局判断命主父母的情况？/124
179 如何根据命局判断命主丈夫的情况？/125
180 如何根据命局判断命主妻子的情况？/125
181 对婚姻产生影响的神煞常见的有哪几种？/126
182 如何根据命局判断命主兄弟姐妹的情况？127
183 如何根据命局判断命主子女的情况？127
184 如何根据命宫的情况作出吉凶判断？128
185 什么样的命局长寿？/128
186 什么样的命局短命？/129
187 什么样的命局有横死之灾？/129
188 什么样的命局命中有凶险？/130
189 什么样的命局为贵命？/130

190 什么样的命局为贱命？/131
191 什么样的命局一生富裕？/131
192 什么样的命局一生贫困？/132
193 什么样的命局平稳安定？/132
194 什么样的命局多有险恶？/133
195 如何根据命局判断残疾？/133
196 哪些人的学业运较好？/134
197 哪些人的学业运不佳？/134
198 如何根据用神判断命主性情？/135
199 如何根据命局判断命主性情？/136
200 如何根据十神判断命主性情？/137
201 如何根据格局判断命主性情？/137
202 如何根据命局判断命主适合的职业？/138
203 甲乙木对身体健康有什么影响？/138
204 丙丁火对身体健康有什么影响？/139
205 戊己土对身体健康有什么影响？/139
206 庚辛金对身体健康有什么影响？/140
207 壬癸水对身体健康有什么影响？/140
208 木命人生于春季的吉凶如何？/141
209 木命人生于夏季的吉凶如何？/141
210 木命人生于秋季的吉凶如何？/142
211 木命人生于冬季的吉凶如何？/142
212 火命人生于春季的吉凶如何？/142
213 火命人生于夏季的吉凶如何？/143
214 火命人生于秋季的吉凶如何？/143
215 火命人生于冬季的吉凶如何？/143
216 土命人生于春季的吉凶如何？/144
217 土命人生于夏季的吉凶如何？/144
218 土命人生于秋季的吉凶如何？/144
219 土命人生于冬季的吉凶如何？/145

220 金命人生于春季的吉凶如何？/145
221 金命人生于夏季的吉凶如何？/145
222 金命人生于秋季的吉凶如何？/146
223 金命人生于冬季的吉凶如何？/146
224 水命人生于春季的吉凶如何？/146
225 水命人生于夏季的吉凶如何？/147
226 水命人生于秋季的吉凶如何？/147
227 水命人生于冬季的吉凶如何？/147

## 第四章　六十日十二时断

228 什么是六十日十二时断？/148
229 六甲日甲子时生人的命局如何？/149
230 六甲日乙丑时生人的命局如何？/150
231 六甲日丙寅时生人的命局如何？/150
232 六甲日丁卯时生人的命局如何？/151
233 六甲日戊辰时生人的命局如何？/151
234 六甲日己巳时生人的命局如何？/152
235 六甲日庚午时生人的命局如何？/152
236 六甲日辛未时生人的命局如何？/153
237 六甲日壬申时生人的命局如何？/153
238 六甲日癸酉时生人的命局如何？/154
239 六甲日甲戌时生人的命局如何？/154
240 六甲日乙亥时生人的命局如何？/155
241 六乙日丙子时生人的命局如何？/155
242 六乙日丁丑时生人的命局如何？/156
243 六乙日戊寅时生人的命局如何？/156
244 六乙日己卯时生人的命局如何？/157
245 六乙日庚辰时生人的命局如何？/157
246 六乙日辛巳时生人的命局如何？/158
247 六乙日壬午时生人的命局如何？/158

248 六乙日癸未时生人的命局如何？/159
249 六乙日甲申时生人的命局如何？/159
250 六乙日乙酉时生人的命局如何？/160
251 六乙日丙戌时生人的命局如何？/160
252 六乙日丁亥时生人的命局如何？/161
253 六丙日戊子时生人的命局如何？/161
254 六丙日己丑时生人的命局如何？/162
255 六丙日庚寅时生人的命局如何？/162
256 六丙日辛卯时生人的命局如何？/163
257 六丙日壬辰时生人的命局如何？/163
258 六丙日癸巳时生人的命局如何？/164
259 六丙日甲午时生人的命局如何？/164
260 六丙日乙未时生人的命局如何？/165
261 六丙日丙申时生人的命局如何？/165
262 六丙日丁酉时生人的命局如何？/166
263 六丙日戊戌时生人的命局如何？/166
264 六丙日己亥时生人的命局如何？/167
265 六丁日庚子时生人的命局如何？/167
266 六丁日辛丑时生人的命局如何？/168
267 六丁日壬寅时生人的命局如何？/168
268 六丁日癸卯时生人的命局如何？/169
269 六丁日甲辰时生人的命局如何？/169
270 六丁日乙巳时生人的命局如何？/170
271 六丁日丙午时生人的命局如何？/170
272 六丁日丁未时生人的命局如何？/171
273 六丁日戊申时生人的命局如何？/171
274 六丁日己酉时生人的命局如何？/172
275 六丁日庚戌时生人的命局如何？/172
276 六丁日辛亥时生人的命局如何？/173
277 六戊日壬子时生人的命局如何？/173

278 六戊日癸丑时生人的命局如何？ /174
279 六戊日甲寅时生人的命局如何？ /174
280 六戊日乙卯时生人的命局如何？ /175
281 六戊日丙辰时生人的命局如何？ /175
282 六戊日丁巳时生人的命局如何？ /176
283 六戊日戊午时生人的命局如何？ /176
284 六戊日己未时生人的命局如何？ /177
285 六戊日庚申时生人的命局如何？ /177
286 六戊日辛酉时生人的命局如何？ /178
287 六戊日壬戌时生人的命局如何？ /178
288 六戊日癸亥时生人的命局如何？ /179
289 六己日甲子时生人的命局如何？ /179
290 六己日乙丑时生人的命局如何？ /180
291 六己日丙寅时生人的命局如何？ /180
292 六己日丁卯时生人的命局如何？ /181
293 六己日戊辰时生人的命局如何？ /181
294 六己日己巳时生人的命局如何？ /182
295 六己日庚午时生人的命局如何？ /182
296 六己日辛未时生人的命局如何？ /183
297 六己日壬申时生人的命局如何？ /183
298 六己日癸酉时生人的命局如何？ /184
299 六己日甲戌时生人的命局如何？ /184
300 六己日乙亥时生人的命局如何？ /185
301 六庚日丙子时生人的命局如何？ /185
302 六庚日丁丑时生人的命局如何？ /186
303 六庚日戊寅时生人的命局如何？ /186
304 六庚日己卯时生人的命局如何？ /187
305 六庚日庚辰时生人的命局如何？ /187
306 六庚日辛巳时生人的命局如何？ /188
307 六庚日壬午时生人的命局如何？ /188

308 六庚日癸未时生人的命局如何？ /189
309 六庚日甲申时生人的命局如何？ /189
310 六庚日乙酉时生人的命局如何？ /190
311 六庚日丙戌时生人的命局如何？ /190
312 六庚日丁亥时生人的命局如何？ /191
313 六辛日戊子时生人的命局如何？ /191
314 六辛日己丑时生人的命局如何？ /192
315 六辛日庚寅时生人的命局如何？ /192
316 六辛日辛卯时生人的命局如何？ /193
317 六辛日壬辰时生人的命局如何？ /193
318 六辛日癸巳时生人的命局如何？ /194
319 六辛日甲午时生人的命局如何？ /194
320 六辛日乙未时生人的命局如何？ /195
321 六辛日丙申时生人的命局如何？ /195
322 六辛日丁酉时生人的命局如何？ /196
323 六辛日戊戌时生人的命局如何？ /196
324 六辛日己亥时生人的命局如何？ /197
325 六壬日庚子时生人的命局如何？ /197
326 六壬日辛丑时生人的命局如何？ /198
327 六壬日壬寅时生人的命局如何？ /198
328 六壬日癸卯时生人的命局如何？ /199
329 六壬日甲辰时生人的命局如何？ /199
330 六壬日乙巳时生人的命局如何？ /200
331 六壬日丙午时生人的命局如何？ /200
332 六壬日丁未时生人的命局如何？ /201
333 六壬日戊申时生人的命局如何？ /201
334 六壬日己酉时生人的命局如何？ /202
335 六壬日庚戌时生人的命局如何？ /202
336 六壬日辛亥时生人的命局如何？ /203
337 六癸日壬子时生人的命局如何？ /203

338 六癸日癸丑时生人的命局如何？ /204
339 六癸日甲寅时生人的命局如何？ /204
340 六癸日乙卯时生人的命局如何？ /205
341 六癸日丙辰时生人的命局如何？ /205
342 六癸日丁巳时生人的命局如何？ /206
343 六癸日戊午时生人的命局如何？ /206
344 六癸日己未时生人的命局如何？ /207
345 六癸日庚申时生人的命局如何？ /207
346 六癸日辛酉时生人的命局如何？ /208
347 六癸日壬戌时生人的命局如何？ /208
348 六癸日癸亥时生人的命局如何？ /209

## 第五章 占星术命理

349 占星推命有哪些步骤？ /210
350 如何确定命宫、命度？ /210
351 什么是星盘？ /212
352 如何确定身宫、身度？ /212
353 什么是量天尺、长历？ /212
354 如何依年干支推算星神？ /213
355 如何排定命理十二宫？ /213
356 如何确定行限？ /214
357 如何确定宫主、度主？ /214
358 如何判断十二宫的生旺死绝状态？ /214
359 星格有哪些种类？ /214
360 子宫各度的喜忌星曜有哪些？ /216
361 丑宫各度的喜忌星曜有哪些？ /216
362 寅宫各度的喜忌星曜有哪些？ /217
363 卯宫各度的喜忌星曜有哪些？ /217
364 辰宫各度的喜忌星曜有哪些？ /218
365 巳宫各度的喜忌星曜有哪些？ /218

366 午宫各度的喜忌星曜有哪些？ /219
367 未宫各度的喜忌星曜有哪些？ /219
368 申宫各度的喜忌星曜有哪些？ /220
369 酉宫各度的喜忌星曜有哪些？ /220
370 戌宫各度的喜忌星曜有哪些？ /221
371 亥宫各度的喜忌星曜有哪些？ /221
372 安命于子宫时吉凶如何判断？ /222
373 安命于丑宫时吉凶如何判断？ /222
374 安命于寅宫时吉凶如何判断？ /223
375 安命于卯宫时吉凶如何判断？ /223
376 安命于辰宫时吉凶如何判断？ /224
377 安命于巳宫时吉凶如何判断？ /224
378 安命于午宫时吉凶如何判断？ /225
379 安命于未宫时吉凶如何判断？ /225
380 安命于申宫时吉凶如何判断？ /226
381 安命于酉宫时吉凶如何判断？ /226
382 安命于戌宫时吉凶如何判断？ /227
383 安命于亥宫时吉凶如何判断？ /227
384 宝瓶宫见不同星曜吉凶如何判断？ /228
385 摩羯宫见不同星曜吉凶如何判断？ /228
386 人马宫见不同星曜吉凶如何判断？ /229
387 天蝎宫见不同星曜吉凶如何判断？ /229
388 天秤宫见不同星曜吉凶如何判断？ /230
389 双女宫见不同星曜吉凶如何判断？ /230
390 狮子宫见不同星曜吉凶如何判断？ /231
391 巨蟹宫见不同星曜吉凶如何判断？ /231
392 阴阳宫见不同星曜吉凶如何判断？ /232
393 金牛宫见不同星曜吉凶如何判断？ /232
394 白羊宫见不同星曜吉凶如何判断？ /233
395 双鱼宫见不同星曜吉凶如何判断？ /233

396 命宫的吉凶如何判断？/234
397 财帛宫的吉凶如何判断？/234
398 兄弟宫的吉凶如何判断？/235
399 田宅宫的吉凶如何判断？/235
400 男女宫的吉凶如何判断？/236
401 奴仆宫的吉凶如何判断？/236
402 迁移宫的吉凶如何判断？/236
403 夫妻宫的吉凶如何判断？/237
404 疾厄宫的吉凶如何判断？/237
405 官禄宫的吉凶如何判断？/238
406 福德宫的吉凶如何判断？/238
407 相貌宫的吉凶如何判断？/238

## 第六章 紫微斗数命理

408 紫微斗数的星曜有哪些级别？/239
409 甲级星包括哪些星曜？/239
410 乙级星包括哪些星曜？/240
411 丙级星包括哪些星曜？/240
412 丁级星、戊级星包括哪些星曜？/240
413 "六煞"之凶表现在哪些方面？/240
414 化禄的吉凶如何判断？/242
415 化权的吉凶如何判断？/242
416 化科的吉凶如何判断？/242
417 化忌的吉凶如何判断？/243
418 什么是天盘、人盘、地盘？/243
419 紫微星代表什么个性命运？/244
420 紫微星入不同宫位的吉凶如何？/244
421 天机星代表什么个性命运？/245

422 天机星入不同宫位的吉凶如何？/245
423 太阳星代表什么个性命运？/246
424 太阳星入不同宫位的吉凶如何？/246
425 武曲星代表什么个性命运？/247
426 武曲星入不同宫位的吉凶如何？/247
427 天同星代表什么个性命运？/248
428 天同星入不同宫位的吉凶如何？/248
429 廉贞星代表什么个性命运？/249
430 廉贞星入不同宫位的吉凶如何？/249
431 天府星代表什么个性命运？/250
432 天府星入不同宫位的吉凶如何？/250
433 太阴星代表什么个性命运？/251
434 太阴星入不同宫位的吉凶如何？/251
435 贪狼星代表什么个性命运？/252
436 贪狼星入不同宫位的吉凶如何？/252
437 巨门星代表什么个性命运？/253
438 巨门星入不同宫位的吉凶如何？/253
439 天相星代表什么个性命运？/254
440 天相星入不同宫位的吉凶如何？/254
441 天梁星代表什么个性命运？/255
442 天梁星入不同宫位的吉凶如何？/255
443 七杀星代表什么个性命运？/256
444 七杀星入不同宫位的吉凶如何？/256
445 破军星代表什么个性命运？/257
446 破军星入不同宫位的吉凶如何？/257
447 什么是竹罗三限？/258
448 竹罗三限如何起限推排？/258
449 竹罗三限的吉凶如何判断？/258

## 中篇：运程

### 第七章 命理学运程

450 什么是命运？/260
451 什么是大运？/261
452 什么是大运的起运时间？/262
453 阳年男命和阴年女命的起运时间如何计算？/262
454 阴年男命和阳年女命的起运时间如何计算？/262
455 阳年男命和阴年女命的大运如何推排？/263
456 阴年男命和阳年女命的大运如何推排？/263
457 什么是小运？/263
458 小运如何推排？/264
459 什么是流年？/264
460 什么是流年宫位？/264
461 流年对运势有何影响？/265
462 什么是用神、喜神、忌神？/265
463 如何根据流年和大运的情况来判断运势？/266
464 如何根据流年与用神的关系来判断运势？/266
465 如何根据月建与用神的关系来判断运势？/266
466 如何根据月建与流年的情况来判断运势？/267
467 什么是"日年相并"？/267
468 什么是"岁运并临"？/267
469 什么是"真太岁"？/268
470 什么是"征太岁"？/268
471 什么是"月运相合"？/268
472 什么是"岁命天合"？/268
473 什么是"日岁相合"？/269
474 什么是"日犯岁君"？/269

475 "岁君伤日"和"日犯岁君"的吉凶如何？/269
476 什么是"岁运相生"？/269
477 什么是"天比地冲"？/270
478 什么是六亲？/270
479 什么是大限？/270
480 什么是小限？/271
481 小限如何推排？/271
482 小限如何影响运势？/271
483 如何以值日之宿判断吉凶？/272
484 什么是合婚？/272
485 八字合婚的原则是什么？/272

### 第八章 手相运程

486 什么是手相？/273
487 怎样由手型看人的性格？/274
488 怎样从拇指看个性？/274
489 怎样从食指看个性？/275
490 怎样从中指看个性？/275
491 怎样从无名指看个性？/276
492 怎样从小指看个性？/276
493 什么是智慧线？/277
494 什么是感情线？/277
495 什么是生命线？/277
496 什么是命运线？/278
497 什么是太阳线？/278
498 什么是婚姻线？/278
499 什么是健康线？/279
500 什么是三大纹路？/279

| 501 什么是火星平原？/279 | 531 什么是借亲人之力成功的手相？/289 |
| 502 什么是月丘？/280 | 532 什么是借他人之力成功的手相？/290 |
| 503 什么是地丘？/280 | 533 什么是中年坎坷的手相？/290 |
| 504 什么是水星丘？/280 | 534 什么是转运的手相？/290 |
| 505 什么是第一火星丘？/281 | 535 什么是红运当头的手相？/291 |
| 506 什么是木星丘？/281 | 536 什么是中年忙碌的手相？/291 |
| 507 什么是土星丘？/281 | 537 什么是命运多变的手相？/291 |
| 508 什么是金星丘？/282 | 538 什么是表达才能的手相？/292 |
| 509 什么是第二火星丘？/282 | 539 什么是兴趣广泛的手相？/292 |
| 510 什么是太阳丘？/282 | 540 什么是获得艺术成就的手相？/292 |
| 511 为什么说生命线是生命力的表示？/283 | 541 什么是有浪费倾向的人的手相？/293 |
| 512 什么是性爱贫乏的手相？/283 | 542 什么是财运极佳的手相？/293 |
| 513 什么是精力旺盛的手相？/283 | 543 什么是默默开运的手相？/293 |
| 514 什么是精力易衰、没有耐心的手相？/284 | 544 什么是长寿的手相？/294 |
| 515 什么是独立性强的手相？/284 | 545 什么是财运亨通的手相？/294 |
| 516 什么是体弱多病的手相？/284 | 546 什么是身体健康、事业有成的手相？/294 |
| 517 什么是谨慎者的手相？/285 | 547 什么是生命力坚强的手相？/295 |
| 518 什么是经商人才的手相？/285 | 548 什么是有桃花运的手相？/295 |
| 519 什么是实际型人的手相？/285 | 549 什么是有异性缘的手相？/295 |
| 520 什么是空想家的手相？/286 | 550 什么是夫妻恩爱的手相？/296 |
| 521 什么是具有直率爱情的手相？/286 | 551 什么是恋爱结婚的手相？/296 |
| 522 什么是情爱弥深的手相？/286 | 552 什么是可能分居的手相？/296 |
| 523 什么是拙于表达爱情的手相？/287 | 553 什么是三心二意的手相？/297 |
| 524 什么是男欢女爱的手相？/287 | 554 什么是奉献爱情的手相？/297 |
| 525 什么是多愁善感的手相？/287 | 555 什么是野心勃勃的手相？/297 |
| 526 什么是为人体贴的手相？/288 | 556 什么是爱情感受敏锐的手相？/298 |
| 527 什么是任性的手相？/288 | 557 什么是自制力强的手相？/298 |
| 528 什么是悲伤之人的手相？/288 | 558 什么是脑筋灵活的手相？/298 |
| 529 什么是祖运佳的手相？/289 | 559 什么是赚大钱的手相？/299 |
| 530 什么是努力型的手相？/289 | 560 什么是攀龙附凤的手相？/299 |

561 什么是拥有福禄寿的手相？/299

## 第九章 生肖运程

562 中国的十二生肖有什么来历？/300
563 属鼠的人总的性格与运势怎样？/301
564 水鼠的人的运势如何？/302
565 木鼠的人的运势如何？/302
566 火鼠的人的运势如何？/303
567 土鼠的人的运势如何？/303
568 金鼠的人的运势如何？/303
569 属牛的人总的性格与运势怎样？/304
570 水牛的人的运势如何？/305
571 木牛的人的运势如何？/305
572 火牛的人的运势如何？/305
573 土牛的人的运势如何？/306
574 金牛的人的运势如何？/306
575 属虎的人总的性格与运势怎样？/307
576 水虎的人的运势如何？/308
577 木虎的人的运势如何？/308
578 火虎的人的运势如何？/308
579 土虎的人的运势如何？/309
580 金虎的人的运势如何？/309
581 属兔的人总的性格与运势怎样？/310
582 水兔的人的运势如何？/311
583 木兔的人的运势如何？/311
584 火兔的人的运势如何？/312
585 土兔的人的运势如何？/312
586 金兔的人的运势如何？/312
587 属龙的人总的性格与运势怎样？/313
588 水龙的人的运势如何？/314

589 木龙的人的运势如何？/314
590 火龙的人的运势如何？/315
591 土龙的人的运势如何？/315
592 金龙的人的运势如何？/315
593 属蛇的人总的性格与运势怎样？/316
594 水蛇的人的运势如何？/317
595 木蛇的人的运势如何？/317
596 火蛇的人的运势如何？/318
597 土蛇的人的运势如何？/318
598 金蛇的人的运势如何？/318
599 属马的人总的性格与运势怎样？/319
600 水马的人的运势如何？/320
601 木马的人的运势如何？/320
602 火马的人的运势如何？/321
603 土马的人的运势如何？/321
604 金马的人的运势如何？/321
605 属羊的人总的性格与运势怎样？/322
606 水羊的人的运势如何？/323
607 木羊的人的运势如何？/323
608 火羊的人的运势如何？/324
609 土羊的人的运势如何？/324
610 金羊的人的运势如何？/324
611 属猴的人总的性格与运势怎样？/325
612 水猴的人的运势如何？/326
613 木猴的人的运势如何？/326
614 火猴的人的运势如何？/326
615 土猴的人的运势如何？/327
616 金猴的人的运势如何？/327
617 属鸡的人总的性格与运势怎样？/328
618 水鸡的人的运势如何？/329

619 木鸡的人的运势如何？/329
620 火鸡的人的运势如何？/330
621 土鸡的人的运势如何？/330
622 金鸡的人的运势如何？/330
623 属狗的人总的性格与运势怎样？/331
624 水狗的人的运势如何？/332
625 木狗的人的运势如何？/332
626 火狗的人的运势如何？/333
627 土狗的人的运势如何？/333
628 金狗的人的运势如何？/333
629 属猪的人总的性格与运势怎样？/334
630 水猪的人的运势如何？/335
631 木猪的人的运势如何？/335
632 火猪的人的运势如何？/336
633 土猪的人的运势如何？/336
634 金猪的人的运势如何？/336

## 第十章 星座运程

635 什么是星座运程？/337
636 星座运程起源于什么？/338
637 十二星座都有哪些分类法？/338
638 十二星座具体怎样分类的？/339
639 怎样判断自己属于什么星座？/339
640 十二星座的属性是什么？/340
641 白羊座的性格特征是什么？/340
642 白羊座的守护星和守护神是什么？/341
643 白羊座的人工作情况怎样？/342
644 白羊座有怎样的人际关系？/342
645 白羊座的人有财运吗？/342
646 白羊座的人婚姻情况如何？/343

647 白羊座的人健康状况如何？/343
648 白羊座的人需要注意什么？/344
649 金牛座的性格特征是什么？/344
650 金牛座的守护星和守护神是什么？/345
651 金牛座的人工作情况怎样？/346
652 金牛座有怎样的人际关系？/346
653 金牛座的人有财运吗？/346
654 金牛座的人婚姻情况如何？/347
655 金牛座的人健康状况如何？/347
656 金牛座的人需要注意什么？/348
657 双子座的性格特征是什么？/348
658 双子座的守护星和守护神是什么？/349
659 双子座的人工作状况怎样？/350
660 双子座有怎样的人际关系？/350
661 双子座的人有财运吗？/350
662 双子座的人婚姻情况如何？/351
663 双子座的人健康状况如何？/351
664 双子座的人需要注意什么？/352
665 巨蟹座的性格特征是什么？/352
666 巨蟹座的守护星和守护神是什么？/353
667 巨蟹座的人工作情况怎样？/354
668 巨蟹座有怎样的人际关系？/354
669 巨蟹座的人有财运吗？/354
670 巨蟹座的人婚姻情况如何？/355
671 巨蟹座的人健康状况如何？/355
672 巨蟹座的人需要注意什么？/356
673 狮子座的性格特征是什么？/356
674 狮子座的守护星和守护神是什么？/357
675 狮子座的人工作情况怎样？/358
676 狮子座有怎样的人际关系？/358

677 狮子座的人有财运吗？/358
678 狮子座的人婚姻情况如何？/359
679 狮子座的人健康状况如何？/359
680 狮子座的人需要注意什么？/360
681 处女座的性格特征是什么？/360
682 处女座的守护星和守护神是什么？/361
683 处女座的人工作情况怎样？/362
684 处女座有怎样的人际关系？/362
685 处女座的人有财运吗？/362
686 处女座的人婚姻情况如何？/363
687 处女座的人健康状况如何？/363
688 处女座的人需要注意什么？/364
689 天秤座的性格特征是什么？/364
690 天秤座的守护星和守护神是什么？/365
691 天秤座的人工作情况怎样？/366
692 天秤座有怎样的人际关系？/366
693 天秤座的人有财运吗？/366
694 天秤座的人婚姻情况如何？/367
695 天秤座的人健康状况如何？/367
696 天秤座的人需要注意什么？/368
697 天蝎座的性格特征是什么？/368
698 天蝎座的守护星和守护神是什么？/369
699 天蝎座的人工作情况怎样？/370
700 天蝎座有怎样的人际关系？/370
701 天蝎座的人有财运吗？/370
702 天蝎座的人婚姻情况如何？/371
703 天蝎座的人健康状况如何？/371
704 天蝎座的人需要注意什么？/372
705 射手座的性格特征是什么？/372
706 射手座的守护星和守护神是什么？/373

707 射手座的人工作情况怎样？/374
708 射手座有怎样的人际关系？/374
709 射手座的人有财运吗？/374
710 射手座的人婚姻情况如何？/375
711 射手座的人健康状况如何？/375
712 射手座的人需要注意什么？/376
713 摩羯座的性格特征是什么？/376
714 摩羯座的守护星和守护神是什么？/377
715 摩羯座的人工作情况怎样？/378
716 摩羯座有怎样的人际关系？/378
717 摩羯座的人有财运吗？/378
718 摩羯座的人婚姻情况如何？/379
719 摩羯座的人健康状况如何？/379
720 摩羯座的人需要注意什么？/380
721 水瓶座的性格特征是什么？/380
722 水瓶座的守护星和守护神是什么？/381
723 水瓶座的人工作情况怎样？/382
724 水瓶座有怎样的人际关系？/382
725 水瓶座的人有财运吗？/382
726 水瓶座的人婚姻情况如何？/383
727 水瓶座的人健康状况如何？/383
728 水瓶座的人需要注意什么？/384
729 双鱼座的性格特征是什么？/384
730 双鱼座的守护星和守护神是什么？/385
731 双鱼座的人工作情况怎样？/386
732 双鱼座有怎样的人际关系？/386
733 双鱼座的人有财运吗？/386
734 双鱼座的人婚姻情况如何？/387
735 双鱼座的人健康状况如何？/387
736 双鱼座的人需要注意什么？/387

## 第十一章　血型运程

737 血型都有哪些类型？/388
738 A型血人的特征是什么？/388
739 B型血人的特征是什么？/389
740 O型血人的特征是什么？/389
741 AB型血人的特征是什么？/390
742 血型是怎样遗传的？/390
743 A型血人有何性格缺点和健康隐患？/391
744 B型血人有何性格缺点和健康隐患？/391
745 O型血人有何性格缺点和健康隐患？/391
746 AB型血人有何性格缺点和健康隐患？/392
747 A型血人适合从事什么职业？/392
748 B型血人适合从事什么职业？/392
749 O型血人适合从事什么职业？/393
750 AB型血人适合从事什么职业？/393
751 A型血白羊座人有什么性格特征？/393
752 B型血白羊座人有什么性格特征？/394
753 O型血白羊座人有什么性格特征？/394
754 AB型血白羊座人有什么性格特征？/394
755 A型血金牛座人有什么性格特征？/395
756 B型血金牛座人有什么性格特征？/395
757 O型血金牛座人有什么性格特征？/395
758 AB型血金牛座人有什么性格特征？/396
759 A型血双子座人有什么性格特征？/396
760 B型血双子座人有什么性格特征？/396
761 O型血双子座人有什么性格特征？/397
762 AB型血双子座人有什么性格特征？/397
763 A型血巨蟹座人有什么性格特征？/397
764 B型血巨蟹座人有什么性格特征？/398

765 O型血巨蟹座人有什么性格特征？/398
766 AB型血巨蟹座人有什么性格特征？/398
767 A型血狮子座人有什么性格特征？/399
768 B型血狮子座人有什么性格特征？/399
769 O型血狮子座人有什么性格特征？/399
770 AB型血狮子座人有什么性格特征？/400
771 A型血处女座人有什么性格特征？/400
772 B型血处女座人有什么性格特征？/400
773 O型血处女座人有什么性格特征？/401
774 AB型血处女座人有什么性格特征？/401
775 A型血天秤座人有什么性格特征？/401
776 B型血天秤座人有什么性格特征？/402
777 O型血天秤座人有什么性格特征？/402
778 AB型血天秤座人有什么性格特征？/402
779 A型血天蝎座人有什么性格特征？/403
780 B型血天蝎座人有什么性格特征？/403
781 O型血天蝎座人有什么性格特征？/403
782 AB型血天蝎座人有什么性格特征？/404
783 A型血射手座人有什么性格特征？/404
784 B型血射手座人有什么性格特征？/404
785 O型血射手座人有什么性格特征？/405
786 AB型血射手座人有什么性格特征？/405
787 A型血摩羯座人有什么性格特征？/405
788 B型血摩羯座人有什么性格特征？/406
789 O型血摩羯座人有什么性格特征？/406
790 AB型血摩羯座人有什么性格特征？/406
791 A型血水瓶座人有什么性格特征？/407
792 B型血水瓶座人有什么性格特征？/407
793 O型血水瓶座人有什么性格特征？/407
794 AB型血水瓶座人有什么性格特征？/408

795　A型血双鱼座人有什么性格特征？/408
796　B型血双鱼座人有什么性格特征？/408
797　O型血双鱼座人有什么性格特征？/409
798　AB型血双鱼座人有什么性格特征？/409

## 第十二章　改运求吉

799　改运之前先要了解什么？/410
800　怎样判断自己喜好的五行？/411
801　如何通过行善积德来改运？/411
802　如何通过改善修养来改运？/411
803　如何通过名字来改运？/412
804　如何通过职业来改运？/412
805　如何通过交友来改运？/412
806　如何通过饮食来改运？/413
807　如何通过变换方位来改运？/413
808　如何通过颜色来改运？/413
809　如何通过环境来改运？/414
810　哪些住宅格局可以增强财运？/414
811　如何通过化妆来改运？/415
812　如何选择合适的数字号码改运？/416
813　如何增强感情运？/416
814　如何选择合适的颜色改运？/417
815　怎样根据五行选择汽车？/417
816　如何判断不同食物的五行属性？/418
817　如何通过选择不同的饮食来改运？/418

# 下篇：梦占

## 第十三章　梦见自然事物

818　梦可以怎样分类？/420
819　梦境的内容与哪些因素相关？/421
820　什么是梦的凝缩？/421
821　什么是梦的象征？/422
822　什么是梦的移置？/422
823　什么是梦的投射？/423
824　什么是梦的变形？/423
825　为什么"梦有五不占"？/424
826　为什么梦"占有五不验"？/424
827　梦见日、月、星和光预示着什么？/425
828　梦见天气阴晴变化预示着什么？/425
829　梦见雨、雪和雷预示着什么？/426
830　梦见地震和山崩预示着什么？/426
831　梦见沙漠、峡谷和沼泽预示着什么？/427
832　梦见大海和浪涛预示着什么？/427
833　梦见各种水体预示着什么？/428
834　梦见各种矿藏预示着什么？/428
835　梦见花朵预示着什么？/429
836　梦见草预示着什么？/429
837　梦见蘑菇预示着什么？/429
838　梦见各种树木预示着什么？/430
839　梦见喜鹊、百灵等鸟类预示着什么？/430
840　梦见鸵鸟、仙鹤等预示着什么？/431
841　梦见藤本植物预示着什么？/431
842　梦见鹰类预示着什么？/432
843　梦见鸽子、麻雀等预示着什么？/432
844　梦见大象、骆驼等大型动物预示着什么？/433

845 梦见老虎和狮子预示着什么？/433
846 梦见斑马、长颈鹿等食草动物预示着什么？/434
847 梦见熊猫、猴子等动物预示着什么？/434
848 梦见蛇预示着什么？/435
849 梦见蚂蚁、蜘蛛等昆虫预示着什么？/435
850 梦见牛、羊、猪、马等家畜预示着什么？/436
851 梦见鲨鱼预示着什么？/436
852 梦见猫、狗等宠物预示着什么？/437
853 梦见鱼类预示着什么？/437
854 梦见青蛙、螃蟹、虾等预示着什么？/438
855 梦见鸡、鸭、鹅等家禽预示着什么？/438
856 梦见海洋动物预示着什么？/439
857 梦见乡村田园预示着什么？/439

## 第十四章 梦见人造事物

858 梦见桥预示着什么？/440
859 梦见粮食预示着什么？/440
860 梦见农田和耕作预示着什么？/441
861 梦见捕鱼预示着什么？/441
862 梦见收获预示着什么？/441
863 梦见火预示着什么？/442
864 梦见道路预示着什么？/442
865 梦见楼房预示着什么？/443
866 梦见塔和堡垒预示着什么？/443
867 梦见房子预示着什么？/444
868 梦见厕所预示着什么？/444
869 梦见地图预示着什么？/444
870 梦见室内景物预示着什么？/445
871 梦见各类市场预示着什么？/445
872 梦见地下室预示着什么？/446
873 梦见门预示着什么？/446
874 梦见楼梯预示着什么？/447
875 梦见阳台和走廊预示着什么？/447
876 梦见钥匙预示着什么？/448
877 梦见瓷器和玻璃预示着什么？/448
878 梦见地板和天花板预示着什么？/449
879 梦见沙、砖、石头和石灰预示着什么？/449
880 梦见公园、广场和立交桥预示着什么？/450
881 梦见动物园和游乐园预示着什么？/450
882 梦见自助餐厅、酒吧和快餐厅预示着什么？/451
883 梦见飞行物预示着什么？/451
884 梦见船舰预示着什么？/452
885 梦见交通标志预示着什么？/452
886 梦见各种汽车预示着什么？/453
887 梦见与车相关的行为预示着什么？/453
888 梦见车轮和刹车器预示着什么？/454
889 梦见方向盘、通道和加油站预示着什么？/454
890 梦见服装预示着什么？/455
891 梦见质地不同的衣服预示着什么？/455
892 梦见款式不同的衣服预示着什么？/456
893 梦见不同颜色的衣服预示着什么？/456
894 梦见裙子和结婚礼服预示着什么？/457
895 梦见睡衣、胸罩和纱巾预示着什么？/457
896 梦见纽扣、领带和腰带预示着什么？/458
897 梦见鞋子预示着什么？/458
898 梦见各种饰物预示着什么？/459
899 梦见帽子、头盔和披肩预示着什么？/459
900 梦见家具预示着什么？/460

901 梦见帐篷、毛毯和帷帐预示着什么？ /460
902 梦见家用电器预示着什么？ /461
903 梦见火车预示着什么？ /461
904 梦见日用品预示着什么？ /462
905 梦见床、被褥、枕头和窗帘预示着什么？ /463
906 梦见电话预示着什么？ /464
907 梦见相机预示着什么？ /464
908 梦见食物预示着什么？ /465
909 梦见汤圆和粽子预示着什么？ /465
910 梦见各类糕点预示着什么？ /466
911 梦见鸡蛋和三明治预示着什么？ /466
912 梦见酒预示着什么？ /467
913 梦见饮料预示着什么？ /467
914 梦见蜂蜜和果酱预示着什么？ /468
915 梦见糖果预示着什么？ /468
916 梦见干果预示着什么？ /469
917 梦见牛奶和咖啡预示着什么？ /469
918 梦见蔬菜预示着什么？ /470
919 梦见水果预示着什么？ /470

## 第十五章 梦见个人活动

920 梦见腿脚预示着什么？ /471
921 梦见约会预示着什么？ /472
922 梦见求婚预示着什么？ /472
923 梦见接吻预示着什么？ /473
924 梦见离婚预示着什么？ /473
925 梦见婚礼预示着什么？ /474
926 梦见送花预示着什么？ /474
927 梦见怀孕预示着什么？ /475
928 梦见恋人预示着什么？ /475

929 梦见做爱预示着什么？ /476
930 梦见同性恋预示着什么？ /476
931 梦见私奔等预示着什么？ /477
932 梦见旅游预示着什么？ /477
933 梦见道别预示着什么？ /478
934 梦见道歉、祝贺和节庆预示着什么？ /478
935 梦见惊讶、羡慕和感激预示着什么？ /479
936 梦见虐待和思念预示着什么？ /479
937 梦见灵魂和十字架预示着什么？ /480
938 梦见画预示着什么？ /480
939 梦见考试预示着什么？ /481
940 梦见迟到、旷课和批评预示着什么？ /481
941 梦见乐曲预示着什么？ /482
942 梦见老师和同学预示着什么？ /482
943 梦见文具预示着什么？ /483
944 梦见军队和军人预示着什么？ /483
945 梦见战争、和平和英雄预示着什么？ /484
946 梦见敌人预示着什么？ /484
947 梦见武器预示着什么？ /485
948 梦见警察预示着什么？ /485
949 梦见悲伤预示着什么？ /486
950 梦见欢乐预示着什么？ /486
951 梦见自杀预示着什么？ /487
952 梦见偷窃和劫持预示着什么？ /487
953 梦见生气和歇斯底里预示着什么？ /488
954 梦见哭预示着什么？ /488
955 梦见双胞胎预示着什么？ /489
956 梦见先祖预示着什么？ /489
957 梦见女人预示着什么？ /490
958 梦见男人预示着什么？ /490

959 梦见朋友预示着什么？/491
960 梦见亲戚预示着什么？/491
961 梦见不同职业的人预示着什么？/492
962 梦见长辈预示着什么？/493
963 梦见血预示着什么？/493
964 梦见坠楼和溺水预示着什么？/494
965 梦见烧伤和死里逃生预示着什么？/494
966 梦见身患绝症和垂死预示着什么？/495
967 梦见病痛预示着什么？/495
968 梦见毁容和流产预示着什么？/496
969 梦见失聪、失明和失声预示着什么？/496
970 梦见饥饿预示着什么？/497
971 梦见打鼾预示着什么？/497
972 梦见手术预示着什么？/498
973 梦见感冒、发烧和头晕预示着什么？/498
974 梦见药物预示着什么？/499
975 梦见毒药预示着什么？/499
976 梦见裸体预示着什么？/500
977 梦见头发预示着什么？/500
978 梦见五官预示着什么？/501
979 梦见胳膊预示着什么？/501
980 梦见牙齿预示着什么？/502

981 梦见人体不同部位预示着什么？/502
982 梦见内脏预示着什么？/503
983 梦见售卖预示着什么？/503
984 梦见钱财预示着什么？/504
985 梦见银行预示着什么？/504
986 梦见店铺预示着什么？/505
987 梦见市场预示着什么？/505
988 梦见开业和生意预示着什么？/506
989 梦见保险、假钱和股票预示着什么？/506
990 梦见纳税、账目和印章预示着什么？/507
991 梦见信用卡、执照和价签预示着什么？/507
992 梦见合同和信函预示着什么？/508
993 梦见招聘和就职预示着什么？/508
994 梦见彩票和利息预示着什么？/509
995 梦见地狱、世界末日和咒语预示着什么？/509
996 梦见死刑、棺材和坟墓预示着什么？/510
997 梦见死人和鬼怪预示着什么？/510
998 梦见天堂和伊甸园预示着什么？/511
999 梦见祈祷、牧师和天使预示着什么？/511
1000 梦见僵尸预示着什么？/512
1001 梦见刀和剑预示着什么？/512

# 上篇

# 命理

命理学可以从人的生存环境及与人有直接或间接关系的各种要素来研究判断一个人的命运。在两千多年的发展过程中，命理学形成了以阴阳五行为基础的四柱八字，以星曜位置为基础的占星术，以命理十二宫为基础的紫微斗数等命理派别。灿若星辰的命理学家，汗牛充栋的命理学典籍，构成了中国传统文化的重要部分。

# 第一章 命理学的历史

早在两千多年前的战国时期,命理学就已经长出了它最初的那片嫩芽。秦汉时期的萌芽,唐宋时期的发展、演变,明清时期的鼎盛、积淀,近代以来的衰落、中兴……

本章在阐明命理学内涵、派别之后,综述了两千多年来命理学的发展历程,重点讲述了命理学发展过程中,各个时期的命理学家及他们的经典著作。《渊海子平》《李虚中命书》《滴天髓》《穷通宝鉴》……我们将评述前人的成就,披沙沥金;鬼谷子、袁天罡、李虚中、徐子平、万民英、沈孝瞻……在与前人的思想互动中,我们将体味一门学科发展的历程。

## 001 什么是命理学?

命理学就是指人们对人生命运规律的探索,它以各式各样的数字,包括出生年、月、日、姓名笔画等推测占卜人的性格、命运与未来。如八卦、八字命理、紫微斗数、占星术等就是这样的理论。

从另一方面说,命理学就是研究事物产生、发展、灭亡等变化过程的一门学科。它最主要的就是可以从人的生存环境及与人有直接或间接关系的各种要素来研究判断一个人的命运。古今中外都有相关方面的理论,内容涵盖八卦、八字命理、紫微斗数和占星术等。

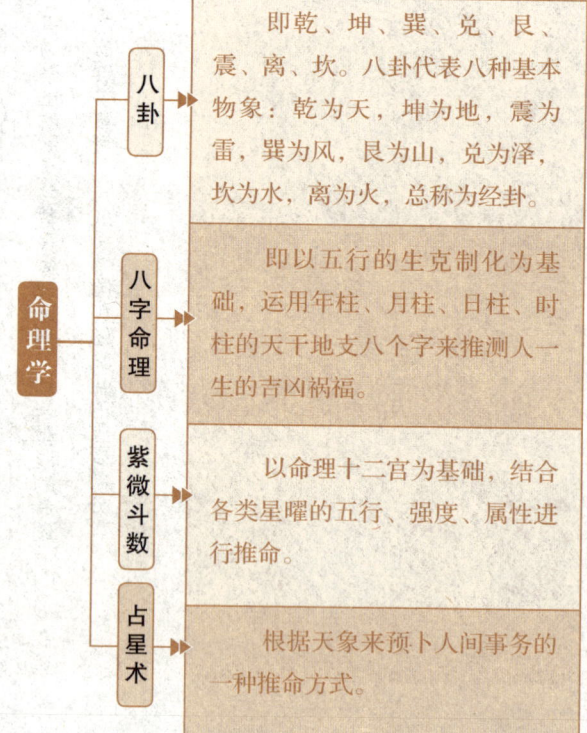

| 命理学 | | |
|---|---|---|
| | 八卦 | 即乾、坤、巽、兑、艮、震、离、坎。八卦代表八种基本物象:乾为天,坤为地,震为雷,巽为风,艮为山,兑为泽,坎为水,离为火,总称为经卦。 |
| | 八字命理 | 即以五行的生克制化为基础,运用年柱、月柱、日柱、时柱的天干地支八个字来推测人一生的吉凶祸福。 |
| | 紫微斗数 | 以命理十二宫为基础,结合各类星曜的五行、强度、属性进行推命。 |
| | 占星术 | 根据天象来预卜人间事务的一种推命方式。 |

## 002 命理学包括哪些内容？

命理学的内容，即命理学研究的范畴。主要指命理学可以测算人的哪些命运，这是命理学研究的根本。命理学家普遍认为，命理学可以测算的内容包括：命格、性格、事业、婚姻、六亲、疾厄、岁运、人生运势等。

**命理学研究的内容**

- **命格**：人生的层次高低，整个一生的总体趋势。
- **性格**：一个人的性格很大程度上会决定一个人的命运。
- **事业**：包括学业、职业、财运等。
- **婚姻**：婚姻及和婚姻有关的内容。
- **六亲**：父母、兄弟姐妹、子女等对自己的影响以及自己对他们的影响等。
- **疾厄**：预测各种疾病和灾难，帮助人们趋吉避凶。
- **岁运**：一个人在一年、一月中的运气、吉凶。
- **人生运势**：根据生辰八字，对人生做出规划，引导人们走向成功。

## 003 命理学可以分为哪些派别？

中国传统命理学主要有两个系统，一个是由阴阳五行与干支形成的子平系统，又称八字系统；一个由天象学演进的星学系统，其中以紫微斗数为代表。另外还有周易、占星术等。

紫微斗数，即运用东方太阴历，结合人出生的年、月、日、时与地球经纬度，排列出十二宫位及各类星曜，并以各星曜的五行、强度、属性来推演每个人的个性、爱情、事业、健康等，尤其在个性与情绪方面，较其他推命术准确。

八字系统，是用一个人出生时的阴历年、月、日、时所对应的天干地支共八个字，以五行的生克制化为基础，来推测人一生的吉凶祸福。这一派别在中国传统命理学中占有重要地位。

**命理学**

传统命理学主要有两个系统：一个是子平系统，一个是星学系统。

**命理学**
- **子平系统**：又称八字系统，以八字推命为主要方法。
- **星学系统**：由天象学演进而来，紫微斗数为其主要代表。

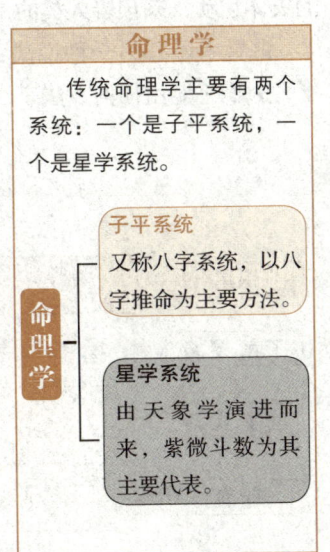

## 004 八字推命有什么特点？

1.以天干、地支为表现形式：八字推命就是以天干、地支来计算年、月、日、时的，并根据五行的生克制化进行福祸预测。

2.以中庸思想为主轴：中国是一个中庸思想渗透极广的国家，这一思想在八字推命中有着多种反映，"过"和"不及"都不符合中庸之道。取用神时，无论采用通关、扶抑还是顺势、调候，目的都是为了达到五行的中和，鲜明地体现了中庸的思想。

3.以伦理道德为经纬：食神、伤官、正官、偏官、正印、偏印等十神表现的五行关系，体现了严密的伦理推理。

八字推命以五行为基础，以四柱为主要表现形式。四柱指年柱、月柱、日柱、时柱。每柱天干地支各取一字，组合成八字命理。

## 005 占星推命有什么特点？

占星推命是指根据一个人出生时的天体样式，来预测人的未来生活，或者根据当下的天体运动，来预告人类的未来。

占星术还有另一种说法：一个人出生时，其命运就已经被确定并且被写在星象上了，人们不能用任何方法来改变自己的命运。

**占星的四大步骤**

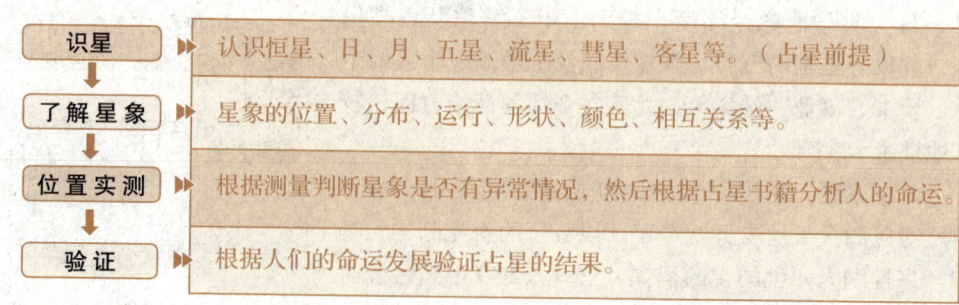

| 识星 | ▶ | 认识恒星、日、月、五星、流星、彗星、客星等。（占星前提） |
| 了解星象 | ▶ | 星象的位置、分布、运行、形状、颜色、相互关系等。 |
| 位置实测 | ▶ | 根据测量判断星象是否有异常情况，然后根据占星书籍分析人的命运。 |
| 验证 | ▶ | 根据人们的命运发展验证占星的结果。 |

## 006 唐代之前，命理学经历了怎样的发展？

命理学源于阴阳五行学说，在汉朝以前，人们只是根据纳音五行来算命。纳音即年命，比如甲子年、乙丑年出生的人为金命，丙寅、丁卯年出生的人为火命。这是一种粗线条的算命方法，为命理学的萌芽状态。

到了汉代，才开始出现以阴阳五行、天干地支为基础，配合年、月、日的算命方法，这时还没有把时辰加进去。这种算命方法历经魏晋南北朝的推行，到了唐朝才始告确立。

唐代之前命理学的代表人物有战国时期的珞琭子、鬼谷子；汉朝的司马季主、严君平、东方朔；三国时期的管辂；晋代的郭璞；北齐的魏定等。

东方朔《三才图会》 明朝 王圻\王思义著

东方朔（前154-前93）字曼倩，平原厌次县人。西汉辞赋家，为汉武帝时太中大夫。他性格诙谐，言词敏捷，喜欢古传书，爱好经术。

## 007 命理学在唐代经历了怎样的发展？

在唐代，中国传统命理学得到了重大的变化和发展，这一时期的命理学代表人物有袁天罡、僧一行、李泌、李虚中等。

对唐代命理学作出重大贡献的当推李虚中。作为传统命理学发展史上的一个重要人物，李虚中用一个人出生年、月、日的天干地支配成三柱六字为人算命，在当时颇有影响，对后世也产生了深远影响。他被尊为传统命理学的开山鼻祖。

袁天罡的徒弟李淳风

袁天罡

## 008 命理学在宋代经历了怎样的变化和发展？

到了宋代，传统命理学出现了重大突破，徐子平进一步发展和完善了李虚中的算命术，形成了四柱八字算命法。

徐子平在李虚中三柱六字算命法的基础上，又加上了时辰，由三柱六字变成了四柱八字，使算命术更加准确成熟，这是命理学发展史上的一次飞跃。其特点是：八字结构以日干为主，同时"专主五行，不主纳音"。南宋末徐升的《渊海子平》，标志着子平系统的基本定型。

在八字结构内部，日主（日干）自身的强弱和对环境要素的依赖和选择，构成了命理的强弱分析和调候分析。完整的命局结构包括"命"和"运"两个部分："命"是先天部分；"运"（包括流年）是后天部分。在对"命"作出静态分析的基础上，需要进一步结合"运"作出动态分析。

到此，命理学基本形成了比较成熟和完备的体系，算命术也日臻完善。

李虚中 三柱六字：年柱 月柱 日柱

徐子平 四柱八字：年柱 月柱 日柱 时柱

## 009 明清时期，命理学得到了怎样的发展？

到了明清时期，命理学进入辉煌鼎盛时代。

明代，宋濂在《禄命辨》中对命理学做了系统的总结。张楠的《神峰通考命理真踪》，万民英的《三命通会》都是命理学的代表作品。

清代，沈孝瞻的《子平真诠》对阴阳五行学说作了进一步的研究；余春台的《穷通宝鉴》将代表日柱的天干逐月论述，对喜用神及显象作了精辟论述；任铁樵对古籍《滴天髓》进行了分篇增注，并对全书进行了详尽诠释。

宋濂　《三才图会》明朝 王圻\王思义著

宋濂（1310—1381）字景濂，浦江（今浙江义乌）人。元末明初文学家，明太祖朱元璋称他为"开国文臣之首"。

## 010 近现代以来，命理学涌现了哪些新作？

清末民初，命理学研究具有代表性的有韦千里、袁树珊、徐乐吾，他们并称"上海命学三大家"。这一时期也涌现了一批对命理学发展有着重要影响的典籍。

《千里命稿》为韦千里的代表作。该书文字流畅，述理简明，并附有时人命例若干。《命理探源》为袁树珊的代表作，该书系统地总结了中国古代命理学的理论和观点，并加以批注、诠释。徐乐吾著有《滴天髓补注》和《子平真诠评注》等书，其命理实践达到了相当高的水准。另有命理学者林庚白，多以神煞、格局论命，著有《人鉴·命理存验》。

现代以来，各种命理学著作不断涌现。比较有影响的有梁湘润的《星盘法流星诀》，钟义明的《紫微一得》，高怀民的《宋元明易学史》等。

改革开放以后，中国内地发生了天翻地覆的变化，一部分命理学爱好者重新关注命理这个学科，各种关于命理学的著作也不断涌现。

近现代命理学代表作

## 011 后世为何尊鬼谷子为命理学之祖？

鬼谷子，春秋时期卫国朝歌人，姓王名诩，又名王禅，因隐居在周阳城清溪的鬼谷，自称鬼谷先生。他是"诸子百家"之一纵横家的鼻祖，被后人尊称为"王禅老祖"，主要著作有《鬼谷子》以及《本经阴符七术》。

鬼谷子占卜八卦，预算世故，十分精确，为后世的命理学提供了很多理论依据，这些依据构成了后来命理学的基础，后世尊鬼谷子为命理学的始祖。

| 鬼谷子 | 《三才图会》 明朝 王圻\王思义著 |
|---|---|

鬼谷子，春秋时期卫国朝歌人，姓王名诩，又名王禅，自称鬼谷先生。主要著作有《鬼谷子》《本经阴符七术》。他的很多卜卦成了后来命理学理论的依据，被后世尊为命理学的始祖。

## 012 袁天罡为命理学的发展作出了哪些贡献？

袁天罡，唐代天文学家、星象学家、预测家。他被时人称为术数大师，在正史、野史中均有大量记载他预测精准的故事。

袁天罡的著作有《六壬课》《五行相书》《推背图》《袁天罡称骨歌》等，其中部分著作是他与弟子李淳风合著的。在《六壬课》中，他阐述的"六壬"，是一种易卦原理和养生原则，所讨论的天人关系，包含了风水学和预测学两方面的理论和实践。

一盘李子，共21个，代指唐朝统治的290年间的21个皇帝。

未带蒂的李子指武则天。

**袁天罡《推背图》第二象**

谶曰：累累硕果，莫明其数。
　　　一果一仁，即新即故。
颂曰：万物土中生，二九先成实，
　　　一统定中原，阴盛阳先竭。

## 013 李虚中为命理学的发展作出了哪些贡献？

李虚中（761-813），字常容，唐代魏郡人，祖籍甘肃陇西，北魏侍中李冲的八世孙。著有《李虚中命书》。

李虚中精通阴阳五行学说，在命理学发展史上，他首先用一个人出生时的年、月、日所对应的天干地支配成三柱六字进行算命。这种推命法可以从年、月、日中看出五行的生克制化，旺相休囚，从而看出人的命格，并从中推出该人的吉凶祸福，贵贱寿辰。因这种方法推测命格较准确、详细，对人一生命运中的诸番遭际、运程把握较好，从而成为八字算命法的基础，为命理学的发展作出了巨大贡献。

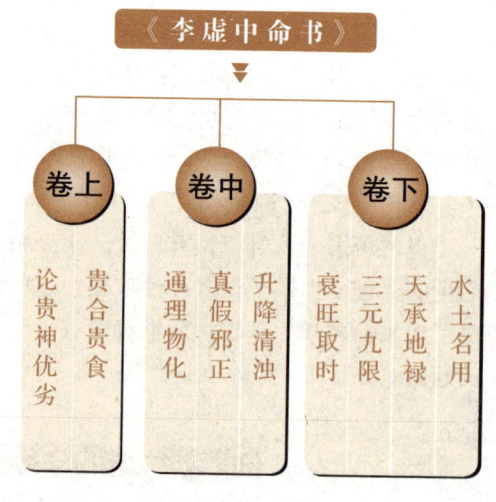

《李虚中命书》

- 卷上：论贵神优劣、贵合贵食
- 卷中：升降清浊、真假邪正、通理物化
- 卷下：衰旺取时、三元九限、天承地禄、水土名用

## 014 徐子平为命理学的发展作出了哪些贡献？

徐子平(907-960)，名居易，北宋人。著有《徐氏珞琭子赋注》二卷。

在命理学发展史上，徐子平以李虚中的三柱六字为基础，加上了时柱，从而发明了四柱八字法。这种算命术，以四柱的干支组合成八字，并取八字的生克制化来推测人的命运，是对李虚中三柱六字算命法的进一步发展，对命理学的发展产生了深远影响。因此，后人也将四柱八字法称为子平法。

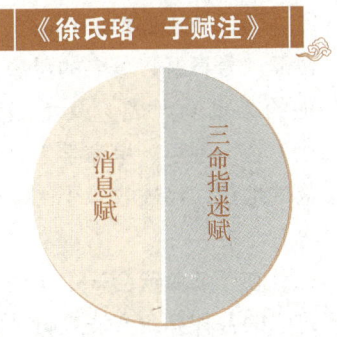

《徐氏珞琭子赋注》
- 三命指迷赋
- 消息赋

## 015 张楠为命理学的发展作出了哪些贡献？

张楠，字神峰，明代福建临川人。他研究命理学达40余年，写成的《神峰通考》一书和《渊海子平》《滴天髓》《子平真诠》《三命通会》《命理探源》《穷通宝鉴》《星平会海》《命理约言》《千里命稿》统称为命理学中的十大名著。

张楠所著《神峰通考》包含有动静说、盖头说、五星正说、五星谬说、总论子平谬说等。张楠对《渊海子平》作了详尽注解，对其错误作了修正，且融入了自己的观点。

《神峰通考》内容

| 神峰通考 | 动静说 |
|---|---|
| | 盖头说 |
| | 五星正说 |
| | 五星谬说 |
| | 总论子平谬说 |
| | 男女合婚说 |
| | 六亲说 |
| | 其他 |

## 016 陈素庵为命理学的发展作出了哪些贡献？

陈素庵（？—1666），名遴，字彦生，明末清初浙江海宁人，素庵是他的别号。崇祯丁丑年中榜眼，官至中允；顺治四年授秘书院侍读学士，后升为礼部尚书。著作有《命理约言》《命理辑要》《滴天髓辑要》。

他的《命理约言》在中国命理学上有着重要的影响，是命理学中少有的经典之作。徐乐吾曾极力推荐《命理约言》，说它是命理学研习必读之书。

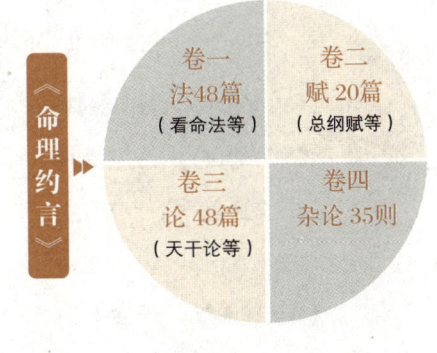

《命理约言》
- 卷一 法48篇（看命法等）
- 卷二 赋20篇（总纲赋等）
- 卷三 论48篇（天干论等）
- 卷四 杂论35则

## 017 万民英对命理学进行了哪些总结？

万民英（1521—1603），字汝豪，号育吾，著名的星象家。他的《星学大成》及《三命通会》在命理学、星命学上有着极高的地位，均被收录于《四库全书》之中。

在《三命通会》中，作者将过去的各种算命方法进行了全面系统的整理与汇编，虽然没有对命理学进行提炼与升华，但内容详尽，是研究命理学不可多得的重要著作。

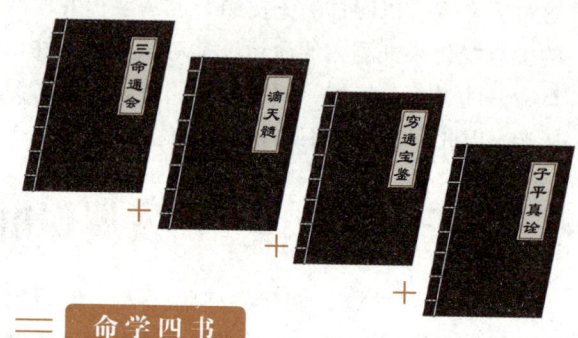

命学四书

命理学中，将万民英的《三命通会》，京图的《滴天髓》，余春台的《穷通宝鉴》，沈孝瞻的《子平真诠》称为命学四书。

= 命学四书

## 018 沈孝瞻为命理学的发展作出了哪些贡献？

沈孝瞻，清朝人，乾隆时期进士，是著名的命理学家。他所著的《子平真诠》是命理学的重要典籍，与《滴天髓》互相匹配，缺一不可，都是命理学的典范作品。

《子平真诠》一书以月令用神为经，以诸神为纬，特别是对用神的成败，用神与喜神忌神的生克制化作了很透彻的评析。其中，对用神的透与会、有情无情、有力无力都做了很好的解析。

### 命理学典籍

| | 作品 | 作者 | 年代 | 内容 |
|---|---|---|---|---|
| 命理学典籍 | 《神峰通考》 | 张楠 | 明代 | 对《渊海子平》作了详尽的注解。 |
| | 《命理约言》 | 陈素庵 | 明末清初 | 分为法、赋、论、杂论四卷。 |
| | 《三命通会》 | 万民英 | 明代 | 历代算命术理论的大整编。 |
| | 《子平真诠》 | 沈孝瞻 | 清朝 | 对诸神作了详尽透彻的评析。 |
| | 《滴天髓阐微》 | 任铁樵 | 清朝 | 注疏《滴天髓》，使其变得容易理解。 |

## 019 任铁樵为命理学的发展作出了哪些贡献？

任铁樵（1773—?），清朝著名八字预测学家，最大贡献是为《滴天髓》注疏，代表作为《滴天髓阐微》。

任铁樵毕生研究命理学，针对当时命理学偏离阴阳五行生克制化的正理，偏重格局和神煞的状况，结合毕生命理实践，对《滴天髓》分篇增注，阐微发隐，正本清源，并以大量时人命造为例证，使命理学回归正统，该书被推崇为命理学中的圣经。

**《滴天髓》书名内涵的两种阐释**

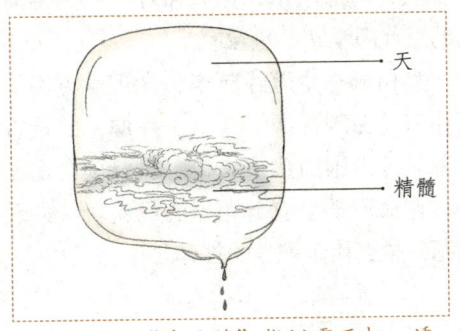

阐释一："滴天髓"指泄露天机，透露天的精髓。

"髓"，真谛，真理，代指主观世界。

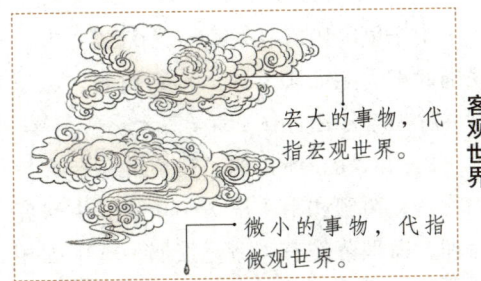

宏大的事物，代指宏观世界。

微小的事物，代指微观世界。

客观世界

阐释二："滴天髓"是客观世界与主观世界的辩证统一。

## 020 徐乐吾在命理学领域取得了怎样的成就？

徐乐吾（1886-1949），著名的命理学家。徐乐吾对命理学颇有研究，著作颇丰，取得了很大成就。他所著的命理书有《命理寻源》《命理杂格》《命理一得》《子平粹言》《命学新义》《古今名人命鉴》《子平四言集腋》等。另为《穷宝通鉴》《滴天髓》《子平真诠》等书作注。

**名人命造专著**

| 专著 | 作者 | 体例 |
|---|---|---|
| 《古今名人命鉴》 | 徐乐吾 | 依时代编列 |
| 《命谱》 | 袁树珊 | 依时代编列 |
| 《名人命诂》 | 陈易庵 | 依名人从业身份编列 |

## 021 袁树珊在命理学领域取得了怎样的成就？

袁树珊（1881—1968），名阜，扬州南乡人，精通医术，擅长命理，是闻名海内的近代医学家、星象家。

袁树珊一生著述颇丰，命理学方面的著作有《命理探源》《六壬探源》《选吉探源》《中国历代卜人传》以及《命谱》等，在命理学上有着相当的成就。《命理探源》是近代命理学的扛鼎之作。

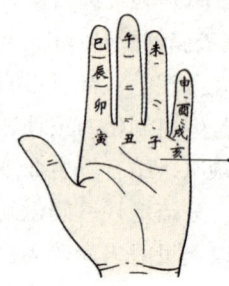

**十二支掌诀图**

熟练掌握此图后，可以很熟练地推算大运和小运。

## 022 韦千里在命理学领域取得了怎样的成就？

韦千里（1911-1988），浙江嘉兴人，民国时期著名命理学家。与袁树珊、徐乐吾并称为当时的上海"命学三大家"。

民国时期，所谓的"南袁北韦"，指的就是袁树珊和韦千里。韦千里一生研究命理，命理著作有《命运谈屑》《中国相法精华》《六壬占卜讲义》《千里命稿》等。其中以《千里命稿》最有代表性。

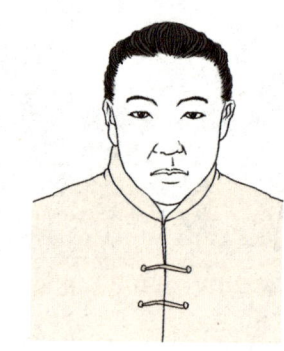

**韦千里**

民国时期著名命理学家，与袁树珊、徐乐吾并称"上海命学三大家"。代表作有《千里命稿》。

## 023 为什么称《渊海子平》为四柱命理学的宗祖之作？

《渊海子平》是第一部比较完整、系统地论述四柱命理学的著作。它是宋代徐大升根据当时命学大师徐子平的论命方法记录下来的。可以说，《渊海子平》是四柱命理学的开山立派之作，所以四柱命理学又被称为"子平八字"。

《渊海子平》第一次将命运以财、官、印、食、伤等格局分为三六九等。书中涉及十干体象诀、十二地支咏、五行生克赋、十二长生诗诀等，都是命理学高深的理论。

**《渊海子平》的特点**

- 以日为立，配合四柱，增加了命理的变化和依据。
- 开宗明义，用神至上。
- 设定格局，判明六亲，使论断各有主属。

## 024 《李虚中命书》在命理学中有着怎样的地位？

《李虚中命书》，唐代李虚中所著，共计三卷，旧本题为鬼谷子撰，李虚中注。

作为一本早期经典的命理著作，《李虚中命书》以人出生的年、月、日、纳音五行的生克制化、盛衰旺相来推断人的夭寿贵贱、利害与否，首创了中国传统命理学的三柱六字算命法，对中国命理文化的发展起到了奠基性的作用。

该书收录于《永乐大典》，是唐代著名的命理学典籍，在命理学上有着极高地位。

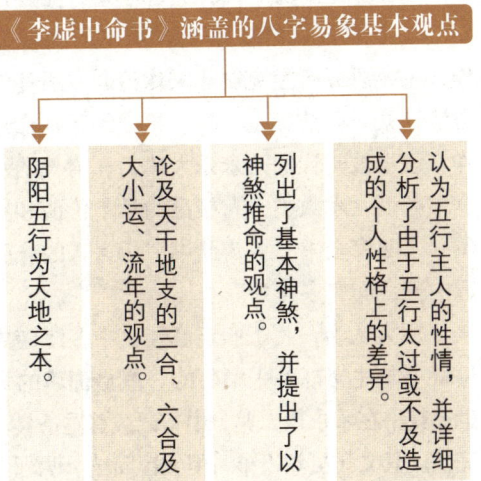

《李虚中命书》涵盖的八字易象基本观点

- 阴阳五行为天地之本。
- 论及天干地支的三合、六合及大小运、流年的观点。
- 列出了基本神煞，并提出了以神煞推命的观点。
- 认为五行主人的性情，并详细分析了由于五行太过或不及造成的个人性格上的差异。

## 025 《滴天髓》在命理学中有着怎样的地位？

《滴天髓》，据传为宋人京图撰写，明初刘基注。该书与《三命通会》《穷通宝鉴》和《子平真诠》合称"命学四书"。该书梳理了历代命学脉络，提炼论断精华，是对后世产生深远影响的四柱命理集大成之作。

《滴天髓》原著十分晦涩，经过清代学者任铁樵注疏后方正本清源，通俗易读。该书被前人推崇为命理学中的圣经，是命理学上具有划时代意义的巅峰之作。

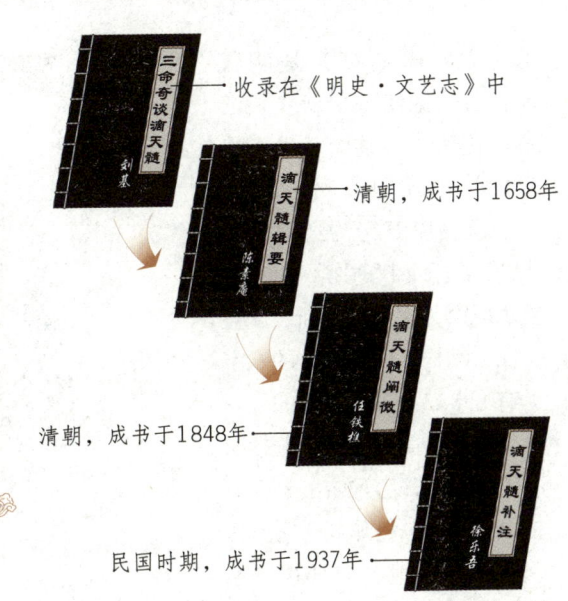

历代大家注疏《滴天髓》

- 三命奇谈滴天髓（刘基）——收录在《明史·文艺志》中
- 滴天髓辑要（陈素庵）——清朝，成书于1658年
- 滴天髓阐微（任铁樵）——清朝，成书于1848年
- 滴天髓补注（徐乐吾）——民国时期，成书于1937年

## 026 《玉照定真经》是怎样一部命理学书籍？

《玉照定真经》，东晋郭璞著，张颙注。

《玉照定真经》是现存最早的四柱命理著作，主要以五行生克制化来作论断，所述的论命方法朴素、简洁，是清晰、易懂的四柱命理学著作。该书被明代的《永乐大典》和清代的《四库全书》列入术数类，有极高的学术价值和历史地位。《四库全书》认为此书"所言吉凶应验，切近中理，亦有多可采"。

后人认为，《玉照定真经》中多江南方言，怀疑书与注文都是张颙写的，假借郭璞的名传于世。其书在《永乐大典》中，记载首尾备具，保存完整。其文句虽然不雅，但大旨简洁、明晰。所言吉凶应验，切近中理，亦多有可采。如论年仪、月仪、六害、三奇、三交、四象等，多有阐发。

**郭璞**

郭璞（276-324），字景纯，今山西省闻喜县人。东晋训诂学家、道学术数大师。

## 027 《穷通宝鉴》对命理学进行了怎样的讲解？

《穷通宝鉴》是明代余春台依据江湖旧籍《拦江网》整理、归纳而成的，徐乐吾曾为其作注。

该书以五行为经、月令为纬，结合寒暖调候，以官为首、以财为次进行论断，涵盖全面，结构性极强。人的八字约有五十二万种，学命的人一直想找一种简捷的方法概括所有的命例，《穷通宝鉴》正好提供了这样一种形式。它就像一部命学字典，只要按图索骥，就能找到所要找寻的答案，省时省力。

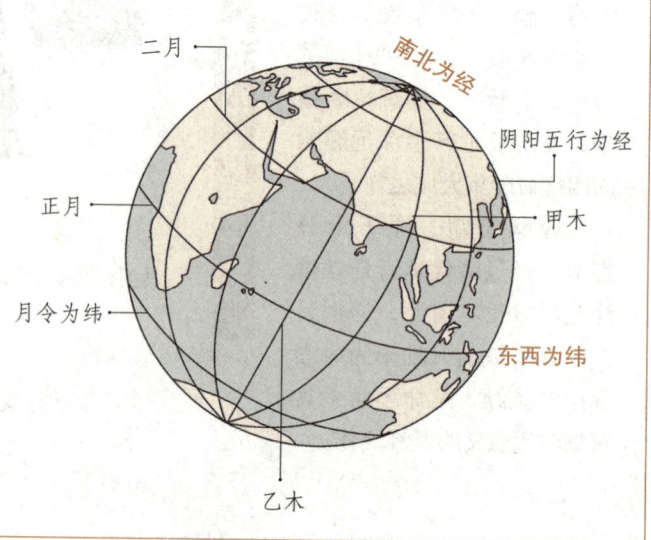

《穷通宝鉴》行文结构

二月 / 南北为经 / 阴阳五行为经 / 甲木 / 正月 / 月令为纬 / 东西为纬 / 乙木

上篇：命理
第一章 命理学的历史

## 028 《神峰通考》是怎样的一部命理学书籍？

《神峰通考》，原名《神峰张先生通考命理正宗辟谬大全》，明朝张楠著。该书成于作者70多岁时，是作者毕生心血的结晶。

《神峰通考》采用传统的子平论命体系，在结构体系上继承了《渊海子平》的风格，是传统子平格局命理的正脉。作者在书中补充阐述了自己经验所得的观点，例如动静说、盖头说、六亲说、病药说、人命见验说等。

作者用平白的语言对子平的古歌赋进行了注解，使后人可以轻松地阅读。

动静说

动可以攻动，不可以攻静；天干之动只能攻天干之动，不能攻地支之静。

静可以攻静，不可以攻动；地支之静只能攻地支之静，不能攻天干之动。

## 029 《命理约言》是怎样的一部命理学书籍？

《命理约言》为明末清初人陈素庵著，该书共四卷。第一卷为法，共48篇，有《看命总法》等；第二卷为赋，共20篇，有《格局赋》等；第三卷为论，共48篇，有《天干论》等；第四卷为杂论，共35则。

该书由民国时期韦千里校刊删注，命名为《精选命理约言》后，才逐渐流行开来。

旧书认为，子年八月生的女子为"八败"。

论女命不可拘泥于旧书，应结合四柱整体判断。

"凡看女命，喜柔不喜刚，喜静不喜动。"（《命理约言》）
"若不及辟之，或婚姻将谐而被破，或夫妇已配而相怨，或翁姑因此而憎弃，岂误人岂少哉。"（《命理约言》）

49

## 030 为什么称《三命通会》为命理学的集大成之作？

《三命通会》，明朝万民英著。该书共十二卷，前九卷分列了十天干，每天干以日为主，以月为核心，以时为辅用来定人吉凶；后三卷收录了很多子平经典赋文、古歌赋等。

《三命通会》的体系和结构继承了古论命法以及子平格局论命法。该书和《渊海子平》《星平会海》《神峰通考》《子平真诠》并称为传统子平命理学五大名著，是传统子平格局命学的正脉。

### 传统子平命理学五大名著

| 书名 | 《渊海子平》 | 《星平会海》 | 《神峰通考》 | 《三命通会》 | 《子平真诠》 |
|---|---|---|---|---|---|
| 作者 | 徐大升 | 月金山人 | 张楠 | 万民英 | 沈孝瞻 |
| 朝代 | 宋代 | 明代 | 明代 | 明代 | 清代 |
| 内容 | 涉及五行、喜忌、十干体象、十二支体象等。 | 论及五星禄命和子平命理两个体系。 | 动静说、盖头说、六亲说、病药说等。 | 分列十天干，每天干以日为主，以月为核心，以时为辅定人吉凶。 | 五行的由来、干支旺衰的判断、干支相互作用等。 |

## 031 《星学大成》对星命术进行了怎样的总结？

《星学大成》，明代万民英著。全书共十卷，第一卷为《星曜图例》，第二卷为《观星节要宫度主用十二位论》，第三卷为《诸家限例琴堂虚实》，第四卷为《耶律秘诀》，第五卷到第七卷为《仙城望斗三辰通载》，第八卷为《总龟紫府珍藏星经杂著》，第九卷为《碧玉真经邓史乔庙》，第十卷为《光雷渊微显曜格局》。

该书收录于《四库全书·子部》，精选了明代流传的星学秘藏珍本，对星学作了系统的总结，且穿插了作者的见解，是星学的集大成之作。

### 《星学大成》主要内容

| | 卷 | 内容 |
|---|---|---|
| 星学大成 | 卷一 | 星曜图例 |
| | 卷二 | 观星节要宫度主用十二位论 |
| | 卷三 | 诸家限例琴堂虚实 |
| | 卷四 | 耶律秘诀 |
| | 卷五-卷七 | 仙城望斗三辰通载 |
| | 卷八 | 总龟紫府珍藏星经杂著 |
| | 卷九 | 碧玉真经邓史乔庙 |
| | 卷十 | 光雷渊微显曜格局 |

## 032 《子平真诠》一书有什么特色？

《子平真诠》，清代沈孝瞻著，全书共四十八章，是传统子平命理学的著作之一。

《子平真诠》一书以月令用神为经，以诸神为纬，对用神的成败，用神与喜神忌神的生克制化作了很透彻的评析。其中对用神的透与会、有情无情、有力无力作了很好的解析。

该书理论精辟，论述恰到好处，很好地解释了《渊海子平》的核心理论，使原始命理学不再因论述简明而引起歧义。

### 子平命学与李虚中命学的区别

| 子平命学 | 李虚中命学 |
|---|---|
| 推命用四柱（年柱、月柱、日柱、时柱） | 推命用三柱（年柱、月柱、日柱） |
| 重正五行弃纳音 | 重纳音轻正五行 |
| 重日干 | 重年干 |
| 重四柱整体 | 重生月 |

## 033 《千里命稿》一书有什么特色？

《千里命稿》，著名命理学大师韦千里著，成书于1935年。该书的《五行篇》《六神篇》《补充篇》非常出色，对命理初学者有很大裨益。

该书讲述了子平命学的概念，语言简练，述理清晰，对五行、六神性质的讲解，更是叙述明了。同时，《评断篇》中所说的算命批八字需看命主强弱、定格局、取用神、论喜忌、查岁运、推六亲等，基本形成了现代命书的格式。

### 评断命运的程序及标准
（《千里命稿·补充篇》）

**看强弱** 以日干为主，以多寡、盛衰、失时、得令为标准。
↓
**定格局** 以月支为标准（外格不在此例）。
↓
**论用神** 以助强扶弱为标准。
↓
**论喜忌** 以用神为标准。
↓
**查岁运** 以喜忌为标准。
↓
**推六亲** 以四柱六神为标准。
↓
**评性情** 以五行用神等为标准。
↓
**断事业** 以用神及喜忌为标准。

## 034 《命理探源》一书有什么特色？

《命理探源》，近代袁树珊著，共八卷。

《命理探源》将中国古代命理学的理论、观点作了汇总，并且加上了自己的批注、诠释，是一部实用性、知识性都很强的命理学全书。

该书对简单的命学概念、原理、推命的方法、吉凶休咎的判断、各种五行的关系等各个方面都作了详细的论述。书中列举了很多例子，有助于我们对命理学的理解，是一本适合初学者阅读的命理典籍。

### 星家品质

袁树珊在《命理探源》中提出了星命学家应具有的品性、断命应秉承的原则，概括起来有十点，具体包括：学问、常变、言语、敦品、廉洁、勤勉、警励、治生、济贫、节义。其中很多观点在今天看来仍不失其积极意义。

**常变** 星家推命必须考虑到人情物理，询问山川风土、门第世德、命主的品性等，不可拘泥于固定条文。

**学问** 星家宜多读书。不仅要读星学命书，只要是和星学有关的经、史、子、集，都应该涉猎。

**言语** 星家语言宜忠实、雅驯，忌阿谀、卑陋、躁急。

**敦品** 星家要注意自己的"视听言动"，衣服、陈设是次要的装设。

## 035 现代有哪些著名的命理学者？

命理学发展到现代进入了百花齐放的时代，特别是在台湾地区，命理学得到了很好的发展。现代比较著名的命理学者有梁湘润、陈品宏、钟义明、陈柏谕、李铁笔、王亭之、高怀民、尤达人、邵伟华、李涵辰、许羽贤、宋英成等。

**现代命理学学者及作品**

| 学者 | 作品 |
|---|---|
| 梁湘润 | 《滴天髓、子平真诠今注》《星盘法流星诀》《细批终生详解》《细说子平六十年》 |
| 钟义明 | 《紫微一得》《紫微随笔（元亨利贞）》《玄空现代住宅学》 |
| 陈柏谕 | 《实用命理学》《四柱八字阐微与实务》 |
| 李铁笔 | 《易经占卜判吉凶》《四柱八字命运学》《五言独步五言杂歌评注》 |
| 王亭之 | 《中州派玄空形学》《谈斗数与玄空》《安星法及推断实例》 |
| 高怀民 | 《宋元明易学史》 |
| 尤达人 | 《命理通鉴》《知命四十年》 |

## 036 近现代命理学可以分为哪两个体系？

近现代命学理论可分为两大体系：

一是日元旺衰体系。此体系以日元旺衰为核心，把八字分成两个阵营：比劫、枭印为一党，财官、食伤为一党，对比两方力量强弱。日元旺则抑之，衰则扶之。

二是传统格局体系。传统的书房派和江湖派都以格局为中心，把八字根据组合结构划分为大的类型。格局的核心是月令，因为月令是八字里的主宰力量，它象征着一个人所处的社会大环境如何。

日元旺衰体系是以命主为核心的主观分析体系，是站在"我"的角度来分析人生，分析社会问题的；传统格局体系是以月令为中心的客观分析体系，是站在社会的角度，看"我"是否适应社会。

**两大体系发展脉络**

| 日元旺衰体系 | 传统格局体系 |
|---|---|
| 《神峰通考》（萌芽） | 《渊海子平》 |
| 《滴天髓阐微》（成熟） | 《子平真诠》《穷通宝鉴》 |
| 民国徐乐吾等的提倡 | 没落 |
| 当代邵伟华等的继承和发扬 | 占据命理学的主要地位 |

## 037 紫微斗数有哪些派别？

紫微斗数，相传是在北宋时期，由道家代表人物陈抟创立。紫微斗数的前身是"十八飞星"，斗数略晚于五星术产生，大约与子平术同时，曾受到印度占星术的影响。

斗数派别可分为两大流派：一是以星曜解读为主，统称为三合派；另一派则以四化解读为主，统称为四化派。三合派中又以中州星系最为系统，十四主星组成六十星系，彼此互相干涉，吉凶互应，以《紫微星诀》为论理依据。四化派中又以钦天四化最为严谨，该派以紫微星辰为经，飞星四化为纬，互生体用，其论理依据为《斗数秘仪》。

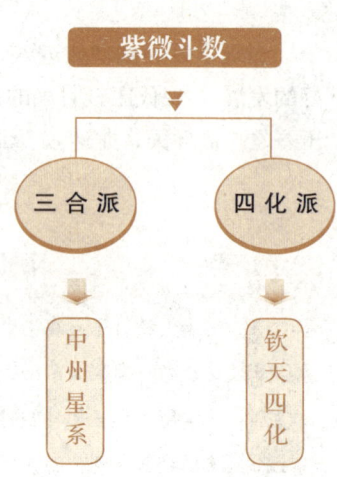

## 038 八字预测有哪几种操作模式？

1. **面测式。** 当面预测，除了互动式的交流以外，预测师还可以根据求测人的相貌气质、言行举止、当时的社会环境等诸多因素来辅助判断，有经验的预测师还会运用语言技巧旁敲侧击、套取信息。这时，预测师的社会经验和自身素质将发挥重要作用。

2. **互动式。** 求测者与预测师不见面，采取批断一部分就反馈一部分，或者一问一答的方式。这种方式最为常见，其弊端在于其中常带套话成分，容易被江湖术士所骗。优点在于动态交流可以校正断命思路。

3. **双盲式。** 预测师与求测者相互不通信息，全凭预测师按易理推测。此种方式最难，最考验功力。其预测精确程度与预测师的能力有很大关系。

互动式

# 第二章 基础概念

什么是阴阳五行？什么是天干地支？什么是五行的冲合刑害？什么是紫微十二宫？一部分人一知半解，大多数人一窍不通。对今天的我们来说，命理学既神秘又深奥。翻开命理学典籍，大家既好奇，又忐忑，想深识堂奥，又惧命理学领域的高深。为了帮助大家更好地阅读、学习，本章对命理学重要的概念，常用的名词术语进行了简明的阐述，是初学者阅读后边章节内容的基础。

## 039 什么是阴阳？

古代思想家认为，宇宙间一切事物都是由互相对立又互相依存的两个方面构成的，这两个方面就称为阴阳。

一般说来，阳代表事物具有动的、活跃的、刚强的等属性的一面，如动、活跃、积极、光亮、刚强、热、增长、无形、外露、生命活动等。阴代表事物具有静的、不活跃、柔和的等属性的一面，如静、柔和、抑制、消极、重的、减少、有形的、下降的等。

阴阳

太阳为阳，月亮为阴。

男人为阳，女人为阴。

马行走为阳，路静止为阴。

马向下的腹为阴，向上的背为阳。

# 040 什么是五行？

五行是中国古代的一种物质观，古人认为大自然的万事万物都是由金、木、水、火、土这五种要素构成的，简称五行。

五行各有其不同的特性，即"水曰润下、火曰炎上、木曰曲直、金曰从革、土爱稼穑"。意思是说：木具有生发、调达舒畅的特性；火具有炎热、向上的特性；金具有敛肃、变革的特性；水具有滋润、向下的特性。

**五行**

五行相生：金生水、水生木、木生火、火生土、土生金。

金"从革"，剑和斧子都带有肃杀之气，是变革常用的武器。

水"润下"，小河有滋润万物的能力和向下流的特性，五行属水。

土"稼穑"，土有播种和收获农作物的作用。具有生化、承载、受纳作用的事物，均归属于土。

木"曲直"，植物具有生长、生发的特性，五行属木。

火"炎上"，火具有温热、上升的特性。

五行相克：金克木、木克土、土克水、水克火、火克金。

→ 指相生
→ 指相克

## 041 五行之间有着怎样的生克关系？

五行相生：金生水、水生木、木生火、火生土、土生金。

五行相克：金克木、木克土、土克水、水克火、火克金。

但在实际运用中，五行之间不只是简单的生克关系，而是存在着复杂的"变理"。

《元理赋》中对五行变理作了具体阐述。

| 金赖土生，<br>土多金埋；<br>土赖火生，<br>火多土焦；<br>火赖木生，<br>木多火窒；<br>木赖水生，<br>水多木漂；<br>水赖金生，<br>金多水浊。<br>（主生力太强） | 金能生水，<br>水多金沉；<br>水能生木，<br>木多水缩；<br>木能生火，<br>火多木焚；<br>火能生土，<br>土多火晦；<br>土能生金，<br>金多土虚。<br>（受生者太旺） | 金本克木，<br>木坚金缺；<br>木本克土，<br>土重木折；<br>土本克水，<br>水多土流；<br>水本克火，<br>火炎水灼；<br>火本克金，<br>金多火熄。<br>（反克） | 金弱逢火，<br>必见销熔；<br>火弱逢水，<br>必至熄灭；<br>水弱逢土，<br>必为淤塞；<br>土弱逢木，<br>必遭倾陷；<br>木弱逢金，<br>必为斫折。<br>（重克） | 强金得水，<br>方挫其锋；<br>强水得木，<br>方缓其势；<br>强木得火，<br>方泄其英；<br>强火得土，<br>方敛其焰；<br>强土得金，<br>方化其顽。<br>（五行相泄） |

## 042 什么是十天干？

所谓十天干就是：甲、乙、丙、丁、戊、己、庚、辛、壬、癸。

甲：如草木破土而出，阳被阴所包裹。

乙：如草木初生，枝叶柔软屈伸之形。

丙：丙，即炳。日光明亮，万物生长靠太阳。

丁：壮也，草木茁壮成长，好比人的繁衍。

戊：即茂，大地草木茂盛。

己：即起，或纪，万物仰身而立，有形可纪。

庚：即更，秋天来临，季节更替。

辛：辛即新，万物肃然更新，果实新收。

壬：即妊，阳气潜伏地中，犹如在孕育新生命。

癸：即揆，万物潜藏于地下，新生命在悄然发育。

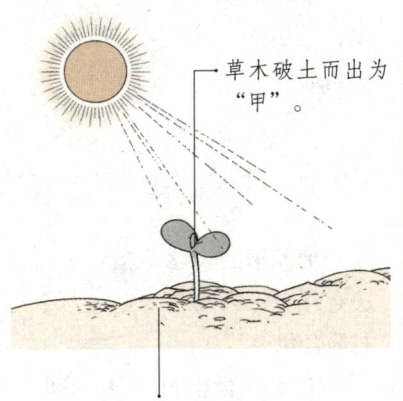

草木破土而出为"甲"。

十天干对应于小苗即是小苗从生长到重新孕育的全过程。

## 043 什么是十二地支？

所谓十二地支就是：子、丑、寅、卯、辰、巳、午、未、申、酉、戌、亥。

子：草木生子，萌芽的开始；丑：即纽，土中的芽苗，屈曲身体即将冒出地面；寅：即演、津，芽苗从泥中钻出，迎着春阳伸展身体；卯：即茂，在阳光的照耀下，万物滋生繁茂；辰：即震、伸，万物震起而生，阳气生发已经过半；巳：即起，万物盛长而起，阴气消尽；午：即忤，万物丰满长大，阳气充盛，阴气开始萌生。未：即味，果实快成熟有了香味；申：即身，果实都已长成；酉：即老、犹，万物开始犹缩收敛；戌：即灭，草木凋零，生气灭绝；亥：即劾，阴气劾杀万物，已达极点。

万物收敛为"酉"。

十二地支对应于小树，即是小树从孕育到死亡的全过程。

## 044 十天干的阴阳五行属性是怎样的？

世间万物皆属于阴阳五行，天干也不例外。

甲、丙、戊、庚、壬属阳，乙、丁、己、辛、癸属阴。

甲、乙属木，丙、丁属火，戊、己属土，庚、辛属金，壬、癸属水。

**天干与五行、阴阳的对应关系**

| 五行 | 木 | | 火 | | 土 | | 金 | | 水 | |
|---|---|---|---|---|---|---|---|---|---|---|
| 阴阳 | 阳 | 阴 | 阳 | 阴 | 阳 | 阴 | 阳 | 阴 | 阳 | 阴 |
| 天干 | 甲 | 乙 | 丙 | 丁 | 戊 | 己 | 庚 | 辛 | 壬 | 癸 |

## 045 什么是十天干的合化？

十天干的合化是指：甲与己合化土，乙与庚合化金，丙与辛合化水，丁与壬合化木，戊与癸合化火。

天干五合出自河图，即一六（甲己）共宗，二七（乙庚）同道，三八（丙辛）为朋，四九（丁壬）为友，五十（戊癸）同途之意。相合两干，其天干序数之差为五。

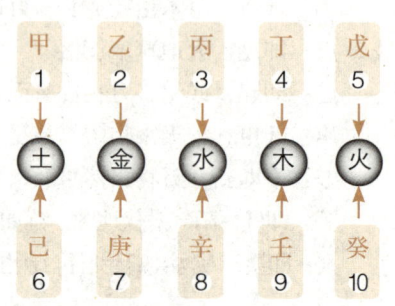

## 046 十二地支的阴阳五行属性是怎样的？

世间万物皆属于阴阳五行，地支也不例外。

子、寅、辰、午、申、戌属阳；丑、卯、巳、未、酉、亥属阴。

寅、卯属木；午、巳属火；申、酉属金；子、亥属水；辰、戌、丑、未属土。

### 地支与五行、阴阳的对应关系

| 五行 | 金 | | 木 | | 水 | | 火 | | 土 | |
|---|---|---|---|---|---|---|---|---|---|---|
| 阴阳 | 阴 | 阳 | 阴 | 阳 | 阴 | 阳 | 阴 | 阳 | 阴 | 阳 |
| 地支 | 酉 | 申 | 卯 | 寅 | 亥 | 子 | 巳 | 午 | 丑未 | 辰戌 |

## 047 天干地支各属于什么方位？

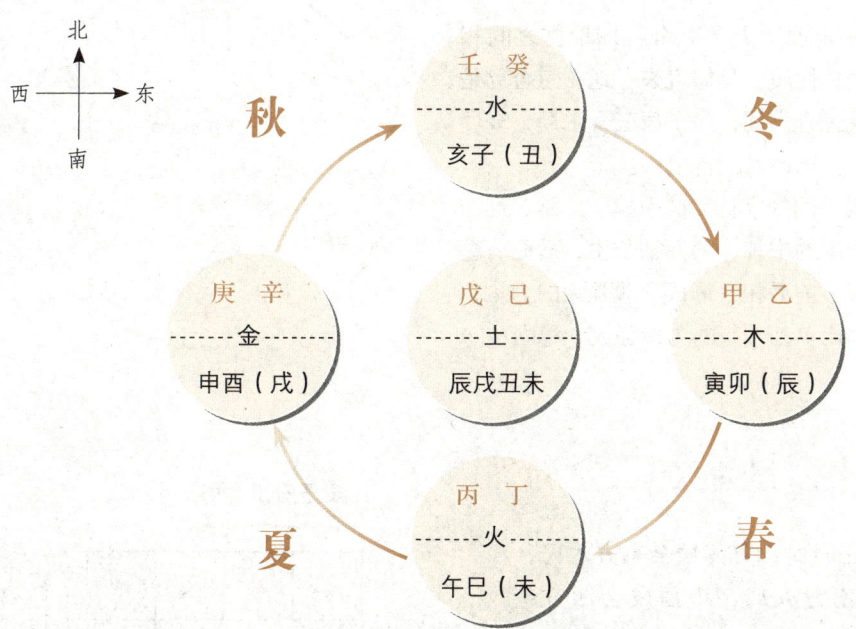

天干的对应方位为：
甲乙东方木，丙丁南方火，戊己中央土，庚辛西方金，壬癸北方水。

地支的对应方位为：
寅卯东方木，午巳南方火，辰戌丑未四隅土，申酉西方金，子亥北方水。

寅卯辰司春之令；午巳未司夏之令；申酉戌司秋之令；子亥丑司冬之令。

## 048 什么是地支六合？

地支六合是指：子丑合化土；寅亥合化木；卯戌合化火；辰酉合化金；巳申合化水、午未合化土。

《考原》记载："六合者，以月建与月将为相合也。如正月建寅，月将在亥，故寅与亥合；二月建卯，月将在戌，故卯与戌合也。月建左旋，月将右转，顺逆相值，故为六合"。

| 地支六合 | | 合化 |
|---|---|---|
| 辰 | 酉 | 金 |
| 寅 | 亥 | 木 |
| 巳 | 申 | 水 |
| 卯 | 戌 | 火 |
| 子 | 丑 | 土 |
| 午 | 未 | 土 |

## 049 什么是地支三合局？

地支三合理同天干五合，即地支之间相互作用而变化性质。具体说来，地支三合局是指：寅午戌三合火局，申子辰三合水局，亥卯未三合木局，巳酉丑三合金局。

三合局中间的字称为"中神"，是合局的核心。三合局的中神，前面临长生，后面有墓库储蓄力量，前后相合形成一股强大的力量，所以三合局比单独一行的力量强大、稳固。

## 050 什么是地支三会局？

地支三会局：寅卯辰会东方木局，巳午未会南方火局，申酉戌会西方金局，亥子丑会北方水局。

三合与三会，是用地支来表示年、月、日、时所出现的现象。比如，当日期中同时出现寅、卯、辰时，即形成三会木局，木的力量会增强，其他依此类推。三会局的力量要大于三合局。

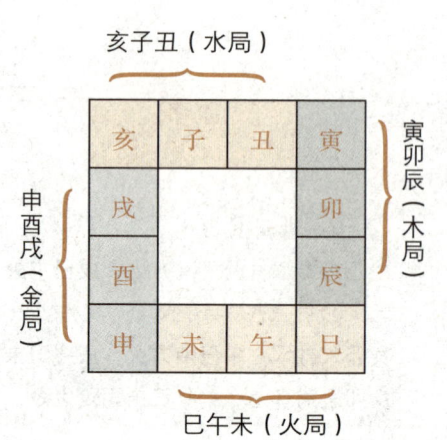

## 051 什么是地支六冲？

地支六冲：子午冲，丑未冲，寅申冲，卯酉冲，辰戌冲，巳亥冲。

地支相冲指十二地支中同性相斥，五行相克，方位对冲。比如子午在方位上是对立的，二者在属性上也相反，子属水，午属火，水火相克。其他依次类推。

相冲的力量比相克的力量大，原因是六冲中两地支的同性相斥。反过来说被克者受损较小，被冲者受损较大。

相冲两支在十二地支中的顺序数相减为6。

| 十二地支对应数字 | | |
|---|---|---|
| 子 1 | 丑 2 | 寅 3 |
| 卯 4 | 辰 5 | 巳 6 |
| 午 7 | 未 8 | 申 9 |
| 酉 10 | 戌 11 | 亥 12 |

## 052 什么是地支相刑？

地支相刑是指：子刑卯、卯刑子，为无礼之刑；寅刑巳、巳刑申、申刑寅，为恃势之刑；未刑丑、丑刑戌、戌刑未，为无恩之刑；辰见辰、午见午、酉见酉、亥见亥为自刑。

《三车一览》中记载："子卯为无礼，子属水，卯属木，水能生木，则子水为母，卯木为子。子母相刑，故曰无礼。寅巳申为恃势，以三位中各有长生临官，恃强而刑，故曰恃势。丑戌未为无恩，以三位皆属土，比和为兄弟，今乃同室操戈，故曰无恩。辰午酉亥为自刑，谓寅申巳亥，有寅巳申互相刑，内有亥无刑。辰戌丑未，有戌丑未互相刑，内有辰无刑。子午卯酉，有子卯互相刑，内有午酉无刑。是以四位谓之自刑，盖无别物相加，故曰自刑也。"

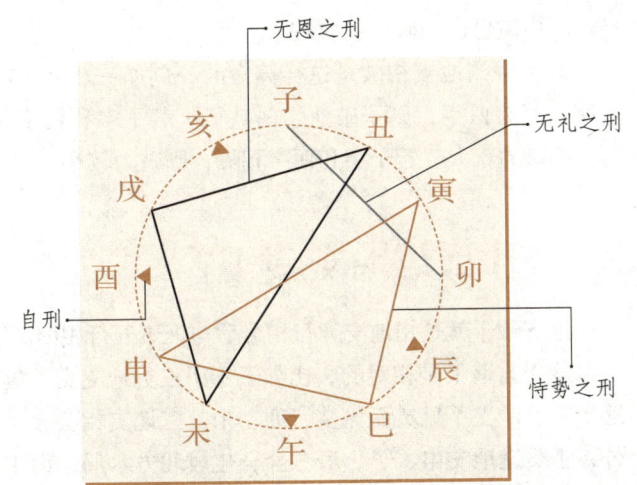

## 053 什么是地支相害？

地支相害分为六组，分别是：子未相害，丑午相害，寅巳相害，卯辰相害，申亥相害，酉戌相害。

凡命局同时出现会局、合局、相冲、相刑，以会局优先，三合局次之，六合局再次之，不见会局、合局，再论冲、刑、害。

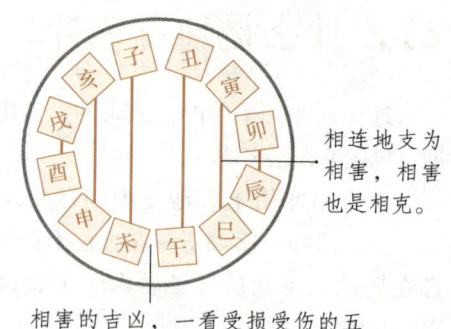

相连地支为相害，相害也是相克。

相害的吉凶，一看受损受伤的五行，二看喜忌神的损益。

## 054 什么是地支相破？

地支相破是传统的四柱预测术语，指地支之间的相互妨害、破坏。

地支相破分为六组，分别是：子破酉、酉破子；丑破辰、辰破丑；寅破亥、亥破寅；卯破午、午破卯；巳破申、申破巳；未破戌、戌破未。

八字中的地支相破是这样算命的，例如：八字中有子字，又有酉字，则子破酉、酉破子。若子字和酉字相邻，则破力较大，若子字和酉字相隔，则破力较小。

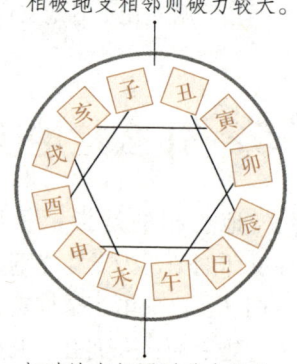

相破地支相邻则破力较大。

相破地支相隔则破力较小。

## 055 什么是地支藏干？

地支藏干就是指地支五行相合后与天干五行相同。

藏干与透干是相对的，比如天干甲乙见地支寅，寅为阳木，五行与天干同，就是透干。若地支不见寅而见亥、卯、未，三地支相会合化而成东方木局，就是藏干。另外，壬癸逢地支申、子、辰三会合化成北方水局，丙丁遇寅、午、戌三会合化成南方火局，庚辛遇巳、酉、丑合化成西方金局，都称为地支藏干。

**十二地支及其对应藏干**

| 地支 | 子 | 丑 | 寅 | 卯 | 辰 | 巳 | 午 | 未 | 申 | 酉 | 戌 | 亥 |
|---|---|---|---|---|---|---|---|---|---|---|---|---|
| 藏干 | 癸 | 己辛癸 | 甲丙戊 | 乙 | 乙戊癸 | 丙戊庚 | 丁己 | 乙己丁 | 庚壬戊 | 辛 | 辛丁戊 | 壬甲 |

# 056 什么是十干的生旺死绝？

十天干周行于十二地支，由于五行生克制化的原理，以及自身生存发展暨时序迁移，大自然环境新陈代谢的影响，就发生了十二个阶段旺衰不同的变化。这十二个阶段分别称为：胎、养、长生、沐浴、冠带、临官、帝旺、衰、病、死、墓、绝。总称旺衰十二运。

## 旺衰十二运的具体含义

| | |
|---|---|
| 胎 | （酝酿）天地气交，氤氲造物，其物在地中萌芽，始有其气，如人受父母之气也。 |
| 养 | （孕育）万物在地中成形，如人在母腹成形也。 |
| 长生 | （产生）万物生发向荣，如人始生而向长也。 |
| 沐浴 | （吸纳）以万物初生，沐浴以去其垢。 |
| 冠带 | （发展）万物渐荣秀，如人具衣冠也。 |
| 临官 | （壮大）如人之临官也。 |
| 帝旺 | （高峰）万物成熟，如人之兴旺也。 |
| 衰 | （衰退）万物形衰，如人之气衰也。 |
| 病 | （破败）万物病，如人之病也。 |
| 死 | （灭亡）万物死，如人之死也。 |
| 墓 | （收敛）以万物收获而藏之库，如人之终而归墓也。 |
| 绝 | （消散）以万物在地中，未有其象，如母腹空，未有物也。 |

## 十天干生旺死绝表

| 状态\时令 五行 | 五阳干（顺行） | | | | | 五阴干（逆行） | | | | |
|---|---|---|---|---|---|---|---|---|---|---|
| | 甲 | 丙 | 戊 | 庚 | 壬 | 乙 | 丁 | 己 | 辛 | 癸 |
| 胎 | 酉 | 子 | 子 | 卯 | 午 | 申 | 亥 | 亥 | 寅 | 巳 |
| 养 | 戌 | 丑 | 丑 | 辰 | 未 | 未 | 戌 | 戌 | 丑 | 辰 |
| 长生 | 亥 | 寅 | 寅 | 巳 | 申 | 午 | 酉 | 酉 | 子 | 卯 |
| 沐浴 | 子 | 卯 | 卯 | 午 | 酉 | 巳 | 申 | 申 | 亥 | 寅 |
| 冠带 | 丑 | 辰 | 辰 | 未 | 戌 | 辰 | 未 | 未 | 戌 | 丑 |
| 临官 | 寅 | 巳 | 巳 | 申 | 亥 | 卯 | 午 | 午 | 酉 | 子 |
| 帝旺 | 卯 | 午 | 午 | 酉 | 子 | 寅 | 巳 | 巳 | 申 | 亥 |
| 衰 | 辰 | 未 | 未 | 戌 | 丑 | 丑 | 辰 | 辰 | 未 | 戌 |
| 病 | 巳 | 申 | 申 | 亥 | 寅 | 子 | 卯 | 卯 | 午 | 酉 |
| 死 | 午 | 酉 | 酉 | 子 | 卯 | 亥 | 寅 | 寅 | 巳 | 申 |
| 墓 | 未 | 戌 | 戌 | 丑 | 辰 | 戌 | 丑 | 丑 | 辰 | 未 |
| 绝 | 申 | 亥 | 亥 | 寅 | 巳 | 酉 | 子 | 子 | 卯 | 午 |

## 057 什么是五行的旺相休囚死？

五行的"旺相休囚死"和四时息息相关，就是指在春、夏、秋、冬四个季节里，每个季节都有一个五行处于"旺"，一个五行处于"相"，一个五行处于"休"，一个五行处于"囚"，一个五行处于"死"的状态。

旺就是指处于旺盛的状态；相就是指处于次旺的状态；休就是指休然无事，也有退休的意思；囚就是指处于衰落被囚的状态；死就是指处于被克制而生气全无的状态。

五行的旺、相、休、囚、死有这样的规律：当令者旺，令生者相，生令者休，克令者囚，令克者死。

**五行在四时中的"旺相休囚死"的状态**

| 春 | 夏 | 季 | 秋 | 冬 |
|---|---|---|---|---|
| 木旺 | 火旺 | 土旺 | 金旺 | 水旺 |
| 火相 | 土相 | 金相 | 水相 | 木相 |
| 水休 | 木休 | 火休 | 土休 | 金休 |
| 金囚 | 水囚 | 木囚 | 火囚 | 土囚 |
| 土死 | 金死 | 水死 | 木死 | 火死 |

（注：表中"季"指辰、戌、丑、未四个月。辰、戌、丑、未土的性质和力量是有所区别的。）

## 058 什么是六十甲子？

十天干与十二地支按阳干配阳支，阴干配阴支的搭配规则，从"甲子"开始至"癸亥"共有六十种不同的组合，我们把这六十种不同的干支组合称为"六十甲子"。由于这些干支组合都不同，其含义也不同，所以又称"六十花甲子"。"花"就是它们的不同之处。

**六十甲子顺序表**

| 序 | 干支 | 序 | 干支 | 序 | 干支 | 序 | 干支 | 序 | 干支 |
|---|---|---|---|---|---|---|---|---|---|
| 1 | 甲子 | 13 | 丙子 | 25 | 戊子 | 37 | 庚子 | 49 | 壬子 |
| 2 | 乙丑 | 14 | 丁丑 | 26 | 己丑 | 38 | 辛丑 | 50 | 癸丑 |
| 3 | 丙寅 | 15 | 戊寅 | 27 | 庚寅 | 39 | 壬寅 | 51 | 甲寅 |
| 4 | 丁卯 | 16 | 己卯 | 28 | 辛卯 | 40 | 癸卯 | 52 | 乙卯 |
| 5 | 戊辰 | 17 | 庚辰 | 29 | 壬辰 | 41 | 甲辰 | 53 | 丙辰 |
| 6 | 己巳 | 18 | 辛巳 | 30 | 癸巳 | 42 | 乙巳 | 54 | 丁巳 |
| 7 | 庚午 | 19 | 壬午 | 31 | 甲午 | 43 | 丙午 | 55 | 戊午 |
| 8 | 辛未 | 20 | 癸未 | 32 | 乙未 | 44 | 丁未 | 56 | 己未 |
| 9 | 壬申 | 21 | 甲申 | 33 | 丙申 | 45 | 戊申 | 57 | 庚申 |
| 10 | 癸酉 | 22 | 乙酉 | 34 | 丁酉 | 46 | 己酉 | 58 | 辛酉 |
| 11 | 甲戌 | 23 | 丙戌 | 35 | 戊戌 | 47 | 庚戌 | 59 | 壬戌 |
| 12 | 乙亥 | 24 | 丁亥 | 36 | 己亥 | 48 | 辛亥 | 60 | 癸亥 |

上篇：命理

第二章 命理学基础 概念

## 059 什么是纳音？

"音"是我国古人根据不同音阶确定的五音，指宫、商、角、徵、羽。对应今天的1、2、3、5、6，即哆、来、咪、嗦、啦。

"纳"在古代是加入的意思，指在算命术的领域中，除了用五行、数字等来研究外，还可以利用音律寻找事物之间的联系。

"纳音"最早源于董仲舒的五行之序和洪范五行，指在术数预测中广为应用的一种取"数"的方法。古人将六十甲子分为三十组，根据其不同的象冠以不同的名，即"纳音"。纳音的范围不出五行的范畴，每组干支配纳音的五行称为"纳音五行"。

### 纳音五行

| 羽 | | 徵 | | 角 | | 商 | | 宫 | |
|---|---|---|---|---|---|---|---|---|---|
| 生木 | 属水 | 生土 | 属火 | 生火 | 属木 | 生水 | 属金 | 生金 | 属土 |
| 壬午癸未 | 纳音五行 | 庚午辛未 | 庚子辛丑 | 戊午己未 | 戊子己丑 | 丙午丁未 | 丙子丁丑 | 甲午乙未 | 甲子乙丑 |
| 庚寅辛卯 | 庚申辛酉 | 戊寅己卯 | 戊申己酉 | 丙寅丁卯 | 丙申丁酉 | 甲寅乙卯 | 甲申乙酉 | 壬寅癸卯 | 壬申癸酉 |
| 戊戌己亥 | 戊辰己巳 | 丙戌丁亥 | 丙辰丁巳 | 甲戌乙亥 | 甲辰乙巳 | 壬戌癸亥 | 壬辰癸巳 | 庚戌辛亥 | 庚辰辛巳 |

## 060 什么是六十甲子纳音？

### 《六十甲子纳音歌》

甲子乙丑海中金
丙寅丁卯炉中火
戊辰己巳大林木
庚午辛未路旁土
壬申癸酉剑锋金
甲戌乙亥山头火
丙子丁丑涧下水
戊寅己卯城墙土
庚辰辛巳白蜡金
壬午癸未杨柳木

甲申乙酉泉中水
丙戌丁亥屋上土
戊子己丑霹雳火
庚寅辛卯松柏木
壬辰癸巳长流水
甲午乙未沙中金
丙申丁酉山下火
戊戌己亥平地木
庚子辛丑壁上土
壬寅癸卯金箔金

甲辰乙巳覆灯火
丙午丁未天河水
戊申己酉大驿土
庚戌辛亥钗钏金
壬子癸丑桑柘木
甲寅乙卯大溪水
丙辰丁巳沙中土
戊午己未天上火
庚申辛酉石榴木
壬戌癸亥大海水

"六十甲子纳音"是一种从先秦经历朝历代传承至今的择时术。六十甲子和纳音的关系经过数代人的推算，被规定下来，并创立了《六十甲子纳音歌》。

"六十甲子纳音"具有由阴阳五行合流与律历合体为标志的时代特征，由干支与五行代言音律的纳音特征，以及由"同类娶妻，隔八生子"方式为核心的生律特征。

## 061 什么是二十四节气？

二十四节气是根据太阳在黄道（即地球绕太阳公转的轨道）上的位置来划分的。

二十四节气按地球绕太阳运转可分为：立春、雨水、惊蛰、春分、清明、谷雨；立夏、小满、芒种、夏至、小暑、大暑；立秋、处暑、白露、秋分、寒露、霜降；立冬、小雪、大雪、冬至、小寒、大寒。

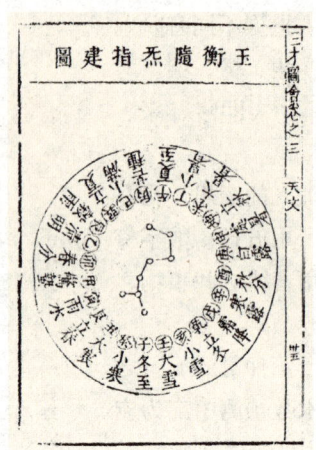

**二十四节气图**

太阳从黄经零度出发，每前进十五度为一个节气，运行一周又回到春分点，一回归年有三百六十度，共二十四个节气。

## 062 什么是十二辰、十二次？

"辰"的本意为日、月的交会点。十二辰是指中国古人将黄道附近的一周天分为十二等分，自东向西配以子、丑、寅、卯、辰、巳、午、未、申、酉、戌、亥十二地支。"十二辰"就是指农历一年十二个月的月朔时太阳所在的位置。

中国古代为了观测日、月、五星的位置和运动，把赤道带自西向东划分为十二个部分，称为十二次。十二次的名称依次是：星纪、玄枵、娵訾、降娄、大梁、实沈、鹑首、鹑火、鹑尾、寿星、大火、析木。

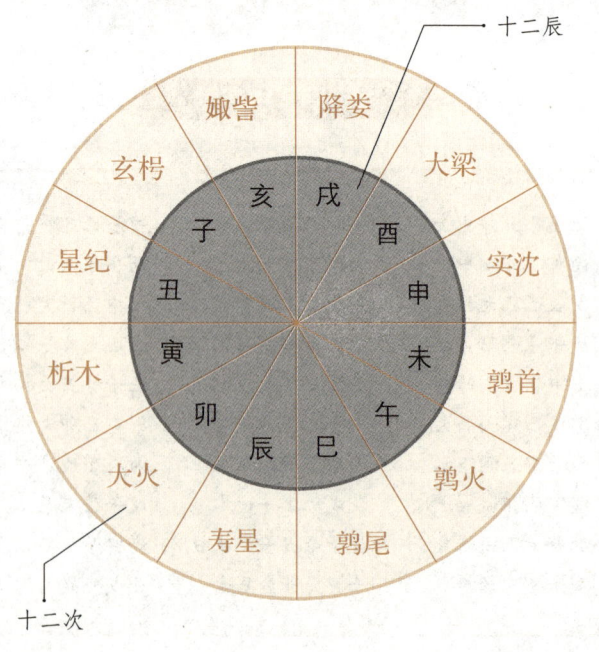

**十二辰和十二次对照表**

## 063 什么是黄道十二宫？

古人将太阳每年在天空中穿行的圆形路径称为"黄道"，它实际上是太阳在地球公转时映在地球上的投影。太阳在地球上沿着黄道一年转一圈，为了方便确定太阳的具体位置，人们把黄道划分成了十二等份，每份相当于30°，每份用邻近的一个星座命名，这些星座就称为黄道十二宫。

黄道十二宫对应的十二个星座分别是白羊座、金牛座、双子座、巨蟹座、狮子座、处女座、天秤座、天蝎座、射手座、摩羯座、水瓶座、双鱼座。

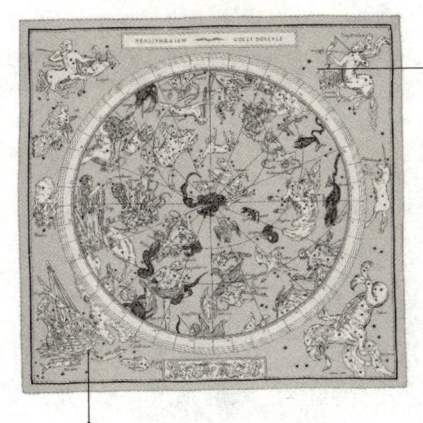

黄道十二宫

"黄道十二宫"一词来源于希腊语，意思是动物园。

希腊人认为，星座都是由各种不同的动物构成的。

## 064 什么是"七政四余"？

"七政四余"是中国古代的占星学系统。

"七政"又称七曜，是我国古代对太阳、太阴、辰星、太白、荧惑、岁星、镇星即日、月、水、金、火、木、土七大天体的合称。"四余"是指紫气、月孛、罗睺、计都四虚星。

古代常将"七政四余"结合在一起来断命。具体方法是以人出生的年、月、日，观察"七政四余"等星曜所居十二宫的庙旺，所对应二十八宿的度数，用以测知人出生之日的吉凶。

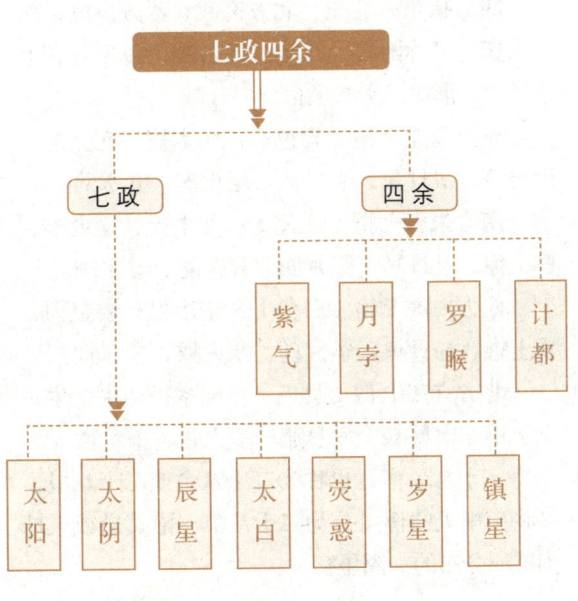

## 065 十二星座、二十八星宿及地面分野是如何对应的？

古代星占将十二辰与十二星座相配，与二十八宿及地上州城分野相联系，作为以天象变化占验人事吉凶的重要依据。

**十二星座、二十八星宿与地面分野的对应**

| 十二辰 | 十二星座 | 二十八星宿 | 分野 | 十二辰 | 十二星座 | 二十八星宿 | 分野 |
|---|---|---|---|---|---|---|---|
| 子 | 水瓶座 | 女、虚、危 | 齐 | 午 | 狮子座 | 柳、星、张 | 周 |
| 丑 | 摩羯座 | 斗、牛 | 吴 | 未 | 巨蟹座 | 井、鬼 | 秦 |
| 寅 | 射手座 | 尾、箕 | 燕 | 申 | 双子座 | 觜、参 | 晋 |
| 卯 | 天蝎座 | 氐、房、心 | 宋 | 酉 | 金牛座 | 胃、昴、毕 | 赵 |
| 辰 | 天秤座 | 角、亢 | 郑 | 戌 | 白羊座 | 奎、娄 | 鲁 |
| 巳 | 处女座 | 翼、轸 | 楚 | 亥 | 双鱼座 | 室、壁 | 卫 |

## 066 什么是四象和二十八星宿？

四象指东方苍龙、北方玄武、西方白虎、南方朱雀。又称四兽、四维、四方神，每象各有七个星宿，形成二十八星宿。

东方苍龙七宿（青色）：角木蛟、亢金龙、氐土貉、房日兔、心月狐、尾火虎、箕水豹。

南方朱雀七宿（红色）：井木犴、鬼金羊、柳土獐、星日马、张月鹿、翼火蛇、轸水蚓。

西方白虎七宿（白色）：奎木狼、娄金狗、胃土雉、昴日鸡、毕月乌、觜火猴、参水猿。

北方玄武七宿（黑色）：斗木獬、牛金牛、女土蝠、虚日鼠、危月燕、室火猪、壁水獐。

二十八星宿，也称为二十八舍或二十八星，是将南中天的恒星分为二十八群，沿黄道或天球赤道所分布的一圈星宿。

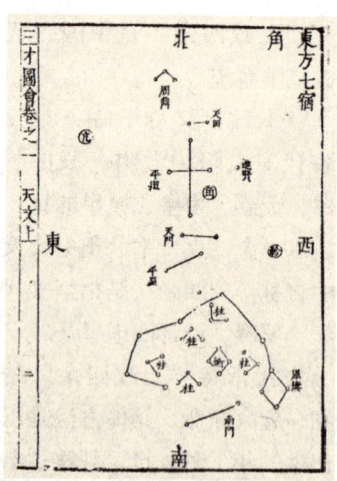

东方七宿：角
《三才图会》明朝 王圻\王思义著

东方七宿包括：角、亢、氐、房、心、尾、箕。

## 上篇：命理
### 第二章 命理学基础概念

**四象星空图**

　　四象指东方苍龙、北方玄武、西方白虎、南方朱雀。四象包括二十八星宿，分别是：东方角、亢、氐、房、心、尾、箕七宿；南方井、鬼、柳、星、张、翼、轸七宿；西方奎、娄、胃、昴、毕、觜、参七宿；北方斗、牛、女、虚、危、室、壁七宿。

南方井、鬼、柳、星、张、翼、轸七宿，其形如鹑鸟，曰"前朱雀"。

西方奎、娄、胃、昴、毕、觜、参七宿，其形如虎，曰"右白虎"。

东方角、亢、氐、房、心、尾、箕七宿，其形如龙，曰"左青龙"。

北方斗、牛、女、虚、危、室、壁七宿，其形如龟蛇，曰"后玄武"。

69

## 067 什么是三垣？

三垣：古人将地球上看到的北天极一片的天空划分为上垣太微垣、中垣紫微垣和下垣天市垣。所以三垣就是指太微垣、紫微垣和天市垣。

紫微垣包括北天极附近的天区，大体相当于拱极星区；太微垣包括室女、后发、狮子等星座的一部分；天市垣包括蛇夫、武仙、巨蛇、天鹰等星座的一部分。

太微垣居紫微垣之下的东北方。

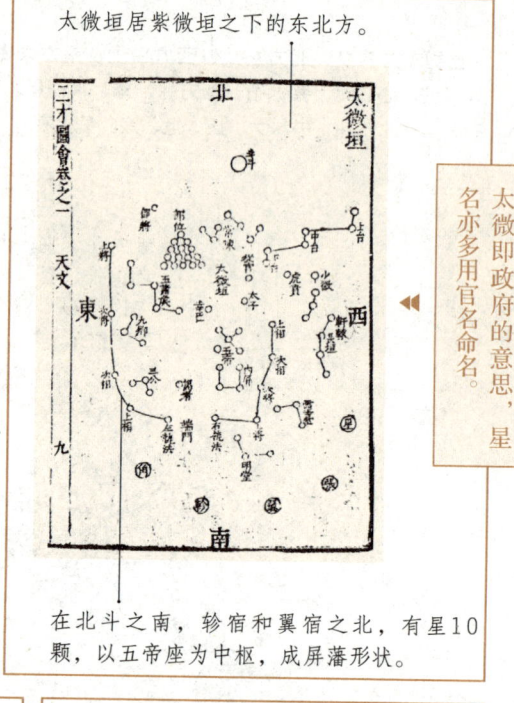

太微即政府的意思，星名亦多用官名命名。

在北斗之南，轸宿和翼宿之北，有星10颗，以五帝座为中枢，成屏藩形状。

紫微垣居北天中央，又称中官，或紫微宫。

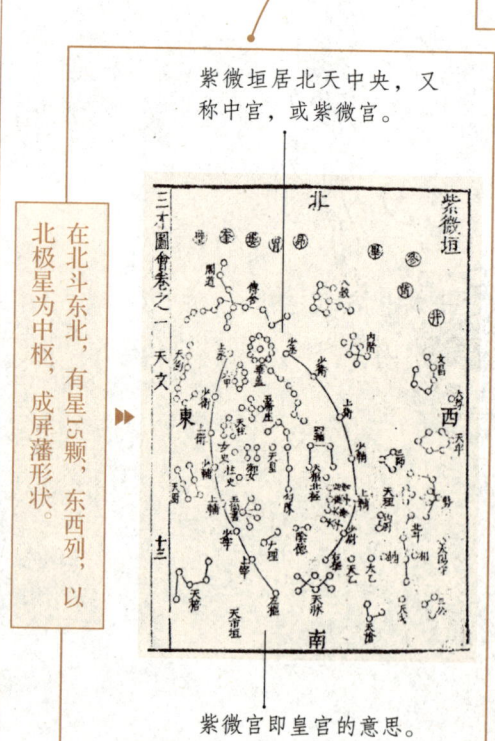

在北斗东北，有星15颗，东西列，以北极星为中枢，成屏藩形状。

紫微宫即皇宫的意思。

天市即集贸市场。

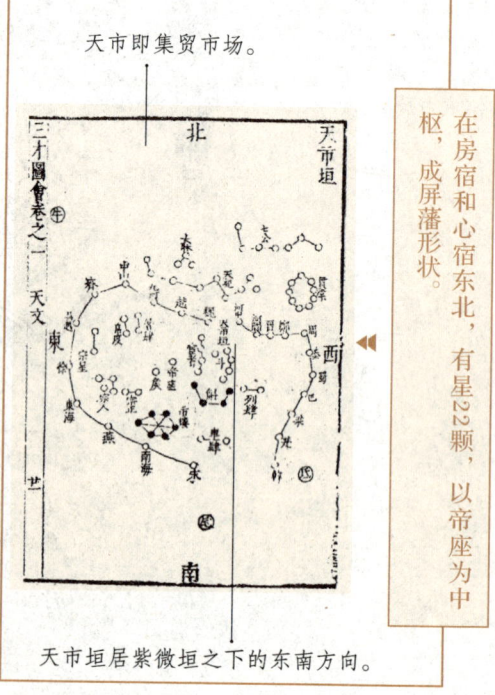

在房宿和心宿东北，有星22颗，以帝座为中枢，成屏藩形状。

天市垣居紫微垣之下的东南方向。

## 068 什么是紫微十二宫？

紫微十二宫，又称斗数命盘，由命宫、兄弟宫、夫妻宫、子女宫、财帛宫、疾厄宫、迁移宫、奴仆宫、官禄宫、田宅宫、福德宫、父母宫这十二宫组成。另外还附有一个身宫，随各宫内星曜的不同组合，显示出各种不同的命运。

研究命盘时，以命宫为主，身宫为辅，配合迁移宫、官禄宫、财帛宫、福德宫，便可了解终身命运、一生事业成就大小、财富多寡等情况。而判断十二宫的吉凶，即为紫微斗数的基本内容。

**紫微十二宫**

| 奴仆 | 迁移 | 疾厄 | 财帛 |
|---|---|---|---|
| 官禄 | | | 子女 |
| 田宅 | | | 夫妻 |
| 福德 | 父母 | 命宫 | 兄弟 |

## 069 命宫代表什么？

命宫是指人出生时在东方升起的星座，是根据人的出生时间算出的第一宫。

命盘十二宫中，最重要的宫位就是命宫，命宫是命盘的核心，一切判断都要以命宫为基准。命宫显示人的先天命运、后天命运，包括性格、品德、容貌、才能、机遇、思想、精神、爱好、适任的职业、适居的环境、一生工作和事业发展的情况、人生的顺逆等等。命宫是统辖个人终身吉凶祸福所在的中心宫位。

命宫是命盘的核心。

命宫决定命主命格高低、气质、相貌等。

先看命宫才能对其他十一宫作出判断。

## 070 兄弟宫代表什么？

兄弟宫代表一个人与家中兄弟或好朋友的相处情况。从中可测知与兄弟姊妹之间的关系如何，缘分的厚薄，是否有助益，是否有刑克，兄弟姊妹人数多少等，凡与兄弟姊妹有关的事，均可从此宫窥之。同时，兄弟宫也可以用来推断自己的同事、同僚、同学、好友的情况。

兄弟宫是财帛宫的田宅位，是收藏现金的地方；兄弟宫是事业的疾厄宫，事业上可能会出现什么困难，遇到什么困境，都可以从此判断出来；兄弟宫是田宅的财帛宫；兄弟宫是迁移的交友宫。

兄弟宫是财帛宫的田宅位，要有好的财运，就要和兄弟姐妹有好的关系，可以保持财库充足。

兄弟宫是子女的福德宫，从中可以看出子女的福分、嗜好等。

兄弟关系、刑克、助益、多寡、男女、过房等情况都可以从兄弟宫看出。

## 071 夫妻宫代表什么？

夫妻宫代表人的恋爱和婚姻状况。从中可以预测一个人与恋人、配偶、异性交往的有关事项。包括配偶的容貌、性格、背景、健康、才学，是否得对方的助力以及夫妻的感情、夫妻间的相克关系、早婚或晚婚、青年时期的夫妻状况、离婚、再婚、婚姻前后的顺逆等等。

查看夫妻宫时，要参照其对宫——官禄宫。因为事业和家庭有很重要的关系，家庭生活与事业成败常互为因果。

查看夫妻宫常常查看官禄宫，两宫相互影响。

迁移宫、福德宫、兄弟宫、子女宫等都会影响到夫妻宫。

交往类型、婚姻形态、早晚婚、择偶条件等都可以从夫妻宫看出。

## 072 子女宫代表什么?

子女宫代表的是子女的人数、自己和子女的关系,子女的生活状况、子女的个性、外貌、天赋、学识、才能、健康等,还有本人的性生活情况,生育情况等。同时,子女宫也可以用来推算自己的学生、弟子、门生、徒弟、晚辈、有直接关系的下属等等。

子女宫有太阳、天同、天府、太阴、魁钺者大吉,有紫微、天机、天相、天梁、禄存、昌曲、辅弼者中吉,有武曲、破军者凶,有廉贞、贪狼、巨门、七杀、六凶者大凶。

| 子女宫和命宫的关联 | 子女宫 | 命宫 | 命运状态 |
|---|---|---|---|
| | 吉 | 不吉 | 子女比较有成就,对父母孝顺;但自己可能会得不到太多子女的照顾。 |
| | 不吉 | 吉 | 子女无太大的成就,可能不孝顺;但自己积蓄丰厚,生活状况好,或许还有帮助子女的可能。 |
| | 不吉 | 不吉 | 子女不孝顺,没有成就;自己命运也不好,到了晚年可能会无依无靠。 |
| | 吉 | 吉 | 子女孝顺,有成就;自己生活也比较富足。 |

## 073 财帛宫代表什么?

财帛宫代表人一生的财运、理财能力、理财方式、蓄财能力、经济状况、收入高低、哪种职业最进财、能否发大财等运势和机遇。同时,还能查看一个人能否守住家业,对金钱的敏感度是否高等。

在看财帛宫的时候,一般要同时参看福德宫。财帛宫显示的是一个人在物质方面是否充裕,福德宫显示的是一个人享乐、福分、精神上的一些事宜。一个重视物质方面,一个重视精神方面。

一个人的生活心态、福分等精神生活常会受其经济状况的影响。

心态和精神会影响到一个人的财运。

一个人的心态好,物质就会比较容易满足,赚钱的心态也会比较好。

## 074 疾厄宫代表什么？

疾厄宫代表一个人一生的先天体格、健康情形、体质好坏、患上各种疾病的可能、抵抗疾病的能力、天灾人祸、意外伤害、体内器官的功能强弱等。

在看疾厄宫的同时要参看父母宫的吉凶，因为一个人的先天体质是从父母那里遗传过来的，先天的体质对健康的影响是非常重要的。而且，一个人在年少时是否得到父母的关心和爱护，也会影响其健康状况。同时，一个人的健康也会影响到父母的生活和心情。

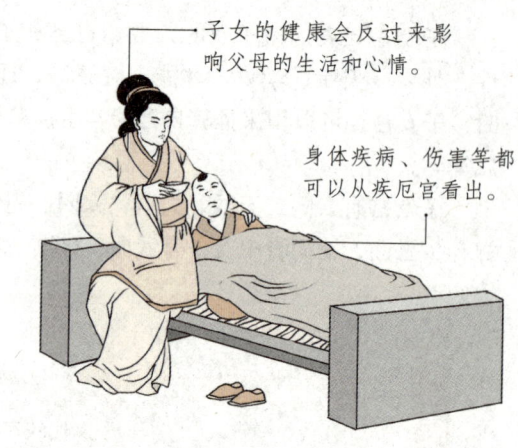

子女的健康会反过来影响父母的生活和心情。

身体疾病、伤害等都可以从疾厄宫看出。

看疾厄宫的同时要参看父母宫，父母的健康会遗传给子女。

## 075 迁移宫代表什么？

迁移宫代表一个人外出的运气，只要是和迁移有关的活动都能在此表现出来。包括旅游、搭乘的交通工具、在外地外乡活动、交际能力、职业和职务的变迁、住所变化、社会地位、移民、升迁、搬家等有关的事项。

迁移宫和命宫有很大的关系，迁移宫对命宫有很大的影响力。如果一个人命宫不好，会整日奔波劳碌，多遭灾难。命宫对迁移具有主宰力量，一个人的命运会决定一个人的外出运。

迁移宫吉的人，可能会在外地求学、发展，人际关系比较好。

迁移宫不吉的人，不利于外出发展。否则会事业不顺，人际关系恶化，长途旅行中容易发生意外事故。

迁移宫吉的人适合从事外向型的职业，例如：观光旅游、大众传播、公关、交通运输、贸易等。

## 076 奴仆宫代表什么？

奴仆宫，现在又称"交友宫"，代表的是与朋友、同事、下属、职员、佣人、事业合作伙伴、听众、观众、读者、支持者、弟子、门徒等之间的关系。从此宫中可以看出他们之间的关系好坏、缘分以及他们之间会出现的问题等。

奴仆宫查看的主要是一个人在社会中的处事能力、人际关系、社交能力等。奴仆宫的吉凶会影响到一个人的事业、财富等。

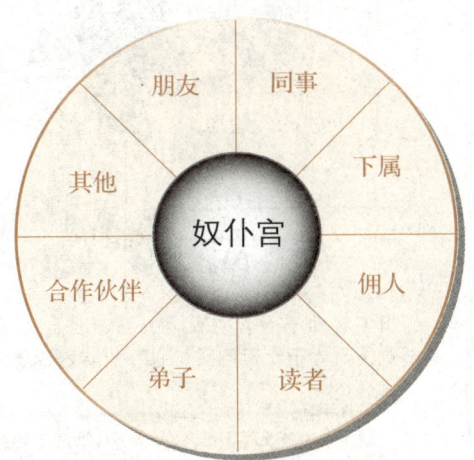

**奴仆宫**
奴仆宫又称"交友宫"，代表与朋友、同事、下属、职员、读者等之间的关系。从此宫中可以看出他们之间的关系好坏、缘分等。

## 077 官禄宫代表什么？

官禄宫，现在又称"事业宫"，代表一个人的事业状况，包括事业的成败、学业的优劣、就职的状况、适合的职业、社会地位的高低、官运的高低、名誉、升迁、创业情况、事业上的阻碍、工作上的人事关系等的吉凶、运气。

在查看官禄宫的同时，可以参看夫妻宫。一个人事业的成败和夫妻、家庭的和睦是息息相关的。同时，此宫和事业、命运、财帛都有很大的关联。

如果是女命，官禄宫也可以用来推断婚姻、家庭、子女和性生活的情况。

官禄宫吉，大多同事关系融洽；官禄宫不吉，大多同事关系紧张。

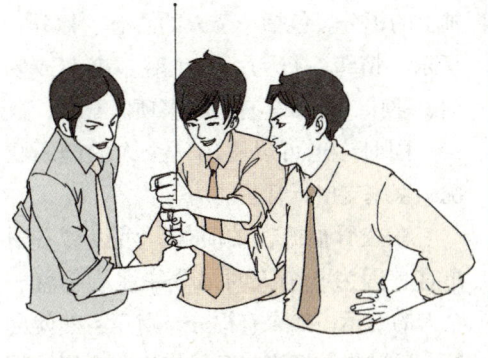

地位的高低、薪酬的多少、是否适合创业等都可以从官禄宫查看。

## 078 田宅宫代表什么？

田宅宫代表一个人的居所的运气，也就是指不动产。包括是否继承祖业、是否有自己的住宅、居住环境如何、不动产的多少、不动产买卖的吉凶等。同时，自己的工作场所、办公场地、服务机构也可以在此显示出来。

从田宅宫中也可以看出固定资产的多少、存款以及中年时期的夫妻感情和精神生活等。

在查看田宅宫时，一定要参看子女宫。子女的出生和田宅宫有很大的关系，而且本人的不动产也可能会转赠给子女，自己购置不动产也可能是为了子女的成长、求学等。

田宅宫代表一个人的不动产。

田宅宫和子女宫有很大关系，自己的不动产可能是因为子女而购买，也可能转赠给子女。

从田宅宫可以看出中年时期夫妻的感情生活和精神生活状态。

## 079 福德宫代表什么？

福德宫代表一个人一生在物质和精神上的福分。包括一个人的心态、福分、享乐、情绪、行为、人生观、辛劳或安逸、趣味、寿命等有关的事项。

同时，也可以看出一个人的健康状况、家庭支出、管理能力等。

在查看福德宫的时候，可以参看财帛宫，因为一个人的福分往往影响着一个人的财运，如果有福分，财运自然就会好。反过来，经济状况的好坏也会影响到精神生活和享乐。

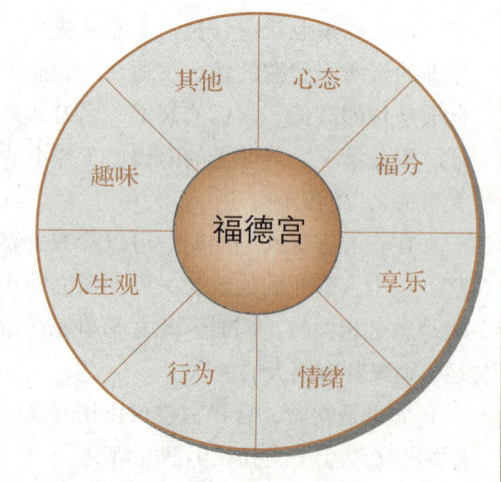

## 080 父母宫代表什么？

父母宫表示父母的吉凶情况，与父母的缘分厚薄、关系好坏，承受父母恩惠的多寡，父母对自己思想、人格影响力的多寡以及自己的童年、少年时期家境如何。同时，父母宫可看出政府、法院、文书等管辖自己的事务，自己与上司之间的关系等。

父母宫与疾厄宫有很大关系。你的健康状态与父母的基因有很大关系；父母对你的态度和你的健康状态也有很大关系。

从父母宫可以查看出父母对自己思想、人格的影响。

在工作中，能否得到上司的提拔，和父母宫的星性有很大关系。

## 081 紫微十二宫之间有什么相互关系？

紫微十二宫分别有着相应的代表意义，主管着人的吉凶祸福、命运未来等。但人不是一个独立的人，而是具有多重角色。"我"除了代表"我"本人外，由于"我"的社会角色不同，还是"我"父母的儿子，妻子的丈夫，孩子的父亲，学生的老师，领导的下属……所以十二宫并不是独立存在的，而是相互影响，相互渗透的。各宫之间存在着一定的对应关系，具体说来是：命宫对应迁移宫；父母宫对应疾厄宫；兄弟宫对应奴仆宫；福德宫对应财帛宫；夫妻宫对应官禄宫；田宅宫对应子女宫。

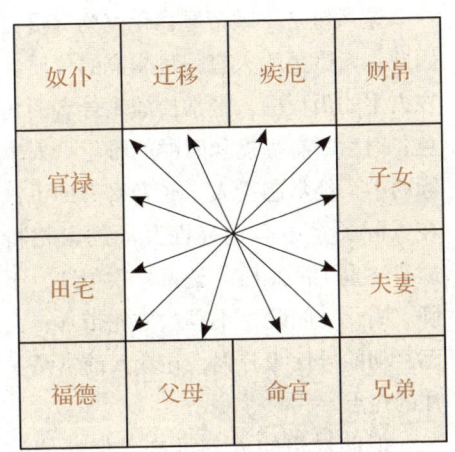

表中十二宫之间，每宫的对角宫，都有相应的连带关系。查看命宫时应该将相对应的宫联系起来看，这样得出的判断会更加准确。

## 082 紫微斗数的基本架构是怎样的？

紫微斗数创立的基本架构，是以命盘的十二宫位作为生命盘的方位界定，十二宫位中，主要是以两种星系按照一定的规律与逻辑，分布在十二个不同的宫位上，这两种主要星系是北斗星系和南斗星系。

北斗星系即紫微星系，南斗星系即天府星系。北斗紫微星系共有六颗主星：紫微星、贪狼星、巨门星、廉贞星、武曲星、破军星。南斗天府星系共有六颗主星：天府星、天机星、天相星、天梁星、天同星、七杀星。另外太阳星和太阴星为中天之星，不在南北斗之内。

| 紫微十二星 | | |
|---|---|---|
| 紫微十二星 | 北斗星系 | 紫微星、贪狼星<br>巨门星、廉贞星<br>武曲星、破军星 |
| | 南斗星系 | 天府星、天机星<br>天相星、天梁星<br>天同星、七杀星 |

## 083 什么是紫微星？

紫微星，属北斗紫微星系，五行属阴土，是十四主曜中的帝王星，诸曜随着它的位置分布于十二宫中。紫微星性格的代表人物为伯邑考。

紫微星是一颗帝星，化气为尊贵，因此，紫微星的人有一种崇高的气质。在人生的历程中，经常扮演领导者的角色；对后辈有提携和照顾的雅量；人生际遇中，经常遇贵人，或者得力助手，在人际关系中有选择性互动的人格特质；注重生活品质，处事喜欢单纯、干脆、简化、明确，不喜欢拖泥带水；人际互动的异性缘分强，在众人前常是关注的焦点。

但此星格的人容易产生傲慢的心态，提携后辈时常常沟通不到位，理念不易一致，致使对方倍感压力。人际交往中不容易找到真心朋友或知己。

**伯邑考**

伯邑考，姬姓，名考，周文王长子。据说他被封为"邑"这个官职，故称"伯邑考"。《封神演义》中记载，伯邑考为了救父亲姬昌，带了七香车、醒酒毡与白色猿猴三样异宝献给商纣王。纣王妃子妲己见伯邑考长相俊美，欲加亲近，遭伯邑考正言羞辱，妲己就陷害了伯邑考。伯邑考是伐纣之战的第一位牺牲者，太白金星就将他安在紫微星宫命为尊贵之神，代表尊贵、权力、帝皇。

## 十四星曜对应属性

| 星宿 | 阴阳五行 | 化气 | 司主 | 主事 | 代表人物 |
|---|---|---|---|---|---|
| 紫微星（北斗帝星） | 阴土 | 尊贵 | 官禄、权力 | 掌权、延寿 制化、桃花 | 伯邑考 |
| 贪狼星 | 阴水（体）阳木（用） | 桃花 | 祸福 | 才华、桃花 欲望、嫉妒 | 妲己 |
| 巨门星 | 阴水 | 暗 | 是非、晦暗 | 性急、多疑 口舌、消极 | 马千金 |
| 廉贞星 | 阴火 | 囚 | 官禄 次桃花 | 欲望、交际 官禄、事业 | 费仲 |
| 武曲星 | 阴金 | 财 | 财富、权力 | 财经、刚毅 领导、开创 | 周武王 |
| 破军星 | 阴水 | 耗 | 眷属、仆役 | 掌权、主观（初善终恶） | 商纣王 |
| 天府星（南斗后座） | 阳土 | 令 | 财帛、田宅 禄库 | 才能、慈悲 延寿、解厄 | 姜皇后 |
| 天机星 | 阴木 | 善 | 智慧、谋虑 兄弟、宗教 | 开创、机智 谋略、善良 | 姜子牙 |
| 天相星 | 阳水 | 印 | 官禄 | 事业、权威 忠诚、耿直 | 闻仲 |
| 天梁星 | 阳土 | 荫 | 解厄、呈祥 延寿、宗教 | 解难、慈悲 脱俗、修行 | 李靖 |
| 天同星 | 阳水 | 福 | 福德 | 乐观、延寿 解厄、制化 | 姬昌 |
| 七杀星 | 阴金（体）阴火（用） | 耗 | 将星、权力 | 肃杀、纪律（开创、忠诚） | 黄飞虎 |
| 太阳星 | 阳火 | 贵 | 官禄 | 交际、人事 公平、慈善 | 比干 |
| 太阴星 | 阴水 | 富 | 田宅、财帛 | 心慈、贤淑 廉洁、坚贞 | 贾夫人 |

## 084 什么是贪狼星？

贪狼星，属北斗紫微星系，五行本体属阴水，化用为阳木，化气为桃花，主祸福与欲望之神，是南北斗中最复杂的一颗星。贪狼星性格的代表人物为妲己。

贪狼星的人多才多艺，能广泛学习各方面的才艺，并显著地表现出其特殊才华而受人肯定；具有领导能力，独立性强；对新潮或者流行导向的新事物有好奇感，具有探索的强烈动机。

但此星格的人学艺涉猎太广，难以发挥专长，致使才能未被赏识或肯定；对男女感情的互动，认知稍嫌不足，容易感情用事，易招致负面桃花的困扰或损失。

**苏妲己 贪狼星代表人物**

- 贪狼星的人待人处事要加强沟通技巧，学会控制自己的情绪。
- 贪狼星的人对衣食住行乐有很好的规划能力，记忆力强、思考力敏锐，创造能力强。

## 085 什么是巨门星？

巨门星，属北斗紫微星系，五行属水，化气为暗，主是非之神。巨门星性格的代表人物为姜子牙之妻马千金。

巨门星的人语言表达能力强，有良好的沟通表达能力，喜欢活泼或热闹的气氛，交友广泛；行动能力强，做事效率高、行事简明扼要；但此星格的人容易出言伤人而不自知；巨门星的人遇事情有繁杂，要分清主次，从大处着手，分清主次。

**马千金 巨门星代表人物**

- 巨门星的人遇事要加强判断力，多请教前辈，以补不足。
- 巨门星的人有自己的人生观，通常会坚持自己的看法或观点，不受外界影响。

## 086 什么是廉贞星？

廉贞星，属北斗紫微星系，五行属阴火，化气为囚，主官禄之神，次主桃花。廉贞星性格的代表人物为费仲。

廉贞星是一颗具有权力和执行力的星曜。廉贞星的人喜欢广交朋友并周旋于人际中，人际关系融洽，善于用计谋来达成自己设定的理想和目标；有强烈的事业心，工作尽心尽职，做事积极努力，只要设定目标，就能朝着目标前进并实现目标。

此星格的人要注意择友，恐有识人之失或误人之过；注意劳逸结合，防止过度劳累或者心理负担过大；要防止注意力分散，导致物资或财产流失。

**费仲 廉贞星代表人物**

- 廉贞星的人为人勤劳，喜欢以计谋获得财物，但品性不高，恐人财两失。
- 廉贞星的人有内涵，人际往来遵循礼节，不逾越本分。

## 087 什么是武曲星？

武曲星，属北斗紫微星系，五行属阴金，化气为财，主财富之神和权力之神。武曲星性格的代表人物为周武王。

武曲星的人有着高超的理财能力，能妥善评估钱财，有量入为出的危机意识；内柔外刚，喜欢以财物施舍于人；个性刚毅，遇事能坚守原则，有自己的主张和见解；善恶分明，厌恶阿谀奉承，具有疾恶如仇的性格特点。

武曲星为权星，主掌领导权，但此星格的人恐个性过度刚毅、不苟言笑，令人不易亲近；具有积极的谋利野心，但在追逐财利的过程中，易受外界影响。

**周武王 武曲星代表人物**

- 武曲星的人遇事冷静，能明辨是非，具有领导能力，能为团队带来利益。
- 武曲星的人喜欢将钱财进行有效的投资，以财养财、财路活络。
- 武曲星的人个性耿直，直言直语，常常得罪人而不自知。

## 088 什么是破军星？

破军星，属北斗紫微星系，五行属水，化气为耗，主祸福之神。专司夫妻、子女、奴仆，也就是说为配偶、子女及朋友耗费时间、精神、财力。破军星性格的代表人物为商纣王。

破军星的人好胜、果断、勇敢、正直，有魄力，有领导能力；有强烈的进取心、开创性，人际互动容易掌控局势；感情外露，喜欢交友，重义气，能为他人关注，形成焦点。

此星格的人容易冲动、性格暴躁、恒心不够、不甘寂寞、主观意识较强，人生际遇中充满多变性和危险性；遇到重大抉择时，易生疑心，妄自臆测致使失误；人生际遇起伏如浪里行舟，若一失足，易有横破倾向。做事不按常理，我行我素，独断专行，不愿意受到管制和约束。

**商纣王　破军星代表人物**

- 破军星的人喜欢热闹或气氛好的场所，对生活的情趣或格调有讲究。
- 破军星的人喜怒无常，爱好享乐，性刚寡和，是天生的顽固分子，典型的个人主义者。

## 089 什么是天府星？

天府星，属南斗天府星系，五行属阳土，化气为令，主富贵之神。天府星性格的代表人物为姜皇后。

天府星是一个皇后星曜，代表崇高的风范。天府星人仪态典雅端庄，注重自身起居与言行；注重饮食、养生之道，从中获取相关知识和经验；有相当强的领导能力，虽然开创性、冲劲和冒险能力不足，但能带领团队稳步前进；心胸宽广，注重本身的精神生活。

此星格的人心软，见人有困难不量己力，易造成自己的困扰；保守、缺乏创造力和冲劲，若安于现状，将缺乏危机意识；有领导者意识，但是缺乏冒险和开创的精神与意志。

**姜皇后　天府星代表人物**

- 天府星的人具有智慧、才能和独立运作的能力，是德行者的代表人物。
- 天府星的人排解他人难处的能力强，解除自身情绪与压力的能力弱。

## 090 什么是天机星？

天机星，属南斗天府星系，五行属阴木，化气为善，主善之神，是一颗智慧之星、仁善之星。天机星性格的代表人物为姜子牙。

天机星是一颗文韬武略的谋略之星，倾向于"谋定而后动"；此星格的人遇事有突破障碍以及不惧艰难的挑战毅力，能以智谋解困；原则性强、分析能力强，有自己的见解与方法；记忆力强，经手的事情如数家珍，能及时调整自己的心态去应对变化的局势。

天机星的人凡事喜欢以自己的思维模式应对，因为思维模式与行事方式特立独行，所以常难与人达成共识；虽然具有开创和勇于突破的特质，但不易知进退，自招损失。

**姜子牙 天机星代表人物**

- 天机星的人外表冷静，具有创意，内在思维模式和执行方式与众不同，独树一帜。
- 天机星的人心思细密，事必躬亲，容易使自己陷入疲惫状态，身体易产生紧绷现象。

## 091 什么是天相星？

天相星，属南斗天府星系，五行属阳水，化气为印，主掌印与官禄之神。天相星性格的代表人物为闻仲。

天相星是一颗忠诚、坚贞不二的星曜，为人忠心；此星格的人是非分明，处事公正，凡事任劳任怨，恪守个人职责；遇事谨慎、稳重、思考周密；有热心助人的好心肠，有恻隐之心，遇有难之人能伸出援助之手；有正义感，善待朋友；做事有条理，不为杂事所扰。

但天相星人忠诚、坚贞以致不能转换角度看待问题；行事保守，创新风格不足，容易错失时机；凡事顾及别人的感受，容易压抑自己对理想的追求；为人率直，易让小人有机可乘。

**闻仲 天相星代表人物**

- 天相星的人为人朴实、个性直率、具有研究精神，文武兼备。
- 天相星的人凡事任劳任怨，易使自己陷于疲惫，负担过重，压力繁重。

## 092 什么是天梁星？

天梁星，属南斗天府星系，五行属阳土，化气为荫，主寿、主贵，是一颗清高的星曜。天梁星性格的代表人物是李靖。

天梁星是一颗慈悲、济世利人的星曜。天梁星人身虽入俗，但能脱俗而独立存在，不受世俗名利之困；拥有特殊才华，学问渊博，能在适当时机发挥所长；生性崇尚自然，意志洒脱、内心充实，不屈服于权贵或者被利诱。

天梁星的人内心清纯，不擅长周旋、计较，经营世俗事业不易有大成就；因为淡泊名利，对工作或事业的热切之心不足；容易有怀才不遇或有志难伸之感；生性耿直易得罪人而不自知。

**李靖 天梁星代表人物**

- 天梁星的人个性豪放热情，喜欢广结善缘，也能遗世独处，心智不为外界诱惑或动摇。
- 天梁星的人内在向往脱俗，致使生活步调与社会脱节，对生活的汲汲营求不积极。

## 093 什么是天同星？

天同星，属南斗天府星系，五行属阳水，化气为福，主温顺之神，象征福德，主掌延寿、解厄、制化的功能。天同星性格的代表人物为周文王姬昌。

天同星是一颗乐观、积极、对人生充满希望，并以实际行动去实践的星曜。天同星的人遇到困难或挫折时，能坚韧面对并突破困境；不擅长与人计较，遇有争利之处，能割舍自己的福利给予别人，心胸宽广；喜欢助人为乐，热心公益，对人性抱有积极正面的看法。

该星格的人易缺乏对现实环境的评估或危机意识，导致认识失调；天同星的人容易安于现状，缺少开创精神；应注意日常饮食，避免发胖给身体带来的不利影响。

**周文王 天同星代表人物**

- 天同星的人具有幽默的性格，有化解处于尴尬或困境的智慧，并带给同遭的人快乐。
- 天同星的人对人性的负面了解不够，导致在人际交往中伤痕累累或者付出与收获不成比例。

## 094 什么是七杀星？

七杀星，属南斗天府星系，又称之为将星，五行本体属阴金，化用为阴火，化气为耗，司主将星、权力。在十四颗主星中，七杀星个性最强，其性格代表人物为黄飞虎。

七杀星是一颗具有忠贞、爱国情操的星曜，为人外表刚毅、威严，却内在热情；事理分明，不为奸邪所蛊惑；对人忠诚，交付的事情能克服困难去完成；对朋友真诚，处事积极、简明扼要、决策果断、充满活力；胆识过人，遇到困难能身先士卒。

该星格的人刚毅、威严的个性易让人产生距离感；善恶分明却不知变通，心直口快易得罪人而不自知；与朋友交往付出与收获不成比例，能得知己者少。

**黄飞虎 七杀星代表人物**

- 七杀星的人独立性强、自主性强，通常能独当一面；个性耿直，疾恶如仇。
- 七杀星的人容易忽视团队合作的重要性，勇猛过人却不善于思考，需注意以智取胜。

## 095 什么是太阳星？

太阳星为中天主星，五行属阳火，化气为贵，为光明之神，司主官禄，主事交际、人事、公平、慈善。太阳星能文能武，其性格的代表人物为比干。

太阳星是一颗心地光明、博爱与慈悲的星曜，凡是命宫坐此星座的人，大多心胸宽广，能设身处地为他人着想；为人处世，诚实不欺，能通过正途达成预设的目标；能明辨是非，不受他人蛊惑；交友广泛，能救朋友于危难；处事积极，易得异性的景仰或心生爱慕之意。

此星格的人常为他人设想，却容易忽略自己，以致行事遇困；遇到困难能全力以赴，但容易心力透支，身心疲惫；直来直往的个性欠缺协调的空间，容易给人傲慢之感。

**比干 太阳星代表人物**

- 太阳星的人交际能力强、坚毅、耿直、豪爽，对人对事有自己的看法和见解，不曲意逢迎。
- 太阳星的人异性缘好，但若把持不住，易陷入感情困惑之中。

## 096 什么是太阴星？

太阴星为中天之星，五行属阴水，化气为富，司主田宅、财帛，司掌心慈、贤淑、坚贞、名节、廉洁。太阴星性格的代表人物为黄飞虎之妻贾夫人。

太阴星的人情绪不易外显，处事内敛；心地善良，个性温柔，待人和气；善于持家，教育子女；为人稳健、脚踏实地；有善缘与异性缘，常为异性仰慕。

此星格的人情绪不外显，易致郁闷或压抑；缺乏表达看法的勇气，长时间固守家中以致眼界受限；爱干净，但有时过于挑剔，对环境的适应能力差；想得太多，做得太少，安于现状，遇到困境突破性不足。

**贾夫人　太阴星代表人物**

- 太阴星的人原则性强，理财有方，心思缜密，有危机意识。
- 太阴星的人与异性相处，当断不断，有藕断丝连之患。

## 097 现阶段，命理学亟待完善的问题主要有哪些？

命理学发展到今天，有许多新的问题浮出水面，需要我们去解决。

疾厄和寿命的问题：现代医疗技术远比古代发达，故命理学对于寿元的问题应把眼光放长远一些。

灾劫的问题：现代人比古代人更具冒险精神。这样容易主观引来灾难，这种情况往往会被命理学忽视。

官贵的问题：现代命理"官"的含义应该扩大。政府官员、企业法人、个体户老板、社会团体名人、科学家等都可作为"官"来看待。

婚姻问题：在古代，重男轻女和女子"从一而终"的思想极大地影响着人们的婚姻观，离婚率极低。现代社会男女平等，婚姻自由，四柱内一遇比肩比劫或刑冲破害就易导致婚姻破裂。

**转运的问题**：现代命理比传统命理更重视转运。

**子息问题**：古人认为多子多福，现代社会实行计划生育，讲求优生优育，现代命理推算子息情况与传统命理有差异。

**读书的问题**：现代人接受教育的机会多于古人，现代命理认为四柱内文昌等被冲破，也有补救的机缘。

**财富的问题**：古代有富不如贵的观念。现代命理认为行行出状元，财命有气的人既可经商也可从政。

# 第三章 四柱八字命理

四柱即年柱、月柱、日柱、时柱。每柱由天干、地支两字组成，共形成四柱八字。四柱八字命理是命理学的主流派别之一。我们平常所说的"算八字"即是运用四柱八字原理进行推命。本章将为你讲述四柱八字的排法，神煞内涵及神煞的吉凶意义，十神的内涵及取用，格局的分类，不同命局命主的情况，不同五行用神在不同季节的吉凶等。

## 098 什么是四柱？

四柱即是年柱、月柱、日柱、时柱，每柱各有天干地支，总共合成八字。所谓八字推命，即是根据一个人的生年、月、日、时，把它们转化为天干地支，排成四柱，即可推命。

命理学上普遍认为，年柱为四柱的父母宫，年干为父，年支为母；月柱为兄弟宫，男性以月干为兄弟，月支为姐妹，女性以月干为姐妹，月支为兄弟；日柱是四柱的核心，日干为自己，日支为配偶宫，男性以日支代表妻子，女性以日支代表丈夫；时柱为子女宫，时干为子，时支为女。

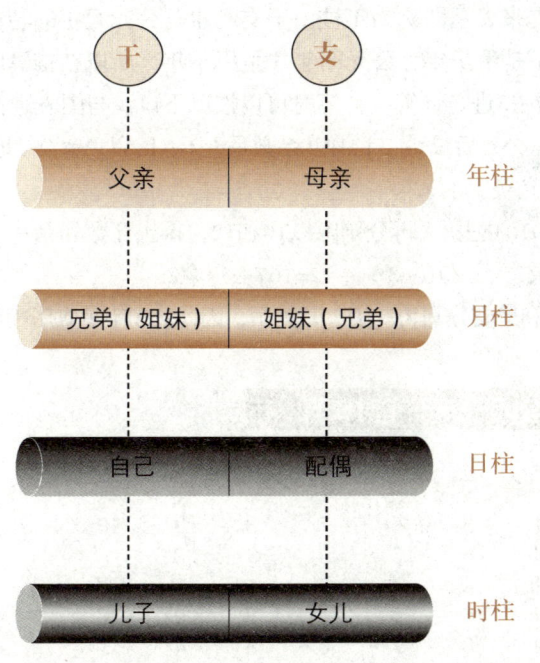

**四柱**

四柱指年柱、月柱、日柱、时柱。每柱各有天干地支，合成八字。年柱代表父母；月柱代表兄弟、姐妹；日柱的日干代表自己，日支代表配偶；时柱代表子女。

## 099 排年柱时有哪四种情况？

排年柱时要注意：命理学上的年不是以农历的正月初一为一年之始，而是以农历的节气"立春"的日时，为一年的交换点。

由于"立春"有时是在十二月，有时是在正月，所以排年柱的方法就有四种情况：

假如在本年正月立春后出生，其年柱为本年的干支。

假如在本年正月立春前出生，其年柱不是本年的干支，而是上一年的干支。

假如在本年十二月立春前出生，其年柱为本年干支。

假如在本年十二月立春后出生，其年柱为下一年干支。

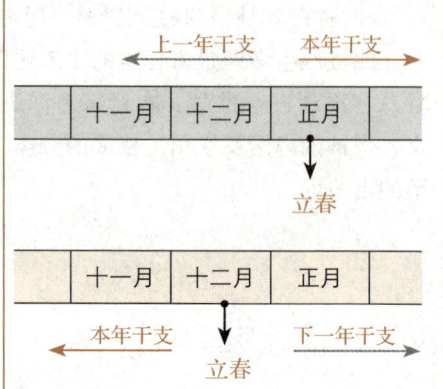

如某人农历2006年正月初六出生，但是那一年是正月初七立春，所以，此人的年柱是2005年的乙酉，而非2006年的丙戌。

## 100 如何根据出生的公历年份排年柱？

人出生的年份用农历的干支来表示即称为年柱。干支纪年与公元纪年的转换有一定的方法可循。因为公元元年不是甲子年，公元四年才是甲子年，所以在推算时应按公元前后的年代，分别加上或减去3进行计算。计算时可以按以下口诀与图表进行：

公元前后加减3（公元前加3，公元后减3），除以10余数是天干，除以12余数是地支。

例如推算2010年农历干支：

我们可以按照口诀用公元2010减去3，再分别除以10和12，得出商数和余：

（2010-3）÷10=200……余7　　（2010-3）÷12=167……余3

将7与3对照下表相应的天干和地支分别为"庚""寅"，因此2010年是农历庚寅年。

### 公元——干支对应表

| 天干 | 甲 | 乙 | 丙 | 丁 | 戊 | 己 | 庚 | 辛 | 壬 | 癸 | | |
|---|---|---|---|---|---|---|---|---|---|---|---|---|
| 公元后 | 1 | 2 | 3 | 4 | 5 | 6 | 7 | 8 | 9 | 10 | | |
| 公元前 | 10 | 9 | 8 | 7 | 6 | 5 | 4 | 3 | 2 | 1 | | |
| 地支 | 子 | 丑 | 寅 | 卯 | 辰 | 巳 | 午 | 未 | 申 | 酉 | 戌 | 亥 |
| 公元后 | 1 | 2 | 3 | 4 | 5 | 6 | 7 | 8 | 9 | 10 | 11 | 12 |
| 公元前 | 12 | 11 | 10 | 9 | 8 | 7 | 6 | 5 | 4 | 3 | 2 | 1 |

## 101 如何根据公历排月柱的地支？

排月柱时要注意：命理学上的月不是以农历每月初一为一月之始，每月最后一日为月之终，而是以节为标准的，按二十四节气来划分月，每月两个节气。此原理与年以"立春"为一年之始的原理相同。

每年月柱的地支（即月支）是固定的，其与节气、地支的对应关系如下表。

**月份、节气与地支**

| 月份 | 正月 | 二月 | 三月 | 四月 | 五月 | 六月 | 七月 | 八月 | 九月 | 十月 | 冬月 | 腊月 |
|---|---|---|---|---|---|---|---|---|---|---|---|---|
| 节气 | 立春 | 惊蛰 | 清明 | 立夏 | 芒种 | 小暑 | 立秋 | 白露 | 寒露 | 立冬 | 大雪 | 小寒 |
|  | 雨水 | 春分 | 谷雨 | 小满 | 夏至 | 大暑 | 处暑 | 秋分 | 霜降 | 小雪 | 冬至 | 大寒 |
| 地支 | 寅 | 卯 | 辰 | 巳 | 午 | 未 | 申 | 酉 | 戌 | 亥 | 子 | 丑 |

## 102 如何根据公历排月柱的天干？

人出生的节令用农历的干支来表示即称为月柱。每年月柱的天干（即月干）是依据年柱的天干来推定的。具体对应关系参见"年上起月表"。古人为了方便记忆编了一首"五虎遁年起月诀"来记忆"年上起月表"：

甲己之年丙作初，
乙庚之岁戊为头。
丙辛之年寻庚上，
丁壬壬寅顺水流。
若问戊癸何处起，
甲寅之上去寻求。

**年上起月表**

| 年\月 | 甲己 | 乙庚 | 丙辛 | 丁壬 | 戊癸 |
|---|---|---|---|---|---|
| 正月 | 丙寅 | 戊寅 | 庚寅 | 壬寅 | 甲寅 |
| 二月 | 丁卯 | 己卯 | 辛卯 | 癸卯 | 乙卯 |
| 三月 | 戊辰 | 庚辰 | 壬辰 | 甲辰 | 丙辰 |
| 四月 | 己巳 | 辛巳 | 癸巳 | 乙巳 | 丁巳 |
| 五月 | 庚午 | 壬午 | 甲午 | 丙午 | 戊午 |
| 六月 | 辛未 | 癸未 | 乙未 | 丁未 | 己未 |
| 七月 | 壬申 | 甲申 | 丙申 | 戊申 | 庚申 |
| 八月 | 癸酉 | 乙酉 | 丁酉 | 己酉 | 辛酉 |
| 九月 | 甲戌 | 丙戌 | 戊戌 | 庚戌 | 壬戌 |
| 十月 | 乙亥 | 丁亥 | 己亥 | 辛亥 | 癸亥 |
| 冬月 | 丙子 | 戊子 | 庚子 | 壬子 | 甲子 |
| 腊月 | 丁丑 | 己丑 | 辛丑 | 癸丑 | 乙丑 |

## 103 如何根据出生的公历排日柱？

人出生的那一天用农历的干支来表示即为日柱。前一天和后一天以子时为分界线，即晚上十一点，而不是十二点。干支记日每六十天一循环，由于大小月及平闰年不同的缘故，日干支需查找万年历。

如某人生于1997年6月12日，查万年历知该日干支为乙酉，即日柱为乙酉。

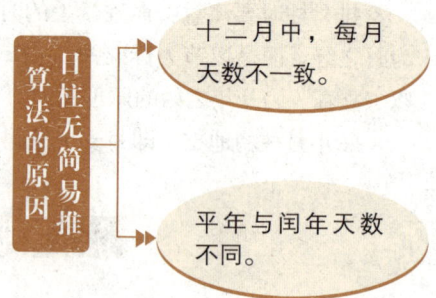

日柱无简易推算法的原因 → 十二月中，每月天数不一致。

→ 平年与闰年天数不同。

## 104 如何根据出生的公历排时柱的地支？

人出生的那个时刻用农历的干支来表示即为时柱。时柱的地支是固定的，一天24小时，每两小时对应一个地支，具体对应关系如下表。

**太阳时与十二地支的对照关系**

| 太阳时 | 23-1 | 1-3 | 3-5 | 5-7 | 7-9 | 9-11 | 11-13 | 13-15 | 15-17 | 17-19 | 19-21 | 21-23 |
|---|---|---|---|---|---|---|---|---|---|---|---|---|
| 十二地支 | 子 | 丑 | 寅 | 卯 | 辰 | 巳 | 午 | 未 | 申 | 酉 | 戌 | 亥 |

## 105 如何根据出生的公历排时柱的天干？

时柱的天干是根据日柱的天干推定的，具体对应关系参见"日上起时表"。

古人为了方便记忆编了一首"五鼠遁日起时诀"来记忆"日上起时表"：

甲己还加甲，乙庚丙作初。
丙辛从戊起，丁壬庚子居。
戊癸何方发，壬子是真途。

例如某人生于1982年9月1日18时，阴历为1982年7月14日酉时，它的日柱为丁亥，时柱则对应为己酉。

**日上起时表**

| 时\日 | 甲己 | 乙庚 | 丙辛 | 丁壬 | 戊癸 |
|---|---|---|---|---|---|
| 子 | 甲子 | 丙子 | 戊子 | 庚子 | 壬子 |
| 丑 | 乙丑 | 丁丑 | 己丑 | 辛丑 | 癸丑 |
| 寅 | 丙寅 | 戊寅 | 庚寅 | 壬寅 | 甲寅 |
| 卯 | 丁卯 | 己卯 | 辛卯 | 癸卯 | 乙卯 |
| 辰 | 戊辰 | 庚辰 | 壬辰 | 甲辰 | 丙辰 |
| 巳 | 己巳 | 辛巳 | 癸巳 | 乙巳 | 丁巳 |
| 午 | 庚午 | 壬午 | 甲午 | 丙午 | 戊午 |
| 未 | 辛未 | 癸未 | 乙未 | 丁未 | 己未 |
| 申 | 壬申 | 甲申 | 丙申 | 戊申 | 庚申 |
| 酉 | 癸酉 | 乙酉 | 丁酉 | 己酉 | 辛酉 |
| 戌 | 甲戌 | 丙戌 | 戊戌 | 庚戌 | 壬戌 |
| 亥 | 乙亥 | 丁亥 | 己亥 | 辛亥 | 癸亥 |

## 106 什么是守命神煞？

守命神煞是掌管一年中吉凶的岁君，要知道岁君就要先知道命宫，将每年流年的年支为基，从年支算到命宫之支，就是当年的岁君。

十二岁君分别为：太岁、太阳、丧门、太阴、官符、死符、岁破、龙德、白虎、福德、天狗、病符。

**命宫与十二太岁轮值岁君对照表**

| 流年\命宫 | 子 | 丑 | 寅 | 卯 | 辰 | 巳 | 午 | 未 | 申 | 酉 | 戌 | 亥 |
|---|---|---|---|---|---|---|---|---|---|---|---|---|
| 子 | 太岁 | 病符 | 天狗 | 福德 | 白虎 | 龙德 | 岁破 | 死符 | 官符 | 太阴 | 丧门 | 太阳 |
| 丑 | 太阳 | 太岁 | 病符 | 天狗 | 福德 | 白虎 | 龙德 | 岁破 | 死符 | 官符 | 太阴 | 丧门 |
| 寅 | 丧门 | 太阳 | 太岁 | 病符 | 天狗 | 福德 | 白虎 | 龙德 | 岁破 | 死符 | 官符 | 太阴 |
| 卯 | 太阴 | 丧门 | 太阳 | 太岁 | 病符 | 天狗 | 福德 | 白虎 | 龙德 | 岁破 | 死符 | 官符 |
| 辰 | 官符 | 太阴 | 丧门 | 太阳 | 太岁 | 病符 | 天狗 | 福德 | 白虎 | 龙德 | 岁破 | 死符 |
| 巳 | 死符 | 官符 | 太阴 | 丧门 | 太阳 | 太岁 | 病符 | 天狗 | 福德 | 白虎 | 龙德 | 岁破 |
| 午 | 岁破 | 死符 | 官符 | 太阴 | 丧门 | 太阳 | 太岁 | 病符 | 天狗 | 福德 | 白虎 | 龙德 |
| 未 | 龙德 | 岁破 | 死符 | 官符 | 太阴 | 丧门 | 太阳 | 太岁 | 病符 | 天狗 | 福德 | 白虎 |
| 申 | 白虎 | 龙德 | 岁破 | 死符 | 官符 | 太阴 | 丧门 | 太阳 | 太岁 | 病符 | 天狗 | 福德 |
| 酉 | 福德 | 白虎 | 龙德 | 岁破 | 死符 | 官符 | 太阴 | 丧门 | 太阳 | 太岁 | 病符 | 天狗 |
| 戌 | 天狗 | 福德 | 白虎 | 龙德 | 岁破 | 死符 | 官符 | 太阴 | 丧门 | 太阳 | 太岁 | 病符 |
| 亥 | 病符 | 天狗 | 福德 | 白虎 | 龙德 | 岁破 | 死符 | 官符 | 太阴 | 丧门 | 太阳 | 太岁 |

（注：左地支为命宫，上地支为流年，表格内为十二太岁岁君。）

## 107 什么是命宫？

命宫是人出生时在东方升起的星座，主宰一个人的天赋才能。命宫在人体中属大脑，管一个人的思想、行为，非常重要。

命宫的推算方法为：26-（月支数+时支数）=命宫地支数

当余数大于12时，减去12即可。其天干则按"年上起月表"推算。生日过本月中气，月数加1，即按下月计算。

**十二地支（月支数、时支数、命宫地支数）对应数字表**

| 寅 | 卯 | 辰 | 巳 | 午 | 未 | 申 | 酉 | 戌 | 亥 | 子 | 丑 |
|---|---|---|---|---|---|---|---|---|---|---|---|
| 1 | 2 | 3 | 4 | 5 | 6 | 7 | 8 | 9 | 10 | 11 | 12 |

## 108 逢十二守命神煞的吉凶如何？

太岁，逢太岁之年，该人的吉凶易趋向极端。

太阳，逢太阳之年，是有好运要来，如果原先倒霉的人就要转运了。

丧门，逢丧门之年，不能探视重病者、不能参加丧事，容易招霉运，可能亲戚朋友有重疾或死亡之事。

太阴，逢太阴之年，容易招异性的仇恨或风波，勿深夜走暗路。

五鬼，逢五鬼之年，容易招险邪、怪疾、小人暗害、损财。

死符，逢死符之年，容易招官灾、刑罚、诉讼、受伤、精神上的痛苦。

岁破，逢岁破之年，容易在金钱上出错。支票收发，行为不检导致金钱及身体受损失。

龙德、福德星君，逢龙德、福德之年，努力就会有回报，也可能获得贵人帮忙。

白虎，逢白虎之年，要谨慎，容易遭家庭凶运，不和睦或外伤。

天狗，逢天狗之年，要小心，容易被人陷害。有职业或环境上的不良改变，人事间的是非口舌之争，重则有官讼牢狱之灾。

病符，逢病符之年，家人应多注意气候的变化，避免受到传染病感染。

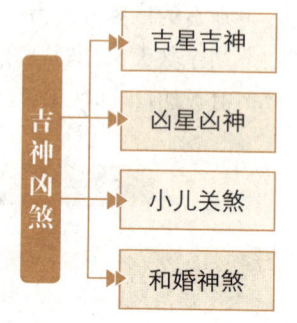

**太阳岁君**

- 逢太阳之年，男人运程佳，女人防夫妻不和。
- 逢太阳之年，虽然有财利，不宜冒险投机赌博，以免破大财。

## 109 什么是吉神凶煞？

吉神凶煞简称"神煞"或"神杀"，就是指不以正统阴阳五行的生克制化原理所定出的特殊吉凶星。

吉神凶煞大致可以分为四类：吉星吉神；凶星凶神；小儿关煞；和婚神煞。

神煞的设定，多由片面的干支而来，很少牵涉逻辑性的推理技巧，故历来备受争议。但推命者多兼谈神煞，还有专以神煞为人论命者。

吉神凶煞
- 吉星吉神
- 凶星凶神
- 小儿关煞
- 和婚神煞

## 110 八字推命中有哪些吉神凶煞？

八字推命中的吉神神煞有：天乙贵人、太极贵人、三奇贵人、天德贵人、月德贵人、文昌贵人、将星、华盖、魁罡、禄神、金神、天赦、驿马、天医、国印贵人、福星贵人、天贵、天和、天权等。

八字推命中的凶神神煞有：羊刃、灾煞、劫煞、天罗地网、阴阳差错、四废煞、六甲空亡、元辰（大耗）、孤辰寡宿、亡神、咸池、六厄、勾绞煞、十恶大败、丧门吊客等。

### 吉神凶煞的分类

| 吉神神煞 | 天乙贵人、太极贵人、三奇贵人、天德贵人、月德贵人、文昌贵人、将星、华盖、魁罡、禄神、金神、天赦、驿马、天医、国印贵人、福星贵人、天贵、天和、天权。 |
|---|---|
| 凶神神煞 | 羊刃、灾煞、劫煞、天罗地网、阴阳差错、四废煞、六甲空亡、元辰（大耗）、孤辰寡宿、亡神、咸池、六厄、勾绞煞、十恶大败、丧门吊客。 |

## 111 天乙贵人有哪些吉祥意义？

天乙贵人，四柱神煞之一，属于吉神神煞。

天乙贵人有解救危难之用，逢凶化吉之功。凡命中遇此星易功名早达，封官受爵。大小运流年遇此为喜用，多主升官发财，喜事连连。

《神峰通考》记载的巧记法诀为：

甲戊兼牛羊，
乙己鼠猴乡，
丙丁猪鸡位，
壬癸兔蛇藏，
庚辛逢虎马，
此是贵人方。

**天乙贵人**

- 天乙贵人忌刑冲克害，空亡死绝之地，辰戌为魁罡之地，贵人不临，故辰戌二支无天乙贵人。
- 若四柱无贵人，可参看胎元、命宫、岁运，三者遇贵人也可算。

## 112 太极贵人有哪些吉祥意义？

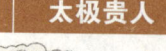
太极贵人

太极贵人，四柱神煞之一，属于吉祥神煞。

命带太极贵人者，聪明好学，对神秘的事物充满好奇，喜欢文史哲宗教等科目。为人公正，做事善始善终，有锲而不舍的执著精神。柱中若再得其他吉神照命，则命主福禄双全，大富大贵。

太极贵人以年干、日干为准查四支，巧记法诀为：

甲乙生人子午中，丙丁鸡兔定亨通，
戊己两干临四季，庚辛寅亥禄盈丰，
壬癸巳申偏喜美，值此应当福气钟。
更须贵格来相扶，侯封万户到三公。

- 太极贵人又名科名星。
- 命带太极贵人者多喜欢中医、鬼怪、神道等神秘事物。

## 113 三奇贵人有哪些吉祥意义？

三奇贵人

三奇贵人，四柱神煞之一，属于吉祥神煞。

巧记法诀为：

天上三奇甲戊庚，
地下三奇乙丙丁，
人中三奇壬癸辛。

命书认为命带三奇贵人者，精神超人，襟怀坦荡，博学多才。如果兼临天乙贵人则预示其人建功立业，功勋卓著；带天月二德者凶灾不犯；带三合局者，命主见识深远，多为国家栋梁；若三奇居生旺空亡者，则多为宁静淡泊、脱尘离俗的隐士。这些人往往能创造出常人不能创造出来的奇迹，但他们常常不为世人理解，似乎太过聪慧，世人的思想已经不能跟随。

- 三奇贵人，取自"甲遁入戊""太乙进位""壬水空亡"这三种特异的象数关系。
- 三奇在柱中必顺步紧连，不能间隔逆乱。不是顺连，或者不是年月日时相连的都不算。

## 114 天德贵人有哪些吉祥意义？

天德贵人，四柱神煞之一，属于吉祥神煞。

天德贵人以月令查四柱干支，乾坤艮巽代表亥申寅巳，巧记法诀为：

正丁二坤宫，三壬四辛同。
五乾六甲上，七癸八艮逢。
九丙十居乙，子巽丑庚中。

天德贵人通常会和月德贵人一起出现，一般以天德贵人为重，月德贵人次之。命带天德贵人者，恺悌慈祥、待人诚实仁厚。命主一生安逸，不犯刑律，不逢盗贼，不遇凶祸，逢凶化吉。如遇三奇、天乙贵人，尤为吉庆。

**天德贵人**

- 与天德星之干五合或六合者即为天德合。
- 如果命中没有天德贵人，而有天德合时，也起与天德贵人相似的作用。

## 115 月德贵人有哪些吉祥意义？

月德贵人，四柱神煞之一，属于吉祥神煞。

月德贵人以月支查四柱天干，巧记法诀为：

寅午戌月生者见丙，
申子辰月生者见壬，
亥卯未月生者见甲，
巳酉丑月生者见庚。

月德贵人一般和天德贵人一同出现，在算命时，要同时考虑。不过，天德为重，月德为次，两者相辅。月德贵人为逢凶化吉之神，作用与天德贵人相似，常常将两者合看。天月二德遇将星，会名登科府。如果是女性，命逢天月二德，会有一个美好的姻缘，丈夫俊美，生产顺利，子女聪慧。

**月德贵人**

- 与月德贵人五合之干为月德合。
- 如果命中无月德贵人，有月德合也可以补不足。

## 116 文昌贵人有哪些吉祥意义？

文昌贵人，四柱神煞之一，属于吉祥神煞。

文昌贵人以年干、日干查四柱地支，巧记法诀为：

甲乙巳午报君知，
丙戊申宫丁己鸡，
庚猪辛鼠壬逢虎，
癸人见卯入云梯。

文昌是食神之禄，该星命主聪明灵秀，气质出众，举止形态都有大家风范。具有很强的上进心，求知欲强。如果是男性则有很深的内涵修养，内心十分丰富；如果是女性，则有姣好的容貌，非凡的气质。

**文昌贵人**

- 命带文昌贵人者，一生中近官利贵，朋友不俗，能逢凶化吉。
- 命带文昌贵人者，机智过人，气质高雅。

## 117 华盖有哪些吉凶意义？

华盖，四柱神煞之一，属于吉祥神煞。

华盖以年支或日支查其余各支，巧记法诀为：

寅午戌见戌，亥卯未见未，
申子辰见辰，巳酉丑见丑。

华盖是文章、艺术、聪明之星。该星的人喜欢琴棋书画，在绘画、音乐、书法方面颇有成就。如果华盖星死绝空破或者四柱组合不好，该人在幼年时最好皈依佛门或道门，拜和尚或道士为师，这样才能避免灾难，否则在二十四岁以前，会遭遇很多凶灾。即使能活过二十四岁，也会终生不顺。

**华盖**

- 华盖是大帝头上的一颗星神，它的作用是护帝。
- 华盖为孤独之星，性情恬淡。

## 118 魁罡贵人有哪些吉祥意义？

魁罡贵人，四柱神煞之一，属于吉祥神煞。

魁罡查日柱，巧记法诀为：
壬辰庚戌与庚辰，
戊戌魁罡四座神，
不见财官刑煞并，
身行旺地贵无伦。

命中带魁罡贵人者，聪明灵巧，才华四溢，做事果断，有威杀之气。若命主身旺，又有魁罡相助，则会富贵显达；如果命主身弱，又逢魁罡，则贫寒彻骨，易遭官刑。所以，命中带魁罡且身弱时，一定要遵纪守法，以免牢狱之灾。

魁罡贵人

- 辰为天罡，戌为河魁，是阴阳绝灭之地。
- 《子平总论》记载："身值天罡地魁，衰则彻骨贫寒，强则绝伦贵显。"

## 119 禄神有哪些吉祥意义？

禄神即十干临官之位，四柱神煞之一，属于吉祥神煞。

禄神以日干查四柱地支，巧记法诀为：
甲禄在寅，乙禄在卯，丙戊禄在巳，
丁己禄在午，庚禄在申，辛禄在酉，
壬禄在亥，癸禄在子。

禄神临年支为岁禄。

临月支为建禄，建禄主长辈的荫佑，命主从小生活优越。如果逢卫破，则会家道中落。

临日支为专禄，命主有财，是标准的享乐主义者。

临时支为归禄。命主从少年时代即开始发达。归禄喜羊刃、身旺、财星，此命者不会仗着钱财而骄躁，而是勤奋工作，开创自己的事业。

禄神

- 禄，即福禄、衣禄，为养命之源。
- 身弱喜禄神帮身，其中建禄帮身之力最大。

## 120 将星有哪些吉凶意义？

将星，四柱神煞之一，属于吉祥神煞。

将星以年支或日支查其余各支，巧记法诀为：

寅午戌见午，巳酉丑见酉，
申子辰见子，亥卯未见卯。

命中有将星，如果没有遭到破坏，就会在政治上有大作为。如果四柱配合得宜，是手握实权的官员，以将星坐正官为佳。如果坐七煞羊刃，官位可能会主掌生死大权。如果不从政，从事其他职业，也会是一个成功者。

但将星对死绝冲破者不利，如果和凶星会合，会增加凶星之气。

**将星**

- 将星是权柄之星，命主具有组织、领导、指挥才能，有慑众之威。
- 命忌劫财者，将星临之，就会使凶气加倍，凶运也会倍增。

## 121 金神有哪些吉凶意义？

金神，四柱神煞之一，属于吉祥神煞。

查法：日柱或时柱见者为是。巧记法诀为：

时柱为乙丑、己巳、癸酉三组干支。

命带金神，命主性格威猛、刚毅、耿直、好胜，不易屈服，人缘较差。柱中若逢水旺为忌神时，则命主做事不易成功，六亲少义，骨肉分离，为劳苦之命。

**金神**

- 《渊海子平》记载："金神乃破败之神，要制伏，入火乡为胜；如四柱中更带七杀羊刃，真贵人也。"
- 金神逢柱中火旺，便为贵命；逢柱中水旺，则非福是祸。

## 122 天赦有哪些吉凶意义？

天赦,四柱神煞之一,属于吉祥神煞。天赦是取死而忽生之义,有如死刑犯忽得国家的大赦,因而得名。

天赦以季节查日柱,巧记法诀为:
寅卯辰月生戊寅日,
巳午未月生甲午日,
申酉戌月生戊申日,
亥子丑月生甲子日。

如果命中带有天赦,可以逢凶化吉,一生处世无忧,自由自在,衣食不缺。若日元得旺,配合适当,多为大人物。同时,天赦有宽大处理的意思,能够赦免罪过,对四柱中有牢狱信息标志的人,尤为有利。

天赦

- 查法可巧计为:春戊寅,夏甲午,秋戊申,冬甲子。
- 天赦是一颗逢凶化吉的星,可以化解人们的灾祸。

## 123 驿马有哪些吉凶意义？

驿马,四柱神煞之一,属于吉祥神煞。

驿马以年支或日支查其余三柱地支。巧记法诀为:
申子辰马在寅,
寅午戌马在申,
巳酉丑马在亥,
亥卯未马在巳。

如果命主四柱组合为贵命,而带驿马,多有升迁、调动之喜;若命主四柱组合不吉为贱命,则预示着命主一生奔波劳累,漂泊不定,无所作为。女命带驿马者,易远嫁他乡或异国;男命带驿马者,易娶他乡之女或配异国婚姻。

驿马

- 驿马是古代官方用来传送文件用的,该星主走动或迁移。
- 柱中马星落空亡,常迁居或更换职业。

## 124 天医有哪些吉祥意义?

天医以月支查年、日、时支,巧记法诀为:

子月生见亥,丑月生见子,
寅月生见丑,卯月生见寅,
辰月生见卯,巳月生见辰,
午月生见巳,未月生见午,
申月生见未,酉月生见申,
戌月生见酉,亥月生见戌。

四柱逢天医,天医星生旺,又有其他吉星相助,命主多身体健康少病,而且特别适合从事医务工作及心理学、哲学等;天医星处于死绝之地,又无贵人吉神相扶,命主多饱受疾病之苦。

**天医**

- 天医是掌管疾病之事的星神。
- 《命理通鉴》记载:"天医拱照,可作良医。"

## 125 国印贵人有哪些吉祥意义?

国印贵人以年干或日干查四柱地支,巧记法诀为:

甲见戌,乙见亥,
丙见丑,丁见寅,
戊见丑,己见寅,
庚见辰,辛见巳,
壬见未,癸见申。

四柱带国印贵人,命主诚实、可信,严守清规,照章行事,办事公道,为人和悦,礼仪仁慈,气宇轩昂。若四柱中带国印又得其他吉星相助,不逢冲破克害,可得实权。

**国印贵人**

- 国印贵人主其一生工作,生活环境变化多。
- 流年、岁运逢国印贵人,主工作变动或家庭搬迁。

## 126 命带灾煞有些什么凶祸？

灾煞又名白虎煞，四柱神煞之一，属于凶神神煞。

灾煞以年支查月、日、时支，巧记法诀为：

申子辰见午，亥卯未见酉，
寅午戌见子，巳酉丑见卯。

灾煞怕克，生处却见祥。四柱交加见，福少祸连绵。此煞主血光横死，命带灾煞者，为克身大凶，多灾病疾厄，在水火支防焚溺；在土支防坠落瘟疫；在金木支，防棍剑之伤。如果柱中遇到福神相助，多有武权。

- 灾煞是将星受冲克之煞，如申子辰将星是子，冲克子者为午，午即为灾煞。
- 灾煞为悲运之星，主官非、孝服、破财等种种不吉之兆。

## 127 命带劫煞有些什么凶祸？

劫煞，四柱神煞之一，属于凶神神煞。

劫煞以年支或日支查其余三支，巧记法诀为：

申子辰见巳，亥卯未见申，
寅午戌见亥，巳酉丑见寅。

命带劫煞者，一般不是破财就是有灾。如果四柱中带两个或者两个以上劫煞，命主多奸猾狡诈，嫉妒心强，常生意外之灾，劫财破家，官司不断。

劫煞若日干强旺，遇用神处于生旺之地，且有吉神相助，则命主天资聪颖，勇敢坚毅，有强烈的事业心和上进心，工作勤勉，能有所作为，特别是在军事领域。

- 劫煞是凶神，有劫夺的意思，主病伤刑法之灾。
- 命带劫煞者常会事倍功半，往往很努力却得不到回报，还会经常遭遇被偷盗事件。

## 128 命带天罗地网有些什么凶祸?

天罗地网,四柱神煞之一,属于凶神神煞。

天罗地网以年支或日支查其余三支,巧记法诀为:

戌亥为天罗,辰巳为地网。

天罗地网主疾病之灾、牢狱之灾,命带该煞者可能会患上疾病或者是疑难杂症,可能会有官司,牢狱之灾。如果大运流年遇上天罗地网,宜小心谨慎。

《壶中子》等认为"男忌天罗,女忌地网"。地网为龙蛇混杂,对男命无碍,但女命则不利于婚姻和子女,命主也易患疾病。天罗为猪狗侵凌,女命无碍,但男命则不祥,妨祖克妻。

**天罗地网**

- 戌见亥,亥见戌为天罗;辰见巳,巳见辰为地网。
- 若柱中戌亥辰巳齐全,即为天罗地网齐见。

## 129 命带阴阳差错有些什么凶祸?

阴阳差错,四柱神煞之一,属于凶神神煞。

阴阳差错以日柱见者即是,巧记法诀为:

丙子,丁丑,戊寅,
辛卯,壬辰,癸巳,
丙午,丁未,戊申,
辛酉,壬戌,癸亥。

命带阴阳差错者,多有私生子、螟蛉子;谈亲事时易发生不愉快的事;女性会遭到婆家的冷待,男性则和妻家不和,可能和妻家反目成仇。

但因为六十花甲子干支中,阴阳差错占了十二个,所以很多人都会遇上。即使命犯阴阳差错,不必以为是命中注定婚姻不顺。

**阴阳差错**

- 此煞不分男女,如果月日时柱两重或三重犯此煞,多会二婚,常常为婚姻烦恼。

## 130 命带四废煞有些什么凶祸？

四废煞

四废煞，四柱神煞之一，属于凶神神煞。四废煞以日柱见者即是，巧记法诀为：

春：庚申、辛酉；
夏：壬子、癸亥；
秋：甲寅、乙卯；
冬：丙午、丁巳。

命带四废煞者，多体弱多病，做事总是虎头蛇尾，不能善始善终，多败少成。如不遇生扶、又受克害，凶煞制者，会有伤残，易发生口舌官司，甚至有牢狱之灾或者会出家为僧。

- 四柱中若得帮扶可以减轻四废煞的凶祸程度。

## 131 命带元辰有些什么凶祸？

元辰

元辰又名大耗，四柱神煞之一，属于凶神神煞。

元辰查法以年柱地支见日月时地支，巧记法诀为：

阳男阴女，与年支相冲的前一位地支为元辰；

阴男阳女，与年支相冲的后一位地支为元辰。

算命术中，把十天干分成两组，甲丙戊庚壬为阳，乙丁己辛癸为阴。阳干之年生的男命称作阳男，阴干之年生的女命称作阴女；相反的，就是阴男阳女。

命带元辰者，多形貌不佳，嗓音混浊不清，面相凶恶。生临旺时，会比较落魄，是非善恶不分，黑白颠倒；临死绝时，会寒酸刻薄，不知廉耻，命运坎坷，贪杯好色，性情低俗。

- 元辰如果与天刑一起出现，该人容易犯官司是非。
- 元辰如果入财帛宫，会有财产争执。

## 132 命带六甲空亡有些什么凶祸？

**六甲空亡**

六甲空亡，又叫旬空，四柱神煞之一，属于凶神神煞。

六甲空亡查法以日柱干支所在甲旬的空亡地支查年月时柱地支，见者即是，巧记法诀为：

甲子旬中戌亥空；
甲戌旬中申酉空；
甲申旬中午未空；
甲午旬中辰巳空；
甲辰旬中寅卯空；
甲寅旬中子丑空。

命带六甲空亡者，若处死绝，命主多无成就，四处漂泊；若处生旺，命主多气度宽大，心宽体胖；与贵人、华盖一同出现，命主多拥有大智慧，性情恬淡，品德高尚，有很高的追求，可能会得到世人的敬仰。

- 天干为10个，地支却有12个，一旬组合中有两个地支会落空。比如甲子旬中无戌亥二支，故戌亥为空亡，其余各旬空亡类推。
- 如果空亡遇见三会、三合、六合就不作空亡论。

## 133 四柱中遇六甲空亡有什么预示？

年柱逢空：预示着祖业空、母空。表示没有父母的帮助，或者自幼与父母缘分浅。母亲或辞世，或改嫁，或母不顾子。

月柱逢空：表示没有兄弟姐妹的帮助，与兄弟、朋友、同事缘分较淡。

日柱逢空：表示配偶无助力或少助力，难有刻骨铭心的爱情可言，与配偶感情较淡。

时柱逢空：表示不能得到子女的照顾，子女不得力，甚至子女有多病或者夭折的可能。

**六十甲子所在甲旬空亡的算法**

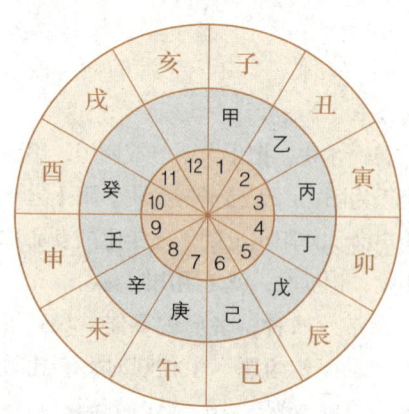

公式：11－天干数＋地支数＝空亡第一个地支数
该数对应的地支与其后一个地支即是所算干支的空亡。若所得空亡数大于12，减去12即可。

## 134 命带孤辰寡宿有些什么凶祸？

**孤辰寡宿**

孤辰寡宿，四柱神煞之一，属于凶神神煞。

孤辰寡宿以年支查其余地支，巧记法诀为：

亥子丑见寅为孤，戌为寡；
寅卯辰见巳为孤，丑为寡；
巳午未见申为孤，辰为寡；
申酉戌见亥为孤，未为寡。

命带孤辰寡宿者，多形孤骨露，面无和气，不利六亲；婚姻不顺，男性娶妻难，女性嫁人难，有了婚姻也可能不能白头偕老。孤辰寡宿和驿马一起出现，容易流浪他乡；和空亡一起出现，会自小无依无靠，孤苦伶仃。

- 孤辰寡宿和伤门、吊客一起出现，父母多相继去世，一生多灾多难。
- 如果四柱中带天乙贵人可以解孤辰寡宿凶厄。

## 135 命带亡神有哪些凶祸？

**亡神**

亡神，四柱神煞之一，属凶神神煞。

亡神以年支或日支查其余三支，巧记法诀为：

申子辰见亥，寅午戌见巳，
巳酉丑见申，亥卯未见寅。

亡神入命，城府多深，做事疑虑；亡神与天乙贵人同现，多老谋深算；亡神为喜神，面有威仪，足智多谋，处事严谨。亡神为命中凶忌之神时，命主心性难定，气量狭小，轻浮浪荡，脾气粗俗，严重者有官司牢狱之灾。男命不利妻子儿女，女命不利夫运又刑伤子女。

- "亡神"指命里面有不可避免的事故。
- 亡者，失也，自内失之谓之亡，劫在五行绝处，亡在五行旺处。

## 136 命带咸池有哪些凶祸？

咸池，又称桃花，四柱神煞之一，属于凶神神煞。

咸池以年支或日支查其余各支，巧记法诀为：

申子辰在酉，寅午戌在卯，
巳酉丑在午，亥卯未在子。

咸池居三合局的沐浴之地，主要影响人的情感、性欲、魅力、恋爱、婚姻生活以及隐秘。命带咸池，咸池处于生旺之地者，命主相貌秀丽，性情乖巧，追求享受，易沉湎酒色，造成家产破散；咸池处于绝地，命主落魄不检，言行狡猾，多行为不检点，易有婚外情。咸池如在生旺为喜用神，则命主多容貌俊俏，才智聪慧，技艺超群。

内桃花外人不易进入，多夫妻恩爱。但怕遭冲，冲者门开，外人易进入。

外桃花，男命多轻狂好色，拈花惹草，女命多轻佻放浪。

出现在年支、月支的为内桃花，出现在日支、时支的为外桃花。

● "咸池"，分内桃花和外桃花。

## 137 命带六厄有哪些凶祸？

六厄，四柱神煞之一，属于凶神神煞。

六厄以年支查其余各支，巧记法诀为：

申子辰见卯，寅午戌见酉，
巳酉丑见子，亥卯未见午。

六厄处于三合局的死地，命带六厄者，多工作不顺，劳动成果不能得到他人认可，难以得到上司的赏识。如果该煞生旺又逢贵人相助，方可解凶，但始终一生困顿。

王勃在《滕王阁序》中惋叹："时运不齐，命途多舛；冯唐易老，李广难封。"

《壶中子》记载："六厄为剥官之煞，李广不封侯是也。"李广四柱中带有六厄之煞，此煞有剥夺官运的负面作用，阻碍了李广的晋升之路。

李广，汉武帝时期的名将。对抗匈奴英勇善战，被人们称为"飞将军"。

## 138 命带羊刃有些什么凶祸?

羊刃,四柱神煞之一,属于凶神神煞。巧记法诀为:
甲刃在卯,乙刃在寅,丙刃在午,丁刃在巳,戊刃在午,
己刃在巳,庚刃在酉,辛刃在申,壬刃在子,癸刃在亥。

羊刃,本为司刑之星,该星的特点是刚烈、暴戾、激进、暴躁,多出怪杰、烈士、孝妇等。身强时遇到羊刃煞者,大凶。如果刑冲,原局没有足够的食伤或官杀贴近日主克制泄化,该人性格大多不好,常常外表比较温和,其实内心非常强硬,不相信他人,自以为是,刚愎自用,对他人的意见也不会采纳,思想容易走极端,或好或坏。在此状况下,不是与妻子不和,就是与六亲不和,而且常常会连累到六亲,使之遭受大的灾难。

羊刃以日干查四支,具体对照如下表。

| 日干 | 甲 | 乙 | 丙 | 丁 | 戊 | 己 | 庚 | 辛 | 壬 | 癸 |
|---|---|---|---|---|---|---|---|---|---|---|
| 羊刃 | 卯 | 寅 | 午 | 巳 | 午 | 巳 | 酉 | 申 | 子 | 亥 |

## 139 四柱中遇羊刃煞有什么预示?

年支遇到羊刃煞,主破祖先遗产,可能会有以怨报德的情况出现。

月支遇到羊刃煞,主性情乖戾,与人格格不入,为人处世不好。

日支遇到羊刃煞,主性急暴躁,凡事不能沉着应对,往往会冲动行事。

时支遇到羊刃煞,主见财官会有祸,岁运相冲并相合,则灾祸就会降临。

日干不强,有七杀驾羊刃,则此人武贵非凡,有掌握生杀大权的可能,岁运旺的时候,也会转危为安。

**羊刃煞**

羊刃煞能够夺财、劫官、破坏八字的富贵气。

若命局有刃有印无杀,岁运逢杀的时候也会成为福气。

羊刃,又称阳刃,在天为紫暗星,主诛戮,在地则为羊刃煞,主宰割。

# 140 什么是十神推命？

十神推命是八字推命中应用最为普遍的一种方法。十神推命认为一个人的八字中日干的地位最重要，故称为"日主"，其余七字都是通过与日主的各种复杂关系来产生不同作用的。因此，只要将日主与其他七字的五行生克关系探究清楚，便可清楚地揭示出一个人的命运。基于这种认识，星命学家将一个人八字中日主与其他七字间存在的生我、助我、克我、我生（泄我）、我克（耗我）等关系，用正印、偏印（枭神）、比肩、劫财、偏官（七杀）、正官、食神、伤官、偏财、正财等命学术语来表示。十神推命即根据一个人八字中十神出现的不同特点来推算其命运吉凶。这是一套逻辑严密，体系完备，理论性、思辨性极强的推命方法。

**天干与十神的对应关系**

| 日主<br>天干 | 甲 | 乙 | 丙 | 丁 | 戊 | 己 | 庚 | 辛 | 壬 | 癸 |
|---|---|---|---|---|---|---|---|---|---|---|
| 甲 | 比肩 | 劫财 | 食神 | 伤官 | 偏财 | 正财 | 偏官 | 正官 | 偏印 | 正印 |
| 乙 | 劫财 | 比肩 | 伤官 | 食神 | 正财 | 偏财 | 正官 | 偏官 | 正印 | 偏印 |
| 丙 | 偏印 | 正印 | 比肩 | 劫财 | 食神 | 伤官 | 偏财 | 正财 | 偏官 | 正官 |
| 丁 | 正印 | 偏印 | 劫财 | 比肩 | 伤官 | 食神 | 正财 | 偏财 | 正官 | 偏官 |
| 戊 | 偏官 | 正官 | 偏印 | 正印 | 比肩 | 劫财 | 食神 | 伤官 | 偏财 | 正财 |
| 己 | 正官 | 偏官 | 正印 | 偏印 | 劫财 | 比肩 | 伤官 | 食神 | 正财 | 偏财 |
| 庚 | 偏财 | 正财 | 偏官 | 正官 | 偏印 | 正印 | 比肩 | 劫财 | 食神 | 伤官 |
| 辛 | 正财 | 偏财 | 正官 | 偏官 | 正印 | 偏印 | 劫财 | 比肩 | 伤官 | 食神 |
| 壬 | 食神 | 伤官 | 偏财 | 正财 | 偏官 | 正官 | 偏印 | 正印 | 比肩 | 劫财 |
| 癸 | 伤官 | 食神 | 正财 | 偏财 | 正官 | 偏官 | 正印 | 偏印 | 劫财 | 比肩 |

## 141 日主在八字推命中具有怎样的意义？

四柱八字代表的是一个人的整体，而日主代表的是一个人的核心。根据四柱推断与命主密切关系看，日主代表的是命主本人，和命主本人的关系最密切，其余干支十神代表的是一个人的六亲人事。

因此，日主就是四柱八字的轴或核心，命主所有的命理现象都是围绕着日主展开的。如果一个人的日主不准，那么这个人的命运就很难准确预测。

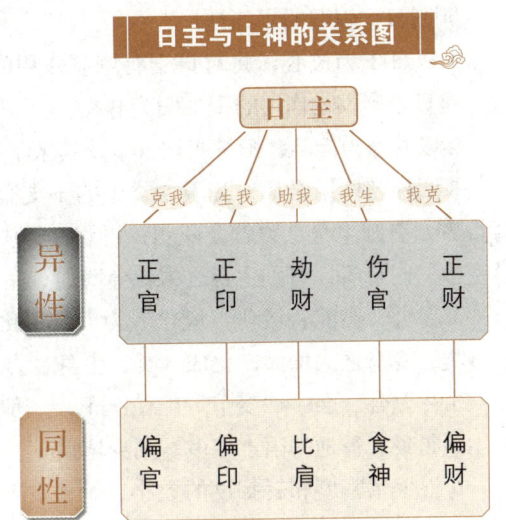

## 142 日主、命局、忌神、用神等的含义是什么？

日主又称作日元、身，指日干。

命局是对原命局和全局的统称。有时指原命局，有时指全局。

原命局指四柱，简称原局（有时包括命宫、胎元）。

全局指原命局与岁运等组成的命运全局。

岁运：岁为流年，运包括大运和小运。

命主指命局的主人。

忌神指不利于命局平衡或流通的五行。

用神又称为喜神，指利于命局平衡或流通的五行。

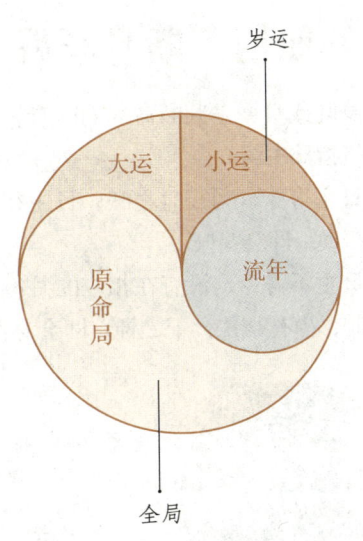

## 143 如何判断日主的强弱？

判断日主强弱的步骤是：

1. 以日干为核心，将对日干有增益作用的干支归为A类，对日干有损耗作用的干支归为B类。
2. 以月令为标准，衡量四柱日干及其余干支的旺衰。
3. 四柱整体组合后，先看A类中的干支有无"变节"背日者，有则生身之力就会减弱；再看B类中的干支有无"变节"向日者，有则生身之力就会增强。
4. 看合、会能否成化。成化者力大，不化者力小。化成B类，克身之力增大；化成A类，生身之力增加。
5. 在无合、会、"变节"的情况下，一般日干得令、得生、得助、得地的因素越多，则身越强。
6. 根据亲密度和耗损度的大小，给A、B两类干支酌情增减力量。
7. 根据覆载、盖头、截脚的关系酌情增减A、B两类干支的力量。
8. 最后根据A、B两类干支各自的合力判定日干的实际强弱。A的合力大于B的合力，日主身强；反之就身弱。

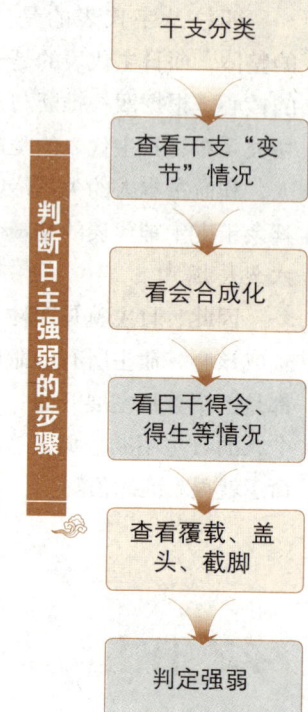

判断日主强弱的步骤

干支分类 → 查看干支"变节"情况 → 看会合成化 → 看日干得令、得生等情况 → 查看覆载、盖头、截脚 → 判定强弱

## 144 如何判断身旺或身弱？

身旺或身弱是判断命局的旺衰，并不是一般理解的身体好坏。身旺就是日主强，身弱是指日主弱。

日主得令，为天时之旺；日主在年、月、日、时干支当中，有印扶助，有比肩、劫财帮助，即会身旺。

日主不得令，没有在相应的月份出生；日主在年、月、日、时干支中，命中都是克、泄，少有帮扶日干之神，即会身弱。

甲木生在一月、二月为寅卯月，为得令，生在月令之月就会身旺。

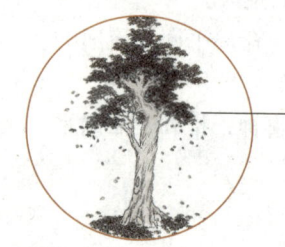

甲木生在八月，不得月令，不得令则身弱。

## 145 取用神的原则及方法是什么？

普通格局的命局平衡是以日主强弱为衡量标准的。日主中和，命局平衡；日主强或者弱都会使命局失衡。选取用神的目的之一就是使日主趋向中和。使日主趋于中和的方法有"通关""扶抑""顺势""调候"。

**通关**：把忌神的力量通过"加工"转移到喜神身上，使日主趋向中和的方法就是通关。

**扶抑**：分为扶和抑两种情况。日干弱，需要印生或者比劫扶助才能趋向中和，称为扶。日干强，需要官杀克或者食伤财星泄耗，使日干趋向中和，称为抑。

**顺势**：针对特殊格局采用的用神方法。特殊格局中某一行或者两行特别强旺，足以左右整个命局的气势。这种情况下，应该顺其气势疏导。顺势可以分为印生、比劫助、食伤泄三种形式。印、比劫、食伤就是专旺格局的喜用神。

**调候**：人禀天地五行之气而生，既要五行平衡又要寒暖燥湿适中。命造若生于夏季则偏暖过燥，喜水寒湿；若生于冬季则过寒偏湿，喜火暖燥。

**火顺土木图**

这种平衡命局的方法叫通关。

木克土，木生火，火生土。

木土交战，取火通关，使木生火，火生土，气息流畅。

## 146 用神、忌神按正星、偏星来分是否正确？

不少人把命局中十神的正星（比肩、正官、正印、食神、正财）归为吉星、善类，把偏星（劫财、七杀、枭神、伤官、偏财）归为凶星、恶类，这是属于望文生义的误解。十神偏正之分为阴阳之别。正偏星在不同条件下会具有正、负两面的特性，可以相互转化。划分十神吉凶善恶的标准是看命局的喜忌。为喜神时，为吉为善，为忌神时为凶为恶。

喜神　　忌神

**双面枭神**

## 147 在日干强的情况下，官杀、食伤、财星如何取用？

1.日干强，印星（有气但不是很强）为病。财星最能制印，财又能耗身，故首取财星为用；若无财星或财星太弱，则可取食伤为用，泄身耗印。

2.日干、印星两强。分为两种情况，一种是四柱只有日主比劫和印星两种五行，称为两行成象格；一种是虽有第三种五行，却被合会成与日主或印星相同之局，称为两气成象格。这两种格局都属于特殊格局，取用宜顺其气势，不可触犯旺神。

3.日干强，比劫强。比劫为病，官杀为首选用神，可制比劫抑强身；若无官杀或官杀太弱，则可取伤食、财星，以泄耗比劫和日主。

**日干强，用神取用情况**

| 状态 | 取用 |
|---|---|
| 日干强，印星为病 | 首取财星，次取食伤。 |
| 日干、印星两强 | 取用顺其气势，不可触犯旺神。 |
| 日干强，比劫强 | 首取官杀，次取伤食、财星。 |

## 148 八字推命如何取用神？

在八字推命中，用神就是八字中对于日干来说具有补弊救偏或促进助成作用的一种五行。取用神的方法是：

1.精确衡量日主强弱。要找出四柱中的旺神，不要顾及四柱中少而弱的五行，要先看最旺的五行。

2.分清是普通格局还是特殊格局。

3.找准命局关键的"病"，配用最恰当的"药"，确定四柱的用神。

4.注意把握岁运变化引起的用神变化。在普通格局中，日主在原局中若只是稍强或偏弱，遇岁运的影响，有时会使日主在原局的强弱状态颠倒过来，这时就应选用新的用神。

**日干强，用神取用情况**

第一步　衡量日主强弱
第二步　分清格局
第三步　确定用神
第四步　关注岁运变化

## 149 日主属木者如何取用神？

关于属木者该如何取用神，在《命理探源》中是这样论述的：凡日主属木者，须辨其木势盛衰。木重水多则为盛，宜金斫木，金少者逢土亦佳。木微金刚则为衰，宜火制金，火少逢木亦妙。至于水盛则木漂，取土为上，火次之。土重则木折，取木为上，水次之。火多则木焚，取水为上，金次之。

**日主属木者取用神原则**

| 状态 | 取用 |
| --- | --- |
| 木重水多 | 首取金，次取土 |
| 木微金刚 | 首取火，次取木 |
| 水盛木漂 | 首取土，次取火 |
| 土重木折 | 首取木，次取水 |
| 火多木焚 | 首取水，次取金 |

## 150 日主属火者如何取用神？

关于属火者该如何取用神，在《命理探源》中是这样论述的：凡日主属火者，须辨其火力有余不足，火炎木多，则为有余，宜水济火，水衰者，逢金亦妙。火弱水旺，则为不足，宜土制水，土衰者逢火亦妙。至于木多则火炽，取水为上，金次之。金多则火熄，取火为上，木次之。土多则火晦，取木为上，水次之。

**日主属火者取用神原则**

| 状态 | 取用 |
| --- | --- |
| 火炎木多 | 首取水，次取金 |
| 火弱水旺 | 首取土，次取火 |
| 木多火炽 | 首取水，次取金 |
| 金多火熄 | 首取火，次取木 |
| 土多火晦 | 首取木，次取水 |

## 151 日主属土者如何取用神？

关于属土者该如何取用神，在《命理探源》中是这样论述的：凡日主属土者，须辨其土质厚薄。土重水少则为厚，宜木疏土。木弱者，逢水亦佳。土轻木盛则为薄，宜金制木，金弱者，逢土亦妙。至于火多则土焦，取水为上，金次之。水多则土流，取土为上，火次之。金多则土弱，取火为上，木次之。

**日主属土者取用神原则**

| 状态 | 取用 |
| --- | --- |
| 土重水少 | 首取木，次取水 |
| 土轻木盛 | 首取金，次取土 |
| 火多土焦 | 首取水，次取金 |
| 水多土流 | 首取土，次取火 |
| 金多土弱 | 首取火，次取木 |

## 152 日主属金者如何取用神？

关于属金者该如何取用神，在《命理探源》中是这样论述的：凡日主属金者，须辨其金质老嫩。金多土厚则为老，宜火炼金，火衰者，逢木亦妙。木重金轻则为嫩，宜土生金，土衰者，逢金亦佳。至于土多则金埋，取木为上，水次之。水多则金沉，取土为上，火次之。火烈则金伤，取水为上，金次之。

### 日主属金者取用神原则

| 状态 | 取用 |
| --- | --- |
| 金多土厚 | 首取火，次取木 |
| 木重金轻 | 首取土，次取金 |
| 土多金埋 | 首取木，次取水 |
| 水多金沉 | 首取土，次取火 |
| 火烈金伤 | 首取水，次取金 |

## 153 日主属水者如何取用神？

关于属水者该如何取用神，在《命理探源》中是这样论述的：凡日主属水者，须辨其水势大小。水多金重则为大，宜土御水，土弱者，逢火亦妙。水少土多则为小，宜木克土，木弱者，逢水亦佳。至于金多则水浊，取火为上，木次之。火炎则水灼，取水为上，金次之。木多则水缩，取金为上，土次之。

### 日主属水者取用神原则

| 状态 | 取用 |
| --- | --- |
| 水多金重 | 首取土，次取火 |
| 水少土多 | 首取木，次取水 |
| 金多水浊 | 首取火，次取木 |
| 火炎水灼 | 首取水，次取金 |
| 木多水缩 | 首取金，次取土 |

## 154 日主强弱不同时如何取用神？

日主衰而不及时取用神的方法：

日主衰而不及是指日主衰到了极点，根据物极必反的原理，这时取用神一定要注意不能生扶，顺其自然，顺其弱势。

日主旺而太过时取用神的方法：

日主旺而太过是日主旺到了极点，这时取用神应当不宜克抑，最好取以泄为主的用神五行。

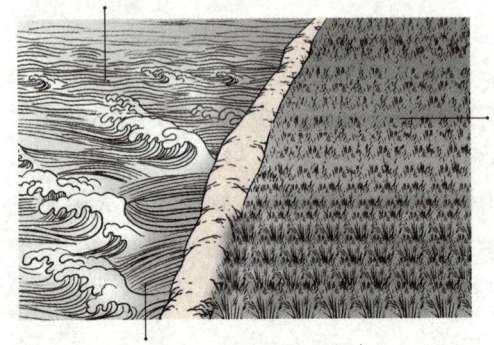

日主水极旺时，不宜取克的五行土。

水稻五行属木。

日主水极旺时，宜泄水取五行木。

## 155 命局中带比肩有何寓意？

比肩在六亲方面代表朋友、兄弟、同辈、争财夺利者、合作者。女命中代表姐妹。

日主强，比肩重，食伤轻者：有才华却不能很好地发挥出来；比较自私、好强，有能力，但与人协作的能力欠佳。

比肩临旺地者：兄弟姐妹多或者朋友多，性格要强，婚姻不利，官运不济，对父亲有不利影响。

比肩临衰地者：会对兄弟造成不利。

**四柱透比肩**

| 柱 | 比肩 |
|---|---|
| 年柱 | 有兄姐或养子，年幼时生活困苦。 |
| 月柱 | 有兄姐或养子，性格独立，爱掌管钱财。 |
| 日支 | 克配偶，婚姻不顺，晚婚的比较多。 |
| 时柱 | 没有子女缘，子女比较少。 |

## 156 命局中带劫财有何寓意？

劫财在六亲方面男命代表其姐妹、朋友、同辈，女命代表其兄弟、朋友、同辈。

身旺财衰，劫财旺盛者：与伴侣缘分薄，夫妻间缺少共同爱好，严重的有离异再婚现象。带劫财者，喜欢从事和钱财有关的投机性职业。但这类人很难聚财，不脚踏实地，只想着投机取巧来赚钱。

劫财过多者：外表和蔼，内心冷漠，双重性格。如柱中有正官，方能逢凶化吉。

**四柱透劫财**

| 柱 | 劫财 |
|---|---|
| 年柱 | 有兄姊或养子，热衷理财，婚姻不顺。 |
| 月柱 | 理财能力较弱，自尊心强。 |
| 日支 | 婚姻不顺，晚婚者比较多。 |
| 时柱 | 子女缘比较薄。 |

## 157 命局中带偏印有何寓意？

偏印在六亲方面女命代表其母亲，男命代表其祖父、亲族长辈、帮助的力量、意外的收获等。

命带偏印者：理智、聪慧、敏感，在事业上多有成就，喜欢独处，不擅长交际。

偏印临长生者：和母亲的缘分浅薄。

偏印临沐浴者：事业多变，会从事很多种职业。

**四柱透偏印**

| 柱 | 偏印 |
|---|---|
| 年柱 | 同为忌神，主破祖业，会有损家庭名誉。 |
| 月柱 | 比较适合发展冷僻的职业。 |
| 日支 | 偏印为忌神者：婚姻不顺。 |
| 时柱 | 偏印为忌神者：子女不利。 |

## 158 命局中带正印有何寓意？

正印在六亲方面代表长辈、贵人、师长。男命代表母亲，女命代表祖父、女婿。

命带正印者：聪慧、多福，感情丰富，学业有成，热爱文化艺术等。

正印过旺，食伤或财星较弱者：多大器晚成，学习能力较差，个性老实。

正印过多者：独立性较差，喜欢依赖母亲。母亲身体欠安，子女缘浅薄。

正印临长生者：母亲健康、长寿。

**四柱透正印**

年柱 — 正印为喜用者，家庭富裕，学业有成。
月柱 — 心胸宽大，善良仁慈，平安健康。
日支 — 正印 — 配偶善良、宽容，待人处世平和。
时柱 — 正印为喜用者，子女聪慧、孝顺。

## 159 命局中带偏财有何寓意？

偏财在六亲方面男命代表其父亲，女命代表丈夫的母亲。

偏财象的特点有：容易有意外之财；机遇很多，他人不可遇，而本人能遇；艳遇较多，容易获得异性的喜爱；婚姻顺利，夫妻感情融洽。

命带偏财者：不重视钱财，但有很多赚钱的机会；善于交际，会为人处世；喜欢帮助他人，慷慨大方。

**四柱透偏财**

年柱 — 年支带比劫者，其父不宜去他乡。
月柱 — 父亲掌握家中大权。
日支 — 偏财 — 妻子难得丈夫怜爱，丈夫爱情人胜过妻子。
时柱 — 少无作为，大器晚成。

## 160 命局中带正财有何寓意？

正财在六亲方面男命代表其妻子，女命代表其父亲。

正财象的特点：努力就有收获；依靠正常的途径，就可以成功；凡事要顺其自然，不可强求。

正财强，偏财弱者：在经营中，不投机取巧，不贪图非分之财，要以诚为本。

正财临墓地者：十分节俭，对自己、对他人都不舍得花钱。

**四柱透正财**

年柱 — 祖上非常富有。
月柱 — 父母富有，本人节俭，可以得到父母的帮助。
日支 — 正财 — 能得到妻子的帮助而大富大贵。
时柱 — 子女多有成就，财运旺盛。

## 161 命局中带正官有何寓意?

正官在六亲方面代表长官、上司、师长等。男命代表其女儿,女命代表其丈夫。

身弱遇正官者:年幼时胆子小,多病痛灾难,智力发育较晚,家境不好。

用神和正官并存者:为人阴险狡诈,为了钱财、官位不择手段,易出卖朋友、国家。

命局中带多个正官者:如果是女命,表示在丈夫之外,还会有其他男性伴侣,常常会有红杏出墙的事情发生。

**四柱透正官**

年柱 — 正官 — 正官为喜官者,祖上殷实,年少有成。
月柱 — 正官 — 正官为喜官者,父母疼爱,一生福气。
日支 — 正官 — 聪慧,应变力强,配偶多富贵。
时柱 — 正官 — 子女有才能、孝顺,晚年可享清福。

## 162 命局中带偏官有何寓意?

偏官主踏实、意识、消化系统。

偏官象的特点:一丝不苟、刚毅果敢,忍耐力超强,内心感情不轻易外露;做事踏实认真、一丝不苟,很负责;心怀大志,处事冷静、理智;不善言谈,考虑成熟即付诸行动,是标准的实干家;有很强的独立、自主意识,宁可白手起家,也不愿意依靠别人,所以与六亲的缘分薄;凡事亲力亲为,性格刚毅,再难再苦也坚持到底。

**四柱透偏官**

年柱 — 偏官 — 身体强健,富贵双全,为贵格。
月柱 — 偏官 — 食神制而得用,多为富贵。
日支 — 偏官 — 偏官为喜用者,聪明机巧,做事果敢。
时柱 — 偏官 — 遇印星文武全才,为大贵之命。

## 163 命局中带食神有何寓意?

食神在六亲方面代表晚辈、学生、部属,女命代表其女儿。

食神主要有三个功能:一是生助财星,二是泄化日主或比劫,三是克制官杀。

食神象的特点:有意外的机遇,不用付出很多就能得到好的收获;喜欢热闹的场合;大多不会理财。大多不够勤奋,不想自己创业,贪恋山水之美而遗忘实际生活。四柱食神太多,多为自己谋利而不为他人着想。

**四柱透食神**

年柱 — 食神 — 多受祖上福荫,事业发展平稳。
月柱 — 食神 — 勤勉乐观,喜欢自由,勤俭持家。
日支 — 食神 — 配偶肥胖,温良随和,衣禄宽足。
时柱 — 食神 — 晚年多能享福。

## 164 命局中带伤官有何寓意？

伤官在六亲方面代表晚辈、学生、部属。男命代表其祖母、孙女；女命代表其儿子。伤官象的特点是聪明、头脑好、自私、美貌。大多才华出众，性格率直。伤官多俊男美女，由于它能生助偏财，与劫财暗中阴阳克合，所以易引发婚外情。

伤官临旺地者：克配偶和家人，经常受小伤，还易官司缠身。

伤官临衰地者：嫉妒心强。

**四柱透伤官**

| 四柱 | 寓意 |
|---|---|
| 年柱透伤官 | 祖业难承，与父母缘分浅，一生都为生计所累。 |
| 年干支皆伤官 | 面部容易受伤，寿命多不长，富运短。 |
| 月柱透伤官 | 不孝敬父母，手足失和，不利于婚姻。 |
| 月干支皆伤官 | 一生孤独，女命者与丈夫感情欠佳。 |
| 日支为伤官 | 清高、性急、机敏，女命不屈服于丈夫，克夫。有制化则无妨。 |
| 时柱透伤官 | 子女多不服管教，爱惹是非，连累父母。伤官居子女宫，克子女。 |

## 165 什么是格局？

格局就是指八字命局组成的一种特殊的五行局势和生克结构。一般情况下，和月令紧密相连，形成一种主导命局的力量组合。格局决定着一个人的性格、事业、婚姻、学业、人生等。

**格局的判断原则**

原则❶ 以月令的本气为基础，月支的本气透于天干、月干、年干或时干，这些是标准的正格。

原则❷ 月令本气不透，而生气、余气、墓库之气透于月干，也可以成格。

原则❸ 月令之气都不透，但本气比较纯净，可以用本气论格局。

原则❹ 如果月令之气比较复杂，但本气有其他地支相助，可以论格局。

原则❺ 天干之气不通月令，但是年支、日支、时支很强，又为日干克、泄、耗，也可以论格局。

## 166 格局可以分为哪些？

格局可以分为普通格局和特殊格局。

普通格局又称内格，一共有八个，所以又称八格。分别是：正印格、偏印格、正官格、偏官格（七杀格）、正财格、偏财格、伤官格、食神格。

特殊格局分为两种：一种是专旺格，一种是从格。

专旺格即四柱干支五行与日主一气，使日主极端强旺。专旺格的特点是四柱中只有与日主同类的某一行特别强旺，并且不受克破。金木水火土共五行，所以专旺格共有五种，分别为：曲直格、炎上格、稼穑格、从革格、润下格。

从格与专旺格相反，是命局中与日主异类的某一行或几行十分强旺，形成特殊格局。从格十分复杂，经检验比较准确且常用的有从财格、从杀格、从儿格、化气格等。

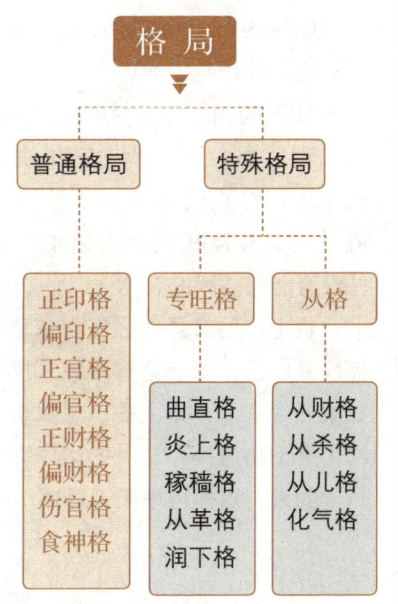

格局
├─ 普通格局
│   ├─ 正印格
│   ├─ 偏印格
│   ├─ 正官格
│   ├─ 偏官格
│   ├─ 正财格
│   ├─ 偏财格
│   ├─ 伤官格
│   └─ 食神格
└─ 特殊格局
    ├─ 专旺格
    │   ├─ 曲直格
    │   ├─ 炎上格
    │   ├─ 稼穑格
    │   ├─ 从革格
    │   └─ 润下格
    └─ 从格
        ├─ 从财格
        ├─ 从杀格
        ├─ 从儿格
        └─ 化气格

## 167 什么是曲直格？

四柱的木一气专旺称之为曲直格，其构成条件是：

日干为甲、乙；月支为寅、卯、亥、子、未、辰；地支亥卯未三合或寅卯辰三会木局成化，干透甲、乙或干支木强旺又有水生木，并且没有破局的庚辛申酉及戊己丑戌等。

曲直格的命局，以木为用神，忌金克，喜水木生助，少量的火也为吉，如果见土财，必须有火通关。运在北方，忌西方。忌神为金，仇神为土。

李鸿章四柱：癸未 甲寅 乙亥 己卯。格局为曲直格。

古诗曰："甲乙日生亥卯未，局全曲直须荣贵，柱中无亥宜土金，自是生来享福地。"

**李鸿章**

李鸿章（1823-1901），字渐甫，安徽合肥人。中国清朝末期重臣，洋务运动的主要倡导者之一，淮军的创始人和统帅。

## 168 什么是炎上格？

四柱的火一气专旺称之为炎上格，其构成条件是：

日干为丙、丁；月支为巳、午、未、寅、卯、戌；地支寅午戌三合或巳午未三会火局成化，干透丙、丁，或命局火势极旺又有少量木生火，四柱没有能够破局的金水。

炎上格的命局，运气在东北方，忌讳辰丑戌己，可能会有眼患、风气等。如果柱中有木，则主贵，忌水金乡，怕冲。炎上格命局，自身的运气完全依靠日干的火，用神当用火，忌讳水。

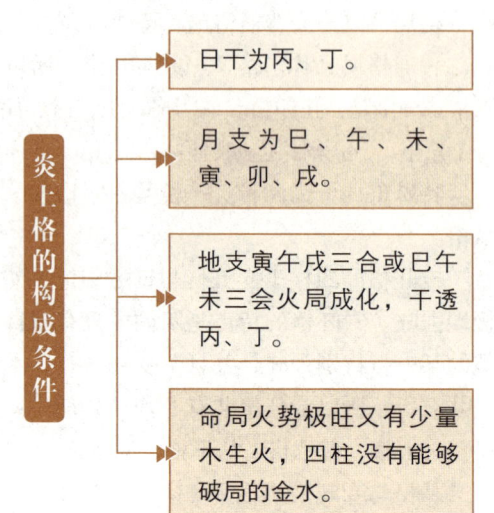

**炎上格的构成条件**
- 日干为丙、丁。
- 月支为巳、午、未、寅、卯、戌。
- 地支寅午戌三合或巳午未三会火局成化，干透丙、丁。
- 命局火势极旺又有少量木生火，四柱没有能够破局的金水。

## 169 什么是稼穑格？

四柱的土一气专旺称之为稼穑格，其构成条件是：

日干为戊、己；月支为辰、戌、丑、未、巳、午；地支辰戌丑未都有（至少有两个，其余地支须合化为土），干透戊、己；或四柱纯土；或土势极旺又有少量的火生土，四柱没有能够破局的水木。

稼穑格的命格，以土为用神，喜火、土，忌木旺之乡，若支全为土，天干纯戊、己土者，必然会大富大贵，品质优秀，忠实诚信。

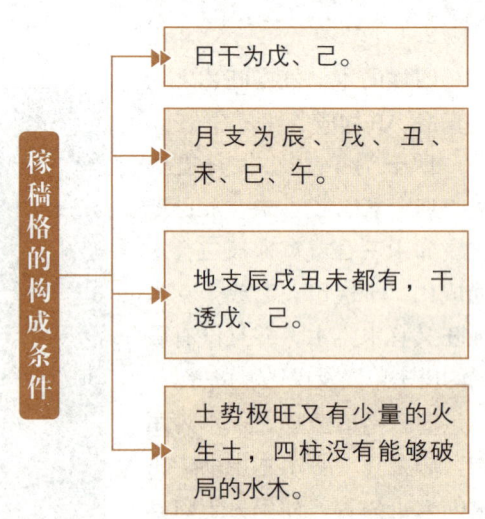

**稼穑格的构成条件**
- 日干为戊、己。
- 月支为辰、戌、丑、未、巳、午。
- 地支辰戌丑未都有，干透戊、己。
- 土势极旺又有少量的火生土，四柱没有能够破局的水木。

## 170 什么是从革格？

四柱的金一气专旺称之为从革格，其构成条件是：

日干为庚、辛；月支为申、酉、辰、戌、丑、巳；地支申酉戌三会或巳酉丑三合金局成化（或地支虽无三合三会金局，但金气汇聚），干透庚辛或干支皆土金（土少金多），四柱没有能够破局的木火。

从革格的用神为金，忌火克，喜土、金相助，见木为财，见水有财没有大碍。从革格格局的人比较有创新意识、聪慧、严谨、严肃，给人感觉威严。

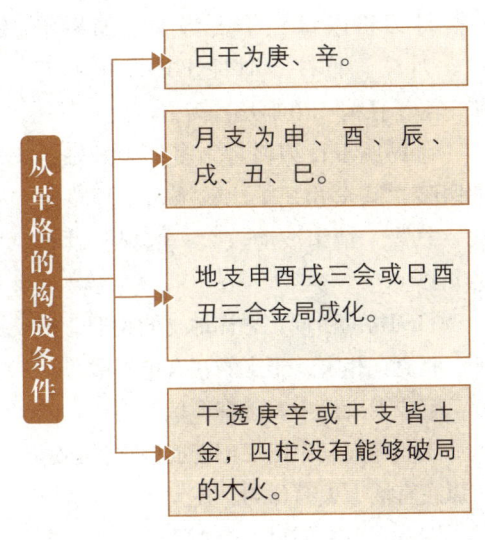

## 171 什么是润下格？

四柱的水一气专旺称之为润下格，其构成条件是：

日干为壬、癸；月支为申、亥、辰、子、丑；地支三合或三会水局成化，干透壬、癸，或命局水势极旺又有少量的金生水，四柱没有能够破局的土木。

润下格的用神为水，忌土克，喜金、水相助，见火为财，见木有财没有大碍。润下格格局者，聪慧过人，智商颇高，语言能力强，善于辩论，生活漂泊不定，迁移比较多。

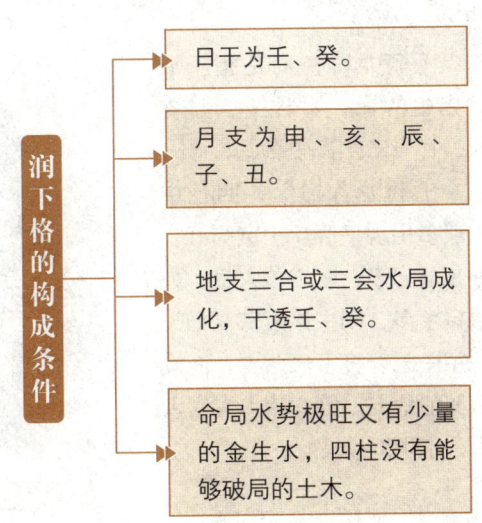

## 172 什么是日刃格？

日刃格以日柱干支为主，如果年柱、月柱、日柱、时柱出现戊午、丙午、壬子任何一个都是日刃格。

命局属于日刃格者，多外貌姣好，大眼睛，头发和胡子比较浓密，性格坚毅、急躁，情绪波动较大，凶狠，没有慈悲心。

日刃格的命局，忌讳地支的相刑、相冲、相克、相害，干支的相合也不适合；喜八字或者大运中有正官、偏官出现，该人如果能在大运中出现正官或偏官，必定可以在官场上大有作为；在大运、八字中都不宜有正财、偏财，否则会给该人带来很多不利，遇到时要注意避免。

**日刃格的命局特点**
- 忌讳地支相刑、相冲、相克、相害。
- 喜八字或者大运中有正官、偏官出现。
- 在大运、八字中都不宜有正财、偏财。
- 面貌姣好，性格坚毅、急躁。

## 173 什么是壬骑龙背格？

壬骑龙背格局是指壬辰日出生的人，日柱壬，日支辰，在十二生肖中属龙。

壬骑龙背格局，四柱中一般多出现壬辰、壬寅为好，如果辰字多，则主该人贵，如果寅字多，则主该人富。如果八字中只有寅、辰两支，而没有其他地支，则主该人大富大贵，富贵双全。

人的命局中，"辰"字多则该人官运亨通，"寅"字多则该人会富比陶朱。

古诗曰："壬骑龙背怕官居，重叠逢辰贵有余。假若寅多辰字少，须应豪富比陶朱。"

**陶朱**

陶朱，中国古代商人的圣祖，即我国古代春秋时期的范蠡。范蠡在辅佐勾践成为春秋霸主之后隐匿市井，自称陶朱，长期从事商贸活动，据传其财富可敌一国。

## 174 什么是日贵格？

凡是八字中有丁酉、丁亥、癸巳、癸卯的人，日干坐在天乙贵人上，就是日贵格。其中丁亥、癸卯出生在白天，称为日贵；丁酉、癸巳出生在晚上，称为夜贵。

日贵格者，倘若入贵格，具有高尚的情操，过人的智商，对人宽容，有气度，权威性高，受人尊敬。倘若入贱格，尊卑不分，黑白不分，自私自利，常有烦心事，不受人喜爱。

| 日贵格 | |
|---|---|
| 日贵 | 夜贵 |
| 八字含丁亥、癸卯 | 八字含丁酉、癸巳 |

## 175 什么是一气生成格？

一气生成格，又名天地同流格，即天干地支一色清纯，四柱皆同。如四庚辰、四己巳、四戊午、四乙酉、四丙申等。古代命学认为，在此格中，除四柱都是辛卯或甲戌为财多身弱、福浅贫夭的命造外，其余都为大富大贵的上佳命造。

《四言独步》中记载："天元一气，地物相同。人命得此，位列三公。"即是说四柱中，天干与地支都相同的命造，能够"位列三公"。

关羽四柱中一片火土，火土红黄，古典小说中描写关羽面如重枣，多与此有关。

据传，三国名将关羽的四柱是四个戊午，为一气生成格。

《三命通会》记载："戊午日、戊午时，先刑后发，多不善终……纯午，武职威权，名重藩镇。"所论与关羽一生命运大多相合。

## 176 什么是四位纯全格？

四位纯全格是指四柱地支或为四长生，或为四专气，或为四墓库。

四长生：即地支为寅申巳亥，四生之局，是富贵之命。四专气：即地支为子午卯酉，四败之局，男女都命带桃花。四墓库：即地支为辰戌丑未，四墓之局，五行杂气，遇华盖、正印为四墓。

四位纯全格者多为富贵，但由于四柱互见冲克，所以不是命中多波折，就是寿命不长。

### 四位纯全格的种类及构成条件

| 四位纯全格 | | | |
|---|---|---|---|
| | 四长生 | 地支为寅申巳亥 | 四生之局 |
| | 四专气 | 地支为子午卯酉 | 四败之局 |
| | 四墓库 | 地支为辰戌丑未 | 四墓之局 |

## 177 如何根据命局判断命主祖上的情况？

财食居年月柱，为喜用神，祖上富贵双全。
官杀居年柱旺地，日主身强喜官制，祖上权贵威仪。
正印居年柱，身衰喜印扶，祖上为书香门第。
食神为喜用居年柱，祖上富裕，有名气，品德高尚。
年柱印星为喜用，遭他柱冲破，祖业难以继承。
马星临用神居年柱，祖辈多外出营谋或多迁移。
偏印居年柱，为喜用，命主可得祖业。
财旺居年柱，日主身强，祖上万贯家资。
马星临忌神，祖辈终生飘零不定，若马星遭冲，祖辈一生漂泊流离。
年柱五行为忌神，祖上名声和德望虽然还在，但家道不显。
天乙或天德、月德贵人临年上而为喜用神，祖上不但富贵，而且德高望重。

| 十神居年柱为忌 | 七杀 | 祖上破财。 |
| --- | --- | --- |
| | 正官 | 祖上有名无实。 |
| | 枭神 | 祖上贫寒破落。 |
| | 正印 | 祖业贫寒。 |
| | 财星 | 祖上富裕但品性不高。 |
| | 伤官 | 祖上没落衰败。 |
| | 食神 | 祖上贫穷。 |

## 178 如何根据命局判断命主父母的情况？

预测父母情况多看月柱，又因生我者为印，故多从印星看父母。

月支为喜用神，能得到父母的疼爱。
年柱带羊刃为忌，克父亲。
四柱比劫叠叠为忌，早年亡父。
四柱财星旺为忌，早年丧母。
财星弱坐绝地，父亲早亡。
年柱临七杀，羊刃为忌者，父母性格暴戾。
用神居年柱与岁运天克地冲者，父母有灾。
年柱干支相生，父母恩爱。
年柱干支相克，父母感情不和。
年柱干支比合，父母恩爱但多口舌。
财星衰坐墓库不利于父亲。
印星衰坐墓库不利于母亲。

| 从印星看父母情况 | 印被破，克父母。 |
| --- | --- |
| | 印为忌且旺，父母有灾。 |
| | 印为用且弱，父母早逝。 |
| | 印弱坐绝地，母早亡。 |
| | 印为用，财星克印，父母关系不融洽。 |
| | 印衰受重克，母早逝。 |
| | 印衰受克又旬空母身多病。 |

## 179 如何根据命局判断命主丈夫的情况？

身旺印星为忌神，官印相生者，克夫。
伤官旺，日主衰而有印星相救，会逢凶化吉。
印星旺，而无财制印，会破坏丈夫的好运。
日支临食神旺地而为喜用，丈夫诚信有德。
日支临偏财旺地而为喜用，丈夫必定富贵。
日支临比劫为喜用，丈夫是自立自强的人。
日支为喜用神，得生助，丈夫勤劳致富。
日支为忌神，得生助，夫妻感情不和谐。
日主旺，官杀的力小，又有伤官者，克夫。
比劫大旺，而无官星制服者，克夫。
比劫旺、食伤旺、财星旺都克夫。
枭印重重旺而为忌者，夫妻多生离死别。
女命四柱都为阳，婚姻多不如意。
桃花劫、杀旺为忌，多有桃色纠纷。

| 从官星看丈夫情况 |
| --- |
| 官杀旺为喜用，丈夫富贵。 |
| 官杀弱，财旺为用，能帮助丈夫。 |
| 官杀坐长生，不遭刑冲，丈夫身体健康。 |
| 官杀重重，旺而克身为忌，多会再婚。 |
| 官带桃花为喜用，丈夫多英俊。 |

## 180 如何根据命局判断命主妻子的情况？

财星重重，身弱不能从者，克妻。
身旺用财，无财星者，夫妻不能白头偕老。
财衰逢墓库绝地，妻子有病或者不贤惠。
财旺临沐浴桃花，妻子多情。
财休囚落空亡，夫妻难以白头到老。
身旺坐羊刃为忌，克妻子的命。
身旺比劫旺为忌，克妻耗财。
财旺助官杀克身为忌，夫妻不和，多会离婚。
财衰处死墓绝地，多为鳏夫。
四柱纯阳，婚姻多不顺。
日支为用神，逢冲破，夫妻不和。
日支七杀为忌，妻子性格暴躁。
财星为用无根，余气有根，妻子贤惠。
喜用神临日支遭刑冲，妻子虽好，但难以白头偕老。

| 日支坐十神为喜用断妻子情况 |
| --- |
| 坐财星妻子为贤内助，婚姻美满。 |
| 坐正印妻子贤惠敦厚。 |
| 坐偏印妻子聪明能干。 |
| 坐比劫妻子生财有道，持家有方。 |
| 坐正官妻子端庄矜持。 |
| 坐七杀妻子正直、聪明。 |
| 坐食神，食神偏旺，妻子能歌善舞。 |

## 181 对婚姻产生影响的神煞常见的有哪几种？

揭示婚姻信息的命局，较为应验的除桃花以外，常见的还有：

孤辰寡宿：古人认为年幼无父为孤，年老无夫为寡。以年支查其余地支，年支寅、卯、辰见巳为孤辰，见丑为寡宿；年支巳、午、未见申为孤辰，见辰为寡宿；年支申、酉、戌见亥为孤辰，见未为寡宿；年支亥、子、丑见寅为孤辰，见戌为寡宿。命带此煞，无论男女，多婚姻不顺，或六亲缘薄。男命妻子死时逢孤辰，多不会再娶。女命丈夫死时逢寡宿，即使再嫁，也无法与丈夫偕老，也就是俗称的克夫。

阴阳差错：此命局是以日柱定，凡日柱见丙子、丙午、丁丑、丁未、戊寅、戊申、辛卯、辛酉、壬辰、壬戌、癸巳、癸亥即为阴阳差错。女人逢此煞，在婆家与众人不和。男人逢此煞，与妻家不和，甚至会与妻家成仇敌。柱中月、日、时两重或三重犯此煞，则多会再婚。

八专淫欲：凡日柱或时柱现甲寅、乙卯、丁未、戊戌、己未、庚申、辛酉、癸丑即为八专淫欲。现日柱则配偶淫荡，现时柱则子女不孝。此煞入命，夫妻感情淡泊，多好色乱淫。

九丑妨害：凡日柱或时柱现己卯、己酉、戊子、戊午、乙卯、乙酉、辛卯、辛酉、壬子、壬午即为九丑妨害，共十柱。此煞入命，夫妻不和，女命还会有难产或产后大出血等凶兆。

红杏出墙：凡日柱见甲子、甲午、乙巳、庚子、庚午、辛亥、癸亥即为红杏出墙。该煞入命，命主风流浪漫，于女性易受社会指责。

孤鸾煞：凡日柱见甲寅、乙巳、丙午、丁巳、戊午、戊申、辛亥、壬子、癸巳即为孤鸾煞。遇此煞婚姻不顺，男命克妻，女命妨夫，多生育较晚。

| 神煞 | 影响 |
| --- | --- |
| 桃花 | 内桃花多夫妻感情融洽；外桃花命主多行为不检点，易有婚外情。 |
| 孤辰寡宿 | 多婚姻不顺，或六亲缘薄。男命妻子死时逢孤辰，多不会再娶。女命丈夫死时逢寡宿，即使再嫁，也无法与丈夫偕老。 |
| 阴阳差错 | 命主与夫家或妻家感情不和。 |
| 八专淫欲 | 夫妻感情淡泊，多好色乱淫。 |
| 九丑妨害 | 夫妻不和，女命有难产或产后大出血等凶兆。 |
| 红杏出墙 | 命主风流浪漫，该煞最怕入女命，男性风流浪漫无大碍，但女性风流则易遭到家庭和社会的指责和辱骂。 |
| 孤鸾煞 | 遇此煞婚姻不顺，男命克妻，女命妨夫，多生育较晚。 |

影响婚姻的神煞

## 182 如何根据命局判断命主兄弟姐妹的情况？

男命以比肩为兄弟，以劫财为姐妹。
女命以比肩为姐妹，以劫财为兄弟。
比劫作为喜用神，兄弟相处融洽。
官杀旺者，克兄弟。
身旺比劫为忌神，而印星生比劫，兄弟无能。
命局中有比劫相助，得冲破伤者，兄弟不和。
比劫临天乙、天德、月德，兄弟姐妹多仁慈。
比劫临驿马，兄弟姐妹多迁移走动，逢冲更甚。
比劫旺为忌，而官星制比劫有力，兄弟多做官。
身旺比劫为忌神，比劫旺者，兄弟会因分歧而争。
身旺局中无比劫，或受制，能得到兄弟、朋友的帮助。

| 命主身弱如何看兄弟姐妹情况 |
|---|
| 比劫旺而助身，能得到兄弟的帮助。 |
| 兄弟之神相合者，兄弟和睦。 |
| 用比劫，而官星克比劫，兄弟会在官场失利。 |
| 财星旺，比劫制财，兄弟有财，命主也会跟着沾光。 |
| 财星旺，用比劫相帮，无比劫者，兄弟贫穷。 |

## 183 如何根据命局判断命主子女的情况？

男命以七杀为子，正官为女。
女命以伤官为子，食神为女。
日主旺，而印星太过时，克子女。
时支为喜用神，能享受子女带来的福气。
时支逢忌神，得不到子女的帮助。
财星为用神，食伤旺而生财，子女有财富。
财星为喜用神，临财官无破伤，子女富贵发达。
身旺用食伤，而枭神夺食，子女少而无能。
食伤旺而无制，与子女缘薄。
女命的官星临破伤，子女多为收养。
子女星为用神，弱而受制，子女平庸。
男命满局七杀无制无化为忌，无子。
女命满局食伤旺泄无印为忌，无子女。
女命身旺印旺为忌，不利子息。

| 如何从时柱看子女信息 |
|---|
| 时临官印为喜用，子女多贵。 |
| 时临伤财为喜用，子女多富。 |
| 时临伤食为喜用，子女多艺。 |
| 时临贵人吉星为喜用，女心善。 |
| 时坐枭神伤官为忌，子女性不良。 |
| 时坐比劫羊刃为忌，子女多败家。 |
| 时带伤官旺而为忌，子女不肖。 |
| 时坐七杀为忌，子女性暴凶狠。 |

## 184 如何根据命宫的情况作出吉凶判断？

命宫有正曜吉星，庙旺化吉（化禄、化权、化科），三方（财帛、迁移、官禄）有吉星会合，而没有出现凶星者，为最吉，为官者贵至省部及中央领导；为商者身价数千万及亿万。

命宫无正曜吉星，庙旺化吉，三方有吉，只要没有凶星出现，也为吉，只是稍微低于命宫有正曜吉星者。

命宫星辰庙旺无煞，得吉化，三方星辰庙旺或化吉，但有凶星会合，也为富贵之命，为官者至少为局级，为商者也有千万家产。

命宫星辰，不吉不凶，或吉凶相伴，三方有中等星辰，吉凶混杂，则为小富小贵，不管为官还是为商，都能过上轻闲享福的生活。

命宫星辰入庙旺，三方多恶星守照破格，则为小康者，一生忙碌，吃喝不愁。

命宫星辰躔于陷地，又加凶杀化忌，三方又会羊陀火铃劫空，为下格，一生贫穷，地位低下，即使有财也会马上破财，甚至还会短命。

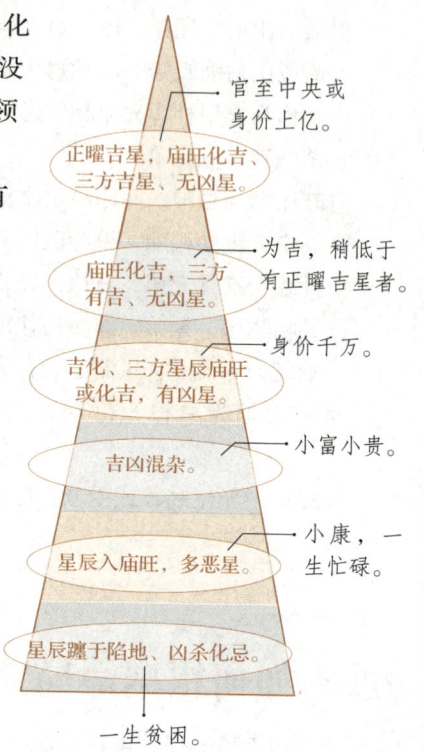

- 正曜吉星，庙旺化吉、三方吉星、无凶星。→ 官至中央或身价上亿。
- 庙旺化吉，三方有吉、无凶星。→ 为吉，稍低于有正曜吉星者。
- 吉化、三方星辰庙旺或化吉，有凶星。→ 身价千万。
- 吉凶混杂。→ 小富小贵。
- 星辰入庙旺，多恶星。→ 小康，一生忙碌。
- 星辰躔于陷地、凶杀化忌。→ 一生贫困。

## 185 什么样的命局长寿？

日主强旺、逢食伤旺泄；日主弱，逢印星旺扶；五行停匀，中和；四柱地支坐长生、冠带、建禄、帝旺等旺地；四支无刑冲破坏，四柱无冲无克等，都是长寿的信息。

地支为日干的长生、沐浴、冠带、临官等，谓之日主得气，日主旺而得气，即为长寿，但不趋于太过。身旺官弱而逢财，身旺财轻而逢食伤，身旺而食伤吐秀，身弱而印绶当权，月令无冲无破，行运与用神不反等都为长寿的信息。

### 五行命局的长寿信息

- **水命**：日主强旺，逢旺木；日主弱，逢旺土。
- **木命**：日主强旺，逢旺火；日主弱，逢旺水。
- **火命**：日主强旺，逢旺土；日主弱，逢旺木。
- **土命**：日主强旺，逢旺金；日主弱，逢旺火。
- **金命**：日主强旺，逢旺水；日主弱，逢旺土。

## 186 什么样的命局短命？

短命的命局可以从多方面来看。

第一，日支为命主的生命，决定着生命的寿限。日支为用逢生吉，为忌受制吉，反之为凶。如果命局中有这种组合，结合年运就可以找出应期。

命局短命的组合主要有以下几种：

1. 日支为用神，命局被月支、时支制或为忌被月支、时支生扶者早逝。

2. 日支和年、月、时支为同一个字又都为用神时也会早夭。

3. 日支为用神，在命局受制严重也会早逝。

第二，看官杀对命局平衡起到怎样的作用，如果是破坏，多会引起早逝。但至于早逝的时间，则由其所起的坏作用大小来定。

第三，由命局的阴阳属性判断命局的寿限。

1. 命局阳性字少而阴性字多者短命。

2. 命局阳性字无力，而阴性字有力者短命。

3. 命局阴性组合气机远远大于阳性组合气机，岁运遇到命局最大阴性字，都会引发早逝。

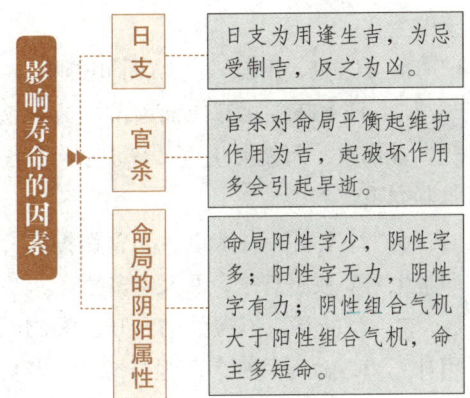

影响寿命的因素

寿命的长短受很多因素的影响，从命理学的角度看，主要受日支、官杀、命局的阴阳属性的影响。

影响寿命的因素：

- 日支：日支为用逢生吉，为忌受制吉，反之为凶。
- 官杀：官杀对命局平衡起维护作用为吉，起破坏作用多会引起早逝。
- 命局的阴阳属性：命局阳性字少，阴性字多；阳性字无力，阴性字有力；阴性组合气机大于阳性组合气机，命主多短命。

## 187 什么样的命局有横死之灾？

命局中有以下信息者多有横死之灾：

财杀太旺，日主无依靠；印绶太旺，日主无着落；用神与忌神杂而战；喜冲而不冲；忌合而反合；忌冲而反冲；喜合而不合；行运与用神、相神无情，反与忌神党；日主失令，用神浅薄，而忌神深重；身旺而克泄全无。

用神与忌神杂乱而混战，容易给命主带来横死的灾祸。

## 188 什么样的命局命中有凶险？

容易遭遇凶险的命局有：

1. 日主弱，财旺，印轻。
2. 日主弱，官多，无印生身。
3. 日主旺，用官，多伤官抑官，而无财生官。
4. 日主旺，用官，官轻，而印重泄官。
5. 日主旺，用官杀而财薄；或官杀轻，食伤重，而无财生官；官杀重而食伤抑制亦重。
6. 日主弱，官杀重，无食伤抑官，印星生身。或忌官杀，而又财多生官。
7. 命局五行出现偏枯专旺，失调而用神无力，命局忌神多而强等情形，多会出现凶险。

> 当人处于贫苦时，也会遇到险恶，比如有钱人可以用钱解决的事，到了穷人这里就成了凶灾，所以，贫苦与凶险有很大关系。

**因贫困形成的凶险**

- 财旺身弱无财印。
- 杀重身轻，无食伤、印绶。
- 用官多伤而无财。
- 官多身弱而无印。
- 印劫并重而无财。
- 满局比劫耗官，而无官杀。
- 用食神而多枭神。
- 满局食伤抑官，而无印星卫官。

---

## 189 什么样的命局为贵命？

偏官和正官主命的贵贱。命局中不管是偏官还是正官，如果遇到以下情形，即为贵命：

日主弱，印星旺扶；
官旺身旺，印绶卫官；
忌比劫而官能去比劫；
印衰，官旺，财星不出现；
喜比劫，而官能生印；
官旺身弱，官能生印；
财神旺，官星通达；
官星旺，财神有节；
无官而暗成官局；
官星财星俱藏；
枭星坏印，官能生印；
印旺官衰，财能破印。

**五行命局的贵命信息**

金命：日主强旺，逢旺火。日主弱，逢旺土。
水命：日主强旺，逢旺土。日主弱，逢旺金。
木命：日主强旺，逢旺金。日主弱，逢旺水。
火命：日主强旺，逢旺水。日主弱，逢旺木。
土命：日主强旺，逢旺木。日主弱，逢旺火。

## 190 什么样的命局为贱命？

贱命并不与贫穷画等号，是衡量一个人行为道德的标准。贱即思想龌龊，操行卑鄙，是小人、伪君子。当命局中出现以下信息时，为贱命：

官轻印重而身旺；
官重印轻而身弱；
官印两平而日主休囚；
官旺喜印，财星坏印；
官轻、劫重、无财；
官杀重、无印、食伤强制；
财轻、劫重、官藏；
官多忌财，财星得局。

| 日主强弱为贱命的具体情况 | 日主旺，须用财官耗抑，却不见财官；或财官逢克冲破坏。 |
| --- | --- |
| | 日主弱，须用印扶，却逢印被克冲破坏，或不现。 |
| | 日主旺，财轻劫重而官藏。 |
| | 日主旺，官轻印重，官轻劫重而无财。 |
| | 日主弱，官杀重，而印轻。 |
| | 日主弱，印轻，而食伤重。 |

## 191 什么样的命局一生富裕？

财星主命的贫富，命局中遇到以下情形，即会一生富裕：

日主弱，比劫旺助，五行中和；
财旺生官，官星卫财；
忌印而财能坏印；
喜印而财能生官；
财神重而伤食有限；
伤食重，财露而伤食亦露；
无财而暗成财局；
身旺官衰，印绶重，而财星当令；
身旺财旺，有食伤，或有官杀；
身旺印旺，食伤轻，而财星得局；
身旺劫旺，无财印，而有伤食；
身弱财重，无官印，而有比伤。

**五行命局的富裕信息**

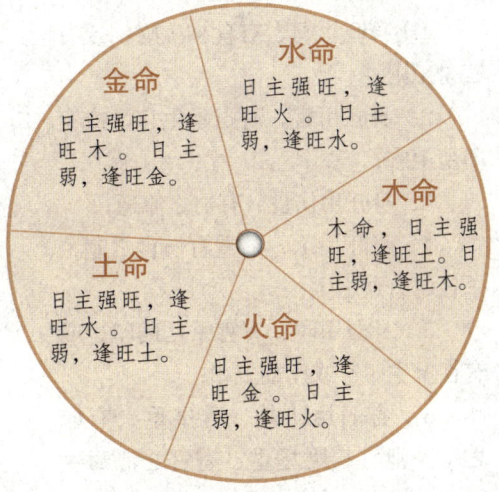

## 192 什么样的命局一生贫困？

财星主命的贫富，命局贫困与否，主要观其财星，命局中遇到以下情形，会一生贫困：

财星无力，或财遇劫；
日主强旺，逢比劫旺相助；
日主弱，受到官星旺的抑制；
日主弱，财重劫轻；
财多用劫，而官星又抑劫；
日主弱，财及食伤皆重；
日主旺，财轻劫重，而不见食伤；
日主旺，财轻，喜食伤，而印重；
伤轻财重，财轻官重；
财轻喜食，伤而印旺；
财轻劫重，食伤不见；
财多喜劫，星官制劫。

**五行命局的贫困信息**

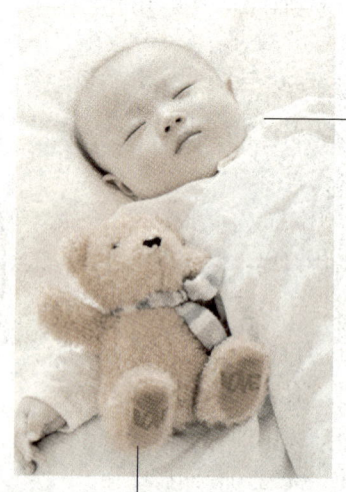

**金命**
金命，日主强旺，逢旺金。日主弱，逢旺火。

**水命**
日主强旺，逢旺水。日主弱，逢旺土。

**木命**
日主强旺，逢旺木。日主弱，逢旺金。

**土命**
日主强旺，逢旺土，日主弱，逢旺木。

**火命**
日主强旺，逢旺火。日主弱，逢旺水。

## 193 什么样的命局平稳安定？

平稳安定的命局信息如下：

1. 身旺用财，有食神生财，或有官杀卫财；
2. 身旺用官，有财星生官，或有印星卫官；
3. 身旺用伤食，有财之流通；
4. 身旺用杀，杀重有伤食之制，杀轻，有财之生；
5. 身弱用印，有官杀之助印；或有官星生印；或比劫卫印；
6. 身弱用比劫，官星重，有印之生身泄官；财星重，有官之泄财生印；食伤重，有印抑生身。

只要知道命局中是否有喜用神为助，便可知此人的命局是否平稳安定。

平稳安定的人生在命局中称为吉，主要受到喜神的影响。

## 194 什么样的命局多有险恶？

伤官、七杀、羊刃并显为忌，肢体多有残伤。

伤官透干旺相为忌者，易因疾病或外伤在身体上留下疤痕。

伤官、七杀双显为忌而缺印星，多为好斗之徒，易因争斗而致伤残。

伤官合杀为忌者，易有伤疾在身。

杀旺身弱，印弱通关无力，常有暗疾在身。

身旺见羊刃，多主血光、刀刃之灾，易伤残。

### 日主遭五行克泄易受灾祸表

| 五行 | 易受灾祸 |
| --- | --- |
| 旺火 | 易遭火灾或烫伤。 |
| 旺水 | 易遭水灾或车祸。 |
| 旺木 | 易受棍棒之伤，或是高空跌伤。 |
| 旺土 | 易被碰伤、摔伤或跌伤。 |
| 旺金 | 易遭金属器伤或车祸。 |

## 195 如何根据命局判断残疾？

四柱五行偏枯失调时，如果没有喜用神相助，命中就会出现残疾。具体信息如下：

冲破长生，肢体会有残疾；

木逢金重克，会伤害四肢；

壬癸重叠，时柱见干火（丙丁），面部或双眼有灾；

火旺土燥，大多视力不佳，甚至失明；

丙午火遭壬水克，会影响视力，轻者视力差，重则双目失明；

火克金太过，无水润金息火，易双目失明；

三合火星，克庚辛，头部或脸上有伤。

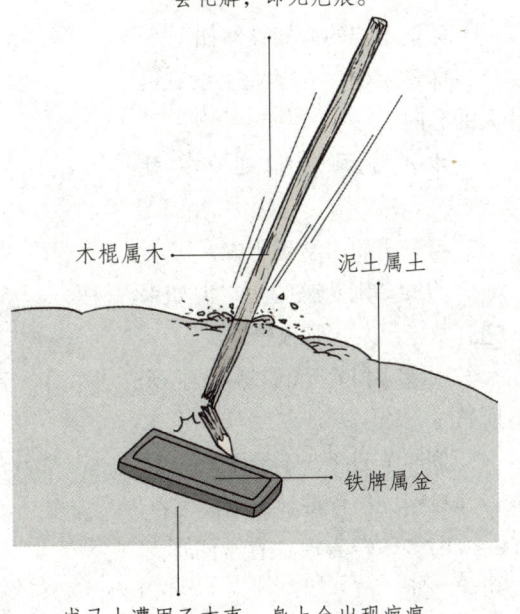

当出现庚辛金时，即会化解，即无疤痕。

木棍属木

泥土属土

铁牌属金

戊己土遭甲乙木克，身上会出现疤痕。

## 196 哪些人的学业运较好？

"望子成龙，望女成凤"是为人父母的夙愿，而在这个知识就是生产力的时代，学业的好坏是成龙成凤的关键。命理学中哪些命局学业运较好呢？具体列举如下：

财官印全；身旺逢官；身旺伤官有制合杀；杀制羊刃；七杀化印；火明木秀日主强；魁罡身旺遇官地；学堂合杀；天月二德遇将星；水润下；伤官得令；金坚水濡；金水伤官；伤官佩印财为用；身旺食伤泄秀；魁罡聚会得用；印逢华盖。

柱带词馆为学业较好的命局。

官星会于学堂为学业较好的命局。

身逢华盖为学业较好的命局。

## 197 哪些人的学业运不佳？

学业不佳的命局具体如下：

印被财伤，在学业上没有远大的志向；

水浊金顽，看到文字就头疼；

身衰印弱，学无所成；

印绶多则头脑聪明，但如果遇到水土混杂，则致愚；

财多财旺无比劫，学无所成；

刑冲羊刃恶，不爱学习；

日弱，伤食重叠，怕读书；

财多印轻身弱，有学问却无用武之地。

有官无印，虽然没有文学特长，但可以发挥其他专长。

偏印当权，自主学习意识强，但多不得精髓，流于表面。

学业运不佳，并不是单指考试成绩不好，而要综合看看：包括有学识发挥不出来；看的书多，学到的少等。

# 198 如何根据用神判断命主性情？

正官为喜用，为人知书达理，聪明有识，心思细密，朴素勤俭。
正官为忌神，为人刚愎自用，做事优柔寡断，无责任感。
偏官为喜用，大多志向远大，富有进取心，敢想敢做，不善客套。
偏官为忌神，大多性格暴躁，贪酒色，好争斗，做事过激而树敌众多。
正印为喜用，为人心胸宽广、善良，处世圆融，气质高尚，有内涵，遵纪守法。
正印为忌神，大多依赖性强，吝啬，思想不成熟，自尊心强。
偏印为喜用，大多悟性超强，警觉性高，擅长偏业，机智，善于察言观色。
偏印为忌神，大多精明、干练，但缺乏耐心，眼高手低，度量小，自私。
比肩为喜用，外表平常而内心充实，意志坚定，是非分明，能在逆境中奋起。
比肩为忌神，独断专行，坚持己见，待人严厉、刻薄，不通人情，朋友少。
劫财为喜用，大多口才好，热情直爽，心思敏捷，善于见风使舵，是社交高手。
劫财为忌神，心高气傲，性格执拗，对自己人苛责而宽待他人，家庭多不和。
食神为喜用，聪明、温厚，重视精神与物质的协调；感性，爱好文艺等。
食神为忌神，依赖心强，言过其实，只说不做，容易疲劳而倦怠，清高。
伤官为喜用，长相秀丽、多才多艺；口才极佳，聪明能干；有活力，易获成功。
伤官为忌神，放荡不羁，自认为高人一等，任性而为，一意孤行。
正财为喜用，聪明、诚实、节约、守信、本分、小心谨慎。
正财为忌神，吝啬，斤斤计较，死板，不懂变通。
偏财为喜用，有情有义，有才有魄力，富有侠义心肠，有经济手腕。
偏财为忌神，好说是非，夸大其词；爱听奉承话，多为酒色之徒。

十神为喜用多显现出人性中善的品性。

十神为忌神多显示出人性中恶的性情。

## 199 如何根据命局判断命主性情？

财官印食，慈祥。
乙庚合，人缘好。
甲木生于春月，温和、慈善。
金多，雄壮刚烈。
木盛，心善。
水多，心灵手巧。
火旺，性急、好辩。
财旺身弱，善良、中正。
金日主水伤官，聪明好胜。
日干坐贵，清高。
丁火伤官，多恃才傲物。
伤官者，多才多艺，却爱嫉妒。
女命印被伤，多与公婆不和。
伤官见官，多心术不正。
日主弱而水火相战，是非多。
命带劫财败财，大多好高骛远。
天干透印，为人聪明。
六害多逢，为人多忘恩负义。
柱有枭神，多不仁不义。
壬水遇戊土，暴躁、好斗。
年、月、日、时在一旬，乐观。
正印带食神，说话不干脆利落。
水多木少身弱，多终身居无定所。
丁壬化木，为人聪明、儒雅、慈善。
日坐七杀，聪明灵巧，但个性粗暴。
女命身弱，性格温柔，多为贤妻良母。
柱无官星，大多好自由，为人随性。
偏印劫刃，多心狠手辣、为人刻薄。
日居墓库，人易多愁善感，易忧郁。
财星偏重，大多为人孤傲、刻薄。
寅申巳亥齐全，多一表人才，争强好斗。
女命身强，多为悍妇，欺夫，不孝敬公婆。
柱中戊己土重，大多聪明、有才却无施展之地。

**从命局中的神煞看命主性情**

- 女命桃花带杀，易流于淫荡。
- 华盖逢空亡，大多为人刻薄。
- 羊刃为利，易恩将仇报。
- 印星与天德同宫者为菩萨心肠。
- 二德无破，男则忠孝，女则贤良。
- 桃花带合，为人风流、儒雅。
- 六甲空亡逢生旺，大多海量大度。
- 食神与文昌同宫，善辩。
- 男逢伤官、七杀、羊刃，大多六亲不和。
- 劫财、羊刃两头居，为人外表谦和，内心虚伪。

**从命局的五行看命主的性情**

- 金多，雄壮刚烈。
- 木盛，心善。
- 水多，心灵手巧。
- 火旺，性急、好辩。
- 土累，性情朴实。

## 200 如何根据十神判断命主性情？

正官：正直、严肃，遵纪守法，由于做事按部就班，显得刻板、优柔寡断。偏官：富有进取心，勇敢、果决、豪爽；容易偏激，滥用权威。正印：善良、仁慈，重名淡利，依赖性强；注重精神或宗教信仰，思想天真。偏印：聪明机敏，悟性强；多才多艺，内向、孤独、疑心重；兴趣广泛而易多学少成。比肩：稳健、刚毅、自信，重友谊，自我意识强，做事固执己见。劫财：善于社交，外表乐观，内心常有烦恼，关心外人，不体贴家人。食神：温和、善良、聪明；理想过高而不切实际；做事有耐心但时感疲劳，易神经衰弱。

伤官：乐观、活跃，多才多艺；见异思迁，恃才傲世，学多而精少，不受俗礼束缚。

正财：勤劳、节俭，老实本分，稳重有余，进取不足。如果太重视金钱，则会显得刻薄。偏财：乐观、开朗，慷慨大方；精力充沛，性情急躁；机遇较多，爱好交际，用情不专。

四柱中含有正财者，多勤劳节俭，脚踏实地。

四柱中含有正财者易过于稳重而缺乏进取之心。

四柱中含正财者如果太爱财则会显得刻薄。

## 201 如何根据格局判断命主性情？

除了参照用神、命局、十神可以看出人的性情外，还可以从格局看人的性情。

1. 从强格：当五行中的某一行之气集中旺于日主，就形成了从强格。专旺格的人在性格上很强势，精力充沛，能力强，自信心十足。如果遇到好的运势，则如鱼得水，能成就大的事业。反之，则易受到巨大的挫折，此势可顺不可逆。逆之，则会犯错误，出现意外。

2. 从势格：当五行中的某一行或两行之气日主虚弱，就形成了一种顺从某一行的形势，叫做弃命从势，或日主从势。这样的人聪明灵秀，能力强，顺应潮流。

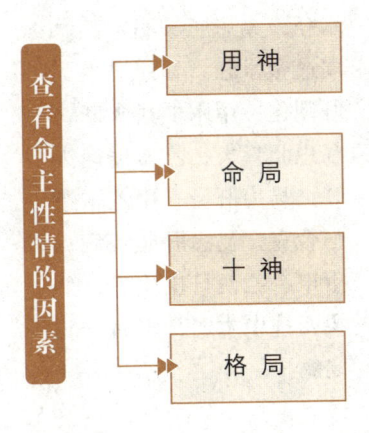

查看命主性情的因素：用神、命局、十神、格局

## 202 如何根据命局判断命主适合的职业？

正财旺于偏财，或者食神、正财旺于伤官、偏财者，如果经商，宜做零售；偏财旺于正财，或者伤官、偏财旺于食神、正财者，如果经商，宜做批发、加工、生产代理等；身旺官杀弱，食伤财旺者，不宜当公务员，适宜经商，从事文艺、绘画、服务等行业；财星又临驿马，为财马同柱，最宜经商，而且能成为大家；食神、七杀两透或两旺，宜从事精密技术工作，如精密仪器、工程设计、外科医生等；印重，食伤轻者，宜从事策划或服务性工作；食伤重，比劫财星轻者，宜从事语言表达类的工作，如教师、讲师、演员等；柱中有辰巳戌亥或天医星临旺者，宜从事医学工作；柱中合多带将星者，善于组织和领导群众，宜做行政工作；柱带华盖或太极者，宜做与五术、宗教有关的工作。

四柱中带华盖及太极贵人者多与五术、玄学有关，适合从事与术数、宗教有关的工作。

太极贵人即科名星。

以年支或日支见其余各支，寅午戌见戌、亥卯未见未、申子辰见辰、巳酉丑见丑即为华盖。

## 203 甲乙木对身体健康有什么影响？

甲乙木太旺或太弱，易得肝胆病；甲木弱逢金水旺，易患胆结石；乙木弱逢金水旺，易患肝炎，肝硬化；甲木弱逢火旺，易患胆囊炎；乙木弱逢火旺，易患肝炎；甲乙木遭强金克，易患肝胆疾病；甲申、乙酉日出生者，如果四柱中木弱，多有肝胆之病。

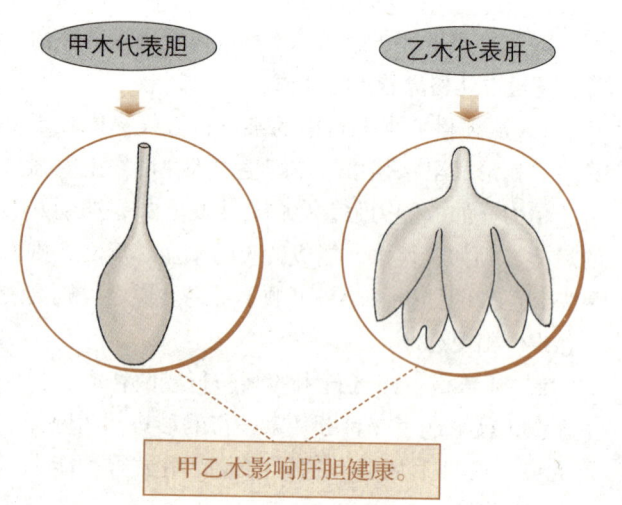

甲木代表胆　乙木代表肝

甲乙木影响肝胆健康。

## 204 丙丁火对身体健康有什么影响？

丙火太旺或太弱，则小肠有病；丙火遭水克太过或遭土泄太过，则小肠消化功能不好，或易患十二指肠溃疡；丙火逢木多，则肠道功能会紊乱；丙庚两旺，又逢燥土，易患便秘、痔疮；丁火太旺或太弱，易患心血管病；丁火弱遭旺水相克，血压不稳或有心脏病；丁火弱遭旺土相泄，血压不稳或贫血；丁火弱得旺木之生，易患心肌梗塞；丁火弱遭旺金之耗，易患肺心病。

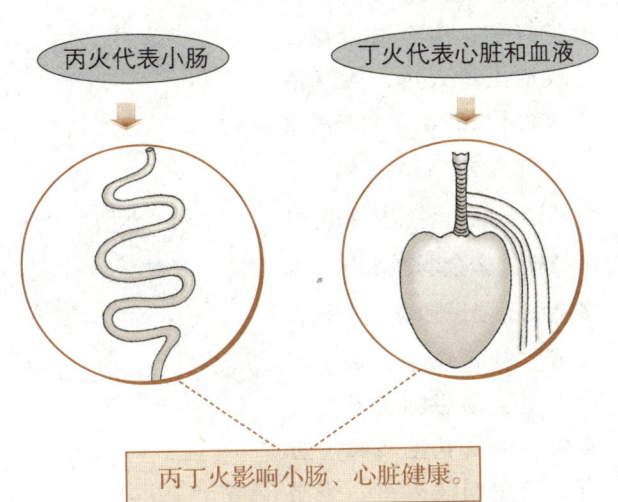

丙丁火影响小肠、心脏健康。

## 205 戊己土对身体健康有什么影响？

戊己土太旺或太弱，易患脾胃病；戊己土弱遭旺木之克，脾胃功能虚弱，或脾胃会做手术；戊己土弱遭旺金之泄，脾胃功能虚弱；戊己土弱逢水旺，易造成脾胃裂，甚至引起大出血；戊土、丁火皆弱，易得胃溃疡或胃出血；戊土弱得旺火之生，胃部易得病，如胃炎、胃溃疡等；戊己土遇火多、水多，易患皮肤过敏及皮炎，冬天皮肤易冻伤；戊己土弱遭甲乙木之克，易患脱皮性皮肤病。

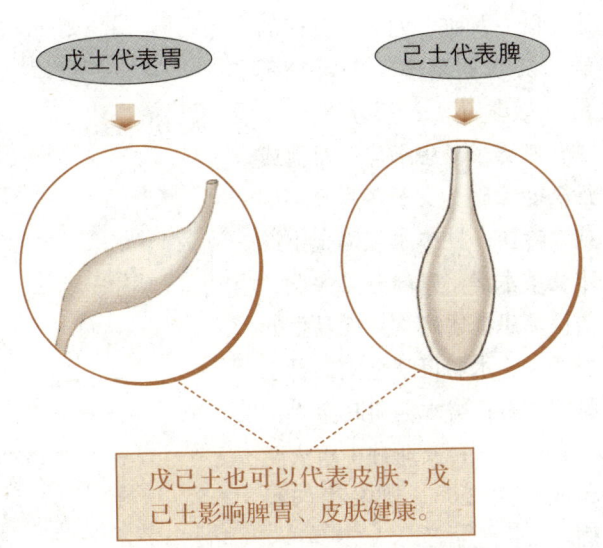

戊己土也可以代表皮肤，戊己土影响脾胃、皮肤健康。

## 206 庚辛金对身体健康有什么影响？

庚金太旺或太弱，则大肠有病；庚金遭火克太过或遭土泄太过，大肠消化功能不好；辛金太旺或太弱，肺或支气管易得病；辛金弱逢土旺，易得肺脓肿或肺结核；辛金弱遇水旺，水多金沉，易患肺炎，支气管炎或支气管哮喘；辛金弱逢土多，易患肺炎或支气管炎，而且长期咳嗽、鼻塞；辛金弱逢火重，平常易伤风感冒。

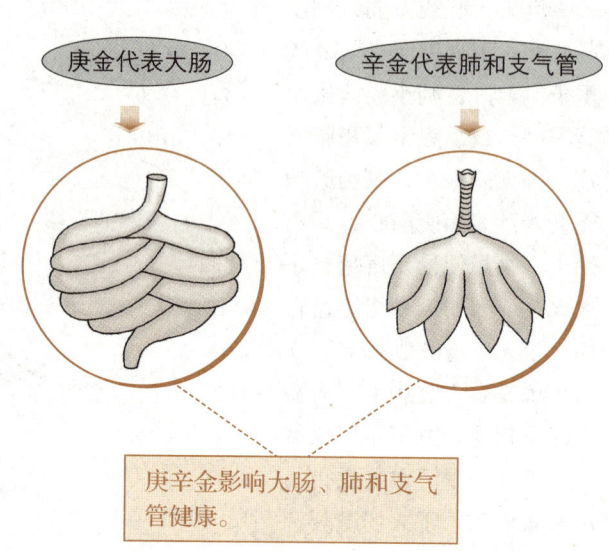

庚金代表大肠　　辛金代表肺和支气管

庚辛金影响大肠、肺和支气管健康。

## 207 壬癸水对身体健康有什么影响？

壬癸水太旺或太弱，易患膀胱、肾脏、内分泌方面的病。癸水处墓库，则肾精不足，肾虚肾亏；癸水生于冬季，则男子易患阳痿、早泄或性功能障碍，女子多月经不调或性冷淡；柱中水旺得金生或水弱被木泄，则内分泌失调，男性易患糖尿病，女性易生妇科病；壬水弱得旺金生，易患膀胱结石；癸水弱得旺金生，易患肾结石；女命柱中水火两弱或水火交战，则易患妇科病。

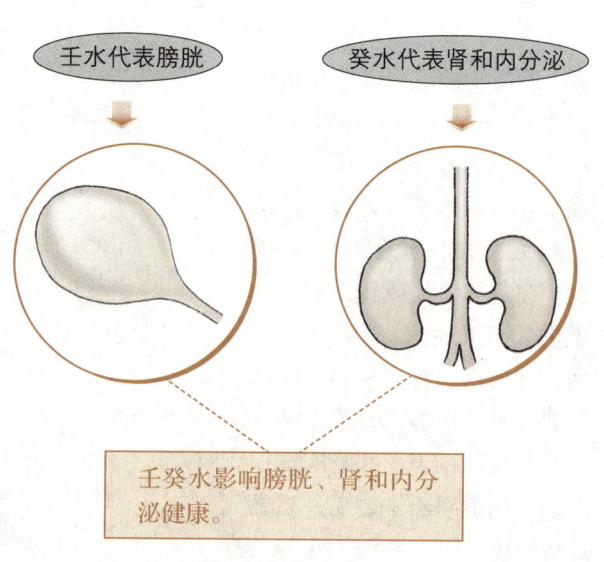

壬水代表膀胱　　癸水代表肾和内分泌

壬癸水影响膀胱、肾和内分泌健康。

## 208 木命人生于春季的吉凶如何？

木命人，是指用神为木的人。

生于春季的木命人，因为春季气候比较寒冷，因此，必须要有火相助，得到温暖才能茁壮成长。有水最好，可以得到滋润，但是不能过多。水多会使木变得潮湿而轻浮，但是缺水又会使木枯萎。土太多，会使木折损。金太多，会导致修剪过多，不利生长。

可见，春季生的木命人，遇到与火和水相关的人或事物最为吉祥，土、金如果不重，也会给木命带来好处。反之，就会带来灾祸。

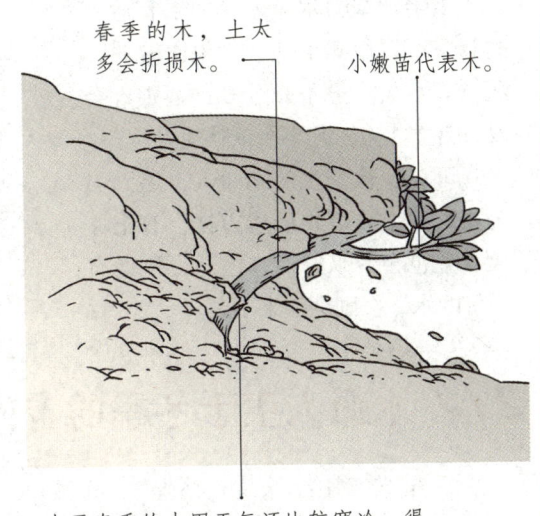

春季的木，土太多会折损木。

小嫩苗代表木。

生于春季的木因天气还比较寒冷，得火相助为最佳。

## 209 木命人生于夏季的吉凶如何？

夏季阳光炽热，土地干燥，影响树木生长，最需要水来滋养灌溉，使之成长。如果遇土，可以使树根加深，根深则叶茂，但土不能太多，土多会与木抢水，也会使木折损。木太多，会争抢资源，金太多会导致修剪过多，都不利于木的生长。

可见，夏季生的木命人，遇到与水相关的人或事物最为吉祥，土、金如果不重，也会给木命带来好处。反之，就会带来灾祸。

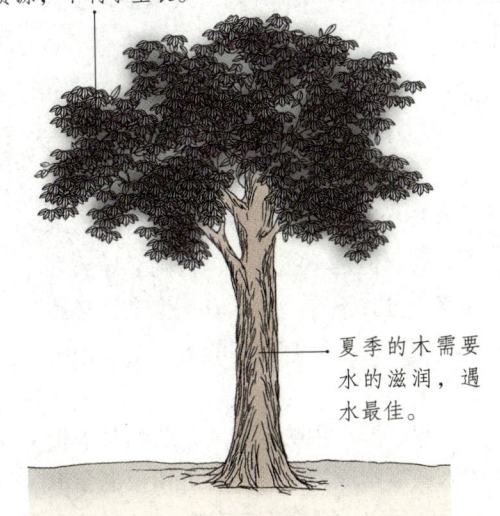

树木太多，会互相争夺有限的水资源，不利于生长。

夏季的木需要水的滋润，遇水最佳。

## 210 木命人生于秋季的吉凶如何？

秋天是树木凋零的时节，比较萧瑟。生于秋季的木命人，如果有适合的金，可以稳固根基。如果比较弱，适合有水火。土不能过多，否则人会没有自立能力，凡事会依赖他人。

可见，秋季生的木命人，遇到与金相关的人或事物最为吉祥，有土、火、金也会带来好运，但是，不能有太多的水，否则会带来不利。

秋季生的木命人，合适的金可以稳固根基。

土太多，容易让秋季生的木命人形成依赖心理。

## 211 木命人生于冬季的吉凶如何？

冬季比较寒冷，要保留住生气，需要适合的土，可以聚集水源，加强对根的营养。如果有火，可以保暖，抵御寒冷。有金也无妨碍，但是以五行平衡为佳。

可见，冬季生的木命人，遇到与土和火相关的人或事物最为吉祥，有适量的金也可以，最重要的是要注意五行的平衡，如果打破五行的平衡，则易毁木根，于人不利。

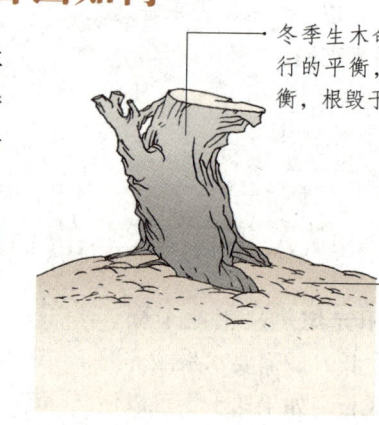

冬季生木命人应注意五行的平衡，防止打破平衡，根毁于人不利。

冬季生木命人遇土为佳，可聚拢水源，加强根的营养。

## 212 火命人生于春季的吉凶如何？

春天是万物复苏的季节。木喜春，木可以生火，但是不能过多，否则会导致太过旺盛，过犹不及。如果有土生金，必然富贵。但是，不能有过多的木和土，否则会带来不幸。

可见，春季生的火命人，遇到与木相关的人或事物最为吉祥，有土和金也会带来好运。反之，就会带来灾祸。

木可以生火，春季生火命人遇木为佳。

"木多火窒""土多火晦"，过多的木和土会给人带来不幸，应该把握好度。

## 213 火命人生于夏季的吉凶如何？

生于夏季的火命人，因为夏季炎热，必须有水滋润，火才能不致太旺，能保持在一个好的状态。如果有土，会克制本身的旺气，避免火势太旺而伤到自己。如果没有水，大多不会大富大贵。

可见，夏季生的火命人，遇到与水相关的人或事物最为吉祥，有土也会带来好运。反之，就会带来灾祸。

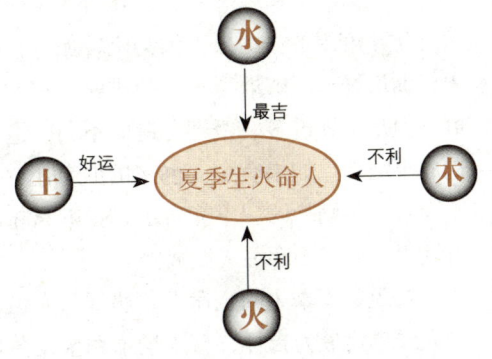

## 214 火命人生于秋季的吉凶如何？

生于秋季的火命人，因为季节的原因，有衰败的趋势，有木最好，可以使之重生。如果有过多的土，会使火的光芒晦暗。金过多，也会影响其气势，金的气势强，会将光彩夺走。水不能过多，否则可能会将火熄灭。

可见，秋季生的火命人，遇到与木相关的人或事物最为吉祥。反之，就会带来灾祸。

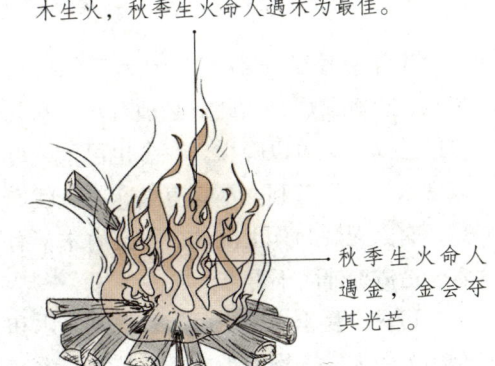

木生火，秋季生火命人遇木为最佳。

秋季生火命人遇金，金会夺其光芒。

## 215 火命人生于冬季的吉凶如何？

生于冬季的火命人，因为冬天万物凋零，没有生气，火也会无精打采，容易熄灭。此时，有木最好，可以起到燎原之势，使火恢复熠熠光彩。如果有土也可，可以挡水，避免火熄灭。如果有金，在钱财上损失会比较大，要注意自己的财运。

可见，冬季生的火命人，遇到与木相关的人或事物最为吉祥，有土也会带来好运。反之，就会带来灾祸，忌讳有过多的水和金。

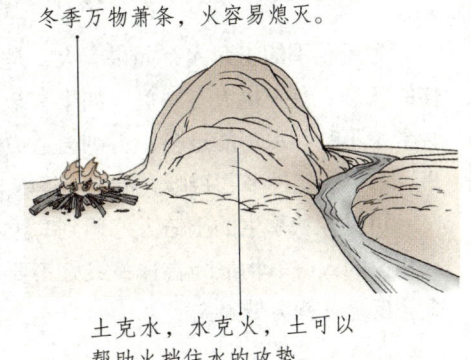

冬季万物萧条，火容易熄灭。

土克水，水克火，土可以帮助火挡住水的攻势。

## 216 土命人生于春季的吉凶如何？

生于春季的土命人，因为比较孤立，有火相助最好，能够取得一定的成就。有木也可，但是不宜过多，否则会造成不利，也会造成土坍塌。如果有金，也宜量少为宜，少则为吉，多则为凶。不能有水，否则只能徒有其表，而实则会造成溃败。

可见，春季生的土命人，遇到与火相关的人或事物最为吉祥，有少量木和金也会带来好运。反之，就会带来灾祸。

火生土，春季生土命人遇火为佳。

春季生土命人不宜遇水，遇水易溃败。

## 217 土命人生于夏季的吉凶如何？

生于夏季的土命人，因为天气比较炎热，土容易燥，因此，必须有水。水既可以滋润，又可以降燥。有金也可，金可以发水，对土有利。不宜有火，本身就燥热，有火无疑为火上浇油。不宜有木，有木会造成抑郁而不得志。

可见，夏季生的土命人，遇到与水和金相关的人或事物最为吉祥，不宜有木和火。反之，就会带来灾祸。

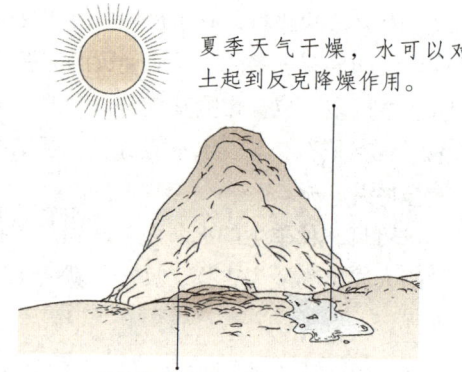

夏季天气干燥，水可以对土起到反克降燥作用。

夏季生土命人不宜遇火和木。

## 218 土命人生于秋季的吉凶如何？

生于秋季的土命人，如果有火，是最佳的状态。有土也大有裨益。如果有金，会带来不利。水不能过多，否则会造成祸患。木也不能过多，否则会带来厄运。

可见，秋季生的土命人，遇到与土和火相关的人或事物最为吉祥，最好不要有金。反之，就会带来灾祸。

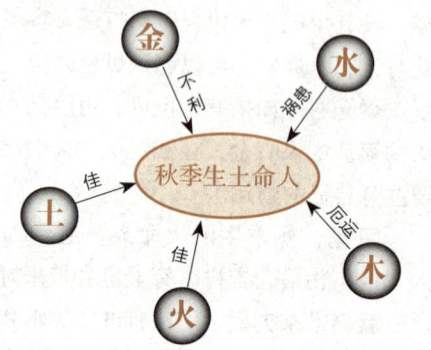

## 219 土命人生于冬季的吉凶如何？

生于冬季的土命人，最好有火，对其有很大的帮助，以后能有一番大作为。如果金比较多，会贵，但不富。有木也可以，没有什么妨碍。但是，不能有过多的水，否则会带来不利。

可见，冬季生的土命人，遇到与火相关的人或事物最为吉祥，有金也会带来好运。反之，就会带来灾祸。

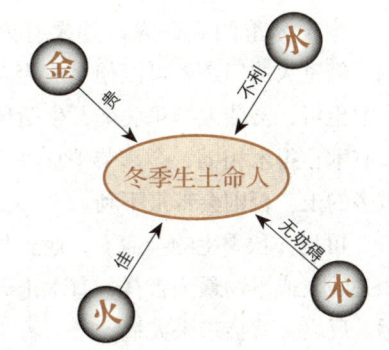

## 220 金命人生于春季的吉凶如何？

生于春季的金命人，因为春季余寒尚在，因而需要有火相助，这样可以使之欣欣向荣。如果有土最佳。水不能过多，否则会使金过寒，造成不利。木不能过多，会造成金的折损。

可见，春季生的金命人，遇到与土和火相关的人或事物最为吉祥，有金也会带来好运。反之，就会带来灾祸。

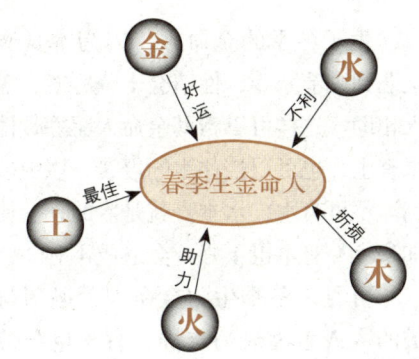

## 221 金命人生于夏季的吉凶如何？

生于夏季的金命人，在这个季节，金命人是最虚弱的时候，因为此时的温度过高，需要有水相助，对自身非常有利。不能有火，否则会有熔化的迹象。最好不要有木，否则会造成不利。土不能过多，否则可能会将金埋没，不能显示出金的光芒。

可见，夏季生的金命人，遇到与水相关的人或事物最为吉祥。反之，就会带来灾祸。有木最为不利。

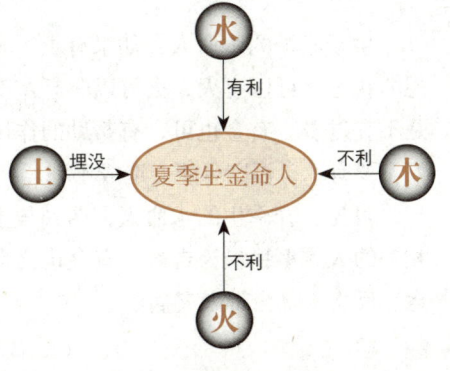

## 222 金命人生于秋季的吉凶如何？

生于秋季的金命人，如果有火最为有利，经过火的历练，可以使之成为人上人。有水也可，会使人神采奕奕，生活精彩。可以有木，得木相助，会享荣华富贵。不能有过多的土，否则会带来不利。

可见，秋季生的金命人，遇到与火和水相关的人或事物最为吉祥，有木也会带来好运。反之，就会带来灾祸。

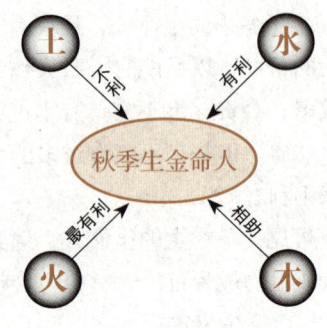

## 223 金命人生于冬季的吉凶如何？

生于冬季的金命人，因为本身寒冷而又遇到季节寒冷，性情会十分冷淡，需要有火相助。这样可以帮助金命人驱寒暖体。如果有土，也可以挡住水的侵袭，以免造成不利。不可有水，水本身就是冷的，会使金更加寒冷。有木也不好，会造成不利。

可见，冬季生的金命人，遇到与火相关的人或事物最为吉祥，有土也会带来好运。反之，就会带来灾祸。

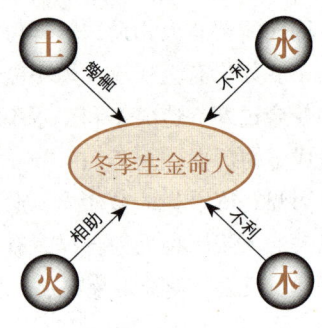

## 224 水命人生于春季的吉凶如何？

生于春季的水命人，如果有土，是最理想的状态。可以有火，火可以驱赶寒冷，但是不宜过多。有金也可，有帮助的作用。最好不要有木，否则可能会造成不利。

可见，春季生的水命人，遇到与土和火相关的人或事物最为吉祥，有金也会带来好运。反之，就会带来灾祸。

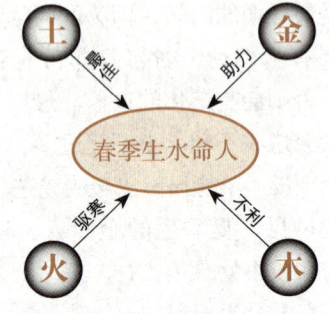

## 225 水命人生于夏季的吉凶如何？

生于夏季的水命人，由于夏季炎热，非常容易造成干旱，需要有金相助。不能有过多的木，否则会再生火，造成不利。不能有过多的土，土多也会造成不利。

可见，夏季生的水命人，遇到与金相关的人或事物最为吉祥，有土也会带来好运，但不宜过多。反之，就会带来灾祸。

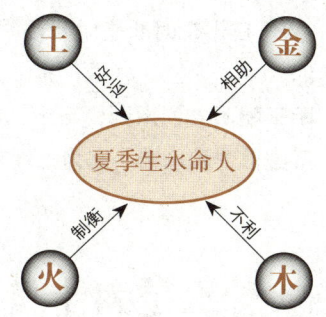

## 226 水命人生于秋季的吉凶如何？

生于秋季的水命人，有火最佳，可以大富。有木也可以大贵。不能有土，如果土过多，会造成不利。也不能有过多的金，金多会使人生虚度，无所成就。

可见，秋季生的水命人遇到与火和木相关的人或事物最为吉祥。反之，就会带来灾祸。

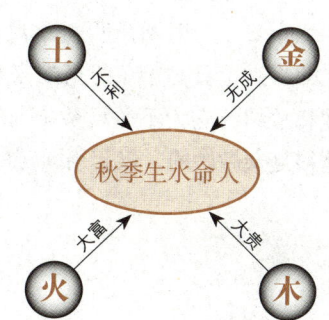

## 227 水命人生于冬季的吉凶如何？

生于冬季的水命人，因为冬季太过寒冷，需要有火帮助，可以驱除寒冷。可以有土，没有太大的妨碍。如果木过多，会是一个有情人。最好不要有金，易造成不利。

可见，冬季生的水命人，遇到与火相关的人或事物最为吉祥，有土和木也会带来好运。反之，就会带来灾祸。

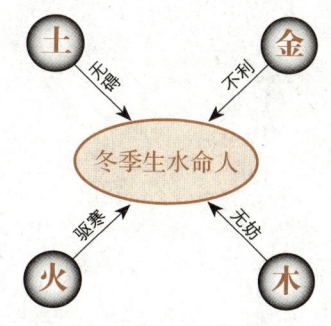

# 第四章 六十日十二时断

六十日十二时断是明朝万明英在命理学典籍《三命通会》中总结出的具体命理论断。即六甲、六乙、六丙、六丁、六戊、六己、六庚、六辛、六壬、六癸按阳干配阳支，阴干配阴支的原则，与十二时搭配来具体论断人的命运。其本质是对前人命理经验的系统推理和总结，它为不懂复杂命理的人查看自己的命运提供了便捷之道。

## 228 什么是六十日十二时断？

六十日即六甲、六乙、六丙、六丁、六戊、六己、六庚、六辛、六壬、六癸。

六甲指甲子、甲寅、甲辰、甲午、甲申、甲戌；六乙指乙丑、乙卯、乙巳、乙未、乙酉、乙亥。即阳干配阳支，阴干配阴支，其余干支依次可推知。

十二时即依据六十甲子的顺序循环与六十日搭配的十二时辰。

六十日十二时断是明朝万明英在命理学典籍《三命通会》中总结出的具体命理论断。即将六十日与十二时搭配来具体论断人的命运。其本质是对前人命理经验的系统推理和总结，它为不懂复杂命理的人查看自己的命运提供了很大帮助。但人的命运变化是很复杂微妙的，仅套用固定的经验去推算命运，具有很大的局限性。

| 六甲 | 甲子、甲寅、甲辰、甲午、甲申、甲戌 |
| --- | --- |
| 六乙 | 乙丑、乙卯、乙巳、乙未、乙酉、乙亥 |
| 六丙 | 丙子、丙寅、丙辰、丙午、丙申、丙戌 |
| 六丁 | 丁丑、丁卯、丁巳、丁未、丁酉、丁亥 |
| 六戊 | 戊子、戊寅、戊辰、戊午、戊申、戊戌 |
| 六己 | 己丑、己卯、己巳、己未、己酉、己亥 |
| 六庚 | 庚子、庚寅、庚辰、庚午、庚申、庚戌 |
| 六辛 | 辛丑、辛卯、辛巳、辛未、辛酉、辛亥 |
| 六壬 | 壬子、壬寅、壬辰、壬午、壬申、壬戌 |
| 六癸 | 癸丑、癸卯、癸巳、癸未、癸酉、癸亥 |

# 229 六甲日甲子时生人的命局如何？

六甲日生甲子时，败中印绶官生至；
月通木气不寻常，反此而言虚名利。

甲日甲子时，虽甲败在子，暗有癸水生气印绶，兼有官生其印，若己土破印，通月气，贵；否则，秀而不实。

**六甲日甲子时断**

| 甲子日甲子时 | 甲寅日甲子时 | 甲辰日甲子时 | 甲午日甲子时 | 甲申日甲子时 | 甲戌日甲子时 |
|---|---|---|---|---|---|
| 子遥巳格，年月无庚辛申酉，丑绊午冲，离祖自立，贵。若年月俱寅，逢申酉运，大富后退财。甲辰月亦贵。酉月，只以正官格论，子亥卯未年月，行酉运，贵。巳亥戌月，平常。午月，甲死冲，尤不吉。乙卯、乙巳月，主法死。 | 拱丑中辛，贵。年月无庚辛申酉丑未，大贵。再甲寅月，孤克，唯僧道可。亥子年月，四品贵。午月，行东北方运，亦贵。如酉丑巳等月，明有官煞，柱但有印，俱贵。卯未，身太旺，未免刑伤。乙巳月，受刑。丁亥月，旺中恶死。 | 若水位年月，水泛木浮，主移根换叶，申月，煞星会印，俱贵。子月，行水木运，亦贵。酉月正官，大贵。寅午戌月，俱吉。乙卯月，刑折。癸巳月，水火冲死。 | 时日并冲，忧伤妻子，月通木气者，显贵。纯子午年月，或亥未酉月，俱贵。乙卯月，丁巳月，死不全尸。 | 甲胎逢印化煞，贵。鸳鸯重叠，子嗣难为。若行东南方运，文武职居闲。亥卯未辰申丑等月，俱贵。乙卯月，死不全尸。 | 拱亥天门，会同帝阙，甲长生地也，不可以隔角论。年月通申巳酉丑金气，大贵。戊寅年月，主聋哑，或狼虎伤害，见壬则吉。乙卯月，刑死，乙亥月，遭盗死。 |

以上俱以日时为主，而以人命年月附之，其有官衔不同者，此前代命也。下同。
以上六日年月喜忌，当通融活看。下同。
甲子相逢甲子连，拟作蟾宫折桂仙；
丑绊并冲官鬼破，功名蹭蹬不周全。
甲子时逢甲子，就中印绶符同。庚申辛酉若相逢，丑未再兼年月。
拱贵暗藏极显，巳午冲破平中。果无刑克与空冲，定主超群出众。

## 230 六甲日乙丑时生人的命局如何？

六甲日生时乙丑，劫财羊刃不宜有；柱中逢火带辛金，制伏和平贵亦久。
劫财羊刃忌时垣，官内财官锁闭门；辰未相逢为大吉，如无随意度晨昏。
甲日时逢乙丑，库中金玉收藏。贵人天乙劫财伤，皎月云遮光荡。
火局南方运贵，金神制伏相当。木枯水盛且平常，背祖离乡晚旺。

**六甲日乙丑时断**

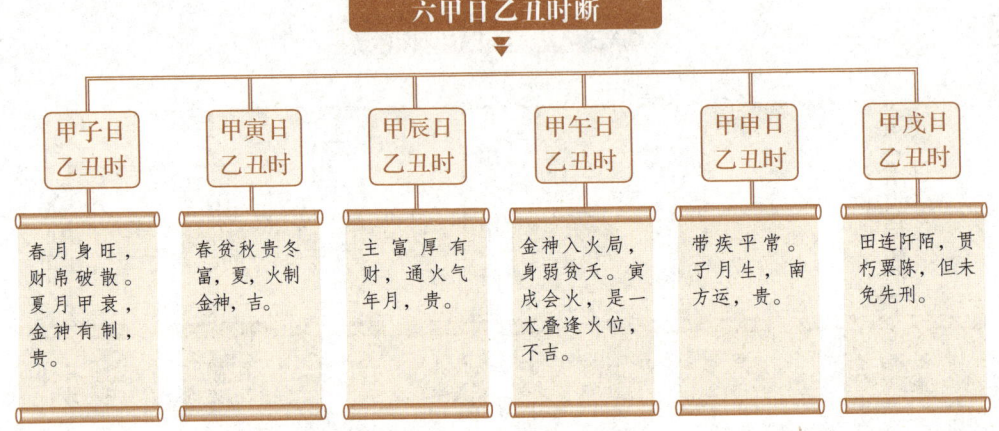

| 甲子日乙丑时 | 甲寅日乙丑时 | 甲辰日乙丑时 | 甲午日乙丑时 | 甲申日乙丑时 | 甲戌日乙丑时 |
|---|---|---|---|---|---|
| 春月身旺，财帛破散。夏月甲衰，金神有制，贵。 | 春贫秋贵冬富，夏，火制金神，吉。 | 主富厚有财，通火气年月，贵。 | 金神入火局，身弱贫夭。寅戌会火，是一木叠逢火位，不吉。 | 带疾平常。子月生，南方运，贵。 | 田连阡陌，贯朽粟陈，但未免先刑。 |

## 231 六甲日丙寅时生人的命局如何？

六甲日生时丙寅，时居日禄坐食神；旺壬不见无刑破，福寿康宁富贵人。
甲丙相邀入虎乡，福星坐禄显文章；运逢四柱无伤害，早晚升迁到宪堂。
甲日寅时遇丙，学文福禄班齐。若逢辰戌，两三妻，禄主朝元富贵。
丁午庚申减福，无官惹绊为奇。生来贵显有人提，此命先难后易。

**六甲日丙寅时断**

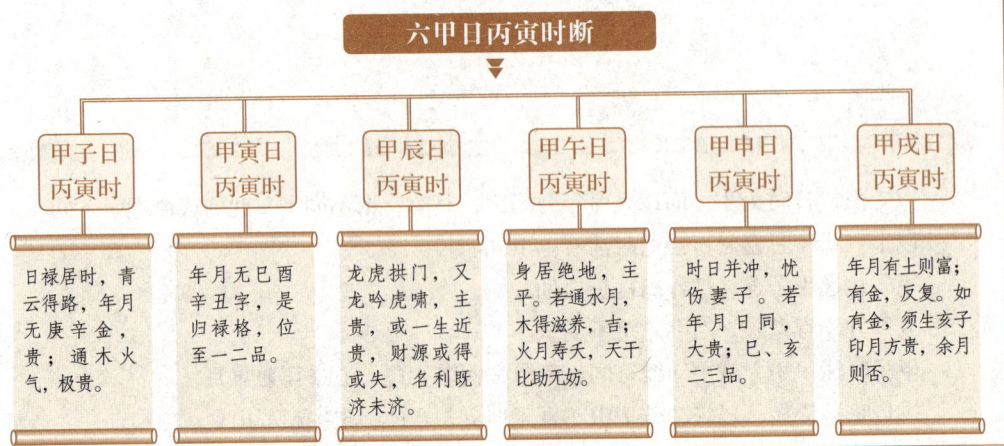

| 甲子日丙寅时 | 甲寅日丙寅时 | 甲辰日丙寅时 | 甲午日丙寅时 | 甲申日丙寅时 | 甲戌日丙寅时 |
|---|---|---|---|---|---|
| 日禄居时，青云得路，年月无庚辛金，贵；通木火气，极贵。 | 年月无巳酉辛丑字，是归禄格，位至一二品。 | 龙虎拱门，又龙吟虎啸，主贵，或一生近贵，财源或得或失，名利既济未济。 | 身居绝地，主平。若逢水月，木得滋养，吉；火月寿夭，天干比助无妨。 | 时日并冲，忧伤妻子。若年月日同，大贵；巳、亥二三品。 | 年月有土则富；有金，反复。如有金，须生亥子印月方贵，余月则否。 |

## 232 六甲日丁卯时生人的命局如何？

六甲日生时丁卯，伤官羊刃真当恼；纵然月气有扶持，未免为人性不好。
甲旬六日逢丁卯，重重叠叠怕冲刑。运行背禄无官贵，到老穷经不许名。
甲日时临丁卯，伤官羊刃相随。甲逢丁火化为灰，父母兄弟难倚。
祖业田财聚散，妻儿总有刑亏。运行官煞始为奇，性格或嗔或喜。

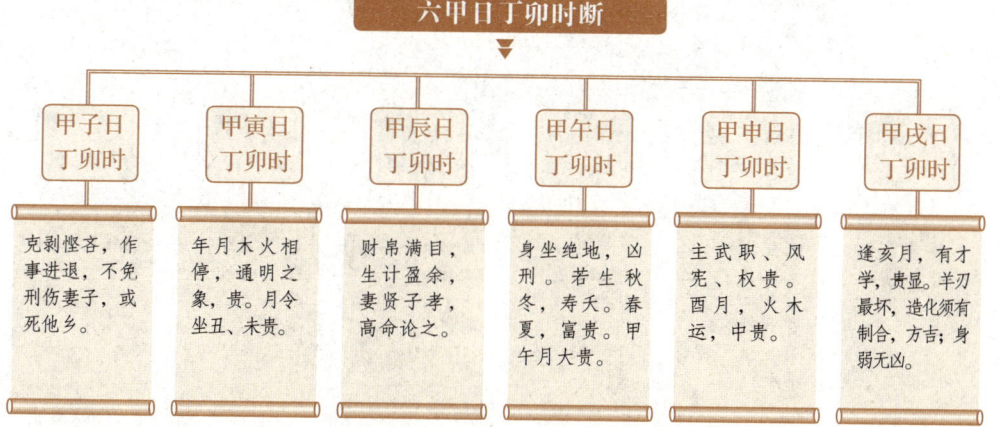

六甲日丁卯时断

- **甲子日丁卯时**：克剥悭吝，作事进退，不免刑伤妻子，或死他乡。
- **甲寅日丁卯时**：年月木火相停，通明之象，贵。月令坐丑、未贵。
- **甲辰日丁卯时**：财帛满目，生计盈余，妻贤子孝，高命论之。
- **甲午日丁卯时**：身坐绝地，凶刑。若生秋冬，寿夭。春夏，富贵。甲午月大贵。
- **甲申日丁卯时**：主武职、风宪、权贵。酉月，火木运，中贵。
- **甲戌日丁卯时**：逢亥月，有才学，贵显。羊刃最坏，造化须有制合，方吉；身弱无凶。

## 233 六甲日戊辰时生人的命局如何？

六甲日生时戊辰，天财坐库会滋身；富商巨贾田园盛，月带辛金名利成。
时上偏财不用多，干枝内外细搜罗。运通财旺官生至，运拙身衰恐受磨。
甲日戊辰时遇，柱中要戊相扶。财官运气展良图，喜遇钱龙守库。
辛庚透干贵显，壬癸滋助不枯。只怕比劫弟兄多，岁运逢之有祸。

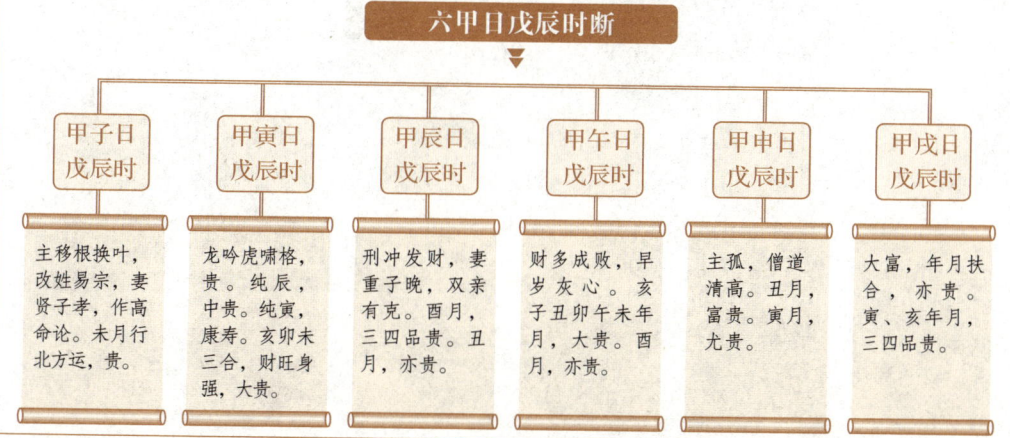

六甲日戊辰时断

- **甲子日戊辰时**：主移根换叶，改姓易宗，妻贤子孝，作高命论。未月行北方运，贵。
- **甲寅日戊辰时**：龙吟虎啸格，贵。纯辰，中贵。纯寅，康寿。亥卯未三合，财旺身强，大贵。
- **甲辰日戊辰时**：刑冲发财，妻重子晚，双亲有克。酉月，三四品贵。丑月，亦贵。
- **甲午日戊辰时**：财多成败，早岁灰心。亥子丑卯午未年月，大贵。酉月，亦贵。
- **甲申日戊辰时**：主孤，僧道清高。丑月，富贵。寅月，尤贵。
- **甲戌日戊辰时**：大富，年月扶合，亦贵。寅、亥年月，三四品贵。

## 234 六甲日己巳时生人的命局如何？

六甲日生时己巳，病中财物实难任；月通火气方为贵，若是身衰亦不禁。
甲己中央作土神，时逢辰巳脱埃尘；局中岁运趋炎火，显远功名富贵人。
甲日时逢己巳，火临土厚无光。旱苗得雨叶枝强，火局金神旺相。
进士有名无实，常人改祖番庄。为人性格不寻常，运至晚年气象。

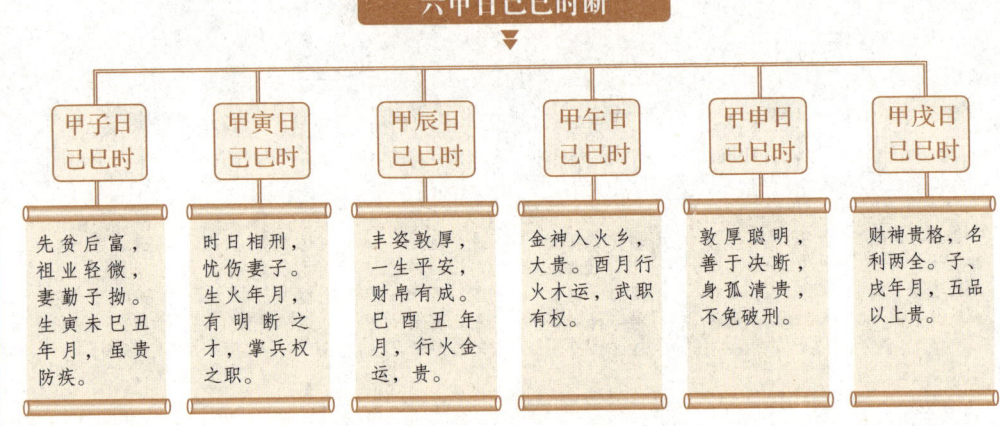

**六甲日己巳时断**

| 甲子日己巳时 | 甲寅日己巳时 | 甲辰日己巳时 | 甲午日己巳时 | 甲申日己巳时 | 甲戌日己巳时 |
|---|---|---|---|---|---|
| 先贫后富，祖业轻微，妻勤子拙。生寅未巳丑年月，虽贵防疾。 | 时日相刑，忧伤妻子。生火年月，有明断之才，掌兵权之职。 | 丰姿敦厚，一生平安，财帛有成。巳酉丑年月，行火金运，贵。 | 金神入火乡，大贵。酉月行火木运，武职有权。 | 敦厚聪明，善于决断，身孤清贵，不免破刑。 | 财神贵格，名利两全。子、戌年月，五品以上贵。 |

## 235 六甲日庚午时生人的命局如何？

六甲日生时庚午，死处又遭鬼当头；丁丙不逢生再弱，忙忙贫苦度春秋。
午时庚申是偏官，制伏相宜不等闲。身弱煞强无食见，平生谋望主艰难。
甲日时逢庚午，柱中喜见寅申。身强煞浅转精神，父母雁行不顺。
妻子早年刑害，晚年出众超群。平生反复好翻腾，先破后成之命。

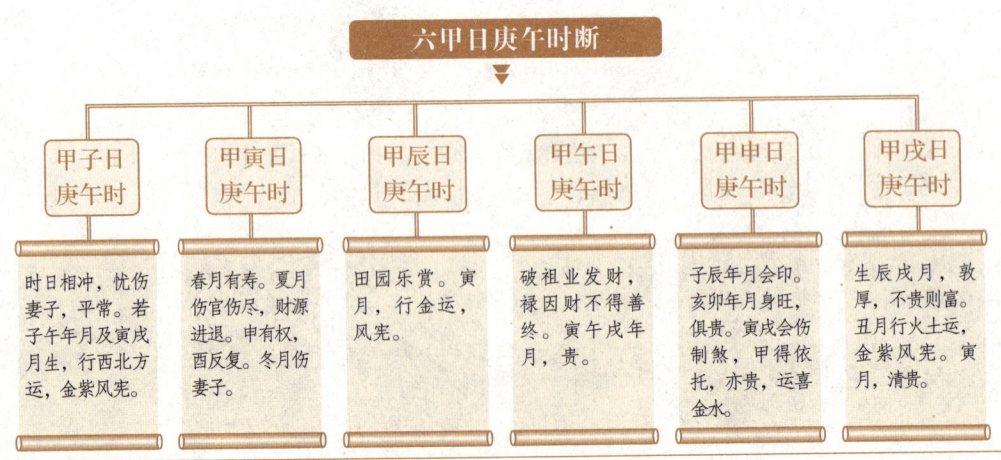

**六甲日庚午时断**

| 甲子日庚午时 | 甲寅日庚午时 | 甲辰日庚午时 | 甲午日庚午时 | 甲申日庚午时 | 甲戌日庚午时 |
|---|---|---|---|---|---|
| 时日相冲，忧伤妻子，平常。若子午年月及寅戌月生，行西北方运，金紫风宪。 | 春月有寿。夏月伤官伤尽，财源进退。申有权，酉反复。冬月伤妻子。 | 田园乐赏。寅月，行金运，风宪。 | 破祖业发财，禄因财不得善终。寅午戌年月，贵。 | 子辰年月身会印。亥卯年月身旺，俱贵。寅戌会伤制煞，甲得依托，亦贵，运喜金水。 | 生辰戌月，敦厚，不贵则富。丑月行火土运，金紫风宪。寅月，清贵。 |

## 236 六甲日辛未时生人的命局如何？

六甲日生辛未时，官星坐贵最为奇；月逢金气须荣贵，财禄相停敢断之。
甲逢辛未是财官，平步青云路不难。不比退毛鸡化凤，得时飞上彩云路。
甲日时逢辛未，财官守库相扶。贵人财禄是良图，初苦未终荣富。
君子迁官进职，常人丰厚充腴。刑冲破害柱中无，定得青云之路。

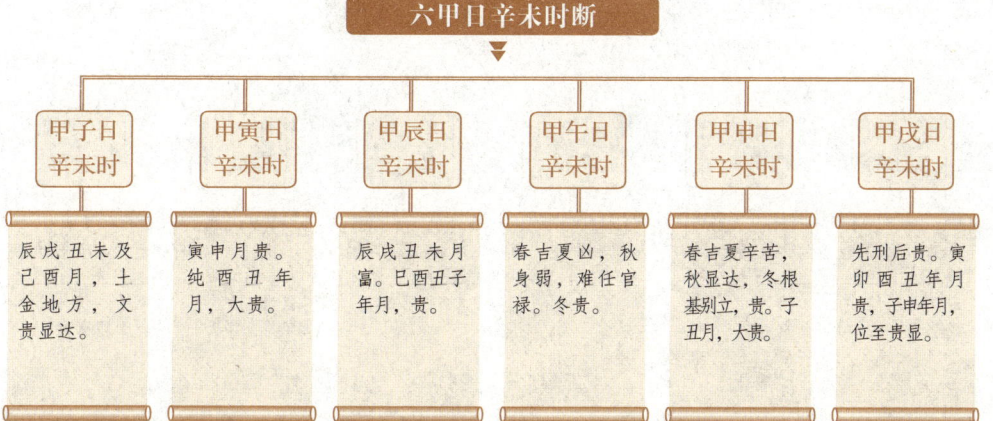

## 237 六甲日壬申时生人的命局如何？

六甲生时遇壬申，明伤暗鬼坐其身；柱无丙戊秋冬旺，坎壈飘流无定人。
甲日时逢喜遇申，偏官偏印怕刑冲。欲求名利终难定，有救须教运气通。
甲日时逢壬申，倒食暗鬼相侵。生逢身旺主昌荣，身弱性情不定。
雁侣六亲少力，谋为自立自成。运行吉地显声名，运弱平常之命。

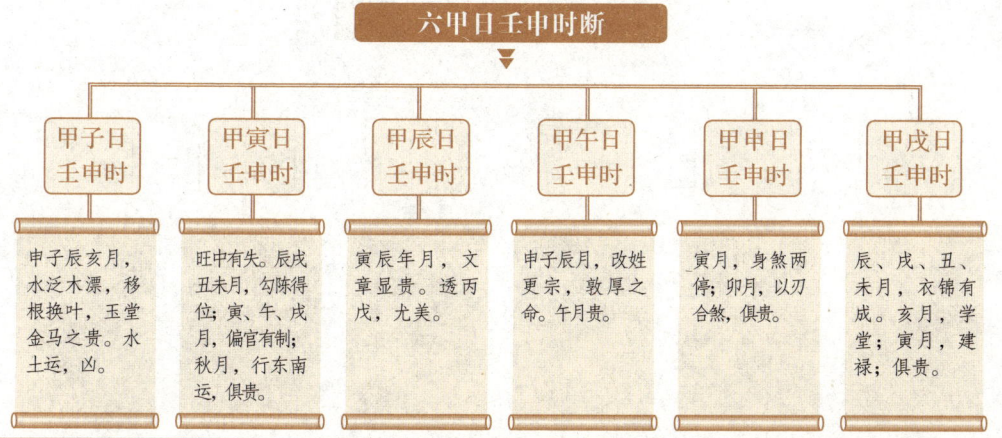

## 238 六甲日癸酉时生人的命局如何？

六甲日生时癸酉，暗官明印未稀奇；柱中有火无刑破，元命胎生贵可知。
甲日交通癸酉时，金神火局两相宜；运行南地无刑破，富贵荣华事事奇。
甲日时逢癸酉，为人富贵双全。三奇发福屡升迁，上下相和贵显。
君子寒门将相，常人置立田园。无伤无破是英贤，此命定居台宪。

六甲日癸酉时断

| 甲子日癸酉时 | 甲寅日癸酉时 | 甲辰日癸酉时 | 甲午日癸酉时 | 甲申日癸酉时 | 甲戌日癸酉时 |
|---|---|---|---|---|---|
| 春生木旺；酉月官纯，贵。若混之以煞，或煞多，柱中全无火气，凶。 | 春生寿，夏反复。秋性不定。多凶。冬平常。丑、未月，贵。 | 子戌年月，有财有官，贵。 | 主孤。生寅、午、戌月，行东北方，郎官。 | 平常。通火气月，行南运，富贵。申、酉年月，多夭。 | 子、戌年月，文章显贵。子、午月，不贵即富。 |

## 239 六甲日甲戌时生人的命局如何？

六甲日生时甲戌，木遭火局气不舒；为了好善福平常，父母并伤诚可歔。
时逢甲戌比肩逢，库有天禄火气冲；鸡鸭同鸣皆聚散，到头心志不相同。
甲日时通甲戌，比肩带禄相逢。天孤仓库隐其中，酉丑辰支取用。
无钥冲刑开破，立身多学少成。柱金木火旺火生，先暗后明之命。

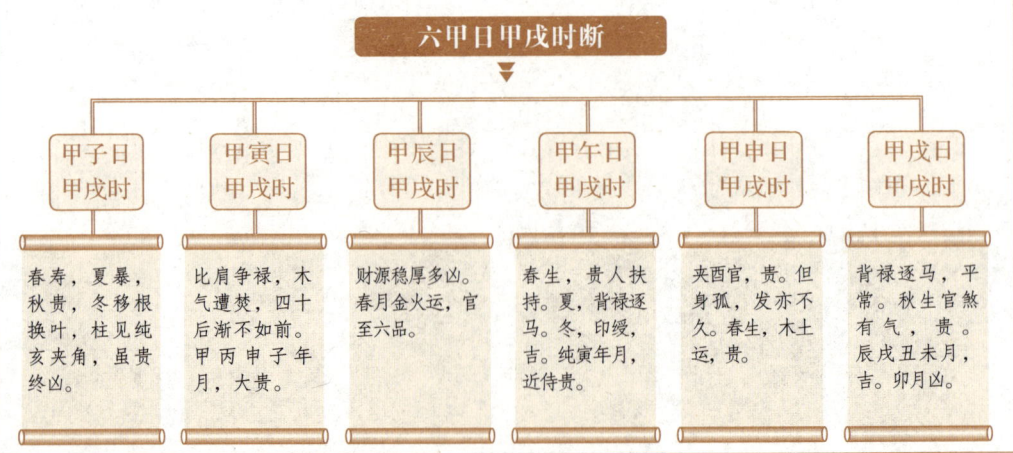

六甲日甲戌时断

| 甲子日甲戌时 | 甲寅日甲戌时 | 甲辰日甲戌时 | 甲午日甲戌时 | 甲申日甲戌时 | 甲戌日甲戌时 |
|---|---|---|---|---|---|
| 春寿，夏暴，秋贵，冬移根换叶，柱见纯亥夹角，虽贵终凶。 | 比肩争禄，木气遭焚，四十后渐不如前。甲丙申子年月，大贵。 | 财源稳厚多凶。春月金火运，官至六品。 | 春生，贵人扶持。夏，背禄逐马。冬，印绶，吉。纯寅年月，近侍贵。 | 夹酉官，贵。但身孤，发亦不久。春生，木土运，贵。 | 背禄逐马，平常。秋生官煞有气，贵。辰戌丑未月，吉。卯月凶。 |

## 240 六甲日乙亥时生人的命局如何？

六甲日生时乙亥，羊刃反伤为祸害；财官辛戌不相逢，只恐功名不亨泰。
甲日时逢乙亥强，有官有印不寻常；时来自有高人荐，运至财乡大显扬。
甲日时逢乙亥，就中壬水相生。时临帝座紫微宫，子嗣螟蛉得用。
父母雁行少力，花开结子防风。文章显达改门庭，运至超群出众。

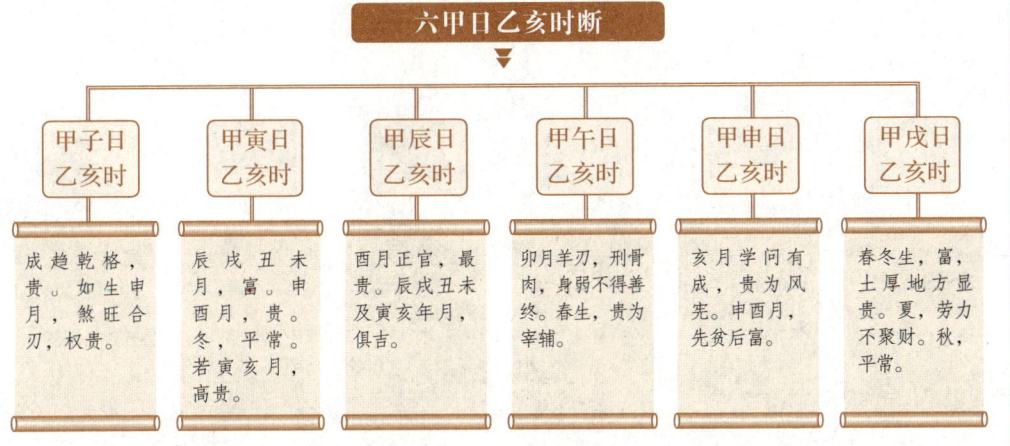

## 241 六乙日丙子时生人的命局如何？

六乙日生时丙子，伤官坐贵福不全；柱中不见官刑破，方是平生贵禄缘。
六乙贵格丙子时，如无冲破始为奇；不遇庚申巳酉丑，定乘轩冕拜丹墀。
乙日时临丙子，伤官伤尽荣昌。亥卯未月不寻常，运至身健旺相。
辛庚不见发福，午冲丑绊平常。如逢刑克空一场。此命或衰或旺。

## 242 六乙日丁丑时生人的命局如何？

六乙日生时丁丑，食神相助遇财官；月通金气化为福，不是寻常下贱看。
仓库时开乙见丁，食神坐库禄财亲；无匙不作朝中客，也是清闲有福人。
乙日时逢丁丑，寿星发达无疑，身居磨蝎莫嫌迟，库内钱财积聚。
年时月合发达，空刑妻子难为。双亲雁侣有盈亏，运至牢藏金柜。

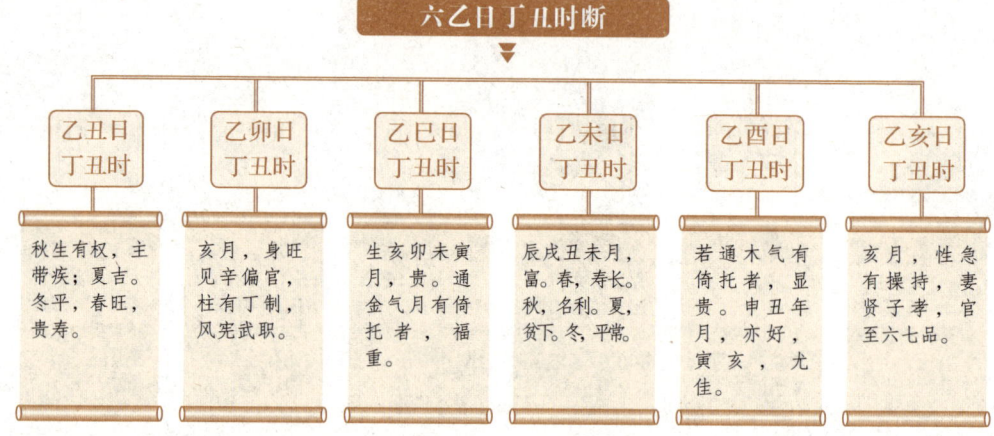

**六乙日丁丑时断**

| 乙丑日丁丑时 | 乙卯日丁丑时 | 乙巳日丁丑时 | 乙未日丁丑时 | 乙酉日丁丑时 | 乙亥日丁丑时 |
|---|---|---|---|---|---|
| 秋生有权，主带疾。夏吉。冬平，春旺，贵寿。 | 亥月，身旺见辛偏官，柱有丁制，风宪武职。 | 生亥卯未寅月，贵。通金气月有倚托者，福重。 | 辰戌丑未月，富。春，寿长。秋，名利。夏，贫下。冬，平常。 | 若通木气有倚托者，显贵。申丑年月，亦好，寅亥，尤佳。 | 亥月，性急有操持，妻贤子孝，官至六七品。 |

## 243 六乙日戊寅时生人的命局如何？

六乙日生时戊寅，败财背禄实伤身；有心无力多成败，止是平常衣禄人。
乙日寅时仔细推，为人招是又招非；运衰更遇空刑克，劳力劳心无定期。
乙日戊寅时遇，就是暗损伤财。伤官背禄柱中排，富贵妻儿刑害。
运旺财官发福，运行比煞兴灾。六亲骨肉少和谐，自立自成自在。

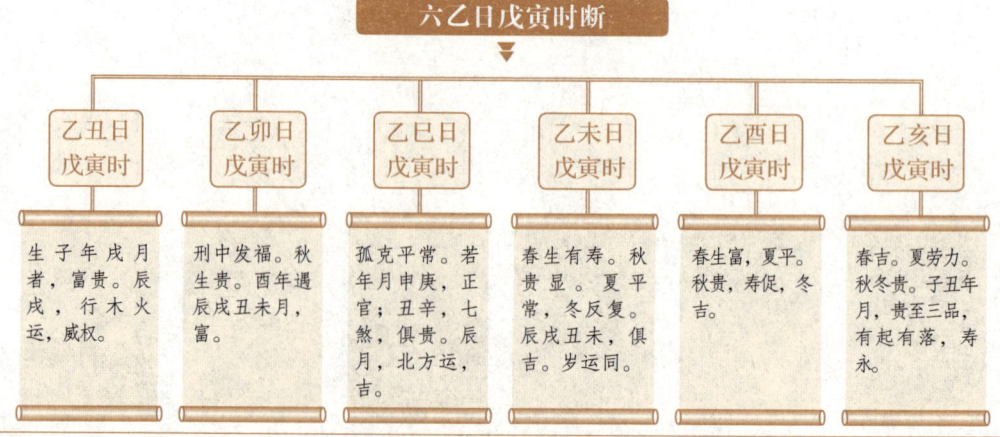

**六乙日戊寅时断**

| 乙丑日戊寅时 | 乙卯日戊寅时 | 乙巳日戊寅时 | 乙未日戊寅时 | 乙酉日戊寅时 | 乙亥日戊寅时 |
|---|---|---|---|---|---|
| 生子年戌月者，富贵。辰戌，行木火运，威权。 | 刑中发福。秋生贵。辰戌丑未月，富。 | 孤克平常。若年月申庚，正官；丑辛，七煞，俱贵。辰月，北方运，吉。 | 春生有寿。秋贵显。夏平常，冬反复。辰戌丑未，俱吉。岁运同。 | 春生富，夏平。秋贵，寿促，冬吉。 | 春吉。夏劳力。秋冬贵。子丑年月，贵至三品，有起有落，寿永。 |

## 244 六乙日己卯时生人的命局如何？

六乙日生逢己卯，时居日禄财临好；旺通木气贵无疑，酉土辛重亦可恼。
日禄居时格不同，食神则马要相逢；伤官印运皆为吉，官不逢兮禄自丰。
乙日时临己卯，偏财时禄归迎。辛金酉字不相刑，虎榜定标名姓。
父母六亲难靠，雁行各自飞腾，文章光耀有才能，无破无冲贵命。

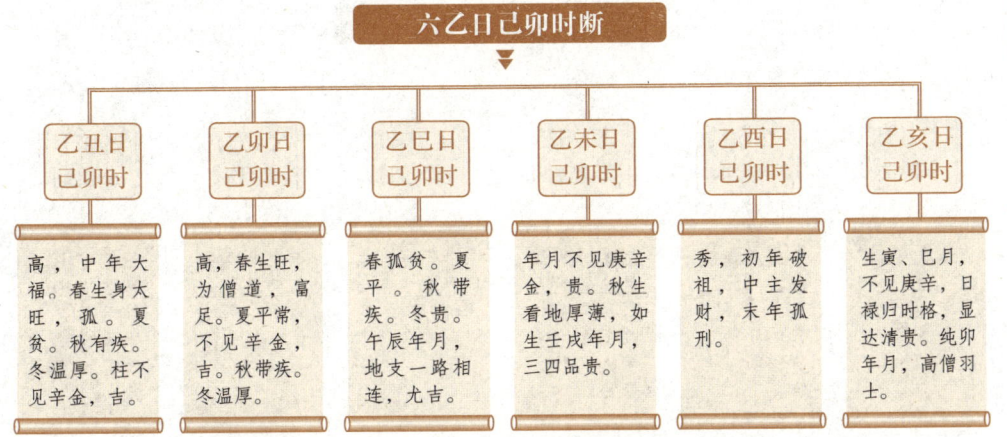

## 245 六乙日庚辰时生人的命局如何？

六乙日生时庚辰，水白金清化象真；壬从辛酉通官贵，却防目疾减精神。
乙庚相会贵无疑，阴木阳金正合时；运吉身强无冲破，升迁自有贵人提。
乙日庚辰时正，天官守库乾元，青年虎榜姓名传，禀性温良恭俭。
士庶妻贤子贵。财人禄位升迁。南离戊癸火相连。富贵之中当险。

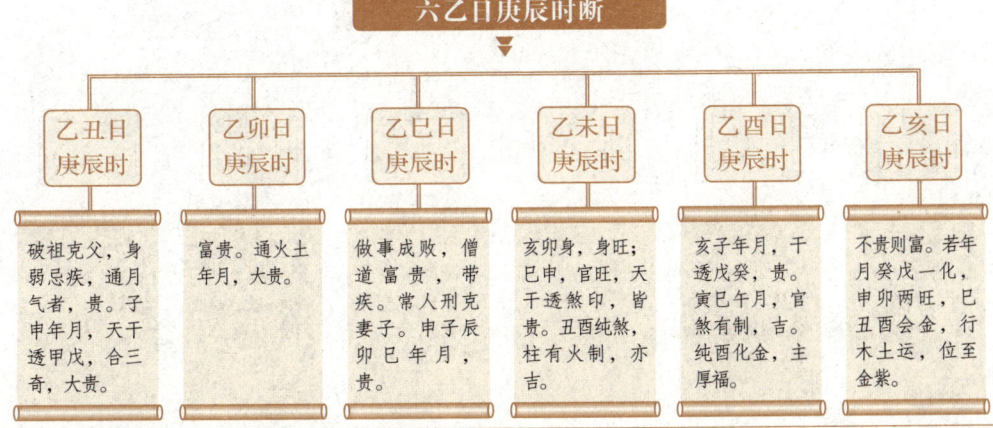

## 246 六乙日辛巳时生人的命局如何？

六乙日生时辛巳，金木交争主不仁；有化月中身旺贵，不通无化恐伤人。
乙巳相伤逢金木，求名求利常反复；六亲骨肉有如无，印绶运乡能发福。
乙日时逢辛巳，柱中鬼旺身衰。六亲难靠不和谐，谋望有成有败。
几度遇凶则吉，信知苦尽甘来。运行身旺印绶怀，富贵时人喝彩。

**六乙日辛巳时断**

| 乙丑日辛巳时 | 乙卯日辛巳时 | 乙巳日辛巳时 | 乙未日辛巳时 | 乙酉日辛巳时 | 乙亥日辛巳时 |
|---|---|---|---|---|---|
| 先杂后纯，生寅午丙丁年月，偏官有制，作高命看。 | 春生身强煞浅，大贵。夏平常。秋官煞旺，冬印绶旺，俱吉。 | 克妻，妻子俱晚。若巳酉丑月，木柔金重，主带疾。不然寿促。 | 午月干强，武职，有名誉。亥子印绶，吉。 | 若未月生，身坐制伏，则吉。秋偏官，贵。 | 生巳午月，偏官有制。春干强，位居风宪。秋煞重，主残疾。 |

## 247 六乙日壬午时生人的命局如何？

六乙日生时壬午，印绶生身财食聚；月通水木禄丰盈，不通月气平常数。
乙日生逢壬午时，月通水木贵人钦；运行官旺无冲破，家业丰隆事称心。
乙日时逢壬午，食神印绶同宫。无冲无破不相刑，信是声名响应。
词馆清秀高士，文章出众超群，贵人喜见小人憎，中末峥嵘之命。

**六乙日壬午时断**

| 乙丑日壬午时 | 乙卯日壬午时 | 乙巳日壬午时 | 乙未日壬午时 | 乙酉日壬午时 | 乙亥日壬午时 |
|---|---|---|---|---|---|
| 春夏多富贵；秋冬官印，或纯煞透干，尤吉。 | 高，丑月，入杂气财官；申酉月，身煞两停，俱主显贵。 | 吉，春夏富贵。秋冬平常。 | 寅卯身旺，亥子印旺，丑月财官印三奇，俱主贵显。申月正官，尤吉。 | 春吉。秋夏平常。柱纯乙酉，透庚合化，或见印助，大贵。 | 春身旺，夏福厚，秋反复，冬吉庆。 |

## 248 六乙日癸未时生人的命局如何？

六乙日生时癸未，入墓之中遇倒伤；马劣财微食见克，一生衣禄主平常。
乙日相逢时癸未，算来离祖不成家；有刑克害多成败，运吉如添锦上花。
乙日相逢癸未，生逢木墓夭孤。雁行兄弟有如无，心性不常喜怒。
自立自成事业，六亲骨肉亲疏，贵人得合两相扶，此命先贫后富。

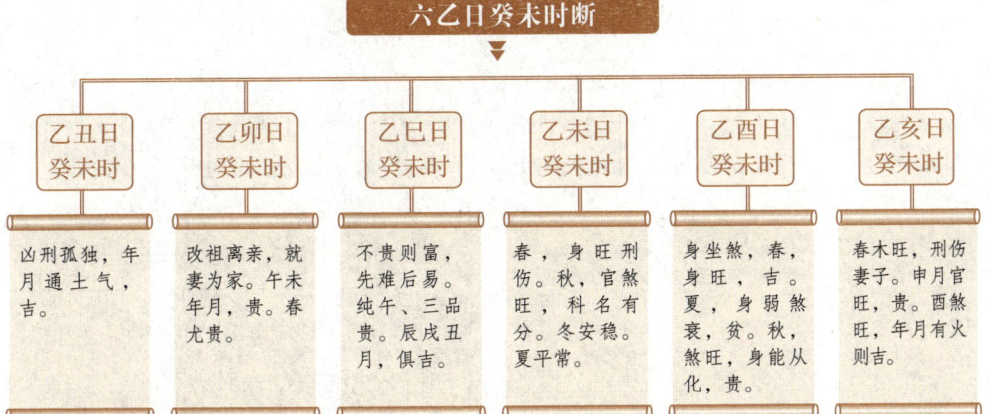

## 249 六乙日甲申时生人的命局如何？

六乙日生时甲申，官星得印位生成；月中通气无冲破，必定荣华仕路人。
乙日相逢时遇申，长生驿马内相亲；贵人天乙来相助，释却褐衣入紫宸。
乙日申时逢贵，其间高人见喜。小人称美有奇希，克破冲刑减力。
身旺运逢吉地，信知两旺财官。有鞍有马有衣冠，定主门庭改换。

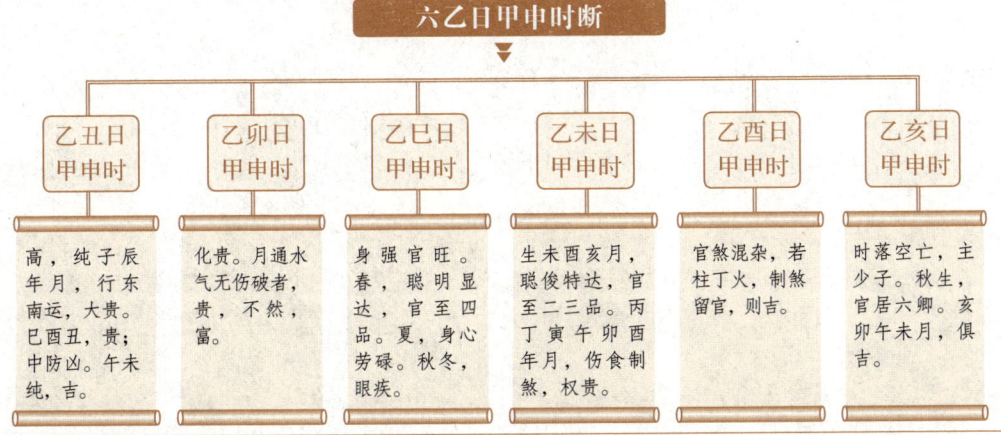

## 250 六乙日乙酉时生人的命局如何？

六乙日生时乙酉，得逢金局火为奇；用神遇木重重见，鬼绝寿伤反无依。
日干是乙时临酉，假煞为权身旺奇；身弱遇官徒费力，功名须待运通时。
乙日时临乙酉，诞辰乙木无忧。其中权贵任求谋，无破功名定有。
妻子早年克害，财源雨散云收。迁宗移祖免忧愁。中末家资成就。

**六乙日乙酉时断**

| 乙丑日乙酉时 | 乙卯日乙酉时 | 乙巳日乙酉时 | 乙未日乙酉时 | 乙酉日乙酉时 | 乙亥日乙酉时 |
|---|---|---|---|---|---|
| 高，生巳酉丑月，合金局，更行西运，大贵。寅午戌月，贫下。亥卯未月，吉。 | 月通金局者贵。未寅年月，官至一二品。 | 春吉。夏，伤官有制，好。秋，木弱金重，夭，不然有疾。 | 拱贵格，无刑破者，贵，有申填实，则非。亥卯月，行西运，贵。 | 旺处自刑，年月火土重，主灾。若通月气，透出印食，行火木运，大贵。 | 春生，仁寿格，贵。寅月，行金火运，大贵。 |

## 251 六乙日丙戌时生人的命局如何？

六乙日生时丙戌，鬼败临身有损伤；若不气通身旺月，孤贫劳碌苦难当。
乙日丙戌时火库，藏辛遇丑乃吉昌；若也运逢凶克害，算来此命且如常。
乙日相逢丙戌，伤官库木枝枯。不临辛丑钥匙无，难倚六亲父母。
雁侣分飞不睦，于人心悲成疏。要知发福改门闾，此命后甜先苦。

**六乙日丙戌时断**

| 乙丑日丙戌时 | 乙卯日丙戌时 | 乙巳日丙戌时 | 乙未日丙戌时 | 乙酉日丙戌时 | 乙亥日丙戌时 |
|---|---|---|---|---|---|
| 春身旺，吉。夏，伤官太重。秋，劳力辛苦。冬，亥子，印绶带伤官，极贵。 | 寅卯月，行西运，六七品贵。子月印绶；丑月，杂气刑冲出财官，俱贵。 | 吉。丑戌未年月，风宪六卿。亥月，行东运，翰院清贵。 | 旺处凶。卯午未戌年月，贵显。 | 春身旺，冬印旺，大贵。夏巳午，秋酉戌，俱贵。 | 血疾。亥子卯未寅月，遇贵发福；天干透财，伤官生财，尤吉。 |

## 252 六乙日丁亥时生人的命局如何？

六乙日生丁亥时，食神印绶亦奇哉；月气水土无财贵，切忌伤妻与子灾。
时上生逢亥与丁，食神乙木遇长生；月气相扶为最贵，身衰无倚是常人。
乙日时逢丁亥，食神印绶相扶。长生得意好无伤，荣显清名贵遇。
喜逢丁壬化气，运临冠带迁除。无机妙法实难窥，丙己寅申减贵。

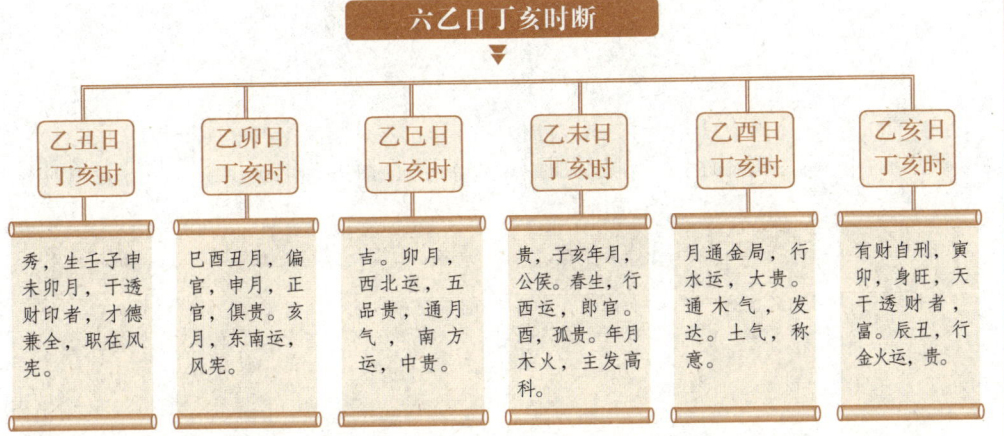

## 253 六丙日戊子时生人的命局如何？

六丙日生时戊子，财官生旺遇食神；月气相扶为最贵，身衰无倚是常人。
活计生涯四季隆，丙逢戊子食官同；无伤晚岁皆成就，吉处遭凶险处通。
丙子时逢戊子，官星食福同排。午丁未遇且沉埋，交通中年大快。
父母妻子喜合。胸中隐匿文才。若逢好运一时来，富贵清闲自在。

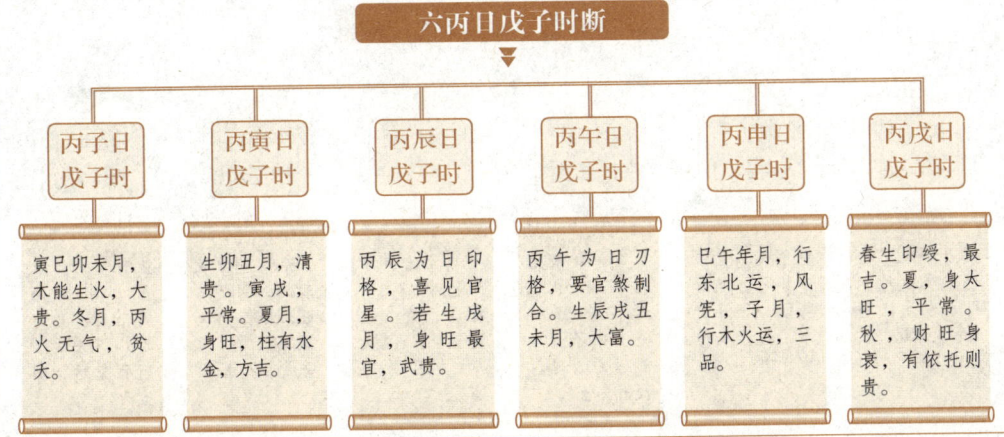

## 254 六丙日己丑时生人的命局如何？

六丙日生时己丑，官鬼相伤禄不成；若见申庚并乙旺，不求财禄过平生。
丙日财官库里藏，戌辰未字显文章；身衰若也无匙钥，求名求利总平常。
丙日时逢己丑，伤官财库暗藏。运交未戌不寻常，破出财官必旺。
近贵谋夺劫财，算来须有此害。六亲真假少和谐，直断依时莫怪。

### 六丙日己丑时断

| 丙子日己丑时 | 丙寅日己丑时 | 丙辰日己丑时 | 丙午日己丑时 | 丙申日己丑时 | 丙戌日己丑时 |
|---|---|---|---|---|---|
| 寅亥申辰年月，天干透财印食者贵。 | 平常，生乙酉月，正财格，有乙庚健旺者贵。巳、丑年月，干透官印者贵。 | 申亥年月，化水则吉；不化寿促。戌月冲库，无人不发。 | 春月，行火金运，官至极品。夏平，秋富，冬贵，难为妻子。 | 血疾。申月，文学儒官成。卯贵。子辰官，寅卯会印，俱吉。 | 高，武刑后发旺。生亥卯月，火金运，大贵。 |

## 255 六丙日庚寅时生人的命局如何？

六丙日生时庚寅，学堂生气助其身；运中有合通金局，必是荣华富贵人。
丙庚相合遇寅时，险难消除福自随；运至寒门名将相，时来平步上云梯。
丙日庚寅时准，双亲衰旺离乡。妻儿早害晚荣昌，白虎归山正旺。
木有成林松柏，生涯广聚财粮。堆金积玉满高堂，共羡人言上样。

### 六丙日庚寅时断

| 丙子日庚寅时 | 丙寅日庚寅时 | 丙辰日庚寅时 | 丙午日庚寅时 | 丙申日庚寅时 | 丙戌日庚寅时 |
|---|---|---|---|---|---|
| 生子月，近贵。癸酉月，行水木运，高贵；火木运，五品以上贵。 | 贵不久。生酉申年月，世袭冷职。子丑寅未，贵显。纯寅尤吉。 | 生寅午戌未年月，妻贤子孝，富贵双全。申子，行北运，大贵。酉丑，富。 | 年月无壬癸子未巳字，飞天禄马，贵。巳酉丑申，主文学，不贵即富。 | 亥卯未、申子辰二局，官印两旺，大贵。巳寅丑财局，吉。寅午戌火局，平。 | 生亥子月，贵显。申酉年月，行北方运；寅午戌，行官鬼运，俱大贵。 |

## 256 六丙日辛卯时生人的命局如何？

六丙日生时辛卯，旺木双妻为人巧；不旺化水死乡中，色欲随身多爱好。
丙辛化水不相当，有助身强大吉昌；四柱若逢冲克破，劳心劳力过时光。
丙日时逢辛卯，贪财坏印难成。财官运步显名声，身弱性情不定。
父母六亲难靠，挺身改祖方成。雁行各自望前程，有破如常之命。

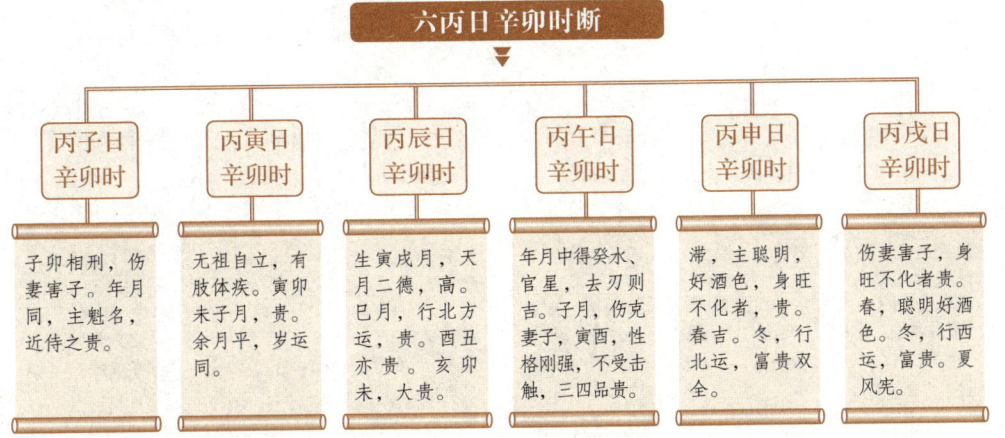

## 257 六丙日壬辰时生人的命局如何？

六丙日生时壬辰，煞星坐库火难亲；身强反主为官贵，如弱定为贫夭人。
丙日壬辰怕见申，再逢阳水定灾屯；柱中若得寅午戌，变凶为吉贵绝伦。
丙日壬辰时墓，身衰耗鬼当途。雁行难倚不相扶，妻子何须缘误。
君子文章福助，常人恩反成疏。运行官禄任谋图，无破不贵即富。

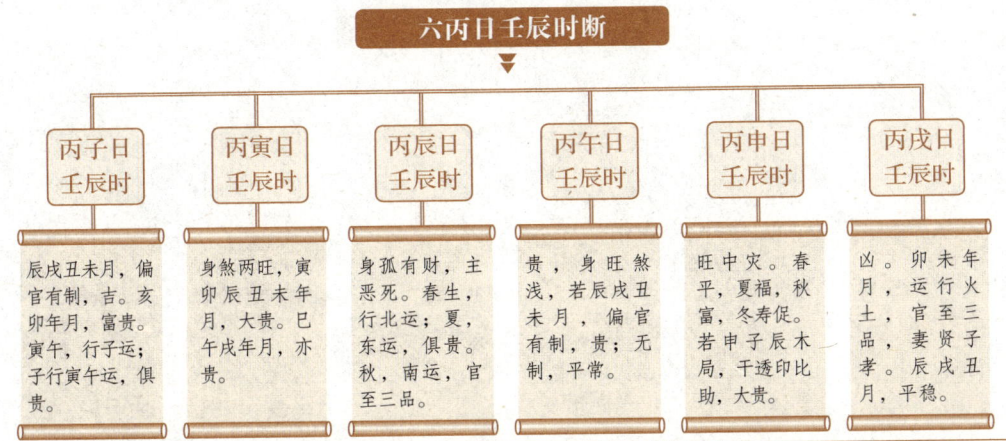

## 258 六丙日癸巳时生人的命局如何？

六丙日生时癸巳，日禄归时又遇官；不见巳寅壬癸月，功名唾手得何难。
丙日时逢癸巳真，号为正贵喜相亲；柱中年月无冲破，必是荣华富贵人。
丙日时逢癸巳，正官禄马稀奇。算来妻子早难为，官禄冲克最忌。
君子文名出众，常人财禄有余。黄金白玉出沉泥，运至时来偏聚。

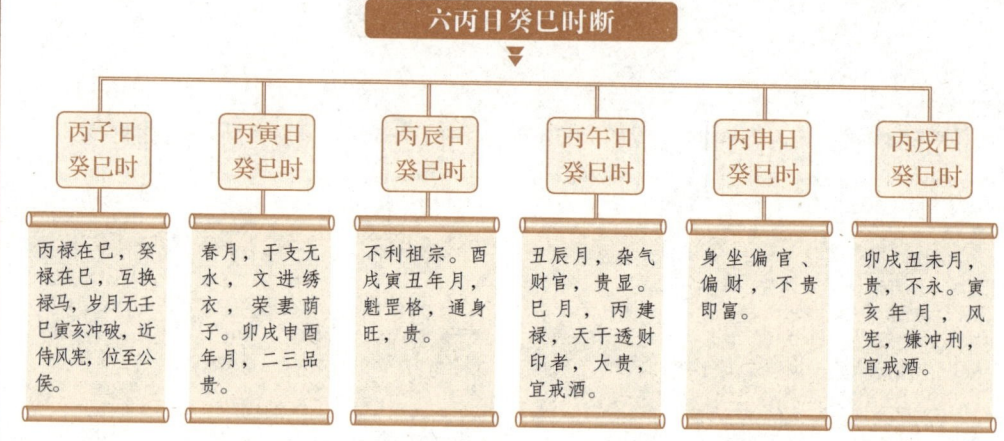

**六丙日癸巳时断**

| 丙子日癸巳时 | 丙寅日癸巳时 | 丙辰日癸巳时 | 丙午日癸巳时 | 丙申日癸巳时 | 丙戌日癸巳时 |
|---|---|---|---|---|---|
| 丙禄在巳，癸禄在巳，互换禄马，岁月无壬巳寅亥冲破，近侍风宪，位至公侯。 | 春月，干支无水，文进绣衣，荣妻荫子。卯戌申酉年月，二三品贵。 | 不利祖宗。酉戌寅丑年月，魁罡格，通身旺，贵。 | 丑辰月，杂气财官，贵显。巳月，丙建禄，天干透财印者，大贵，宜戒酒。 | 身坐偏官、偏财，不贵即富。 | 卯戌丑未月，贵，不永。寅亥年月，风宪，嫌冲刑，宜戒酒。 |

## 259 六丙日甲午时生人的命局如何？

六丙日生时甲午，格入伏晶要见土；乐逢戊巳最为祥，火炎太过多辛苦。
丙日午时少水灾，浑如炎火又添柴；柱中见火刑破，中末荣华不必猜。
丙日时逢甲午，柱中劫刃伤官。木衰火旺化为灰，四季提纲方贵。
君子亨通出入，常人守祖多灾。六亲骨肉少和谐，做事有成有败。

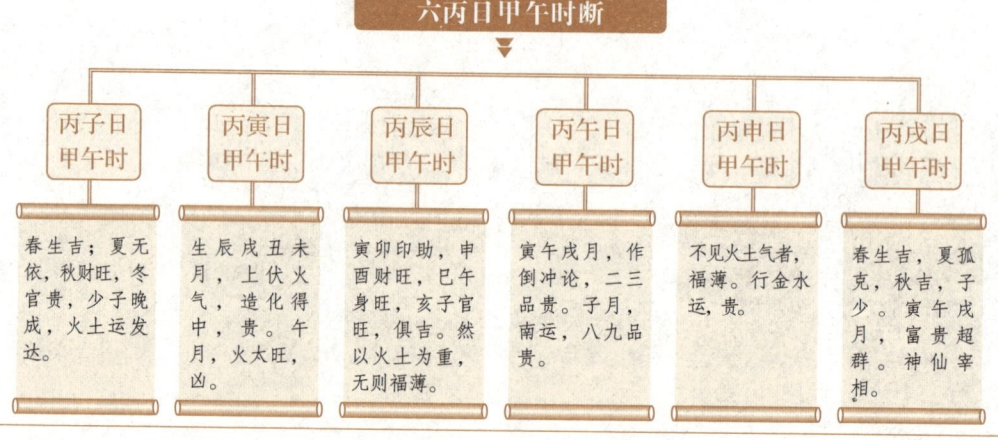

**六丙日甲午时断**

| 丙子日甲午时 | 丙寅日甲午时 | 丙辰日甲午时 | 丙午日甲午时 | 丙申日甲午时 | 丙戌日甲午时 |
|---|---|---|---|---|---|
| 春生吉；夏无依，秋财旺，冬官贵，少子晚成，火土运发达。 | 生辰戌丑未月，上伏火气，造化得中，贵。午月，火太旺，凶。 | 寅卯印助，申酉财旺，巳午身旺，亥子官旺，俱吉。然以火土为重，无则福薄。 | 寅午戌月，作倒冲论，二三品贵。子月，南运，八九品贵。 | 不见火土气者，福薄。行金水运，贵。 | 春生吉，夏孤克，秋吉，子少。寅戌月，富贵超群，神仙宰相。 |

## 260 六丙日乙未时生人的命局如何？

六丙日生时乙未，火月生人多富贵；乙为正印局中逢，不见财星方可慰。
未时丙月生无疑，雁伴随缘各自飞；运气若行东与北，平时衣禄自无亏。
丙日时临乙未，运行东北荣华。身强财旺莫咨嗟，显贵高堂大厦。
君子封妻荫子，常人定好生涯，堆金积玉实堪夸，富贵骑鞍压马。

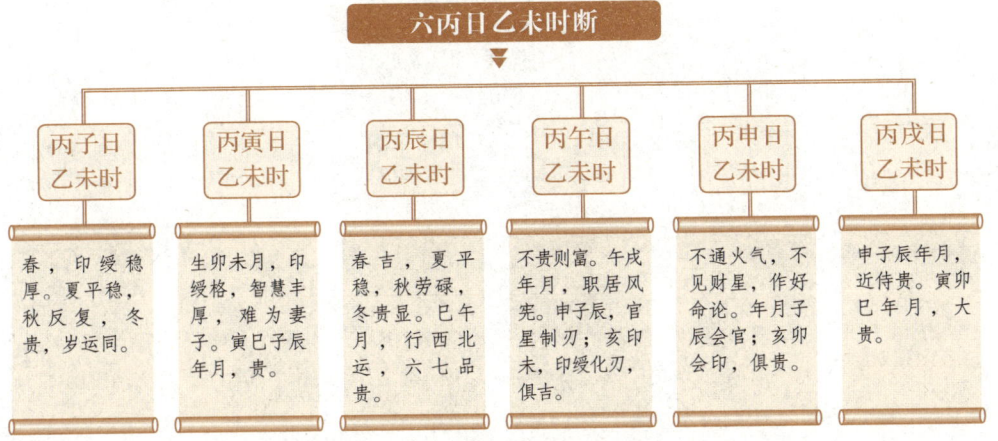

## 261 六丙日丙申时生人的命局如何？

六丙日生时丙申，身衰财破比肩分；暗中鬼旺七煞地，无救何能家道殷。
二丙相逢时遇申，无刑无破改门庭；火金销炼多成败，有印方能脱俗伦。
丙日时逢申位，比肩阳火迟疑。偏官荣旺是和非，就里妻财恁遂。
祖宗盈亏得失，双亲雁侣难依。时来鞍马家道齐，资财虚名薄利。

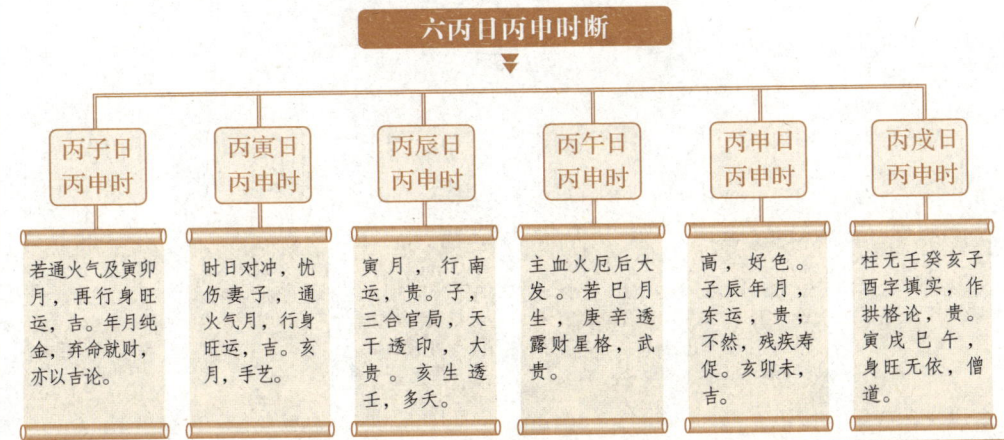

## 262 六丙日丁酉时生人的命局如何?

六丙日生时丁酉,刃生身死为灾咎;柱中无救定然凶,就财弃命难长寿。
丙火遇酉不相当,太阳日没少辉光;四柱若兼冲克破,六亲刑害走彷徨。
丙日时逢丁酉,天元炎火销金。六亲相守不安宁,阻碍前程难进。
日夜思量不足。居官犹自忧贪。若逢巳月改门庭,子午傍人嗔恨。

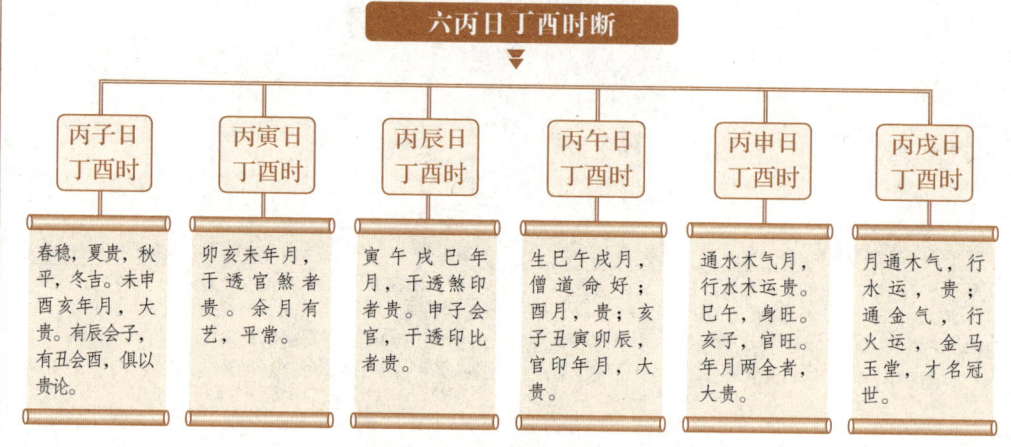

**六丙日丁酉时断**

- **丙子日丁酉时**:春稳,夏贵,秋平,冬吉。未申酉亥年月,大贵。有辰会子,有丑会酉,俱以贵论。
- **丙寅日丁酉时**:卯亥未年月,干透官煞者贵。余月有艺,平常。
- **丙辰日丁酉时**:寅午戌巳年月,干透煞印者贵。申子会官,干透印比者贵。
- **丙午日丁酉时**:生巳午戌月,僧道命好;酉月,贵;亥子丑寅卯辰,官印年月,大贵。
- **丙申日丁酉时**:通水木气月,行水木运贵。巳午,身旺。亥子,官旺。年月两全者,大贵。
- **丙戌日丁酉时**:月通木气,行水运,贵;通金气,行火运,金马玉堂,才名冠世。

## 263 六丙日戊戌时生人的命局如何?

六丙日生时戊戌,火局之中遇食神;月气火通为福寿,不通逢吉亦常人。
丙日戌时财库开,少年未遇且沉埋;运通早晚封官爵,设若无官也发财。
丙日时逢戊戌,就中仓库兼全。重重福禄自天然,富贵妻贤子羡。
君子文章早立,常人财物绵延。天孤父母早淹连,辰戌钥匙开显。

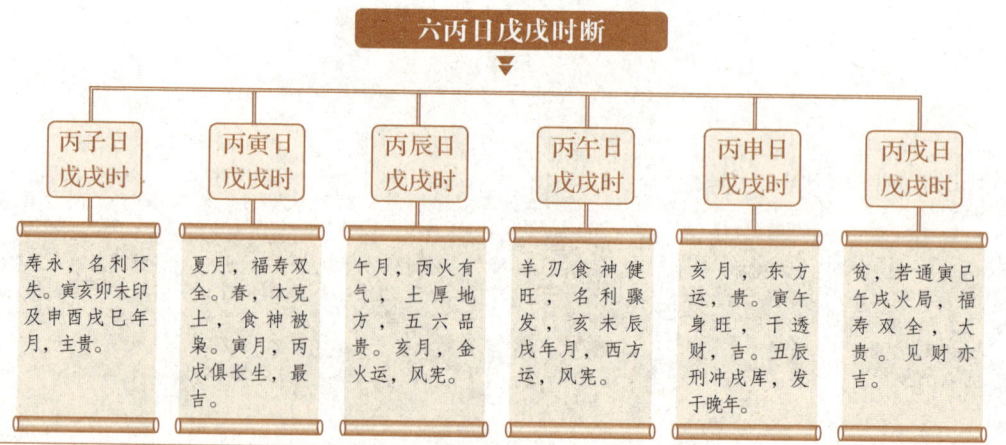

**六丙日戊戌时断**

- **丙子日戊戌时**:寿永,名利不失。寅亥卯未印及申酉戌巳年月,主贵。
- **丙寅日戊戌时**:夏月,福寿双全。春,木克土,食神被枭。寅月,丙戌俱长生,最吉。
- **丙辰日戊戌时**:午月,丙火有气,土厚地方,五六品贵。亥月,金火运,风宪。
- **丙午日戊戌时**:羊刃食神健旺,名利骤发,亥未辰戌年月,西方运,风宪。
- **丙申日戊戌时**:亥月,东方运,贵。寅午身旺,干透财,吉。丑辰刑冲戌库,发于晚年。
- **丙戌日戊戌时**:贫,若通寅巳午戌火局,福寿双全,大贵。见财亦吉。

## 264 六丙日己亥时生人的命局如何？

六丙日生时己亥，亥中壬旺被己伤；若通月气方为贵，寅卯不逢主泛常。
丙日亥时命最高，犹如兰蕙出蓬蒿；四柱若兼冲克破，求名求利却虚劳。
丙日时临己亥，若无壬字稀奇。命中子少两三妻，就里喜逢天乙。
父母雁侣行远，刑空文福难齐。皆因八字有高低，切忌贪财罢职。

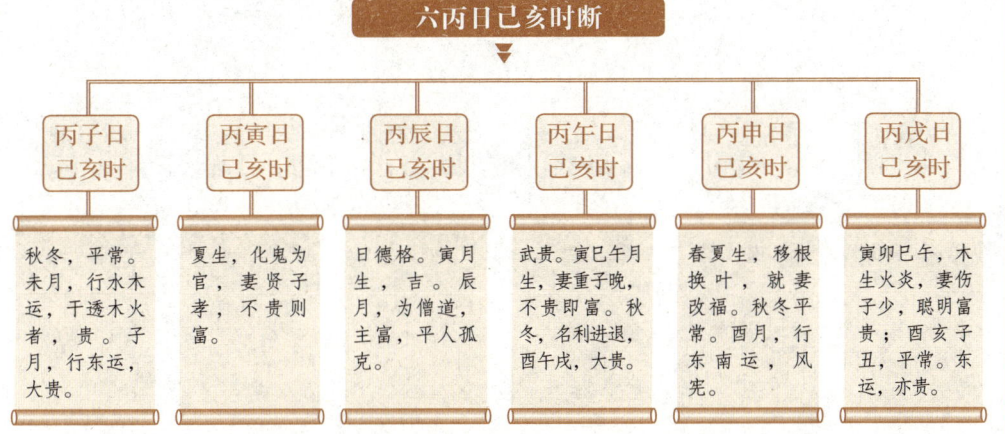

**六丙日己亥时断**

- **丙子日己亥时**：秋冬，平常。未月，行水木运，干透木火者，贵。子月，行东运，大贵。
- **丙寅日己亥时**：夏生，化鬼为官，妻贤子孝，不贵则富。
- **丙辰日己亥时**：日德格。寅月生，吉。辰月，为僧道，主富，平人孤克。
- **丙午日己亥时**：武贵。寅巳午月生，妻重子晚，不贵即富。秋冬，名利进退，酉午戌，大贵。
- **丙申日己亥时**：春夏生，移根换叶，就妻改福。秋冬平常。酉月，行东南运，风宪。
- **丙戌日己亥时**：寅卯巳午，木生火炎，妻伤子少，聪明富贵；酉亥子丑，平常。东运，亦贵。

## 265 六丁日庚子时生人的命局如何？

六丁日生时庚子，身衰鬼旺暗中藏；月无救助多贫夭，得坐身强又吉昌。
庚子时逢日是丁，火落江湖暗复明；四柱若兼冲克破，读书到老只虚名。
丁日时逢庚子，日干丁火光辉。火胎金绝有盈亏，妻妾不能全美。
有克有刑冲破，就中文福难齐。相生相救贵人提，此命先难后易。

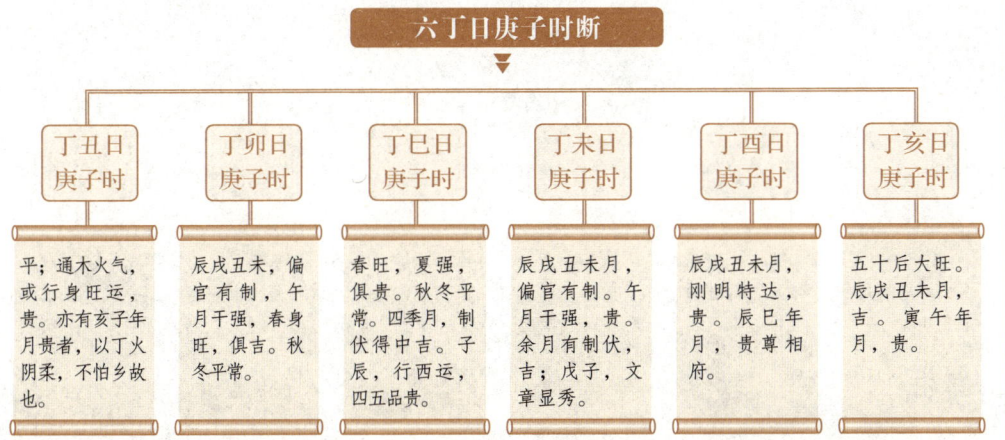

**六丁日庚子时断**

- **丁丑日庚子时**：平；通木火气，或行身旺运，贵。亦有亥子年月贵者，以丁火阴柔，不怕乡故也。
- **丁卯日庚子时**：辰戌丑未，偏官有制，午月干强，春身旺，俱吉。秋冬平常。
- **丁巳日庚子时**：春旺，夏强，俱贵。秋冬平常。四季月，制伏得中吉。子辰，行西运，四五品贵。
- **丁未日庚子时**：辰戌丑未月，偏官有制。午月干强，贵。余月有制伏，吉；戌子，文章显秀。
- **丁酉日庚子时**：辰戌丑未月，刚明特达，贵。辰巳年月，贵尊相府。
- **丁亥日庚子时**：五十后大旺。辰戌丑未月，吉。寅午年月，贵。

## 266 六丁日辛丑时生人的命局如何？

六丁日生时辛丑，库中财谷多陈朽；身无依倚不为凶，有托妻贤而富厚。
辛丑遇丁为宝库，柱无匙钥难言富；刑冲运至遇高人，发迹他乡名誉著。
丁日时逢辛丑，偏财库喜刑冲。若还不显有虚名，妻子宜尔相庆。
父母雁行难睦，家门换改重新。发财发福见中兴，必是荣华之命。

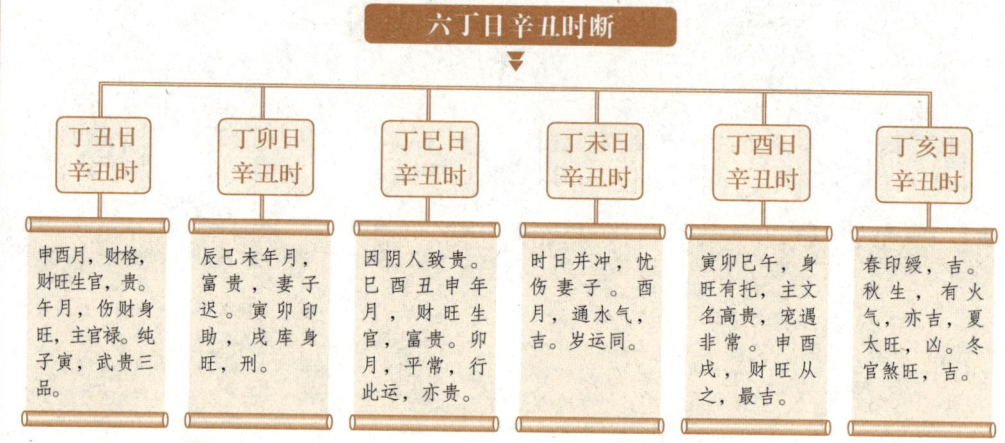

**六丁日辛丑时断**

- **丁丑日辛丑时**：申酉月，财格，财旺生官，贵。午月，伤财身旺，主官禄。纯子寅，武贵三品。
- **丁卯日辛丑时**：辰巳未年月，富贵，妻子迟。寅卯印助，戌库身旺，刑。
- **丁巳日辛丑时**：因阴人致贵。巳酉丑申年月，财旺生官，富贵。卯月，平常，行此运，亦贵。
- **丁未日辛丑时**：时日并冲，忧伤妻子。酉月，通水气，吉。岁运同。
- **丁酉日辛丑时**：寅卯巳午，身旺有托，主文名高贵，宠遇非常。申酉戌，财旺从之，最吉。
- **丁亥日辛丑时**：春印绶，吉。秋生，有火气，亦吉，夏太旺，凶。冬官煞旺，吉。

## 267 六丁日壬寅时生人的命局如何？

六丁日生时壬寅，身去从官化木神；水木月通成局象，尊荣安富贵无伦。
丁壬合化入金乡，狗禄蝇名空自忙；节概衰残无足取，眼前骨肉亦参商。
丁日壬寅时合，化局木旺之乡。月支申酉不相逢，得志高人荐用。
父母雁行少力，外人喜笑春风，运逢水木没金踪，贵显荣达之命。

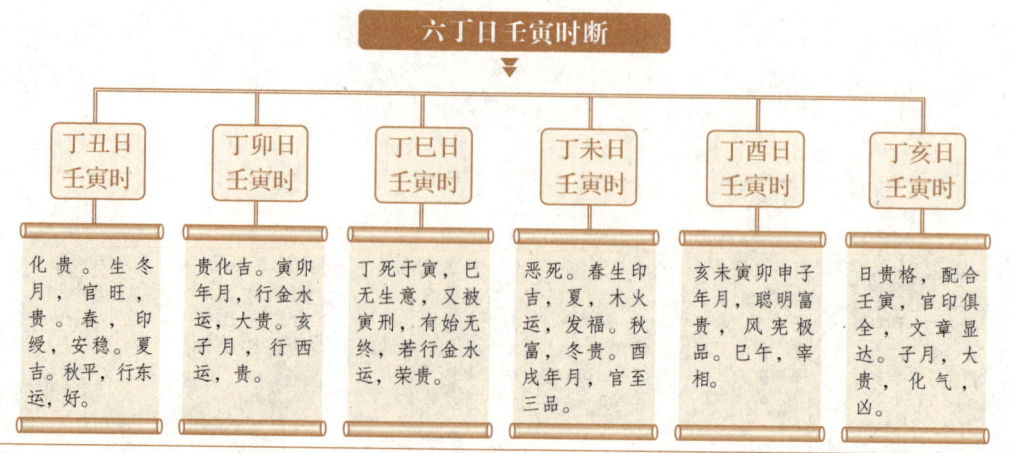

**六丁日壬寅时断**

- **丁丑日壬寅时**：化贵。生冬月，官旺，贵。春，印绶，安稳。夏吉，秋平，行东运，好。
- **丁卯日壬寅时**：贵化吉。寅卯年月，行金水运，大贵。亥子月，行西运，贵。
- **丁巳日壬寅时**：丁死于寅，巳无生意，又被寅刑，有始无终，若行金水运，荣贵。
- **丁未日壬寅时**：恶死。春生印吉，夏，木火运，发福。秋富，冬贵。酉戌年月，官至三品。
- **丁酉日壬寅时**：亥未寅申子年月，聪明富贵，凤宪极品。巳午，宰相。
- **丁亥日壬寅时**：日贵格，配合壬寅，官印俱全，文章显达。子月，大贵，化气，凶。

## 268 六丁日癸卯时生人的命局如何？

六丁日生时癸卯，鬼旺身衰困不禁；倚托月通方论福，不然贫下苦悲心。
丁丑日逢癸卯生，求名求利且中平；身衰弄巧反成拙，得志须通遇贵人。
丁日时临癸卯，身衰无倚平常。门中鬼贼耗财粮，守祖须防破荡。
父母雁行少靠，妻子不免离乡。运中身旺煞方降，堪许利名荣畅。

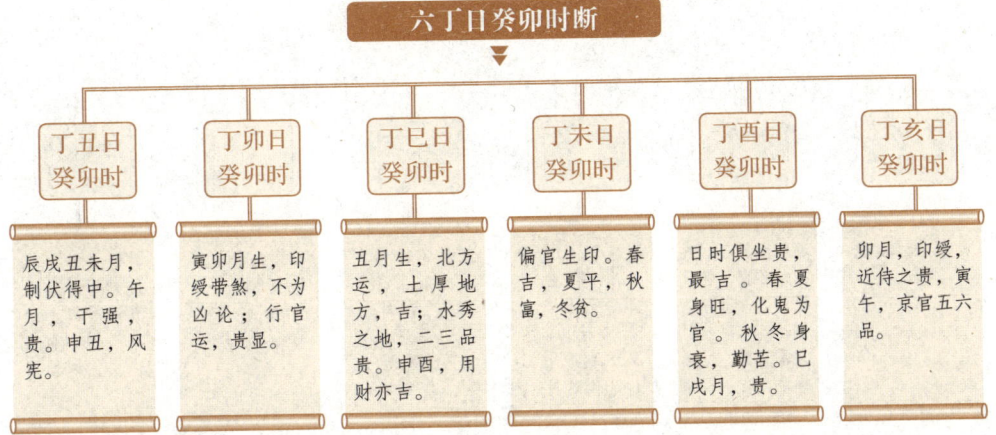

## 269 六丁日甲辰时生人的命局如何？

六丁日生时甲辰，官星得位印生身；不通月气平为福，有倚扶同禄贵人。
丁日时逢官印同，匙开财库见钱龙；支干四柱无刑破，运至方称富贵翁。
丁日辰时库旺，其中印绶相生。匙钥戌开喜壬丁，文秀出群超众。
骨肉六亲刑克，果成花谢重荣。只争运迟见钱龙，先暗后明之命。

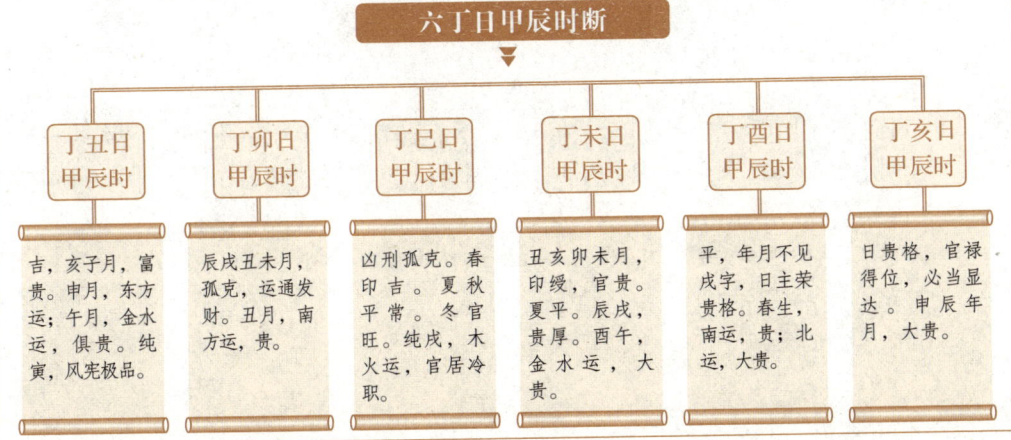

## 270 六丁日乙巳时生人的命局如何？

六丁日生时乙巳，伤官暗里会枭神；东方运地成虚秀，金水之乡禄贵人。
丁日巳时怕虎刑，财官运步始能通；好意人情反恶意，先难后易乐从容。
丁日时临乙巳，破财倒食难通。双亲雁侣且和平，妻子无嗔无闷。
君子文学秀气，常人财艺通明。壬庚辛癸若重逢，中末财名足用。

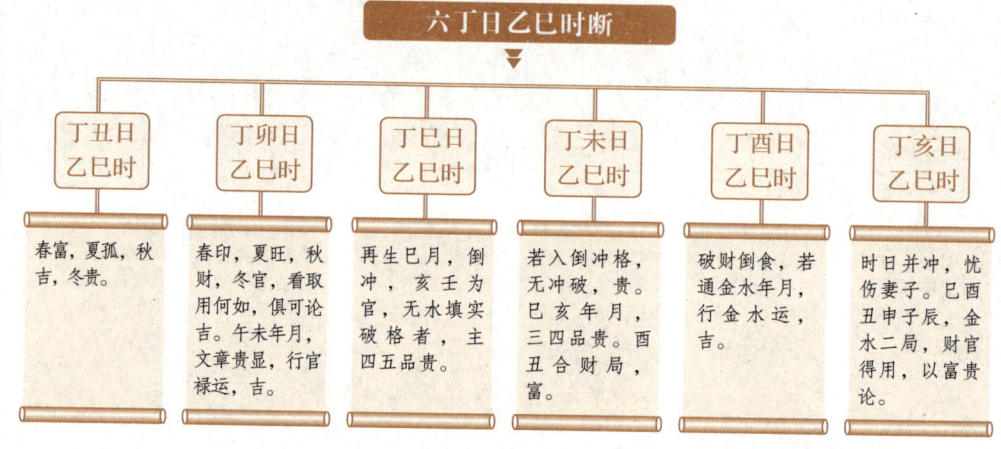

六丁日乙巳时断

| 丁丑日乙巳时 | 丁卯日乙巳时 | 丁巳日乙巳时 | 丁未日乙巳时 | 丁酉日乙巳时 | 丁亥日乙巳时 |
|---|---|---|---|---|---|
| 春富，夏孤，秋吉，冬贵。 | 春印，夏旺，秋财，冬官，看取用何如，俱可论吉。午未年月，文章贵显，行官禄运，吉。 | 再生巳月，倒冲，亥壬为官，无水填实破格者，主四五品贵。 | 若入倒冲格，无冲破，巳亥年月，三四品贵。酉丑合财局，富。 | 破财倒食，若通金水年月，行金水运，吉。 | 时日并冲，忧伤妻子。巳酉丑申子辰，金水二局，财官得用，以富贵论。 |

## 271 六丁日丙午时生人的命局如何？

六丁日生逢丙午，日禄喜居时上遇；柱中鼠兔癸无伤，少年腾达青云路。
午时丁日禄元局，不见官星压众曹；四柱无刑行运吉，青云有路步丹霄。
丁日时逢丙午，互换禄马光辉。功名煊赫世应希，习学文章主贵。
年月无癸子卯，时来文福班齐。布衣换得锦衣归，风送云程万里。

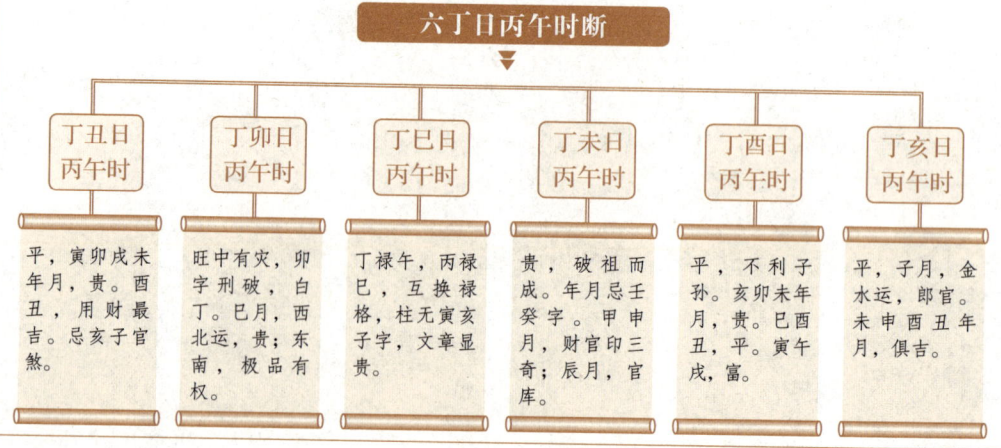

六丁日丙午时断

| 丁丑日丙午时 | 丁卯日丙午时 | 丁巳日丙午时 | 丁未日丙午时 | 丁酉日丙午时 | 丁亥日丙午时 |
|---|---|---|---|---|---|
| 平，寅卯戌未年月，贵。酉丑，用财最吉。忌亥子官煞。 | 旺中有灾，卯字刑破，白丁。巳月，西北运，贵；东南，极品有权。 | 丁禄午，丙禄巳，互换禄格，柱无寅亥字，文章显贵。 | 贵，破祖而成。年月忌壬癸字。甲申月，财官印三奇；辰月，官库。 | 平，不利子孙。亥卯未年月，贵。巳酉丑，平。寅午戌，富。 | 平，子月，金水运，郎官。未申酉丑年月，俱吉。 |

# 272 六丁日丁未时生人的命局如何？

六丁日生时丁未，火托木局生有气；衣禄安稳且如常，运见水兮方得地。
二丁相遇未时排，险路中年发福来；运吉贵人相会合，安闲衣禄不需猜。
丁日时逢丁未，其中仓库沉埋。少年难发等时来，丑未相冲通泰。
不靠双亲雁侣，花开收果妻财。时逢寿足福重来，末遇荣华堪快。

**六丁日丁未时断**

| 丁丑日丁未时 | 丁卯日丁未时 | 丁巳日丁未时 | 丁未日丁未时 | 丁酉日丁未时 | 丁亥日丁未时 |
|---|---|---|---|---|---|
| 丑未刑冲，不得善终。年月辰戌，四库全，贵当极品。申未，三品，法司淡薄清闲。 | 刑中发。寅卯月，印绶，发财敦厚。辰戌申午，俱吉。 | 拱禄格，贵。年有子字，则午为阙门，得拱大贵。忌空亡填实。 | 八专太旺，早克父母妻子，衣禄平常，为僧道，吉。柱通金水木并金水运，衣禄安稳，大贵。 | 日贵格。若亥卯未寅月生，衣禄敦厚，寅月，金水运，金紫风宪。 | 卯月，三合印局，贵而有寿，申，财官旺；亥，官旺，俱吉，夏生，丁火有气。 |

# 273 六丁日戊申时生人的命局如何？

六丁日生时戊申，天元背禄败其身；月无救助财难发，只是平常衣禄人。
丁日戊申时为正，天元气旺显文明；为官虽是甘淡薄，运吉终须家道成。

**六丁日戊申时断**

| 丁丑日戊申时 | 丁卯日戊申时 | 丁巳日戊申时 | 丁未日戊申时 | 丁酉日戊申时 | 丁亥日戊申时 |
|---|---|---|---|---|---|
| 秀贵。未申年月，贵；行东南运，大贵。巳月，西北运，六卿之职。 | 春，伤官用印；秋，伤官用财，俱吉。夏，比肩；冬，伤官见官，平常。 | 不贵即富，未免刑克。夏生，行西北运，贵，秋冬，劳苦。 | 生巳午未戌，身旺贵显。若亥卯会申，子辰会申，俱以贵论。 | 寅午戌丑未月生，伤官伤尽为奇，又日贵格，主登科第，运行金水，腰金衣紫。 | 日时相害，忧伤妻子。通月气身旺者，贵显。年月戊戌、丁巳，火土太重者，目疾。 |

## 274 六丁日己酉时生人的命局如何？

六丁日生时己酉，学堂遇贵格诚稀；妻子有气食神旺，无破无刑方是奇。
丁日酉时终见贵，偏财食遇禄无归；干支生旺凶中吉，冲破财星隐祸机。
丁日时临己酉，食神旺相生财。清闲福禄自然来，一世为人响快。
君子宽宏海量，常人四海情怀。财官双美象中排，一路滔滔无碍。

**六丁日己酉时断**

| 丁丑日己酉时 | 丁卯日己酉时 | 丁巳日己酉时 | 丁未日己酉时 | 丁酉日己酉时 | 丁亥日己酉时 |
|---|---|---|---|---|---|
| 辰巳午未申戌年月，贵。 | 时日并冲，忧伤妻子，通火气吉。忌乙卯字。年月有亥未、巳丑，但一字两合，不以冲论。 | 巳酉丑年月，财旺生官，终身富贵。亥子亦吉。 | 通火气，贵。见卯乙癸字，不贵。 | 刑害孤恶，通木火月，吉。 | 蹇滞。如戊己丙丁年月，居近侍有权。卯甲乙寅，西北运，贵。 |

## 275 六丁日庚戌时生人的命局如何？

六丁日生时庚戌，墓中逢败难成福；若无救助鬼来伤，财帛不聚伤其目。
丁日时逢戌刻真，锁钥无匙库闭门；父母兄弟难依靠，立成家计自殷勤。
丁日时逢庚戌，火金刑害夭孤。丑辰不遇钥匙无，库闭财能收贮。
就合托妻随住，六亲骨肉消疏。晚年发福改门间，此命后甜先苦。

**六丁日庚戌时断**

| 丁丑日庚戌时 | 丁卯日庚戌时 | 丁巳日庚戌时 | 丁未日庚戌时 | 丁酉日庚戌时 | 丁亥日庚戌时 |
|---|---|---|---|---|---|
| 时日相刑，忧伤妻子。若寅亥申酉年月，官至三品。午未子辰，行金木运，亦贵。 | 生亥未年月，三合会印，贵。子月，煞印，吉。年月建禄，僧道，主贵。 | 辰巳月，金水运，风宪。癸子、壬亥，南方运，极品。 | 主刑。亥卯会印，申子辰会官，俱主文贵。午月，建禄，有子冲，凶。 | 日贵格，近贵，晓艺业，有机谋。酉戌六害，骨肉无情，秋月，五六品贵。 | 日贵格。巳酉丑年月，四五品贵。寅卯亥，火金运，位至六卿。 |

## 276 六丁日辛亥时生人的命局如何？

六丁日生时辛亥，财官双美印长生；若通月气极高贵，月不通兮名利轻。
天元丁日亥时亥，平步青云路正长；得志退毛鸡化凤，鹏程万里任翱翔。
丁日时临辛亥，天元禄马同乡。官居进士挂朝裳，必是寒门将相。
定主妻贤子孝，威仪权柄难量。骤升台省与京堂，固是财官生旺。

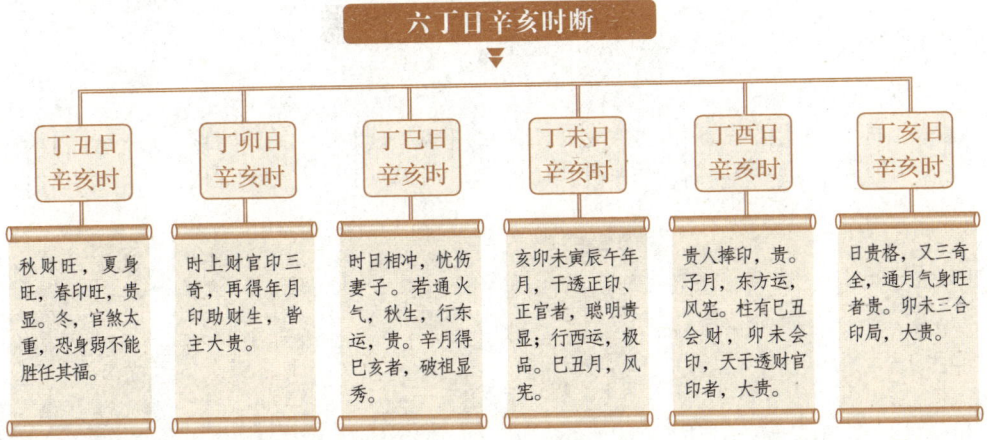

## 277 六戊日壬子时生人的命局如何？

六戊日生时壬子，月通四季墓中财；若交身化为真火，水旺运乡忌目灾。
戊日喜逢壬子时，身强官旺正相宜；运背却休囚地，荣禄奔波任作为。
戊日时逢壬子，此为财旺生官。化为丁丁是漫漫，任子东西走窜。
木旺运中显达，文章秀丽多端。为人博览任追欢，富贵资财万贯。

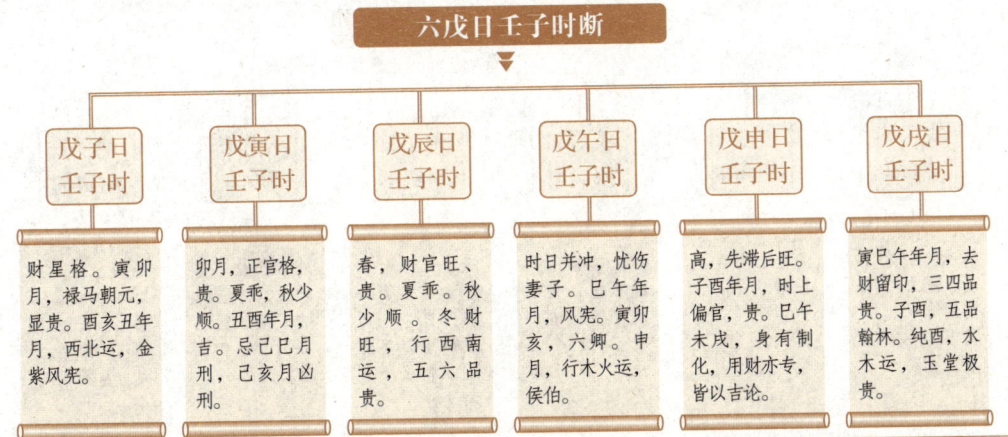

## 278 六戊日癸丑时生人的命局如何？

六戊日时生癸丑，却去从妻成配偶；为人性巧甚聪明，尤好风流嗜花酒。
丑时戊癸化合柜，最喜刑冲忌锁闭；运行忽遇钥匙开，兴旺家门为活计。
戊日时逢癸丑，化为炎火生光。运行地水不相当，运到东南兴旺。
祖业相离不定，从妻置买田庄。不然骨肉有刑伤，晚景荣华旺相。

**六戊日癸丑时断**

| 戊子日癸丑时 | 戊寅日癸丑时 | 戊辰日癸丑时 | 戊午日癸丑时 | 戊申日癸丑时 | 戊戌日癸丑时 |
|---|---|---|---|---|---|
| 戊月生，杂气印绶，天干透丙丁字，不必格局，主富贵。 | 寅巳午未戌月，化火吉。秋冬平常。 | 寅巳午未戌月，化火得地，申子辰财局亦吉。年月干支纯土，得四库全者贵。 | 寅戌未午年月，聪明特达，威权。 | 辰戌丑未年月生，富贵爱酒色。夏、东方运，贵。 | 夏生，东方运，贵。辰戌丑未月，富贵操权，好花酒风流。 |

## 279 六戊日甲寅时生人的命局如何？

六戊日生时甲寅，病中又被鬼伤身；月气若通身旺吉，日干衰弱夭亡人。
寅时戊日自非凡，卓越超群出世间；定显寒门出将相，如逢身弱是艰难。
戊日甲寅时正，身强花木逢春。偏官如遇怕刑冲，假煞反为权印。
煞旺身衰减福，难倚雁侣双亲。如行印运福骈臻，定主才名初顺。

**六戊日甲寅时断**

| 戊子日甲寅时 | 戊寅日甲寅时 | 戊辰日甲寅时 | 戊午日甲寅时 | 戊申日甲寅时 | 戊戌日甲寅时 |
|---|---|---|---|---|---|
| 先破后发，贵。未月生，干有制伏，贵。午月无制，聪明近贵。 | 身旺，骨肉不同居。午月，刃带煞；子月，正财党煞，干透制。 | 时上偏官，印绶带煞，柱有庚辛制伏者，贵。辰戌丑未，身旺亦贵。 | 日羊刃，时偏官，以刃合煞，贵。巳酉丑月，刀笔惊人，制伏不宜太过。 | 申酉，伤官带煞，土厚地方，贵。丑卯年月，去煞留官，大贵。 | 辰戌丑未月，行水木运，三品。丑未年月，行金水运，富贵双全。 |

## 280 六戊日乙卯时生人的命局如何？

六戊日生时乙卯，四柱伤官不见好；辛申弗逢冲害无，管取功名直到老。
时上生官坐禄权，戊日逢之不等闲；身强有托方成贵，制合官星贵亦难。
戊日时逢乙卯，木冲六合开通。金鸡玉兔显光荣，合掌光辉权印。
乙酉辛伤雁侣，重花结子方成。困龙得水喜腾云，运至超群出众。

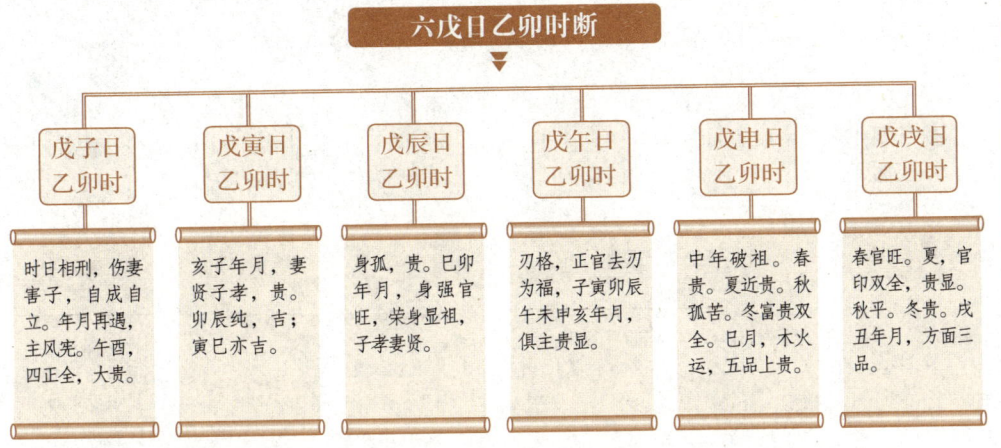

**六戊日乙卯时断**

- **戊子日乙卯时**：时日相刑，伤妻害子，自成自立。年月再遇，主风宪。午酉，四正全，大贵。
- **戊寅日乙卯时**：亥子年月，妻贤子孝，贵。卯辰纯，吉。寅巳亦吉。
- **戊辰日乙卯时**：身孤，贵。巳卯年月，身强官旺，荣母显祖，子孝妻贤。
- **戊午日乙卯时**：刃格，正官去刃为福，子寅卯辰午未申亥年月，俱主贵显。
- **戊申日乙卯时**：中年破祖。春贵。夏近贵。秋孤苦。冬富贵双全。巳月，木火运，五品上贵。
- **戊戌日乙卯时**：春官旺。夏，官印双全，贵显。秋平。冬贵。戌丑年月，方面三品。

## 281 六戊日丙辰时生人的命局如何？

六戊日生时丙辰，宝藏财库利于身；无伤无破何须问，禄马相扶富贵人。
丙辰时逢为倒食，库中财官锁闭门；不遇钥匙难发达，诛求劳碌度晨昏。
戊日丙辰时正，火光坐库无功。财官锁闭主兴隆，专等钥匙收用。
卯戌开放乙癸，富贵名举高崇。运行火土不亨通，做事浑如醉梦。

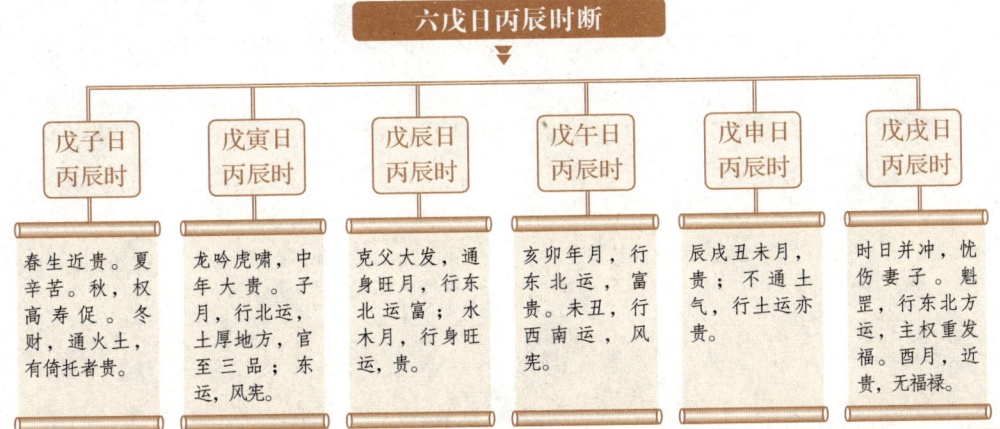

**六戊日丙辰时断**

- **戊子日丙辰时**：春生近贵。夏辛苦。秋，权高寿促。冬财，通火土，有倚托者贵。
- **戊寅日丙辰时**：龙吟虎啸，中年大贵。子月，行北运，土厚地方，官至三品；东运，风宪。
- **戊辰日丙辰时**：克父大发，通身旺巳，行东北运富；水木月，行身旺运，贵。
- **戊午日丙辰时**：亥卯年月，行东北运，富贵。未丑，行西南运，风宪。
- **戊申日丙辰时**：辰戌丑未月，贵；不通土气，行土运亦贵。
- **戊戌日丙辰时**：时日并冲，忧伤妻子。魁罡，行东北方运，主权重发福。酉月，近贵，无福禄。

## 282 六戊日丁巳时生人的命局如何？

六戊日生时丁巳，印生日禄喜归时；财官不见刑冲破，早际风云会遇期。
日干支禄喜归时，不见财官贵可期；无破禹门三级浪，仁看一跃上天池。
戊日时临丁巳，禄元印绶相逢。早夺丹桂步蟾宫，合掌公卿权柄。
食神伤官运吉，财官相遇无功。双亲雁侣不扶同，有破别寻格用。

**六戊日丁巳时断**

| 戊子日丁巳时 | 戊寅日丁巳时 | 戊辰日丁巳时 | 戊午日丁巳时 | 戊申日丁巳时 | 戊戌日丁巳时 |
|---|---|---|---|---|---|
| 贵。子月正财，土厚地方，显达。亥丑年月，官居极品，内臣中，富贵双全。 | 寅巳相刑，忧伤妻子。午月，东北运，风宪。寅午年月，四品。 | 巳酉丑月，性格风流，威权重大。年月支干不见财官，青云得路。 | 柱无甲乙卯寅，日禄归时格，又戊禄居时，丁禄居日，为互换禄，高贵。 | 春夏平，秋成败，冬富贵。行木金运，吉。 | 无冲破，年月不见财官，不行财官运，贵。寅月，作偏官论，行未申运，贵。 |

## 283 六戊日戊午时生人的命局如何？

六戊日生时戊午，为人凶狠性多刚；月中化火居官吉，破害刑冲却是良。
戊逢戊午火离乡，刃旺身强大显扬；运蹇时乖名未就，平常衣禄度时光。
戊日时逢戊午，比肩财禄迟违。妻重子晚任施为，发达运临壬癸。
父母雁行少利，六亲冰炭疏暌。有冲克破始奇特，中末之年主贵。

**六戊日戊午时断**

| 戊子日戊午时 | 戊寅日戊午时 | 戊辰日戊午时 | 戊午日戊午时 | 戊申日戊午时 | 戊戌日戊午时 |
|---|---|---|---|---|---|
| 巳寅戌月，风宪。夏不熔铸，先刑后发，旺处多官。灾破祖。 | 戌月，三合火局，干透癸化，得天时地利者，贵。 | 拱禄格，年月无寅巳甲乙字，贵。卯申，武职。酉丑亥，行南运，贵。 | 先刑后发，多不善终。寅巳午戌年月，印绶，大贵。 | 拱贵格，年月逢寅，行南运，风宪；逢午，贵寿；戌，文贵。 | 大凶。卯午年月，官运，贵显。寅，印绶带煞，变凶为吉。 |

## 284 六戊日己未时生人的命局如何？

六戊日生时己未，羊刃偏官不怕冲；但是为人多性狠，平生衣禄亦无凶。
未中戊己土成堆，刑害冲来事亦谐；先暗后明凶变吉，贵人提携出尘埋。
戊日时临己未，六亲骨肉成疏。喜逢火印暗中扶，甲乙寅卯为主。
重谢花开结果，双亲雁行夭孤。自为自立自图谋，赖有贵人扶助。

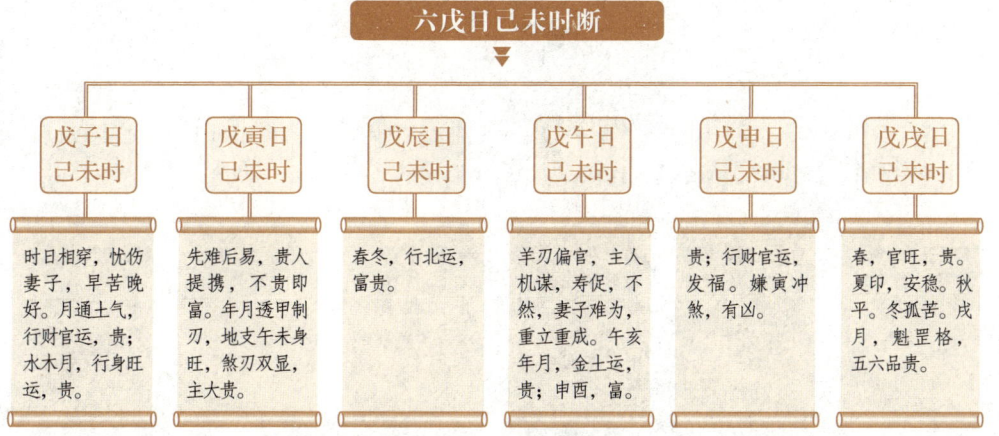

**六戊日己未时断**

| 戊子日己未时 | 戊寅日己未时 | 戊辰日己未时 | 戊午日己未时 | 戊申日己未时 | 戊戌日己未时 |
|---|---|---|---|---|---|
| 时日相穿，忧伤妻子，早苦晚好。月通土气，行财官运，贵；水木月，行身旺运，贵。 | 先难后易，贵人提携，不贵即富。年月透甲制刃，地支午未身旺，煞刃双显，主大贵。 | 春冬，行北运，富贵。 | 羊刃偏官，主人机谋，寿促，不然，妻子难为，重立重成。午亥年月，金土运，贵；申酉，富。 | 贵；行财官运，发福。嫌寅冲煞，有凶。 | 春，官旺，贵。夏印，安稳。秋平。冬孤苦。戌月，魁罡格，五六品贵。 |

## 285 六戊日庚申时生人的命局如何？

六戊日生时庚申，干上食神喜相亲；不见卯寅兼甲丙，何忧玉带不荣身。
戊日时临喜见庚，食神合禄主昌荣；旺中若见刑冲字，活计生涯只许平。
戊日庚申时遇，支上生旺奇希。食神生神显光辉，上下流通旺气。
丙字伤枝损叶，甲寅群雁行亏。若无冲破与刑克，积玉堆金之贵。

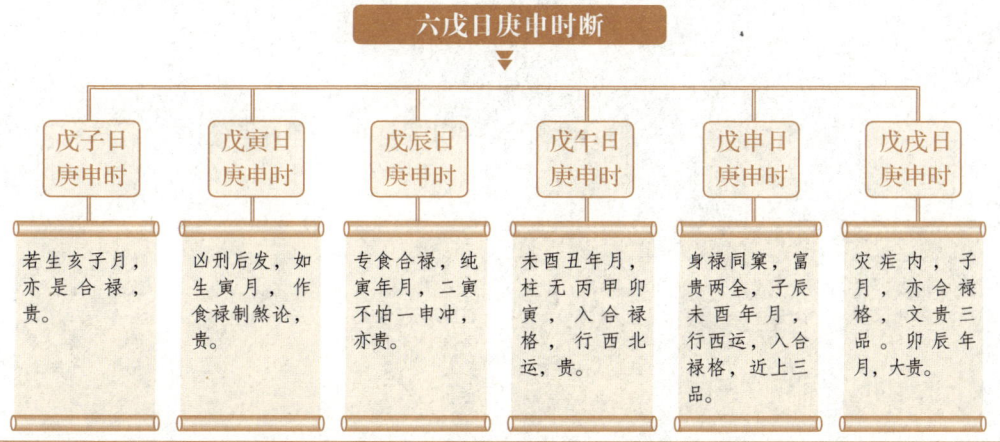

**六戊日庚申时断**

| 戊子日庚申时 | 戊寅日庚申时 | 戊辰日庚申时 | 戊午日庚申时 | 戊申日庚申时 | 戊戌日庚申时 |
|---|---|---|---|---|---|
| 若生亥子月，亦是合禄，贵。 | 凶刑后发，如生寅月，作食禄制煞论，贵。 | 专食合禄，纯寅年月，二寅不怕一申冲，亦贵。 | 未酉丑年月，柱无丙甲卯寅，入合禄格，行西北运，贵。 | 身禄同窠，富贵两全，子辰未酉年月，入合禄格，近上三品。 | 灾疟内，子月，亦合禄格，文贵三品。卯辰年月，大贵。 |

## 286 六戊日辛酉时生人的命局如何？

六戊日生时辛酉，伤官暴败怕时逢；柱中纵有财星助，有子不成命早终。
戊日逢辛号剥官，时上遇之尤堪嫌；官星若遇生奇祸，尤恐带疾子不全。
戊日时临辛酉，伤官不喜官星。财乡运地始亨通，性格心情不定。
无破难招祖业，雁侣各自飞腾。妻重子晚始安宁，先难后易之命。

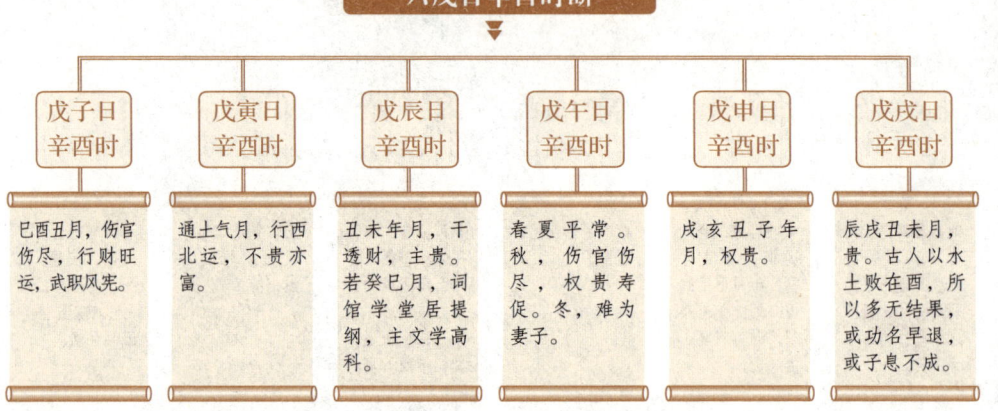

**六戊日辛酉时断**

- **戊子日辛酉时**：巳酉丑月，伤官伤尽，行财旺运，武职风宪。
- **戊寅日辛酉时**：通土气月，行西北运，不贵亦富。
- **戊辰日辛酉时**：丑未年月，干透财，主贵。若癸巳月，词馆学堂居提纲，主文学高科。
- **戊午日辛酉时**：春夏平常。秋，伤官伤尽，权贵寿促。冬，难为妻子。
- **戊申日辛酉时**：戌亥丑子年月，权贵。
- **戊戌日辛酉时**：辰戌丑未月，贵。古人以水土败在酉，所以多无结果，或功名早退，或子息不成。

## 287 六戊日壬戌时生人的命局如何？

六戊日生时壬戌，身居正位见天财；若生秋月通身旺，万贯家资不用猜。
壬戌时财库内埋，要开专等钥匙来；运行财官生旺地，富贵荣华不用猜。
戊时逢壬戌，柱中卯丑为欢。子辰乙贵显财官，出住高人相伴。
开库填房就舍，无冲雁侣难完。先贫后富事团圆，不贵仓箱广满。

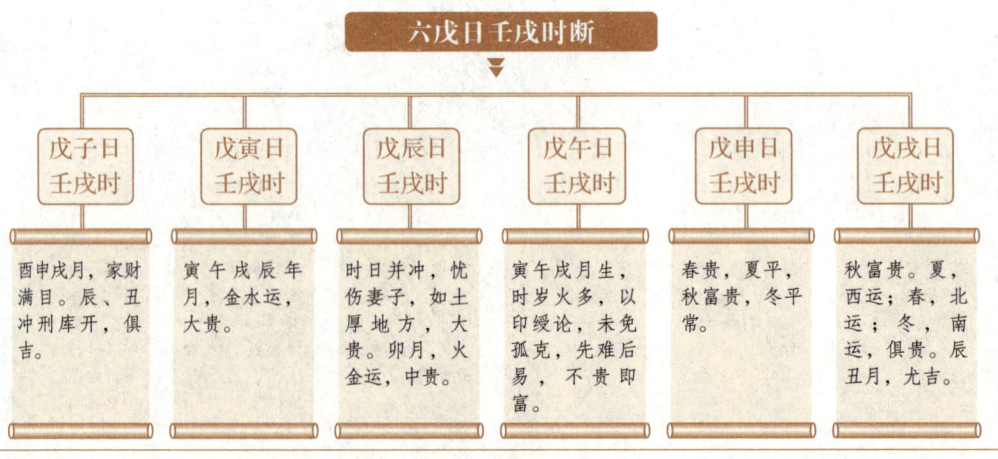

**六戊日壬戌时断**

- **戊子日壬戌时**：酉申寅月，家财满目。辰、丑冲刑库开，俱吉。
- **戊寅日壬戌时**：寅午戌辰年月，金水运，大贵。
- **戊辰日壬戌时**：时日并冲，忧伤妻子，如土厚地方，大贵。卯月，火金运，中贵。
- **戊午日壬戌时**：寅午戌月生，时岁火多，以印绶论，未免孤克，先难后易，不贵即富。
- **戊申日壬戌时**：春贵，夏平，秋富贵，冬平常。
- **戊戌日壬戌时**：秋富贵。夏，西运；春，北运；冬，南运，俱贵。辰丑月，尤吉。

## 288 六戊日癸亥时生人的命局如何？

六戊日生时癸亥，化火无戍战水乡；若见乙庚丁丑无，反为官命不寻常。
戊癸化火亥时生，落照江湖暗复明；卯未月生三合吉，移屋换舍必安宁。
戊日时临癸亥，天干化火为奇。乙庚丁旺喜相宜，定主名声显贵。
四海春风响快，六亲骨肉刑亏。妻贤子孝乐怡怡，无破科名及第。

### 六戊日癸亥时断

| 戊子日癸亥时 | 戊寅日癸亥时 | 戊辰日癸亥时 | 戊午日癸亥时 | 戊申日癸亥时 | 戊戌日癸亥时 |
|---|---|---|---|---|---|
| 年月不见戊字，破格，贵。申子年月，东南运；亥卯，南运，俱贵。巳午未旺，大贵。 | 午未月生，化火会局，高命。春，官煞混杂，温饱衣禄。酉丑年月，三品京堂。 | 秀。亥子月，财官格，不贵则富。 | 贵。寅巳年月，土厚水秀地方，六七品贵。夏生，教职。 | 子未年月，无祖业，因妻致富，不然移根换叶，贫而且贱。 | 寅卯午巳丑戍亥年月，天干透乙庚丁字，清要权贵，宜火土运。 |

## 289 六己日甲子时生人的命局如何？

六己日生时甲子，明见官星暗有财；倚托若通于月气，平生衣禄自天来。
己日喜逢甲子时，财官双美贵稀奇；一朝得遇风云会，独步蟾宫折桂枝。
己日时临甲子，化生土厚滋基。财官既助显光辉，有似青龙戏水。
不遇庚金卯午，为人禄至福齐。常人发福有施为，君子登科及第。

### 六戊日甲子时断

| 戊子日甲子时 | 戊寅日甲子时 | 戊辰日甲子时 | 戊午日甲子时 | 戊申日甲子时 | 戊戌日甲子时 |
|---|---|---|---|---|---|
| 化贵，午寅年月，夭折；通土气月，贵。忌甲寅月，贵中恶死。 | 先破祖后旺，或旺中有伤。辰戍丑未月，贵。午，身旺。 | 辰戍丑未月，风宪三品，要行水木运，西运无成，南运财官无气，虚名薄利。 | 高，身坐官库，辰戍丑未月，吉。寅亥月，官旺。午月，文章振发，贵显易成。 | 寅申午未丑年月，文贵风宪。东北运，极品。忌庚寅年，破败恶死。 | 春夏，财官生旺，吉；秋冬四季背禄逐马，凶。寅月，金火运，郎官。 |

## 290 六己日乙丑时生人的命局如何？

六己日生时乙丑，煞星受制不为伤；柱中身旺多荣贵，无助生人昼夜忙。
时逢乙丑本身衰，库有财星内伏埋；不遇钥匙难显达，方知出外称心怀。
己日时临乙丑，库中耗鬼兴灾。祖宗产业有盈亏，谋望财去财来。
戌未刑冲发福，无匙来往搬移，双亲雁序事难依，有救未中取贵。

**六己日乙丑时断**

| 己丑日乙丑时 | 己卯日乙丑时 | 己巳日乙丑时 | 己未日乙丑时 | 己酉日乙丑时 | 己亥日乙丑时 |
|---|---|---|---|---|---|
| 时上偏官，居武职都阃，还看地方断之。卯月，金水运，六七品贵。 | 子申月，行金土运，侯伯。巳酉丑戌年月，俱吉。 | 寅卯月，偏官格。无酉戌字，文进贵命。 | 时日并冲，妻生财可也。卯午年月，金神入火乡，西南运，贵。 | 卯月，偏官。辰月，财煞，贵。申酉，伤官伤尽。巳午，印绶，俱贵。 | 卯月，大贵。申月，水木运，风宪、方面。 |

## 291 六己日丙寅时生人的命局如何？

六己日生时丙寅，暗官明印旺其身；月通木气无冲破，贵倚三台八位成。
己日丙寅时异常，少年未遇富文章；运行卯地生明月，平步青云到帝乡。
己日丙寅时正，官星印绶长生。学堂三合喜光荣，博览文章聪俊。
年月无冲无破，定应金榜题名。运行官旺主亨通，上等高人之命。

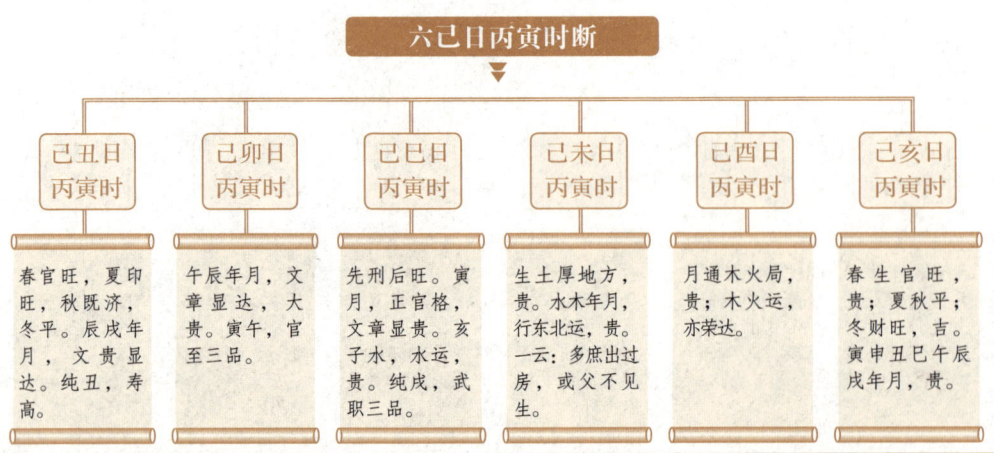

**六己日丙寅时断**

| 己丑日丙寅时 | 己卯日丙寅时 | 己巳日丙寅时 | 己未日丙寅时 | 己酉日丙寅时 | 己亥日丙寅时 |
|---|---|---|---|---|---|
| 春官旺，夏印旺，秋既济，冬平。辰戌年月，文贵显达。纯丑，寿高。 | 午辰年月，文章显达，大贵。寅午，官至三品。 | 先刑后旺。寅月，正官格，文章最贵。亥子水，水运，贵。纯戌，武职三品。 | 生土厚地方，贵。水木年月，行东北运，贵。一云：多庶出过房，或父不见生。 | 月通木火局，贵；木火运，亦荣达。 | 春生官旺，贵；夏秋平；冬财旺，吉。寅申丑巳午辰戌年月，贵。 |

## 292 六己日丁卯时生人的命局如何？

六己日生时丁卯，支干暗鬼枭虚神；柱中有助方为福，无助难为显达人。
己日卯时福自摧，求名求利总不宜；身宫但有刑克字，离乡别井走东西。
己日时逢丁卯，倒食偏官交加，酉庚辛破受波渣，思想不能通达。
父母雁行难望，落花后立根芽。圆亏离祖可成家，发迹山林涧下。

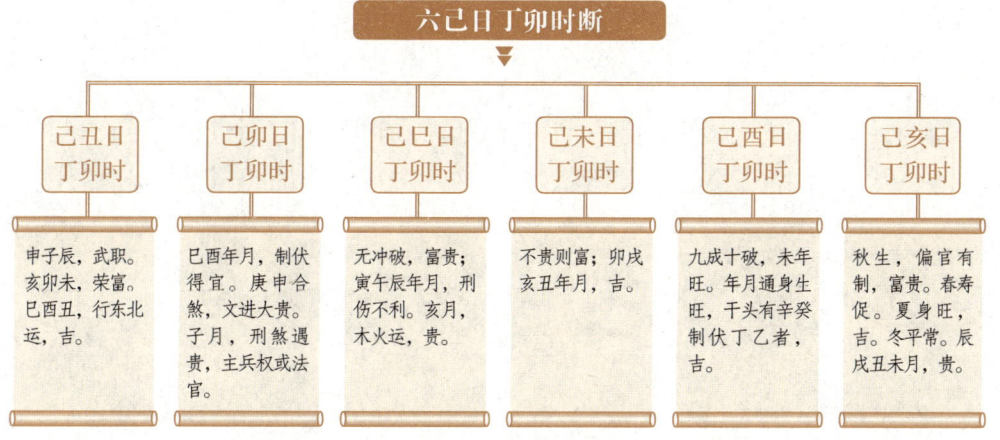

**六己日丁卯时断**

| 己丑日丁卯时 | 己卯日丁卯时 | 己巳日丁卯时 | 己未日丁卯时 | 己酉日丁卯时 | 己亥日丁卯时 |
|---|---|---|---|---|---|
| 申子辰，武职。亥卯未，荣富。巳酉丑，行东北运，吉。 | 巳酉年月，制伏得宜。庚申合煞，文进大贵。子月，刑煞遇贵，主兵权或法官。 | 无冲破，富贵；寅午辰年月，刑伤不利。亥月，木火运，贵。 | 不贵则富；卯戌亥丑年月，吉。 | 九成十破，未年旺。年月通身生旺，干头有辛癸制伏丁乙者，吉。 | 秋生，偏官有制，富贵。春寿促。夏身旺，吉。冬平常。辰戌丑未月，贵。 |

## 293 六己日戊辰时生人的命局如何？

六己日生时戊辰，其身得位遇财神；田园富贵多诚信，甲乙提纲禄贵人。
辰时己日不寻常，内有钱龙镇库藏；比劫不逢行运吉，定教富贵广田庄。
己日戊辰时遇，身逢旺库丰盈。果然花谢再重荣，丑戌刑冲财盛。
壬申财官双美，妻重子晚方成。双亲雁侣事中平，独立自成之命。

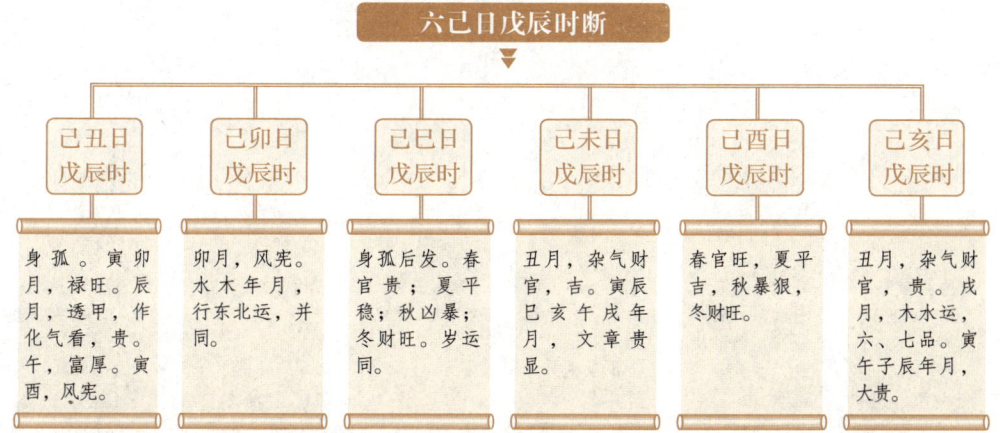

**六己日戊辰时断**

| 己丑日戊辰时 | 己卯日戊辰时 | 己巳日戊辰时 | 己未日戊辰时 | 己酉日戊辰时 | 己亥日戊辰时 |
|---|---|---|---|---|---|
| 身孤。寅卯月，禄旺。辰月，透甲，作化气看，贵。午，富厚。寅酉，风宪。 | 卯月，风宪。水木年月，行东北运，并同。 | 身孤后发。春官贵；夏平稳；秋凶暴；冬财旺。岁运同。 | 丑月，杂气财官，吉。寅辰巳亥午戌年月，文章贵显。 | 春官旺，夏平吉，秋暴狠，冬财旺。 | 丑月，杂气财官，贵。戌月，木水运，六、七品。寅午子辰年月，大贵。 |

## 294 六己日己巳时生人的命局如何？

六己日生时己巳，金神与火两相和；不通月气平常看，月气如通荣甲科。
己日重逢己巳时，金神化旺要相宜。南离运步财官显，寅卯东方遇亦奇。
己日时逢己巳，夏生丙火金神。不遇戌亥与庚申，无破声各回应。
父母一衰一旺，刑空事业逡巡。要知显达改名庭，火旺南方之运。

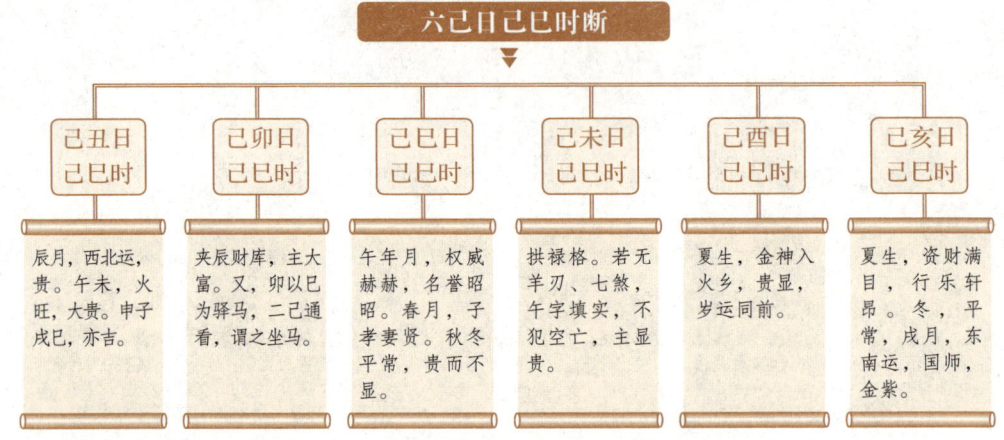

**六己日己巳时断**

| 己丑日己巳时 | 己卯日己巳时 | 己巳日己巳时 | 己未日己巳时 | 己酉日己巳时 | 己亥日己巳时 |
|---|---|---|---|---|---|
| 辰月，西北运，贵。午未，火旺，大贵。申子戌巳，亦吉。 | 夹辰财库，主大富。又，卯以巳为驿马，二己通看，谓之坐马。 | 午年月，权威赫赫，名誉昭昭。春月，子孝妻贤。秋冬平常，贵而不显。 | 拱禄格。若无羊刃、七煞，午字填实，不犯空亡，主显贵。 | 夏生，金神入火乡，贵显，岁运同前。 | 夏生，资财满目，行乐轩昂。冬，平常，戌月，东南运，国师，金紫。 |

## 295 六己日庚午时生人的命局如何？

六己日生时遇午，禄归时地主昌荣；柱中怕有官星见，若是伏晶另一评。
己逢庚午时归禄，无破无冲能发福；柱中丙申若相逢，德润身兮富润屋。
己日时逢庚午，名为背禄伤官。冲刑破害祸多端，骨肉六亲冰炭。
甲丙柱中如遇，伏晶之格清闲。月中丹桂任高攀，富贵不须推算。

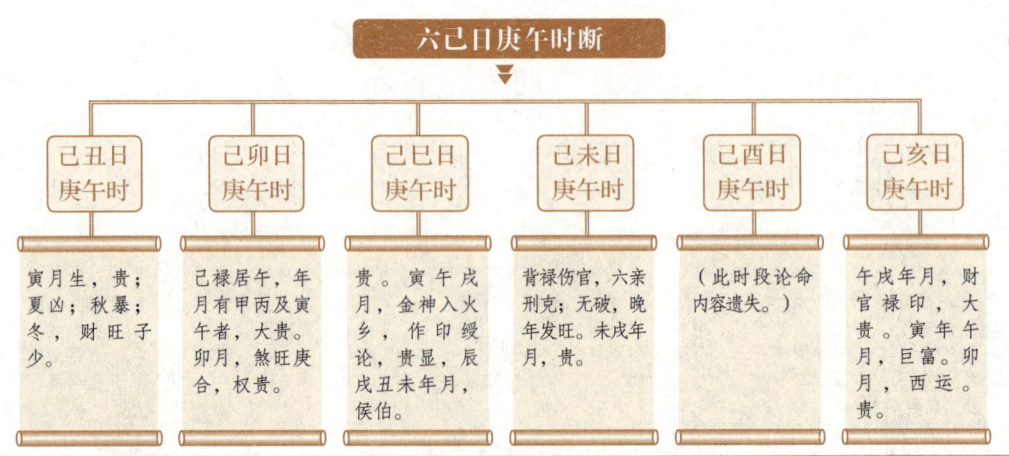

**六己日庚午时断**

| 己丑日庚午时 | 己卯日庚午时 | 己巳日庚午时 | 己未日庚午时 | 己酉日庚午时 | 己亥日庚午时 |
|---|---|---|---|---|---|
| 寅月生，贵；夏凶；秋暴；冬，财旺子少。 | 己禄居午，年月有甲丙及寅午者，大贵。卯月，煞旺庚合，权贵。 | 贵。寅午戌月，金神入火乡，作印绶论，贵显，辰戌丑未年月，侯伯。 | 背禄伤官，六亲刑克；无破，晚年发财。未戌年月，贵。 | （此时段论命内容遗失。） | 午戌年月，财官禄印，大贵。寅午年月，巨富。卯月，西运，贵。 |

## 296 六己日辛未时生人的命局如何？

六己日生时辛未，食神官库喜相亲；木通月气须言贵，月不通兮富命人。
己日相逢辛未时，灯窗寂寞有谁知；运行财旺兼官旺，名利双全莫恨迟。
己日时临辛未，食坐官库要开。丑戌刑冲显官财，镇闭前程阻碍。
君子文章福助，常人商贾奇魁。匙开发福命中该，财去财来常在。

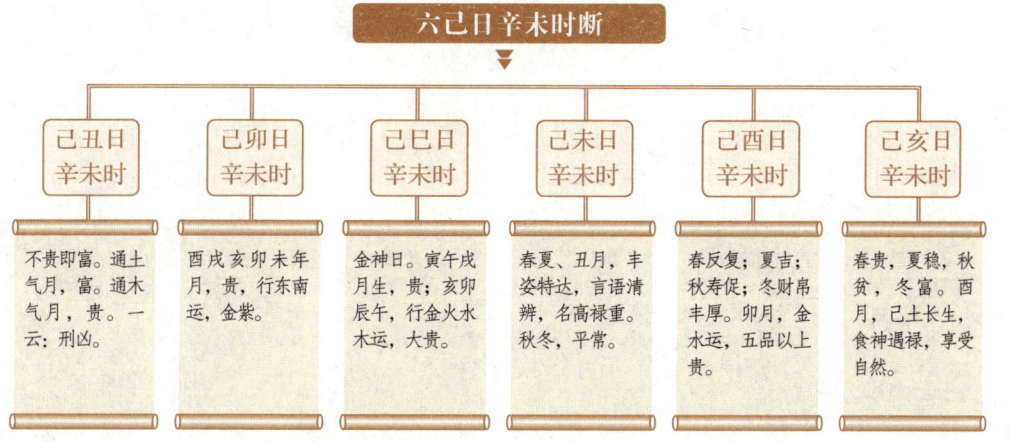

## 297 六己日壬申时生人的命局如何？

六己日生时壬申，损败天元气不全；若失天元无倚托，非穷即夭命难延。
日干是己会申时，无破无冲最合宜；柱中纵然官不现，也交财旺定根基。
壬申时逢己日，就中三合为宜。天乙贵人正入提，宜用财官显贵。
戊己辰戌得位，文章广学须知。妻贤子孝福文齐，刑破中年不利。

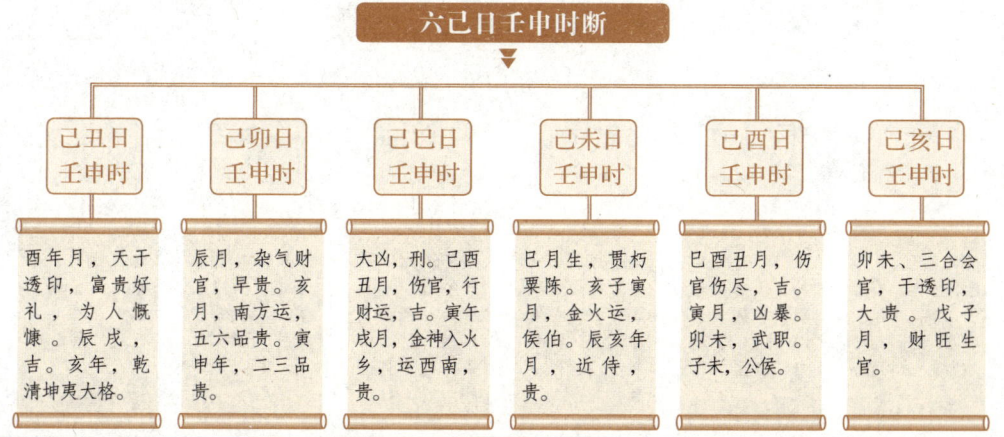

## 298 六己日癸酉时生人的命局如何？

六己日生时癸酉，沐浴之乡水土浑；财食支藏多聚散，身衰失地寿难存。
己逢癸水酉时生，食神生旺自从容；身弱更兼冲克破，此命依算只中平。
己日时逢癸酉，偏财喜遇食神。雁行无倚靠双亲，性格情怀不定。
财来财去聚散，眼前广见难存。花开花谢再重新，此命先逆后顺。

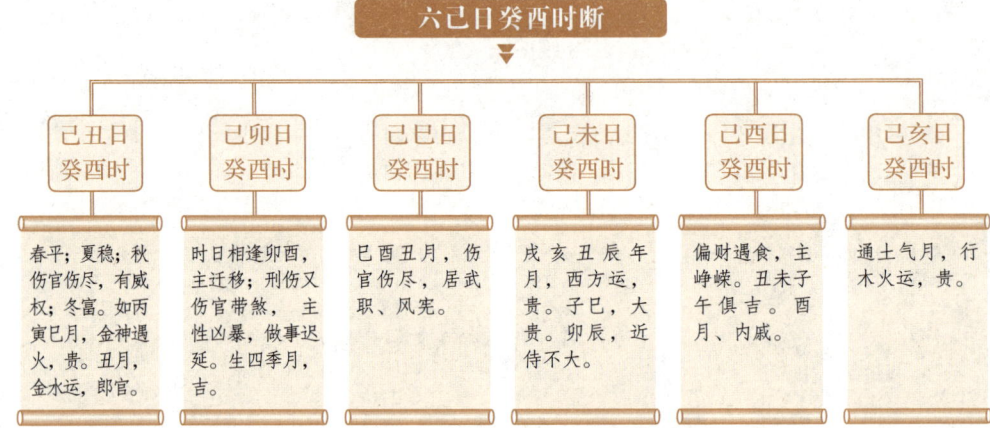

**六己日癸酉时断**

| 己丑日癸酉时 | 己卯日癸酉时 | 己巳日癸酉时 | 己未日癸酉时 | 己酉日癸酉时 | 己亥日癸酉时 |
|---|---|---|---|---|---|
| 春平；夏稳；秋伤官伤尽，有威权；冬富。如丙寅巳月，金神遇火，贵。丑月，金水运，郎官。 | 时日相逢卯酉，主迁移；刑伤又伤官带煞，主性凶暴，做事迟延。生四季月，吉。 | 巳酉丑月，伤官伤尽，居武职、风宪。 | 戌亥丑辰年月，西方运，贵。子巳，大贵。卯辰，近侍不大。 | 偏财遇食，主峥嵘。丑未子午俱吉。酉月、内戚。 | 通土气月，行木火运，贵。 |

## 299 六己日甲戌时生人的命局如何？

六己日生时甲戌，妻从夫化为真土；如通月气禄源深，反此而言平常取。
甲己化土气藏收，如逢匙钥福优游；假若逢财财不聚，浑如木叶值深秋。
己日时逢甲戌，妻从夫化为佳。库财专待钥匙开，壬申丑神通泰。
父母夭孤刑克，雁行花果难谐。若逢时运一时来，家业兴隆亨快。

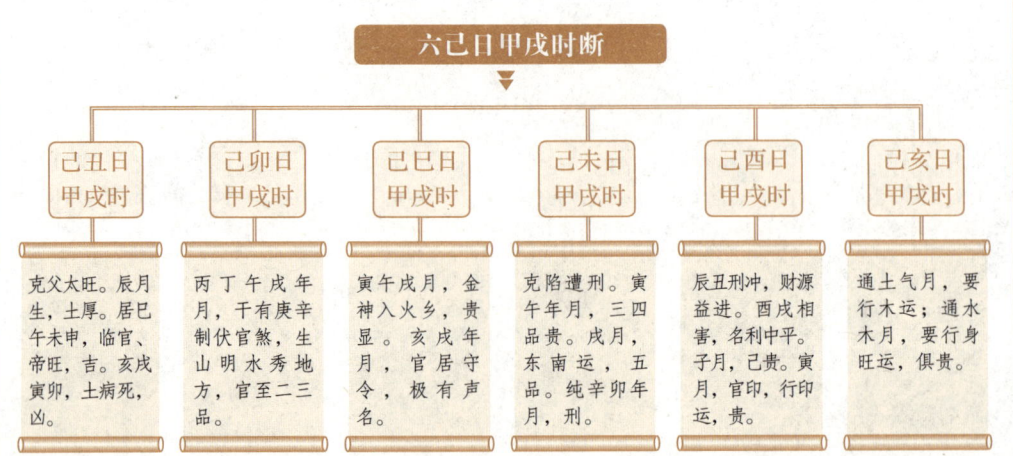

**六己日甲戌时断**

| 己丑日甲戌时 | 己卯日甲戌时 | 己巳日甲戌时 | 己未日甲戌时 | 己酉日甲戌时 | 己亥日甲戌时 |
|---|---|---|---|---|---|
| 克父太旺。辰月生，土厚。居巳午未申，临官、帝旺，吉。亥戌寅卯，土病死，凶。 | 丙丁午戌年月，干有庚辛制伏官煞，生山明水秀地方，官至二三品。 | 寅午戌月，金神入火乡，贵显。亥戌年月，官居守令，极有声名。 | 克陷遭刑。寅午年月，三四品贵。戌月，东南运，五品。纯辛卯年月，刑。 | 辰丑刑冲，财源益进。酉戌相害，名利中平。子月，己贵。寅月，官印，行印运，贵。 | 通土气月，要行木运；通水木月，要行身旺运，俱贵。 |

## 300 六己日乙亥时生人的命局如何？

六己日生时乙亥，官藏煞见未为奇；逢金制煞方为吉，身不旺兮凶可知。
天元乙亥在时间，驿马长生不等闲；身旺煞强骈福禄，功名显达自欢颜。
己日时逢乙亥，偏官喜遇正财。若逢身旺亦为佳，混杂天元减半。
行藏进退无定，六亲雁侣兴衰。运行禄马自然来，富贵清闲自在。

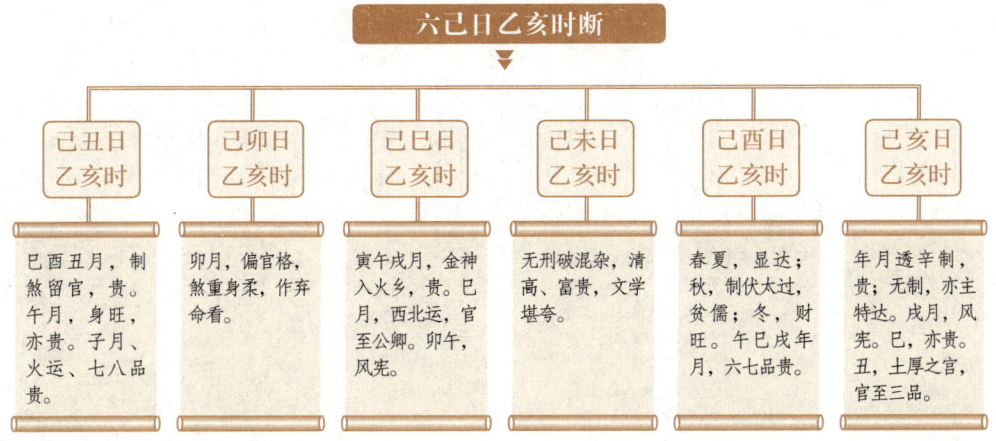

**六己日乙亥时断**

- 己丑日乙亥时：巳酉丑月，制煞留官，贵。午月，身旺，亦贵。子月、火运、七八品贵。
- 己卯日乙亥时：卯月，偏官格，煞重身柔，作弃命看。
- 己巳日乙亥时：寅午戌月，金神入火乡，贵。巳月，西北运，官至公卿。卯午，风宪。
- 己未日乙亥时：无刑破混杂，清高、富贵，文学堪夸。
- 己酉日乙亥时：春夏，显达；秋，制伏太过，贫儒；冬，财旺。午巳戌年月，六七品贵。
- 己亥日乙亥时：年月透辛制，贵；无制，亦主特达。戌月，风宪。巳，亦贵。丑，土厚之官，官至三品。

## 301 六庚日丙子时生人的命局如何？

六庚日生时丙子，身鬼俱衰退神强；有托荣华无托贱，鬼逢生旺寿难长。
庚日相逢丙子时，伤官合局不为奇；双亲祖业难成就，燕寝鸾栖别立基。
庚日时逢丙子，刑官背禄安身。双亲克陷早难辛，雁侣不能和顺。
废学经商发福，田庄后懒先勤。家居财帛晚才成，先暗后明之命。

**六庚日丙子时断**

- 庚子日丙子时：贵。年月再子，并冲，午中丁为官，己为印，人飞天禄马格，柱无财官填实，主贵。
- 庚寅日丙子时：春生，带财带煞，行金水运，金紫大贵。夏，煞旺，大贵。
- 庚辰日丙子时：月通木火气，行西运，妙。乙巳月，破败，刑。丁酉月，旺中刑凶。己丑月，破败，凶。
- 庚午日丙子时：贵。时日相冲，忧伤妻子，运喜西南，通火木月气，风宪三四品。
- 庚申日丙子时：申月，生土厚地方，贵。辰未年月，行西运，公侯。忌辛巳月，凶刑。
- 庚戌日丙子时：春夏生，西南运；秋月，木火运，俱贵。忌乙巳月，凶破。乙亥月，官灾多，凶刑。

## 302 六庚日丁丑时生人的命局如何？

六庚日生时丁丑，贵地逢官火太轻；木火运通轩冕客，不通独立只虚名。
庚丁相合丑时全，好像明蟾耀碧天；不遇刑克真稀奇，财官兴旺更长年。
庚日时逢丁丑，正官财库相随。午未戌月福优余，庚取时逢金柜。
金逢火而成器，必然荫子封妻。从来歌酒不相离，定主清闲乐意。

**六庚日丁丑时断**

| 庚子日丁丑时 | 庚寅日丁丑时 | 庚辰日丁丑时 | 庚午日丁丑时 | 庚申日丁丑时 | 庚戌日丁丑时 |
|---|---|---|---|---|---|
| 春夏贵；秋平常；冬孤克。 | 魁元。寅卯午未亥月，清秀高命。行午、未运，贵显。通火土年月，贵。 | 丑月，富而寿促。巳，近侍，大贵。通火旺土生月，贵。 | 通土月气，贵；不，亦富，有名声。 | 丑月，金火运，极品。辰巳午未戌月，官印两旺，贵。 | 春财旺；夏官旺；秋平淡；冬无力。 |

## 303 六庚日戊寅时生人的命局如何？

六庚日生时戊寅，火生金绝福高人；月通从革或秋降，却做皇家柱石臣。
庚日寅时甚可夸，无刑克破显荣华；运来自有高人助，时至如添锦上华。
庚日戊寅时秀，编印倒食难收。少年未遇莫心忧，此命或贫或富。
时至发财发福，运来顺水行舟。月中金水更相投，无破功名成就。

**六庚日戊寅时断**

| 庚子日戊寅时 | 庚寅日戊寅时 | 庚辰日戊寅时 | 庚午日戊寅时 | 庚申日戊寅时 | 庚戌日戊寅时 |
|---|---|---|---|---|---|
| 寅午年月，登科显达。纯申，三四品贵。丑月、金火运，公卿。 | 月通火局或秋生，行身旺运，贵。庚子月，自死。年见辛酉，贫夭残疾。 | 春夏生，干透丙丁，运行身旺，贵。 | 寅午戌月，金衰火旺，当带残疾。纯寅，反主极贵。 | 时日并冲，忧伤妻子。寅卯辰月、火金运。侯伯。春月、西南运，大贵。 | 贵。戌月，杂气，财官印绶，贵。庚辰年、己卯月者，侯伯。 |

## 304 六庚日己卯时生人的命局如何？

六庚日生时己卯，胎生元命发因妻；柱中有托逢庚旺，财禄丰盈福寿齐。
天元庚己卯时连，禄见文书富贵全；四柱无刑冲克破，贵人接引上青天。
庚日时逢己卯，财官运气亨通。若无刑冲定褒封，有破中年不顺。
雁行六亲难靠，自成家计无穷。时来发达显功名，自有高人引用。

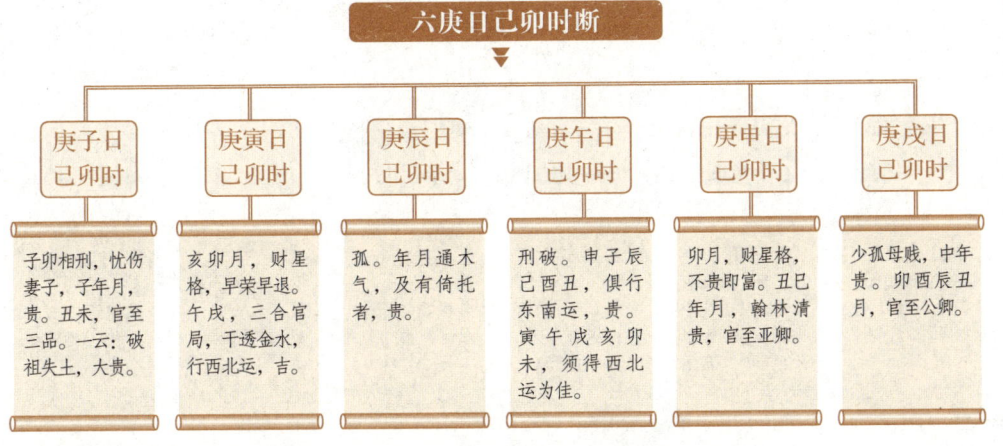

## 305 六庚日庚辰时生人的命局如何？

六庚日生时庚辰，金火秋生气象纯；若有魁罡包贵贱，财官喜忌六官分。
六庚时辰仔细推，辰中印库钥匙开；四柱若有冲刑字，安然福禄自天来。
庚日庚辰时正，地支三合为魁。就中卯戌库门开，无破紫袍金带。
巳午丙丁减副，谋为财去财来。妻重子晚命中该，富贵清闲自在。

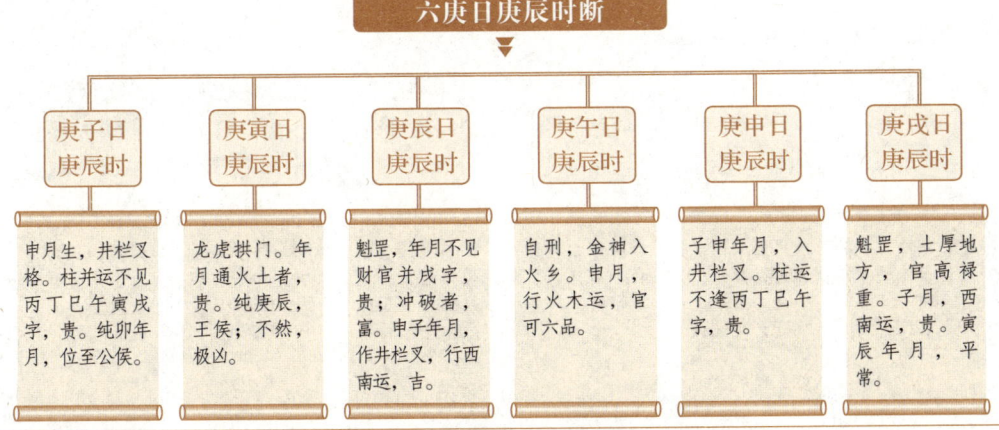

## 306 六庚日辛巳时生人的命局如何？

六庚日生时辛巳，偏官合刃自身生；为人刚毅妻财损，运到金乡贵禄享。
庚日相逢时巳生，为人福禄依稀平；刑冲破害柱如有，自立自成免祸惊。
庚日时临辛巳，败财暗鬼偷寻。财去财来小人侵，祖父家基难荫。
外合重行发福，兄弟雁行无音。妻迟子晚喜开心，先苦后荣之命。

**六庚日 辛巳时断**

| 庚子日辛巳时 | 庚寅日辛巳时 | 庚辰日辛巳时 | 庚午日辛巳时 | 庚申日辛巳时 | 庚戌日辛巳时 |
|---|---|---|---|---|---|
| 春富；夏秋贵；冬贫。辰戌丑未年月，印绶，行西南运，贵。 | 巳酉丑月，身旺，贵。煞旺身弱月，贫。纯申年月，大贵悠久。亥月，东南运、主有权贵。 | 终塞。年月不见财，高。通木气，行西南运；未申，东北运，俱贵。 | 巳午卯年月，进士风宪。巳申酉戌，行土木运，侯伯。 | 刑。巳酉丑月，特达。春夏，木火旺，财官得地，吉。 | 年月遇财，吉。午未，行东南运，文职操权，恐无好终。 |

## 307 六庚日壬午时生人的命局如何？

六庚日生时壬午，官印福宫聚食神；金土助身须显贵，日逢火旺命难通。
壬庚会合临午，无破无冲福自来；从此名利皆有望，贵人举荐上天阶。
庚日时临壬午，支中官印俱藏。贵人禄马更同乡，祸患潜消福长。
克破刑冲不吉，柱中更忌空亡。将星天乙主荣昌，中暮家业兴旺。

**六庚日 壬午时断**

| 庚子日壬午时 | 庚寅日壬午时 | 庚辰日壬午时 | 庚午日壬午时 | 庚申日壬午时 | 庚戌日壬午时 |
|---|---|---|---|---|---|
| 时日并冲，忧伤妻子。通金气，贵。火气，大贵，但多忧劳禄。 | 辰戌丑未巳申酉月，身旺，俱贵。寅午，火旺，运气再遇，寿促；不然，残疾。 | 食神旺，善饮食，有操持，发即死。 | 寅午戌月、金柔火旺，畏缩残疾。亥子午月，行木火运，贵。 | 禄马同乡，最吉。如午未年月，位至台阁。卯辰巳，贵。 | 卯月，正财，吉。未月，杂气财官，贵。辰丑月同。 |

## 308 六庚日癸未时生人的命局如何？

六庚日生时癸未，官星魁制权星退；柱中见己不透丁，却能显达得官位。
庚日未时库有财，钥匙开处独为魁；运至财旺生官地，富贵荣华不用猜。
庚日时逢癸未，喜逢丑戌荣财。伤官背禄库难开，祖业盈全有碍。
父母夭孤空克，妻迟子晚和谐。运行吉地免生灾，官旺财乡通泰。

## 309 六庚日甲申时生人的命局如何？

六庚日生时甲申，归禄带财格最纯；巳丙与寅柱不见，功名富贵自然臻。
日禄居时喜遇申，柱中嫌巳丙和寅；时来若遇高人荐，柳红桃红万里春。
庚日申时为主，是名财禄相扶。生长清闲好诗书，禀性无嗔无怒。
运拙农商工贾，时来职位迁除。高人见喜小人扶，无破青云有路。

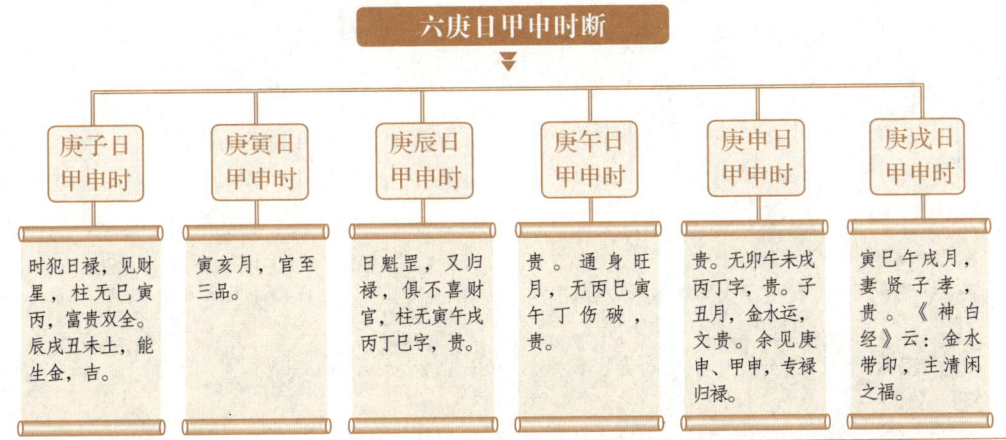

## 310 六庚日乙酉时生人的命局如何？

六庚日生时乙酉，金中相会化真金；柱中无火多刚缺，有火相成贵气荣。
天元化合酉时生，生月之中见土亨；荣遇财官皆显达，功名利禄沐恩荣。
庚日时逢乙酉，就中合化真金。财官运步福源生，文秀聪明为甚。
不遇亥子克妻；贵贱举失胸襟。凡事后吉先多凶，人品显达之命。

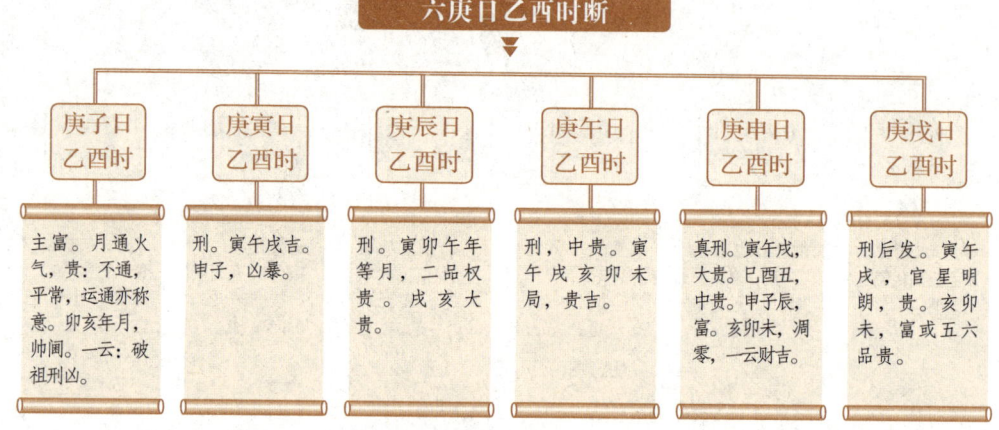

**六庚日乙酉时断**

| 庚子日乙酉时 | 庚寅日乙酉时 | 庚辰日乙酉时 | 庚午日乙酉时 | 庚申日乙酉时 | 庚戌日乙酉时 |
|---|---|---|---|---|---|
| 主富。月通火气，贵；不通，平常，运通亦称意。卯亥年月，帅闱。一云：破祖刑凶。 | 刑。寅午戌吉。申子，凶暴。 | 刑。寅卯午年等月，二品权贵。戌亥大贵。 | 刑，中贵。寅午戌亥卯未局，贵吉。 | 真刑。寅午戌，大贵。巳酉丑，中贵。申子辰，富。亥卯未，凋零，一云财吉。 | 刑后发。寅午戌，官星明朗，贵。亥卯未，富或五六品贵。 |

## 311 六庚日丙戌时生人的命局如何？

六庚日生时丙戌，金火持争事不详；身旺月通印绶吉，不通无救祸难当。
戌时官库最为魁，丑戌相刑库自开；初主中年无显达，没年晚景称心怀。
庚日时逢丙戌，偏官仓库埋藏。就中鬼贼不相当，身弱钱财虚荡。
运旺身强发福，雁行骨肉参商。妻重子晚免刑伤，老景封侯拜相。

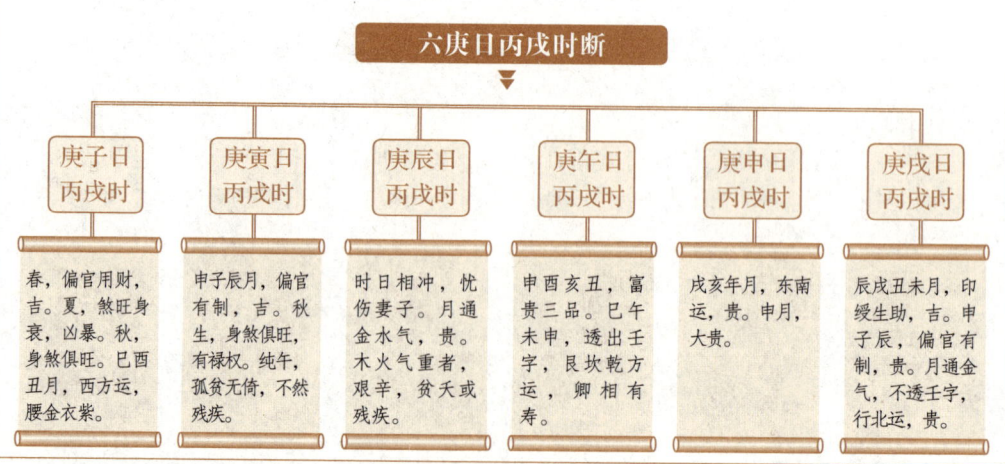

**六庚日丙戌时断**

| 庚子日丙戌时 | 庚寅日丙戌时 | 庚辰日丙戌时 | 庚午日丙戌时 | 庚申日丙戌时 | 庚戌日丙戌时 |
|---|---|---|---|---|---|
| 春，偏官用财，吉。夏，煞旺身衰，凶暴。秋，身煞俱旺。巳酉丑月，西方运，腰金衣紫。 | 申子辰月，偏官有制，吉。秋生，身煞俱旺，有禄权。纯午，孤贫无倚，不然残疾。 | 时日相冲，忧伤妻子。月通金水气，贵。木火气重者，艰辛，贫夭或残疾。 | 申酉亥丑，富贵三品。巳午未申，透出壬字，艮坎乾方运，卿相有寿。 | 戌亥年月，东南运，贵。申月，大贵。 | 辰戌丑未月，印绶生助，吉。申子辰，偏官有制，贵。月通金气，不透壬字，行北运，贵。 |

## 312 六庚日丁亥时生人的命局如何？

六庚日生时丁亥，官星失地自身衰；不通月气难成福，若见魁罡却妙哉。
丁亥时逢庚日排，重重喜色照朱扉；桃红烂漫日时绽，一阵春风自显威。
庚日时逢丁亥，柱中暗合三奇。要知子旺并三妻，父母雁行可美。
癸已戊辛不遇，文章博览多知。无冲无破贵人提，终末亨通吉利。

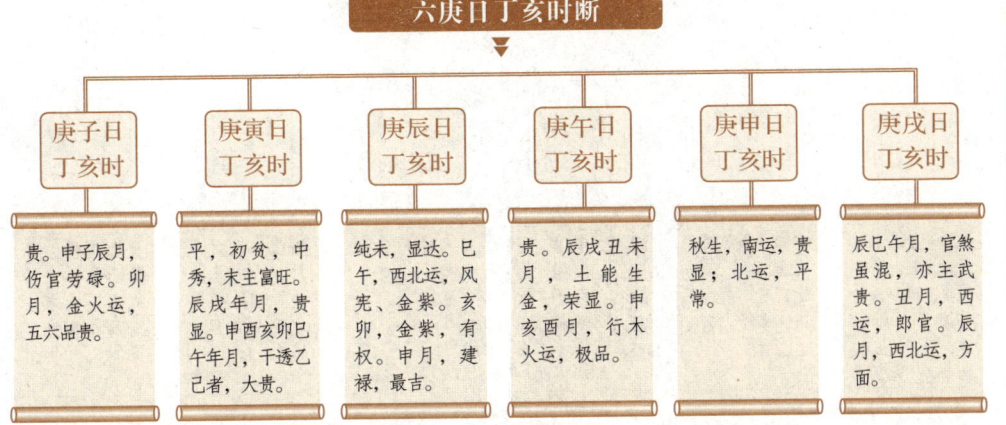

## 313 六辛日戊子时生人的命局如何？

六辛日生时戊子，印绶学堂坐食神；不见丙丁同午破，必是荣华贵显人。
天元六辛子时生，春天花开灿烂明。丙巳午丁如破坏，功名难望晚方成。
辛日时逢戊子，六阴会合朝阳。金神印绶显威光，相助一身荣旺。
巳午逢之减福，丙离雁侣尊堂。妻子勤助旺家庄，无破寒门将相。

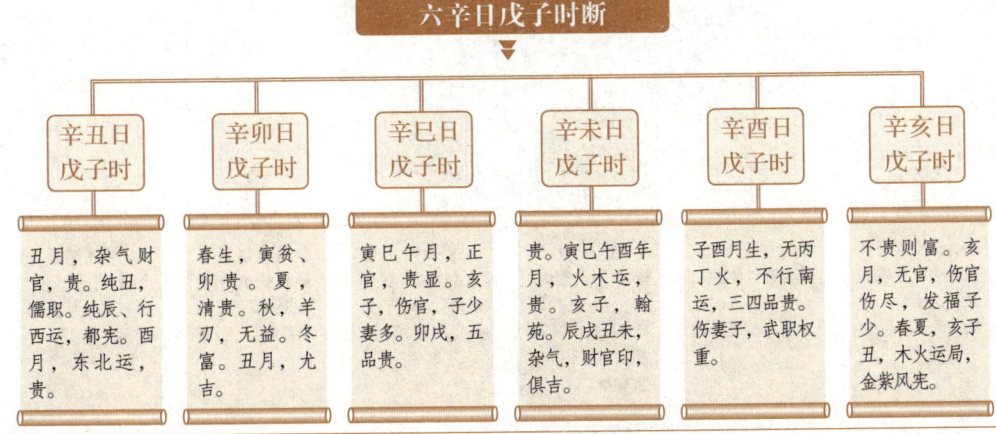

## 314 六辛日己丑时生人的命局如何？

六辛日生时己丑，金土持争势不安；年月财官相救助，免交贫困受饥寒。
己丑时逢辛日险，财官埋没未为奇；六亲骨肉多刑害，年月冲开富贵推。
辛日时临己丑，总由倒食淹留。就中金柜紧监收，午未戌开成就。
甲丙卯寅发福，癸壬亥子漂流。少年谋望事难周，中末前程自有。

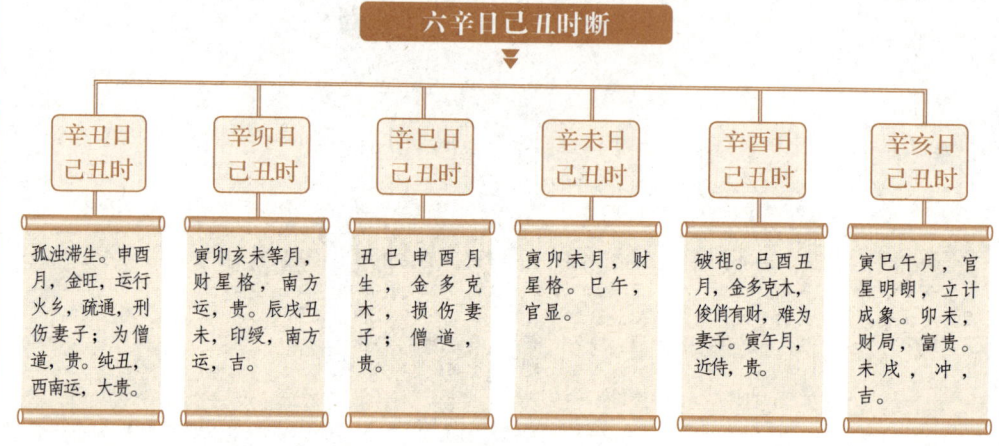

**六辛日己丑时断**

| 辛丑日己丑时 | 辛卯日己丑时 | 辛巳日己丑时 | 辛未日己丑时 | 辛酉日己丑时 | 辛亥日己丑时 |
|---|---|---|---|---|---|
| 孤浊滞生。申酉月，金旺，运行火乡，疏通，刑伤妻子；为僧道，贵。纯丑，西南运，大贵。 | 寅卯亥未等月，财星格，南方运，贵。辰戌丑未，印绶，南方运，吉。 | 丑巳申酉月生，金多克木，损伤妻子；僧道，贵。 | 寅卯未月，财星格。巳午，官显。 | 破祖。巳酉丑月，金多克木，俊俏有财，难为妻子。寅午月，近侍，贵。 | 寅巳午月，官星明朗，立计成象。卯未，财局，富贵。未戌，冲，吉。 |

## 315 六辛日庚寅时生人的命局如何？

六辛日生时庚寅，财旺生官遇贵神；金木局中通月气，必为荣贵富豪人。
六辛之日遇寅时，财旺生官互换推；运拙利名应蹇滞，若行财禄更无虞。
辛日庚寅时遇，弟兄骨肉生疏。双亲祖业靠难成，鸳侣中年迷镜。
亥癸坎壬减福，丙丁巳午驰名。春生冬产贵人钦，中末荣华之命。

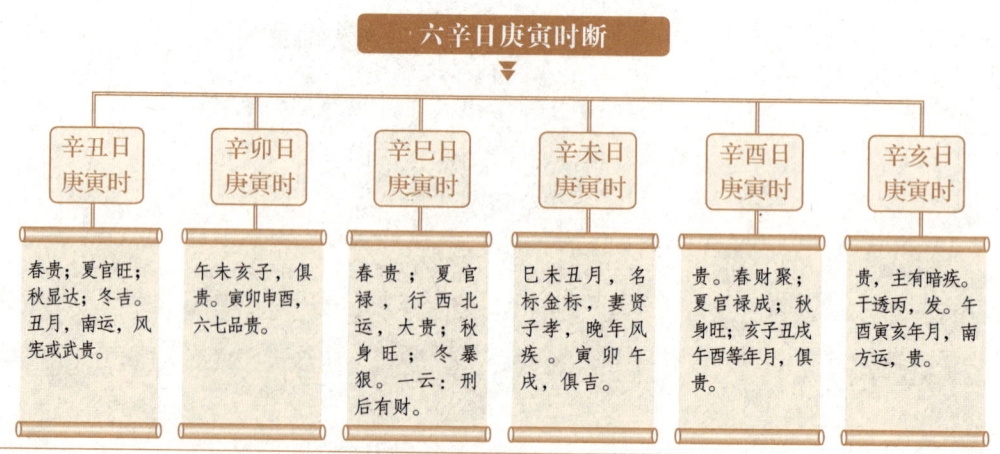

**六辛日庚寅时断**

| 辛丑日庚寅时 | 辛卯日庚寅时 | 辛巳日庚寅时 | 辛未日庚寅时 | 辛酉日庚寅时 | 辛亥日庚寅时 |
|---|---|---|---|---|---|
| 春贵；夏官旺；秋显达；冬吉。丑月，南运，风宪或武贵。 | 午未亥子，俱贵。寅卯申酉，六七品显。 | 春贵；夏官禄，行西北运，大贵；秋身旺；冬暴狠。一云：刑后有财。 | 巳未丑月，名标金标，妻贤子孝，晚年风疾。寅卯午戌，俱吉。 | 贵。春财聚；夏官禄成；秋身旺；亥子丑戌午酉等年月，俱贵。 | 贵，主有暗疾。干透丙，发。午酉寅亥年月，南方运，贵。 |

## 316 六辛日辛卯时生人的命局如何？

六辛日生时辛卯，妻子难为遇比肩；秋产冬生贫下格，丙临寅马却当权。
六辛遇卯禄分明，比劫逢财事不成；春夏人生财禄旺，秋冬刑害命中平。
辛日时逢辛卯，二辛分夺妻财。雁行鸳侣少和谐，独立自成无碍。
年月财星生旺，忻然禄自天来。运行比劫事沉埋，火木火运中通泰。

### 六辛日辛卯时断

- **辛丑日辛卯时**：春、夏生土厚地方，富贵。秋，克妻刑子。冬，艰辛。寅巳午月，近侍，贵。
- **辛卯日辛卯时**：寅午戌月，财官双美，贵显。卯酉申辰年月，近侍，贵；见官印财星，妙。
- **辛巳日辛卯时**：春，财旺；夏，官旺，秋，身强；冬，懦弱。巳酉年月，行木火运，贵戚。
- **辛未日辛卯时**：纯未丁年月，虽大权贵，不善终。寅巳亥纯，吉。
- **辛酉日辛卯时**：出身孤苦，中年获福，末年封妻荫子，贵。巳月，官印逢天德，贵当一品。
- **辛亥日辛卯时**：春夏，财官双美，贵显。秋冬，背禄逐马、劳碌反复。纯亥，金水泄秀，多发高科。

## 317 六辛日壬辰时生人的命局如何？

六辛日生时壬辰，伤官伤尽倍精神；四柱火虚防克害，九流技艺卜医人。
六辛日干时壬辰，锁闭财官事未能；不通钥匙兼压伏，自古难发少年人。
辛日壬辰时遇，伤官伤尽为奇。祖业父母早难为，雁行分飞无意。
春夏财官生旺，东南方运施为。自谋自立作家资，不得亲人之力。

### 六辛日壬辰时断

- **辛丑日壬辰时**：春，显达；夏，平常，有名利，主暴富。酉月，行东运，贵。戌未，四库全，最贵。
- **辛卯日壬辰时**：春，财旺，妻贤子孝。夏，伤官见官，然亦多富。秋，吉。冬，孤克，多贵。
- **辛巳日壬辰时**：春，伤官生财。夏，行藏反复，或凶暴。午未，亦奇。秋，申酉，身旺，得火则吉。
- **辛未日壬辰时**：身孤。春生，财星旺格，吉。夏，劳碌。秋，贵。冬，伤官伤尽，为奇。
- **辛酉日壬辰时**：春，富贵双全。夏，好。秋，身旺贵。冬，白丁。子月，辛生地，学堂，主文学。
- **辛亥日壬辰时**：贵。春，财旺扶身。夏吉。秋身旺，好。冬，伤官伤尽，自立自成。卯未年月，贵。

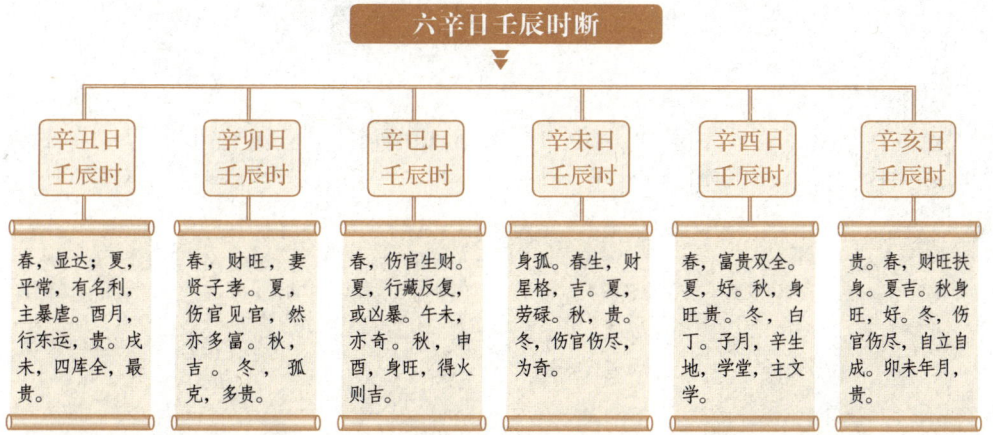

## 318 六辛日癸巳时生人的命局如何？

六辛日生时癸巳，贵气无伤官印强；月气有通兼倚托，早年荣贵姓名香。
癸巳时逢辛日干，柱中独喜显财官；运行禄马无刑地，金榜题名步御銮。
辛日时临癸巳，春生财旺镃基。丙丁午年最为奇，破克刑冲不利。
壬癸庚申无破，功名富贵为的。妻贤子孝两相宜，刑破巳时不利。

**六辛日癸巳时断**

| 辛丑日癸巳时 | 辛卯日癸巳时 | 辛巳日癸巳时 | 辛未日癸巳时 | 辛酉日癸巳时 | 辛亥日癸巳时 |
|---|---|---|---|---|---|
| 凶，别父母发福。春夏，吉。秋冬，凶暴。一云：化贵、戒酒。 | 春夏，身弱寿促。秋，身强，劳力辛苦。如月气火木，三四品贵。 | 化贵。子午年，寅午戌月，贵，亥卯未，清贵。申子辰，无义之人。 | 寅午戌月，高命。巳酉丑，身旺平稳。申子辰，白丁。亥卯未，清贵。 | 贵显，酒色重。寅卯，财旺，吉。丑，三合全，富贵。 | 时日并冲，忧伤妻子。春财旺。夏，吉。秋，平。冬，凶暴。 |

## 319 六辛日甲午时生人的命局如何？

六辛日逢甲午时，暗鬼枭神真可畏；若无倚托反劳生，莫道六辛逢马贵。
六辛日干时甲午，财神无气不相当；春生木旺财官运，一路滔滔姓字香。
辛日时临甲午，妻财无气身衰。干强火旺为鬼胎，火重金柔炼坏。
最忌用神伤损，金沉海底生灾。无刑无破称心怀，贵重光明广大。

**六辛日甲午时断**

| 辛丑日甲午时 | 辛卯日甲午时 | 辛巳日甲午时 | 辛未日甲午时 | 辛酉日甲午时 | 辛亥日甲午时 |
|---|---|---|---|---|---|
| 未申年月，四柱有刑害，虽富寿夭。通金，虽贵不永。 | 卯月，武贵。寅戌，破祖；不然，残夭。巳午七八品贵。运同。 | 平。寅午戌，官旺，吉。申子辰、平常。卯戌年，官印双全，公侯。 | 申子辰，偏官有制，吉。丑戌，方面。未月，贵。 | 春，财旺；夏，官贵，俱吉。秋，身强，虽富不永；冬，平常。 | 亥子年月，金水涵秀，文学堪夸。辰戌丑未，杂气财官，贵显。 |

## 320 六辛日乙未时生人的命局如何？

六辛日生时乙未，火木相成金不畏；月通金气与春荣，财旺生官身自贵。
未时辛日库门开，卓立家成自发财；金木运中身旺吉，几经险遇福重来。
辛日时逢乙未，库中透出偏财。运行木金忌身衰，丑戌之运通泰。
经历初年发福，鸳帏抵敌无灾。荣华富贵命中排，无破为官清泰。

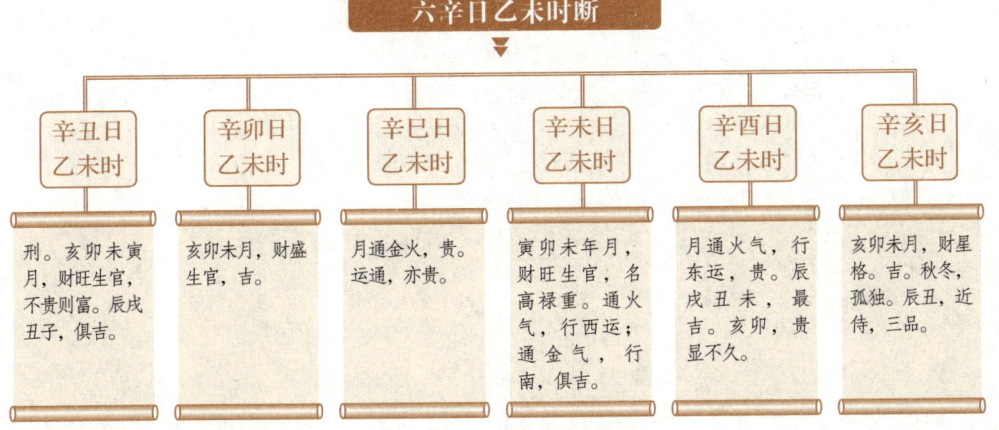

## 321 六辛日丙申时生人的命局如何？

辛日生时遇丙申，月通金火转精神；化成金水逢金地，聚福能为富贵人。
辛日良时遇丙申，天元化合得其真；冬生若也无刑破。贵显当登要路津。
辛日丙申时遇，长生禄马稀奇。天元化合显光辉，职重名高威势。
君子文章上立，常人荣旺家基。生时真定却无亏，运喜西南东地。

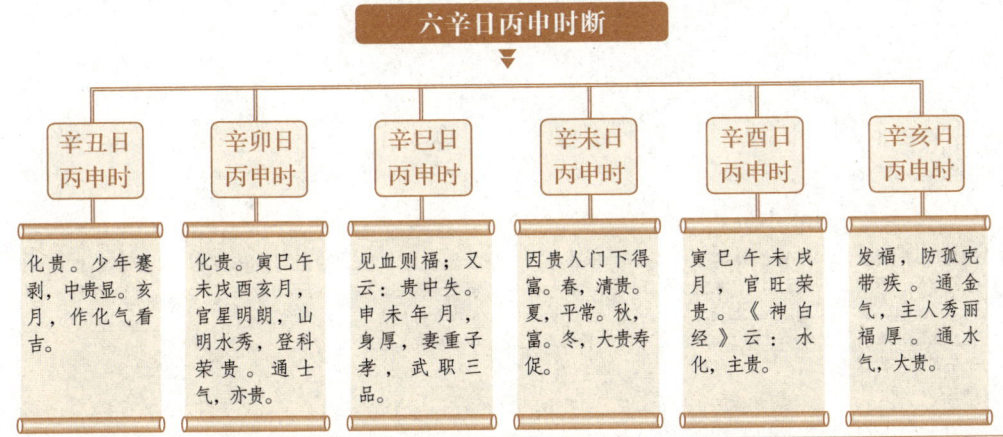

## 322 六辛日丁酉时生人的命局如何？

六辛日生时丁酉，鬼破禄元祸百端；倚托身强方断吉，月通制伏是偏官。
酉时辛日等同论，出户相迎喜事新；不遇刑冲空克破，何愁富贵不加身。
辛日时临丁酉，偏官合局相投。丙丁重见主淹留，嗣息女多男少。
祖业残花秋暮，游人皎月云收。身强官旺福优游，运至财官大有。

### 六辛日丁酉时断

| 辛丑日丁酉时 | 辛卯日丁酉时 | 辛巳日丁酉时 | 辛未日丁酉时 | 辛酉日丁酉时 | 辛亥日丁酉时 |
|---|---|---|---|---|---|
| 高，平稳。酉月，土木运，方面。戌亥子巳未年月，大贵。 | 时日并冲。月通金气，不透丙丁，南方运，贵。 | 平。亥月，反复不定。午月，偏官带疾，显达寿促。子月，贵戚。 | 不贵则富。月通金气，无丙丁字，行南运，贵。 | 年月通金气，吉。丑月，西方运，风宪。寅午戌，贵。 | 贵。丑寅卯酉年月；近侍、金紫。 |

## 323 六辛日戊戌时生人的命局如何？

六辛日生时戊戌，印绶生身坐禄堂；有托福人难靠祖，不通月气是平常。
辛日戊时财库闭，如开须待丑辰来；月年甲丙天干透，富贵荣华不用猜。
辛日时临戊戌，五行财禄荣昌。柱中辰戌两相当，名曰钥匙开藏。
火水光辉发达，空亡锁闭如常。运行财地并官乡，无破天然福相。

### 六辛日戊戌时断

| 辛丑日戊戌时 | 辛卯日戊戌时 | 辛巳日戊戌时 | 辛未日戊戌时 | 辛酉日戊戌时 | 辛亥日戊戌时 |
|---|---|---|---|---|---|
| 刑害。辰戌丑未，印绶，行南运，大贵。寅巳，正官，贵。子午卯酉，武职风宪。 | 刑害，饕餮。亥，卯月，木火运，五六品贵。 | 辰戌丑未月，印绶，文贵少病；生土厚分野，贵。戌月，行木火运，风宪。 | 凶恶狠暴，忧伤妻子。寅巳午戌丑月，贵。申子辰亥，金水涵秀，尤贵。 | 凶刑。巳酉丑辰戌未年月，魁元，卿、尹之命。 | 凶狠、机谋奸猾，计较。一云：凶后发。 |

## 324 六辛日己亥时生人的命局如何？

六辛日生时己亥，背禄剥官反破伤；如作飞天禄马贵，失时无合空忙忙。
辛日天干己亥时，枭神背禄主灾虞；无冲发福亦不重，禄马飞天贵自殊。
辛日时临己亥，枭神背禄同官。好如缺月被云龙。壬巳甲寅无用。
父母完全不睦，残花结果防风。若无克破与刑冲，飞天禄马福重。

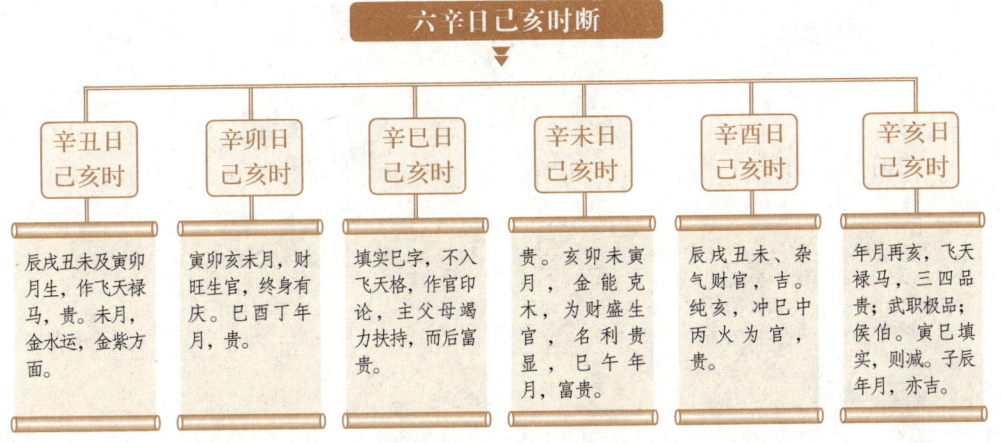

## 325 六壬日庚子时生人的命局如何？

六壬日生时庚子，子上明庚暗损伤；火土月中仍主吉，不通凶狠只平常。
天干壬日时庚子，枭日由来遇劫财；运弱妻儿防克害，运强财禄自天来。
壬日时逢庚子，劫财倒食流连，运行比劫事忧煎，财禄不能通显。
雁侣双亲失意，妻儿迟则团圆。财官运步福滔然，祖业从新改变。

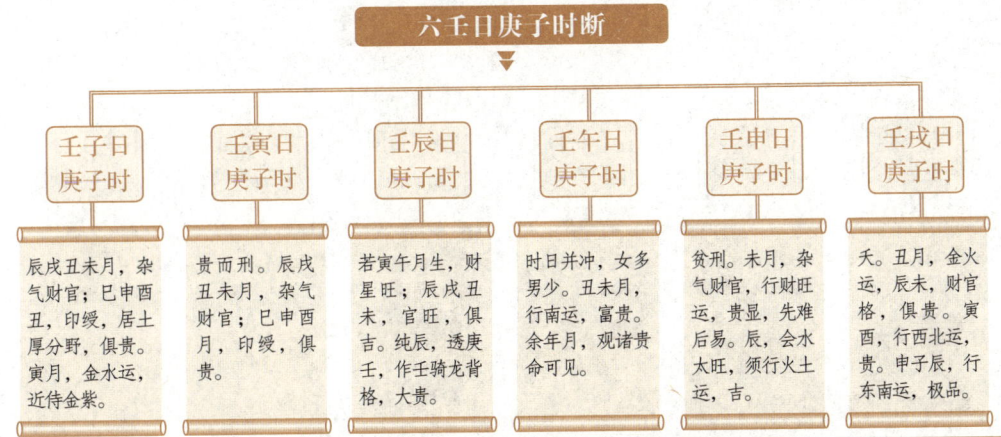

## 326 六壬日辛丑时生人的命局如何？

六壬日生时辛丑，下有官星上印绶；如通月气运西南，官印扶身人清秀。
六壬日干辛丑时，官印相生事事奇；午月更通金土旺，为官清贵定无移。
壬日时临辛丑，财官印绶其中，要知开库钥匙通，戊己相逢火重。
癸卯乙字减福，有遇龙虎相冲。只争迟早改门风，富贵承恩拜宠。

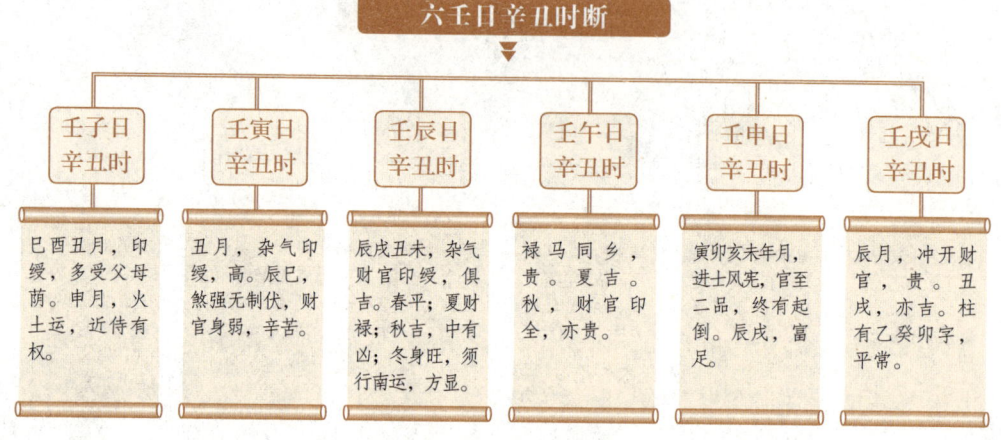

**六壬日辛丑时断**

| 壬子日辛丑时 | 壬寅日辛丑时 | 壬辰日辛丑时 | 壬午日辛丑时 | 壬申日辛丑时 | 壬戌日辛丑时 |
|---|---|---|---|---|---|
| 巳酉丑月，印绶，多受父母荫。申月，火土运，近侍有权。 | 丑月，杂气印绶，高。辰巳，煞强无制伏，财官身弱，辛苦。 | 辰戌丑未，杂气财官印绶，俱吉。春平；夏财禄；秋吉，中有凶；冬身旺，须行南运，方显。 | 禄马同乡，贵。夏吉。秋，财官印全，亦贵。 | 寅卯亥未年月，进士风宪，官至二品，终有起倒。辰戌，富足。 | 辰月，冲开财官，贵。丑戌，亦吉。柱有乙癸卯字，平常。 |

## 327 六壬日壬寅时生人的命局如何？

六壬日生时壬寅，水火相逢既济论；水木月通财禄贵，不通无救是常人。
六壬逢虎是浮沤，富贵功名莫强求；有印有官为上格，骤然财禄免忧愁。
壬日壬寅时遇，比肩相遇食神，弟兄雁侣少同群，此是生时定分。
坐局运行官地，身强禄位超伦。身衰刑害祸相侵，衣禄平常之命。

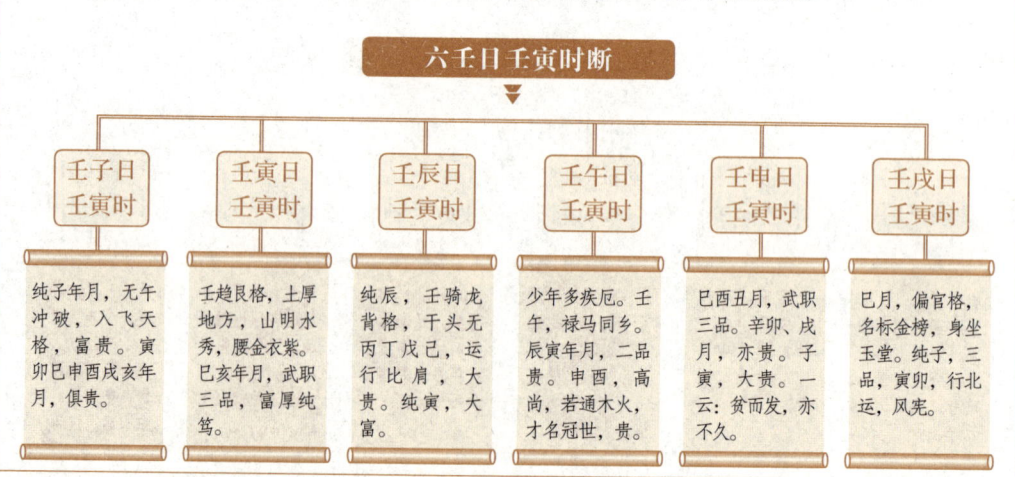

**六壬日壬寅时断**

| 壬子日壬寅时 | 壬寅日壬寅时 | 壬辰日壬寅时 | 壬午日壬寅时 | 壬申日壬寅时 | 壬戌日壬寅时 |
|---|---|---|---|---|---|
| 纯子年月，无午冲破，入飞天格，富贵。寅卯巳申酉戌亥年月，俱贵。 | 壬趋艮格，土厚地方，山明水秀，腰金衣紫。巳亥年月，武职三品，富厚纯笃。 | 纯辰，壬骑龙背格，干头无丙丁戊己，运行比肩，大贵。纯寅，大富。 | 少年多疾厄。壬午，禄马同乡。辰寅年月，二品贵。申酉，高尚，若通木火，才名冠世，贵。 | 巳酉丑月，武职三品。辛卯、戌月，亦贵。子寅，大贵。一云：贫而发，亦不久。 | 巳月，偏官格，名标金榜，身坐玉堂。纯子，三品，寅卯，行北运，风宪。 |

## 328 六壬日癸卯时生人的命局如何？

六壬日生时癸卯，引归死地势难安；劫财煞刃见伤鬼，倚托若无常命看。
壬癸相逢见卯贵，刑冲破害不周全。月逢二德兼身旺，改祸为祥乐自然。
壬日时临癸卯，败财背禄相逐，平生反复事疑迟，水到东方失位。
须有贵人救助，自身文福难齐。祖财骨肉有盈亏，命主晚成先废。

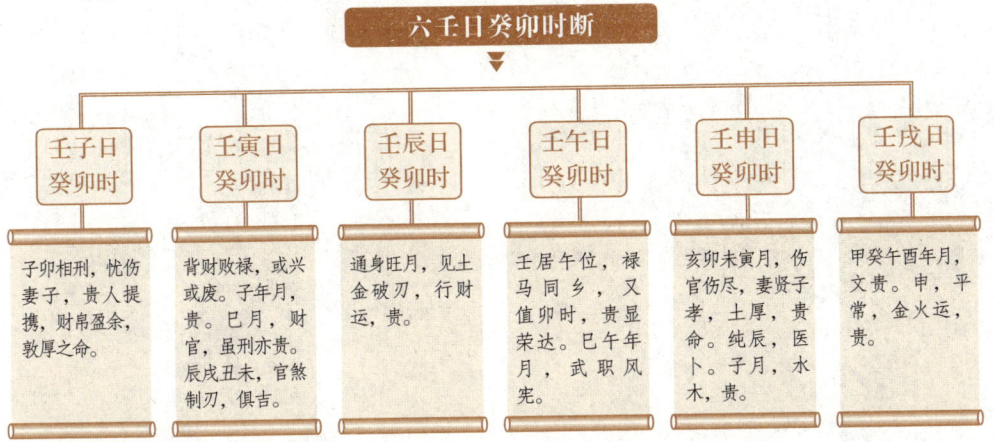

## 329 六壬日甲辰时生人的命局如何？

六壬日生时甲辰，壬骑龙背坐食神；柱中有托无刑害，必是荣华富贵人。
时遇甲辰壬日干，喜神重叠福多端；时来早晚功名就，运至申辰作显官。
壬日甲辰时好，青龙入庙为高，犹如兰蕙出蓬蒿，水木滋生荣茂。
时日冲开库旺，自然成就窝巢，运行吉地逞英豪，贵显亲人难靠。

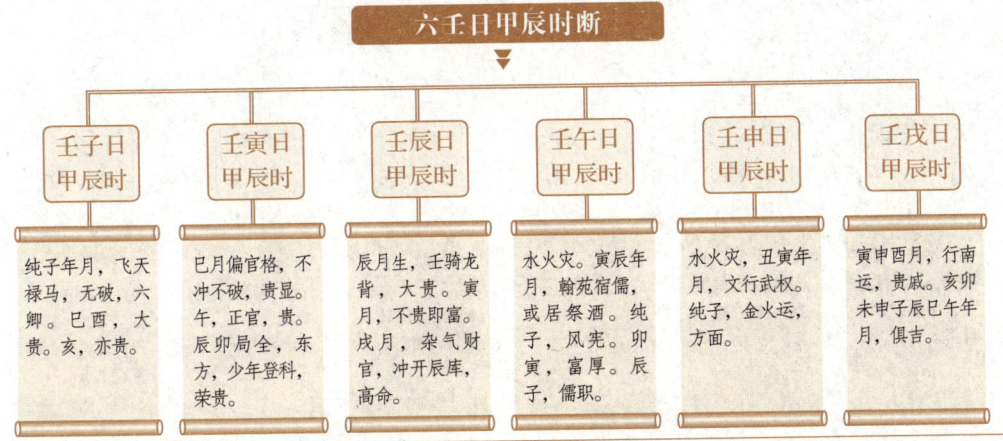

## 330 六壬日乙巳时生人的命局如何？

六壬日生时乙巳，身绝有财不聚财；进神暗鬼来相克，透已相刑是祸胎。
壬日时逢乙巳临，谋为未遇且沉吟；贵人举荐财官旺，子嗣鸳帏不一心。
壬日时临乙巳，伤官背禄无取，虽然天乙贵人扶，贵显遇而不遇。
谋望云为反复，生平实事成虚，时来发达改门闾，犹似旱苗得雨。

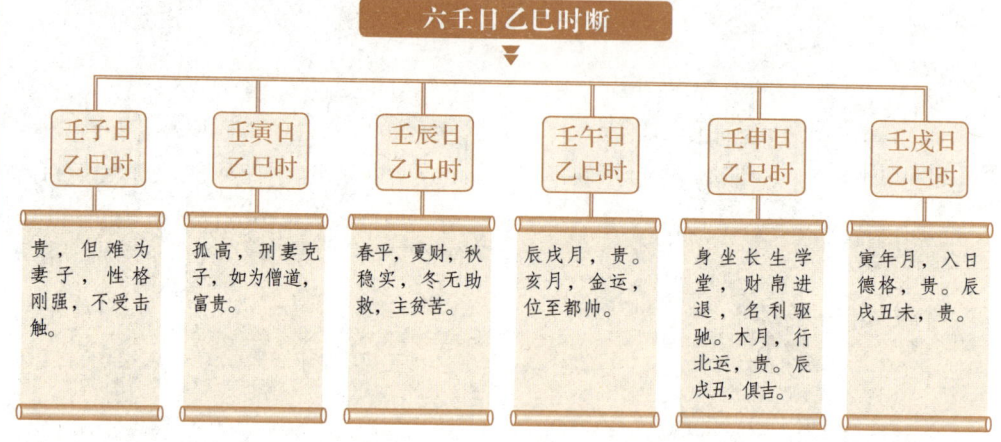

**六壬日乙巳时断**

| 壬子日乙巳时 | 壬寅日乙巳时 | 壬辰日乙巳时 | 壬午日乙巳时 | 壬申日乙巳时 | 壬戌日乙巳时 |
|---|---|---|---|---|---|
| 贵，但难为妻子，性格刚强，不受击触。 | 孤高，刑妻克子，如为僧道，富贵。 | 春平，夏财，秋稳实，冬无助救，主贫苦。 | 辰戌月，贵。亥月，金运，位至都帅。 | 身坐长生学堂，财帛进退，名利驱驰。木月，行北运，贵。辰戌丑，俱吉。 | 寅年月，入日德格，贵。辰戌丑未，贵。 |

## 331 六壬日丙午时生人的命局如何？

六壬日生时丙午，聚财之地坐胞胎；月逢金水须富贵，弃命从来是就财。
丙午时生壬日强，时中禄马不寻常；运行吉地无冲破，早晚升迁到省堂。
壬日时逢丙午，亦名禄马同乡。就中既济见文章，志气宽宏海量。
不过刑冲破害，自然财禄盈箱。运行财旺及官乡，定是朝中宰相。

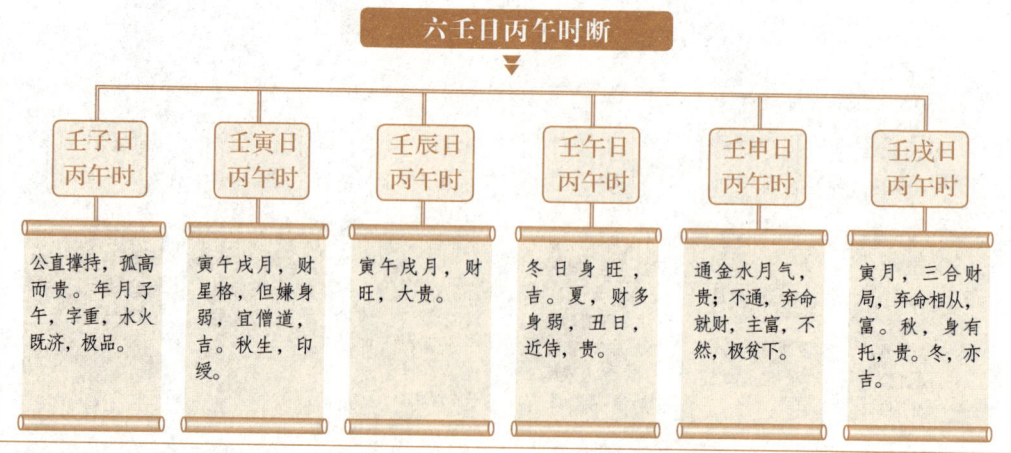

**六壬日丙午时断**

| 壬子日丙午时 | 壬寅日丙午时 | 壬辰日丙午时 | 壬午日丙午时 | 壬申日丙午时 | 壬戌日丙午时 |
|---|---|---|---|---|---|
| 公直撑持，孤高而贵。年月子午，字重，水火既济，极品。 | 寅午戌月，财星格，但嫌身弱，宜僧道，吉。秋生，印绶。 | 寅午戌月，财旺，大贵。 | 冬日身旺，吉。夏，财多身弱，丑日近侍，贵。 | 通金水月气，贵；不通，弃命就财，主富，不然，极贫下。 | 寅月，三合财局，弃命相从，富。秋，身有托，贵。冬，亦吉。 |

## 332 六壬日丁未时生人的命局如何？

六壬日生时丁未，夫化妻从格局奇；若是局中通水木，发财发福两相宜。
壬日时逢丁未临，木化成林忌见金；年月若还无破害，必教富贵福弥深。
壬日时临丁未，就中暗合妻财。好来丑戌钥匙开，收积钱财广大。
年月克冲不犯，天然衣禄安排。鸳帏子息早年乖，中末依然亨泰。

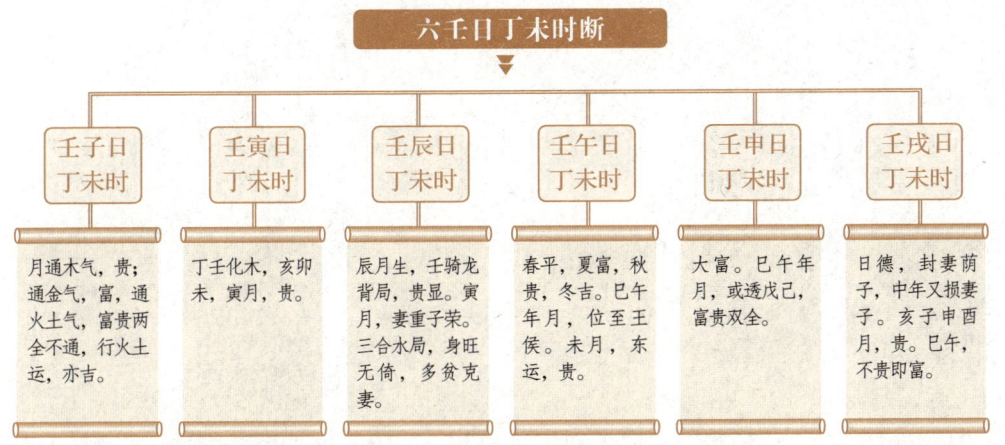

六壬日丁未时断

壬子日丁未时：月通木气，贵；通金气，富；通火土气，富贵两全不通，行火土运，亦吉。

壬寅日丁未时：丁壬化木，亥卯未、寅月，贵。

壬辰日丁未时：辰月生，壬骑龙背局，贵显。寅月，妻重子荣。三合水局，身旺无倚，多贫克妻。

壬午日丁未时：春平，夏富，秋贵，冬吉。巳午年月，位至王侯。未月，东运，贵。

壬申日丁未时：大富。巳午年月，或透戊己，富贵双全。

壬戌日丁未时：日德，封妻荫子，中年又损妻子。亥子申酉月，贵。巳午，不贵即富。

## 333 六壬日戊申时生人的命局如何？

六壬日生时戊申，长生之地鬼伤身；身强制伏为高命，反此定知贫薄人。
申时壬戌合天元，运去财官福自然；鬼旺身衰无救助，平生劳碌不周全。
壬日戊申时显，支干煞旺双全，喜逢辰子两相连，正合衣锦局面。
被害刑冲克战，就中文福艰难。运行吉地紫泥宣，富贵妻多子健。

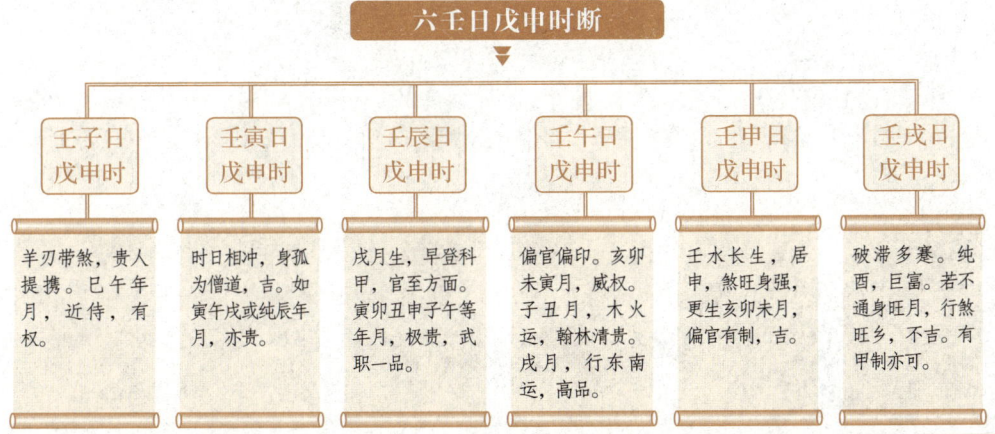

六壬日戊申时断

壬子日戊申时：羊刃带煞，贵人提携。巳午年月，近侍，有权。

壬寅日戊申时：时日相冲，身孤为僧道，吉。如寅午戌或纯辰年月，亦贵。

壬辰日戊申时：戌月生，早登科甲，官至方面。寅卯丑子午等年月，极贵，武职一品。

壬午日戊申时：偏官偏印。亥卯未寅月，威权。子丑月，木火运，翰林清贵。戌月，行东南运，高品。

壬申日戊申时：壬水长生，居申，煞旺身强，更生亥卯未月，偏官有制，吉。

壬戌日戊申时：破滞多蹇。纯酉，巨富。若不通身旺月，行煞旺乡，不吉。有甲制亦可。

## 334 六壬日己酉时生人的命局如何？

六壬日生时己酉，明官暗印有扶持；月通身旺人清贵，犹恐恋花贪酒色。
天干壬日酉时真，改祸为祥遇贵人；若不为官封品级，晚年享福旺家门。
壬日时逢己酉，正官印绶无偏，荣枯贵贱是因缘，人自生成便见。
乙癸卯冲破克，驳杂财官减半，迍邅富贵不双全，差了生时难辩。

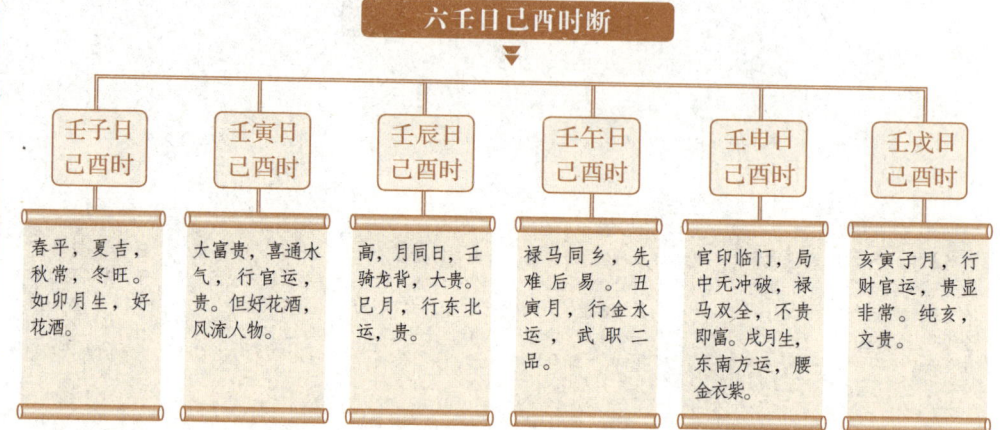

**六壬日己酉时断**

| 壬子日己酉时 | 壬寅日己酉时 | 壬辰日己酉时 | 壬午日己酉时 | 壬申日己酉时 | 壬戌日己酉时 |
|---|---|---|---|---|---|
| 春平，夏吉，秋常，冬旺。如卯月生，好花酒。 | 大富贵，喜通水气，行官运，贵。但好花酒，风流人物。 | 高，月同日，壬骑龙背，大贵。巳月，行东北运，贵。 | 禄马同乡，先难后易。丑寅月，行金水运，武职二品。 | 官印临门，局中无冲破，禄马双全，不贵即富。戌月生，东南方运，腰金衣紫。 | 亥寅子月，行财官运，贵显非常。纯亥，文贵。 |

## 335 六壬日庚戌时生人的命局如何？

六壬日生时庚戌，身临财库却为鬼；明庚暗戌相刑克，财禄生平聚散多。
壬庚相逢戌时生，库有财官锁闭门；究竟无头多反复，功名到底似浮云。
壬日时逢庚戌，支干倒食难容。财官印绶库内封，无钥不能取用。
丑酉辰逢作福，更逢丁巳成名。但怕克害过刑冲，驳杂如常之命。

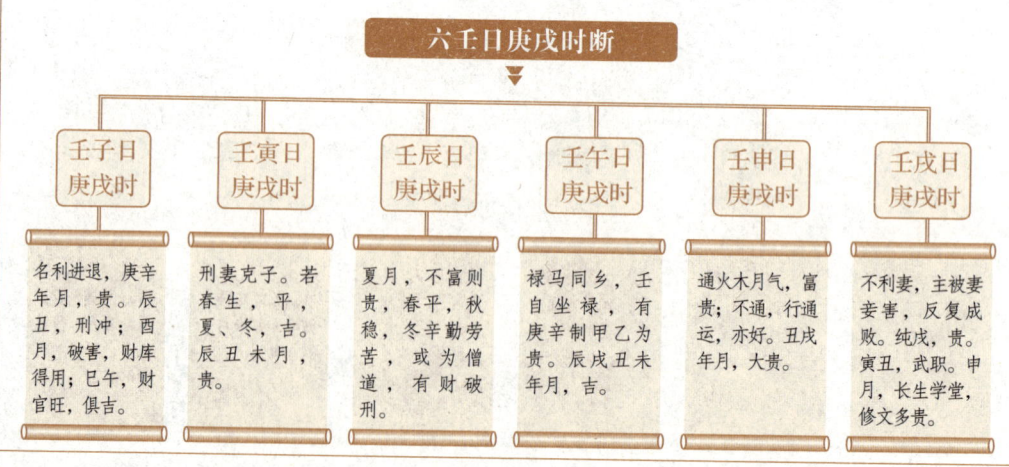

**六壬日庚戌时断**

| 壬子日庚戌时 | 壬寅日庚戌时 | 壬辰日庚戌时 | 壬午日庚戌时 | 壬申日庚戌时 | 壬戌日庚戌时 |
|---|---|---|---|---|---|
| 名利进退，庚辛年月，贵。辰丑，刑冲；酉月，破害，财库得用；巳午，财官旺，俱吉。 | 刑妻克子。若春生，平，夏、冬，吉。辰丑未月，贵。 | 夏月，不富则贵，春平，秋稳，冬辛勤劳苦，或为僧道，有财破刑。 | 禄马同乡，壬自坐禄，有庚辛制甲乙为贵。辰戌丑未年月，吉。 | 通火木月气，富贵；不通，行通运，亦好。丑戌年月，大贵。 | 不利妻，主被妻妾害，反复成败。纯戌，贵。寅丑，武职。申月，长生学堂，修文多贵。 |

## 336 六壬日辛亥时生人的命局如何？

六壬日逢辛亥时，印禄相随最是奇；财官不见无冲破，得路青云报尔知。
壬辛会遇亥时推，白玉休嫌出见迟；长生禄马无刑破，抛却麻衣挂紫衣。
壬日时临禄马，又为印绶同乡。水从金木自然强，此命极高为上。
癸乙暗合减福，无冲破显文章。积玉堆金满屋堂，荫子封妻之象。

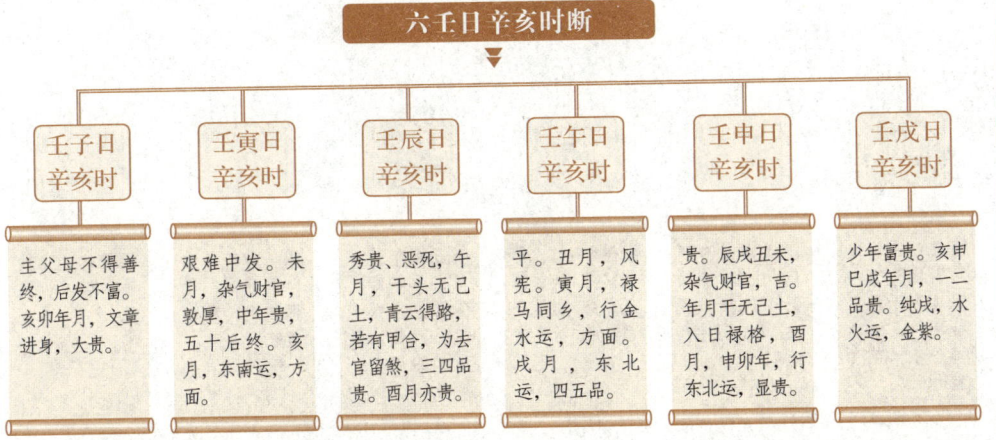

## 337 六癸日壬子时生人的命局如何？

六癸日生时壬子，青云得路最为奇；若无己土冲克破，自有功名显达时。
日禄归时局中得，食神喜遇怕刑冲；伤官莫道伤财运，官不加兮财不丰。
癸日时临壬子，名为归禄格同，家门白屋也峥嵘，玄武当权禄重。
水清宝瓶益盛，文章博览多通，荣迁来历紫微封，甲午寅亥破动。

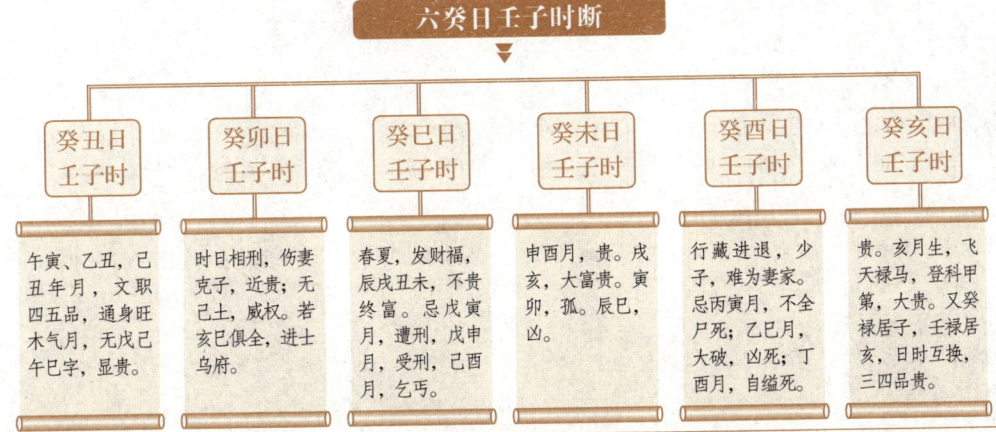

## 338 六癸日癸丑时生人的命局如何？

六癸日生时癸丑，支中暗鬼有刑伤；月通身旺防妻损，丑巳遥合贵异常。
阴水重重时库收，少年难发莫强求；筹来受过中年后，安坐高堂任白头。
癸日时逢癸丑，水流金局盈冲，库逢戌未禄财丰，不过空乏难动。
无匙少年不显，有匙禄马和同，运来何用苦劳心，发达门庭大庆。

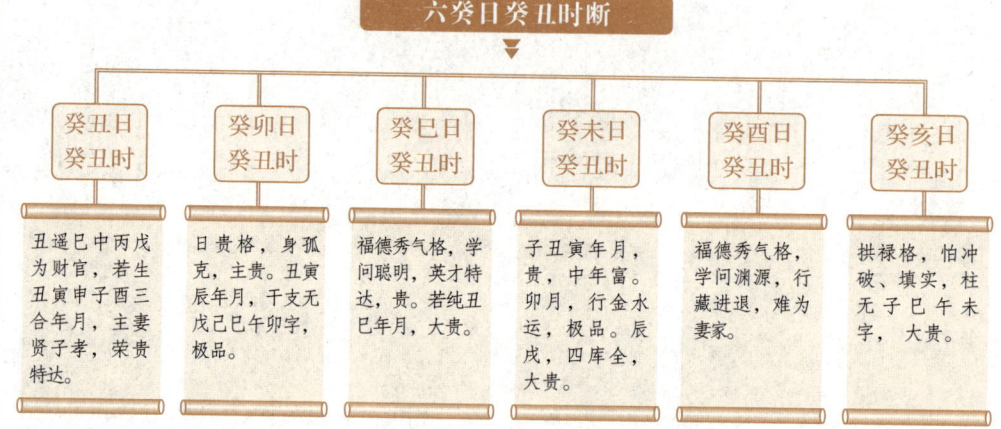

**六癸日癸丑时断**

| 癸丑日癸丑时 | 癸卯日癸丑时 | 癸巳日癸丑时 | 癸未日癸丑时 | 癸酉日癸丑时 | 癸亥日癸丑时 |
|---|---|---|---|---|---|
| 丑遥巳中丙戊为财官，若生丑寅申子酉三合年月，主妻贤子孝，荣贵特达。 | 日贵格，身孤克，主贵。丑寅辰年月，干支无戊己巳午卯字，极品。 | 福德秀气格，学问聪明，英才特达，贵。若纯丑巳年月，大贵。 | 子丑寅年月，贵，中年富。卯月，行金水运，极品。辰戌，四库全，大贵。 | 福德秀气格，学问渊源，行藏进退，难为妻家。 | 拱禄格，怕冲破、填实，柱无子巳午未字，大贵。 |

## 339 六癸日甲寅时生人的命局如何？

六癸日生时甲寅，刃复官禄减精神；柱中无有庚申字，刑合财官是贵人。
甲寅癸日戊丙开，少年未遇且沉埋；若还四柱无冲破，平步登云到省台。
癸日寅时克应，支干相合光荣，若无壬己戊庚申，必然财禄丰润。
运至皇州显达，文章虎榜标名，但逢一字稍空冲，克子伤食剥俸。

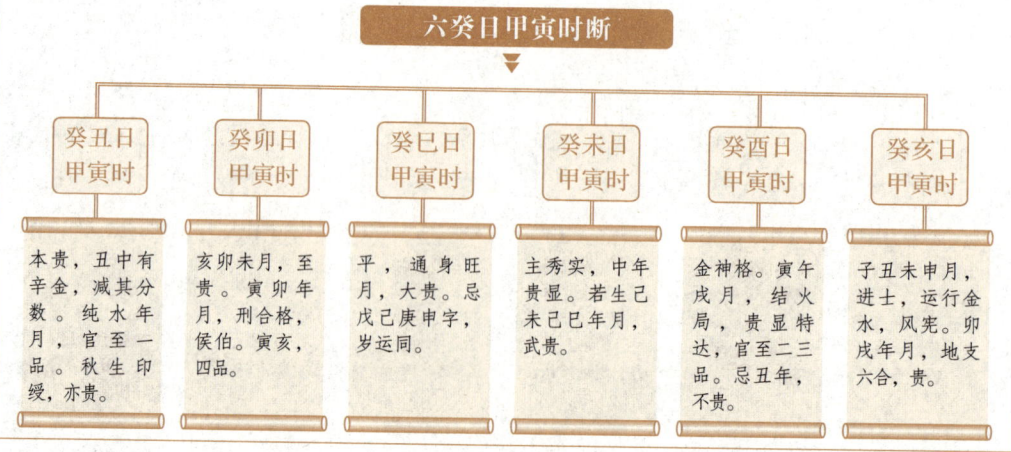

**六癸日甲寅时断**

| 癸丑日甲寅时 | 癸卯日甲寅时 | 癸巳日甲寅时 | 癸未日甲寅时 | 癸酉日甲寅时 | 癸亥日甲寅时 |
|---|---|---|---|---|---|
| 本贵，丑中有辛金，减其分数。纯水年月，官至一品。秋生印绶，亦贵。 | 亥卯未月，至贵。寅卯年月，刑合格，侯伯。寅亥，四品。 | 平，通身旺月，大贵。忌戊己庚申字，岁运同。 | 主秀实，中年贵显。若生己未己巳年月，武贵。 | 金神格。寅午戌月，结火局，贵显特达，官至二三品。忌丑年，不贵。 | 子丑未申月，进士，运行金水，风宪。卯戌年月，地支六合，贵。 |

## 340 六癸日乙卯时生人的命局如何？

六癸日生乙卯时，长生之地遇食神；若无午酉兼辛巳，福寿双全禄位人。
乙癸相逢旺食支，天工造物本无私；运行自有高人荐，手攀丹桂上云霄。
癸日时逢乙卯，贵人食禄之乡，玉堂乙卯位侯王，便是金门将相。
君子文章播发，常人财禄盈箱，甲寅辛酉颇安常，富贵荣华大享。

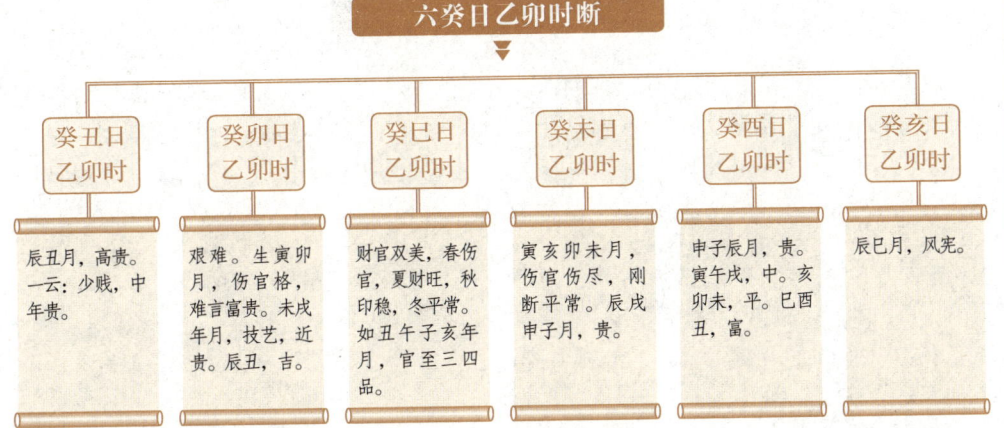

六癸日乙卯时断

- **癸丑日乙卯时**：辰丑月，高贵。一云：少贱，中年贵。
- **癸卯日乙卯时**：艰难。生寅卯月，伤官格，难言富贵。未戌年月，技艺，近贵。辰丑，吉。
- **癸巳日乙卯时**：财官双美，春伤官，夏财旺，秋印稳，冬平常。如丑午子亥年月，官至三四品。
- **癸未日乙卯时**：寅亥卯未月，伤官伤尽，刚断平常。辰戌申子月，贵。
- **癸酉日乙卯时**：申子辰月，贵。寅午戌，中。亥卯未，平。巳酉丑，富。
- **癸亥日乙卯时**：辰巳月，风宪。

## 341 六癸日丙辰时生人的命局如何？

六癸日生时丙辰，偏官无气未为贫；若无木气通其局，定是清高福禄人。
癸日丙辰官库闭，财星虽透却无气；官要匙开财要兴，柱逢卯戌方为贵。
癸日丙辰时遇，库中锁闭财官，要逢卯戌钥匙开，守祖六亲阻碍。
暗有食神相助，空乏虚度资财，先贫后富命中排，改祖重兴渐快。

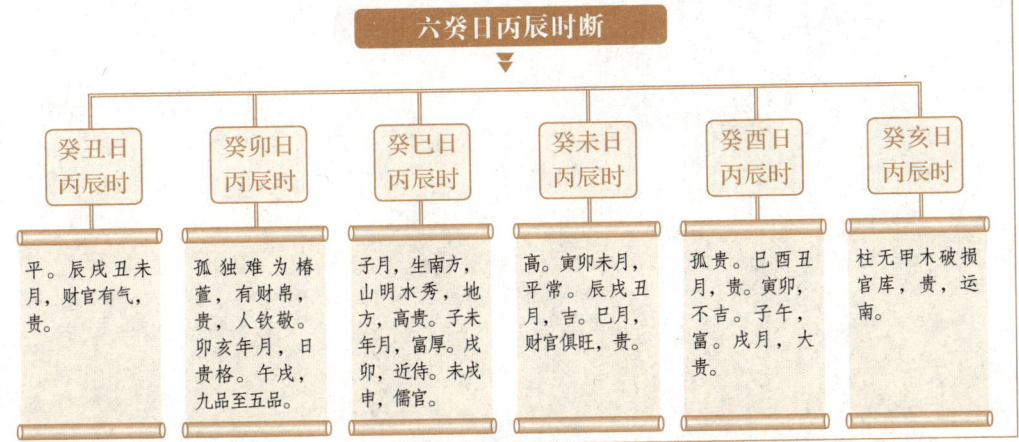

六癸日丙辰时断

- **癸丑日丙辰时**：平。辰戌丑未月，财官有气，贵。
- **癸卯日丙辰时**：孤独难为椿萱，有财帛，贵，人钦敬。卯亥年月，日贵格。午戌，九品至五品。
- **癸巳日丙辰时**：子月，生南方，山明水秀，地方，高贵。子未年月，富厚。戌卯，近侍。未戌申，儒官。
- **癸未日丙辰时**：高。寅卯未月，平常。辰戌丑月，吉。巳月，财官俱旺，贵。
- **癸酉日丙辰时**：孤贵。巳酉丑月，贵。寅卯，不吉。子午，富。戌月，大贵。
- **癸亥日丙辰时**：柱无甲木破损官库，贵，运南。

## 342 六癸日丁巳时生人的命局如何？

六癸日生时丁巳，贵地逢财遇暗官；有托就看财禄盛，无依必定福偏残。
巳时禄马同争先，造化无私产大贤；刑冲减半无空克，运至声名扬九天。
癸日时临丁巳，贵人禄马同乡，三重蛇马正朝纲，玉殿金阶来往。
壬亥申寅减半，只愁运落空亡，果无冲克无刑伤，舞拜凤凰池上。

### 六癸日丁巳时断

| 癸丑日丁巳时 | 癸卯日丁巳时 | 癸巳日丁巳时 | 癸未日丁巳时 | 癸酉日丁巳时 | 癸亥日丁巳时 |
|---|---|---|---|---|---|
| 先贫后富，行火水运，发达。 | 若子月，身旺财旺，贵显。 | 财官双美。子月，贵。火月，富。天干透土，地支午未，主大权贵。纯丑，极品。 | 寅午戌月，身财旺显，秋冬禄旺，伤残疾。 | 先贫后富。巳酉月，官印俱旺。亥卯未，食伤生财，贵显。午戌，财旺，亦吉。 | 刑害。春夏月生，好。秋，印绶，吉。冬，平常。庚寅年月，武贵。 |

## 343 六癸日戊午时生人的命局如何？

六癸日生时戊午，化火临时帝旺乡；运喜东南木火地，为官清正禄荣昌。
将星扶禄命高低，见爱于人是与非；得志退毛鸡化凤，虎卧平坡被兔欺。
癸日时逢戊午，天元既济之方，化为真火显威光，灾难消除福长。
壬会甲寅减半，是非成败难防，六亲不睦暗刑伤，难得资财富旺。

### 六癸日戊午时断

| 癸丑日戊午时 | 癸卯日戊午时 | 癸巳日戊午时 | 癸未日戊午时 | 癸酉日戊午时 | 癸亥日戊午时 |
|---|---|---|---|---|---|
| 财厚，南运，主贵，寿促，东运，吉。 | 申子辰亥月，身旺不化，平常。卯戌月，贵。 | 中年大富，若行东运，贵显。申未月，亦贵。 | 寅午戌，化火合局，贵显。 | 主伤妻家财，有始无终，子年，子贵而无禄，行南运，好。 | 贵，未月，东方运；金月有制，俱贵显。 |

## 344 六癸日己未时生人的命局如何？

六癸日生时己未，鬼旺身衰福不齐；月气不通无救助，平常衣禄有相亏。
偏官暗鬼库中埋，险难惊忧不聚财；丑戌相逢钥匙吉，旺中癸福定无灾。
癸日时临己未，库中耗鬼身衰，不逢卯戌钥匙开，锁闭不能通泰。
花落重荣结子，双亲雁侣难谐。纵然先贫后富来，弃旧迎新无碍。

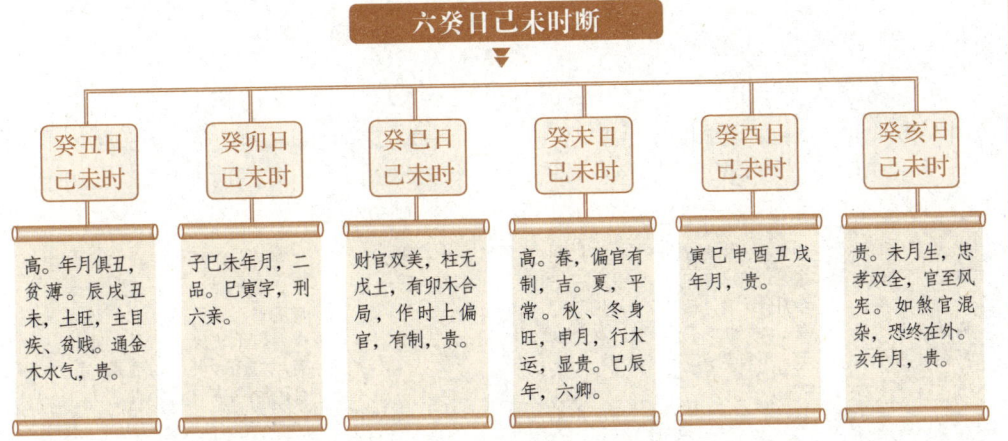

## 345 六癸日庚申时生人的命局如何？

六癸日生时庚申，官星印旺在其支；柱中无己丙寅巳，自有荣华富贵时。
癸日庚申仔细推，禹门深处见龙飞；文章得助雄威力，柱合财官世所希。
癸日庚申时正，印绶齐合官星。亥寅申丙巳刑冲，离合立身不定。
无破黄甲显姓，常人财禄安宁。果无刑害与灾星，便是锦鸡化凤。

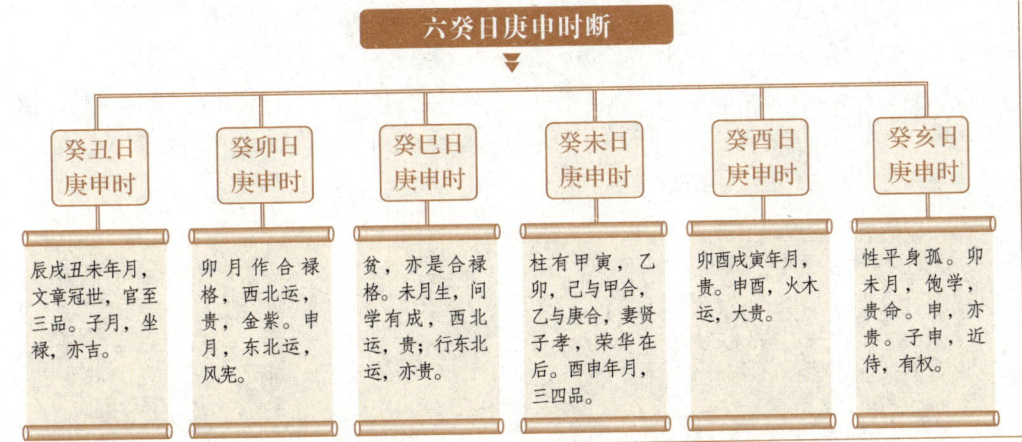

## 346 六癸日辛酉时生人的命局如何？

六癸日生时辛酉，自身失地更何有；支中明暗被辛伤，无助利名终不就。
天元是癸时申酉，用尽心机度日忙；官印相生逢印合，胸中便富且如常。
癸日辛酉时遇，倒食偏印难禁，柱中无依且安贫，财官月遇亦称。
只怕癸水失地，不能驱驾奚胜，六亲骨肉各西东，一生劳苦之命。

**六癸日 辛酉时断**

| 癸丑日辛酉时 | 癸卯日辛酉时 | 癸巳日辛酉时 | 癸未日辛酉时 | 癸酉日辛酉时 | 癸亥日辛酉时 |
|---|---|---|---|---|---|
| 秋月，印绶格，行官煞运，吉。冬月，福禄双全。子寅年月，干头无戊己字，贵。 | 日贵格，辰戌丑未月，贵。子卯年月，大贵。巳午，亦贵。又云：不利妻子。 | 孤。寅卯年，辰戌丑未月，贵。子午卯酉，中贵。寅申巳亥，最贵。 | 春贫；夏，先难后易；秋吉；冬贵。 | 申酉月，印绶多，能守祖，破妻子。子巳午月，干透庚辛，禄贵印绶俱全，贵不可言。 | 戌月，行东南运，金紫；东北，风宪。子月，建禄，年遇财官，大贵。 |

## 347 六癸日壬戌时生人的命局如何？

六癸日生日壬戌，支内正官坐财库；月兼有救贵多成，倚托若无终不富。
天乙壬癸戌时排，库内财官等钥开；不遇刑冲空锁闭，少年难更生灾。
癸日时逢壬戌，就中仓库盈余。将星天德两相扶，辰戌钥匙开助。
土旺长流水局，六亲恩处成疏。不遇空亡有增余，中末荣华享福。

**六癸日 壬戌时断**

| 癸丑日壬戌时 | 癸卯日壬戌时 | 癸巳日壬戌时 | 癸未日壬戌时 | 癸酉日壬戌时 | 癸亥日壬戌时 |
|---|---|---|---|---|---|
| 刑。亥月，土厚地方，上贵。辰申年月，南方运，状元。五月，南运，风宪。 | 日贵格，寅巳年月，干透戊丁，财官而旺，大贵有权。 | 财官双美，春平，夏秋冬贵。辰丑未寅酉年月，风宪。 | 刑。巳月生，三四品。子庚年月，近侍贵。 | 亥子月，才智高贵，妻贤子孝。春平常，夏财官，秋印绶，俱吉。 | 春生，伤官见官，夏财旺，秋冬吉，名利有成。戌辰月，行亥子运，贵。 |

# 348 六癸日癸亥时生人的命局如何？

六癸日生时癸亥，禄马飞天临旺神；不见官星兼惹绊，必为贵格异常人。

癸日癸亥时，禄马飞天格，癸水亥健旺，癸用戊为官，丙为财，亥中丙戊俱绝，癸无财官，却亥去冲出巳中丙戊，飞来就癸为财官，柱无戊己惹绊及官星破禄，若见庚辛，清白而秀，为人智慧，贵为方面。

阴水重重透海波，少年未遇且蹉跎；
困龙得志方能化，不遇时来虎卧坡。
癸日时逢癸亥，败财带禄亨通。喜宜秋夏忌春冬，戊丙庚木富盛。
巳亥甲丙反复，六亲大不和同。一身不定好翻腾，先败后成之命。

# 第五章 占星术命理

占星术是根据天象来预卜人间事务的一种推命方式。早期的占星术多是利用星象观察来占卜较为重大的事件或大臣的命运等，后来逐渐扩展到个人命运以及日常生活中的琐事。本章介绍了占星推命常用的工具与推命步骤，十二辰的喜忌星曜，黄道十二宫见不同星曜的吉凶、命理十二宫的吉凶等内容。

## 349 占星推命有哪些步骤？

占星推命大致可以分为以下六大步骤：

1.确定命主的生辰八字，即出生时的年、月、日、时，推算出人的生辰八字。

2.推算星神，即按照命主的生辰推算出星曜和神煞的位置。星曜的位置以周天黄道度数为准。神煞的位置，以干支的顺序推定。

3.排盘，即排出命理十二宫，确定各宫宫主、度主，确定星盘上的行限情况，以及长生十二位等。

4.确定星格。依据星神的位置合成的格局，来初步判断吉凶。

5.分析命局。依照相关数据及格局，结合历代星命家的经验要诀和义理阐释，推出命主的命运吉凶。

6.验证总结。占星是主客观结合的活动，现有的占星相关知识积累还不够完善、不够准确，需要星象家对作出的推断进行验证总结。

## 350 如何确定命宫、命度？

命宫是一个人的本命所在的宫位，是确定其他数据的前提。以出生时太阳所在宫位起生时，顺数至卯（太阳一般升起于卯时），所对应的宫位就是命宫。确定命宫后，以出生时太阳所在宫度，对应命宫相应度数即是命度。

命宫是依据个人的出生时间所计算定位的第一宫，为先天运势、命运的主轴、行运的源头。从中可以看出个人的个性特质、行为、长相。以命宫为主，配合其他宫位的组合，会显现个人的格局，了解终生的命运。命宫是整个命盘的重心。吉凶祸福以此宫为枢纽，若有忌星、煞星冲会，通常会有较严重的灾祸。

## 占星推命六大步骤

占星推命可以分为六大步骤，前一步骤是后一步骤的基础。六大步骤环环相扣，任何一环节出错，都会导致推命失败。

**step 1 ▶ 确定生辰八字** —— 根据"年上起月表""日上起时表"等推算出命主的准确四柱，即八字，这是进行占星的基础。相关推算方法在本书第三章有具体阐释。

**step 2 ▶ 推算星神** —— 推算七政四余等星曜和神煞的位置。神煞的位置可以通过五行生克关系推定，也可以根据干支顺序推定。常见神煞有天乙、太乙、天德、驿马、咸池、六甲空亡、孤辰寡宿等。

**step 3 ▶ 排盘** —— 编排十二次、黄道十二宫、分野、十二辰等。以生时先后确定命宫，排出星神、度主、命理十二宫等。确定各宫宫主、度主。

**step 4 ▶ 确定星格** —— 参照星神位置查看命主格局，依据格局推断命主吉凶。

**step 5 ▶ 分析命局** —— 依据前边的相关数据和格局，对一个人的命运吉凶作出精当的推断，对恶的凶兆，尽量给出化解方法。

**step 6 ▶ 验证总结** —— 依据命主的现实命运，验证命理推断，推断不精准的地方，找出原因并进行相关的知识积淀。

## 351 什么是星盘？

　　星座命盘，是和你出生的那一刻，天空中星体排列位置完全一样的星图。换句话说就是你出生的那一刻，在以你降生的地点为基点，指向天顶，此时天空中的星图（各天体的位置图）就是你的星座命盘。要排出一份正确的星盘，首先得有确切的出生日期与时间以及出生地点。星盘包括十二次、黄道十二宫、分野、十二辰、周天宿度等。

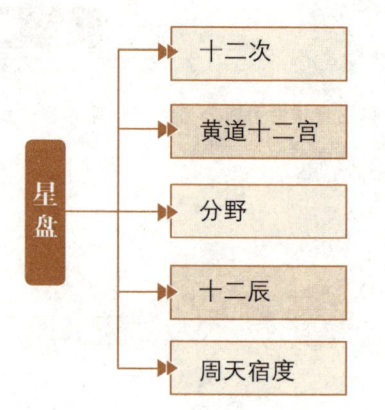

星盘 → 十二次
星盘 → 黄道十二宫
星盘 → 分野
星盘 → 十二辰
星盘 → 周天宿度

## 352 如何确定身宫、身度？

　　太阳为命，太阴为身，出身时月亮所在的宫位即是身宫，所在度数就是身度。

## 353 什么是量天尺、长历？

　　量天尺是一种占星工具，又叫过宫度数表。即将二十八宿度数排列在十二宫时，每宫的起始星宿度数。星命家主要用它查找行限，判断命主一生的运势。

　　怎样用量天尺查行限呢？先确定命主的命宫、命度，然后顺着命宫找到命度所在，接着从上往下看，就能找到命主各宫行限的岁数。

　　长历是一种推命工具，又称为星历表，是列举了七政四余星曜位置的星历表。可以用来换算并推定出生时的干支以及七政四余的位置数据。

**查行限的步骤**

确定命宫
↓
确定命度
↓
确定各宫行限岁数

## 354 如何依年干支推算星神？

星神的推算是依据其人的生辰干支与其相应的宫位和七政四余的关系得来的。依照年干推算星神，是以其人的出生年干为主，即看干为甲至癸的哪一位，然后再结合考查其相对应的宫位和七政四余的关系推算星神。

比如某人年干为甲，那么对应的火星变成天禄星，则表示某人的官禄亨通。此外，有些星神不是由星曜所变，而是由年干和宫位共同确定的。比如某人年干为甲，那么禄勋在寅宫，阳刃在卯宫，飞刃在酉宫。如果某人年干为乙，则禄勋在卯宫，阳刃在辰宫，其余皆以此类推。

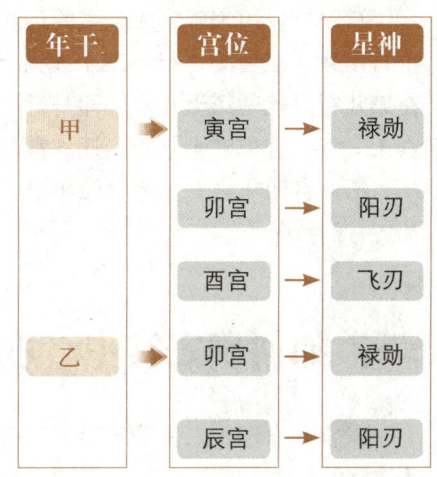

年支星神比年干星神多，用年支推算星神的方法，类似于用年干推算星神，即以其人的出生年支为主，结合考查其相对应的宫位和七政四余的关系推算星神。

比如某人年支为子，那么土星即为爵星、火星为天马、木星为地驿……其余的皆可依此类推。自岁驾以下，则是以年支来确定神煞在某一宫（即星盘上十二支之宫），比如，生年年支为子，则岁驾、太岁、剑峰、伏尸在子宫、天空在丑宫、丧门在寅宫、血刃在戌宫，余者依此类推。

## 355 如何排定命理十二宫？

命宫位置确定后，按逆时针方向依次排列财帛宫、兄弟宫、田宅宫、男女宫、奴仆宫、夫妻宫、疾厄宫、迁移宫、官禄宫、福德宫、相貌宫，排列顺序不可颠倒。黄道十二宫、地支十二宫均已提前在星盘上标出，这样命理十二宫就与地支十二宫、各星曜神煞相对应了。

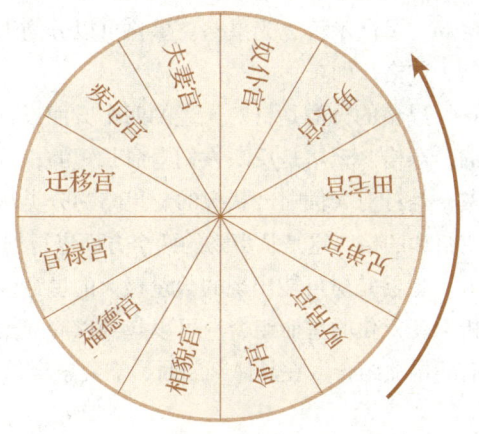

## 356 如何确定行限？

行限可以用来确定人一生的运势。确定行限要先确定命宫行限点，即将命宫的十行度数（三度为一行，三十度共十行）分别定为11-20岁（逆时针数），则命度在第几行，就是第十几岁，即是行限的基点。确定基点后，按照相貌宫十年、福德宫十一年、官禄宫十五年、迁移宫八年、疾厄宫七年、夫妻宫十一年、奴仆宫四年半、男女宫四年半、田宅宫四年半、兄弟宫五年、财帛宫五年的顺序顺时针相加即为各宫的行限。

## 357 如何确定宫主、度主？

身宫和命理十二宫确定后，其所在地支宫位的宫主、度主即为身宫及相应命理十二宫的宫主、度主。

## 358 如何判断十二宫的生旺死绝状态？

以生年干支的五行属性对照长生十二位，依次确定地支十二宫的生旺死绝等状态。

## 359 星格有哪些种类？

众星辰在星盘上排列分布之后，便因其相互关系的不同而形成许多不同的分布格局，星命术称之为星格。星格可以分为贵格、贱格、寿格、夭格、贤格、愚格、富格、贫格八种。

星格的分类是针对人生的四个方面设计划分的：贵格、贱格是反映人们社会地位的；寿格、夭格是反映人们寿命长短的；贤格、愚格是表现人们才智品德的；富格、贫格是针对人们财产状况的。星格的分类从另一方面讲，也仅仅分为合格和忌格，或吉格和凶格，这是从事物的两个方面进行划分的。

星格是对可能出现的数量极大的星命因素的组合的分类归纳，用星格形式对照分析千变万化的星命组合，可以起到以简驭繁及提高效率的作用。但星格不可能包括所有的星命组合，在具体判断时，需要融会贯通。

## 洞微百六限

洞微百六限行限一百年零六个月,是另一种行限方式。大限以命度除以三,再加十为命宫的起限岁数;洞微百六限直接将命宫行限固定为一至十五岁。除开命宫行限岁数有区别外,其他宫位的行限岁数都是一致的。

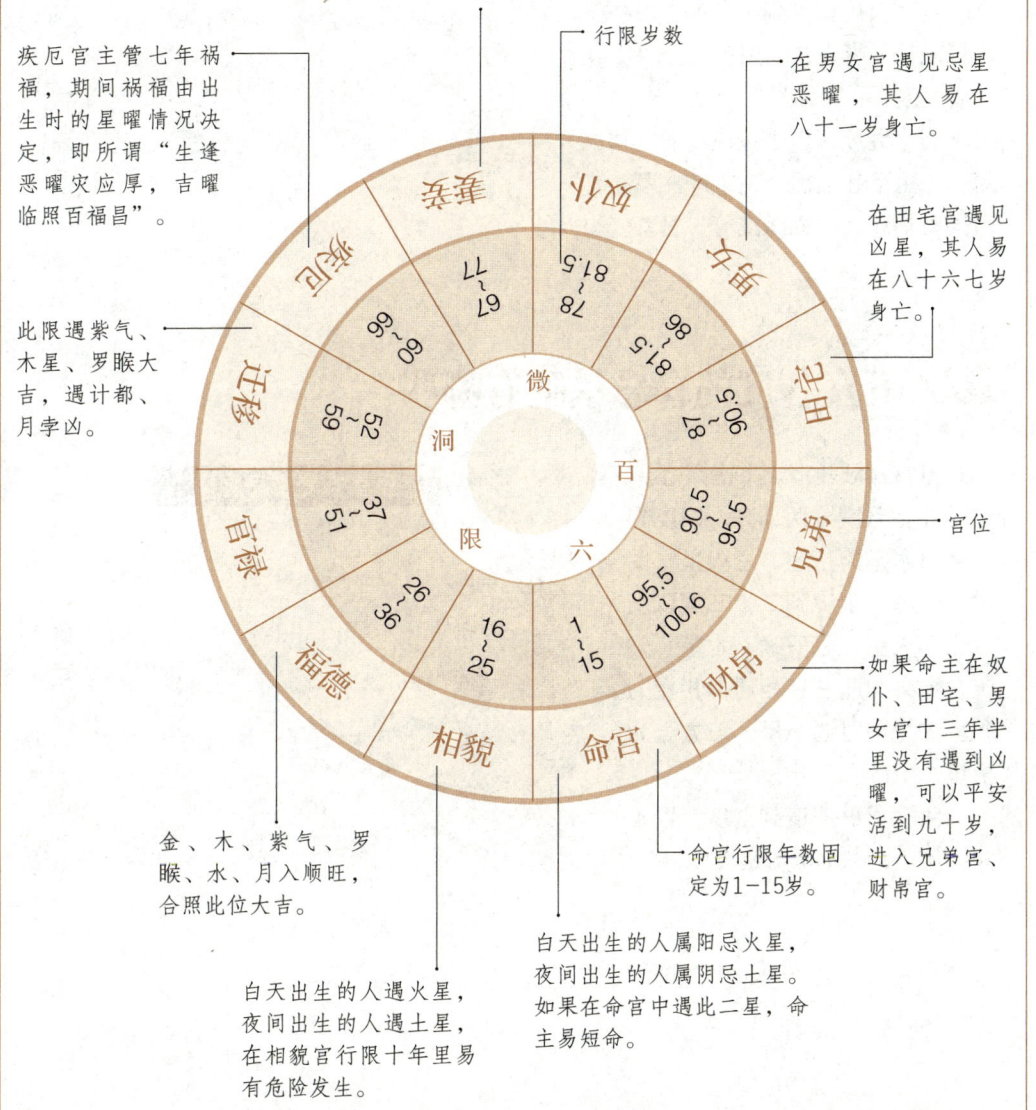

妻妾宫的吉凶由出生时遇见的星曜吉凶决定,遇吉则吉,遇凶则凶。

疾厄宫主管七年祸福,期间祸福由出生时的星曜情况决定,即所谓"生逢恶曜灾应厚,吉曜临照百福昌"。

此限遇紫气、木星、罗睺大吉,遇计都、月孛凶。

在男女宫遇见忌星恶曜,其人易在八十一岁身亡。

在田宅宫遇见凶星,其人易在八十六七岁身亡。

行限岁数

官位

如果命主在奴仆、田宅、男女宫十三年半里没有遇到凶曜,可以平安活到九十岁,进入兄弟宫、财帛宫。

命宫行限年数固定为1-15岁。

白天出生的人属阳忌火星,夜间出生的人属阴忌土星。如果在命宫中遇此二星,命主易短命。

白天出生的人遇火星,夜间出生的人遇土星,在相貌宫行限十年里易有危险发生。

金、木、紫气、罗睺、水、月入顺旺,合照此位大吉。

## 360 子宫各度的喜忌星曜有哪些?

子宫对应女宿、危宿、虚宿三宿。

女宿月度二度到十一度，以土论。喜火星与罗睺，与此二星相遇，相生有恩德；女宿忌木星和紫气，与此二星相遇，相克有仇凶。

危宿月度初度到十二度，白昼生者以土论。喜火星、月亮与金星，夜生者易发福；忌水星与月孛。

虚宿九度，以土论，喜罗睺与火星。二星单独临照，主福泽深厚；二星同时临照，则福泽浅薄。忌紫气与月孛。

**子宫各度喜忌星曜**

| 宫位 | 子 宫 | | |
|---|---|---|---|
| 星宿 | 女宿 | 危宿 | 虚宿 |
| 宿度 | 2-11 | 初-12 | 全部 |
| 属性 | 土 | 土 | 土 |
| 喜曜 | 火、罗 | 火、月、金 | 火、罗 |
| 忌曜 | 木、气 | 水、孛 | 气、孛 |

## 361 丑宫各度的喜忌星曜有哪些?

丑宫对应斗宿、牛宿二宿。

斗宿月度分两部分。四度到九度以木星为正垣，忌火星、罗睺、金星。十度到二十二度以土论，喜火星，忌罗睺、木星、紫气。如果与此三星相遇，相克为仇。如果同时遇三星，三方合为煞星，主命主夭折。

牛宿月度三度到七度，以土星为度主，忌木星与紫气。

**丑宫各度喜忌星曜**

| 宫位 | 丑 宫 | | |
|---|---|---|---|
| 星宿 | 斗宿 | | 牛宿 |
| 宿度 | 4-9 | 10-22 | 3-7 |
| 属性 | 木 | 土 | 土 |
| 喜曜 | | 火 | |
| 忌曜 | 火、罗、金 | 罗、木、气 | 木、气 |

## 362 寅宫各度的喜忌星曜有哪些？

寅宫对应尾宿、箕宿二宿。

尾宿月度三度到十七度，以木星论（尾宿度主为火星，但三度到十七度以木星论）。喜水星、月孛、土星、计都，有此四星临照，主命主有福；忌火星、罗睺、金星，行限遇此三星，命主会遇到一些小灾小难。

箕宿月度二度到九度，以水论。喜金星、水星、月亮、月孛，忌土星。

**寅宫各度喜忌星曜**

| 宫位 | 寅宫 | |
|---|---|---|
| 星宿 | 尾宿 | 箕宿 |
| 宿度 | 3-17 | 2-9 |
| 属性 | 木 | 水 |
| 喜曜 | 水、孛、土、计 | 金、水、月、孛 |
| 忌曜 | 火、罗、金 | 土 |

## 363 卯宫各度的喜忌星曜有哪些？

卯宫对应氐宿、房宿、心宿三宿。

氐宿分两部分，二度到十度以土论，喜火星、罗睺，遇此二星，主命主有福；忌木星、紫气、月孛。十度到十六度以火论（氐宿度主为土星），喜木星与紫气，遇此二星，主命主有福；忌水星、月孛、罗睺，如果与水星、月孛相遇，命主多夭折。

房宿的度主为太阳，为火之正垣，喜木星与紫气；忌水星、月孛、金星、罗睺，如果与这几星相遇，主命主夭折。

心宿的度主为太阴，月度初度到六度，以火论，喜金星、木星；忌土星、计都。夜生者此宿以太阴论，喜水星、火星、月孛，与此三星相遇，主命主有福；忌土星、计都。

尾宿初度到二度，属卯宫，以火论。喜木星与紫气，如果遇此二星，主命主有福；忌水星、月孛，如遇二星，主命主夭折。

**卯宫各度喜忌星曜**

| 宫位 | 卯宫 | | | | |
|---|---|---|---|---|---|
| 星宿 | 氐宿 | | 房宿 | 心宿 | 尾宿 |
| 宿度 | 2-10 | 10-16 | 全部 | 初-6 | 初-2 |
| 属性 | 土 | 火 | 火 | 火 | 火 |
| 喜曜 | 火、罗 | 木、气 | 木、气 | 金、木 | 木、气 |
| 忌曜 | 木、气、孛 | 水、孛、罗 | 水、孛、金、罗 | 土、计 | 水、孛 |

## 364 辰宫各度的喜忌星曜有哪些？

辰宫对应角宿、亢宿二宿。

轸宿十度到十六度属辰宫，以金星论，喜土星、计都，遇此二星，主命主有福；忌火星、罗睺。

角宿月度三度到十二度，以木星论，忌火星、罗睺，如相遇会有凶祸发生。

亢宿度主为金，喜土星与计都；忌火星与罗睺，如相遇主命主夭折。

氐宿月度初度到一度属辰宫，以土星论。喜火星、罗睺；忌木星、紫气。

**辰宫各度喜忌星曜**

| 宫位 | 辰宫 | | | |
|---|---|---|---|---|
| 星宿 | 轸宿 | 角宿 | 亢宿 | 氐宿 |
| 宿度 | 10-16 | 3-12 | 全部 | 初-1 |
| 属性 | 金 | 木 | 金 | 土 |
| 喜曜 | 土、计 | | 土、计 | 火、罗 |
| 忌曜 | 火、罗 | 火、罗 | 火、罗 | 木、气 |

## 365 巳宫各度的喜忌星曜有哪些？

巳宫对应翼宿、轸宿二宿。

张宿十五度到十九度属巳宫，以太阴论。喜金星、水星、月亮，如遇此三星，主命主有福；忌土星、计都。

翼宿度主为火星，为水之正垣。喜金星、水星、月亮；忌土星、计都、火星、月孛、罗睺。

轸宿月度二度到九度，以水星论。喜金星、月亮；忌土星、计都、月孛、罗睺。

**巳宫各度喜忌星曜**

| 宫位 | 巳宫 | | |
|---|---|---|---|
| 星宿 | 张宿 | 翼宿 | 轸宿 |
| 宿度 | 15-19 | 全部 | 2-9 |
| 属性 | 太阴 | 水 | 水 |
| 喜曜 | 金、水、月 | 金、水、月 | 金、月 |
| 忌曜 | 土、计 | 土、计、火、孛 | 土、计、孛、罗 |

## 366 午宫各度的喜忌星曜有哪些？

午宫对应柳宿、星宿、张宿三宿。

柳宿月度四度到十三度，以土星论。喜火星、罗睺、金星；忌木星、紫气。

星宿度主为太阳，属日之正垣。喜金星、水星；忌木星、紫气，如相遇命主有凶祸。

张宿月度初度到十四度，昼生者以太阳论，喜水星、金星与月亮，忌木星、紫气；夜生者以太阴论，喜火星、金星与月亮，忌土星、计都，如果夜生者有木星、紫气、金星、月亮临照，命主有福气。

**午宫各度喜忌星曜**

| 宫位 | 午宫 | | | |
|---|---|---|---|---|
| 星宿 | 柳宿 | 星宿 | 张宿 | |
| 宿度 | 4-13 | 全部 | 初-14 | |
| 属性 | 土 | 太阳 | 日（昼） | 月（夜） |
| 喜曜 | 火、罗、金 | 金、水 | 金、水、月 | 火、金、月 |
| 忌曜 | 木、气 | 木、气 | 木、气 | 土、计 |

## 367 未宫各度的喜忌星曜有哪些？

未宫对应井宿、鬼宿二宿。

井宿分两部分，九度到十五度，以木星论，忌金星、罗睺、土星、计都；十六度到三十度，以太阴论，喜金星、水星、月亮；忌土星、计都，如遇二星，主命主夭折。

鬼宿的度主为金星，为月之正垣。喜金星、水星、月亮；忌土星、计都，如遇二星，主命主夭折。

柳宿初度到三度属未宫，以土星论。喜火星、罗睺与金星；忌木星与紫气。

**未宫各度喜忌星曜**

| 宫位 | 未宫 | | | |
|---|---|---|---|---|
| 星宿 | 井宿 | | 鬼宿 | 柳宿 |
| 宿度 | 9-15 | 16-30 | 全部 | 初-3 |
| 属性 | 木 | 太阴 | 太阴 | 土 |
| 喜曜 | | 金、水、月 | 金、水、月 | 火、罗、金 |
| 忌曜 | 金、罗、土、计 | 土、计 | 土、计 | 木、气 |

## 368 申宫各度的喜忌星曜有哪些？

申宫对应觜宿、参宿二宿。

毕宿六度到十六度属申宫，以太阴论，喜金星、月亮，如遇二星，主命主有福；忌土星、计都。

觜宿度主为火星，以水星论。喜金星、月亮、水星，如遇此三星，主命主有福；忌土星、计都。

参宿度主为水星，喜金星；忌土星、计都、月孛，如遇此三星，主命主夭折。

井宿月度二度到八度属申宫，以木星论，忌土星与计都，如遇二星，主命主夭折。

**申宫各度喜忌星曜**

| 宫位 | 申宫 | | | |
|---|---|---|---|---|
| 星宿 | 毕宿 | 觜宿 | 参宿 | 井宿 |
| 宿度 | 6–16 | 全部 | 全部 | 2–8 |
| 属性 | 太阴 | 水 | 水 | 木 |
| 喜曜 | 金、月 | 金、月、水 | 金 | |
| 忌曜 | 土、计 | 土、计 | 土、计、孛 | 土、计 |

## 369 酉宫各度的喜忌星曜有哪些？

酉宫对应胃宿、昴宿、毕宿。

胃宿分两部分：初度到十三度，以土星论，喜火星、罗睺、金星，如与母星相逢，则命主有福，忌木星、紫气；十二度到十五度，以金星论，喜木星、紫气、土星、计都，如遇此四星，主命主有福，忌火星、罗睺、月孛，如遇此三星，命主易夭折。

毕宿月度初度到六度，半以太阴论，半以金星论。喜月亮、水星，如遇此二星，会生旺发福；忌火星、土星、计都，如相遇，命主有凶祸。

**酉宫各度喜忌星曜**

| 宫位 | 酉宫 | | |
|---|---|---|---|
| 星宿 | 胃宿 | | 毕宿 |
| 宿度 | 初–13 | 12–15 | 初–6 |
| 属性 | 土 | 金 | 太阴\金 |
| 喜曜 | 火、罗、金 | 木、气、土、计 | 月、水 |
| 忌曜 | 木、气 | 火、罗、孛 | 火、土、计 |

## 370 戌宫各度的喜忌星曜有哪些？

戌宫对应奎宿、娄宿二宿。

奎宿分两部分：二度到八度，以木星论，喜土星、计都与水星，忌金星、罗睺，如相遇，命主有凶难或夭折；九度到十六度，以火论，喜木星，如相逢主命主有福，忌水星与月孛，如相逢命主有难。

娄宿度主为金星，为火之垣。喜木星、紫气，三方相会，命主有福气；忌水星、月孛，如遇，命主易夭折。

### 戌宫各度喜忌星曜

| 宫位 | 戌宫 | | |
|---|---|---|---|
| 星宿 | 奎宿 | | 娄宿 |
| 宿度 | 2-8 | 9-16 | 全部 |
| 属性 | 木 | 火 | 火 |
| 喜曜 | 土、计、水 | 木 | 木、气 |
| 忌曜 | 金、罗 | 水、孛 | 水、孛 |

## 371 亥宫各度的喜忌星曜有哪些？

亥宫对应室宿、壁宿二宿。

危宿十三度到十八度属亥宫，度主为月亮，以太阴论。喜火星、月亮、金星与水星，如相逢，主早年发福；忌土星、计都。

室宿度主为火星，为木之正垣。喜水星、月孛；忌火星、罗睺与金星，如相逢，主命主夭折。

壁宿度主为水星，月度初度到九度，以木星论。喜水星、月孛；忌土星、计都、火星、罗睺、金星，如相逢，命主有凶祸。

奎宿初度到一度属亥宫，以木星论。喜水星、月孛，如相逢，主命主有福气；忌金星、罗睺，如相逢，命主有凶祸。

### 亥宫各度喜忌星曜

| 宫位 | 亥宫 | | | |
|---|---|---|---|---|
| 星宿 | 危宿 | 室宿 | 壁宿 | 奎宿 |
| 宿度 | 13-18 | 全部 | 初-9 | 初-1 |
| 属性 | 太阴 | 木 | 木 | 木 |
| 喜曜 | 火、月、金、水 | 水、孛 | 水、孛 | 水、孛 |
| 忌曜 | 土、计 | 火、罗、金 | 土、计、火、罗、金 | 金、罗 |

## 372 安命于子宫时吉凶如何判断？

《星学大成》记载：子宫为土星的旺地，安命于此宫，应以土星作为主星。如果登垣、登殿、入局、登籍、坐贵，并且又与子宫的宫神太岁相关，则吉。如果出现凶忌、刑曜混杂的情况，不能为福。如果吉凶力量相当，取中进行推断。如果处于本宫三宿中的女、虚二宿中，不管是白天出生的人还是夜间出生的人，都以土星论。处于危宿且是夜间生的人，则以月亮取用，并且要依据弦望论。

- "子宫立命，午上有禄，酉上有身，卯有命主，乃一阴一阳之谓道，而天地通关局成矣。"
- 立命子宫主要格局有天地通关局、四正局、四破局。

## 373 安命于丑宫时吉凶如何判断？

《星学大成》记载：丑宫与子宫相邻，以土星为主星。丑宫的凶吉与亥、寅二宫通断。丑宫土星外表看来性缓，实际性急。安命于斗宿的人，如果是甲乙日生人（或纳音为木命、火命的人）并且为春令出生的人，应当取木星为用星。

立命丑宫，以金星为官星，火星、罗睺为恩星，遇到这三星为吉，易得福，见太阳、木星、紫气则不吉。

- 立命丑宫，吉凶的判断要结合生时、生日来分析。
- 立命丑宫，若未遇禄马，多为三煞临照，则辰、戌、丑、未四位皆煞，命宫、妻宫、官宫与田宅宫合总成局。

## 374 安命于寅宫时吉凶如何判断？

《星学大成》记载：寅宫五行属木，以木星为主星。木星初生于亥、寅二宫，与亥宫相合。如果遇到凶星或吉星进入卯、丑二宫，则吉星入照主其命有福，凶星入照主其命有祸。白天出生的人，遇木星、土星临照，福气深厚；夜间出生的人，遇土星和木星，福泽浓厚。

立命寅宫，以月孛、水星为恩星，遇之主吉；以月亮、金星为凶星，遇之主不吉。如果水星、金星互换宫位，则有官命。

- 丑为寅的财帛宫，辰为寅的福德宫，巳为寅的官禄宫。
- 立命寅宫有天地通关局、天地德合局、六合局、六害局等。

## 375 安命于卯宫时吉凶如何判断？

《星学大成》记载：卯宫属于火宫，命主居卯宫形成伏吟局。夜间出生的人，火星、金星与月亮为用星，用星处于高强宫位并明健，主命主有福；白天出生的人，受此三星影响较轻。白天出生的人，如果木星与土星同时临照，则此二星不再为田、财二宫所受用，而成为太阳明照的辅助。火星为命主，位于午宫最吉；水星为难星，多主凶。木星、紫气为嫌星，命主遇之可获福。立命于卯宫，无论生于白天还是夜晚，也不管出生于哪个季节，只要有太阳临照吉地，并有吉星守于禄宫、卦气之上，命主多功名显达。

- 立命卯宫，申宫为疾厄宫，此宫遇水星有疾病。
- 立命卯宫，福德宫有吉星未必就是吉兆，有凶星未必是凶兆，应根据地盘酉戌宫来判断。

## 376 安命于辰宫时吉凶如何判断?

《星学大成》记载：辰宫以金星作为主星，此宫属于四库之一，既没有禄马，也没有卦气。安命于辰宫，只有用六害二体进行祸福推断。推断时以翻覆为先，以互加为后。安命于辰宫，以太阴为官禄宫的主星，土星、火星为田宅宫与财帛宫的主星。火星是财帛宫的主星，夜间出生的人遇此星有福；白天出生的人遇此星，无功用。

命主金星如飞入官禄宫、福德宫，且无恶星相杂，为贵命。如果飞入奴仆宫、相貌宫，并且没有官福权财相助，多为贫贱。

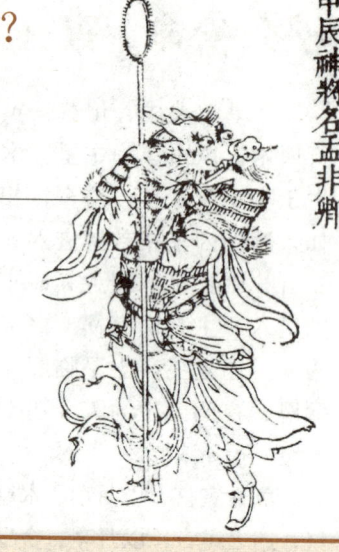

未宫是辰宫的官禄宫，上有午，下有未，叫"六合为官"。此格只在辰宫出现，其他宫没有。

- 亥宫虽然是辰宫的奴仆宫，但此宫关联命宫，成为弱中的强宫。
- 午宫为辰宫的福德宫，善恶相伴，得其吉用，叫做"培植"；得其凶用，则为"党鬼"。

## 377 安命于巳宫时吉凶如何判断?

《星学大成》记载：巳宫五行属水，安命于巳宫，叫做"诸不入局"或"借局"。卯宫为闲极宫，午宫为相貌宫，卯午二宫与命宫、官禄有不显现的关系。水星所在卯午二宫，多陷弱，难以获得福泽。水星在卯宫，卯加巳，为水星入垣，也叫做水临双女宫。如果癸酉、癸丑生人遇水星居卯宫，主命主发达。水星位于午宫，有午加甲，则官禄宫主星坐长生宫位。如果是六庚日出生的人，水星为官禄宫的主星，称为禄主居窠。如果申宫为岁殿所在，主命主年少飞黄腾达。

火星为难星，守照辰宫为临驾，命主多有磨难。

- 未为福德宫，若有月亮居月位，称为福入福宫。
- 戌为疾厄宫，水星入戌，命主有疾。

## 378 安命于午宫时吉凶如何判断？

《星学大成》记载：午宫以太阳、木星和土星为三方主星。根据四序可以推究白天出生的人的星命，要注意区别木星和土星的作用。夜间出生的人，以金星为权星，如果是秋季出生，且有金星临照，叫官星秉令；冬季出生得水星临照，主命主财帛旺盛。夜间出生的人，逢水星不为凶，白天出生的人，逢水星取用较小。立命午宫，以水星、木星、土星为文经，以金星、火星为武略。如果有水星、土星、木星临照，命主贤良；如有金星、火星、罗睺、计都四星临照，命主多勇敢、机智。午宫对星曜的取用，与其他诸宫不同，所主命运也不同。

如果金星居金局，水星入水乡，叫做官福入垣；如果金星居申宫，水星居酉宫，叫做官福互垣。如无杂曜，为大贵之命。

- 午宫为日宫，坐命午宫为四正之体，主吉。
- 卯为田宅宫，天盘为午加卯，木星居卯，为难星逢旺，多有灾祸。

## 379 安命于未宫时吉凶如何判断？

《星学大成》记载：未宫属于四墓之地，未宫与申宫相关联，其好坏与善恶，与申宫相应。太阳和金星为田宅宫的主星，白天出生的人遇二星为吉。土星为难星，但在白天阴消阳长的时候，不为灾，而为吉助。夜间出生的人遇到计都、土星，命主多有灾厄。若出现木星、紫气伏制土星与计都，则可以避免灾难。如果有火星、罗睺帮助土星、计都，则会加速灾厄的降临。

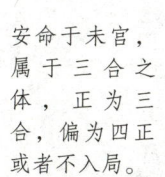

安命于未宫，属于三合之体，正为三合，偏为四正或者不入局。

- 巳宫为兄弟宫，太阴临照为身居闲极。夜间出生的人逢此添寿。
- 午宫为财帛宫，太阴临照午宫，太阳临照未宫，称为财元入命宫。

## 380 安命于申宫时吉凶如何判断？

《星学大成》记载：申宫为水星之垣，察看申宫要先看水星的具体情况。申宫以土星为难星，但因为申宫属阳，以土星为三限主，对土星不是特别忌讳。白天出生的人，多将土星作为用星；夜间出生的人遇土星、计都临照为凶。水星、月亮分别是田宅宫、财帛宫的主星，夜间出生的人遇之，生理厚实。木星、火星为官禄宫和福德宫的主星，白天出生的人喜欢木星临照；夜间出生的人喜欢火星临照。

在春季木星强旺的时候遇木星，称为官星乘势，主命主得官显达。

- 子宫为迁移宫，水星居子宫，逢生旺则吉，受克制则凶。
- 申宫不入局，只与未宫通关。

## 381 安命于酉宫时吉凶如何判断？

《星学大成》记载：立命在酉，以金星为命主，土星、计都为母星，火星、罗睺为忌星，若寅午戌宫有火星、罗睺，必受其制。但若混杂土星、计都，则转祸为福。子宫为财帛宫，木星居子宫为难星入垣，太阴居子宫为身居八煞，冬秋交际之时生人，多疾病。未宫为闲极宫，太阴居未宫，则其一身主入垣，其二身居闲极，其三身命夹财帛。甲戌日出生人属贵人得局。

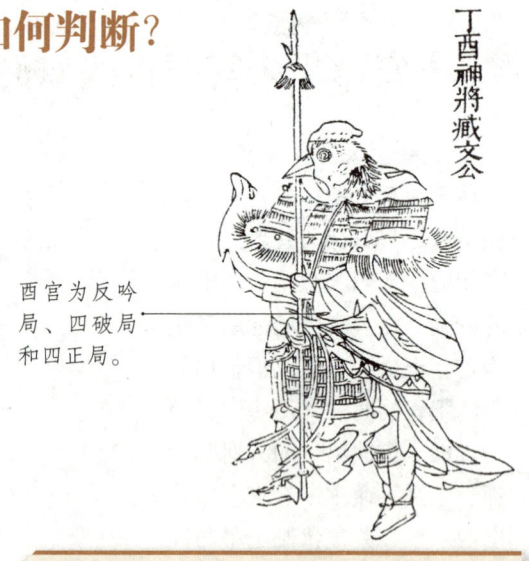

酉宫为反吟局、四破局和四正局。

- 四正局指日、月、官、禄居于子、午、卯、酉四宫。四正局未必都是福，四破局未必都是祸，而要参看格局变处轻重进行判断。
- 四破局指火星、罗睺、计都、月孛居于子、午、卯、酉四宫。

## 382 安命于戌宫时吉凶如何判断？

《星学大成》记载：立命戌宫，太阴居未宫属于身入格，太阴如果不在未宫，就要在寅宫，命主才为好命。木星、土星、太阳作为三限主，若白天出生的人，逢木星与土星处于高强宫位，命主可为官。如果木星、土星、太阳有得处或者处于高强之势，也没有刑星克破，则为贵格。夜间出生的人也适用，只是不如白天生的人效果明显。立命在戌，以火星为命主，月孛、水星为难星，木星、紫气为恩星。

与其他十二宫不同，辰戌二宫看重奴仆宫，特别是戌宫。

- 查看戌宫得失，先看翻覆，再看其他克制。
- 戌宫以火星作为主星，以六合为体。

## 383 安命于亥宫时吉凶如何判断？

《星学大成》记载：金星、火星、月亮作为三限主，夜间出生的人遇之为吉用。白天出生的人遇之，为吉，但效果不如夜间。在亥宫，金星与火星相交，金星与月亮相交，可成为三限之用。如果金星独行，为难火，夜间出生的人遇之，最为有用。水星、火星为田宅宫和财帛宫的主星，如果火星单独运行，夜间出生的人遇之，有用。如果水星与火星并行，白天出生的人遇之有用。如果夜晚有水星、火星交会，叫做客星攻主星。

丑宫为官禄宫，土星居丑，为官主入垣，主贵；太阴居丑宫，为身居官禄，主贵。

- 命居亥宫，有本年崇勋、卦气、岁驾、驾殿与驿马、贵人临照，并得木局，则被取用。
- 亥宫以木星为主星，为三合局。

## 384 宝瓶宫见不同星曜吉凶如何判断？

《星学大成》记载：火星、罗睺，夏季出生的人遇此二星，多富贵，如果外加火星、土星临照，福气深厚。遇计都、紫气不可动怒，否则易遭刑宪处罚。如果木星、紫气位于危宿月度中，如果不夭折，多半家庭倾颓。白天出生的人，遇见火星，未能成大器。夜间出生的人遇见罗睺，必能获得祥瑞。在夜晚，见太阴于虚宿，人多不露声色；在白天，见太阳于虚宿，多福禄昌盛。

宝瓶宫的符号是用水波流动的形象来设计的，象征具备推理能力和观察入微的科学精神，是知识和理性的代表。

- 宝瓶宫与女宿、虚宿、危宿相对应，即子宫，地面对应分野为齐国、青州。

## 385 摩羯宫见不同星曜吉凶如何判断？

《星学大成》记载：喜遇火星、金星。夜晚独遇土星，祸患不会降临命主身上；白天独遇火星，百祸俱消。"日月无情，不照覆盆之下；木气相攻，难保生身之全。"如果只有紫气临照，六亲冷淡；如果只有计都临照，五族都享荣华。金星入局，一生多发非分之财；火星入垣，一世悠游。辰卯二宫有火星、罗睺临照，寅亥二宫有火星临照；夜间出生的人，尊贵而荣耀；白天出生的人，遇灾而解灾。五星居官禄宫，命主可官居极品；九曜同临官禄宫，贵不可言。在空亡之地，夏季遇太阴、火星、罗睺，多获财富。

摩羯是羊身鱼尾的神兽。

- 摩羯宫与斗宿、牛宿相对应，即丑宫，地面对应分野为吴国、扬州。
- 摩羯宫象征着对环境的适应能力和忍耐力。

## 386 人马宫见不同星曜吉凶如何判断？

《星学大成》记载：木星、火星交于此宫，多疾病缠身；水星、火星会于人马宫，过恶难施；金星、月亮五更临照，"有气笔下生烟"。月孛、罗睺会于三春，"得用闹里有钱"；旺盛的紫气居于辰宫，易患风湿。秋季金星入局，预防痨病及瘫痪。土星、计都守于亢宿，一生愁苦叹惋；忽然在高强位出现刑囚、月孛，多会因为为官而获得财富。如果有刑囚、水星临照官禄宫，多会依靠贵人而成就家业。如果同时遇见亢宿四星，即使是夜间出生的人，也多会伤财。如果金星在冬季归垣，则不能为害。计都、土星藏于亥宫，妇人有难产之灾。

人马宫的符号由一支飞翔中的箭组成，代表着人马宫追求自由的决心和善变的性格，也象征着远大的理想抱负。

- 人马宫对应危宿大部分、箕宿全部和小部分斗宿，即寅宫，地面对应分野为燕国、幽州。

## 387 天蝎宫见不同星曜吉凶如何判断？

《星学大成》记载：火星居尾宿与房宿，土星、月亮会于氐宿与心宿。月孛临照，易患心脏方面的疾病；水星临照，易患肝脏方面的疾病。卯宫入命为喜，"木星为刑囚"，多易获得财富；紫气替代暗耗，也可获得福气；火星夜里朗照，主功名早成。刑囚、月孛攻照火星，命主易早亡；水星、月孛破福德宫，福寿俱散；金星临照人马宫，有官位丢失之灾；日在东方，月在西方，功名不求而自然可以得到；阳在西宫，阴在卯宫，不会拥有久传的良好家风；水星在西方，月孛在东方，生计艰难。

天蝎宫的符号是用蝎子的模样设计而成的，高高翘起的尾巴，象征着蝎子内心的渴望，更代表着为了达到追求的目标，至死不渝的决心。

- 天蝎宫对应大部分氐宿、心宿全部和小部分尾宿，即卯宫，地面对应分野为宋国、豫州。
- 天蝎宫的心宿又名"大火"，《诗经》中有"七月流火，九月授衣"一说。

## 388 天秤宫见不同星曜吉凶如何判断？

《星学大成》记载：夜间有金星、月亮朗照辰宫，主登科有名。如果此宫又逢土星、计都，则白天出生的人，会位居高官；遇火星、罗睺旺盛而照耀分野的三河，主命主少时韬光养晦；太阳独行至午宫，会有百福临身；若五星会于南方离宫，家业多千疮百孔；计都临照卯宫，家有积财，能长久富贵；苴星临照亥宫，家中殷实，钱粮满库；安身立命时有水星、月孛相会，命主多为好色之徒，多在女色上浪费钱财。

天秤宫的符号是用秤盘来设计的，以秤盘为中心，两侧保持水平，代表着公正和公平的判断力。

● 天秤宫包括轸宿后半部分、角宿和亢宿的全部，即辰宫，地面对应分野为郑国、兖州。

## 389 双女宫见不同星曜吉凶如何判断？

《星学大成》记载：计都运行于命宫，多有伤残之灾；秋季中，金星与水星相遇同一宫中，主命主发迹，财、福会降临；夏季中，水星、金星独照而盛，行事有成；水星与太阳、太阴相会，多晚年大富；夜间，太阴临照巨蟹宫，可轻松获得功名；太阳临照巨蟹宫，命主行色不外露，容纳万象；月孛、计都相会于安身立命之宫，命主多四海漂泊，居无定所；月孛、罗睺相会，命主多有生命危险；立命时，太阴升于宝瓶宫，此人必一生劳碌；土星、计都旺盛居命宫，命主性格独立，半生愁苦。

双女宫的代表符号是由女神拿着麦穗构成的双女宫形象，象征对过去的怀念和对未来的梦想。

● 双女宫即室女宫，对应张宿与轸宿，即巳宫，地面对应分野为楚国、荆州。

## 390 狮子宫见不同星曜吉凶如何判断？

《星学大成》记载：太阴入张宿而守后宫，命主一生有庆贺之事；金星、水星扶助太阳，命主贵；木星、紫气相攻，命主凶；火星、罗睺重叠，则白天出生的人有伤残；月孛、计都交会于午宫，则夜间出生的人易因难产而亡。立命时遇水星单行，命主聪慧有心机；立命时遇金星单行，其人性格刚强；立命时遇月亮处于朔或者望时，其人缺衣少食，生活艰辛；太阳、太阴运行顺利，其人早得富贵；火星、罗睺单星临照，其人福禄权贵昌盛；计都、月孛单星临照，其人威武勇敢；木星和月亮相逢时安身立命，其人为富贵之人；如果遇月亮、紫气，命主难与妻子偕老，可能再娶。

狮子宫的代表符号是用狮子的尾巴设计而成的。强而有力的尾巴，显示出他们强烈的个性，但是狮子座也有脆弱的一面，悄悄卷起的尾巴，象征着他们内心的孤独。

- 狮子宫对应一部分柳宿和张宿，全部星宿，即午宫，地面对应分野为周国、三河。

## 391 巨蟹宫见不同星曜吉凶如何判断？

《星学大成》记载：太阴初生于鬼宿，命主易受重视及重用；秋季旺木四时生，井宿强壮的木星可以化为七宿苍龙之主，若太阳、土星、计都交会于此时，命主多聋哑或遭药物所害；月孛、罗睺相背而行，命主有福气；太阳单行，命主六亲多为无用之辈；紫气独旺，命主气质高雅；金星、水星同行，命主名声显赫，声名远扬；火星与罗睺背道而驰，命主即使富有但在官场难以得势；木星与月亮同行，命主既富又贵；太阴与忌星相遇，命主虽俊秀聪明，但多无所作为；月亮与罗睺同行，命主四处飘荡，乡里难归；月亮与计都同行，命主多暴死异乡。

巨蟹宫的符号看起来就像它的外形，象征着对家庭和家人的呵护，代表着不畏牺牲的奉献精神。

- 巨蟹座包括井宿大部、鬼宿全部和小部分柳宿，即未宫，地面对应分野为秦国、雍州。
- 巨蟹的背上有一个疏散星团，看上去像鬼火，中国古代称其为鬼宿，古希腊人则认为那是灵魂的出口。

## 392 阴阳宫见不同星曜吉凶如何判断？

《星学大成》记载：立命之宫出现木星，命主财利丰满；太阳、太阴临照，虽为得地，只能拥有小富；土星、计都为煞，即使有福也不能避开祸患与危难；月孛、罗睺背道而照，命主多易在陆路求财；计都与月孛相会，命主不可到远方求取功名；金星独行，命主既富又贵；火星与罗睺同行，命主即使富有也无名望；土星与计都同时入亥宫，凶患可除；水星与月孛相战于戌宫，虽吉祥却注定伤残；紫气入戌宫，财源丰富；土星独行戌宫，百祸俱消；身宫与官宫一处，命主因文章而显达；火星、土星独守于福宫，多大发横财。

由双生子构成的阴阳宫符号，代表着两个人的身体和精神合二为一，充分显示了其双重性格。

- 阴阳宫即双子宫，对应觜宿、参宿全部和部分井宿、毕宿，即申宫，对应地面分野为晋国、益州。

## 393 金牛宫见不同星曜吉凶如何判断？

《星学大成》记载：火星、罗睺主命主性格刚毅，夜间出生的人祸患不侵，白天出生的人，寿命不会很长，太阳在卯时西没，命主多早亡；月亮临照金牛宫，白天出生的人运不好；木星与紫气相遇于星宿，春季出生的人可以获得资财；月孛宿凶神遇二八，不能成为祸害；水星入身宫为财星入命，遇月亮临照卯戌二宫，为鬼旺身衰，命主少年时多福多富，壮年后却破灾、破财，不吉；火星与罗睺为煞星，夜晚出生的人却喜欢此二星临照子宫；木星、紫气为财星，但不宜在辰、丑、未、戌月居子宫。如无金星、火星临照，命主易误伤他人；在一定条件下，吉星可以转变为煞星，忌星也可以转变为吉星。

金牛座的符号由圆形和弧形组成，圆形的部分代表圆满，弧形的部分则代表顺从，象征物质和精神追求的优越。

- 金牛宫包括胃宿大部、昴宿全部和前半部毕宿，即酉宫，对应地面分野为赵国和冀州。
- 月亮与火星争耀，命主勇气可嘉，有独当一面的气势。

## 394 白羊宫见不同星曜吉凶如何判断？

《星学大成》记载：立命戌宫，有罗睺、木星临照，幼年可成名；太阴居娄宿，遇日月临照，钱财广进；火星、罗睺强旺，名利来自疆场；立命安身时月亮落于奎宿，命主文章奋发，得福得利；月孛、水星在娄宿争夺，命主多疾病缠身；罗睺单行临照应有所忌，壮年时易暴病身亡；水星与月孛相攻，命主易少年早逝；木星、紫气守照，命主财帛昌盛；行限时，木星、紫气相逢，可求得富贵；月孛、计都临照，白天出生的人不会夭折，但常有灾祸；水星、火星临照，夜晚出生的人，不会有伤残，只是人生充满疾苦；安身立命时遇紫气，命主多乐善好施；安身立命于双女宫又遇木星临照，命主睿智，多才多艺；旺土守官禄宫，命主晚年可享福气。

白羊宫的符号就是它头上的双角，像是将要向上生长的嫩芽，象征着勇气和坚忍不拔的精神。

- 白羊宫对应大部分奎宿、娄宿全部和小部分胃宿，即戌宫，对应地面分野为鲁国、徐州。
- 紫气、木星临照丑宫，财富虽有，但却无命享受。

## 395 双鱼宫见不同星曜吉凶如何判断？

《星学大成》记载：九曜静卧卫国上空显照，其人必官位极高；身月常临照于壁宿及危宿，忽遇紫气、金星临照，命主好幻想；身月与月孛、计都相逢，命主多命丧龙宫，溺死于水；安身立命之宿遇水星，少子息，多有螟蛉子（义子）；罗睺单独临照，名享当世；计都单独临照，妻子易受重伤；紫气、月孛二星临照，命主性格直爽，得罪人而不自知，施恩反招怨恨；罗睺、月亮临照，多遭疾病之苦且无药医治。

双鱼宫的符号由两个反方向的弧形组成，中间用丝带系住，象征着双鱼在水中的变幻，表示内心对精神和物质共同存在而引发的纠结情绪。

- 双鱼宫包括室宿、壁宿全部及危宿、奎宿的小部分，即亥宫，对应地面分野为卫国、幽州。
- 身月居天秤宫，太阴坐金牛宫，则春月所生的人为贵，秋月出生的人一生平淡，处处受限，如果没有吉星解救，一生无法进取。

## 396 命宫的吉凶如何判断？

金星入命夜生吉，白日生人减半力；木星照命有多般，白日逢之必做官；
夜生若有暗曜杂，返为凶祸主忧煎；水星在命合入庙，夜里生人太阴照；
或居双女与阴阳，决定少年居显要；火星入命不堪详，白日生人主祸殃；
更被孛罗三合照，定知哑吃与人伤；患劳枉死人孤寡，夜生又宜却无妨；
土星入命主顽钝，夜里生人不可论；水命定知须哑吃，黄肿气疾命难存；
太阳坐命若逢木，罗紫同宫须食禄；火星不照定封侯，月孛临之患心腹；
太阴在命生逢夜，水宿同宫为仆射；土宿入命孛星来，有禄定知非久谢；
紫气印星号天乙，凡在命宫皆有益；生时不被恶星临，善宿合兮多子息；
未月见紫入夜宫，夜里生人为辅弼；若是土星三合照，虽则高强终是疾；
罗睺入命计谋多，木紫同宫主富豪；金木太阳三合照，此人慷慨更英豪；
女人夜生罗照着，自缢劳刑贫又薄；紫火水计入命时，此则定主十般恶；
计都入命忧火命，此则十煞恶无定；贵人遇者以无权，白日生人宜修进；
木星紫日如照临，主命俱强为福庆；孛星入命人廉洁，目快心清为性别；
紫木日金合照时，所作高强皆有节；日生火孛主星微，决定刑伤蛇虎食；
掩口不开气冲人，直得为官须歇灭。

**命宫喜忌星曜**

| 宫位 | 命宫 |
|---|---|
| 喜曜 | 金星、木星（昼生）、水星（夜生）、太阳、紫气、印星 |
| 凶曜 | 木星（夜生）、火星（昼生）、太阴、月孛、罗睺（女命）、计都 |

## 397 财帛宫的吉凶如何判断？

金临财帛足随时，夜里生人皆进滋；
木临财帛必丰隆，日中生者最难逢；
水临财帛财帛散，更被孛来不足看；
火居财帛与前同，土居财帛皆丰亨；
太阳居此足钱财，贸库常开待物来；
月居财帛多财帛，只怕土星三合克；
紫入二宫亦忌之，遇日木扶还又得；
罗计孛入损资财，终身不得资财力。

**财帛宫喜忌星曜**

| 宫位 | 喜曜 | 凶曜 |
|---|---|---|
| 财帛宫 | 金星<br>木星<br>太阳<br>土星<br>太阴 | 水星<br>月孛<br>火星<br>紫气<br>罗睺<br>计都 |

## 398 兄弟宫的吉凶如何判断？

木金兄弟主英雄，水星和乐旺门风；
火在此宫定孤寡，夜生不与孤寡同；
土临兄弟终和睦，日居未可同年语；
生时父母决相背，木计合宫主贫苦；
太阴若得主星来，辅弼荣华由此胎；
紫临第三兄弟少，计星遇此断生灾；
月孛来时损兄弟，古今传说祸难推。

**兄弟宫喜忌星曜**

| 宫位 | 喜曜 | 凶曜 |
| --- | --- | --- |
| 兄弟宫 | 金星<br>木星<br>水星<br>紫气<br>土星（夜生）<br>太阴（夜生） | 计都<br>罗睺<br>月孛<br>火星（昼生）<br>土星（昼生）<br>太阴（昼生）<br>太阳（夜生） |

## 399 田宅宫的吉凶如何判断？

金居田宅父母宫，白日生人主困穷；
如逢夜里最为吉，产业自营迈祖宗；
木临田宅兴父母，自然福寿世难同；
水居第四旺田庄，更有双亲寿命长；
火星临此不堪说，土星躔入有房廊；
白日生人为最吉，夜生父母早身亡；
日居田宅足田园，木临双亲福寿全；
火孛不照多产业，水金合会常堪怜；
月临虽称旺田地，白日生人反作累；
紫气居之多壮宏，父母一时居富贵；
木星入位必有官，水月合今居显位；
罗入田宅不堪猜，十般恶死及破财；
计都侵之忧父母，田庄牛马化成灰；
月孛居此亦如之，夜生亦可减毫厘；
昼生又忌火来克，父母早亡主孤恓。

**田宅宫喜忌星曜**

| 宫位 | 喜曜 | 凶曜 |
| --- | --- | --- |
| 田宅宫 | 木星<br>水星<br>太阳<br>太阴<br>紫气<br>金星（夜生）<br>土星（昼生） | 火星<br>罗睺<br>金星（昼生）<br>土星（夜生） |

**怎样从田宅宫看财运？**

1. 田宅宫有化禄、化权、化科：代表能从不动产获得好处。
2. 田宅宫有天梁与禄星同宫：田宅运不错，可能继承长辈留下来的土地或房产，也可能是公家配的官舍。
3. 田宅宫有紫贪、紫相和紫府：多家产丰厚，可以接收祖产，也能自置。

## 400 男女宫的吉凶如何判断？

金星若在男女宫，三男聪俊各英雄；
火在此宫不得地，遇着定来更莫穷；
土临第五迟迟有，夜生决定主孤踪；
太阳若照男女宫，必主贵子显门风；
太阴居之亦如此，三男富贵夜为功；
紫气当生照男女，不被恶星并火土；
三合水月同聪俊，男女荣华定文武；
罗照男女主夭亡，计都临照亦灾苦；
孛星倘若居此宫，十生九死空费乳；
为人性狠恶肚肠，此乃依经与君语。

**男女宫喜忌星曜**

| 宫位 | 喜曜 | 凶曜 |
|---|---|---|
| 男女宫 | 金星<br>太阳<br>太阴（夜生） | 火星<br>土星<br>罗睺<br>计都<br>月孛 |

## 401 奴仆宫的吉凶如何判断？

金木星居足奴仆，土若加之夜为毒；
火在此宫必少力，太阴值此多悲哭；
非唯辛苦有多般，决定生时非正屋；
月若居之被日土，一世多迍更贫苦；
第六宫中见太乙，男女顽愚多忌疾；
不然迟忌亦寡微，此乃皆言为不吉；
计罗居此有灾殃，孛若临之号凶极。

**奴仆宫喜忌星曜**

| 宫位 | 喜曜 | 凶曜 |
|---|---|---|
| 奴仆宫 | 金星<br>木星 | 火星<br>太阴<br>紫气<br>计都<br>罗睺<br>月孛 |

## 402 迁移宫的吉凶如何判断？

此宫见紫主为官，太阴合兮为瑞端；
罗在游行必见刑，家中长见检尸灵；
计都若会孛星入，决定蛇伤并虎擒；
切闻月孛入迁移，损田损宅损妻儿。

**迁移宫喜忌星曜**

| 宫位 | 喜曜 | 凶曜 |
|---|---|---|
| 迁移宫 | 金星<br>水星<br>紫气<br>太阳（昼生） | 火星<br>土星<br>罗睺<br>计都<br>月孛 |

## 403 夫妻宫的吉凶如何判断？

金在七宫妻妾好，木星会此日相逢；
其妻非但能廉洁，貌白容妍世孰同；
水在妻宫多妖冶，火则伤残莫论容；
夜生犹自主离别，何况生逢在日中；
土入妻宫无貌娘，妻妾命如日里霜；
太阳美貌火孛丑，太阴见水美容妆；
紫木星临太阴吉，罗睺自缢检尸伤；
计入妻宫劳患死，不然毒药溺江亡；
妻妾宫中见孛星，计都水火自相刑；
兼主蛇伤并自吊，不然产难堕青冷；
火孛瘟黄死暴哀，落水悬崖产难灾；
金镇太阳真绝妙，多招妻妾外家财；
火土生离并带疾，鼓盆三度请良媒；
木紫二星多美丽，姿容可与孟姜偕；
罗计二妻产难别，暴丧逃亡自带来；
紫孛水金淫欲甚，交情奴仆老心灰。

**夫妻宫喜忌星曜**

| 宫位 | 喜曜 | 凶曜 |
|---|---|---|
| 夫妻宫 | 金星<br>木星<br>太阳 | 罗睺<br>计都<br>土星<br>水星<br>火星<br>月孛 |

**怎样从夫妻宫看丈夫性格？**

1.天同、天梁和廉贞星位于夫妻宫，丈夫多体贴，能帮忙操持家事，具有浪漫气质。
2.廉贞、破军和武曲星位于夫妻宫，丈夫多脾气火暴，而且得理不饶人，我行我素。
3.廉贞、贪狼、太阳和太阴位于夫妻宫，丈夫多带桃花，异性缘很好，懂得怎样讨女性喜欢。

## 404 疾厄宫的吉凶如何判断？

金在疾厄永无疾，木居富贵常安逸；
水在此宫遇孛计，必定腰驼并背屈；
白日生人火曜冲，必定风疾吐血终；
荧度疾厄须惊悸，土临八宫主瘟凶；
太阳遇计火土孛，风痨血病不久殁；
如见木阴独照之，一世优游无消歇；
此宫若见紫气临，定是安荣居要津；
罗照此宫应笃疾，计会孛来定凶侵；
非唯劳瘵又瘟黄，抑且吐血卧床亡。

**疾厄宫喜忌星曜**

| 宫位 | 喜曜 | 凶曜 |
|---|---|---|
| 疾厄宫 | 金星<br>木星<br>太阴 | 火星<br>土星<br>罗睺<br>计都<br>月孛 |

## 405 官禄宫的吉凶如何判断？

太白金星入官禄，一世为官居要轴；
天上之宫会水星，太阳合照作公卿；
水居好乐合于月，官居显位职非轻；
火在十宫夜入庙，朝端定列仍年少。

**官禄宫喜忌星曜**

| 宫位 | 喜曜 | 凶曜 |
| --- | --- | --- |
| 官禄宫 | 金星<br>水星<br>太阳<br>太阴 | 罗睺<br>计都<br>火星<br>月孛 |

## 406 福德宫的吉凶如何判断？

福德宫中或见金，夜生一世福神钦；
木会太阳居十一，禄优福厚居显秩；
水会月吉火浅薄，金土同照主食邑；
十一宫中罗最吉，太阳木气三合值；
生则须封万户侯，死则定知须庙食。

**福德宫喜忌星曜**

| 宫位 | 喜曜 | 凶曜 |
| --- | --- | --- |
| 福德宫 | 太阳<br>木星<br>水星<br>太阴<br>土星<br>罗睺<br>金星（夜生） | 火星 |

## 407 相貌宫的吉凶如何判断？

土星相貌却乌黄，木宿原来瘦且长；
金白不唯多嗜欲，水星行动爱趋跄；
罗睺薄艺随身有，月孛为人带黑丑；
荧火一星多性恶，水星最是双眉好；
计都巧计爱谈论，罗火东西打杀人；
水火相随多杂艺，太阴为性却逡巡；
月孛一生多口嘴，水星伶俐木都美；
土星顽钝言语涩，罗火为人贪可鄙。

**相貌宫喜忌星曜**

| 宫位 | 喜曜 | 凶曜 |
| --- | --- | --- |
| 相貌宫 | 罗睺<br>水星<br>木星 | 金星<br>太阴<br>月孛<br>火星<br>土星 |

# 第六章 紫微斗数命理

紫微斗数萌芽于北宋时期，是命理学的主要流派之一。今天，紫微斗数已经成为一门广受关注的学问。紫微斗数星曜可以分为哪些等级？紫微斗数各级包括哪些星曜？紫微斗数星曜的吉凶如何？十四正曜代表的个性命运如何？十四正曜入不同宫位的吉凶如何？本章将为你揭开紫微斗数的神秘面纱。

## 408 紫微斗数的星曜有哪些级别？

紫微斗数的星曜可以分为甲级星、乙级星、丙级星、丁级星、戊级星。

## 409 甲级星包括哪些星曜？

甲级星包括十四正曜和十八副曜。十四正曜指北斗紫微星系的紫微星、贪狼星、巨门星、廉贞星、武曲星、破军星和南斗天府星系的天府星、天机星、天相星、天梁星、天同星、七杀星。外加中天星系的太阳星和太阴星，共同构成十四正曜。

十八副曜包括六吉星、六煞星、四化星、禄存星、天马星。

六吉星指左辅星、右弼星、文曲星、文昌星、天魁星、天钺星。

六煞星指擎羊星、陀罗星、火星、铃星、地空星、地劫星。

四化星指化禄星、化权星、化科星、化忌星。

**甲级星分类**

| | | |
|---|---|---|
| 甲级星 | 正曜 | 紫微星系 | 紫微星、贪狼星、巨门星、廉贞星、武曲星、破军星 |
| | | 天府星系 | 天府星、天机星、天相星、天梁星、天同星、七杀星 |
| | | 中天星系 | 太阳星、太阴星 |
| | 副曜 | 六吉星 | 左辅星、右弼星、文曲星、文昌星、天魁星、天钺星 |
| | | 六煞星 | 擎羊星、陀罗星、火星、铃星、地空星、地劫星 |
| | | 四化星 | 化禄星、化权星、化科星、化忌星 |
| | | 禄存星 | 又名天禄星，五行属阴土，化气富贵，主天禄、寿命。 |
| | | 天马星 | 五行属阳火，化气为驿马，主迁动，司禄。 |

## 410 乙级星包括哪些星曜？

乙级星共三十一颗，包括：台辅星、封诰星、恩光星、天贵星、龙池星、凤阁星、三台星、八座星、天官星、天福星、天才星、天寿星、红鸾星、天喜星、解神星、天空星、天刑星、天姚星、天巫星、天月星、阴煞星、华盖星、咸池星、孤辰星、寡宿星、天殇星、天使星、天德星、月德星、天哭星、天虚星。

## 411 丙级星包括哪些星曜？

丙级星共二十六颗，包括五行长生十二星、生年博士十二星、截空星、旬空星。

五行长生十二星：长生、沐浴、冠带、临官、帝旺、衰、病、死、墓、绝、胎、养。

生年博士十二星：博士、力士、青龙、小耗、将军、奏书、飞廉、喜神、病符、大耗、伏兵、官符星。

截空星：全名截路空亡星，有天空、地空、截空、旬空四颗星。

旬空星：全名为旬中空亡星，在阳宫为空，在阴宫为亡。

## 412 丁级星、戊级星包括哪些星曜？

丁级星包括：将星、攀鞍、岁驿、岁破、岁建、龙德等。

戊级星包括：息神、劫煞、灾煞、天煞、指背、月煞、亡神、晦气、丧门、贯索、白虎、吊客等。

## 413 "六煞"之凶表现在哪些方面？

"六煞"之凶主要表现在三个方面：

1. 喜欢玩弄感情，命犯桃花，烦恼多，易失眠，是非不分，容易意外受伤，有水火之灾。
2. 人际关系不好，会经常上当破财；爱钻牛角尖，老往坏处想，爱幻想。
3. 心胸狭隘，夫妻不和，婚姻不稳定，家庭常有纠纷；不能明辨是非，总是怨天尤人，逃避现实。

## 火 星

火星属于南斗煞星，阴阳五行属于阳火。火星化气为杀，主性格刚强，为甲级星中的六煞之一。火星具有很强的破坏力和激发力，不喜欢受到约束，在神话中的代表人物为李靖之子哪吒。哪吒行事暴躁，性格刚烈，死后到封神台被封为火星。

在传说中，哪吒为三头八臂的人物。《封神演义》记载"哪吒大喜，一手执乾坤圈，一手执混天绫，两只手擎两根火尖枪，一手执金砖，还空三手；真人又将九龙神火罩，又取阴阳剑，共成八件兵器……"

混天绫：七尺长的红绫，能自动捆绑敌人，即使剪断了也能自动修复。

乾坤圈：金色镯子，可大可小，投掷攻击，力量巨大，百发百中。

火尖枪：枪长一丈八，共有两根。

风火轮：暗藏风火之势的双轮，多用于行走，也可作为攻击的武器，上天入地，速度极快，传说是青鸾火化而成的。

> 哪吒是中国神话故事中的英雄人物，以善战、英勇、聪明著称。故事可见于《封神演义》《西游记》等小说，家喻户晓的故事有"哪吒闹海"等。

## 414 化禄的吉凶如何判断？

化禄，易数先天卦数四九，阴阳五行属阳土，化气为财禄，管福德，主财禄、寿命、缘分。

化禄在巳、亥为得地；在寅、申为入庙；在辰、戌、丑、未四墓宫为不得地，化禄最怕入此四宫，虽遇吉星也无所帮扶；在子、午、卯、酉为四陷之地，即使入坐命、官、财、田四个化禄所主的宫位，也无起色；化禄忌地空、地劫、化忌冲破，容易入不敷出。

**化禄属性**

| 星宿 | 阴阳五行 | 司主 | 化气 | 主事 | 功用 |
|---|---|---|---|---|---|
| 化禄 | 阳土 | 福德 | 财禄 | 财禄、寿命、缘分 | 彰显为钱财，将财富具体化。 |

## 415 化权的吉凶如何判断？

化权，易数先天卦数二七，阴阳五行属阳木，化气为权势，管生杀，主权势、能力。化权在丑宫为入庙；在寅、未为利；在辰、午、巳、亥为平；在卯、戌为得地；在申、子、酉为不得地。化权居守命、身宫逢化禄、化科多会做高官；遇文昌、文曲，擅长文笔，考试多名列前茅；遇巨门星、武曲星，多出任武职，有兵权。

**化权属性**

| 星宿 | 阴阳五行 | 司主 | 化气 | 主事 | 功用 |
|---|---|---|---|---|---|
| 化权 | 阳木 | 生杀 | 权势 | 权势、能力 | 彰显为官贵，可使权势具体化。 |

## 416 化科的吉凶如何判断？

化科，易数先天卦数三八，阴阳五行属阳水，化气为声名，管文墨，主声名。化科守身、命二宫，学识渊博，性情随和。如果爱学习，不用很努力就能取得大学问，虽没有大财，但足够生活。建议从事与文字相关的职业，如教师、文员、编辑等。如果做事有周详的计划，对人生更有利。化科忌因水生木，由于人际关系处理得很好，所以三十五岁之前会一直受到贵人的扶持，但以后要帮助他人才能增加自己的福运。

**化科属性**

| 星宿 | 阴阳五行 | 司主 | 化气 | 主事 | 功用 |
|---|---|---|---|---|---|
| 化科 | 阳水 | 文墨 | 声名 | 声名 | 彰显为知名度，可将声名、学习能力具体化。 |

## 417 化忌的吉凶如何判断？

化忌，易数先天卦数一六，又名计都，阴阳五行属阳水，化气为是非。忌是"告诫、警告"的意思，代表变动、不安、转机、得失、自卑、六亲刑克、官非、不顺、亏欠及寿夭。化忌的吉凶要看入于何宫何星何地何五行或庙陷才好确定。化忌多主人一生不顺，多灾多失，但从事医学、科技、哲学等领域可以取得不错的成就。化忌遇天府、紫微、文昌、左辅等同宫，可富贵；化忌逢四煞、劫、耗、空星，主女人一生贫困，男人奔波带疾。

| 化忌属性 | 星宿 | 阴阳五行 | 司主 | 化气 | 特点 |
|---|---|---|---|---|---|
| | 化忌 | 阳水 | 是非 | 是非 | 彰显为外表的变化，是灾祸、不顺等缺点的具化。 |

## 418 什么是天盘、人盘、地盘？

命盘分为天盘、地盘、人盘。

天盘：以命宫纳音五行为依据，推布出来的紫微星曜图。它关系到人的性格、容貌、事业、财运、婚姻、富贵、祸福、寿限等一生命运趋势，以及父母、兄弟、夫妻、儿女等六亲的先天兆示，是紫微斗数论命中的主要命盘。

人盘：显现大限、小限、流年、流月、流日、流时等运限变化的动态图，它展示了人在各个阶段的沉浮情况。人盘只列大限、小限的命宫落宫，在分析推断限运时须以限运宫为太极点重布十二宫并布上流曜成为大限、小限、流年等盘。

地盘：以身宫纳音五行为依据，推布出来的星曜布局图。在此可以了解人的先天根源，并可看出人的性情根器。

排限运盘时，十二地支宫和星曜基本不动，只增加限运流星，不需再加限运盘。

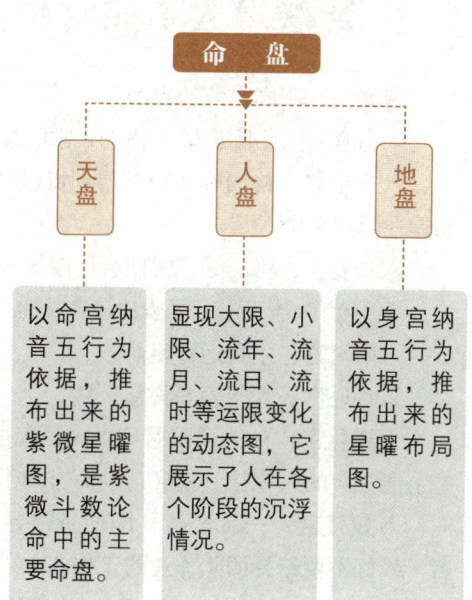

## 419 紫微星代表什么个性命运？

紫微星人稳重、成熟、自信，但是自负、外柔内刚；交际广泛，对父母孝顺，一生中多遇贵人；多才多艺，但是广而不精；有大将风范，遇到事情能屈能伸；紫微星人的意志不够坚定，易受他人影响；紫微星入兄弟、子女、交友、疾厄、父母等宫位，一生会非常辛苦；紫微星人极有领导才能，如果在官禄宫，在官场上的表现更出色，会有众多的下属。

四御：北极紫微帝君总御万星；南极长生大帝总御万灵，主管万灵之寿夭；太极天皇大帝总御万神；东极青华大帝总御万类，主管救度众生。

北极紫微帝君，四御之一，总御万星。

紫微星，又称帝王星，个性犹如帝王。

## 420 紫微星入不同宫位的吉凶如何？

紫微星入不同宫位的吉凶：

入命宫：人生际遇较为特殊，常能逢凶化吉，心想事成，贵人无处不在。

入兄弟宫：格局好，容易得到贵显朋友的帮助，适合和他人合伙，但是权力也容易握在对方手中。

入夫妻宫：格局好，配偶会比较显贵；格局不好，夫妻之间可能会出现矛盾。

入子女宫：格局好，子女比较有成就；格局不好，双方容易发生冲突，相处不融洽。

入财帛宫：主财运稳定。

入疾厄宫：晚年容易得富贵病。

入迁移宫：外出可以遇见贵人，有很好的人缘，朋友会给予帮助。在晚年会和一些上层社会的人来往，得到帮助而有助于事业。

入奴仆宫：一生辛劳，即使是领导，也不会服众，在团队中显示不出自己的功劳，最好不要选择团队作业的工作。

入官禄宫：主官运，事业上会取得很大的成就。

入田宅宫：住宅一般会在高楼，住宅附近会有政府机构。

入福德宫：一生中多贵人，多碰见热心人主动出面帮助自己。

入父母宫：父母平安健康，逢凶化吉。

## 421 天机星代表什么个性命运？

天机星人心地善良，怕化忌及六煞同宫，逢之一生艰辛，不宜早婚；宜从商，不宜从官，事业至晚年发达；喜欢各种新鲜的技巧和事物，但却多而不精；聪慧、好学、勤劳、认真、好奇心强，喜欢冒险，善于发明创造；住宅旺，则福寿双全；掌握大权，善于处理家务事；男性多神经质，女性多多愁善感，做事条理分明；重感情，对父母孝顺，珍惜兄弟姐妹之间的情义；思维敏捷，分析有见地；急躁、固执、爱钻牛角尖，神经质，对小事斤斤计较。

## 422 天机星入不同宫位的吉凶如何？

天机星入不同宫位的吉凶：

入命宫：对新鲜的技巧和事物有浓厚的兴趣，但多而不精。

入兄弟宫：遇吉，在兄弟姊妹中适得其所；遇凶，兄弟姐妹善良，但互动不融洽。

入夫妻宫：夫妻之间不和睦，会产生很多争吵，互相抱怨。

入子女宫：主子女活泼、好动，身体比较健康。

入财帛宫：钱财的流动性比较大，多从事商业方面的工作。

入疾厄宫：主病痛，经常生病，眼睛可能会出现问题；肝火旺盛、失眠、神经衰弱、关节炎、身体易疲劳等病症都会出现。

入迁移宫：会有很多朋友，朋友都是有头脑的人。

入奴仆宫：朋友变更比较频繁，身边的朋友总是来来去去的。

入官禄宫：事业会起伏不定，职业也会不断更换。

入田宅宫：家宅不定，会常常搬家，大多住在马路旁边。

入福德宫：主操劳，一生都忙忙碌碌，操心颇多；工作量大，生活负担重，生活不得安宁。

入父母宫：破军坐子午，天机丑未者，预示着父母会早衰。

姜子牙为天机星代表人物

| 奴仆 | 迁移 | 疾厄 | 财帛 |
| 官禄 | | | 子女 |
| 田宅 | | | 夫妻 |
| 福德 | 父母 | 命宫 | 兄弟 |

得地天机星入夫妻宫，配偶善良，善解人意，才华横溢，沟通融洽。落陷天机星入夫妻宫，配偶心地善良，但心思过细，致使伴侣困惑，彼此不能达成共识。

## 423 太阳星代表什么个性命运？

太阳星主人的性格光明、博爱、急躁、积极、主动、爱面子，讲排场。命在旺宫，如为女命则性格豪爽，气概大度，聪明机灵，心胸宽广，犹如男子；如为男命则性情豪爽、乐善好施、志气高傲、聪明机警。如果坐于陷宫，则做事有头无尾，没有毅力，虽然辛勤劳碌，但由于情急心切，对学问不求甚解，最终泛而不专。太阳星主人的名声与显贵，但只有和主管财富的星曜会合，才能既富又贵；爱交际，讲义气，喜欢热闹的场合，热衷社会活动。

**太阳帝君**

全称"日宫太丹炎光郁明太阳帝君"。日宫太阳帝君，上管周天二十八宿星君、天曹，主禄寿之司。

## 424 太阳星入不同宫位的吉凶如何？

太阳星入不同宫位的吉凶：

入命宫：性格宽容、爽朗，喜欢施舍。如果是女命，则大多有男子气概。

入兄弟宫：为人正派，长相出众，如果为官，则可以加官晋爵。

入夫妻宫：结婚对象是比自己小的人，不适合早婚。

入子女宫：相貌出众，有上进心，聪慧，但是比较依赖他人，惰性很大。

入财帛宫：虽不是大富大贵，但是取财有道，如果理财能力强，不会太过贫穷。

入疾厄宫：容易水火不调，阴阳不和，易患心肾疾病和眼疾。

入迁移宫：适合外出，不宜在一个地方守候，一生比较忙碌。

入奴仆宫：为人爽朗好施，但往往会从恩人变为仇人。

入官禄宫：事业比较成功，需当心有劫煞。

入田宅宫：家业颇丰，可以继承祖业，一生比较忙碌，日子不是十分安宁。

入福德宫：如有福星，财运亨通，宜动不宜静，忙碌中可以获得福气。

入父母宫：幼年深受父母的宠爱，父母感情好，可以获得上司的赏识。

## 425 武曲星代表什么个性命运？

武曲星的人，一般是方形脸，线条比较僵硬，要保持微笑才有亲和力。

武曲星人的个性比较刚强、率直、豪爽；生活节俭，吃苦耐劳，是个果断的人；太过孤僻、倔强，不能忍受任何委屈，容易得罪人，缺乏交际能力；能闯出一番自己的事业；在感情方面，太过理性，不能感性地认识感情，婚姻多差强人意；武曲星对金钱的态度很特别，擅长理财，对金钱有很好的管理能力。

## 426 武曲星入不同宫位的吉凶如何？

武曲星入不同宫位的吉凶：

入命宫：性格敏感，财富需要靠努力工作获得，适合从事和经济、金属相关的职业。

入兄弟宫：兄弟个性强烈、偏激、不合群。喜欢招惹是非，甚至亲戚反目。

入夫妻宫：妻子会夺取丈夫的权利，比较强势，适合晚婚。

入子女宫：子女个性倔强，如果庙旺，子女聪慧过人，有出色的才能。

入财帛宫：很有理财天赋，有大富的命，职业如果是和金属有关，财运更佳。

入疾厄宫：身体不是很好，容易生病，幼年多灾难，四肢也容易受伤。

入迁移宫：在外操劳，身心疲惫，不适合静守。

入奴仆宫：交友运不佳，朋友总是来来去去的，流动性很大。

入官禄宫：适合从事文字和行政类的工作。

入田宅宫：祖产颇丰，但是小心落陷时祖产会衰败。

入福德宫：一生比较劳碌，身心俱疲。

入父母宫：父母顽固、严肃，对待事物小心、谨慎。

周武王是武曲星的代表人物。

得地武曲星入子女宫，子女性格刚毅、正直、原则性强；落陷武曲星入子女宫，子女在坚持自己的看法时，容易忽略他人的感受，常令父母烦恼、忧心。

## 427 天同星代表什么个性命运？

天同星是福星，入命即为享受型。天同星人性格温和，待人仁慈，温文儒雅、机智、爱好文学、有艺术天分；喜欢安乐享受，保守成性，除非情势所迫，不会主动创造；注重精神生活，喜欢悠闲的生活方式；善于协调人际关系，宁可委屈自己也会顾全大局，很有人情味；处事不积极，没有雄心壮志，加上执行力差，即使有理想也无法实现；一生不会发大财，必须多经历世事的磨砺才能成就大事。

## 428 天同星入不同宫位的吉凶如何？

天同星入不同宫位的吉凶：

入命宫：生活悠闲、平淡，对物质和精神的要求高。

入兄弟宫：兄弟间感情和睦。

入夫妻宫：夫妻间中年容易发生变化，或出现感情不和。

入子女宫：子女听话、乖巧。

入财帛宫：财运颇佳，一生衣食无忧，晚年财运顺畅，年轻时需要努力。

入疾厄宫：体质偏寒，易患肥胖、水肿、疝气、风湿等疾病。

入迁移宫：出外多有贵人相助。

入奴仆宫：人际关系好，朋友颇多。

入官禄宫：适合从事公务员、文化类工作。

入田宅宫：祖业颇丰，自身也会陆续添置固定资产，田宅会越来越丰厚。

入福德宫：比较有福气，深得他人敬佩。

入父母宫：父母和蔼可亲，对子女悉心照料，父母福寿双全。

周文王姬昌为天同星的代表人物

得地天同星入财帛宫，在事业上多有获得财富的机会或者比一般人容易获得财富；落陷天同星入财帛宫，对钱财的规划不足，赚钱的愿望不强烈，致使收入有限。

## 429 廉贞星代表什么个性命运？

廉贞星主人聪明机警，记性好，心直口快，口才佳；本性爱自由，不拘小节，不喜欢被人管束；喜好新鲜事物，做事善始善终；有领导能力，抱负远大，敢作敢为；脾气急躁，为人正直；廉贞星人在命宫为次桃花，男命易与异性发生纠葛，女命则始终忠于丈夫；廉贞星生性好疑，风流但不下流；廉贞的吉凶决定于所落入的宫位；廉贞喜与紫微分守身命二宫，为掌权者，如主管、经理、总裁；女命廉贞，虽不是倾国倾城，但有绝好的气质和清秀的外表，个性直爽，贞节自守，善于守财、理财；廉贞会禄存，一生富有；廉贞会文昌，知书达理，爱好音乐；廉贞会将星，不怒而威，如果是掌权者，个性刚强，宜从事加工行业和军事方面的职业。

## 430 廉贞星入不同宫位的吉凶如何？

廉贞星在不同宫位的吉凶：

入命宫：内心暴躁，但是不轻易显露，人际关系不错，适合从事政府工作。

入兄弟宫：兄弟感情不是很亲密，各自有各自的生活。

入夫妻宫：无论男女，外貌都很出众，和配偶感情真实、平淡，人际关系良好。

入子女宫：子女有很强的个性，比较叛逆，对新鲜事物充满好奇。

入财帛宫：钱财的流动性大，容易得偏财，但容易流失，重视物质享受。

入疾厄宫：心火较旺，容易患失眠、中风、十二指肠溃疡等病。

入迁移宫：外出吉祥，有福星照顾，一生劳碌，安静不下来。

入奴仆宫：朋友的变化很大，同异性的缘分比较大。

入官禄宫：事业将有很大的发展，如果为官，可以掌权。

入田宅宫：没有多少祖业可以继承，一切需要自己创造。

入福德宫：比较辛苦，没有多大的福分。

入父母宫：父母个性古怪，父子间容易产生矛盾。

费仲是廉贞星代表人物

得地廉贞入福德宫，多注重精神层次和生活品位的提高，与人互动知道礼节和进退之道；落陷廉贞入福德宫，命主对精神层次和心灵成长，缺乏积极的动力，虽有极佳的异性缘，但容易招惹桃花。

## 431 天府星代表什么个性命运？

天府星为衣食住行之星，即命主来到这个世界上，就会衣食住行无忧；天府星主人聪明机智，有上进心，学习能力强，擅长理财；具有超强的企划能力，善于抓重点，为达到目标，不惜一切代价；讲义气，为人善良、稳重，有志气，但喜好享受，重面子，爱摆排场，不认输，喜欢小题大做；身体发胖，表示财运到了，女命天府星是典型的贵妇形象；限年逢天府，即有财运，从商者会发大财，上班族会加薪晋职；天府与武曲、禄存会于三方，财运降临，再遇昌曲，则名利双收；天府会昌曲，上学时学习好，中年事业有成；天府会空亡，孤独、不合群，自己创业，缺乏助力。

## 432 天府星入不同宫位的吉凶如何？

天府星在不同宫位的吉凶：

入命宫：一生波折较少，但主导性强，不善于授权。

入兄弟宫：个性温柔，心地善良；独立性强，能独当一面。

入夫妻宫：配偶能干，命主个性强悍。善于理财，会持家，婚姻和谐、美满。

入子女宫：子女聪慧、活泼，才思灵敏。

入财帛宫：财运旺盛，一生都不会为钱烦恼，衣食无忧。

入疾厄宫：身体健康，没有什么大的病痛，即使有一些小病也会很快痊愈。

入迁移宫：在外常遇到贵人相助，适合外出。

入奴仆宫：朋友对自己有很大的帮助，但是多会因为朋友而遭受钱财上的损失。

入官禄宫：忠于自己的岗位，有超强的领导能力，正确运用可获得成功。

入田宅宫：拥有高级住宅，田宅颇丰。

入福德宫：福气好，一生没有劳碌的事情，不用操心。

入父母宫：父母可能会在房地产这一行业取得一番成就。

姜皇后即商纣王的皇后，是天府星的代表人物。

天府星入父母宫，父母性格稳重，能给子女细致入微的照顾；能和子女互动沟通，为子女提供精神支柱。

## 433 太阴星代表什么个性命运？

太阴为月亮，具有母性的光辉，男女命都具阴柔之美，聪明、热情、乐观；太阴是富星，主人虽不重视钱财，但处事细心，钱财可逐渐积累；有时拘泥于小节、斤斤计较；胆小、懒散，易沉溺于幻想，猜忌心强，遇到不如意的事情，不积极进取，多忍耐；男命太阴，富有女态，气度宽宏，有耐心，博学多才，个性内向，冷静，爱思考，重感情，与异性相处不佳；女命太阴，富有传统女性的美，端庄、秀丽、感情丰富、心地善良、多才多艺；太阴会左辅、右弼时，有福运；太阴会文昌、文曲，或与其相夹时，文艺天分显现；太阴会天魁、天钺时，会遇贵人，保平安顺利；太阴会禄存时，财源不断。

## 434 太阴星入不同宫位的吉凶如何？

太阴星入不同宫位的吉凶：

入命宫：聪慧，为人处世得体、大方、宽容、细心、乐观。

入兄弟宫：如果是旺地，兄弟间多有帮助，如果是陷地，兄弟感情一般。

入夫妻宫：配偶和父母兄弟姐妹的缘分比较浅薄，夫妻和谐。

入子女宫：子女聪慧、乖巧，有艺术才华，将来能够有一番事业。

入财帛宫：擅长理财，对钱财的控制力比较强。

入疾厄宫：容易患肾脏和神经系统的疾病。

入迁移宫：外在的力量大，在外可以得到朋友，尤其是异性朋友的帮助。

入奴仆宫：人缘比较好，有女性缘，尤其是男性，多得女性帮助。

入官禄宫：事业平稳，适合从事文职类的工作，如策划、文案等。

入田宅宫：祖业丰厚，悉心打理，可以有福荫，喜欢整齐、干净的家。

入福德宫：福气好，注重精神享受。

入父母宫：父母恩爱，家庭比较富裕。

得地太阴星入疾厄宫，身体健康，自我恢复能力强；落陷太阴星入疾厄宫，体质偏阴虚或底气不足，易劳累过度，身体虚弱。

贾夫人即黄飞虎之妻，是太阴星的代表人物。

## 435 贪狼星代表什么个性命运？

由于贪狼星主祸也主福、主寿也主财，所以贪狼星人的个性命运非常复杂。在十四主星中，贪狼星最为多才多艺，个性也最多变。

贪狼星的人不拘小节，生活丰富多彩，感情生活复杂；喜欢夜生活、好动，善于交际，一生多酒食应酬；挣钱不畏辛苦，能说善道，做事明快，好神道玄学；好酒色、赌博，做事没有耐性，常欲速而不达；贪狼星喜与火星、铃星同宫，会突然有机遇降临，名利双收；贪狼星落入命宫或福德宫时，是位完美主义者，会不满现状而追求完美、虚无的东西。

## 436 贪狼星入不同宫位的吉凶如何？

贪狼星入不同宫位的吉凶：

入命宫：性格比较复杂，活泼好动，喜欢交际，多才多艺，一生的起伏比较大。

入兄弟宫：有异胞兄弟，兄弟间适合分开居住，否则容易产生纷争。

入夫妻宫：结婚前历经波折，配偶比较风流，夫妻间感情不稳定。

入子女宫：个性强势，好胜心强，子女比较贪玩。

入财帛宫：意外之财和偏财较多，善于理财，对钱财的控制欲强。

入疾厄宫：容易患肝胆、皮肤类疾病。

入迁移宫：喜欢外出，有很多场面上的应酬。

入奴仆宫：交友广泛，朋友的种类比较多，但是交心的却没有几个。

入官禄宫：事业有成，有独创性。

入田宅宫：没有祖业可以继承，早年没有什么房产，晚年可能会有自己添置的产业。

入福德宫：有口福、艳福，喜欢放纵、享乐。

入父母宫：父母感情多有不和，经常发生口角。

苏妲己是贪狼星的代表人物。

得地贪狼星入父母宫，父母心思细腻，与子女相处融洽；落陷贪狼星入父母宫，父母奔波劳碌，无心照顾子女，在价值观方面容易给子女带来负面的影响。

## 437 巨门星代表什么个性命运？

巨门星入命者眼光锐利，口唇突出，脸呈方圆形，入庙身长肥胖，敦厚清秀，落陷则身材矮瘦，说话声音洪亮，语速快，举止不受礼仪约束；富有良好的表达能力，善于处理公共关系，是很好的外交人才；一生辛劳，老年才能取得成就；性格顽固，不安于现状，自信、疑心重、心肠硬，自私自利，考虑太多所以做事不利索；不注重物质生活，学问多而不精，喜欢思考，分析力与联想力极强，对事物的观察有独特的见解；心胸狭窄，欠缺宽容，利益受到侵犯时，不论事情大小都会暴跳如雷。

## 438 巨门星入不同宫位的吉凶如何？

巨门星入不同宫位的吉凶：

入命宫：外貌丑陋，性格多疑，不合群，如果和巨门、擎羊、陀罗同宫，多会晚婚。

入兄弟宫：兄弟多不和，容易因为意见不合而发生纷争。

入夫妻宫：口舌是非多，配偶的口才好，感情容易遭受波折。

入子女宫：子女容易和父母起冲突。

入财帛宫：适合从事脑力劳动，要提防子女败家。

入疾厄宫：脾、胃、肾、肺的机能不好。

入迁移宫：容易与人不和，招惹是非。

入奴仆宫：朋友多，比较复杂，各种朋友都有。

入官禄宫：适合从事口才、学术、技术、交通类的职业，可以取得一定的成就。

入田宅宫：会有添置产业的机会，家中不宁静，容易发生争吵，邻居间的是非多。

入福德宫：没有什么福气，一生劳碌。

入父母宫：和父母之间有代沟，而且有遭遗弃的可能。

马千金即姜子牙之妻，是巨门星的代表人物。

得地巨门星入田宅宫，在家中是发号施令者或在外时间多，与家人相聚时间少；落陷巨门星入田宅宫，与家人互动注重个人的见解与做法，通常易忽略家人的感受与想法。

## 439 天相星代表什么个性命运？

天相星是最吉祥的星，入所有宫都为吉，只有旺弱之分；入命者相貌端正、谨言慎行、责任感强、忠厚老实、诚信；有正义感、性情温和、稳重大方、乐于助人；喜调解纷争与平衡心态，人际关系良好；在物质消费方面能善待自己；天相星会左辅、右弼，掌握大权，丰衣足食，生活安乐，遇事有朋友相助；天相会文昌、文曲，才华出众，口才极佳，彬彬有礼；天相会天魁、天钺，会结交有地位的人士，有贵人相助；天相会化科、化权、化禄，有实力有作为，能成就大事；天相会火星或铃星，会遇到小伤小灾；天相会擎羊、陀罗，必定破财，而且感情不顺。

## 440 天相星入不同宫位的吉凶如何？

天相星入不同宫位的吉凶：

入命宫：有自己的原则，责任心强，喜欢帮助人，为他人排忧解难。

入兄弟宫：兄弟间的感情很深厚。

入夫妻宫：善于理财，能将智慧用在家庭经营上，配偶很有家庭责任感。

入子女宫：子女性格好，诚实、敦厚、聪明。

入财帛宫：财运好，善于处理财务，采取比较保守的理财策略，比较富足。

入疾厄宫：可能会有生殖系统疾病，平时应注意这方面的养生与保健。

入迁移宫：外出非常受人欢迎，人缘不错。

入奴仆宫：朋友很多，兴趣爱好相同，大多都是同龄的朋友。

入官禄宫：事业比较稳定，可能会有兼职的工作。

入田宅宫：有祖产可以继承，以后也可能会陆续添置产业。

入福德宫：比较重视物质享受，对衣服和食物有很强的欲望。

入父母宫：父母开明，对人和善。

闻仲是天相星代表人物。

得地天相星入兄弟宫，性格沉稳，知进退之道，实践能力强；落陷天相星入兄弟宫，缺乏自我保护能力和灵活的应变能力，不善于表达内心的想法，思想行为不易被手足理解。

## 441 天梁星代表什么个性命运？

天梁星是一颗清高的星曜，具有逢凶化吉、遇难呈祥的力量，所以天梁星入命者遭遇小灾小难都会有惊无险；性情温和，心地善良，行为稳重，行事光明磊落；六亲缘薄，爱照顾别人，兴趣广泛；在团体中常处于老大或领导的地位，享受着上流生活，受到人们的尊敬；天梁会左辅、右弼，生活经历丰富，乐于做慈善事业，人缘极佳，事业有成，受人尊敬；天梁会文昌、文曲，在文学方面有专长，能言善辩，宜供职于文化、司法、监察等部门；天梁会天魁、天钺，能结交上流人士，遇事多有贵人相助，宜供职于文化事业部门。

## 442 天梁星入不同宫位的吉凶如何？

天梁星入不同宫位的吉凶：

入命宫：比较有福气，可以成就一番事业，可以继承颇丰的祖产。

入兄弟宫：兄弟间和睦，相亲相爱。

入夫妻宫：婚前可能会有阻力，但是都会化解，配偶身体不是很好。

入子女宫：子女聪明、孝顺，在文学方面有很浓厚的兴趣。

入财帛宫：祖上的财产很丰厚，经常能得到他人的钱财馈赠，也会有很多钱财纠纷。

入疾厄宫：身体健康，或许会有大脑劳累的困扰。

入迁移宫：出外会有贵人相助，特别是年长者对自己的帮助很大。

入奴仆宫：人缘很好，会有很多忘年交。

入官禄宫：事业比较稳定，能得上司的赏识，与同事关系融洽。

入田宅宫：能花费心思来经营家庭，追求家庭的和谐，在地产方面会继承祖业。

入福德宫：一生无忧，生活比较悠闲。

入父母宫：父母善良，身体健康、长寿。

李靖是天梁星的代表人物。

得地天梁星入福德宫，有为人化解灾难的特质，心性沉稳，能以才华和智慧来面对人生的挫折和考验；落陷天梁星入福德宫，见煞对宫冲，容易身心疲惫。

## 443 七杀星代表什么个性命运？

七杀星坚毅勇敢，在十四主星中个性最强。

七杀星入命，命主外表刚毅、威武，内心热情；具有运筹帷幄的能力，拥有刚烈偏激、逞强好胜、冒险犯难的特性；此星入命，重在自化，有制名偏官，有化为玉帛，命理学逢煞先论煞，论煞则在看七杀的强旺或衰弱；如果七杀旺而日主弱，此时就要先用制杀，以免七杀乘财逆来攻害日主，如果无法压制，则七杀由喜用神变为鬼，对日主威胁极大，而且此威胁是处于黑暗之中，犹如伴虎而眠，随时会被它伤害，甚至吃掉。此星对健康有害，幼时多灾多难，即使大难不死，也终身有疾。

## 444 七杀星入不同宫位的吉凶如何？

七杀星入不同宫位的吉凶：

入命宫：情绪波动较大，一生中有很大的起伏，或许会远离家乡发展事业。

入兄弟宫：兄弟不多，彼此感情淡漠。

入夫妻宫：闪婚的可能性很大，夫妻间感情一般。

入子女宫：子女活泼好动，但是性格倔强。

入财帛宫：擅长理财，可能会有横财、偏财，同时钱财的波动比较大。

入疾厄宫：肝和肺容易生病，而且幼年多灾。

入迁移宫：外出的机会大，很少待在家中，喜欢漂泊的生活。

入奴仆宫：朋友的性格大多都很刚烈，也很难帮助到自己，而且会招惹来是非。

入官禄宫：事业的起伏比较大，适合从事部队等单位的工作，不宜担任文职。

入田宅宫：有暴发的可能，也可能会发生田宅上的争执。

入福德宫：没有福气，一生劳碌，而且变化很大。

入父母宫：父母的性格比较暴躁，不能依靠。

黄飞虎是七杀星代表人物。

## 445 破军星代表什么个性命运？

破军星入命者，外貌特征为背厚、眉宽，行为不受世俗礼仪约束；行动迅速，缺乏稳重；入陷弱之乡，性情激烈易走极端；做事不按常理，我行我素，独断专行，不愿受到管制和约束；有很强的好奇心，喜欢凑热闹；做事只有三分钟热度，很难坚持到底；破军与羊陀同宫，或遭牢狱之灾，或身有残疾；破军与火铃同宫，为劳苦奔波之命，还会有官司沾身；破军喜与紫微同宫，紫微制化其凶，则主为有权有势者，而且好运连连，但淫欲旺盛；破军喜化禄或与禄存星同宫，可化解破军，增吉加财；破军为武，不喜与文曲、文昌同宫或加会，如同宫，则一生贫困，还有水灾。

## 446 破军星入不同宫位的吉凶如何？

破军星入不同宫位的吉凶：

入命宫：家人之间感情比较淡，一生中有很多变动。

入兄弟宫：兄弟之间的缘分比较浅，可能会相互斗争。

入夫妻宫：配偶有责任心，适合晚婚，可能会出现聚少离多的现象。

入子女宫：和子女的感情一般，子女个性不好，好动。

入财帛宫：财运的变化很大，反反复复，对金钱不够重视，也不善理财。

入疾厄宫：心脏不太好，气血亏。

入迁移宫：一般会外出，或者流浪他乡。

入奴仆宫：朋友都很特别，和社会格格不入。

入官禄宫：工作的变动性比较大，不适合做文职。

入田宅宫：搬家的机会多，对田产的投资有成有败。

入福德宫：一生劳碌，身心俱疲。

入父母宫：父母关系不好，思想差别大，家中不和睦。

商纣王是破军星的代表人物。

得势破军星入兄弟宫，个性活泼、开放，与兄弟交往如果能化阳刚为柔性，可以增进兄弟间的情谊。

落陷破军星入兄弟宫，命主个性冲动，与兄弟交往应控制好自己的情绪，以免引起对立状态。

## 447 什么是竹罗三限？

紫微斗数的竹罗三限是指杀、破、狼出现在命宫、财帛宫、官禄宫的情况。

"七政四余"的竹罗三限是指以命宫为中心，将昼夜分开，三限是初限、中限、末限。如亥卯未立命，昼生人初限金，四岁起限，行二十六年；中限火，二岁起限，行二十八年；末限月，一岁起限，行二十四年。夜生人初限火，二岁起限，行二十八年；中限金，四岁起限，行二十六年；末限月，一岁起限，行二十四年。

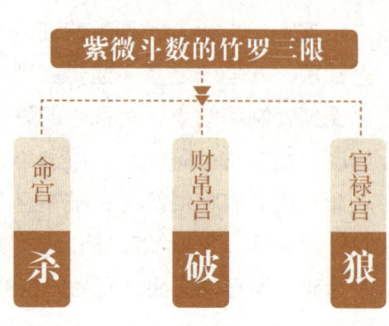

紫微斗数的竹罗三限

| 命宫 | 财帛宫 | 官禄宫 |
| --- | --- | --- |
| 杀 | 破 | 狼 |

## 448 竹罗三限如何起限推排？

**1. 竹罗三限起限年数诀：**

金星四岁土星五，木三水一火二数。
太阳原是火之精，太阴却是水之副。
二星法取水火行，便是竹罗三限数。

**2. 竹罗三限管限行限诀：**

水星限二十四年，木星限三十年，
土星限二十六年，金星限二十六年，
火星限二十八年，日月取火水星数。

### 竹罗三限定局（从命宫起）

| 宫位 | 生时 | 初限 | 中限 | 末限 |
| --- | --- | --- | --- | --- |
| 寅午戌 | 昼 | 日 | 木 | 土 |
|  | 夜 | 木 | 日 | 土 |
| 申子辰 | 昼 | 土 | 水 | 木 |
|  | 夜 | 水 | 土 | 木 |
| 亥卯未 | 昼 | 金 | 火 | 月 |
|  | 夜 | 火 | 金 | 月 |
| 巳酉丑 | 昼 | 金 | 月 | 火 |
|  | 夜 | 月 | 火 | 金 |

## 449 竹罗三限的吉凶如何判断？

竹罗三限在行运中，周围的环境和命运会出现很大的波动。这是改变命运的关键时刻，人们在推排出竹罗三限后，就要小心注意。

如果居庙旺又会合吉星，则预示着会面临很大的机遇，可能会打开一个新的局面。

如果落陷加煞星或化忌冲破，则预示着可能要遭受困难，尤其是开始的时候，会非常艰难，步履维艰。

# 中篇

## 运程

运程是古代术数的沿袭，是指一年的运势。我们可以从不同的角度来判断我们的运势：命理的角度，手相的角度，生肖的角度，星座的角度，血型的角度……而判断运程的最终目的是延续幸福，避免灾祸，所以有了改运求吉。

# 第七章 命理学运程

命理学上的运程指大运和小运。大运又称大限、行限，小运又称小限。大运管十年的运势，小运管一年的吉凶。本章具体讲述了大运、小运的内涵、推排方法，大运、小运对运势的影响，特殊运势的预兆等内容。

## 450 什么是命运？

"命"是生命，"运"是运气，有"命"才有"运"，"运"依附"命"存在，"命"借助"运"体现，两者合起来是"命运"。

命是先天的、不可改变。比如人生下来是男就是男，是女就是女，生在哪里就是哪里，何时出生就是何时出生，这些因素都是不可改变的，因此有"命中注定"的说法。

运是我们的人生轨迹，指后天的、可变的、"运动"的东西。正所谓"命好不如运好"，命有限，运却可以延续。命运的好、坏、强、弱以及顺、逆、盛、衰左右着人一生的生产、生活、学习和恋爱。可见，命运是对人一生的总括。

一棵树苗本来可以生长为参天大树，但是它遇上旱灾，枯死了，这就是坏运。

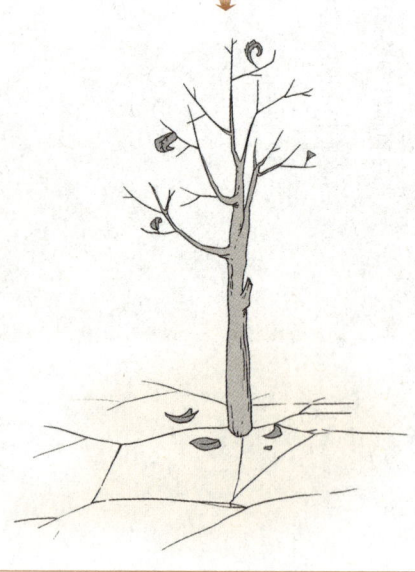

在郊外生长的野花被移植到盆里，培养成了盆景，每天受到人们的关注和称赞，这就是好运。

"命"是先天注定的，不可改变；"运"是后天运行的，可以改变。

# 451 什么是大运？

在人的运程中，每十年会有一个阶段的特质，这个特质就是"大运"。一干一支为一个大运，一个大运管十年；天干司事五年，地支管事五年。行运在干，必须兼看地支；行运在支，必须兼看天干；但是大运的判断分析仍以地支为重。如果干支都是忌神，那就非常凶险，十年内都会贫困潦倒，灾祸不断；如果干支都为喜用，则十年顺心如意、大吉大利；干喜而支忌，行干运吉多凶少，行支运则凶多吉少。

大运的吉凶，必须配合八字格局的生克制化合起来看。

**八字格局对大运吉凶的影响**

- 行运遇喜用神者为吉，遇忌神为凶。 → 八字要金水，大运见到金水为吉；见到木火克制金水，则为忌神凶运。

- 行运冲去忌神者为吉，冲去喜用神者为凶。 → 八字忌神为水，见到大运土来克水而为吉。

- 行运合去忌神为吉，合去喜用神为凶。 → 八字用神丙火，却见大运辛金合化变水，更加强克火之害而为凶。

- 大运行喜用神之地，却被八字中的五行冲去、克去、合去，则此运吉而不吉，或者吉中有凶。 → 大运行甲运为吉，却见八字天干有己土来克，并且将之合化成土；或有庚辛来冲克，那么此运就是吉中带凶。

- 大运行忌神之地，被八字其他五行冲去、克去、合去，则此运凶而不凶，或者凶中带吉。 → 八字用火，行运至壬，水来克火凶而不凶。

- 大运干支被四柱八字的五行合化，即以化神论其吉凶。 → 化神为吉则吉，化神为凶则凶。

- 八字坏，有喜神，行运克去喜用神，灾祸就会降临。

- 八字坏，无喜神，行运再遇忌神，会有大灾。

- 八字好，无忌神，或忌神得到良好的抑制，此人一生平安富贵。

- 八字好，有忌神，行运能去忌神，或行生扶喜用神之地，为吉。

## 452 什么是大运的起运时间？

起运时间就是行大运时的岁数，人出生后几岁开始行大运，其计算方法是根据出生的年月日时至交节时间的长短而定的。

大运起运时间的计算方法，是以出生之日所在月令，按男女顺逆方法推算到下一个节或者上一个节，记下日数。然后按三天为一年，一天为四个月，一个时辰为十天来折算，加上出生时间就是起运的时间。

起运只论十二节不论十二气，阴年生女同阳年生男计算方法一致，阴年男同阳年生女计算方法一致。

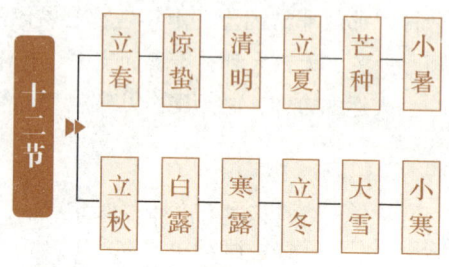

十二节：立春、惊蛰、清明、立夏、芒种、小暑、立秋、白露、寒露、立冬、大雪、小寒

## 453 阳年男命和阴年女命的起运时间如何计算？

男女起运的时间计算方法不同，当确定了大运的顺逆之后，才可以计算起运的时间。阳年男命和阴年女命都是顺行大运。从出生的月、日、时开始计算，顺数至最近的一个节的日、时，准确至小时，得出的数字。然后按三天为一年，一天为四个月，一个时辰为十天来折算，将结果加上出生时的时间，即为起运时间。

某男一九九四年正月十七日寅时生
↓
一九九四年为甲戌年 阳年男命 顺排
↓
从出生到惊蛰节为八天，合为两年零八个月
↓
起运时间：一九九六年九月十七日

## 454 阴年男命和阳年女命的起运时间如何计算？

阴年男命和阳年女命都是逆行大运。从出生的时间开始倒数至上一个节的日时，得出的数字，按三天为一年，一天为四个月，一个时辰为十天来折算，将结果加上出生时的时间，即为起运时间。

如某男生于1989年（己巳年）三月初二寅时，为阴年男命，需要逆推。从二月二十九日寅时（清明）到三月初二日寅时，正好两天，即出生时加上八个月开始起运。此人的起运时间为1989年十一月初二。

## 455 阳年男命和阴年女命的大运如何推排？

大运是以四柱中的月柱来排定的，有男女顺逆之分，起运数计算的方法顺逆不同。大运排法的原则是阳男阴女顺排，阴男阳女逆排。所以在推排之前，必须确定推排的顺逆。如果男子为阳年生人，女子为阴年生人，则为顺排；反之，逆排。

确定好推排顺序之后，以月柱为基点，六十花甲子为顺序进行推排。

> 年干为阳性的男命和年干为阴性的女性 顺排
>
> ↓
>
> 某女八字：丁酉 甲辰 丙午 丁亥
>
> ↓
>
> 以甲辰为基点，顺推大运
>
> ↓
>
> 大运依次为乙巳、丙午、丁未、戊申、己酉、庚戌、辛亥、壬子。

## 456 阴年男命和阳年女命的大运如何推排？

男子为阴年生人，女子为阳年生人，为逆行大运。推算时以月柱为基点，六十花甲子为顺序进行推排。

如庚戌年己卯月生女，为阳年女命。其大运逆排就是以月柱己卯为基点，逆推"戊寅"为第一步大运，其后依次为丁丑、丙子、乙亥、甲戌、癸酉、壬申、辛未。又如丁酉年甲辰月生男，为阴年男命，其大运逆排为：癸卯、壬寅、辛丑、庚子、己亥、戊戌、丁酉、丙申。

**丁酉年甲辰月生男**

逆推 ▶

第一步大运：癸卯
第二步大运：壬寅
第三步大运：辛丑
第四步大运：庚子
…………

## 457 什么是小运？

大运是指十年时间里的吉凶，小运是指一年时间里的吉凶。小运能补大运、四柱的不足，也常为大运、四柱所忌。起小运是以虚岁为准，有一年算一年。

## 458 小运如何推排？

常提到的小运推排方法有两种。

第一种是《星学大成》记载的推排方法：小运推算不分阴命阳命，一律以男子一岁时从丙寅起顺数，女子一岁时从壬申起逆数。

第二种是按出生时辰推排，由醉醒子提出，被称为"醉醒子推排法"。即阳年男命和阴年女命从时辰干支起顺行推排；阴年男命和阳年女命从时辰干支起逆行推排。

第二种方法被大多数推命家认可。

> 一九九八（戊寅）年戊午月戊寅日壬子时生男
>
> ↓
>
> 阳年男命，以时辰干支壬子为起点顺行推排
>
> ↓
>
> 一岁小运：癸丑
> 二岁小运：甲寅
> 三岁小运：乙卯
> 四岁小运：丙辰
> ……

## 459 什么是流年？

流年又称游行太岁，简称岁。流年只管一年的祸福，流年干支如果都利于八字喜用神者为吉，都不利于喜用神者为凶。一利一不利者，吉凶参半。流年干支如果利于喜用神，但被四柱其他五行冲去、克去、合去，吉而不吉。流年干支不利于喜用神，但被四柱其他五行冲去、克去、合去，凶而不凶。

## 460 什么是流年宫位？

流年取自词语"川流不息"，就是当时对应的那一年。中国有十二生肖的说法，即子鼠、丑牛、寅虎、卯兔、辰龙、巳蛇、午马、未羊、申猴、酉鸡、戌狗、亥猪。那一年的生肖属于什么宫位，我们就说那年的流年宫位是什么。比如2006年是牛年，我们就说大家的流年宫位在丑宫，其他依此类推。

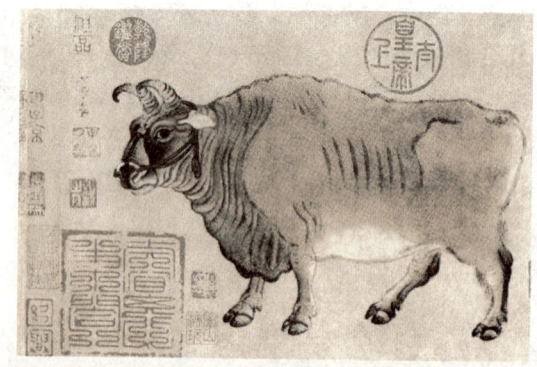

**五牛图（局部）** 收藏于北京故宫博物院

画家从细小的角度表现了牛的生活形态和习性，形貌真切，造型生动。

## 461 流年对运势有何影响？

流年虽然只能定一年的运势，但最符合人们实际的需求，所以在实际推命中，流年运用得最多。它对运势的影响主要有：

1. 流年与大运合、化、会者，观其化神的喜忌而定吉凶。
2. 大运比流年重要，流年凶，大运吉，则凶少吉多；反之，则凶多吉少。
3. 流年天干被日干所克，叫做日犯岁君，必定会有大灾；但是如果五行中有救，大灾可化为小灾。
4. 流年干支与年柱相同，叫做真太岁，又叫转趾煞，多有灾祸降临。
5. 流年天干与日干相合，叫做晦气入门。即是在某方面会有人阻止你，结果是吉是凶，要依据生克制化合会的喜忌而定，为喜则会逢凶化吉，为忌则凶上加凶。
6. 大运干支冲克流年干支叫做征太岁，又叫反吟。最忌流年为喜，却与大运冲克，这种运势多有病灾。
7. 日柱干支和流年干支相同，叫做伏吟，会生灾病。
8. 流年与大运干支相同，叫做岁运并临，会遇到很多麻烦事。

大运干支　流年干支

甲子　大运干支冲克流年干支为征太岁。　戊午

以地支配方位，相抵触的叫冲，子(北)午(南)为冲；

以天干配五行，相制伏的叫克，甲(木)克戊(土)。

## 462 什么是用神、喜神、忌神？

用神，是某四柱八字中的某干或某支对日干起有利的作用，为日干所喜的一个字（五行）或几个字（五行），即八字命局中的有用之神。

喜神，用神之一，是用神中起作用最大的五行。

忌神，是某四柱八字中的某干或某支对日干起有害的作用，为日干所厌的一个字（五行）或几个字（五行），即八字命局中对日主起破坏作用的字，都为忌神。如果喜用神之间发生克、泄、耗同样视为忌神。

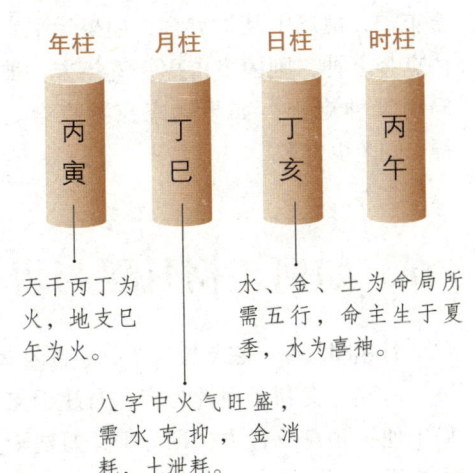

年柱　月柱　日柱　时柱

丙寅　丁巳　丁亥　丙午

天干丙丁为火，地支巳午为火。

水、金、土为命局所需五行，命主生于夏季，水为喜神。

八字中火气旺盛，需水克抑，金消耗，土泄耗。

## 463 如何根据流年和大运的情况来判断运势？

大运管十年吉凶，流年主一年祸福。一般来说，看五行旺衰以流年地支为主，流年天干对命局五行也有重要作用，更要看原命局的五行旺衰。流年与大运的关系如下：

大运吉，流年吉，此年大吉。
大运吉，流年凶，凶而无险。
大运凶，流年吉，没有大吉。
大运凶，流年凶，凶险有加。

| 大运 | | 流年 | | 运势 |
|---|---|---|---|---|
| 吉 | + | 吉 | = | 大吉 |
| 吉 | + | 凶 | = | 凶而无险 |
| 凶 | + | 吉 | = | 没有大吉 |
| 凶 | + | 凶 | = | 凶险有加 |

## 464 如何根据流年与用神的关系来判断运势？

流年干支利于用神为吉，不利于用神为凶；流年干支利于用神，但为命局中他神相克或合去，此年为平；流年干支不利于用神，但为局中他神相克或合去，此年为平；流年干支皆利于用神，此年大吉，反之，此年大凶；流年吉，被局中某神克合，如果运来制住克合之神，则为吉；流年凶，被局中某神克合，如果运来制住克合之神，则为凶；流年吉，被局中某神克合，如果运来生扶克合之神，则凶多吉少；流年吉，被局中某神克合，如果运来克抑克合之神，则凶少吉多。

**流年与用神的关系对运势的影响**

| | 流年天干 | 流年地支 | 运势 |
|---|---|---|---|
| 用神 | 利 | 不利 | 吉凶参半 |
| | 不利 | 利 | 吉凶参半 |
| | 利 | 刑冲 | 小吉 |
| | 不利 | 刑冲 | 小凶 |
| | 利 | 辅助 | 大吉 |
| | 辅助 | 不利 | 大凶 |
| | 冲克 | 利 | 小吉 |
| | 冲克 | 不利 | 小凶 |

## 465 如何根据月建与用神的关系来判断运势？

月建即月令，它掌握每个月的吉凶祸福。

月建干支利于用神为吉；月建干支不利于用神为凶；月建干支利于用神，但为局中他神相克或合去，则为平；月建干支不利于用神，但为局中他神相克或合去，亦为平。

## 466 如何根据月建与流年的情况来判断运势？

月建吉，流年吉，此月为吉；月建吉，流年凶，则吉中有凶；月建凶，流年凶，此月难逃其凶；月建凶，流年吉，则凶中有吉；月建吉，被局中某神克合，如果流年制住克合之神，则为吉；月建凶，被局中某神克合，如果流年制住克合之神，则为凶；月建吉，被局中某神克合，如果流年生辅克合之神，则凶多吉少；月建凶，被局中某神克合，如果流年生辅克合之神，则凶少吉多。

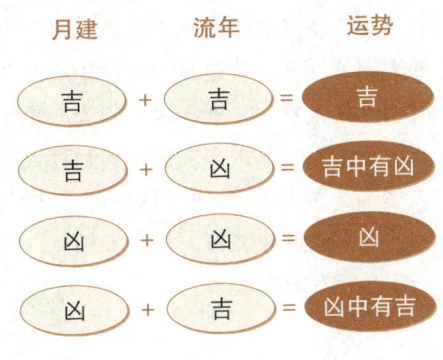

## 467 什么是"日年相并"？

日柱干支与流年干支相同即为"日年相并"，如乙卯日见乙卯流年。"日年相并"是大吉之相，当官者平步青云，步步高升，官到国家要位；从商者，财源滚滚，生意逐渐扩大，产品遍及国内外。但如果是常格，对一般平民不利，是凶相，会遭遇祸事。《经》云："太岁当头立，诸神不敢当，若无官事扰，定主见重丧。"

## 468 什么是"岁运并临"？

"岁运并临"指流年与大运的干支一样，如己未大运碰上己未流年。在推断命、运、岁时，如果遇到岁运并临的情况，要分析是喜是忌才能断其吉凶。

岁运并临为凶灾的情况较多，表现为某一种五行力量旺上加旺，势必克制或耗泄其他五行，使命局严重偏枯，五行力量分布不均衡。

岁运并临有时为吉，如某人八字用神为木，刚好行走乙卯大运和乙卯流年，由于大运和流年走木旺之势，弥补了八字中木弱的不足，使命局形成了新的平衡与稳定，这一年的运势为吉。

可见，衡量"岁运并临"吉凶的关键是以用神为中心，如为喜神便为吉，如为忌神则为凶。

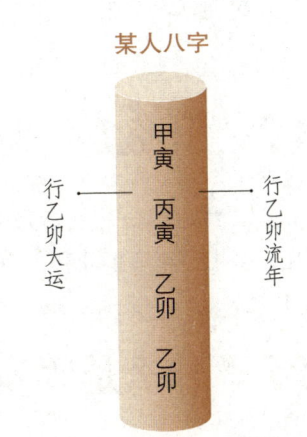

某人八字

木旺使土、水、火五行受损，多有灾祸降临，可应验在本人身上，也可应验在相关的人身上。

## 469 什么是"真太岁"?

真太岁又名转趾煞,比如己丑年出生的人到了己丑年就是真太岁,正所谓"生时相逢真太岁",干支六十年为一轮回,所以每个人到了六十岁都会遇到真太岁。大运与太岁相和相顺,这一年会非常顺利,如果值刑冲破害,与太岁相克,则这一年必定有凶灾。

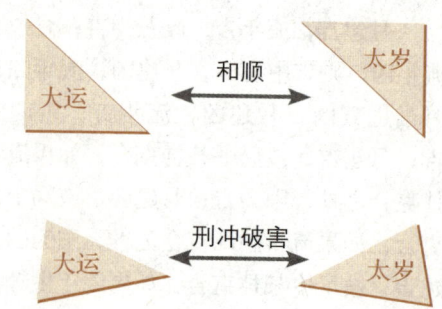

## 470 什么是"征太岁"?

征与战同义,如臣与君战,以下犯上。日干支冲克太岁叫征,大运干支冲克太岁也叫征。太岁干支冲日干支也叫征。日干支合太岁干支叫晦气,遇此的人主晦气,反而欲速不达。

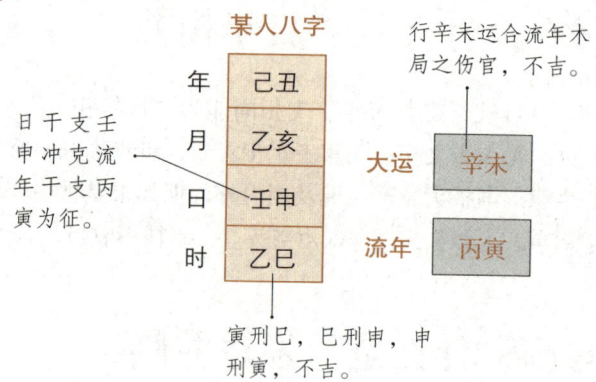

## 471 什么是"月运相合"?

"月运相合"是指月令干支与流年干支相合。比如壬戌月与丁卯年或大运流年见,多主一年事事顺利,为官者升官,为商者发财,大运与月令相合主十年好运。

## 472 什么是"岁命天合"?

岁命天合是指日干、时干与太岁合为晦气煞。分为日干合太岁,太岁合日干。日干合太岁表示灾祸比较严重,太岁合日干表示灾祸比较轻。太岁位近者,则灾祸严重;太岁位远者,则灾祸轻。例如:太岁在日前五辰合,称为太岁入宅,预示着晦气将至,会有灾难。

## 473 什么是"日岁相合"？

日岁相合是指日柱与流年相合。如遇日岁相合，一般会出现官司诉讼的事情，主破财、疾病、远行。如果带有桃花，会出现淫乱的现象。

## 474 什么是"日犯岁君"？

日犯岁君是指日干克年干，为偏财流年，主破财。如果能解救，则会转为进财。日犯岁君的解救条件有：四柱或大运上有官煞旺；四柱或大运上有天干和偏财合住；四柱或大运上有伤官或食神；日主为天德和月德。

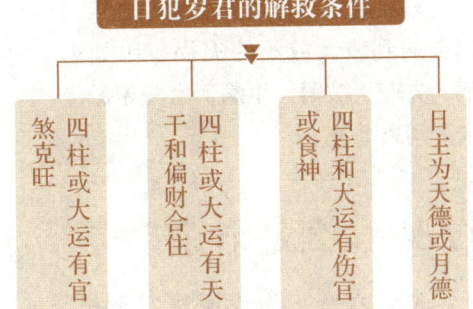

日犯岁君的解救条件
- 四柱或大运有官煞克旺
- 四柱或大运有天干和偏财合住
- 四柱和大运有伤官或食神
- 日主为天德或月德

## 475 "岁君伤日"和"日犯岁君"的吉凶如何？

《经》云："岁伤日干，有祸必轻，日犯岁君，灾殃必重。"岁君伤日，如庚年克甲日干，就像父母管教子女，是天经地义、合情合理的，所以不会有凶。日犯岁君，如甲日干克戊土流年干，就像子女违抗父母之命，或者打骂父母，于情不合，于理不容，会有大凶。

另外，要结合五行、四柱，如果五行有救，四柱有情，其年不仅可以避凶还能进财。不仅日干犯太岁不好，运干克岁干，这一年也会遇到小灾。

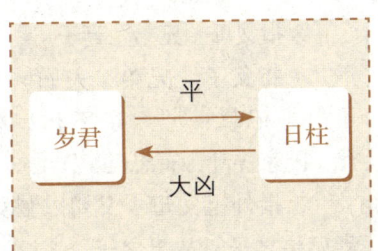

岁君 ⇄ 日柱　平／大凶

## 476 什么是"岁运相生"？

岁运相生是指大运干支与流年干支相生。如果天干有喜有用，不是原局的支合，而且坐旺地，则为大吉。如果天干皆为忌讳，不是原局的制化，而且坐旺地，则为大凶。

## 477 什么是"天比地冲"?

"天比地冲"是指流年的天干为比肩,与命主的日柱天干相同,地支相对而又相冲。比如命局中日柱为甲午,流年为甲子;或日柱为戊申,流年为戊寅,则形成"天比地冲"。

只要遇到与命局天比地冲之年,都会遇到或大或小的灾祸,比如车祸、失业、破财、生病、家庭矛盾、夫妻闹离婚等。

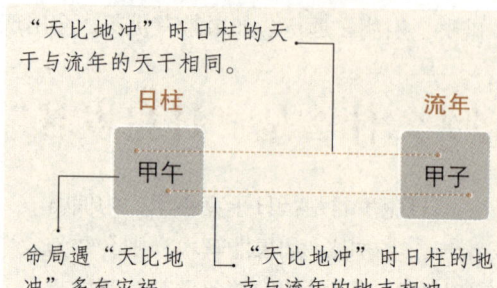

天比地冲

"天比地冲"时日柱的天干与流年的天干相同。

日柱 　　　 流年

甲午 —— 甲子

命局遇"天比地冲"多有灾祸。　"天比地冲"时日柱的地支与流年的地支相冲。

## 478 什么是六亲?

关于六亲,历代说法各不相同,大致有以下几种:

1. 指父子、兄弟、从父兄弟、从祖兄弟、从曾祖兄弟、同族兄弟。
2. 指父子、兄弟、姑姊、甥舅、婚媾、姻娅。
3. 指父母、兄弟、妻子。
4. 指父子、兄弟、夫妇。《老子》中记载:"六亲不和,有孝慈,国家昏乱,有忠臣。"
5. 指外祖父母、父母、姊妹、妻兄弟之子、从母之子、女之子。《史记·管晏列传》中记载:"上服度则六亲固。"

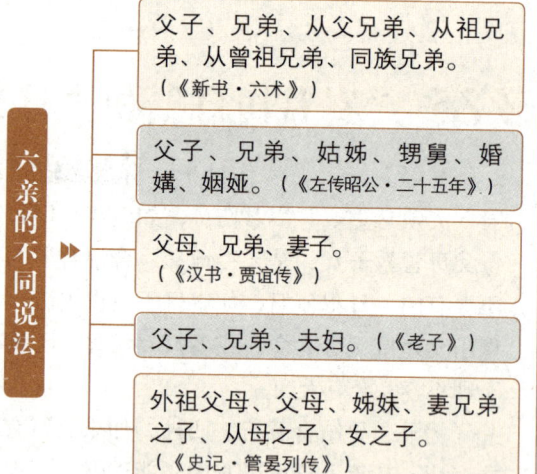

六亲的不同说法

- 父子、兄弟、从父兄弟、从祖兄弟、从曾祖兄弟、同族兄弟。(《新书·六术》)
- 父子、兄弟、姑姊、甥舅、婚媾、姻娅。(《左传昭公·二十五年》)
- 父母、兄弟、妻子。(《汉书·贾谊传》)
- 父子、兄弟、夫妇。(《老子》)
- 外祖父母、父母、姊妹、妻兄弟之子、从母之子、女之子。(《史记·管晏列传》)

## 479 什么是大限?

大限也称作大运、行限。命理学认为十年为一大限,所谓大限就是将人出生当年的12个月令循环比拟人未来的12个10年。120为满数(10天干×12地支),就是人的极寿之数。120除以12宫,故每宫大限10年。

## 480 什么是小限？

小限指紫微命盘中一年的行运，可以推算出在这一年里的吉凶祸福，具体来说，小限会告诉你在这一年里的性情、感情、欲望、机会、障碍等相关的信息。

## 481 小限如何推排？

小限依生年地支推排，戌寅午年，一岁在辰；辰申子年，一岁在戌；未亥卯年，一岁在丑；丑巳酉年，一岁在未。

因为小限是指每年的运势，所以以生年为订立一岁的参考基准。命学讲虚岁，所以一岁指的是十个月的妊娠期与两个月的出生期，故就五行理论需由土化生，所以在辰戌丑未四土（四墓、四库）之地孕育，亦由辰戌丑未四土之地出生，然后才能化生成人。

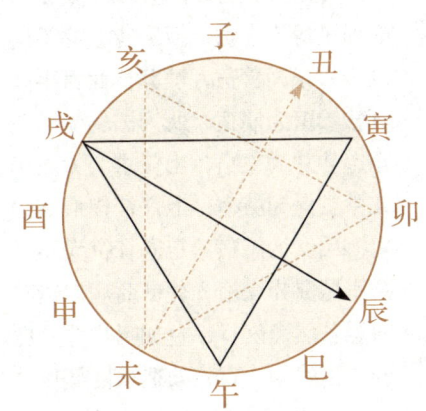

## 482 小限如何影响运势？

大限主十年运，小限主一年运。小限会受到星象的变化来影响人的情绪，进而影响人的吉凶。

情绪和吉凶初看没有什么关系，其实，它们存在着必然的联系。人的行为往往受情绪变化的影响，比如正在气头上的人很容易因冲动而惹祸上身，心情愉快时做什么事都感到很顺利。很多人都有这样的经历，本来心情好好的，突然感觉很烦躁。这不是莫名其妙，而是受到了星曜不同行运的影响。另外，小限还和自己的状态有关。

人的情绪会影响人的行动，从而影响人运势的吉凶。

人会突然感到很烦躁，是由星曜的运行引起的。

## 483 如何以值日之宿判断吉凶？

二十八宿的值日是一种记日法，一宿代表一日，二十八宿刚好是二十八日，以二十八日为一轮，也就是四个星期。我们可以根据出生日所对应的星宿来判断吉凶。

下面歌谣是记忆二十八星宿值日吉凶的：
喜善燥懦文威怒，随宜取用要相当。
虚昴星房为喜宿，万事皆宜葬不良。
危毕心张为善宿，埋葬行商百事昌。
箕轸参壁为懦宿，所为懦弱受欺残。
角奎斗井为文宿，出任求名太显扬。
亢牛娄鬼为威宿，上任征伐最高强。
胃柳氏女为怒宿，定遇官符大不祥。
觜室尾翼为燥宿，葬良商病架造殃。
四燥若然逢闲日，更加鸣吠葬尤良。
开喜虽然为大吉，架造须良葬见殃。
四弱造葬诸事忌，奸盗扶赖见灾殃。

### 二十八星宿的宿性及吉凶

| 宿性 | 喜宿 | 善宿 | 懦宿 | 文宿 | 威宿 | 怒宿 | 燥宿 |
|---|---|---|---|---|---|---|---|
| 星宿 | 虚昴星房 | 危毕心张 | 箕轸参壁 | 角奎斗井 | 亢牛娄鬼 | 胃柳氏女 | 觜室尾翼 |
| 吉凶 | 顺吉，不宜丧葬。 | 皆顺。 | 懦弱受欺。 | 名声显扬。 | 上任征伐吉。 | 遇官符不祥。 | 不吉。 |

## 484 什么是合婚？

合婚又称"合年命""合八字"，古称"卜吉"。合婚就是男女双方各用一顺红纸的折子，写上出生年、月、日、时，请算命先生测看男女双方的八字，男女双方必须八字相合才能结婚，以免婚后夫妻相克或妨碍家运。在古代，人们把男女的幸福、灾祸都寄托在命运上，如果"年命"不合，则一切皆好也不能婚配。

**合婚三法** ➤

法一：合婚者分别将男女双方的八字一一对照起来，看是相生还是相克。

法二：仅看日柱，因为日柱代表自己和配偶。日柱天干或地支有冲克，就说一方冲克另外一方。

法三：把双方出生时的年、月、日、时对应的地支的生肖列出来，不是看对应生肖代表的地支的生克关系，而是看生肖代表的动物之间的弱肉强食关系。

## 485 八字合婚的原则是什么？

双方命局相互中和，为吉；双方八字无严重克害，且双方日干合化一体而为喜用神时，主夫妻同心一体；双方日支无刑冲克害，且合化为喜用神，主夫妻美满和谐。

# 第八章 手相运程

古人认为，手相可以反映人身体的健康状况，并且可以推测出人的性格与命运。不同的手相有不同的性格，不同的手相有不同的命运轨迹。本章主要阐明了手相的一些基本概念，如智慧线、感情线、生命线、地丘、月丘等，涉及了不同手指预示的人的性格。在阐明基础知识的基础上，本章以列举的方式，分析了不同手相的性格特征。

## 486 什么是手相？

人类进化发生本质性的改变，是以手足分离为标志的。手作为人体至关重要的一部分，自古以来就备受人们的关注。在人类漫长的发展过程中，对手的研究，逐渐形成了一种独特而神秘的文化——手相文化。

俗语说"相由心生"，古人认为手及掌纹的变化不仅可以反映身体的健康状况，而且可以推测出人的性格及命运的发展趋势。唐末宋初的《麻衣神相》中，记录了根据人的掌纹及面相预测性格和命运的方法。

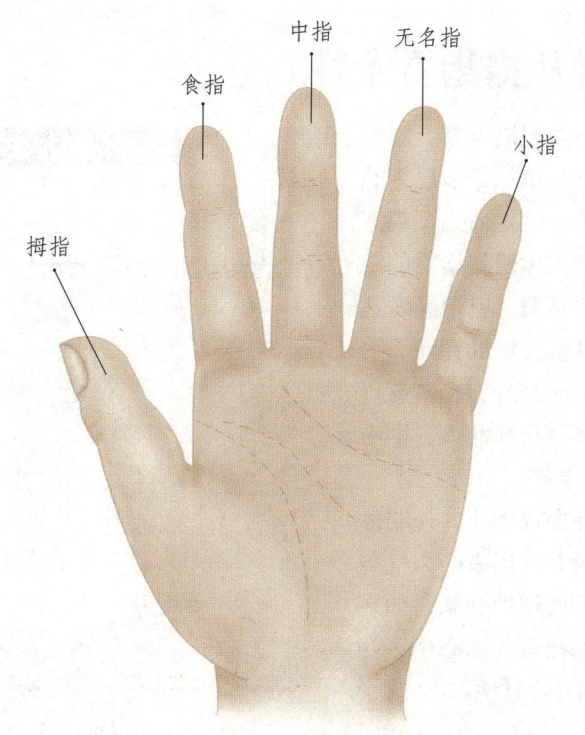

## 487 怎样由手型看人的性格？

手不仅与健康有密切的关系，还可以反映人的性格。根据手型看人的性格包括两个方面：一是手的外在形态；二是手掌中的纹线。

不同人的手有大小、薄厚、色泽等差异，手指也有粗细、长短的区别，指甲也会呈现大小、颜色和形状的不同。通过观察这种种差异，我们可以推断出一个人的性情与禀赋。

观察手掌纹是了解性格的另一个重要途径。我们的手掌上主要有生命线、智慧线、感情线这三条与生俱来的线。这三大主线的位置基本不会变动，其支线或其他细线则会或有或无、或长或短地不断变化。

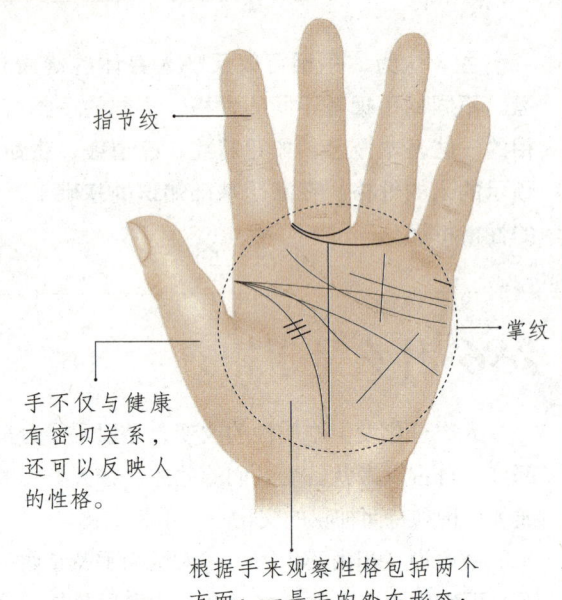

指节纹

掌纹

手不仅与健康有密切关系，还可以反映人的性格。

根据手来观察性格包括两个方面：一是手的外在形态；二是手掌中的纹线。

## 488 怎样从拇指看个性？

正常的拇指要饱满丰厚，圆长壮大，第一指节与第二指节以等长为好。拇指代表人的生命力，观察拇指就可以推测人体遗传素质的好坏及脑髓功能的强弱。有饱满发达的拇指的人，具有良好的韧性、耐性、意志坚强，而且理智，富有进取心。但拇指过分粗壮的人，则考虑问题较偏激、易怒。

拇指若是纤弱或短小，说明体质较差。拇指所表现出来的力气与人的生命力有着密切的关系，如果年轻人习惯把拇指握在掌心中，就表示其身体较弱，而且性格内向。

### 拇指透视的个性

- 拇指第二指节长度正常，表示理解力强，逻辑分析能力强，处事果断。
- 拇指第一指节长度正常且形状端正的人，意志坚定，有恒心，有耐性，敦厚稳重。
- 拇指短小的人，情方面都不如一般人，缺乏智慧。
- 拇指较长的人头脑清晰，适应社会的能力很好，具有站在其他人之上的活跃能力。
- 拇指较宽的人讲究观察，性格有些固执。

## 489 怎样从食指看个性？

食指以圆秀强壮，外形挺直，与中指密合，且三个指节长短均匀，或由下往上逐节缩短为佳。这种形状的食指表示肝胆功能较好。若食指苍白瘦弱，提示肝胆功能较差。若指头弯曲，与中指间的缝隙大而且纹路散乱，提示肝胆病已影响到脾胃。

食指的三个指节各具有不同的心理含义，一般第一指节反映个人自信程度，第二指节提示进取心强弱，第三指节表示精力盈亏。

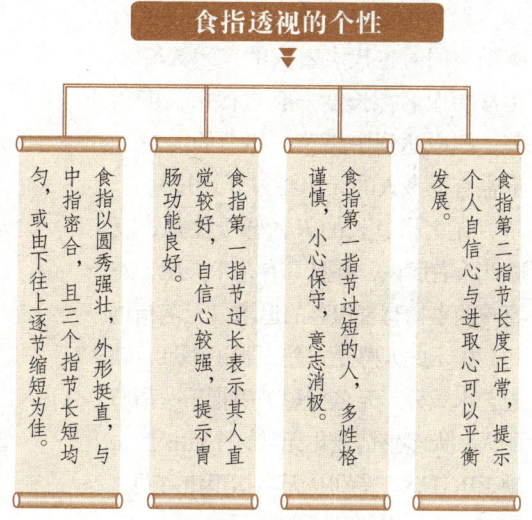

食指透视的个性
- 食指以圆秀强壮，外形挺直，与中指密合，且三个指节长短均匀，或由下往上逐节缩短为佳。
- 食指第一指节过长表示其人直觉较好，自信心较强，提示肠功能良好。
- 食指第一指节过短的人，多性格谨慎，小心保守，意志消极。
- 食指第二指节长度正常，提示个人自信心与进取心可以平衡发展。

## 490 怎样从中指看个性？

正常中指长度为手掌长度的4/5或掌宽的7/8左右，超过此标准的属于长型中指，未达到此标准的为短型中指。

中指以圆长健壮，指节长短均匀，柔而不弱，指形直而不偏为佳，说明健康状况良好，元气充足。若中指苍白，纤细而瘦弱，说明心血管功能不足或贫血；指头偏曲，指节之间有缝隙，则提示心与小肠衰弱。

不同长度的中指具有不同的含义。标准长度的中指表示心理协调，思维清晰，情绪稳定。中指超出正常的长度，表示性格内向，多愁善感，消极悲观。中指较短，表示身体基本健康，性格不拘小节，没有信念，脾气暴躁。

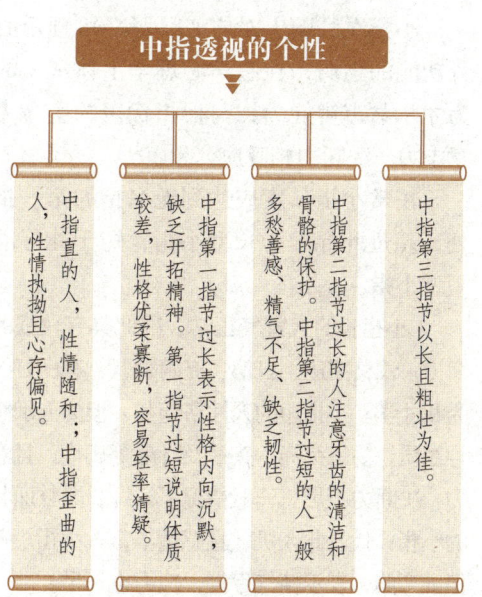

中指透视的个性
- 中指直的人，性情随和；中指歪曲的人，性情执拗且心存偏见。
- 中指第一指节过长表示性格内向沉默，缺乏开拓精神。第一指节过短说明体质较差，性格优柔寡断，容易轻率猜疑。
- 中指第二指节过长的人注意牙齿的清洁和骨骼的保护。中指第二指节过短的人一般多愁善感，精气不足，缺乏韧性。
- 中指第三指节以长且粗壮为佳。

## 491 怎样从无名指看个性？

无名指可以反映一个人心灵上的感受，同时也代表着人的艺术天赋。正常的无名指长度一般与食指长度相等，即应达到中指第一指节的1/2处。但也有很多人的无名指过长或过短。

无名指过长的人，感受性强，反映此人有胆识，并且具有艺术天赋，对喜欢的事物有着执著的追求。无名指过短，提示此人感受力差，胆识不足，缺乏艺术天分。无名指短于中指第一指节的人，大多感情变化无常，个性松散，缺乏责任感。特别是无名指歪扭弯曲，更表示其情绪易强烈波动。

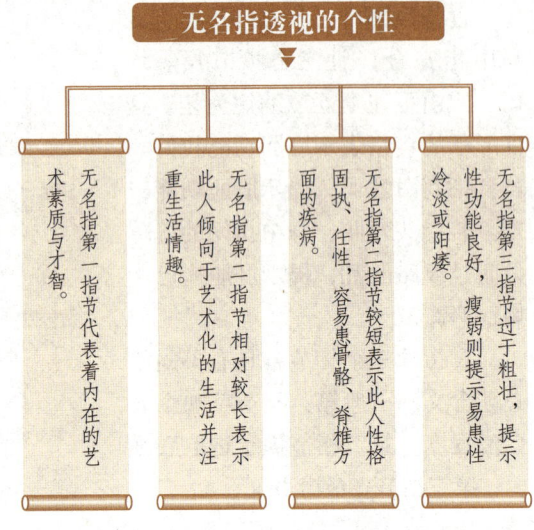

**无名指透视的个性**

- 无名指第一指节代表着内在的艺术素质与才智。
- 无名指第二指节相对较长表示此人倾向于艺术化的生活并注重生活情趣。
- 无名指第二指节较短表示此人性格固执、任性，容易患骨骼、脊椎方面的疾病。
- 无名指第三指节过于粗壮，提示性功能良好，瘦弱则提示易患性冷淡或阳痿。

## 492 怎样从小指看个性？

小指在脏腑上对应心、肾，可预示心、肾功能的强弱，在医学心理学上体现人的行为才学与审辨能力，与拇指代表的生命力、意志力、决断力相呼应。

正常小指长度应达到无名指的第一指节处，超过此标准为长型小指，短于此标准为短型小指。

小指长的人肾气正常，因此具有较强的生命力，性格豁达、自信、充满智慧，有良好的行为和才学。小指短的人性格随和，但为人敏感而神经质，易患头痛、头晕及肾虚等病症，且意志力、决断力不足。一般情况下，纤长柔软而壮直的小指，代表此人机敏且感情丰富；小指短瘦或僵硬弯曲，表示精气亏损，魄力也不足。

小指还可反映消化系统与生殖功能的强弱。

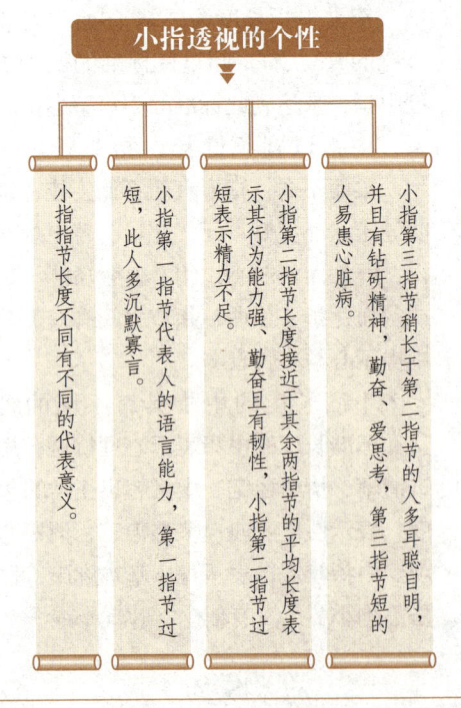

**小指透视的个性**

- 小指指节长度不同有不同的代表意义。
- 小指第一指节代表人的语言能力，第一指节过短，此人多沉默寡言。
- 小指第二指节长度接近于其余两指节的平均长度表示其行为能力强、勤奋且有韧性，小指第二指节短表示精力不足。
- 小指第三指节稍长于第二指节的人多耳聪目明，并且有钻研精神，勤奋、爱思考，第三指节短的人易患心脏病。

中篇：运程
第八章 手相运程

## 493 什么是智慧线？

智慧线从食指掌指褶纹与拇指掌指褶纹内侧连线的1/2处开始，以抛物线状延伸到无名指中线，这条线以微粗、明晰不断裂、微微下垂、颜色红润为正常。

智慧线又称"脑线"、"人线"。从性格方面来说，智慧线是表示智慧、知识、判断力和天分的一条线，还可以反映一个人的生活能力。凡具备标准型智慧线的人，大多身体健康，充满活力，心情愉快。而智慧线末端过于下垂的人，多见于思想家；若过于平直，则提示此人固执、急躁。

朝着正横向及向上的智慧线，表示思想现实，向下的智慧线，表示想法偏离现实。

## 494 什么是感情线？

感情线从小指掌指褶纹下1.5～2厘米处，以弧形、抛物状延伸到食指与中指指缝之间下方，这条线以深长、明晰、颜色红润、向下的分支少为正常。

感情线又称"天线"，主要代表呼吸系统功能的强弱。观察感情线的长度和走向，可以分析出自主神经对消化系统功能的影响。

感情线是一条主要反映个人性格的线，感情线接近直线，表示性格比较直率，表达感情直接。感情线比较弯曲，性格会显得女性化，对人很柔和。此外，感情线和人的情感有密切的关系，除了表示恋人与夫妻之间的爱情，也表示友情与同情心等情感的强度与变化。

偶尔会见到没有感情线的掌纹，这表示自幼亲子缘分淡薄，婚姻生活也难以美满。

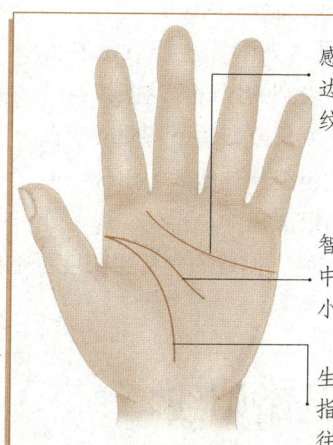

感情线：从小指下掌边起向食指方向走的纹路。

智慧线：从拇指与食指中间的掌边开始，向小指方向走的纹路。

生命线：从拇指与食指中间的掌边开始，往掌底走的纹路。

## 495 什么是生命线？

生命线从食指掌指褶纹与拇指掌指褶纹内侧连线的1/2处开始，以弧形、抛物状延伸至腕横纹，弧度不超过中指中线的下垂直线。此线以微粗、明晰不断、颜色红润为正常。多数人手掌上生命线与智慧线相交。

生命线又称"地线"，主要反映人的体质、精力、健康状况及身体疾病的产生与变化。生命线与寿命有着密切的关系。生命线长表示遗传的寿命长，生命线短表示遗传的寿命短。但先天的优势需要后天的呵护，先天的不足也可以通过后天去弥补。

## 496 什么是命运线？

命运线起于坎位，向上通过掌心，直达中指下方。此线不能太粗，最好细而浅，笔直而上，明晰不断，以颜色红润为最佳。

古代手相中认为，手掌有命运线的人，大多可以做大官，因此命运线在古代叫做"玉柱"。但手诊专家经过研究发现，手掌出现命运线不是健康之兆，而且此线越长（连到中指下）健康状况越不好，主要表现为青少年时期身体较弱。

命运线是可以预示社会生活状况的一条线，表示一个人在进入社会之后的活动和发展状况。观察命运线时要注意参考生命线、智慧线、感情线等其他线的变化，它们是相互影响的。

## 497 什么是太阳线？

太阳线是一条位于无名指下的竖线，一般不超过感情线。

太阳线又称"成功线"，是命运线的副线，比命运线短，这种线很少见。据观察研究，此线多与血压的高低有关。

从性格方面讲，太阳线主要表示有没有人缘及在社会上受到的评价。这条线会时而出现时而消失，变长或变短，弯曲或变直等，有时它的起点也会从其他地方出现，但总是朝着无名指的根部延伸。

太阳线越长越好，但线的气势比长度更重要，所以短而有气势的线比长而虚弱的线要好。

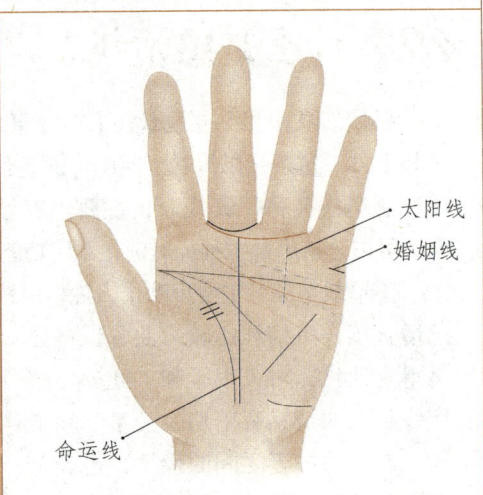

## 498 什么是婚姻线？

婚姻线位于小指掌指褶纹与感情线中间，其长度大约到小指中线的1/2处。此线以深且平直，明晰不断，颜色浅红为佳，这表明泌尿生殖系统功能良好。

婚姻线又称性线，健康的人大多拥有两至三条。婚姻线短或者只有一条，甚至没有：女性多不孕、月经失调、子宫发育不良；男性多为少精、无精、阳痿，甚至会引发心理障碍。

婚姻线的颜色越好，气势越强，表示与伴侣相处得越好。

## 499 什么是健康线？

健康线起于大小鱼际交接处（以不接触生命线为原则），斜行向小指方向（以不接触感情线为原则）。在掌纹诊病过程中，健康线是预测、诊断重病的发生、发展的一条非常重要的线。这条线长短不一，一般手上没有这条线比较好。如果有这条线，则以清晰有力，平直为最佳，表示身体健康；如果这条线没有气力，又断断续续的，表示身体衰弱。

健康线反映的身体情况主要包括：肝脏免疫功能、机体抵抗力的强弱、身体状况的好坏。有健康线身体并不健康，特别表现在肝肾功能较差或患有慢性呼吸系统疾病的人，通常这些患者手掌上会出现深而明显的健康线。

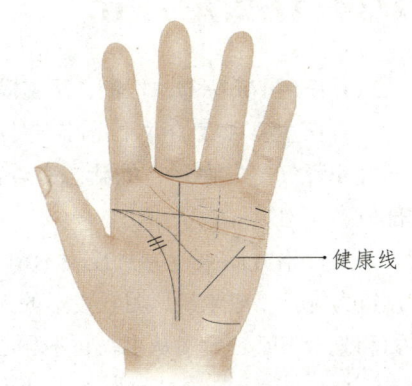
健康线

## 500 什么是三大纹路？

三大纹路指十字纹、星纹、岛纹。

十字纹：在手掌上由两条"短短的纹路"交叉而成，吉凶意义根据所在的手掌部位不同而不同。

星纹：在手掌上由三条或三条以上"短短的纹路"交叉而成，吉凶意义根据出现在手掌上的部位不同而不同。

岛纹：出现在手掌的"五大线纹"上，通常具有不好的意义，吉凶影响看所在的线而定。

## 501 什么是火星平原？

火星平原位于手掌的正中央，俗称掌心，即明堂所在的位置。明堂属火，主要反映营养、代谢状况和目前健康状况的好坏。

从性格方面来说，火星平原表示生活力，代表能否战胜人生中所遇到的困难。这个部分在手掌中所处的位置比较低，如果长得好，表示体力和精力充沛，可以发挥旺盛的生活力。相反，如果凹陷且贫弱，表示缺少战胜困难及竞争的精力，爱钻牛角尖。

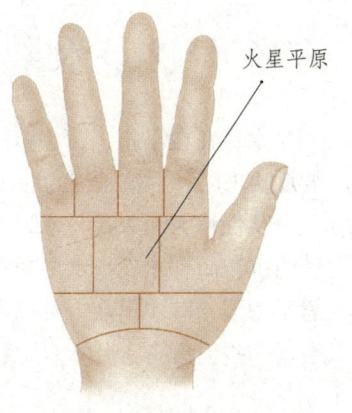
火星平原

## 502 什么是月丘？

月丘在小鱼际靠掌根侧，手腕横纹之上，即乾位所在的位置。

月丘主要观察的并不是肺本身的性质改变，而是肺对于元气的统领状况。由于元气和肾气与气血运行的状态有着密切的关系，所以月丘是观察人整体健康的主要部位。

从性格方面来说，月丘表示精神世界，也代表和艺术、演艺方面有关的感觉及创造力等。一般来说，月丘发达的人比较浪漫，想象力也很丰富，同时还具有创造能力和艺术天赋，大多从事与哲学和心理学相关的工作，同时擅长演艺和写作的人也很多。但如果月丘过度发达，很可能会沉浸于偏离现实的妄想与空想中。

## 503 什么是地丘？

地丘在手掌的掌根部，掌心下方，占据了腕横纹以上的大部分区域，即坎位所在的位置。

坎位在五行上属水，传统医学认为，肾主人体水的运行和代谢，所以地丘的变化反映肾脏功能的强弱。地丘主要反映生殖泌尿系统的功能。

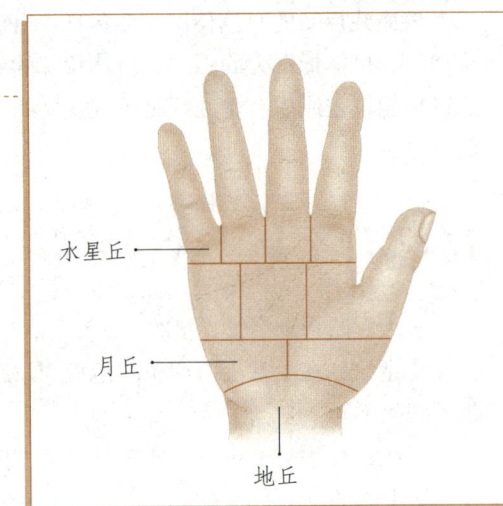

从性格方面来说，地丘表示成长力的根源，代表着人的精力与耐力。如果地丘长得好，而且杂线少，表示此人有很好的精力和体力，能够得到异性的欢迎。但是如果地丘出现很多杂线，表示精力衰退。

## 504 什么是水星丘？

水星丘在小指下，小鱼际的上半部分，即坤位所在的位置。坤位五行属阴土，主要反映泌尿、生殖系统的功能。

从性格方面来说，水星丘表示其人对事物的变化可以随机应变，不会错失良机，聪明机智而有才气。水星丘发达的人比较聪慧，具有很强的事业心，同时很有冲劲，忍耐力强，口才出众，可以发挥自己的商业才华与外交手腕。但是过于发达，则可能会动一些歪脑筋。另外，如果该丘扁平，则缺乏经济观念，容易因为金钱而失败。

## 505 什么是第一火星丘？

第一火星丘在大鱼际曲线范围内的上半部，俗称虎口的部位，即震位所在的位置。

健康的第一火星丘应该有弹性、颜色红润，这表示消化吸收功能正常，且植物神经功能正常。手掌中的第一火星丘主要反映胃部的健康状况，所以第一火星丘在掌纹诊病中是一个非常重要的部位。

从性格方面来说，第一火星丘代表竞争心与斗争心，也表示勇猛的行动力。如果第一火星丘长得很好且适度发达的话，表示在肉体和精神方面都很有斗争心；但第一火星丘太发达，则性格粗暴，破坏的倾向会加强。

## 506 什么是木星丘？

木星丘在掌上食指的下方，即巽位所在的位置。

巽位五行属阳木。从性格方面来说，木星丘表示在工作和学业等方面的进取心，也代表着名誉和权力。如果木星丘长得很好且顶点位于中心的话，则表示对工作及学习非常积极，且很有意愿发展，是好胜心和进取心比较强的人。但是，若该丘极端隆起且顶点偏离，则表示个性自大骄傲，有独善的倾向。木星丘不发达表示依赖心强，缺乏积极进取的生活意愿。

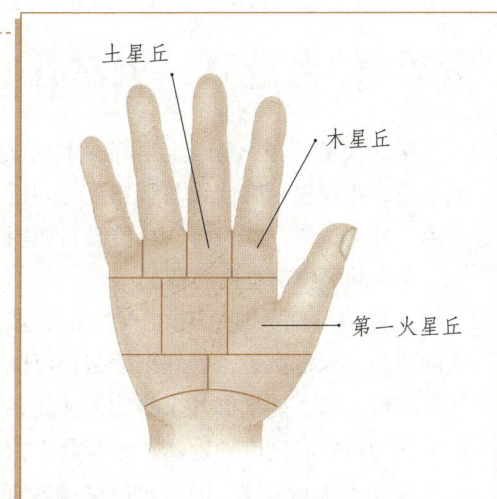

## 507 什么是土星丘？

土星丘在中指的下方，即离位的位置。

离位五行属阳火，主要反映心脏、血液循环和视力等方面的功能。从性格方面来说，土星丘表示个人的自制能力，同时也表示很有社会地位或可以出人头地。如果土星丘长得好，且顶点位于中心，表示该人处事慎重，对待工作细致认真。但过于发达，则反映此人容易想得太多。另外，土星丘长得不好，多表示生活放纵。

## 508 什么是金星丘？

金星丘在拇指球的下半部，大鱼际曲线范围内的下方，即艮位所在的位置。

艮为山，五行属土，五脏属于脾，所以金星丘主要反映的是脾胃的消化吸收功能。由于手掌一贯的握姿，金星丘上生出许多从拇指指骨向生命线边缘延伸的纹线。

金星丘是手掌中最大面积的部分，表示体力与生殖能力。如果金星丘适当地发达，表示体力较好，喜欢运动，健康状态也很好，并且感情丰富，性格和蔼可亲。反之，表示体力差，对异性没有自信心。

## 509 什么是第二火星丘？

第二火星丘在小鱼际上半部，水星丘的下面，小指根下感情线与智慧线之间近掌侧，即兑位所在的位置。兑位五行属阴金，它反映了腹部脏器的情况。

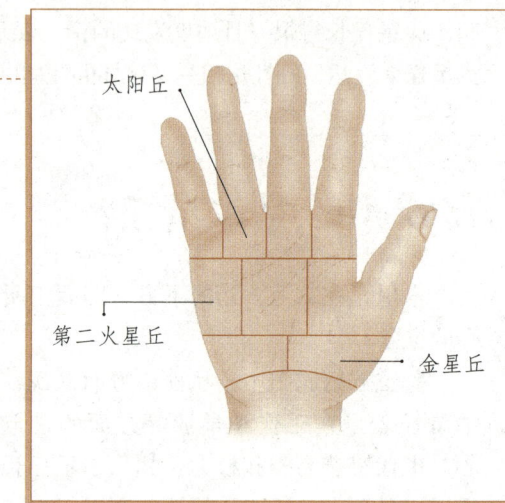

从性格方面来说，第二火星丘表示人的忍耐力和抵抗力，处理事情是否可以持之以恒，是否能抵御外来的敌人。如果这个丘长得好且适度地发达，表示此人擅长计算，事业心很强，而且可以抵御各种灾难与障碍，也可以战胜诱惑。但是，如果过于发达，则表示个性比较顽固，容易树敌。另外，如果此丘不发达，表示没有抵抗力，意志也较薄弱。

## 510 什么是太阳丘？

太阳丘在无名指的下方，即离位的位置。

太阳丘象征着人的名誉、人缘、信用、社交手腕，可以反映一个人的魅力及受欢迎的程度。如果太阳丘长得很好且顶点位于中心，表示有吸引人的魅力，人缘好，朋友比较多，大多都有好名声，而且充满了活力。但是，如果太阳丘过于发达，则表示虚荣心强烈，注重外表。太阳丘瘦小，表示无法获得别人的好感。

## 511 为什么说生命线是生命力的表示？

生命力象征着人的健康平安和寿命，生命线的长短并不意味着生命的长短，而是人生命力的显示，就是人的健康程度。活力充沛的人的生命线又深又明显，不会有丝毫的凌乱。如果生命线长而又自然弯曲，包住了金星丘所在的位置，有这种手相的人一定会健康长寿。

## 512 什么是性爱贫乏的手相？

性爱贫乏的手相指生命线呈直线状，不弯曲并且延伸到手腕处，金星丘的区域变窄，而月丘变宽的手相。有这种手相的人身体比较虚弱，生活全靠精神力量的支持，不适合从事需要耐心的工作。女性有这种手相，多为性冷淡。这种手相往往是母亲怀孕时身体虚弱所致。

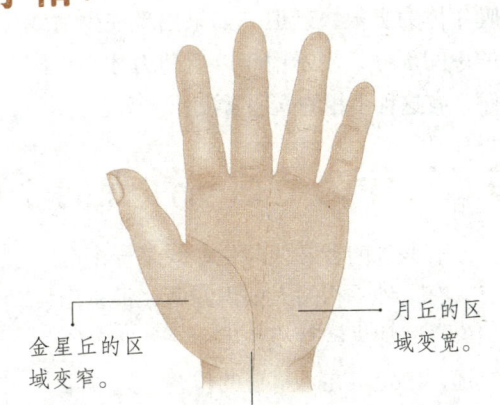

金星丘的区域变窄。
月丘的区域变宽。
性爱贫乏的手相指生命线呈直线状，不弯曲并且延伸到手腕处。

## 513 什么是精力旺盛的手相？

如果生命线呈弯曲状，超过手心中央的丛线，会显得金星丘很宽，而月丘会变窄。这种手相表示金星丘的活力及人体的性本能被强化，而月丘所代表的想象力和对未来的憧憬会消失。一般来说，有这种手相的人精力旺盛，常有桃花运，如果是女性有这种手相，易走向歧途。

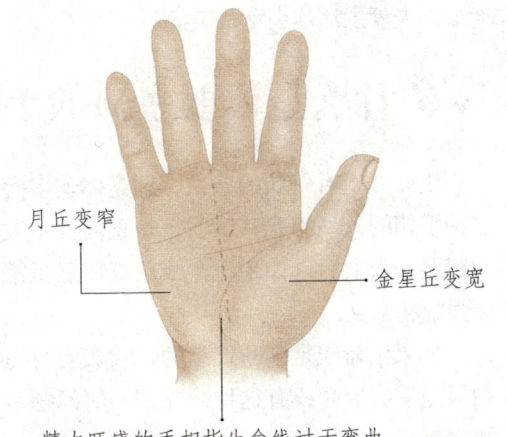

月丘变窄
金星丘变宽
精力旺盛的手相指生命线过于弯曲。

## 514 什么是精力易衰、没有耐心的手相？

如果生命线的中段和下段有很多向下延伸的细线，表示人的精力开始衰退。人的年纪越大，精力衰退越厉害。如果年轻时就有这种手相，表示身体已经十分虚弱了，生活缺乏自信，所以要想办法增强体力，这种线纹才会逐渐消失。如果生命线的下段出现又深又长的线纹，表示进入晚年体力会很快衰退；如果出现在生命线的中间部分，表示中年以后精力才出现问题，有这种手相的人通常没什么耐心。

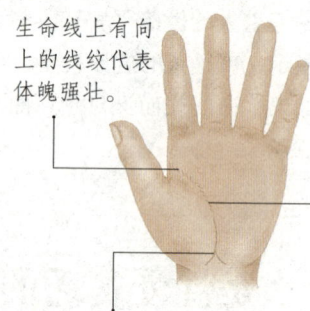

生命线上有向上的线纹代表体魄强壮。

生命线的中段和下段有很多向下延伸的细线，表示人的精力开始衰退。

生命线的下段出现又深又长的线纹，表示进入晚年体力会很快衰退。

## 515 什么是独立性强的手相？

有些人的智慧线与生命线是一个起点，有这种手相的人知识渊博，但是思想保守。如果智慧线与生命线的距离比较远，出发点在木星丘的位置，这样第一火星丘的位置会变宽。有这种手相的人独立性很强，有做主宰者的欲望，不喜欢位居人下，有很大的野心。女性有这种手相，独立性强，是名副其实的女强人，这种人通常要嫁一个脾气温和的老公，夫妻生活才会幸福美满。

智慧线与生命线是一个起点，有这种手相的人知识渊博。

智慧线与生命线距离远，第一火星丘的位置会变宽，有这种手相的人独立性很强。

生命线

智慧线

## 516 什么是体弱多病的手相？

生命线上有锁状的条纹，即是体弱多病的手相。有这种手相的人幼年尤其体弱，一直需要家人更多的关心和照顾，长大后，如果生命线逐渐恢复正常，身体会逐渐强壮起来。

如果生命线是断断续续的，代表着身体特别虚弱。如果左手的生命线有这种情况，一般问题多出在呼吸系统方面。

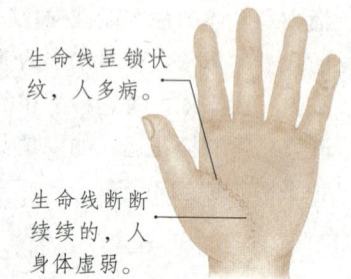

生命线呈锁状纹，人多病。

生命线断断续续的，人身体虚弱。

## 517 什么是谨慎者的手相？

有些人的智慧线是从生命线中分出来的。有这种手相的人，小时候受到了过多的呵护，但同时身体虚弱或者家庭生活不幸福。有这种手相的人大多精神敏感，处事小心谨慎，没有自信，虽然对亲情和爱情感受极深，但是态度并不积极，不擅于表达自己的感情。

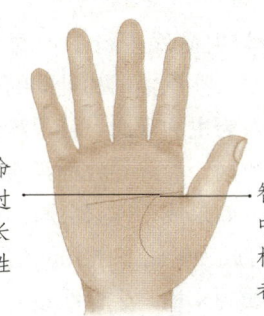

智慧线和生命线不能拖得过长，拖得过长才分开的人性格胆小。

智慧线从生命线中分出来的手相，被称为谨慎者的手相。

## 518 什么是经商人才的手相？

如果智慧线向上延伸，靠近水星丘，表示和水星丘的经商和社交特质有关，有这种手相的人是一个经商的天才，对钱财特别执著，为了得到金钱可以不择手段，甚至可以违犯法律。如果具有这种手相的人获得合适的指导，不误入歧途，事业将会非常成功。

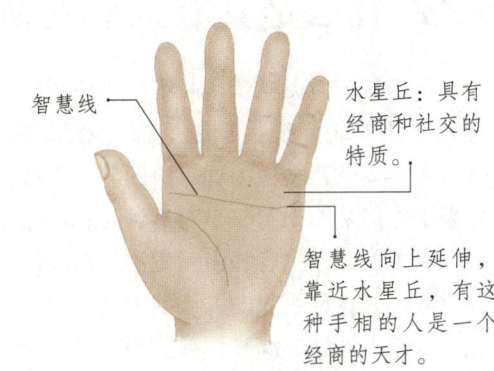

智慧线

水星丘：具有经商和社交的特质。

智慧线向上延伸，靠近水星丘，有这种手相的人是一个经商的天才。

## 519 什么是实际型人的手相？

如果智慧线朝向水星丘的方向，具有这种手相的人想法一般都比较现实。智慧线如果延伸到手的另一端，有这种手相的人是个本位主义者，为人冷静，凡事追求完美，事业心强，但是为人冷酷，没有同情心。如果是男性具有这种手相，可能会成为高官显贵；如果是女性具有这种手相，个性会很强，只能用事业心来吸引男性的注意。

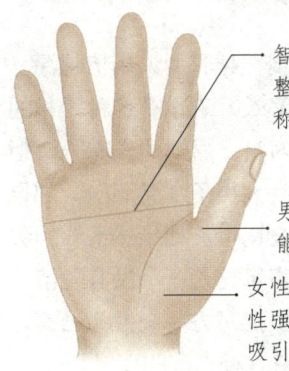

智慧线横向贯穿整个手掌，又被称为断掌。

男性具有这种手相，可能会成为高官显贵。

女性具有这种手相，个性强，只能用事业心来吸引男性的注意。

## 520 什么是空想家的手相？

有智慧线与生命线平行下垂的手相的人是空想家，不太注意钱财和世间的一切俗事。只要有先入为主的观念，就很难改变想法，不断自寻烦恼，最终导致神经衰弱。这种人个性敏感，如果成为作家会写出很有想象力的小说，有成为畅销书作家的潜质。

如果智慧线的末梢与生命线重合，表示更具有空想家的潜质，虽然无法独立，但是对于异性还是会付出强烈的爱情。如果是女性具有这种手相，会成为贤妻良母。

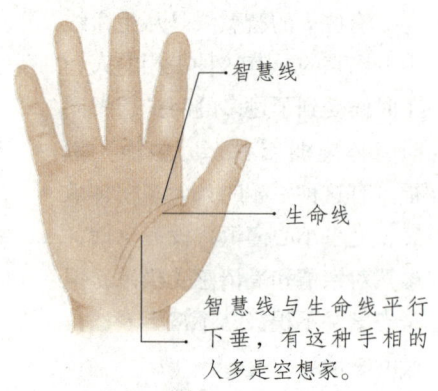

智慧线

生命线

智慧线与生命线平行下垂，有这种手相的人多是空想家。

## 521 什么是具有直率爱情的手相？

从手相上看，感情线长得中规中矩，就表示此人能为爱情奉献全部，心思细腻，温柔体贴，会成为理想中的好丈夫或好妻子。但是如果另一半对这种无私的奉献视而不见，命主容易由爱生恨，渐渐冷淡对方。有这种手相的人心地善良，为人诚实，待人诚恳、温和，寻找另一半的最好方法是相亲。

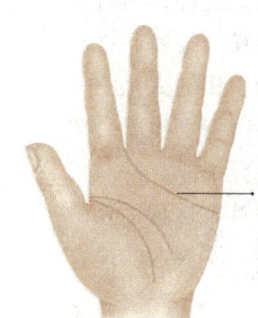

感情线伸入中指与食指之间，有这种手相的人能为爱情付出一切。

## 522 什么是情爱弥深的手相？

一般来说，感情线越长的人用情越深。如果智慧线也又深又长，表示有这种手相的人会很理智，也会对自己喜欢的人专一。但是如果是男性，会有大男子主义倾向，如果是女子，会成为贤妻良母。如果感情线的尖端延长到木星丘，表示这是一个没有爱情就活不下去的人，想要把对方完全占为己有，甚至对同性朋友也有这种占有的欲望。

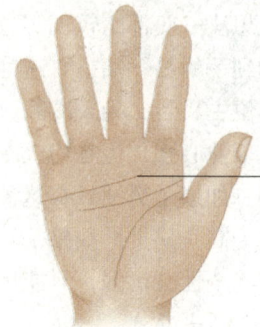

感情线延伸到木星丘，有这种手相的人会很理智，也会对自己喜欢的人专一。

## 523 什么是拙于表达爱情的手相？

如果感情线的尖端分成树杈状，有这种手相的人在感情上一般都不专一。不仅是爱情方面，对亲情、友情也都很淡薄，具有艺术方面的天分，但是缺乏果断力，不擅长表达自己的感情，有时还有依赖心理，但是由于其用情不专，经常有越轨心理。如果是儿童有这种手相，可能有自闭的倾向。

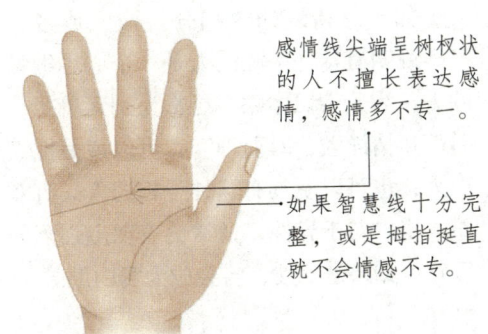

感情线尖端呈树杈状的人不擅长表达感情，感情多不专一。

如果智慧线十分完整，或是拇指挺直就不会情感不专。

## 524 什么是男欢女爱的手相？

如果感情线深入土星丘，有这种手相的人很少见，这种类型的人通常会沉溺于以自我为中心的情欲中。也就是说，有这种手相的人是一个非常花心的人。如果感情线还呈锁线形的话，这种感情通常是非常盲目的。有这种手相的人通常心脏功能都不太好，也容易内分泌失调，要注意休息。

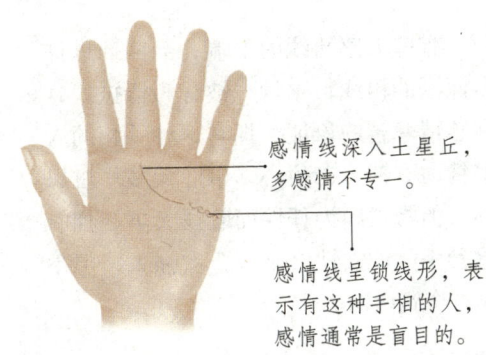

感情线深入土星丘，多感情不专一。

感情线呈锁线形，表示有这种手相的人，感情通常是盲目的。

## 525 什么是多愁善感的手相？

如果感情线上出现锁状的细纹，有这种手相的人大多手很柔软，有点神经质，对异性十分敏感。如果是女性具有这种手相，那么她是一个很性感的人，喜欢不断追求新的刺激。具有这种手相的人，如果智慧线足够标准，一定会在艺术界或娱乐圈崭露头角。但是具有这种手相的人要特别注意心脏方面的问题。

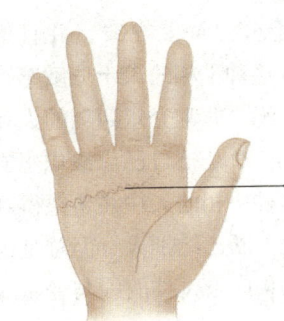

感情线上出现锁状的细纹的人有点神经质，对异性十分敏感。

## 526 什么是为人体贴的手相？

如果感情线的末端分为两叉或者三叉，说明有这种手相的人是一个心思细腻的人。为人亲切体贴，经常为别人着想，时而热情洋溢，时而理智，可以说是性情中人，也可以说具有这种手相的人具有双重人格。对于异性，通常会表现出强烈的爱意，如果是女性，将会成为贤内助。

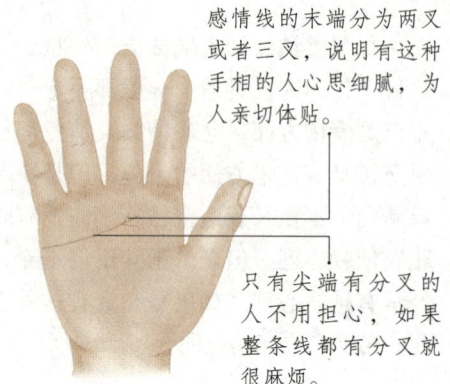

感情线的末端分为两叉或者三叉，说明有这种手相的人心思细腻，为人亲切体贴。

只有尖端有分叉的人不用担心，如果整条线都有分叉就很麻烦。

## 527 什么是任性的手相？

有些人感情线的下端，会倒插进许多深深的粗线，这种线被称为抵抗线，是感情悲苦的象征。拥有这种手相的人多精力充沛，有耐心，事业大多一帆风顺，但常常因为任性而耽误大事。拥有这种手相的女性，是一个女强人，但不是一个贤内助。

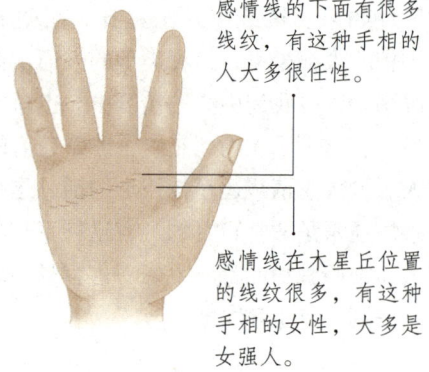

感情线的下面有很多线纹，有这种手相的人大多很任性。

感情线在木星丘位置的线纹很多，有这种手相的女性，大多是女强人。

## 528 什么是悲伤之人的手相？

如果感情线上分出许多支线，并且像下延伸，表示具有这种手相的人十分敏感，理智受到感情的支配，非常介意四周的人和事，容易多愁善感，总是把自己想象成悲剧中的主角。具有这种手相的人往往希望得到别人的怜悯，因此不断巴结别人，但总是遭到别人的误会。如果向下延伸的线与智慧线相交，表示有可能被爱人抛弃。

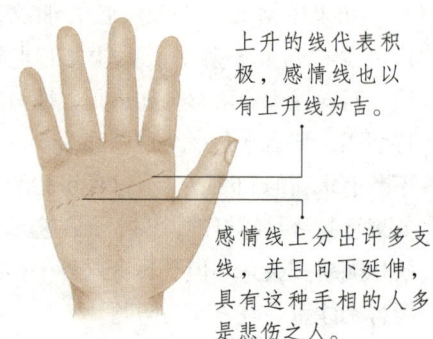

上升的线代表积极，感情线也以有上升线为吉。

感情线上分出许多支线，并且向下延伸，具有这种手相的人多是悲伤之人。

## 529 什么是祖运佳的手相？

如果命运线出自于地丘的边缘，由手腕的中央上升，意味着具有这种手相的人有良好的祖运。命运线看起来很端正，表示具有这种手相的人的遗传基因好。但是这种人未必会很幸福，因为他们大多很骄傲，自以为是，不愿意帮助别人，在遇到困难的时候也不会有人来帮助他们。所以如果想要获得成功，还需要有端正的三大主线和太阳线。

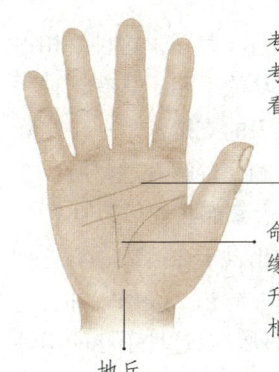

考察祖运佳的手相除了考察命运线外，还要参看三大主线和太阳线。

命运线出自于地丘的边缘，由手腕的中央上升，意味着具有这种手相的人有良好的祖运。

地丘

## 530 什么是努力型的手相？

如果命运线出自于生命线，这种手相就被称为努力型的手相。如果出现在活力旺盛的人身上，无论处在多么困难的环境下，他都能够克服困难，达到自己的目的。也可以说，是命运线主宰着生命线。如果生命线上的细纹有很多条，是努力的表现。如果从生命线中伸出好几条短的命运线，表示在年轻的时候要吃很多苦，但是最后终将克服困难。

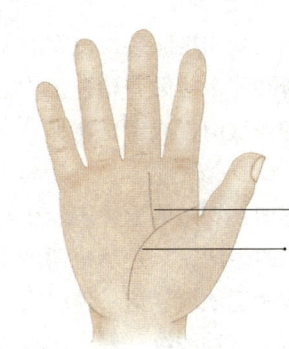

命运线出自于生命线，这种手相就被称为努力型的手相。

如果生命线上的细纹有很多条，是努力的表现。

## 531 什么是借亲人之力成功的手相？

如果命运线出自于金星丘，拥有这种手相的人大多可以借助亲人或者异性的力量获得成功，因为金星丘代表亲人和爱情。但是这种手相必须命运线末端冲破感情线才能开运，如果连智慧线都没有到达，即使获得他人的帮助，也只是暂时开运；如果命运线结束在感情线上，意味着有这种手相的人会因为爱情付出很多，甚至会十分辛苦。

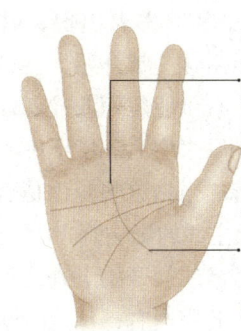

命运线末端冲破感情线才能开运，如果命运线连智慧线都没有到达，即使获得他人的帮助，也只是暂时开运。

命运线出自于金星丘，拥有这种手相的人大多可以借助亲人或者异性的力量获得成功。

## 532 什么是借他人之力成功的手相？

如果命运线出自于月丘，这种手相被称为借他人之力成功的手相。具有这种手相的人能够获得众人的支持，是一位交际高手，并且为人温和、善解人意，所以在他遇到困难的时候大家都愿意帮助他。

如果太阳线也出自于命运线，有这种手相的人，一般会在演艺、娱乐、外交等领域崭露头角。另外，有这种手相的男性通常会娶到贤惠的好妻子。

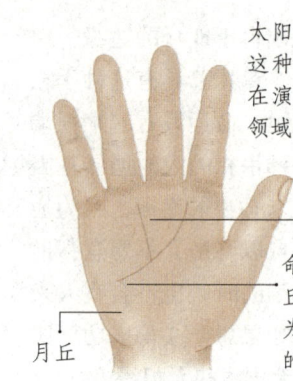

太阳线出于命运线，有这种手相的人，一般会在演艺、娱乐、外交等领域崭露头角。

命运线出自于月丘，这种手相被称为借他人之力成功的手相。

月丘

## 533 什么是中年坎坷的手相？

如果命运线的中间出现断裂，没有继续上升，表示从断裂那个时候开始，工作环境改变，命运变得坎坷，或者是在那一段时间没有活力。

如果命运线停留在智慧线上，表示少年时代会过着富裕的生活，只是后来遇到了健康问题才导致命运坎坷。这种情况大多出现在35岁左右，这种线纹一般会出现在生命线或感情线的末端。

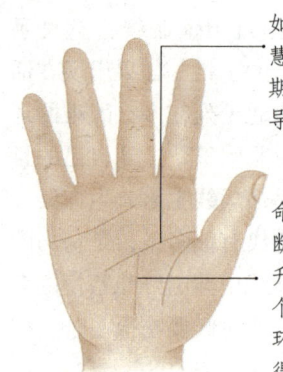

如果命运线停留在智慧线上，表示中年时期会因为健康问题而导致命运坎坷。

命运线的中间出现断裂，没有继续上升，表示从断裂那个时候开始，工作环境改变，命运变得坎坷起来。

## 534 什么是转运的手相？

如果命运线在手掌的中央出现，并且呈向上直立状，表示由这一年开始，会有意料之外的转运机会。有可能是职业或者环境上的变化，也可能是原来生活环境不好，现在得到了很大的改善。当然这些变化是否有效，主要取决于三大主线的影响。

如果命运线从智慧线初开始上升，表示变化大概发生在三十五岁左右，从这时间段开始努力，会成为大器晚成的人物。

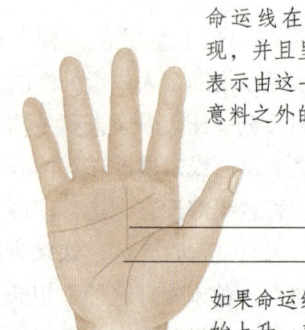

命运线在手掌的中央出现，并且呈向上直立状，表示由这一年开始，会有意料之外的转运机会。

如果命运线从智慧线初开始上升，表示变化大概发生在三十五岁左右。

## 535 什么是红运当头的手相？

太阳线出现在命运线上是鸿运当头的表现。如果命运线有支线，就会加强自身的运势。有这种手相的人在艺术上、名誉上和金钱上都会有所获取，事业也会十分成功。

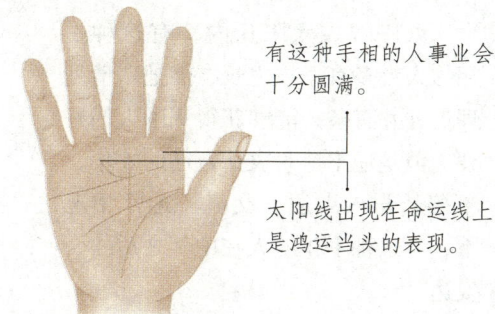

有这种手相的人事业会十分圆满。

太阳线出现在命运线上是鸿运当头的表现。

## 536 什么是中年忙碌的手相？

如果命运线出自于智慧线，并且向上伸出，表示在经过一段安逸的生活之后，要忙碌起来。有这种手相的人，命运线附近必须有太阳线。如果在年轻的时候就出现这种手相，意味着之前付出的辛苦与努力，即将获得回报。

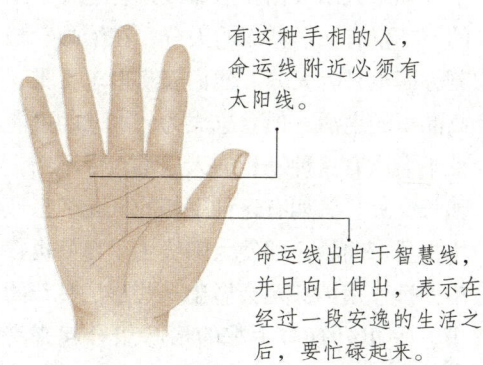

有这种手相的人，命运线附近必须有太阳线。

命运线出自于智慧线，并且向上伸出，表示在经过一段安逸的生活之后，要忙碌起来。

## 537 什么是命运多变的手相？

如果命运线断断续续的，是命运多变的表现。断断续续的命运线代表着缺乏生命力，为人意志不坚定。如果断断续续的生命线又重叠出现，代表即使工作环境发生了改变，但是人生还是朝着好的方向发展的。

通常来说，手相中断断续续的线纹代表着情绪上的起伏，情况不容乐观。只有又细又长的掌纹才是一切正常的表现。

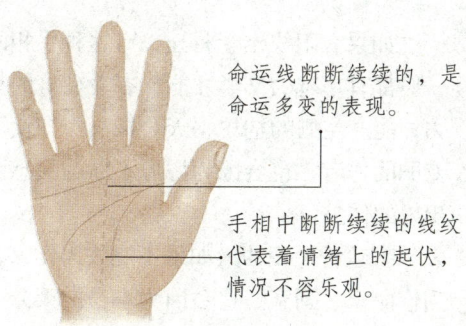

命运线断断续续的，是命运多变的表现。

手相中断断续续的线纹代表着情绪上的起伏，情况不容乐观。

## 538 什么是表达才能的手相？

太阳线在太阳丘内，有这种手相的人大多有一技之长，能把事情处理得井井有条，能够获得周围人的好评。但是他不擅长表达自己的才华，不擅长与人沟通、交流。通常情况下，有这种手相的人在中年之后才会发达。

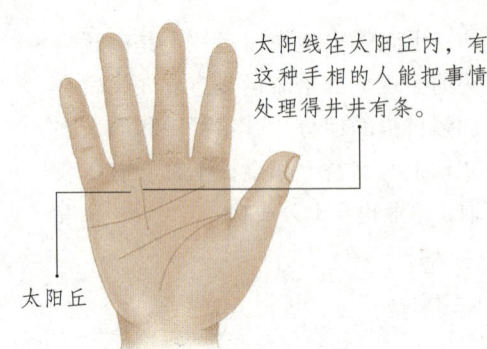

太阳线在太阳丘内，有这种手相的人能把事情处理得井井有条。

太阳丘

## 539 什么是兴趣广泛的手相？

如果太阳线出自生命线，有这种手相的人不仅有文学方面的天分，在绘画、雕刻方面也具有天分。他们喜欢追求文雅、高品质的生活，但立志成为艺术家的可能性不大。有这种手相的人通常人缘不错，擅长交际。假如有这种手相的人无名指或小指呈弯曲状，即使太阳线生得再好也很难发挥作用，甚至会做出一些违法乱纪的事，手相只有与手掌的形状组合起来考察，才能作出正确的判断。

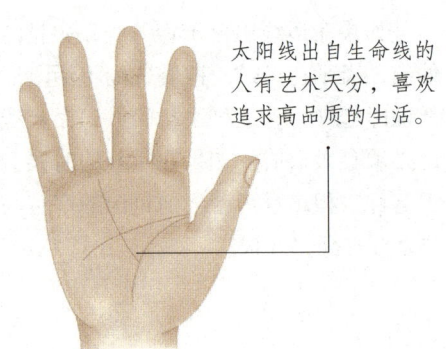

太阳线出自生命线的人有艺术天分，喜欢追求高品质的生活。

## 540 什么是获得艺术成就的手相？

如果太阳线出于月丘，有这种手相的人一般都有卓越的文学才能，有着良好的想象力，能产生好的构思，天分极高。即使不是专职的作者，也会因为源源不断的灵感而写出好的作品。

有这种手相的人如果不能成为作家，成为作曲家、画家，也会因为本身的天分而取得良好的成就。

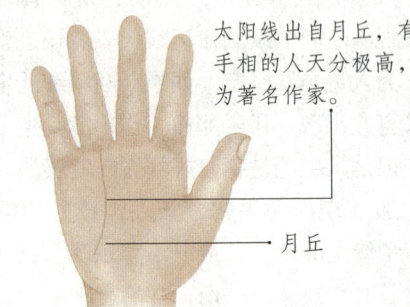

太阳线出自月丘，有这种手相的人天分极高，会成为著名作家。

月丘

## 541 什么是有浪费倾向的人的手相？

从手相上看，有数条细小的太阳线，表示有这种手相的人无法全力以赴地做一件事，容易半途而废。他们认为钱是用来花的，不是用来存的。所以他们有钱就挥霍，这种类型的人只有在挥霍金钱的过程中才能获得乐趣。如果有这种手相的人命运线生得很好，会有一定的财运，挥霍的金钱还有赚回来的可能。有此种手相的人大多有非凡的交际能力，适合从事公关方面的工作。

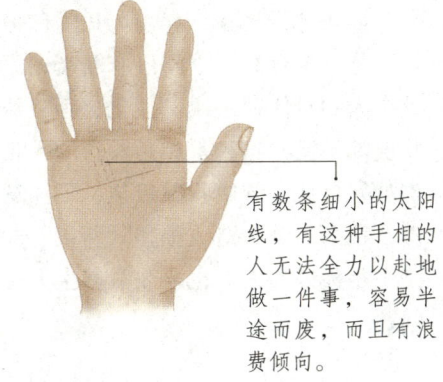

有数条细小的太阳线，有这种手相的人无法全力以赴地做一件事，容易半途而废，而且有浪费倾向。

## 542 什么是财运极佳的手相？

如果太阳线出于手腕附近，有这种手相的人非常有才干，意志力十分坚强，无论做什么事都不达目的不罢休。他们成功的秘诀在于他们的执著，无论从事文学还是艺术，都能取得一定的成就。有这种手相的人财运极佳，即使白手起家，也可能成为亿万富翁。

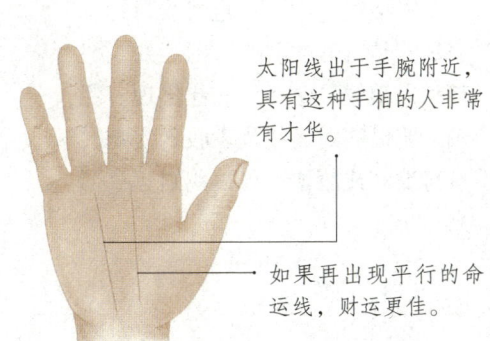

太阳线出于手腕附近，具有这种手相的人非常有才华。

如果再出现平行的命运线，财运更佳。

## 543 什么是默默开运的手相？

从手相上看，如果太阳线出于第二火星丘，有这种手相的人喜欢追逐名利，一心努力向上，事业大多会取得成功。但是他们思想保守，常常不能随机应变。有这种手相的人有把构想、兴趣与钱财和谐统一的本事。

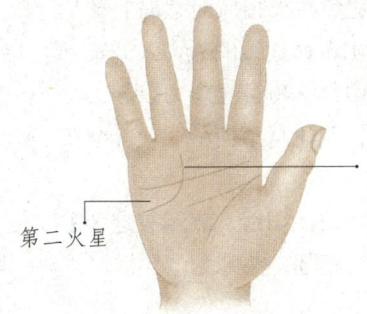

第二火星

太阳线出于第二火星丘，有这种手相的人喜欢追逐名利，事业大多会取得成功，是默默开运的手相。

## 544 什么是长寿的手相？

如果水星线距离生命线只有一点点，是一条直线，中间没有断裂，表示这个人的身体很健康。消化、呼吸器官状况都不错，这种手相是长寿的手相。但如果自认为健康状况极佳，不注意保养，就会对健康造成损害。所以，即使是手相极好的人，也要注意养生方面的问题。

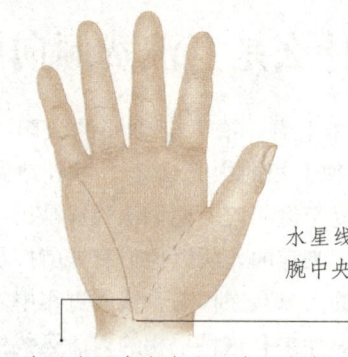

水星线出自于手腕中央。

水星线距离生命线只有一点点，是一条直线，中间没有断裂，表示这个人的身体很健康，能长寿。

## 545 什么是财运亨通的手相？

出现在水星丘上的短水星线又叫做财运线。太阳线也代表财运，表示的是有形的财产。财运线一般都和太阳线、命运线一起出现。深刻、明显的财运线代表收入安定，有房地产或股票，可以用财运亨通来形容。

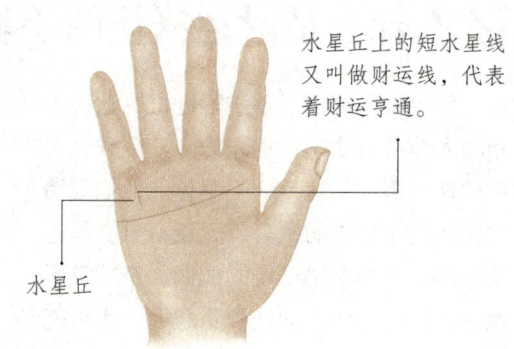

水星丘上的短水星线又叫做财运线，代表着财运亨通。

水星丘

## 546 什么是身体健康、事业有成的手相？

出自生命线的水星线代表身体健康、事业成功，万事顺利，但是有这种手相的人要避免树大招风而惹祸上身。

水星线出自命运线的人为人诚实、勤恳，无论做什么事都会全力以赴，而且身体健康，无论从事何种职业都会获得成功。

水星线出自太阳线，表示有这种手相的人，能力超强，头脑聪慧异常。

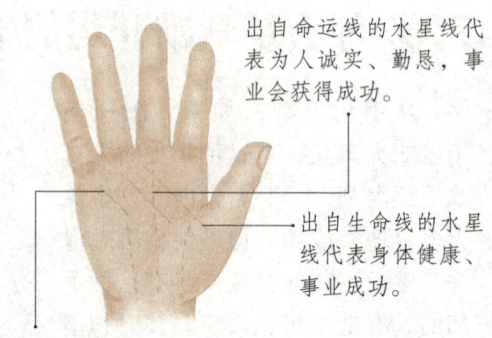

出自命运线的水星线代表为人诚实、勤恳，事业会获得成功。

出自生命线的水星线代表身体健康、事业成功。

出自太阳线的水星线代表个人能力强，头脑聪明。

## 547 什么是生命力坚强的手相？

出现在生命线内侧的细小线纹，被称做火星线。火星线又叫内生命线，这种线纹有增强生命力的作用。这种线纹越深越明显，就表示这个人的精力越充沛，能长寿，即使生病也会很快康复。有这种手相的人会得到兄弟和亲人的帮助。有这种手相的人对工作很热情，无论遇到什么困难都会努力克服。即使生命线断裂，由于有内生命线的辅助，健康也不容易出问题。

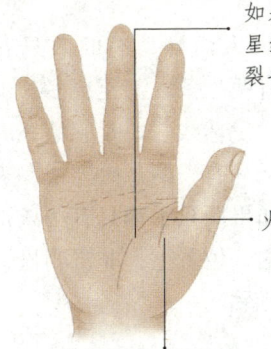

如果手相中有火星线，生命线断裂也没有关系。

火星线

火星线又叫内生命线，这种线纹有增强生命力的作用，有这种线纹的人生命力旺盛。

## 548 什么是有桃花运的手相？

如果手掌上出现断断续续的火星线，对健康不会有什么影响。但出现的时间不恰当时，有这种手相的人易犯桃花。这种线纹代表情人的心境，如果整个金星丘上都有这种线，有这种手相的人的异性朋友很多，恋爱态度很敏感。

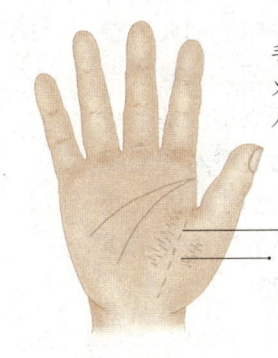

手掌上出现断断续续的火星线，有这种手相的人易犯桃花。

比火星线小，出现在生命线外侧的细小线纹，被称作影响线，是不安定的因素。

## 549 什么是有异性缘的手相？

从手相上看，婚姻线的数量很多，超过三条，表示有这种手相的人在感情上不专一，嫉妒心强，经常与异性有感情上的牵绊。

相反，没有婚姻线，或婚姻线很浅、很淡，有这种手相的人对异性没有兴趣，婚后家庭生活平淡，没有情趣，是没有异性缘的表现。

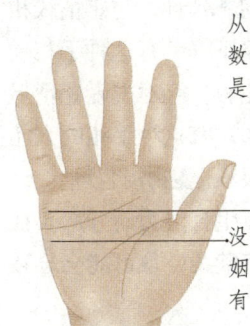

从手相上看，婚姻线的数量很多，超过三条，是有异性缘的表现。

没有婚姻线，或者是婚姻线很浅、很淡，是没有异性缘的表现。

## 550 什么是夫妻恩爱的手相？

婚姻线因人而异，有的人只有一条，有的人有两三条，甚至更多。婚姻线也被称为"爱情线"，是感情线的延伸部分。如果只有一两条婚姻线，表示用情很深。如果两只手都只有一条婚姻线，并且在同一位置上，非常明显，表示夫妻感情很深。

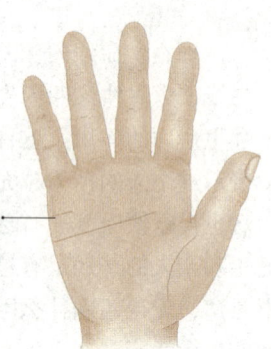

婚姻线端正，只有一条，而且两只手的婚姻线在同一位置，代表夫妻恩爱。

## 551 什么是恋爱结婚的手相？

如果有长而明显的婚姻线，表示有这种手相的人会经过长时间的恋爱才结婚，不会加入闪婚一族。关于结婚时间，一般认为要看月丘，还要看婚姻线是否与命运线汇合。在命运线与智慧线的交叉点与手腕之间，将命运线一分为二，该线在下方表示晚婚，在上方表示早婚。

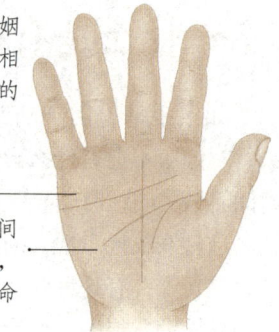

有长而明显的婚姻线，表示有这种手相的人会经过长时间的恋爱才结婚。

一般认为，结婚时间受月丘的影响最大，其次要看婚姻线与命运线的会合。

## 552 什么是可能分居的手相？

如果婚姻线向下延伸，与感情线相交，表示夫妻感情不好，有这种手相的人大多没有生育能力，会对夫妻感情造成不好的影响。如果有这种手相的人还是单身，那么他很难走进婚姻殿堂，已婚者也会因为没有生育能力而分居。如果婚姻线切断了感情线，很可能会导致离婚。

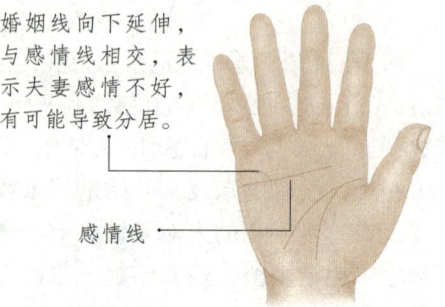

婚姻线向下延伸，与感情线相交，表示夫妻感情不好，有可能导致分居。

感情线

## 553 什么是三心二意的手相？

如果手相中出现断断续续的金星带，具有这种手相的人精神十分敏感，容易感情用事，喜欢谈恋爱的感觉，甚至会同时和几位异性同时谈恋爱。如果断断续续的金星带很多，附近又有岛纹和十字纹的智慧线，表示这个人身体虚弱，精神状态也不佳，甚至有精神分裂的可能。

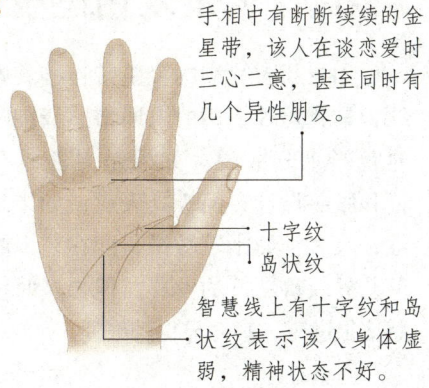

手相中有断断续续的金星带，该人在谈恋爱时三心二意，甚至同时有几个异性朋友。

十字纹
岛状纹

智慧线上有十字纹和岛状纹表示该人身体虚弱，精神状态不好。

## 554 什么是奉献爱情的手相？

如果感情线的末端与金星带会合，具有这种手相的人对自己所爱的人会全心全意地奉献。但如果被爱人背叛，也会不择手段地施加报复。一般来说，金星带如果和感情线、智慧线一样明显、清晰，意味着有这种手相的人在文学、艺术方面极具天分。如果感情线上有锁状纹，或者智慧线比较虚弱，表示有这种手相的人在感情上颇不顺利。

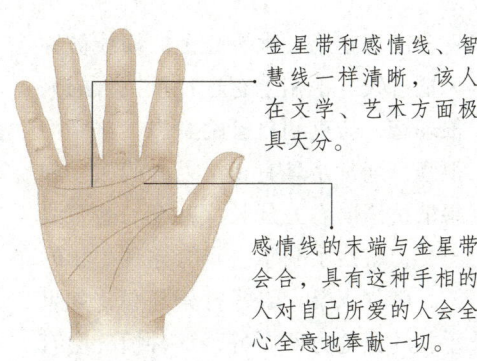

金星带和感情线、智慧线一样清晰，该人在文学、艺术方面极具天分。

感情线的末端与金星带会合，具有这种手相的人对自己所爱的人会全心全意地奉献一切。

## 555 什么是野心勃勃的手相？

希望线一般出现在木星丘上，有可能单独出现，也有可能是出于智慧线或生命线。如果希望线明显向上竖起，有这种手相的人精神十分振作，凡事都不断努力，是一个意志十分坚强的人，对人生抱有乐观的态度，觉得生活十分有意义。

如果希望线出于智慧线，表示这个人做事有计划性，具有欲望和野心。如果希望线出于生命线，表示这个人十分努力，有努力奋斗的野心。

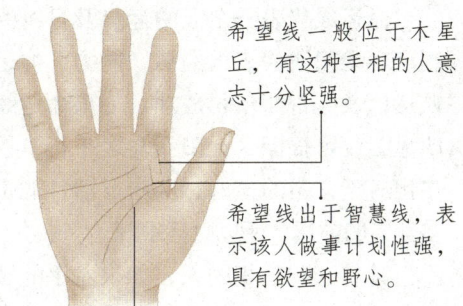

希望线一般位于木星丘，有这种手相的人意志十分坚强。

希望线出于智慧线，表示该人做事计划性强，具有欲望和野心。

希望线出于生命线，表示该人十分努力，有努力奋斗的野心。

## 556 什么是爱情感受敏锐的手相？

如果断断续续的金星带连接着婚姻线，具有这种手相的人通常感情细腻，对色彩十分敏锐。如果是男性，在烹饪和服装设计方面极具天赋；如果是女性，大多神经比较敏锐，能在艺术圈或演艺界获得良好的发展，但很多时候对感情很敏感，甚至显得神经质。

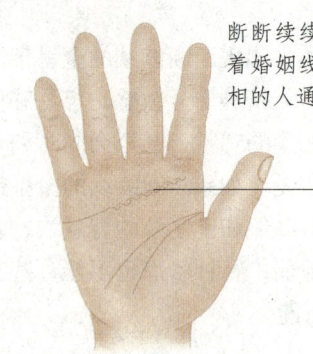

断断续续的金星带连接着婚姻线，具有这种手相的人通常感情细腻。

## 557 什么是自制力强的手相？

出现在第二火星丘上的横线被称为抵抗线。手相上有这种抵抗线的人很理智，会克制自己的意志，自制力很强，通常是具有正义之心的人。如果抵抗线向右方延长，甚至与智慧线相交，就成了断掌。具有这种手相的人，脾气火暴，经常打架斗殴，如果手相的其他方面良好，这种情况会有所改善。

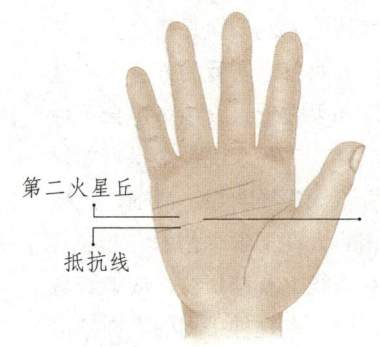

第二火星丘
抵抗线

抵抗线与智慧线相交，形成断掌，具有这种手相的人通常脾气很火暴。

## 558 什么是脑筋灵活的手相？

命运线代表一个人的运势及自身的努力程度。太阳线代表人的认知能力、财运、物质运以及是否能获得成功。如果命运线十分明显，纹路很深，太阳线与之平行，该人大多出身于富裕的家庭，头脑灵活，能走在大多数人的前边，所以财运很旺。

具有这种手相的人，如果左手的智慧线不清楚，但是右手的太阳线延伸很长，可能在短期内不会获得大量的金钱，但终会成为千万富翁。

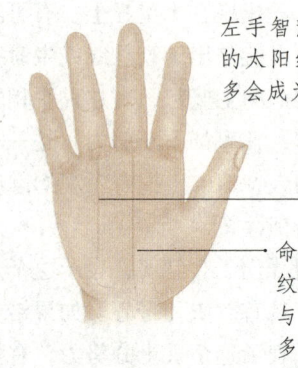

左手智慧线不清，右手的太阳线延伸很长的人多会成为千万富翁。

命运线十分明显，纹路很深，太阳线与之平行，该人大多出身于富裕的家庭，头脑灵活。

## 559 什么是赚大钱的手相？

如果在太阳丘的下方有许多细小的格子，具有这种手相的人对金钱比较敏感，是一个理财的天才。一般来说，具有这种手相的人口才极好，为人稳重、踏实，容易获得别人的信任，别人愿意把金钱交给他投资。这种人即使不是经商的天才，也会成为拯救人灵魂的心理医生。

如果智慧线长得很标准，又有赚大钱的手相，这样的人一般不注意小钱，能赚取大钱。如果智慧线向上延伸，这样的人具有操作大额贸易、股票等方面的天分。如果智慧线向下延伸，该人具有设计、策划等方面的天分。

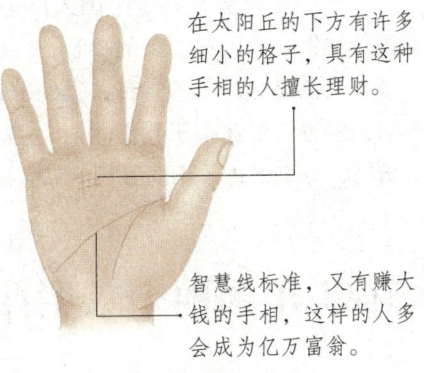

在太阳丘的下方有许多细小的格子，具有这种手相的人擅长理财。

智慧线标准，又有赚大钱的手相，这样的人多会成为亿万富翁。

## 560 什么是攀龙附凤的手相？

如果命运线分成两叉，并且都是由月丘向中指的方向延伸，具有这种手相的人结交的朋友一般都是社会名流。男女婚嫁多为豪门，会因为婚姻的关系而名利双收。

如果婚姻线与太阳线相交，也会因为婚姻过上富有的生活。一般来说，这种手相以女性居多。如果男性具有这种手相，往往在婚前是无名小卒，但结婚后，多会财运亨通，金钱滚滚而来。

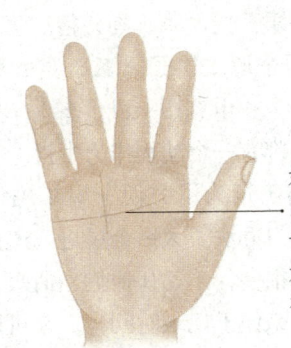

婚姻线与太阳线相交，该人会因为婚姻过上富有的生活。

## 561 什么是拥有福禄寿的手相？

大多的人都喜欢金钱，但是如果只有金钱没有健康的身体，不能享受金钱，那么获得再多的金钱又有什么意义呢？如果手上的主要纹路十分清晰，重要的三条主线也十分清楚，具有这样手相的人才能够得享福寿禄。

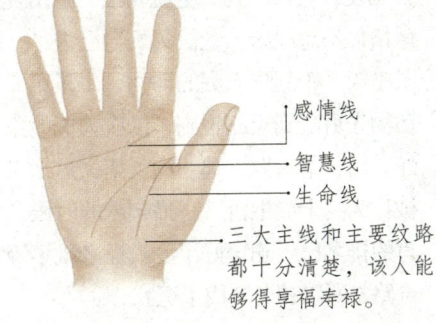

感情线
智慧线
生命线

三大主线和主要纹路都十分清楚，该人能够得享福寿禄。

# 第九章 生肖运程

十二生肖历来都是中国人广为关注与津津乐道的，它们与中国结一样，成了中国传统民俗的象征。鼠的睿智，牛的踏实，虎的刚毅，兔的温和，龙的高雅，蛇的谨慎，马的豁达，羊的善良，猴的敏锐，鸡的时尚，狗的真诚，猪的乐观，这些生肖代表的特性已经深植于我们的内心。本章在阐述了十二生肖人性格特征的基础上，结合五行，分别讲述了不同五行十二生肖的性格与运势。

## 562 中国的十二生肖有什么来历？

十二生肖又称十二兽历，配十二地支，是一种古老的纪年法。最早记载十二生肖的文献是东汉王充所著的《论衡》。按顺序十二生肖依次为：鼠、牛、虎、兔、龙、蛇、马、羊、猴、鸡、狗、猪。每一个生肖都对应一个地支（子、丑、寅、卯、辰、巳、午、未、申、酉、戌、亥）。每个人在其出生年都有一个动物作为生肖。

相传玉帝为了方便下界子民计时，召集百官商讨办法。太白金星进言道："人间动物种类很多，不妨让他们当值来记录人间时间。一来便于记录时间，二来可以让众生参与下界的管理。"玉帝听后大喜，传旨按照到天庭报到的时间顺序选出十二种动物管理下界。猫和老鼠是邻居，约好第二天三更就出发。老鼠不到二更就叫猫一起出发，但猫懒惰，不想起床，老鼠只好自己去了。结果老鼠是第一个赶到天庭的动物，牛是第二。其余动物先后赶到天庭报到，依次为虎、兔、龙、蛇、马、羊、猴、鸡、狗、猪，这十二个动物被称为"十二生肖"。猫起床的时候，十二生肖的排名已经确定好了，猫怪老鼠不等它一起赶路，所以和老鼠成了冤家。

**鼠** 《三才图会》 王圻\王思义著

鼠在十二生肖中位于首位，十二地支配属子，管辖时间段为二十三时至凌晨一时。属鼠的人多灵敏聪慧、幽默机智、具有知性美和魅力美；贪婪、喜欢探究人的隐私是其不好的方面。

## 563 属鼠的人总的性格与运势怎样？

鼠在十二生肖中居于首位，十二地支配属子，代表时间是二十三时至凌晨一时，这一时段又被称为子时。

属鼠的人个性开朗、富有幽默感；为人诚实，待人随和，到处都受到别人欢迎；有时脾气急躁，容易冲动，但是脾气来得快、去得也快，不记仇，属于"乐天主义"的性格。

鼠年出生的人富有知性和魅力，但同时也具有侵略性，喜欢凌驾他人之上，为人处世具有批判性；对于周围的事物有高度的好奇心，喜欢探究他人隐私，对想要知道的事情会刨根问底。

属鼠的人做事非常积极，头脑清晰敏锐，富有应变力和创作力；对环境的适应能力强，对于食物也不挑剔，处在任何状态任何地方都能够随遇而安。

属鼠的人善于适应环境，但缺乏稳定性。属鼠的人通常多才多艺，但是很少有精通的一种才艺。属鼠的人因为上天赐予其敏锐的观察力，所以有时会显得过于自信，出现我行我素、固执己见的情况。因为其不擅长逻辑思考，经常凭直觉行事，偶尔会做出不利于自己的事情。

属鼠的女性擅长持家，而且大多贤惠，对家庭有强烈的责任感，会以爱心和耐心来照顾小孩；关心、体贴丈夫，懂得相夫教子，通常会有美满和谐的家庭。

在金钱方面，属鼠的人擅长精打细算，同时具有勤劳简朴的美德；不奢侈、不浪费，凡事深思熟虑，量入为出，尽量做到收支平衡；但没有理财的概念和投资的专业知识，往往依靠固定的工资来生活。

从运势的角度看，属鼠的人很少出现金钱方面的困扰。大多属鼠的人有幸福的童年，青年期也过得无拘无束，中年时期有部分人会遇到一些麻烦或小挫折，但在四十岁之前，很少遭受重大挫败，到了晚年，运势可望更入佳境，即使不会取得多大成就，也一生平坦安然。但是属鼠的人需要注意，即使在很富有的时候也不能有暴发户的心理，要脚踏实地，多虚心学习。只要属鼠的人能克服贪婪的本性，凡事知足，一生大多顺利。

### 子鼠干支对照表

| 出生年 | 1912 年<br>1972 年 | 1924 年<br>1984 年 | 1936 年<br>1996 年 | 1948 年<br>2008 年 | 1960 年<br>2020 年 |
|---|---|---|---|---|---|
| 干支 | 壬子 | 甲子 | 丙子 | 戊子 | 庚子 |
| 天干五行 | 水 | 木 | 火 | 土 | 金 |

## 564 水鼠的人的运势如何？

在工作方面，水鼠的人与同事关系良好，能得到上司的肯定，如果恰当地应用人际关系，能达到事半功倍的效果；水鼠的人个性格过于急躁，认定的事就要做到底，有点延缓就会坐立不安。

水鼠的人儿童时期健康状况不佳，亲情淡薄，缺少帮助，凡是都需要自力更生；中年渐入佳境，衣食无忧，感情稳定，婚姻如意，男性多会娶到贤妻，女性会有终生依靠，家庭美满和顺。

水鼠的人凡事精打细算，能及时掌握人、事、物的信息，善于创造财富，适合从事投机类的行业，如股票、基金之类。如果与人合作事业也会顺利，另外如果从事兼职的话会使财运更旺。

**水鼠的人的性格**

1. 个性内敛，内心感情丰富，心地善良，富有同情心。
2. 积极助人，重感情，懂得知恩图报。
3. 对事物的反应敏感，为人洒脱，性情随和。
4. 人际关系良好，在需要帮助的时候朋友都愿伸出援手。
5. 喜欢追求实际的爱情，对爱情不抱幻想。
6. 喜欢口舌伶俐、博学多才的异性，需要伴侣时刻的关心。

## 565 木鼠的人的运势如何？

**木鼠的人的性格**

1. 资质良好，有进取心，理解力强，分析事情往往一语中的。
2. 脾气暴躁、性格外向，为人主观，难以接受别人的意见。
3. 内心极富道德感，崇尚和平。
4. 具有创造性，喜欢动脑，才智过人，新想法很多，但是缺乏实际行动。
5. 在爱情方面，喜欢以实际行动来表达感情。
6. 有时给人不解风情的感觉，但实际上是个值得信赖的人。

木鼠的人一生六亲难依，能够帮助他们的朋友很少，大多时候要自力更生；少年时期多灾多难，成年后婚姻美满幸福，夫妻互补的局势很强，婚后各方面运势都转向好的方面发展，名利双收；晚年衣食无忧，身体健康。

木鼠的人爱好十分广泛，处理事情井井有条，工作态度端正；缺乏耐性与毅力，博学但是精通的技术很少，如果能够保持谦逊的心，再结合本身的优势，持之以恒，必能获得不凡的成就。

木鼠的人财运很好，一生衣食无忧，但凡事过于主观，不善于理财，多没有什么积蓄；如果能养成储蓄的好习惯，财运会更发达。

## 566 火鼠的人的运势如何？

火鼠的人，心直口快，容易得罪人而不自知，为人处世不够圆滑；工作认真、负责，能赢得他人的好感。

在爱情方面，火鼠的人命带桃花，一生风流浪漫，中晚年时期可能出现黄昏恋，需注意情色方面的问题，以免人财两失。

火鼠的人财运不错，但是偏财运不佳，不宜从事投机行业；遇事不能自乱阵脚，失去对事情的掌控能力。

### 火鼠的人的性格

1. 天性资质良好，温文儒雅，性格好动、充满活力。

2. 待人平和谦恭，做事干净利落，不拖泥带水，恩怨分明。

3. 性格自私，只为自己着想，忽视别人的想法和利益。

## 567 土鼠的人的运势如何？

土鼠的人，会先权衡利弊得失再付诸行动，具有领导才能与王者风范，德行兼备足以服众。

土鼠的人一生运势强盛，遇到困难总能逢凶化吉，晚年整体运势良好；在感情方面属于属被动型，在保持尊严的前提下，适当表达自我爱情才容易获得成功。

土鼠的人一生财运颇佳，从事任何职业，都能取得不错的成绩；遇到困难时，总能获得贵人的帮助，但要防范小人，避免吃亏上当。

### 土鼠的人的性格

1. 秉性聪颖、足智多谋，有独特思维能力。

2. 为人热情善良，自尊心强，敢作敢当，富有冒险精神。

3. 个性稳重，为人精明，处事讲究务实、刚毅果断。

## 568 金鼠的人的运势如何？

金鼠的人交际广阔，人缘佳，处处受人敬重，具有领导者的气质；与人相处非常重视第一印象。

金鼠的人富有魅力，具有不错的异性缘；感情生活丰富，但内心十分脆弱，难以承受失败的感情。

金鼠的人一生财运颇佳，善于理财，常有数量不小的金钱进入口袋。

### 金鼠的人的性格

1. 凡事积极，有行动力，是个完美的理想主义者。

2. 口齿伶俐，温文儒雅，喜欢美的事物，生活品位极高。

3. 主观、固执，一旦认定的事情，就会坚持到底。

## 569 属牛的人总的性格与运势怎样？

牛在十二生肖中居于第二位，十二地支配属丑。按时间计算凌晨一时至凌晨三时之间为丑时。

属牛的人天生勤奋、有耐性，踏实稳重，被委以重任时有强烈的责任感，并且有毅力，是非常努力的人；处理事情条理分明，不会杂乱无章或拖泥带水，而且有始有终；工作时非常认真，喜欢享受工作获得的成果，不愿意靠投机取巧获得成功；重视信用，能够做到以身作则，严于律己，同时严格要求别人。

属牛的人，喜欢独来独往，不擅长与人交往；凡事坚持原则，喜欢按照自己的方式完成事情，很少接受他人的意见，不会轻易改变自己的想法；坚持原则，只做自己能力范围之内的事情；在开始一件新的事情之前，会做好周密的计划，在没有想清楚之前不会付诸行动；一旦开始做某件事，就不达目的绝不罢休，遇到困难时也会想尽办法克服困难，达到目标；属牛的人通常用埋头苦干的形式来达到目标，缺少随机应变的能力；个性稳重，做事速度缓慢，工作效率不理想，但做事有规律，行事低调，肯自我牺牲、不好大喜功，凡事按部就班，墨守成规，是具有传统观念的保守主义者。

属牛的人个性温和，同时具有牛桀骜不驯的蛮性，内心潜伏着脾气暴躁、刚硬耿直的性格的一面，一旦认定的事情很难改变；有时会固执、极端，就是通常所说的"牛脾气"，这种不稳定的因素，有时会把平时辛苦建立起来的形象破坏掉，甚至招致他人的误解，所以属牛的人要多与人沟通，才能性格开朗，有助于获得友谊和爱情。

从运势的角度看，属牛的人大多属于大器晚成型，年轻的时候坎坷不断，虽然没有大的失败，但是有时也会遇到无法想象的大风险；进入中年后，要学习冷静处理事情的方法，否则可能导致无法挽回的损失。

从财运的方面看，属牛的人平时十分忙碌，为生计四处奔波，生活并不安定，又缺乏理财知识，时常会出现入不敷出的局面，所以学习理财也是属牛的人重要的工作之一。

属牛的人在与人相处的时候，待人诚恳，好恶分明，不会为了获取自己的利益，而算计他人，或者使用阿谀奉承的手段得到他人的好感，也不会勉强自己与不喜欢的人交往；属牛的人看起来比较木讷，也不喜欢与人接近，所以知心朋友不多，如果人际关系能获得改善，在事业上会取得更大的成就。

**丑牛干支对照表**

| 出生年 | 1913年<br>1973年 | 1925年<br>1985年 | 1937年<br>1997年 | 1949年<br>2009年 | 1961年<br>2021年 |
|---|---|---|---|---|---|
| 干支 | 癸丑 | 乙丑 | 丁丑 | 己丑 | 辛丑 |
| 天干五行 | 水 | 木 | 火 | 土 | 金 |

中篇：运程
第九章 生肖运程

## 570 水牛的人的运势如何？

水牛的人重视社会地位与个人财富，讲究实际，不会浪费时间和精力在无意义的人、事上；如果平时建立良好的人际关系，机会到来的时候应用这些人脉资源，可顺利达到目标。

在爱情方面，水牛的人很有异性缘，婚后生活美满；水牛的人对感情非常执著，遇到喜欢的对象会把握机会，大多会成功。

水牛的人选择属鼠或属蛇的人为伴侣对工作和事业会有大的帮助。

**水牛的人的性格**

1. 能吃苦耐劳，精明能干，喜欢钻研，乐善好施，人缘很好。
2. 爱好和平，富有正义感，具有领导才能。
3. 判断事情过于主观，不听从别人的意见和建议，容易吃亏。

## 571 木牛的人的运势如何？

木牛的人生性保守，举止稳重，心思细腻，给人气质高雅的感觉；不擅长表达自己，在感情方面表现得很被动；个性倔强，虽然内心的情绪炽热，但表达不出来，难以让人走进他的内心世界。

木牛的人获得大量遗产的机会很小，需要自力更生；总体财运不错，中年后，有发达的可能；遇到困难时，会遇贵人相助；缺乏偏财运，不要从事投机性行业，也不要随便替人担保。

**木牛的人的性格**

1. 性格直率，刚毅、固执，容易得罪人，或是被人利用。
2. 缺乏耐心，学的知识很多但精通的很少，注意收敛自己的脾气。
3. 仁慈正直，随和慷慨，能勇于面对困难，有见义勇为的精神。

## 572 火牛的人的运势如何？

火牛的人年轻时劳碌奔波，多为无用功，如有一技之长，可能取得一些成就。

火牛的人对爱情要求很高，但情绪变化无常，爱情来得快也去得快；心直口快，适合与性格开朗的异性交往。

火牛的人喜欢追逐权力，擅长理财，一生财运平稳，偶尔会有意外之财。

**火牛的人的性格**

1. 聪明伶俐，但个性急躁、性情不稳定，易受外界的诱惑和影响。
2. 心胸狭窄、目光浅短、自私，朋友很少。
3. 爱好自由，不喜欢被束缚。在婚姻方面，家庭不够稳定。

## 573 土牛的人的运势如何？

土牛的人善良，富有正义感和责任感，所以颇能吸引异性，感情生活多彩多姿。但有喜新厌旧的趋势，注意不要过于迷恋情爱，小心带来不必要的麻烦。

土牛的人好面子，为了达到目的可以不择手段。早年运势平平，中年后财运不错，晚年则运势良好。

土牛的人对于事业能有效地营运，面对困境又不会退缩，所以财运在朋友的帮助下相当不错，收入也很丰厚。但是支出很大，辛苦赚到的钱财，会被支出所抵消，所以要学习理财，养成储蓄习惯，以免经济出现问题。

**土牛的人的性格**

1. 勤劳节俭，精打细算，但有时趋于斤斤计较。
2. 不会做超出自己能力范围的事，重视利益分配的公平性。
3. 为人忠厚老实，心直口快，不喜用心计，不欺瞒蒙骗。
4. 天资聪颖，胆识过人，做事刚毅果断，有责任感。
5. 敢作敢当，对未来充满自信，好面子，为达到目的不择手段。
6. 善良，富有正义感和责任感，颇能吸引异性倾心。

## 574 金牛的人的运势如何？

金牛的人感情十分丰富，由于人缘好，桃花也旺盛，容易发生一夜情和婚外恋，另外还要特别注意三角恋的问题。已婚者尤其要处理好感情方面的问题，夫妻之间要彼此尊重，否则可能会出现第三者。

金牛的人在年轻的时候经常遇到灾祸，但是老年时期生活安逸，而且长寿，一生衣食无忧。金牛的人六亲淡薄，很多事情都要靠自己独立完成。金牛的人财运不错，但是和水牛的人一样，缺乏理财观念，赚得多，花得也快，很难攒住钱。所以金牛的人在财运好的时候要尽量购置一些固定资产，或是金银首饰等保值的物品。

**金牛的人的性格**

1. 生性好动，喜欢充实的生活，工作起来废寝忘食。
2. 有责任心，不怕吃苦，遇到困难会勇往直前，不逃避现实。
3. 感情丰富，性格温和，待人恭谨，人缘佳。
4. 过于重视友情，同情心丰富，易被别有用心的人利用，所以凡事要多听人劝告，才不容易上当受骗。
5. 金牛的女性擅长持家，邻里和谐，是温柔善良的好妻子。

## 575 属虎的人总的性格与运势怎样？

虎在十二生肖中位居第三，十二地支配属寅。以时间计算凌晨三时至凌晨五时之间为寅时。

老虎是一种十分凶猛的动物，身上有黑黄相间的条纹，目光锐利凶狠，即使是闲逛的时候，也会随时做好捕猎的准备，遇到猎物绝不放过。由于这种冷静、威猛的特征，老虎一直被认为是权势的象征。属虎的人，性格就像他的属相，天生就具有领袖的气质。从不胆怯畏缩，凡事坚持自己的主张，目标明确；喜欢高谈阔论，具有强烈的自信心，意志很坚定，说一不二；喜欢强迫他人按照自己的意愿做事，但是只要服从他的管理，他对朋友和下属也十分照顾。

属虎的人通常都志向高远，独立性和自尊心都很强，喜欢独来独往，甚至会为了求得发展而背井离乡；遇到困难的时候会勇往直前，积极接受挑战；擅长做决断，做事绝不拖泥带水，只要开始做一件事情，就会认真做到底；喜欢追求权力，喜欢享受别人服从他的感觉，要属虎的人去信服别人，是一件十分困难的事情；性情坦率，不喜欢转弯抹角，具有正义感，不欺软怕硬，容易获得他人的信任，是天生的领导人才。

属虎的人具有强烈的冒险精神，但过于自信，难以与他人合作，尤其是在作出决定之后，很难接受他人的意见，即使是长辈与领导的意见也不例外；性格刚强，凡事固执己见、一意孤行，甚至为了达到目的不择手段；属虎的人是一个个人英雄主义者，也因为这个原因常常犯一些错误，这是属虎的人最大的缺点。

从运势的角度看，属虎的人一生运气都不错，如果能遇到贵人的帮助，一般能取得一番成就。但是属虎的人也容易由于本身的运气招来嫉妒与打击；过分依赖运气，属虎的人也会遭遇挫折与失败，但是由于先天的好运气，最终会取得成功；在财运方面，属虎的人一般不太重视金钱，消费时往往不加节制，但很少有入不敷出的情况，一生中很少有缺乏金钱的时候。

属虎的人看起来大大咧咧，但是内心十分敏感，自尊心也十分强烈，叛逆性很强，缺乏与他人合作的精神，容易在不知不觉中得罪人，以致于朋友和敌人一样多。属虎的人一定要重视这方面的性格缺陷，学习与人相处，凡事三思而后行。

**寅虎干支五行对照表**

| 出生年 | 1914 年<br>1974 年 | 1926 年<br>1986 年 | 1938 年<br>1998 年 | 1950 年<br>2010 年 | 1962 年<br>2022 年 |
|---|---|---|---|---|---|
| 干支 | 甲寅 | 丙寅 | 戊寅 | 庚寅 | 壬寅 |
| 天干五行 | 木 | 火 | 土 | 金 | 水 |

## 576 水虎的人的运势如何？

水虎的人早年运势大多一般，但衣食无忧；中年之后渐入佳境，会有很多获得偏财的机会，也可以进行一些小的投资，会有意想不到的收获。

从婚姻的角度看，水虎的人适合晚婚。女性能持家理财，男性大多惧内，婚后应该多沟通，避免经常争执，产生不愉快。

水虎的人自尊心过强，不容易接受别人提出的意见，有容易导致失败的不稳定因素存在。

**水虎的人的性格**

1. 天生聪明，个性稳重，具有超强的应变能力和学习能力。
2. 对任何人和事都很平和，擅长社交，对新生事物有独特的见解。
3. 有设计天分，判断事物准确，如果从事研发工作，多会成功。

## 577 木虎的人的运势如何？

木虎的人擅长交际，但自以为是，有时做事过于鲁莽，会导致失败；注意使用一些交际手段，集合众人的智慧，避免失误发生。

木虎的人容易被朋友欺骗，尤其为朋友担保的时候，容易给自己带来麻烦。

从婚姻的角度看，木虎的人不宜早婚，早婚多会离异；婚后要多沟通，不意气用事，才能享受温馨的家庭生活。

从财运的角度看，木虎的人财运旺盛，女性还会得到贵人相助，但偏财运一般。

**木虎的人的性格**

1. 现实，有私心，但又颇具正义感，经常会同情弱者。
2. 朋友有困难的时候，绝不会袖手旁观，也不会找借口推脱。
3. 擅长交际，但自以为是，很难听从别人的意见。

## 578 火虎的人的运势如何？

火虎的人由于勤劳，早年收入比较丰厚；晚年运势相当不错；火虎的女性性格温和，聪明智慧，但是一生操劳。

从婚姻方面看，温馨美满的家庭是火虎人向往的目标，但由于自我意识过强，容易和家人产生争执，适当改善自己的个性，才能享有温馨的家庭生活。

从财运的角度看，火虎人财运不错，一生衣食无忧，随着年龄的增长，财运会越来越好。

**火虎的人的性格**

1. 性格稳重，宽宏大量，重信义，言出必行，做事踏实、稳重。
2. 富有才华，独立性强，但多眼高手低。
3. 自制力差，易受他人欺骗，但不贪婪，就不会因小失大。

## 579 土虎的人的运势如何？

属虎的人具有苦干精神，还擅长思考，并且能把内心的想法及时表达出来；天生热爱自由，不喜欢受到约束，适合独自到异乡闯荡，多会取得大的成就；年轻的时候运势一般，中年的运势比较平稳，但是发展的机会很好，晚年的运势相当不错。

从婚姻的角度看，土虎的人家庭责任感十分薄弱，婚姻容易出现问题，夫妻之间一定要多沟通，一旦出现裂痕，就很难挽回。

土虎的人没有金钱概念，很少出现金钱方面的困扰。即使财务出现困难，也有朋友及时帮忙。属虎的人在帮助他人的时候要注意量力而为，避免和朋友发生金钱方面的纠纷。

**土虎的人的性格**

1. 为人善良，喜欢帮助他人，头脑聪明，自信心强。
2. 有野心，富有创业精神，工作态度认真。
3. 野心大，比较骄傲，也会由此产生贪欲，导致失败。
4. 具有苦干精神，擅长思考，能把内心的想法表达出来。
5. 天生热爱自由，不喜欢受约束，适合独自到异乡闯荡。
6. 家庭责任感薄弱，婚姻容易出现问题。

## 580 金虎的人的运势如何？

金虎的人无论男女，都不宜早婚；感情生活颇不顺利，男性大多因为妻子情绪不稳定而苦恼；女性大多因为子女问题或怀疑丈夫有外遇而疑神疑鬼，所以夫妻之间要多沟通才能避免误会的产生。

金虎的人，青年和中年时期的运势都十分不错，但是到了晚年，财运颇为不好，要付出更多的辛苦与努力。总体来说，金虎的人一生财运还是中等偏上，无论从事何种工作，都能得到不错的收获。金虎的人为人处世要小心谨慎，不要鲁莽行事，以免造成不必要的损失。

**金虎的人的性格**

1. 为人豪爽，心直口快，意志力坚强，忍耐性也超强。
2. 天生的领导人才，喜欢追逐权力，天分加努力必将在事业上取得较大的成就。
3. 凡事以自我为中心，不容易接受他人的劝告。
4. 猜忌心强，不容易相信他人，特别是在感情方面，情感内敛，缺乏必要的沟通。
5. 多粗心大意，行事莽撞。

## 581 属兔的人总的性格与运势怎样？

兔在十二生肖中位居第四，十二地支配属卯，以时间计算凌晨五时至上午七时之间为卯时。

从古至今，兔子这种小动物都因其形象比较可爱而得到人们的喜爱，兔子都是善良、可爱、温驯的代名词。属兔的人大多和兔子的性格相似：举止文雅、行事正直、性格坦率。属兔的人有一种天生的、内在的优雅感觉，很少对朋友发脾气，对大多数人都持友好的态度，不轻易树敌，也十分合群，能留给别人很好的印象。

属兔的人性格温和，做事谨慎，喜好和平、安静，很少惹是生非，卷到是非中去。属兔的人具有天生的艺术鉴赏力，正是因为这种艺术家的气质造就了他平和的个性。

属兔的人虽然天性平和，却不是不能承担责任。虽然属兔的人文静、善良，但是也具有敏捷的行动能力，一旦认定目标，就会努力去完成；心思细腻，观察力敏锐，因此很少犯错误；行为显得古板、守旧和胆小，有时还有逃避现实的倾向，一生运势也因此显得平平，能过稳定的生活。

从运势的角度看，属兔的人一生运势平平，但是由于是个乐观派，交际很广，对朋友慷慨大方，所以人缘很好；属兔的人天生爱美，喜欢享受生活，为了打扮自己不惜花费钞票，消费时不加节制，很难积蓄财产。

属兔的女性大多外表端庄秀丽，因此也具有自我优越感，喜欢追求安逸、奢侈的生活；属兔的女性遇到不愉快时，会疯狂购物来发泄自己的感情，甚至会因此出现经济拮据的情况。

属兔的人天生敏感，经常给人拒人千里之外的感觉，甚至还会让人觉得不友善，其实不是这样的，只是属兔的人天生害羞，不喜欢主动表达自己的感情，一旦与属兔的人成为好友，就会转变这种印象。

兔

在十二生肖中位居第四，十二地支配属卯，管辖时间段为凌晨五时至上午七时。属兔的人平和、文静、善良，做事谨慎，擅长交际，是个天生的乐天派。胆小，逃避现实，不善于表达自己的感情是其不足之处。

**卯兔干支五行对照表**

| 出生年 | 1915年 1975年 | 1927年 1987年 | 1939年 1999年 | 1951年 2011年 | 1963年 2023年 |
|---|---|---|---|---|---|
| 干支 | 乙卯 | 丁卯 | 己卯 | 辛卯 | 癸卯 |
| 天干五行 | 木 | 火 | 土 | 金 | 水 |

## 582 水兔的人的运势如何？

水兔的人感情十分丰富，但是由于个性保守，不擅长表达内心的感情，甚至对爱情的态度也并不积极。由于水兔的人对待感情过于矜持，所以大多数感情生活都是无疾而终。如果不积极改善这种状态，很可能会晚婚甚至于找不到伴侣。

水兔的人少年时期运势就很不错，但是财运稍差。中年时期运势比较不错，能遇到贵人，财运也颇为顺畅。遇到突发情况，也能应对，在遇到经济困难的时候，也会遇到贵人的帮助。水兔的人只要不过于奢侈浪费，自然会衣食无忧。

水兔的人有时会没有原则，容易受他人的影响，对自己信任的人产生依赖感，一旦失去依靠就会意志消沉。

**水兔的人的性格**

1. 个性温和，适应环境能力强，不擅长表现自己。
2. 感情丰富，个性保守。
3. 为人处世时比较被动，有时还会得过且过，很少全力以赴地去完成一件事情。
4. 喜欢随遇而安，容易获得满足。
5. 不擅长表达内心的感情，甚至对爱情的态度也并不积极。
6. 易对信任的人产生依赖感，一旦失去依靠就会意志消沉。

## 583 木兔的人的运势如何？

木兔的人年轻的时候运势一般，中年才开始转运，偶尔也会遇到挫折，但都有贵人来帮忙化解。木兔的人一生财运不错，衣食无忧。木兔的女性心地善良，通情达理，人缘很好，擅长持家，有旺夫相。

木兔的人婚姻比较顺利，对感情也很执著，一旦遇到自己喜欢的对象就会努力追求，婚后也会珍惜伴侣。但是如果追求不到，会在很长一段时间里留下痛苦的阴影。

从财运方面看，木兔的人日常开销很大，没有储蓄的好习惯，所以要尽量控制收支平衡，不要在没有意义的事物上浪费金钱，否则会造成入不敷出的局面。另外，也可以尝试小风险的投资，有赢利的可能性。

**木兔的人的性格**

1. 善良老实，机智聪明，才华出众。
2. 做事谨慎、小心，不喜欢尝试没有做过的事情。
3. 为人踏实、正直，容易相信别人，也因此经常被人欺骗。
4. 表面上给人活泼、开朗的感觉，但内心害怕孤独。
5. 有心机，又有点自私，很少为他人着想。
6. 喜欢热闹，婚姻比较顺利，对感情也很执著。

## 584 火兔的人的运势如何？

火兔的男性，年轻的时候运势一般，中年会发达；晚年福禄双全；火兔的女性聪明贤惠，心灵手巧，大多一生幸福。

从财运的角度看，火兔的人经常出现财务状况，当遇到突然袭击的时候，总是会手忙脚乱，难以应付。火兔的人在平时就应该养成储蓄的好习惯，以防万一。

火兔的人感情丰富，容易冲动，容易给身边的人带来沉重的压力。

**火兔的人的性格**

1. 大多单纯可爱，待人热情，做事认真，心胸宽阔，有度量。
2. 性格直率，在情绪低落的时候会迁怒于人，要注意控制脾气。
3. 眼光独到，具有领导才能，能运用自身影响力来实现目标。

## 585 土兔的人的运势如何？

土兔的人年轻时运势不稳定，获得亲朋的帮助有限；中年后运势转好，衣食无忧。土兔的女性心地善良，邻里和谐，人缘颇好，很有女人味，温柔贤惠，但容易受外界的诱惑，要特别谨慎。土兔的男性喜欢思考，在外面可以呼风唤雨，在家中地位一般。

土兔的人缺乏理财能力，在金钱方面要有计划，以免造成入不敷出的局面，不要借给别人金钱，也不要从事投资性的行业。

**火兔的人的性格**

1. 个性率直，为人豪爽，但经常给人死板的印象。
2. 言行举止让人觉得没有礼貌、不懂情趣。
3. 在事业上很有野心，志向远大，具有创业精神。

## 586 金兔的人的运势如何？

金兔的人想象力丰富，喜欢与众不同。金兔的男性亲情淡薄，年轻的时候运势平平，中年后才开始转运，晚年运势良好。金兔的人感情生活丰富，一旦遇到心仪的对象，就会努力追求，而且大多会取得成功。

从财运的角度看，金兔的人天生具有鉴赏力，也有生财之道，但是要小心意外破财，不要从事投机性行业，要培养自己的理财能力，减少不必要的开销。

**金兔的人的性格**

1. 严格要求自己，个性善良，不喜欢与人争斗，人际关系好。
2. 个性坚强，具有顽强的意志力，很少向困难低头。
3. 上进心很强，但情绪不稳定，易作出错误的判断。

## 587 属龙的人总的性格与运势怎样？

龙在十二生肖中位居第五，十二地支配属辰。以时间计算上午七时至上午九时之间为辰时。

龙在中国人心中占据着崇高的地位，古代中国人就自认为是龙的传人，古代的皇帝也自认为是"真龙天子"，皇帝居住的地方是"龙宫"，皇帝的后代是"龙种"，皇帝穿的衣服是"龙袍"。

属龙的人就好像他们的属相"龙"一样，充满神秘感，难以捉摸。属龙的人是天生的领导者，聪明智慧，而且胆识超群，富有野心，喜欢接受挑战，善于克服困难，把理论应用于实践。属龙的人个性光明磊落，处事稳重，心思细腻，自己创业非常容易取得成功。而且由于属龙的人自律性很强，对自己和别人的要求都十分严格。

属龙的人正直坦率，善恶分明，做事情的时候按部就班，不投机取巧，也不喜欢追名逐利；自我意识很强，凡事固执己见，很难接受他人的意见，如果能集合众人的智慧，就能够取得更大的成功；属龙的人胆子很大，活力十足，但有时过于武断，容易误入歧途。

从运势的角度看，属龙的人年轻的时候运势非常好，中年时期稍有停滞，也是养精蓄锐；如果中年后期能够取得突破，晚年的运势也会很好。

属龙的人个性淡泊，不受世俗偏见的束缚；把金钱看做是实现目标的工具，获得和支出的金钱数量都很大；不懂得理财，如果能适当地调整对金钱的态度，财运相当不错。

属龙的女性性格坚强，做事刚毅果断，喜欢追逐权力，是女强人的类型；属龙的女性不喜欢委曲求全，在受到不平等待遇的时候会努力抗争，不喜欢和大男子主义的人做朋友；属龙的女性有个性温柔的一面，是称职的贤妻良母；生活节俭，不喜欢流行的东西，也不会刻意打扮自己，重视实际，表里如一，做事光明磊落；有时候比较固执，认为对的事情就会坚持到底，看到朋友被欺负的时候，会打抱不平、拔刀相助；有时以自我为中心，固执己见，也会因此和朋友发生争执。

属龙的人，大多活泼外向，心胸宽广，有家庭责任感；孝顺父母，待人真诚，人缘好；属龙的人情绪波动较大，很容易发怒，容易因此树敌，甚至引起不必要的麻烦，所以属龙的人要控制自己的情绪，多与人沟通。

### 辰龙干支五行对照表

| 出生年 | 1916 年<br>1976 年 | 1928 年<br>1988 年 | 1940 年<br>2000 年 | 1952 年<br>2012 年 | 1964 年<br>2024 年 |
|---|---|---|---|---|---|
| 干支 | 丙辰 | 戊辰 | 庚辰 | 壬辰 | 甲辰 |
| 天干五行 | 火 | 土 | 金 | 水 | 木 |

## 588 水龙的人的运势如何？

水龙的人早年运势一般，财运平平，但是随着年龄的增长，运势会逐渐变好；男性会娶贤妻，女性温柔贤淑，相夫教子；在财运方面相当不错，无论从事哪种工作，都会有不错的收获；水龙的人偏财运也不错，但有时有破财之灾，最好平时多购置一些固定资产，在遭受意外的时候可以减少损失。

水龙的人要学得心胸宽广，凡事从大局考虑，会有利于事业的发展。

水龙的人性格开朗、大方、幽默、风趣，愿意与人分享自己的成功，不骄傲自满，有个人魅力；水龙的人喜欢自由开放，但是又不会出轨，婚姻比较稳定。

**水龙的人的性格**

1. 工作积极、主动，喜欢广交朋友，人际关系很好。
2. 志向远大，做事有毅力。但有时缺乏自主性，做事随大流。
3. 性格开朗、大方、幽默、风趣，愿意与人分享自己的成功。
4. 处事公正，但有时过于固执，还有点自私。
5. 涉及自己利益的事情会斤斤计较，甚至会因小失大。
6. 喜欢自由、开放，但是不会出轨，婚姻比较稳定。

## 589 木龙的人的运势如何？

木龙的人天生具有吸引异性的能力，追求者众多，但是只要结婚就会安定下来，婚后家庭和睦；年轻的时候运势比较平稳，中年后运势越来越旺，诸事顺利，财运尤其不错；木龙的人亲情淡薄，遇到困难的时候，亲戚很难帮得上忙，全靠自力更生；木龙的女性十分聪明，性格坚强，内心善良，是很好的命。

木龙的人财运非常不错，偏财运也很旺盛，可以尝试一些小额的投机性投资，会有意想不到的收获。木龙的人善于把握机会，但是不要贪心，要做好财务管理工作，以免出现经济方面的问题。

**木龙的人的性格**

1. 大多性格内向，沉默寡言，不擅长交际。
2. 朋友不多，但是才华出众，具有很强的推理能力。
3. 有创造性和想象力，凡事喜欢刨根究底，工作能力很强。
4. 喜欢接受挑战，但是不喜欢出风头，也不擅长表现自己。
5. 亲情淡薄，遇到困难时，亲戚很难帮上忙，全靠自力更生。
6. 天生具有吸引异性的能力，追求者众多。

## 590 火龙的人的运势如何？

火龙的人，财运不错，命格颇好；男性会娶贤妻，女性会找到值得托付终身的人，中年事业不错，晚年福寿双全；人际关系良好，容易轻信他人，所以经常会吃亏、上当；感情运不错，但婚后要注意克制自己的情绪，才能保证家庭的幸福美满。

虽然火龙的人财运很不错，但由于缺乏理财观念，有时会出现入不敷出的情况，所以要做好支出规划，避免投机性投资。

**火龙的人的性格**

1. 天生有优越感，内秀，为人慷慨，乐于助人。
2. 性格开朗，喜欢结交朋友，异性缘和桃花运都很好。
3. 不是很聪明，但善于把握机会，做事容易获得成功。

## 591 土龙的人的运势如何？

土龙的男性聪明伶俐，土龙的女性贤惠，擅长持家，一生衣食无忧；个人意识过于强烈，容易和家人发生口角，要适当地改变执拗的个性，经常和家人沟通，避免不必要的困扰，才能享受温馨的家庭生活。

土龙的人有不错的金钱观念，但是由于崇尚自由，富有同情心，情绪也不太稳定，有时会有浪费的倾向。如果土龙的人能控制自己的情绪，利用良好的人际关系，一定会一生财源不断。

**土龙的人的性格**

1. 有独裁的倾向，但没有火龙的人那么明显。
2. 有爱心，不矫揉造作，心地善良，不自私，不贪财。
3. 为人慷慨，目光长远，富有上进心，做事深谋远虑。

## 592 金龙的人的运势如何？

金龙的人思想开放，具有吸引异性的魅力，喜欢到处留情，对婚姻和家庭有很多不利的影响，金龙的人在感情方面要特别注意。

从财运方面看，金龙的人财运非常不错：虽然赚大钱的机会不多，但是小钱不断，偏财运也不错；如果能够把握机会，不过于贪心，将会财源滚滚；如果想在其他方面取得成功，需改善不稳定的情绪，不要过于表现自己，做事要稳重；有时金龙的人喜欢自我表现，好大喜功，因此容易受到别人的排斥。

**金龙的人的性格**

1. 个性直率，思想单纯，心地善良，待人和气，吃苦耐劳。
2. 经常提出建设性的意见，但情绪不稳定，经常改变主意。
3. 有犹豫不决的情况发生，缺乏恒心和毅力。

## 593 属蛇的人总的性格与运势怎样？

蛇在十二生肖中位居第六，十二地支配属巳。以时间计算上午九时至中午十一时之间为巳时。

属蛇的人天生聪明，有才华，反应快，虽然外表看起来很冷漠，其实内心感情十分丰富；善解人意，为人随和，待人亲切，举止文雅；如果接触时间长了给人印象十分好，待人真诚，不喜欢招惹是非，不随便浪费时间。

属蛇的人表面上看起来与世无争，实际上，他的自我保护能力很强；对于想要追求的目标，会利用一切可以利用的机会来达成，再加上本身的努力和坚强的意志力，能取得一定的成就。

属蛇的人做事十分谨慎，做事的时候会经过认真的思考，才付诸行动；好奇心强，喜欢打听小道消息，虽不喜欢传播是非，但也会因此给自己带来麻烦；对于属蛇的人来说，好奇心强不完全是坏事，如果能用在有用的地方，对事业也会有一定的帮助。

属蛇的人报复心强，而且深藏不露，把情绪都隐藏在心底，喜怒哀乐都不会表现出来，即使要发怒的时候也会尽量克制，到时机成熟的时候再进行报复；为了达到目的会不择手段，是十二生肖中最不好对付的人。

属蛇的人最大的缺点是好逸恶劳，虽然属蛇的人有很大的野心，但是真正实现需要付出很大的决心和毅力；属蛇的人很少主动付诸行动，除非是非做不可的时候；常以自我为中心，不容易接受他人的意见，固执，如果不努力改善，对事业发展有一定的阻碍。

从运势的角度看，属蛇的人大多是大器晚成的类型，年轻的时候运气欠佳，事业大多不成功，命运起伏多变，最好是循序渐进，慢慢向目标靠拢；三十岁左右运势会突然变化，得到飞黄腾达的机会；不太重视金钱，但是一生中很少因为缺少金钱而苦恼；能得到各种工作的机会，只要不抱有投机心理，踏实工作就会有收获；偏财运不佳，不要从事投机性投资。

属蛇的人具有双重性格，在团队中表现得很热情，态度很积极，但是一个人独处的时候就显得郁郁寡欢；在朋友面前，自我保护意识很强，相处得久的朋友，会十分关心对方，这种双重性格，经常令人难以捉摸；属蛇人的这种个性应该适当地改善，否则会招致别人的反感，会对人际关系产生不利的影响。

### 巳蛇干支五行对照表

| 出生年 | 1917年<br>1977年 | 1929年<br>1989年 | 1941年<br>2001年 | 1953年<br>2013年 | 1965年<br>2025年 |
|---|---|---|---|---|---|
| 干支 | 丁巳 | 己巳 | 辛巳 | 癸巳 | 乙巳 |
| 天干五行 | 火 | 土 | 金 | 水 | 木 |

## 594 水蛇的人的运势如何？

水蛇的人大多很聪明，对事物具有敏锐的洞察力，富有冒险精神。很多水蛇的人都背井离乡，独自在外创业，创业的过程大多都很坎坷，一生的运势起伏很大，中年后运势才会比较平稳。水蛇的女性大多性格外向，口齿伶俐，家庭观念强，擅长持家，有享受荣华富贵的命。

水蛇的人擅长交际，注重仪表，所以很吸引异性的目光，很有异性缘。水蛇的人感情状况不错，对喜欢的人温柔体贴，如果能找到认同其个性的异性做伴侣，会建立幸福美满的家庭。

水蛇的人财运相当不错，经常有意外收获，如果能做好收支计划，养成储蓄的好习惯，避免不必要的支出，财务方面就不会出问题。

### 水蛇的人的性格

1. 天性活泼，反应敏捷，即使遇到突发情况，也能很快解决。
2. 擅长言辞，具有艺术天分，懂得把握机会，适合经商。
3. 大多很聪明，对事物有敏锐的洞察力，富有冒险精神。
4. 水蛇的女性大多性格外向，口齿伶俐，家庭观念强。
5. 擅长交际，注重仪表，很吸引异性的目光，很有异性缘。
6. 感情状况不错，对喜欢的人温柔体贴。

## 595 木蛇的人的运势如何？

木蛇的人做事的时候很被动，很少积极主动地去做一件事；理想十分远大，但往往流于空泛，一旦遇到困难就会退缩，陷入到苦闷的境地中，需要朋友的鼓励，才能获得成功。

木蛇的人感情状况不错，夫妻间相处很和睦。但木蛇的人极富浪漫气息，喜欢冒险，婚后要避免产生婚外情，导致家庭破裂。

木蛇的人要脚踏实地，掌握一技之长，还要把握机会，才会有所收获；木蛇的女性聪明伶俐，处事果断，年轻的时候运势一般，中年后会转运，一生中财运不错；个性固执，有时会胡思乱想，把自己陷于忧郁苦闷之中；如果能脚踏实地，不好高骛远，把握机会，多能取得成功。

### 木蛇的人的性格

1. 非常注意自己的言行举止，性格十分稳重。
2. 为人随和，重感情，人际关系良好，朋友很多。
3. 有些势利，喜欢结交有权有势的人。
4. 做事的时候很被动，很少积极主动地去做一件事。
5. 理想远大，但过于空泛，遇困难就会陷入苦闷中。
6. 木蛇的女性聪明伶俐，处事果断，一生财运不错。

## 596 火蛇的人的运势如何？

火蛇的人喜欢独自闯荡，对事业有很大的自信心和野心，一生财运不错；火蛇的女性，擅长持家，是贤内助，有发达的命；火蛇的人支出很多，如能养成节约的习惯，避免不必要的消费，定会财源广进。

火蛇的人遇到关心自己的异性，容易动感情，恋爱时很投入。但不可被爱情冲昏头脑，要理智。婚后要注意家庭的和谐，夫妻间多沟通，不要意气用事。

**火蛇的人的性格**

1. 无论男女都十分聪明，个性活泼，才华出众。
2. 重义气，朋友很多，性格直率，心直口快。
3. 喜欢不断变化的生活，做事积极，但缺乏耐心和毅力。

## 597 土蛇的人的运势如何？

土蛇的人非常理智，但是理智与现实总有难以平衡的时候，在感情受到伤害的时候，不要失望，要注意协调，如果感情严重破裂是很难挽回的。

从财运的角度看，土蛇的人财运一直不错。土蛇的人一生中有很多赚钱的机会，但很少把握得住，要脚踏实地，靠个人的努力来获取成功。土蛇的人不要从事投机性投资，以免赔得血本无归。

**土蛇的人的性格**

1. 性情温和，天生聪明，反应很快，喜欢钻研。
2. 做事有计划，有创新精神，心胸宽阔，性格豪爽。
3. 感情强烈，有占有欲，喜欢控制别人，本身很受异性关注。

## 598 金蛇的人的运势如何？

金蛇的人对自己要求严格，凡事喜欢亲力亲为，有点过度自信，人缘不太好。

金蛇的人早年十分劳碌，运势起伏不定，中年后运势较为平稳，晚年运势非常好，而且长寿；具有吸引异性的魅力，对感情的态度十分谨慎，只有改变对待异性的态度，才能收获美满幸福的婚姻。

金蛇的人处事的态度过于保守，有时会浪费一些机会，要态度积极，主动地追求财富。

**金蛇的人的性格**

1. 天生聪明，足智多谋，擅长随机应变，具有自我保护意识。
2. 善良，喜欢帮助别人，无论是在金钱方面还是感情方面。
3. 有追逐权力的倾向，而且富有责任感。

## 599 属马的人总的性格与运势怎样？

马在十二生肖中位居第七，十二地支配属午。以时间计算十一时至十三时之间为午时。

马是十二生肖中行动最迅速的动物，属马的人就像他的属相一样，行动积极，动作十分敏捷，时刻充满活力与动力。属马的人个性独立，喜欢追求自由，享受无拘无束的生活，所以很多属马的人成年之后就会离开家，去外面闯荡。

属马的人大多十分聪明，做事态度积极认真，有自信。属马的人无论从事哪种工作，都具有一种不服输的意志，只要确定了目标，就会努力去实现。属马的人具备高度的观察力，学习能力很强，并且会给周围的人带来积极的影响。

但是由于属马的人天生热爱自由，加上旺盛的精力，个性独立，所以无法忍受别人的束缚。属马的人一旦受到约束，就会进行反抗，所以在与属马的人合作的时候要多进行沟通，以免发生不愉快。

属马的人天性乐观，心胸宽广，喜欢交际，所以属马的人朋友很多。但是他不会过分依赖朋友，喜欢自食其力，真正需要朋友的时候才会请朋友来帮忙。属马的人慷慨大方，喜欢热闹，会把金钱用在打理外表的方面，以表现出其高贵的气质。属马的人喜欢享受奢侈的生活，消费时不加节制，有浪费的倾向，不擅长理财。

从运势的角度看，属马的人一生都在不停地劳碌奔波，但是由于属马的人与生俱来的耐力和不服输的精神，会尽量克服困难，用自己的才能和积极的行动来为自己的前途奠定基础，使自己的才能得到发挥，事业也会稳步前进。属马的人善于把握机会，为自己创造条件，给自己的前途奠定基础。从整体运势来看，属马的人年轻的时候运势很好，中年会遇到一些挫折，一生中有很多成功的时候，也会品尝到失败的痛苦，很少有哪个属相的运势像属马的人一样大起大落，所以属马的人成功的时候要谨慎，以免其中暗藏的危机导致一败涂地。

属马的人性格开朗，但不擅长保守秘密，也缺乏持久性与耐心，在遇到挫折的时候容易半途而废。所以属马的人要多训练自己的耐性，根据自己的能力来制订计划，才易取得成功。

**午马干支五行对照表**

| 出生年 | 1918 年<br>1978 年 | 1930 年<br>1990 年 | 1942 年<br>2002 年 | 1954 年<br>2014 年 | 1966 年<br>2026 年 |
|---|---|---|---|---|---|
| 干支 | 戊午 | 庚午 | 壬午 | 甲午 | 丙午 |
| 天干五行 | 土 | 金 | 水 | 木 | 火 |

## 600 水马的人的运势如何？

水马的人有经商的天分，对经营和管理有独到的见解，先天条件十分丰厚。水马的人很少有财务方面的困扰，当遇到财务困难的时候，总有朋友主动帮忙。水马的人慷慨大方，喜欢帮助别人，但也要为自己着想，不要惹麻烦上身。

水马的人异性缘相当不错，婚后生活幸福；水马的人在处理感情的时候有些优柔寡断，与水马的人交往，要多花一些耐心；水马的人家庭责任感不强，婚后夫妻俩要多沟通交流，否则一旦感情破裂就难以挽回；水马的男性少年时期多病多灾，中年后才开始转运，但是一生衣食无忧；水马的女性温柔贤惠，重信义，能持家。

### 水马的人的性格

1. 大多心地善良，性格温和，乐于助人。
2. 凡事能为他人着想，有舍己为人的精神，人缘很好。
3. 个性急躁，有时很情绪化，但会得到朋友的支持与帮助。
4. 有经商的天分，对经营和管理有独到的见解。
5. 异性缘不错，婚后生活幸福，但处理感情有些优柔寡断。
6. 家庭责任感不强，婚后夫妻俩要多沟通交流。

## 601 木马的人的运势如何？

木马的人感情容易出现问题，男性会因为妻子烦恼，女性会因为子女教育问题烦恼，所以木马的人要多和家人沟通，避免产生不必要的烦恼。

木马的男性亲情比较淡薄，遇到困难的时候，亲戚很少能帮上忙，大多白手起家。如果能够专心地为达到目标努力，会取得比较理想的成就。木马的女性心地善良，擅长言辞，但是说话不注意方法，容易得罪人。木马的女性与人交流时要注意谈话的内容与语气，以免惹上不必要的麻烦。

从财运方面看，木马的人财运不错，无论从事哪种工作，都有不错的收获，但是过程比较辛苦。木马的人要注意不要鲁莽，以免造成不必要的损失。

### 木马的人的性格

1. 勤劳朴实，但是个性急躁，容易冲动。
2. 做事虎头蛇尾，遇到挫折不能坚持，多会半途而废。
3. 主观意识十分强烈，喜欢自由，不喜欢受到约束和束缚。
4. 不擅长与人相处，经常得罪人，应重视人际关系。
5. 木马的男性亲情比较淡薄，遇到困难，亲戚很少能帮上忙。
6. 木马的女性心地善良，擅长言辞，但说话的方法有待改善。

## 602 火马的人的运势如何？

火马的人异性缘不错，成年后身边一直不缺乏追求者；外表很花心，但内心十分重感情；不宜早婚，已婚的人要注意和家人沟通，避免出现争执，导致婚姻破裂。

火马的人是脚踏实地的行动派，年轻时运势平稳，衣食无忧；中年后运势会逐渐上升，有兼职的机会，可尝试小额的投资；男性多才多艺，但不擅长理财，如能专攻一门，可出人头地；女性相貌清秀，通情达理，是贤惠的好妻子。

**火马的人的性格**

1. 天生聪明，活泼好动，具有敏锐的观察力，行事小心谨慎。
2. 个性倔强，主观意识强烈，不易接受他人的意见。
3. 处事有时不够冷静，应多听取他人的意见，集思广益。

## 603 土马的人的运势如何？

从财运方面看，土马的人总有意外收获，遇到困难时有贵人帮助，但没有偏财运，不要从事投机性投资；男性有当官的命，女性荣夫益子，晚年能享清福。

土马的人，学生时期有师长耐心教诲，工作后有领导和长辈的提携，年轻时运势一般，需要付出很多努力，才会有所成就。但总的来说，一生运势不错。

土马的人不宜早婚，婚后要注意家庭的和睦，凡事多沟通，不要意气用事，方可享受幸福美满的家庭生活。

**土马的人的性格**

1. 性格温和，聪明伶俐，开朗豁达，一生运势不错。
2. 擅长交际，为人坦率，心地善良，喜欢为朋友排忧解难。
3. 性情急躁，但做事认真，有责任感，能够得到朋友的信赖。

## 604 金马的人的运势如何？

金马的人做事认真、负责，常受到上司的赏识；性格外向，但很难接受别人的意见，喜欢独立完成工作，所以无法长时间从事单调、死板的工作，适合做自由职业者。

从财运方面看，金马的人一生衣食无忧，随着年龄增长，收入也跟着增加。金马的男性很有家庭责任感，能掌权。女性勤劳简朴，擅长持家。

**金马的人的性格**

1. 感情丰富，脾气倔强，不认输，心地善良，与人相处坦诚。
2. 不喜欢钩心斗角，遇到朋友有困难，会全力相助，有人缘。
3. 心直口快，会在不知不觉中得罪人，要注意说话的方式。

## 605 属羊的人总的性格与运势怎样？

羊在十二生肖中位居第八，十二地支配属未。以时间计算十三时至十五时之间为未时。

羊年出生的人天生善良，外表看起来很柔顺，但其实具有非常强韧的耐性。属羊的人十分重视外表，气质优雅，富有同情心，喜欢结交朋友，待人亲切，有礼貌，给人的第一印象非常好。属羊的人很少与人发生争执，会仔细考虑他人的意见，不会勉强他人接受自己的意见，容易得到别人的关心与帮助。但是属羊的人有时会多愁善感，优柔寡断，没有安全感。属羊的人爱好和平，但是依赖性很强，如果能得到领导的赏识，也会做出一番成就来。

属羊的人性格内向，外表温文尔雅，但内心十分固执，喜欢独立思考，不喜欢别人进入自己的内心；活力充沛，精力旺盛，斗志高昂，凡事喜欢亲力亲为，不喜欢清闲；做事喜欢全力以赴，有进取心和责任感，遇到困难不会退缩，会努力去克服困难；喜欢挑战自我，勇往直前。

属羊的人头脑聪明，见识广，富有想象力和创造力，是十二生肖中最具有艺术家气质的属相；能创造出常人无法想象的艺术作品，为了达到目标不惜一切代价；凡事追求完美，有时到了吹毛求疵的程度，这样做往往会忽视事物内在的规律；如果能够注重实际，不做表面功夫，脚踏实地，努力工作，多会获得成功。

从运势的角度看，属羊的人随着年龄不断增加，运势会不断上升。但除非遇到贵人相助，否则属羊的人很难年轻的时候就有所成就。属羊的人年轻的时候运势一般，中年是转运的关键，会有麻烦不断袭来，能否运用个人智慧解决问题，是开运的关键。从财运的角度看，属羊的人的财富来源不是十分稳定，如果细心一点，再加上本身的才华，不浪费金钱，财务状况不会出问题。如果要想取得更多的财富，获得更多物质方面的享受，就需要一些冒险精神，有效地运用本身已有的财富。

属羊的女性大多温柔贤惠，举止稳重，气质高雅，喜欢穿衣打扮；性格懦弱，缺乏独立性，有依赖心理，无法承担较大的责任，但是在居家理财方面很有条理，而且通情达理，把丈夫和孩子照顾得很好，是称职的贤妻良母。

**未羊干支五行对照表**

| 出生年 | 1919 年<br>1979 年 | 1931 年<br>1991 年 | 1943 年<br>2003 年 | 1955 年<br>2015 年 | 1967 年<br>2027 年 |
|---|---|---|---|---|---|
| 干支 | 己未 | 辛未 | 癸未 | 乙未 | 丁未 |
| 天干五行 | 土 | 金 | 水 | 木 | 火 |

## 606 水羊的人的运势如何？

水羊的人年轻的时候比较辛苦，父母对其事业发展帮助不大，手足也无法提供助力。但是水羊的男性婚姻不错，能获得妻子的帮助，中年比较稳定，晚年子孙满堂，福寿双全。属羊的女性德才兼备，擅长持家。

从财运的角度看，属羊的人财运起伏不定，要注意理财方面的问题，尽量避免投机性投资，也没有偏财运，要依靠自己的能力，循序渐进地增加财富。

水羊的人在朋友中人缘很好，能得到朋友的拥护。

**水羊的人的性格**

1. 待人和气、真诚，不喜欢出风头，做事细心、认真。
2. 有责任感，讲义气，舍己为人，很少考虑个人得失。
3. 性格内向，思想独立，适合从事文艺或研究方面的工作。
4. 多愁善感，遇到困难容易产生逃避心理，特别是感情困扰。
5. 有艺术天分，联想和想象能力都很强，具有浪漫特质。
6. 属羊的女性德才兼备，擅长持家，属于贤妻良母型。

## 607 木羊的人的运势如何？

从财运的角度看，木羊的人适合离开家乡到外地发展，会遇到贵人相助，但是不擅长理财，很难积聚财富；运势先盛后衰，所以做事的时候要留余地，见好就收，避免不必要的损失。

木羊的人，人缘不好，家里的亲戚很少帮得上忙，凡事都要依靠自己的努力，白手起家，所以年轻的时候会比较辛苦；但是姻缘不错，有幸福美满的家庭；木羊的女性温柔贤淑，人品好，擅长持家，福寿双全，能旺夫助子。

从感情方面看，木羊的人不喜欢被欺骗，嫉妒心十分强烈，尤其是不容许另一半的背叛。木羊的人对喜欢的人非常温柔，婚后感情稳定，家庭生活非常幸福。

**木羊的人的性格**

1. 性格开朗，心直口快，待人有礼貌，富有同情心。
2. 愿意帮助别人，很少专断独行，但是喜欢追求权力。
3. 喜欢独立思考，精力旺盛，有才华，做事小心谨慎。
4. 性格优柔寡断，做事经常瞻前顾后，容易错失良机。
5. 不喜欢被欺骗，嫉妒心强，不允许背叛行为。
6. 凡事喜欢亲力亲为，不喜欢别人帮忙，团队协作能力欠佳。

## 608 火羊的人的运势如何？

火羊的人追求财富的态度十分积极，年轻时运势一般，但财运一直不错；有钱的时候总会遇到一些容易破财的事情，财务状况不佳时，会遇到贵人相助；遇到困难时，需要努力坚持下来，才有成功的可能。

火羊的人感情生活丰富，桃花运旺盛，身边异性不断，婚后也有这种情况发生。要谨慎处理，以免影响家庭稳定。火羊的人不宜早婚，晚年生活非常不错。火羊的女性性格开朗，通情达理，有持家旺夫之相。

### 火羊的人的性格

1. 性情耿直，喜欢干净，外表温和，但内心很好胜，不服输。
2. 做事果断，有时鲁莽，叛逆心重，一旦发火，脾气很大。
3. 有时很任性、固执，有时会接纳别人的意见，肯帮助别人。

## 609 土羊的人的运势如何？

土羊的人异性缘不错，感情和婚姻都十分顺利；一生运势起伏很大，少年时期会遇到很多困难，中年后开始转运，并且能得到贵人的帮助，一生衣食无忧；土羊的女性大多温柔贤惠，属于贤妻良母的类型，是有福之命。

从感情方面看，土羊人容易因为感情导致生活状况不稳定，要尽量避免感情方面的困扰，婚后注意家庭和谐。

从财运方面看，土羊的人财运起伏不定，投资之前要做好规划，避免半途而废。

### 土羊的人的性格

1. 聪明，博学多才，但有时心直口快，说话不加考虑。
2. 不喜欢耍心机，乐于助人，在朋友中人缘较好。
3. 性格不稳定，做事易反复，面临重大选择时会犹豫不决。

## 610 金羊的人的运势如何？

金羊的人个性固执，经常胡思乱想，把自己陷于忧郁、苦闷中，如果能脚踏实地，不好高骛远，多能获得成功；一生运势平稳，年轻的时候运势就很不错，晚年衣食无忧；出生于腊月的金羊人，少年时期会比较辛苦，中年后才会稳定下来；金羊的女性温柔贤惠，擅长持家，后福很深。

金羊的人在感情方面有点优柔寡断，与恋人的感情发展也比较缓慢，缺少决断性。

### 金羊的人的性格

1. 心地善良，志向远大，有责任心，讲信义。
2. 对人对事比较冷漠，坚持自己的原则，有时很固执。
3. 在感情方面优柔寡断，感情发展缓慢，缺少决断性。

# 611 属猴的人总的性格与运势怎样？

猴在十二生肖中位居第九，十二地支配属申。以时间计算十五时至十七时之间为申时。

属猴的人十分聪明，才华出众，反应敏捷，擅长言辞，能说会道，有亲和力，人缘好，心地善良，不喜欢和人钩心斗角，富有正义感，喜欢打抱不平，帮人脱离困难的境地。属猴的人心直口快，有时不经过思考有些话就脱口而出，会在不知不觉中得罪人。但是由于平时待人亲切，喜欢帮助别人，所以与朋友相处十分融洽，在遇到困难的时候，朋友也愿意帮忙。

属猴的人适应能力和应变能力都很强，善于处理和解决各种复杂问题。在遇到突发情况的时候也会在最短的时间解决问题，并且想办法完成任务。在团队中是焦点人物，具有与生俱来的领导气质与风度。

属猴的人精明能干，处事冷静，遇到突发事件不慌乱；对新鲜事物有好奇心，富有钻研精神与冒险精神；有才华又有学习能力，工作上能得到别人的肯定以及上司的信任；但是属猴的人目光短浅，只顾眼前的利益，对事情没有长远的规划；容易自满和骄傲自大，甚至还会因此丧失上进心和奋斗精神，给人一种不踏实的感觉，有时会因此遭受失败的打击；属猴的人要眼光长远，志向远大，不能满足于眼前的成就，要时常鼓励自己，不断前进，才能获得更大的成功。

属猴的人年轻的时候运势不错，能够得到长辈、父母的帮助，过得无忧无虑；青年时期会因为自己性格本身的原因带来一些困扰，晚年心境比较平和，能享清福。从运势的角度看，属猴的人财运不错，个性外向，交际广泛，经常会获得朋友的帮助，能得到比较多的赚钱机会。属猴的人不擅长理财，不擅长做计划，对金钱也不吝啬，不太重视功名利禄，也很少为此烦恼。

属猴的女性天生聪明，性格开朗，适应环境的能力很强；经常不满于现状，也不喜欢把自己束缚在家庭琐事中，甚至会因此导致婚姻破裂；不宜早婚，要多学习家政方面的知识，对家人要用心，才能获得幸福美满的家庭生活。

属猴的人聪明过人，说话尖酸刻薄，容易招致他人的反感，锋芒毕露也容易招致他人嫉妒，所以属猴的人要收敛自己的个性，培养耐心与毅力，才能获得成功。

## 申猴干支五行对照表

| 出生年 | 1920年<br>1980年 | 1932年<br>1992年 | 1944年<br>2004年 | 1956年<br>2016年 | 1968年<br>2028年 |
|---|---|---|---|---|---|
| 干支 | 庚申 | 壬申 | 甲申 | 丙申 | 戊申 |
| 天干五行 | 金 | 水 | 木 | 火 | 土 |

## 612 水猴的人的运势如何？

从婚姻的角度看，水猴的人一生桃花都比较旺盛，异性缘颇好，在工作与生活中也经常获得异性的帮助。婚后感情生活就会稳定下来，家庭生活也十分幸福。水猴的人年轻的时候运气十分不错，中年时期的财运也很旺盛，还有官运，晚年家道也很兴旺。

从财运的角度看，水猴的人一生财运都不错，衣食无忧，而且偏财运也不错，经常有意外的收获。但凡事要适可而止，不要太贪心，要学习理财，把财富积累下来。

**水猴的人的性格**

1. 具有领导才能，为人机灵，反应敏捷，但个性过于强硬。
2. 做事急躁、轻率，常在不完全了解事情时就妄下断言。
3. 盛气凌人，易引起他人反感，甚至给自己的工作带来阻碍。

## 613 木猴的人的运势如何？

木猴的人时间观念很强，有责任感，会全力以赴地去完成每项工作，颇得上司的赏识；个性固执，缺乏自信心，如果在这方面加以改善，对以后的工作和事业定会有所帮助；一生劳碌，东奔西走，但是有耕耘才有收获，多学习一些理财知识，晚年方能享清福。

总体来说，木猴的人一生运势不错，婚后生活也很幸福，即使偶尔发生一些争执，也不会有大的风波，家庭生活和美。

**木猴的人的性格**

1. 天生乐观，做事勤奋，富有同情心，乐于助人。
2. 时间观念很强，有责任感，会全力以赴地投入工作。
3. 对一些事物的看法肤浅，不喜欢深入钻研，没有长远眼光。

## 614 火猴的人的运势如何？

火猴的人异性缘颇佳，身边的异性很多；要学会克制自己的感情，避免婚姻中出现第三者，给婚姻带来不必要的困扰。

火猴的人志向远大，有冒险精神，敢作敢当，有商业头脑；注意不能鲁莽行事，以免造成不必要的损失；一生命运多变，年轻的时候十分辛苦，如果离家到外地发展，成功的可能性较大，晚景大多不错；女性大多保守，有旺夫益子之相。

**火猴的人的性格**

1. 欲望强烈，执著，精力充沛，不畏惧竞争带来的压力。
2. 容易感情用事，外表看起来踏实稳重，其实性格十分急躁。
3. 观察片面，缺乏组织能力，对现实不满，好高骛远。

## 615 土猴的人的运势如何？

土猴的人早年运势一般，大多白手起家，中年的时候开始转运，晚景不错；土猴的女性擅长持家，虽然年轻的时候运势一般，但是财运不错，如果懂得理财必能积聚一定的财富；土猴的人遇到财务危机的时候，大多有贵人来相助，能够渡过难关，一生之中很少有金钱方面的困扰。

土猴的男性异性缘颇佳，感情十分顺利，有幸福美满的家庭。土猴的女性感情生活不是十分稳定，经常会遇到麻烦，婚后要注意沟通，避免过度争执导致感情破裂。

土猴的人如果凡事能够多加思考，不自视清高、刚愎自用，专心进取，就能取得一番成就。

### 土猴的人的性格

1. 天生乐观，做事不怕困难，多才多艺，独立性强。
2. 心胸宽广，不喜欢与人争执，但是有点骄傲。
3. 个人主观意识强烈，对他人有很强的戒心，也容易得罪人。
4. 遇事欠思考，自视清高、刚愎自用、不能专心于一事。
5. 土猴的男性异性缘颇佳，感情顺利，有幸福美满的家庭。
6. 土猴的女性感情生活不是十分稳定，经常会遇到麻烦。

## 616 金猴的人的运势如何？

金猴的人无论男女感情生活都不是十分顺利，会经历很多坎坷，不宜早婚。金猴的女性十分贤惠，有发达的命格，但感情方面也有很多波折，即使两情相悦，也容易遇到第三者插足，婚后要注意多沟通。

金猴的人亲情淡薄，祖宗基业尚浅，兄弟手足帮不上忙，要自力更生，到了晚年会功成名就。从财运的角度看，金猴的人没有偏财运，财富的主要来源是积蓄。在财务状况良好的时候要多购置不动产，不要从事投机性投资，以免血本无归。

金猴的人喜欢耍手段、玩心机，捉弄别人。这种性格很容易引起别人的反感，要努力克服这些性格上的缺陷，处理好人际关系，才有助于事业的发展。

### 金猴的人的性格

1. 性格外向，聪明机智，语言幽默，多才多艺。
2. 自信心强，个性急躁，主观意识强烈，不接受他人的意见。
3. 喜欢耍手段、玩心机，捉弄别人，容易引起别人的反感。
4. 金猴的人不擅长与人相处，人际关系一般。
5. 金猴的女性十分贤惠，命格发达，但感情上波折多。
6. 金猴的人无论男女感情生活都不是十分顺利，不宜早婚。

# 617 属鸡的人总的性格与运势怎样？

鸡在十二生肖中排行第十，十二地支配属酉。以时间计算十七时至十九时之间为酉时。

属鸡的人踏实稳重，做事果断刚毅，是个完美主义者；乐于助人，讲信义，富有侠义精神，但是有时也会因此引起纠纷，容易与人发生口角，得罪人；很难接受别人的劝告，遇事不肯让步，一定要力争到底，为人处世不够圆滑，有时让人觉得不愉快，这是属鸡的人最需要改正的缺点。

属鸡的人喜欢紧跟流行的风潮，走在时尚的最前端，乐于接受新生事物，而且对事情有独特的见解；喜欢标新立异，喜欢受到众人瞩目，博取他人的称赞；有强烈的表现欲，在他人面前总是神采奕奕，散发着成熟的魅力。

属鸡的人性格开朗，天生乐观，做事认真负责，不喜欢拖拉；具有判断力，不会做没有把握的事情，不喜欢争强好胜，遇到困难会努力克服；具有敬业精神，人缘好。属鸡的人大多能得到上司的赏识；主观意识过于强烈，对做事的困难估计不足，或是把目标设定得过高，经常事与愿违，无法完成任务而导致失败。

从运势的角度看，属鸡的人一生运势起伏不定，一生大多辛苦劳碌，但是只要注重现实，目标实际，成功的几率很大；天生奢侈，虽然收入很丰厚，但支出也很多，积蓄很少。

属鸡的人具有不服输的精神，凡事不喜欢落在别人的后面；做事积极，但内心很保守，缺乏耐心，而且自我意识过于强烈，在事业起步的时候，会受到一些影响，甚至还会因为人际关系紧张遭受一些挫折。

鸡 《三才图会》王圻\王思义著

鸡在十二生肖中排行第十，十二地支配属酉，管辖时间段为十七时至十九时。属鸡的人刚毅、踏实、稳重、有极佳的判断力和执行力。自我意识强烈，爱慕虚荣是其不足之处。

### 酉鸡干支五行对照表

| 出生年 | 1921年<br>1981年 | 1933年<br>1993年 | 1945年<br>2005年 | 1957年<br>2017年 | 1969年<br>2029年 |
|---|---|---|---|---|---|
| 干支 | 辛酉 | 癸酉 | 乙酉 | 丁酉 | 己酉 |
| 天干五行 | 金 | 水 | 木 | 火 | 土 |

## 618 水鸡的人的运势如何？

水鸡的人祖宗基业很浅，大多数时候要自力更生，但是财运不错，只要善于把握机会，财运自然源源不断。水鸡的女性稳重安静，才貌双全，擅长持家，是贤妻良母的代表。水鸡的人在赚钱方面有自己的独到之处，很少劳心费力，但是水鸡的人也不要因此怠慢，要随时保持充沛的精力，把握赚钱的机会。

水鸡的人心地善良，感情丰富，本身很有异性吸引力，容易陷入感情旋涡，有时还会出现"拿得起，放不下"的情况；婚后和伴侣感情很好，生活十分幸福。

水鸡的人的缺点是心直口快，容易得罪人，在日常生活中要重视与朋友相处，避免产生是非。遇到困难的时候能得到朋友的帮忙，很快就能解决困难。

**水鸡的人的性格**

1. 水鸡的人天生聪明，反应很快，随机应变的能力很强。
2. 擅长言辞，做事公正，乐于助人，人缘很好。
3. 心直口快，容易得罪人，要重视说话方式，避免产生是非。
4. 心地善良，感情丰富，容易陷入感情旋涡。
5. 本身对异性很有吸引力，在赚钱方面有自己的独到之处。
6. 水鸡的女性稳重、安静，擅长持家，是贤妻良母的代表。

## 619 木鸡的人的运势如何？

木鸡的人事业和财运都不是很稳定，职业变化很快，不擅长理财，也没有储蓄的好习惯；如果木鸡的人能够脚踏实地，事业成功的可能性很大；尽量避免和朋友间有金钱往来，以免与朋友发生争执，损伤友谊。

木鸡的人依赖性过强，缺乏独立奋斗的精神和自信，应锻炼自己的恒心和毅力；自己尝试着解决问题，不要总是依靠别人来解决；木鸡的女性才貌双全，心灵手巧，财运好，是旺夫兴家的命格。

木鸡的人感情丰富，具有吸引异性的魅力，追求者众多，但是属鸡的人的热情难以持久，而且有到处留情的倾向，感情很容易出问题，婚后要小心防范，才能保持家庭生活的幸福。

**木鸡的人的性格**

1. 天生聪明，头脑灵活，志向远大，做事有冲劲。
2. 不怕面对困难，会想办法克服困难，待人亲切，乐于助人。
3. 有时目标定得过高，不切实际，有时做事虎头蛇尾。
4. 依赖性强，缺乏独立奋斗的精神和自信，要尝试自力更生。
5. 木鸡的女性才貌双全，财运好，是旺夫兴家的命格。
6. 感情丰富，有吸引异性的魅力，但热情难以持久。

## 620 火鸡的人的运势如何？

火鸡的人年轻时运势一般，中年后运势平稳上升；财运不错，无论从事哪种工作都有不错的收获；有偏财运，经常有意外收获；擅长理财，能使手中的金钱获得最大的效益，在金钱富余时要购置一些固定资产。

从感情方面看，火鸡的人感情生活丰富多彩，浪漫。但火鸡的人在感情方面会遇到一些阻力，男性遇到的困难比女性大。夫妻间容易发生争执，导致感情出现问题。

**火鸡的人的性格**

1. 个性独立，重视自己的隐私，不喜欢别人过分亲近。
2. 喜欢追求自由和刺激，不喜欢循规蹈矩、平淡无味的生活。
3. 头脑聪明，具有领导能力，但不够自信，性格比较急躁。

## 621 土鸡的人的运势如何？

土鸡的人十分自负，很难接受他人的意见，这是土鸡的人失败最多的原因；要多听他人的意见，集思广益；财运相当不错，正财、偏财兼具，可以尝试多方面的投资，会有意想不到的收获，但是千万不要过于贪心。

土鸡的人主张爱情至上，又具有吸引异性的魅力，追求者众多，婚后感情生活也很好，但是要做好支出方面的管理，以免财务出现问题。土鸡的人在遇到困难的时候有贵人相助，成功的机会很多，但千万不要得意忘形，防止小人得志。

**土鸡的人的性格**

1. 生性好动，喜欢思考，对哲学很有兴趣，喜欢探寻问题的本质。
2. 交友广泛，朋友很多，做事稳重、踏实，头脑冷静。
3. 有恒心和动力，眼光独到，反应快，具有很强的判断力。

## 622 金鸡的人的运势如何？

金鸡的人讲信义，朋友遇到困难时会主动帮助；有时过于固执，不懂得变通，如果能改善倔强的个性，成功的可能性会更大。

从感情方面看，金鸡的男性桃花运非常旺盛，容易找到合适的伴侣；女性的姻缘稍差。

**金鸡的人的性格**

1. 注重实际，为人乐观，反应敏捷，擅长表达自己的感情。
2. 分析能力强，做事踏实稳重，为人正直，待人公平，原则性强。
3. 有恒心和毅力，遇到困难和挫折不会退缩，会一直坚持到底。

## 623 属狗的人总的性格与运势怎样？

狗在十二生肖中排行倒数第二，十二地支配属戌，以时间计算十九时至二十一时之间为戌时。

"狗"是忠诚的代名词，属狗的人就像他们的属相一样，为人忠实，心地厚道，做事积极，头脑清晰。属狗的人乐于助人，肯为他人放弃自己的利益，有奉献精神，容易取得他人的信赖与支持，与朋友的关系融洽。

属狗的人十分聪明，性格外向，天生乐观，喜欢自由，不拘小节，而且富有同情心。喜欢打抱不平，在朋友遇到困难的时候会拔刀相助，颇有侠义风范。但是属狗的人的缺点是脾气不好，有时候会发怒，好在不会迁怒于人，也不记仇。属狗的人做事有点急躁，有时会因为一时冲动草率行事，不顾后果，甚至会因此造成无法弥补的损失，属狗的人一定要注意改正这方面的缺陷。

从运势的角度看，属狗的人一生运势起伏很大：年轻的时候运势一般，要谨慎行事，不适合进行大的投资，中年之后可以运用自己的智慧做一些事情，但是财运一般。

属狗的人心胸宽广，不小气，在遇到困难的时候也有朋友主动帮助，很少出现财务方面的困扰。

属狗的人外表看起来很乐观，但是也有刚愎自用的一面，而且主观性很强，不喜欢与他人沟通，很少谦让于人，对事业发展有很大的影响。只要属狗的人能适当调整自己的性格，就能取得一定的成就。

狗　《三才图会》 王圻\王思义著

狗在十二生肖中排行倒数第二，十二地支配属戌，管辖时间段为十九时至二十一时。属狗的人忠实、积极，不拘小节，天生乐观。急躁、自负、主观意识强烈是其不足之处。

### 戌狗干支五行对照表

| 出生年 | 1922 年<br>1982 年 | 1934 年<br>1994 年 | 1946 年<br>2006 年 | 1958 年<br>2018 年 | 1970 年<br>2030 年 |
|---|---|---|---|---|---|
| 干支 | 壬戌 | 甲戌 | 丙戌 | 戊戌 | 庚戌 |
| 天干五行 | 水 | 木 | 火 | 土 | 金 |

## 624 水狗的人的运势如何？

水狗的人年轻时运势一般，辛苦劳碌，中年后开始转运，能够得到贵人的帮助，是大器晚成的命格；擅长理财，能够有效地运用资金，对自己的发展方向，也能做好规划，很少出现财务方面的困扰。

水狗的人很容易被感情束缚，对感情全心全意地投入，经常把全部心思放到另一半的身上，难以自拔。但是水狗的人过于感情用事，甚至显得有点自私，经常以自我为中心，忽略对方的感受。所以水狗的人要多与对方沟通，多考虑对方的感受，真正为对方着想，才能被爱人接受。

水狗的人有时思考和行动步调不一致，配合得不够好，常处于幻想中。但水狗的人擅长理财，能使手里的金钱发挥最大的效用，收入很稳定。

**水狗的人的性格**

1. 性格开朗，活力十足，天生善良，讲信义，待人有礼貌。
2. 人缘好，喜欢思考，遇到困难时总是逆来顺受，做事有长远的考虑。
3. 思想开放，但是行为很保守，做事态度不够积极。
4. 缺乏决断力，有时遇事犹豫不决，做决定的魄力不够。
5. 有时思考和行动步调不一致，配合得不够好。
6. 容易被感情束缚，能全心全意地投入，感情受困难以自拔。

## 625 木狗的人的运势如何？

木狗的人思维缜密，富有同情心，乐于助人，但是会衡量自己的能力，在恰当的时机给予帮助，是个做事十分严谨的人。

木狗的人比较理性，能在感性和理性之间找到一个合适的平衡点。虽然也有感情不顺利的时候，但是木狗的人能冷静处理。婚后木狗的人要注意沟通，如果因为过度争执导致感情破裂就难以弥补了。

木狗的人一生财运不错，年轻的时候依凭勤俭致富，无论男女，姻缘都不错，晚年能享清福。木狗的女性心灵手巧，才思敏捷，擅长持家，是贤惠的好妻子。另外，木狗的人不要过于精打细算，算计过多会引起他人的反感，不要过分计较金钱方面的得失。

**木狗的人的性格**

1. 天生善良，待人和气，做事踏实稳重，态度认真。
2. 有上进心，足智多谋，口齿伶俐，颇有领导者风范。
3. 思维缜密，富有同情心，乐于助人，但会衡量自己的能力。
4. 严谨、理性，能在感性和理性间找到一个合适的平衡点。
5. 善于计划，勤劳节俭，但过于斤斤计较会引起他人反感。
6. 木狗的女性心灵手巧，才思敏捷，是贤惠的好妻子。

## 626 火狗的人的运势如何？

从感情方面看，火狗的人示爱的方式十分直接，其实火狗的内心十分纯洁，表达的只是内心的真实感受，但让人觉得没有情调。

火狗的人不擅长理财，但财运不错，能凭借自己的力量来积累财富，一生衣食无忧；中年时期多奔波，但有发达的机会，能享受荣华富贵；火狗的女性做事公正，乐于助人，在朋友中颇有人缘。

火狗的人如果向艺术方面发展，必能取得一定成就；依赖心理很强，经常存有侥幸心理，这是火狗的人最大的缺点。

### 火狗的人的性格

1. 个性豪爽，为人慷慨，讲信义，不看重金钱。
2. 不喜欢与人斤斤计较，有点内向，人际关系一般。
3. 有艺术天分，不喜欢钩心斗角，不宜从事竞争激烈的行业。

## 627 土狗的人的运势如何？

土狗的人不擅长表达爱情，对自己心仪之人拙于言辞；不懂得营造浪漫的气氛，遇到主动出击的人不知道如何招架；一旦遇到心爱的人，会不惜一切付出所有，非常忠贞。

土狗的人祖宗基业浅薄，大多自力更生。年轻的时候运势一般，很难聚财，中年之后才开始转运，晚景很好。土狗的人财运不错，但是要避免朋友之间的金钱往来，即使合作也要事前签好协议，以免发生不必要的损失。

### 土狗的人的性格

1. 心胸宽阔，重信义，善解人意，做事规矩，讲原则。
2. 不欺上瞒下，有责任感，全心投入工作，会努力达到目标。
3. 知恩图报，不畏惧强权，敢作敢当，但容易得罪人。

## 628 金狗的人的运势如何？

金狗的人有官运，中晚年运势很好，但结交朋友时要谨慎，避免灾祸降临。金狗的女性心灵手巧，运势尚佳。

金狗的人一生财运平稳，擅长理财；为了储蓄，会过比较简朴的生活，如果想要获得更多的收益，就要尝试一些风险性投资。

### 金狗的人的性格

1. 注重外表，爱慕虚荣，性格坦率，为人豪爽，外形俊美。
2. 乐于助人，勤奋细心、自尊心强，不喜欢依靠别人。
3. 具有不达目的不罢休的精神，个性保守，但人缘不错。

## 629 属猪的人总的性格与运势怎样？

猪在十二生肖中排行最后一位，十二地支配属亥。以时间计算二十一时至二十三时之间为亥时。

属猪的人心地善良，天生乐观，做事态度积极；待人亲切，交际广泛，乐于助人，朋友遇到困难时会主动帮忙；有侠义风范，与人相处融洽，容易获得他人的信赖与欢迎，社交能力一般；个性率直，富有同情心，容易受他人欺骗，从某种程度上说，这种纯真和善良是属猪的人的弱点之一。

属猪的人聪明机智，头脑冷静，具有领导才能；做事踏实稳重，意志坚定，充满斗志和上进心；决定要做的事很少会中途改变，即使遇到困难也不会动摇；做事喜欢亲力亲为，不喜欢假手于人，有强烈的责任感。

从运势的角度看，属猪的人年轻的时候就会取得一定的成就，如果在事业上能够找到合适的合作伙伴，就能取得更大的成就。属猪的人不擅长理财，好在从来不乱花钱。属猪的人对权力并不热衷，没有私心，但是属猪的人往往不能拒绝金钱的诱惑，只顾自己的利益，有时为了达到目的甚至会不择手段。属猪的人要努力克服这种对金钱过度的贪婪，以免误入歧途。

属猪的人外表看起来十分温和，但实际上内心固执，不喜欢妥协；说话心直口快，虽然没有恶意，但是容易得罪人；一生运势虽然平稳，但是有时做事不够积极，过于懒散，缺乏斗志，有时遇到打压就缺乏自信，会阻碍事业的发展，应该努力改善。

猪　《三才图会》　王圻\王思义著

猪在十二生肖中排行最后一位，十二地支配属亥。管辖时间段为二十一时至二十三时。属猪的人心地善良，待人亲切，交际广泛，冷静机智。固执、懒散是其不足之处。

### 亥猪干支五行对照表

| 出生年 | 1923年<br>1983年 | 1935年<br>1995年 | 1947年<br>2007年 | 1959年<br>2019年 | 1971年<br>2031年 |
| --- | --- | --- | --- | --- | --- |
| 干支 | 癸亥 | 乙亥 | 丁亥 | 己亥 | 辛亥 |
| 天干五行 | 水 | 木 | 火 | 土 | 金 |

## 630 水猪的人的运势如何？

水猪的人做事认真负责，但有时过于主观，又有些固执，一旦决定下来的事就很难改变，有时会一意孤行，直到失败才会后悔。

水猪的人亲情淡薄，很多事情都要依靠自己的努力来完成；擅长社交，与朋友相处融洽，有商业头脑，如果从事投资性行业，会有不错的收获。

从财运的角度看，水猪的人财运不错，只要把握住机会，再利用其良好的人际关系，必能财源广进。但要注意，发达之后不要过度奢侈，要善于理财。

从感情方面看，木猪的人经常沉溺于情欲中无法自拔，而且言行举止过于粗鲁，会让另一半觉得反感。所以水猪的人要用诚意打动对方，才能拥有和谐幸福的家庭生活。

**水猪的人的性格**

1. 天生聪明，心灵手巧，擅长言辞，具有随机应变的能力。
2. 做事认真负责，但有时过于主观，有些固执。
3. 亲情淡薄，很多事情都要依靠自己的努力来完成。
4. 擅长社交，与朋友相处融洽，有商业头脑。
5. 经常沉溺于情欲中无法自拔，不能很好地区分性与情。
6. 言行举止粗鲁，容易引起别人的反感，有钱后易陷于奢靡。

## 631 木猪的人的运势如何？

木猪的人聪明善良，喜欢结交朋友，为人随和，与人相处和睦；喜欢帮助别人，有时脾气比较急躁，但是意志坚定，决定要做的事情就会立即着手进行；不畏惧困难，不会被困难打败，即使遭受失败也会勇往直前。

从财运的角度看，木猪的人财运不错，而且擅长理财。但是由于木猪的人崇尚自由，为人大方，有时会有浪费的倾向。从感情的角度看，木猪的人需要的是一段真挚而长久的爱情，所以感情发展十分平稳，婚后只要多沟通，互相信任，就会享受幸福美满的家庭生活。

**木猪的人的性格**

1. 聪明善良，喜欢结交朋友，为人随和，与人相处和睦。
2. 喜欢帮助别人，有时脾气比较急躁，但是意志力坚定。
3. 决定要做的事情就会着手进行，执行力强，不畏惧困难。
4. 崇尚自由，为人大方，有时会有浪费的倾向。
5. 外表看起来十分温和，但实际上内心固执，不喜欢妥协。
6. 充满活力，但平时沉默寡言，不擅言辞。

## 632 火猪的人的运势如何?

火猪的人感情运一般,遇到合适的对象,要善于把握机会,专注追求,定能收获甜蜜的爱情果实;婚后有第三者插足的可能,要小心防范。

从财运的角度看,火猪的人财运平稳顺畅,小财不断,而且有偏财运。火猪的人只要把握住机会,谨慎处理金钱,就能积累足够多的财富。

从运势的角度看,火猪的人年轻时运势一般,亲戚无助力,凡事都要自力更生,和儿女的感情也一般。火猪的女性心地善良,尊老爱幼,是兴家的命格。

**火猪的人的性格**

1. 性格善良,乐于助人,善于接受朋友的意见,人缘很好。
2. 志向高远,适合自主创业,有时依赖心理过重。
3. 擅长理财,不会浪费金钱,但有时给人吝啬的感觉。

## 633 土猪的人的运势如何?

土猪的人年轻时运势一般,亲情淡薄,需自力更生;中年后才会转运,在事业上要多借鉴别人的经验才能一帆风顺;总体来看,土猪的人财运不错,善于理财,偏财运也不错;有时会破财,要做好应对工作;要及时总结工作上的经验教训,为以后做准备;在金钱充裕时应考虑购置不动产。

土猪的人恋爱能力一般,即使遇到心仪的对象,也缺乏恰当的表达方式;要尝试从容地面对感情,才能拥有甜蜜的爱情。

**土猪的人的性格**

1. 个性善良,喜欢结交朋友,遇到困难时有朋友主动帮忙。
2. 为人坦率,待人真诚,不欺上瞒下,工作踏实认真。
3. 乐观豁达,有时间观念,只要认真就会成功。

## 634 金猪的人的运势如何?

金猪的人表达感情直接,有时不顾对方的感受;一旦陷入爱情的旋涡,就会努力追求,只要态度真诚,多会打动对方,拥有甜蜜的爱情。

金猪的人财运旺盛,晚景颇佳,偏财运也不错;但不擅长理财,有些奢侈,如果不谨慎就会出现财务状况;可以尝试小额投资,会有意外收获,但千万不要过于贪心。

**金猪的人的性格**

1. 性格开朗,待人和气,心胸豁达,讲信义。
2. 知恩图报,平和从容,不惹是生非,善于思考。
3. 有领导能力,但做事态度不够积极,要树立恒心与毅力。

# 第十章 星座运程

星座运程是运用人出生时天空的星象位置，进行推命的一种推命原理。它源于神秘而古老的西方占星学，最早萌芽于两河流域的古巴比伦。在这一章节中，我们将了解到星座运程的起源与发展，十二星座的不同分类与属性特征，十二星座的守护星与守护神，十二星座的神话传说。在此基础上，本章具体阐述了十二星座适合的职业、人际关系、财运、婚姻与健康等的具体情况。

## 635 什么是星座运程？

星座运程，即是运用人出生时天空的星象位置，进行推命的一种推命原理。它主要依照人出生瞬间的天空图，将月亮、水星、金星、火星、木星、土星、天王星、海王星、冥王星和太阳所在的位置制成天宫图，用以阐释我们的性格和命运。

在诸星当中，对运程阐释最有意义的莫过于太阳。它可以决定一个人的本质、个性以及活动力，也显示个人的喜好、创作力和意志。人们依据黄道，即地球绕行太阳运行的轨道，由春分点开始，约以一个月为间隔划分出了十二星座。

平常我们说某人属于某个星座，指的就是这个人出生时，太阳所在的位置。

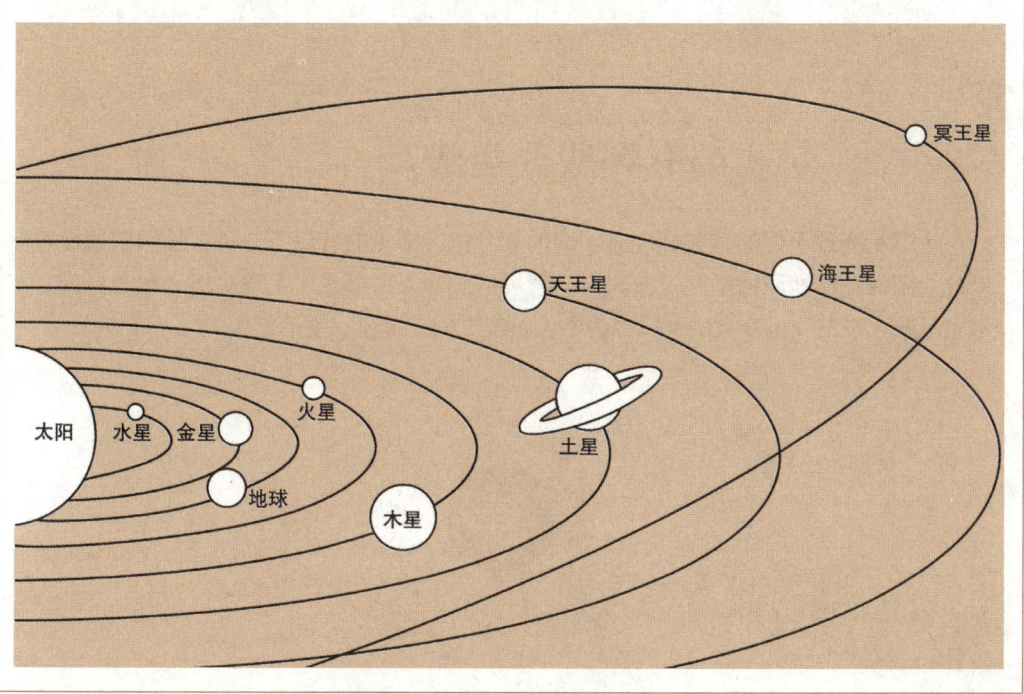

## 636 星座运程起源于什么？

星座运程起源于西方的占星学。

大约五千年前，在两河流域诞生了"四大古国"之一的古巴比伦王国。一般人认为占星学的雏形是在巴比伦时期形成的。之后，占星学传入希腊、罗马等地，逐渐发展完善。古代时，占星学只限于预测国王的命运、国家的兴衰或者大自然的各种异象。

到了中世纪，占星学被天主教以怪力乱神为由加以严禁而销声匿迹。到文艺复兴时期，在欧洲贵族的接受与保护下，占星学再度兴起。今天，占星学从西方传到了中国，在继承原有内容的基础上有了新的延伸。命理学家将占星学的十二星座与中国的五行、十二生肖等结合起来进行推断。

人在出生时，宇宙间星辰的位置均能影响其性格与命运——这就是占星术所依据的基本原则，不同的星辰有不同的影响。

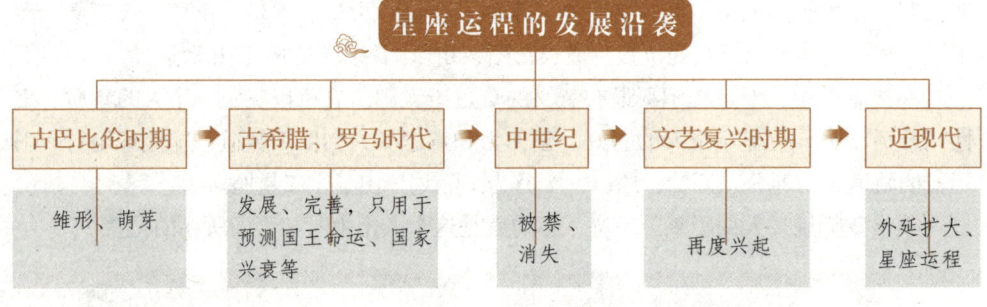

## 637 十二星座都有哪些分类法？

十二星座按不同的分类标准有不同的划分法。常见的有以下三种：按阴阳属性可以分为阳性星座和阴性星座；按四大元素可以分为火象星座、土象星座、风象星座、水象星座；按三分星分类法可以分为本位星座、固定星座、变动星座。

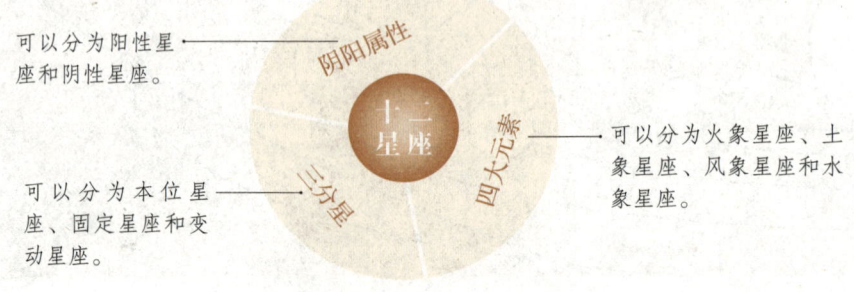

## 638 十二星座具体怎样分类的？

按照阴阳属性分类，可以分为阳性星座和阴性星座。阳性星座代表外向的性格，包括：白羊座、双子座、狮子座、天秤座、射手座、水瓶座。阴性星座代表内向的性格，包括：金牛座、巨蟹座、处女座、天蝎座、摩羯座、双鱼座。

按照四大元素分类，可以分为火象星座、土象星座、风象星座、水象星座。火象星座包括：白羊座、狮子座、射手座；土象星座包括：金牛座、处女座、摩羯座；风象星座包括：双子座、天秤座、水瓶座；水象星座包括：巨蟹座、天蝎座、双鱼座。

按照三分星分类法可以分为本位星座、固定星座、变动星座。本位星座包括：白羊座、巨蟹座、天秤座、摩羯座，带有一种开创的力；固定星座包括：金牛座、狮子座、天蝎座、水瓶座，带有一种守成的力；变动星座包括：双子座、处女座、射手座、双鱼座，带有一种适应力。

### 十二星座分类法

| 十二星座分类法 | | | |
|---|---|---|---|
| 阴阳属性 | 阳性星座 | 白羊、双子、狮子、天秤、射手、水瓶 | |
| | 阴性星座 | 金牛、巨蟹、处女、天蝎、摩羯、双鱼 | |
| 四大元素 | 火象星座 | 白羊、狮子、射手 | |
| | 土象星座 | 金牛、处女、摩羯 | |
| | 风象星座 | 双子、天秤、水瓶 | |
| | 水象星座 | 巨蟹、天蝎、双鱼 | |
| 三分星 | 本位星座 | 白羊、巨蟹、天秤、摩羯 | |
| | 固定星座 | 金牛、狮子、天蝎、水瓶 | |
| | 变动星座 | 双子、处女、射手、双鱼 | |

## 639 怎样判断自己属于什么星座？

十二星座是按照人出生日期的公历来划分的。确定星座之前要确定自己的出生日期，然后按照星座划分的时间来确定自己的星座。

十二星座的日期划分大致如下表，但每年都有细微的差别，主要集中在交汇处。

### 十二星座出生日期划分

| 星座 | 出生日期 | 星座 | 出生日期 |
|---|---|---|---|
| 白羊座 | 3月21日~4月20日 | 金牛座 | 4月21日~5月20日 |
| 双子座 | 5月21日~6月21日 | 巨蟹座 | 6月22日~7月22日 |
| 狮子座 | 7月23日~8月22日 | 处女座 | 8月23日~9月22日 |
| 天秤座 | 9月23日~10月22日 | 天蝎座 | 10月23日~11月21日 |
| 射手座 | 11月22日~12月21日 | 摩羯座 | 12月22日~1月20日 |
| 水瓶座 | 1月21日~2月18日 | 双鱼座 | 2月19日~3月20日 |

## 640 十二星座的属性是什么？

以太阳运行轨迹为依据划分出来的黄道十二宫，除了双子座、处女座和水瓶座是以人作为代表外，其他星座都是以动物或物品的形象为代表。各个星座都有各自的属性，具体如下表：

**十二星座属性**

| 星座 | 英文 | 管辖时间 | 属性 | 守护星 |
| --- | --- | --- | --- | --- |
| 白羊座 | Aries | 3月21日～4月20日 | 火相星座 | 火星 |
| 金牛座 | Taurus | 4月21日～5月20日 | 土相星座 | 金星 |
| 双子座 | Gemini | 5月21日～6月21日 | 风相星座 | 水星 |
| 巨蟹座 | Cancer | 6月22日～7月22日 | 水相星座 | 月亮 |
| 狮子座 | Leo | 7月23日～8月22日 | 火象星座 | 太阳 |
| 处女座 | Virgo | 8月23日～9月22日 | 土相星座 | 水星 |
| 天秤座 | Libra | 9月23日～10月22日 | 风相星座 | 金星 |
| 天蝎座 | Scorpio | 10月23日～11月21日 | 水相星座 | 冥王星 |
| 射手座 | Sagittarius | 11月22日～12月21日 | 火象星座 | 木星 |
| 摩羯座 | Capricorn | 12月22日～1月20日 | 土相星座 | 土星 |
| 水瓶座 | Aquarius | 1月21日～2月18日 | 风象星座 | 天王星 |
| 双鱼座 | Pisces | 2月19日～3月20日 | 水相星座 | 海王星 |

## 641 白羊座的性格特征是什么？

白羊座是十二星座中的第一个星座，代表着初生的原始灵魂和感觉。白羊座的人充满了强烈的好奇心、坚强的意志力、不服输、冒险犯难、创新求变的精神；往往将第一视为理所当然，不喜欢落在别人后面。

白羊座的人自我意识和主观意识很强，充满自信而且固执；他们不会等待机会从天而降，而是会积极争取，无畏艰难和困苦；有时会显得冲动，但基本上会保持理智和果决；深爱自由，不喜欢受到外界的束缚；斗志高昂，颇有开拓者的精神，是行动派的人物；正义感强，常常路见不平，拔刀相助。

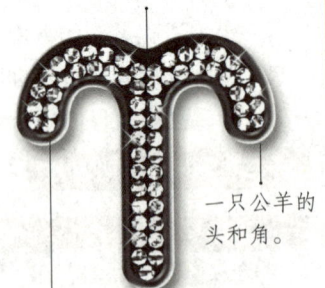

白羊座的星座符号

一只公羊的头和角。

有占星家认为，它是两个螺旋的组合，一个代表过去，一个代表未来，中间的分割线介乎新旧交替之间，代表春天或新的开始。

中篇：运程
第十章 星座运程

## 642 白羊座的守护星和守护神是什么？

白羊座代表理想的爱。它的守护星是象征热和干燥的火星，是一颗刚烈强硬的行星，象征着能量与精力，代表着热情、勇气、生命力和意志力。

白羊座的守护神是战神阿瑞斯（Ares），他是古希腊神话中奥林匹斯十二神之一，被视为尚武精神的化身。他常身穿盔甲，左手持盾，右手拿巨矛，是宙斯和赫拉的孩子，执掌战斗。

传说白羊座是一只具有神奇魔力的羊，因为它曾帮助过一对苦难的兄妹脱离险境而受到宙斯的奖励，成为现在我们所熟知的白羊座。

很久以前，在一个受宙斯庇佑的古老国度里，国王和王后因为性格不和离婚了。王后在离开王国之前，留下一只白羊守护她的一对儿女。不久，国王娶了新王后。新王后不满意前王后的儿女分走了国王的爱，决定除掉王子和公主。

春天来了，新王后将炒熟的麦种发给了农民。农民无论怎么浇水、施肥，麦种都没有发芽。到了秋天，农民一无所获，民间怨声载道。新王后便派人在民间散布谣言，说庄稼之所以颗粒无收是因为国家被诅咒了。而国家被诅咒则完全是由于王子和公主有邪恶的念头触怒了天神。要解除这个诅咒，唯有交出王子和公主的生命。单纯的百姓听信了谣言，都一致请求国王处死王子与公主，从而平息天怒，解开国家受到的诅咒。国王虽然舍不得孩子，但为了取得人民的信任，保住自己的地位，不得不下令处死王子和公主。

消息传到了王子和公主的耳中，他们很着急。这时，守护他们的白羊开口说话了："快上我的背上来，我带你们到你们的母亲那里去。"

在白羊的护送下，王子和公主安全逃到前王后那里，并把他们的遭遇告知母亲。前王后得知此事，气愤不已，于是向王国的庇佑者宙斯禀明了新王后的所作所为。宙斯查明真相后，把恶毒的新王后变成了海底的贝壳，让她永远看不到光明。对忠心护主的白羊，宙斯给予了高度的奖赏，把它高高悬挂在天上，成为众星座的一员，永远守护着人类。

白羊座守护神：阿瑞斯

阿瑞斯是古希腊神话中奥林匹斯十二神之一，长矛和盾是他的标志，猎犬和鹰是他的作战伴侣。

## 643 白羊座的人工作情况怎样？

具有速度感和冲刺性的工作或活动最适合白羊座人的性情。白羊座的人会以冲锋陷阵的勇气与活力朝目标迈进，以求达到目的。如果有竞争对手在同一条跑道上，更能让他们保持高昂的斗志。同时，能展现侵略性与竞争性的工作，如军队、运动竞赛等，都是让他们发挥长处的舞台。不同于水瓶座人的领先时代，白羊座人总是站在时代趋势的顶端，是先锋者，他们勇于尝试新鲜事物，挑战未知领域的一切。

**白羊座人适合的职业大全**
- 电脑游戏设计师
- 律师
- 企业家
- 推销员
- 健身教练
- 保镖
- 军事训练军官
- 职业拳手
- 运动员
- 消防员

## 644 白羊座有怎样的人际关系？

**白羊座的属性**

| 白羊座的属性 | | | |
|---|---|---|---|
| 性格特征 | 正面 | 乐观积极 | |
| | | 不畏强权 | |
| | | 竞争力强 | |
| | 负面 | 自我中心 | |
| | | 脾气暴躁 | |
| | | 缺乏耐性 | |
| 管辖时间 | | 3.21～4.20 | |
| 元素 | | 火 | |
| 守护星 | | 火星 | |
| 代表部位 | | 头部 | |
| 幸运色 | | 红色 | |
| 幸运宝石 | | 红宝石 | |
| 幸运花 | | 罂粟花 | |
| 幸运方位 | | 东方 | |

白羊座的人性格活泼、开朗，喜欢与人交朋友，能够与周围的人和睦相处。但由于其直率的性格，有时做事过于鲁莽，会让一些喜欢安静的人退避三舍。

白羊座的人经常乱发脾气，但是不会记仇，也不喜欢玩弄心机，或者背后说人的坏话。总的来说，白羊座的人人际关系不错。但由于在领导和长辈面前总是不拘小节，会让观念传统的人觉得不稳重。

## 645 白羊座的人有财运吗？

白羊座的人不重视金钱，认为钱财是身外之物，辛苦工作就是为了消费，所以很多白羊座人都是快乐的"月光族"。

白羊座的人行动积极，多才多艺，又具有开拓性，还具有赚钱的本领。如果能再注意下理财，就会在短期内积累起一笔不小的财富。如果白羊座的人想要省钱的话，建议逛街不带钱包，只看不买，自然就节省了大笔开销。

## 646 白羊座的人婚姻情况如何？

白羊座人的爱情像一场小型攻防战，他们总是乐于追求和征服。虽然白羊座人是地地道道的大男（女）子主义者，但害羞、腼腆的人一般吸引不了他们的注意力。他们需要的是活力充沛、精力旺盛的恋人，能够与他们一起全力以赴地运动、工作及生活。

白羊座人的婚姻可以称为丁克式婚姻，他们希望婚姻中的每一天都可以保持着恋爱的温度，而唯一的方法就是不让第三者进入。当孩子拼命啼哭，将恋爱思维活生生地哭成婚姻思维，或者不小心把人的母性激发，将精力都投入到孩子的身上，忽略了彼此，白羊座的人都是无法忍受的，他们宁可不要温情，也要拽着激情不放手。

白羊座的幸运花：

## 647 白羊座的人健康状况如何？

白羊座代表头部，白羊座的人容易患脑部疾病或者是面瘫。

白羊座的人经常患偏头痛，但他们是活跃的，有优秀的肌肉协调能力，他们以精力充沛而闻名。由于白羊座人通常是繁忙、活跃的，他们需要均匀的饮食来维持身体的能量和健康。

白羊座的人对自己的健康很有信心，总认为疲劳时休息下就可以恢复，但往往是这种过度的自信给他们带来伤害。白羊座的人应注意不要暴饮暴食，那样很容易发胖。

最适合白羊座人的食物包括：番茄、棕色米、扁豆、核桃、橄榄、葱、莴苣、花椰菜、黄瓜、菠菜等。不要吃过量的盐和酒，盐分过量会影响骨头和动脉，酒精过多对肾脏不好。白羊座的人要多喝水，并注意适当的放松。

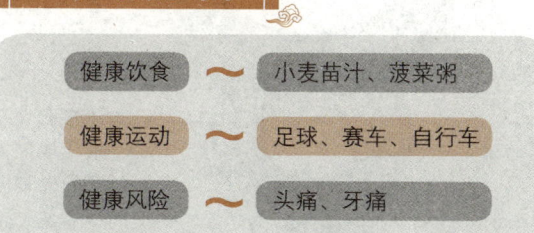

白羊座健康小窍门

| 健康饮食 | ～ | 小麦苗汁、菠菜粥 |
| 健康运动 | ～ | 足球、赛车、自行车 |
| 健康风险 | ～ | 头痛、牙痛 |

## 648 白羊座的人需要注意什么？

白羊座的人具有行动力和判断力，活力十足，做事有信心。但是由于白羊座人的个性过于急躁，事情往往不会得到完美的结果。白羊座的人行动积极，做事干净利落，有时会轻视行动较慢的人，人际关系一般，所以要在日常生活中多为他人着想，才不会在无意之中伤害别人。

白羊座的人富有正义感，喜欢主持公道，同时也会得罪人，所以要适当克制自己的情绪，多反省，才有助于成功。

- 白羊座的人注意不要过于急躁。
- 白羊座的人应学会站在他人角度思考问题，控制自己的情绪。

## 649 金牛座的性格特征是什么？

金牛座是黄道的第二个星座，是土象星座的第一个星座，故也称"土象的婴孩"。

金牛座的人性格忧郁、压抑；他们在十二星座中是最勤勉、刻苦的；耐心、耐力、韧性是其特性；他们相信拥有爱情、美丽与富有的喜悦是生命存在的证明；有主见，意志坚定、热情、友善、有耐心及责任感；实际、可靠、具有商业头脑和牢靠的价值观。

金牛座的人富有实干精神，他们不喜变化，个性内敛，钟爱一切自然的物质，对朋友和恋人感情真诚、专一。但是当金牛座的人受到欺辱时，他们会把它永远记在心里。

**金牛座的星座符号**

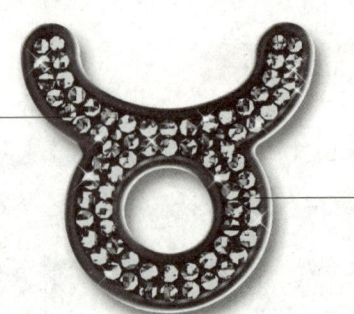

一只壮硕的牛头和角。

圆形代表太阳，金牛代表"金钱"；它还是收入和报酬的代号。

# 650 金牛座的守护星和守护神是什么？

金牛座代表专心一致的爱。它的守护星是象征爱和美的金星。

金牛座的守护神是希腊神话中的美神维纳斯（Venus）。她是宙斯和大洋女神狄俄涅的女儿。又说她从浪花中出生，故称阿娜狄俄墨涅（出水之意）。奥林波斯教形成后，维纳斯被作为爱情、性欲及美的女神。

金牛座有一个古老的传说。有一天，天神宙斯在人间游荡，经过某个国家时，突然看见这个国家的公主非常美丽，不知不觉看出了神。宙斯回到天上之后，仍然对这位美丽的公主念念不忘。

在这个公主所属的国家，有一座很大很漂亮的牧场，里面有数不清的牛群，公主时常到这个牧场与牛群一起玩耍。

在一个风和日丽的早上，公主又出现在牧场。当她正与牛群玩得不亦乐乎时，突然发现在牛群之中，有一只特别会唱歌的金牛。它的歌声非常悦耳动听，有如天籁一般，吸引着公主不自觉地朝它走去。

公主一看到这只牛，就无法自拔地爱上了它。因为它不仅歌声优美，就连外表都深深地吸引着公主。正当公主慢慢靠在牛的身上与它一起忘情唱歌时，这只牛突然背起公主朝着天空飞去。

经过了很久的飞行，这只牛终于在一片美丽的土地上停了下来，然后摇身一变成为人，向公主表达他的爱慕之意。原来这只牛就是天神宙斯的化身，他因为无法抑制对公主的思念，决定来向公主表白。

美丽的公主接受了宙斯的爱，两人一起回到天上生活。宙斯为纪念那片表白的地方，就以公主的名字欧罗芭作为那片土地的名字。那片土地正是今天的欧洲大陆。宙斯化身的金牛也因此跻身于十二星座，成为爱与美的象征。

**美神维纳斯**

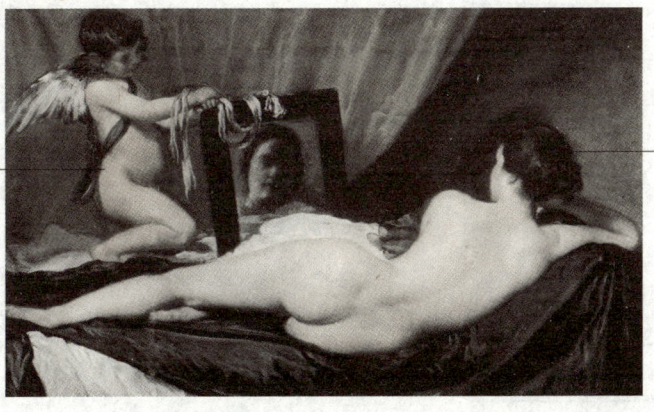

据传，维纳斯是宙斯和大洋女神狄俄涅的女儿，比丘特是她的儿子。

维纳斯（Venus）是希腊神话中的爱神、美神，同时又是执掌生育与航海的女神，相对应于希腊神话的阿芙罗狄忒（Aphrodite）。

## 651 金牛座的人工作情况怎样？

金牛座的人可以说是天生的投资者、精明的生意人，擅长炒股，也适合做期货交易。有很多中小企业老板、高收入者以及成功的投资人都是这个星座的。金牛座的人对事物的价值能立即察觉、一眼看透，尤其是珠宝、艺术品这些具有收藏价值的事物。金牛座的人是"美"的拥护者和信徒，但他们真正追求的是正直、诚实、自然、生态这类不能以金钱衡量的价值，它们才是金牛座人价值观的金字塔塔尖。

**金牛座人适合的职业大全**
- 银行家
- 厨师
- 设计师
- 文学家
- 雕刻家
- 会计
- 画家
- 音乐家
- 作曲家
- 播音员

## 652 金牛座有怎样的人际关系？

**金牛座的属性**

| 金牛座的属性 | | |
|---|---|---|
| 性格特征 | 正面 | 脚踏实地 |
| | | 耐力惊人 |
| | | 艺术天分 |
| | 负面 | 不知变通 |
| | | 物质主义 |
| | | 顽固善妒 |
| 管辖时间 | | 4.21～5.20 |
| 元素 | | 土 |
| 守护星 | | 金星 |
| 代表部位 | | 颈部 |
| 幸运色 | | 奶油色 |
| 幸运宝石 | | 珍珠 |
| 幸运花 | | 百合花 |
| 幸运方位 | | 东北方 |

金牛座的人心胸宽广，富有同情心，为人诚实，性格温和，给人印象良好；朋友不多，但都是死心塌地的铁哥们；从表面上看，金牛座的人懂得交友之道，但他们本质上是一个缺乏包容性和占有欲极强的顽固主义者。有的人和金牛座的人交往一段时间之后，就会敬而远之，如果金牛座的人不想办法改善这种情况，人际关系会越来越差。

## 653 金牛座的人有财运吗？

金牛座是主宰金钱的星座，所以金牛座的人对于金钱和物质都非常敏感，是一个善于理财的人，能够从积蓄财富中得到满足。虽然金牛座的人喜欢存钱，但他们并不吝啬。

金牛座人比较务实，喜欢按照一定的程序来积累财富，不适宜从事投机性投资，也不适宜投资固定资产。

## 654 金牛座的人婚姻情况如何？

当爱情降临在金牛座的人身上时，他们会不顾一切地热烈追求。他们愿意用尽所有美化自己、取悦情人。金牛座的人通常会爱上富有的人，包括物质生活和精神生活两部分。金星主掌了爱和美，对金牛座的人而言，金钱和所有权是一体的两面，而爱情绝对离不开金钱带来的影响力。所以，爱情和面包总在金牛座的人心中进行着永无止境的拉锯战。

金牛座的人在面对爱情时，很容易暗恋对方，感情专一。金牛座的人很重视家庭，热爱他们的子女胜过自己。沉默寡言的他们不懂得表达自己的爱情，所以要是与金牛座的人谈恋爱，你得有惊人的耐力去开启他们爱情的大门。

金牛座的幸运花：

## 655 金牛座的人健康状况如何？

金牛座代表颈部，金牛座的人容易患咽喉炎或者是气管方面的疾病。

金牛座的人大多身体非常健康，即使是在精神非常疲劳的时候，也依旧保持充沛的体力。金牛座的人对自己的身体非常自信，但有的时候过于逞强，会给身体带来很大的伤害。总有体力透支的时候，所以在应该休息的时候一定要好好休息。

对金牛座有益的食物包括芦笋、甜菜、花椰菜、菠菜、黄瓜、葱、南瓜、未加工的坚果等。金牛座的人应喝大量的水帮助保持体内的供需平衡。碳水化合物会将金牛们吸收的食物转化为油脂，应该尽量避免摄入。

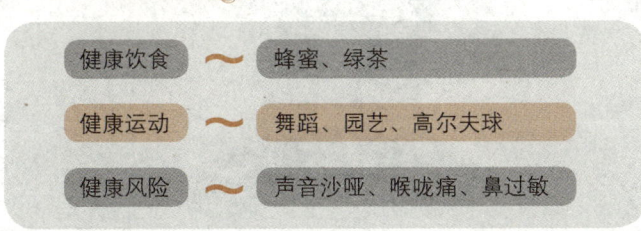

## 656 金牛座的人需要注意什么？

金牛座的人虽然做事认真，富有责任感，为人也踏实稳重，但缺乏主动精神，在学习和工作方面总是比别人慢半拍。如果想取得成功，就必须改掉这个坏习惯。金牛座的人天生固执，不喜欢接受别人的建议。建议多听取他人的建议，集思广益，才会有意想不到的收获。金牛座的人具有强烈的占有欲，又不善于适应环境，这种性格很容易招致别人的反感。所以金牛座的人要放开自己的胸怀，多多改善人际关系，对自己的事业才大有裨益。

- 金牛座的人应改进做事慢半拍的性子。
- 金牛座的人应放开胸怀，不要有强烈的占有欲。

## 657 双子座的性格特征是什么？

双子座是一个善良与邪恶、快乐与忧郁、温柔与残暴兼具的复杂星座。双子座的人适应力强、机智、敏捷、喜欢忙碌和变化；主动、活泼、健谈、聪慧且多才多艺；具有写作和语言表达方面的天分；对时尚有着敏锐的感受力，能够永久维持着年轻和时髦的外貌；意志一直都是一体两面的积极与消极、动与静、明与暗，相互消长，共荣共存的。

双子座的人具有雄才伟辩的气质，由于具有双重性格，有时候他们可能悲观厌世。双子座的人喜欢融入集体之中，总是遵守游戏规则。善解人意和容忍大度的双子们乐于助人，他们通常以思维和口才活跃于任何社交场合。

**双子座的星座符号**

两根封口的平行直线。

常被看成正反两面的象征，也代指知识及信息的沟通渠道。

# 658 双子座的守护星和守护神是什么？

双子座代表明朗的爱。双子座的守护星是司掌智慧和辩才的水星。

双子座的守护神是传令之神墨丘利（Mercury）。墨丘利在希腊神话中又名赫耳墨斯(Hermes)，他是天王朱庇特与女神迈亚(Maia)所生。他在奥林匹斯山上担任诸神的使者和传译，作为沟通之神他拥有过人的智慧和交流能力。

在遥远的希腊古国，流传着一个关于兄弟情谊的美丽传说，这就是双子座的传说。

在古希腊，有一个叫莉亚的王妃，她生有一对非常可爱的儿子卡斯特和波洛克斯。虽然这两个孩子并不是双胞胎，但是却长得一模一样，而且两兄弟之间感情也特别深厚。

一天，一头巨大的野牛开始攻击这个国家，为了维护子民的安全，王子们带着许多勇士去和这头野牛搏斗。在搏斗中，骁勇善战的波洛克斯把野牛杀死了，但他自己也负了伤。举国欢庆的时候，莉亚王妃为了安慰受伤的波洛克斯，偷偷告诉他，他并不是国王和王妃的孩子，而是王妃与天神宙斯的孩子。因此，他是神，除了天神，任何人都无法伤害他。王妃让波洛克斯永远保守这个秘密，波洛克斯答应了。

不久，国家内部爆发了一次争斗。争斗中，卡斯特为了救波洛克斯被长矛刺死。波洛克斯痛不欲生，又深感自责，因为他拥有永恒的生命，凡人是不可能杀死他的。只怪他没把实情告诉卡斯特，致使不知情的卡斯特枉死。

波洛克斯找到生父宙斯，请求他把卡斯特救活。宙斯说："如果你想让他活过来，唯一的办法就是把你的生命力分一半给他。但你将会成为一个随时都会死去的凡人。这样你也愿意吗？"波洛克斯毫不犹豫地说他愿意。宙斯救活了卡斯特，又感于他们兄弟的情义，便以兄弟俩的名义创造了一个星座，取名为双子座。

**双子座守护神：墨丘利**
传令之神墨丘利在奥林匹斯山担任诸神的使者和传译，其标志是带翅膀的帽子和飞行鞋。

## 659 双子座的人工作情况怎样？

双子座的人喜欢把自己的才智用于事业方面，而不愿意用以扩大自己的物质利益。他们的思想火花，常常会帮助事业腾飞。双子座的人特别善于调动朋友的积极性，适合从事文学、商业及需要语言表达能力的职业。另外，在新闻、摄影、旅行等需要机智、灵活和果敢的工作中，以及涉及人际关系方面的工作中，他们都会表现出非凡的才干。

双子座的人相当重视人际关系的建立，喜欢探索各方面的消息，并且热衷于吸收各种知识。有紧急状况时，双子座的人总是可以快速作出应变，知道应该如何寻求协助。在职场上最容易展现高度的学习能力。

| 双子座人适合的职业大全 | |
|---|---|
| • 秘书 | • 编辑 |
| • 作家 | • 书商 |
| • 教师 | • 翻译员 |
| • 书法家 | • 印刷业者 |
| • 邮递员 | • 演说家 |
| • 播音员 | • 推销员 |
| • 广告策划人员 | • 零售商 |
| • 司机 | • 代理商 |
| • 记者 | • 企划专员 |

## 660 双子座有怎样的人际关系？

**双子座的属性**

| 双子座的属性 | 性格特征 | 正面 | 反应灵敏 |
|---|---|---|---|
| | | | 才华横溢 |
| | | | 广闻博识 |
| | | 负面 | 缺乏原则 |
| | | | 脾气暴躁 |
| | | | 缺乏耐性 |
| | 管辖时间 | | 5.21~6.21 |
| | 元素 | | 风 |
| | 守护星 | | 水星 |
| | 代表部位 | | 肺部 |
| | 幸运色 | | 黄色 |
| | 幸运宝石 | | 翡翠 |
| | 幸运花 | | 薰衣草 |
| | 幸运方位 | | 西北方 |

双重性格是双子座人最大的性格特点；双子座人擅长交际，又生性坦率，个性开朗，能很快与周围的人打成一片；由于性格率直，有时做事过于鲁莽，经常与人为了小事发生争执，甚至断绝朋友关系；双子座的人十分聪明机灵，擅长言辞，具有判断力，能很好地与人沟通。

## 661 双子座的人有财运吗？

双子座的人具有出色的商业头脑，擅长人际交往，一生中财运都不错。但双子座的人大多十分时尚，只要是自己喜欢的东西，就直接买下，常常不考虑东西的实用性和自己的经济状况。所以即使收入不菲，双子座的人也常常面临入不敷出的窘状。为了不做"月光族"，双子座的人一定要注意理财，最好是养成储蓄的习惯，以备不时之需。另外，双子座的人有偏财运，适合做风险性的投资，但不要太贪心。

## 662 双子座的人婚姻情况如何？

好玩、风趣、聪明的双子座人谈吐魅力四射，旺盛的好奇心让他们永远保持年轻，双子座的恋人就是如此令人着迷。双子座人的思考瞬息万变，他们希望能够找到跟得上他们步伐的伴侣。双子座的人无法忍受迟钝、缓慢、蠢笨、一成不变，这是他们最受人争议的地方。双子座人的这一特质，往往让他们的伴侣头痛不已。

双子座的幸运花：薰 衣 草

## 663 双子座的人健康状况如何？

双子座代表神经系统，双子座的人容易患呼吸系统和精神器官的疾病。

双子座的人神经特别敏感，本身也有点神经质，喜欢胡思乱想，再加上容易受到外界的影响，因此精神不够稳定，经常失眠，还要防止精神系统疾病。另外由于双子座的人大多体质虚寒，很容易遭受风寒导致呼吸系统出现问题，所以天气变化剧烈时要注意增减衣物。

对双子座人有益的食物有芦笋、青豆、番茄、芹菜、胡萝卜、菠菜、橘子、桃子、李子、杏等。另外葡萄柚、杏仁、苹果和葡萄干也可以帮助双子座人稳定情绪。双子座人应尽量少服用咖啡和兴奋剂。双子座人往往喜欢边跑边吃，这是不利于健康的饮食方式。想要有充足的能量和饱满的精神，必须要有健康的饮食。

**双子座健康小窍门**

| | |
|---|---|
| 健康饮食 | 小麦胚芽、啤酒酵母、生菜沙拉 |
| 健康运动 | 慢跑、网球、登山 |
| 健康风险 | 神经衰弱、电脑症候群 |

## 664 双子座的人需要注意什么？

双子座的人具有想象力、行动力和冒险心，但是缺乏耐性，应该加强耐力方面的锻炼，否则空有一身才华，最终一事无成。双子座人的双重个性在不同的场合会有不同的表现，他们经常情绪不稳定，有时有点神经质，有时会让朋友感到无所适从，所以双子座的人要多调节自己的情绪，让自己时时保持快乐的心情。

- 保持愉快的心情有助于双子座人促进与朋友的关系。
- 双子座的人应该加强耐性。

## 665 巨蟹座的性格特征是什么？

巨蟹座的人天生具有旺盛的精力和敏锐的感觉，道德意识很强烈，对欲望的追求也总能适可而止；自尊心强，生性慷慨、感情丰富，乐意帮助有需要的人，喜欢被需要与被保护的感觉；长于记忆、领悟力好、有高度的想象力；具有强烈的母性或父性的本能，重视家庭的和谐，是所有星座中最具家庭观念的星座。

巨蟹座的人自我保护能力很强，具有传统及情绪化的特征。有时，巨蟹座的人会为了自己想要得到的东西而不惜一切代价地去获取。他们总是很极端，会在很短的时间内一时忧愁一时欢喜。他们十分敏感，做事情非常自我。

**巨蟹座的星座符号**

有星象家认为是两只对峙的小螃蟹，巨蟹座掌管房地产、银行贷款等。

小螃蟹横行的模样。

## 666 巨蟹座的守护星和守护神是什么？

巨蟹座代表纯真的爱。巨蟹座的守护星是象征感性和细腻的月亮，也是专门掌管狩猎的星座，它守护着家庭中人与人之间的和谐关系，也代表母爱和忠贞，是典雅和温柔的象征。

巨蟹座的守护神是太阳神之妹戴安娜（Diana）。

在古老的希腊神话里，有一个悲伤的故事述说了巨蟹座的来由。很久以前，赫克里斯大战九头蛇妖时，女神赫拉派出一只巨蟹协助他战斗。这只巨蟹从海中升起，用它那巨大的双蟹牢牢夹住了九头蛇妖的两个头，但它最终没能制服蛇妖，反被蛇妖所杀，落在了爱琴海的一座小岛上。巨蟹由于没有完成赫拉交代的任务，受到赫拉的诅咒。巨蟹死后化身为雅典王后，这诅咒又延及到了雅典王后希拉的身上。在公主玛莎出生的时候，一位预言家预言：公主结婚的日子就是王后死亡的时候。因为这个预言，王后希拉一直把公主留在身边，不让公主嫁人。

当玛莎长到二十岁时，雅典城来了一位叫昔达的王子。昔达是慕玛莎的美貌而来的，他发誓要娶玛莎为妻。玛莎对昔达也是一见钟情，但诅咒是可怕的，公主不愿意牺牲母亲的生命去追求自己的幸福。为了阻止王子，同时也断绝自己的念头，玛莎设下九关几乎不可能完成的闯关任务，除非昔达过关，不然她是不会嫁给他的。但智勇双全的昔达竟闯过了九关！公主陷入两难的境地。为了女儿的幸福，希拉决定成全他们。

玛莎和昔达举行婚礼当天，王后没有去参加婚礼，她不希望宴会因自己发生什么不幸而被破坏了气氛。王后独自一人在海边散步，却不小心被突然卷来的巨浪淹没了。当人们怎么也寻不见王后的时候，人们在海边发现了一只巨大的蟹，它的两只蟹脚环绕在胸前，让人感觉它缺乏安全感，同时又像是一位保护子女的母亲。

赫拉知道此事后，很后悔自己当初的举动。于是她让那位温柔而敏感的母亲化为天上的一个星座，它的形状就是一只巨蟹。

**巨蟹座守护神：赫拉**

奥林匹斯山十二主神之一。古希腊神话中的天后，宙斯的姐姐和第三位妻子，主管婚姻和家庭，被尊称为"神后"。她在奥林匹斯山的地位仅次于她的丈夫宙斯。化为巨蟹座的巨蟹就是受赫拉诅咒的。

## 667 巨蟹座的人工作情况怎样？

富有母爱的巨蟹座人很适合从事服务性的工作，如社工、老师、保姆、医生等，因为他们能够体贴人们的心情与需要，提供最适当的服务，让人们获得更高品质的生活。

爱钱的巨蟹座人在金融界也会有优秀的表现，他们会对财产精打细算，如果进入金融界会有不错的发展。银行工作人员、投资顾问都是他们不错的选择。

爱家的巨蟹座人从事与家庭相关的职业也很适合，如室内设计、房屋中介、搬家公司等。

**巨蟹座人适合的职业大全**
- 广告策划
- 厨师
- 营养学家
- 编辑
- 画家
- 护理员
- 导游
- 护士
- 古董商人
- 行政人员
- 小说家
- 医生
- 游泳教练
- 形象指导
- 律师
- 幼儿园教师
- 保姆
- 漫画家
- 银行工作人员
- 投资顾问

### 巨蟹座的属性

| 巨蟹座的属性 | | | |
|---|---|---|---|
| 性格特征 | 正面 | 亲切温柔 | |
| | | 有家庭观 | |
| | | 有同情心 | |
| | 负面 | 不知变通 | |
| | | 物质主义 | |
| | | 顽固善妒 | |
| 管辖时间 | | 6.22～7.22 | |
| 元素 | | 水 | |
| 守护星 | | 月亮 | |
| 代表部位 | | 胸部 | |
| 幸运色 | | 银蓝色 | |
| 幸运宝石 | | 月光石 | |
| 幸运花 | | 绣球花 | |
| 幸运方位 | | 北方 | |

## 668 巨蟹座有怎样的人际关系？

巨蟹座的人十分谨慎，把自己照顾得很好。但是对他人总是处处设防，甚至有时还明显地表现出排他情绪；不擅长控制自己的情绪，在其他人眼里，巨蟹座的人情绪十分不稳定，除了比较了解的朋友，其他人很难适应。

巨蟹座的人平易近人，温柔体贴，会尽量满足他人的要求，无私地帮助他人。巨蟹座人的人际关系在十二星座中位居前三。巨蟹座的人一旦决定的事情就很难改变，处事有时不够圆滑。

## 669 巨蟹座的人有财运吗？

巨蟹座的人天生擅长理财，适合做点保值增值型的小投资、忙里偷闲赚点小外快等。他们能把自己的支出打理得井井有条，让每一分钱都发挥出最大的效用，很少有奢侈浪费的现象。虽然巨蟹座的人十分看重金钱，但是在该花费的时候，巨蟹座人并不吝啬。巨蟹座人是在一点一滴地积累财富，而且只要日常生活能获得满足，没有过多需求。

## 670 巨蟹座的人婚姻情况如何？

巨蟹座的幸运花：绣球花

巨蟹座的人感情细腻，对爱情有着美好的向往和憧憬，追求稳定的爱情。他们在选择对象时小心翼翼，不确定对方也爱自己之前不会轻易付出感情。喜欢上一个人时，会表现得非常感性，处处关心对方，希望对方能感受到自己的心意。一旦确定了关系，就会把全部身心都投入到爱情中，把另一半视为人生的全部。爱情对于他们来说，是至高无上的，不容侵犯。对巨蟹座的人来说，恋人与其说是他们的爱人，不如说是他们的家人。巨蟹座的人不只是心灵上要求一份安详的归属感，也渴求一个实质上的家来作为他生活中的重心。

## 671 巨蟹座的人健康状况如何？

巨蟹座代表胸部，巨蟹座的人容易患内脏方面的疾病，如肝胆、消化系统的疾病。

巨蟹座人身体敏感的部位是胃、肠和肝胆，所以要特别注意消化系统的问题，尽量少吃辛辣的食物。除了控制饮食，巨蟹座的人还要养成爱运动的好习惯。这一方面有助于保持身体健康，另一方面也可以缓解心中的压力。

巨蟹座的人易患皮肤病，应摄入含钙丰富的食物，如牛奶、乳酪、莴苣和番茄等。新鲜蔬菜、水果、精瘦肉也是巨蟹座人每日必须摄入的食物。少吃淀粉、糖和盐。前两种物质会引起便秘，盐过多将导致腹胀。

**巨蟹座健康小窍门**

| 健康饮食 | ～ | 不吃太咸、太油腻的食物 |
| --- | --- | --- |
| 健康运动 | ～ | 游泳、泡温泉、骑自行车 |
| 健康风险 | ～ | 胃癌、皮肤过敏 |

## 672 巨蟹座的人需要注意什么？

巨蟹座的人非常重视感情，但是情绪容易受到外界的影响而发生波动；巨蟹座的人有点小心眼，过于重视别人的看法，应该试着放宽自己的心胸，适当控制自己的情绪。

巨蟹座的人的包容性和适应环境的能力都很强，人缘好，朋友有困难的时候会主动伸出援手。但要注意凡事要量力而行，适可而止，否则就可能出现主动帮助朋友，朋友也不领情的尴尬局面。

- 巨蟹座的人要注意控制自己的情绪。
- 巨蟹座的人在帮助朋友时不要主观臆断，要征询朋友的意愿。

## 673 狮子座的性格特征是什么？

在十二星座中，狮子座是最具有权威感与支配能力的星座，通常有一种贵族气息或是王者风范。狮子座的人本质是阳刚、专制、具有太阳般的生气、宽宏大量、乐观、海派、光明磊落、不拘小节、心胸开阔。不过也会有顽固、傲慢、独裁的一面。同时，他们天生怀抱着崇高的理想，能够全力以赴、发挥旺盛的生命力为弱者或正义而战。为人博爱、热心、慷慨、有领导能力、花钱大方、思想开阔、具有创新的能力、有表演天分。

狮子座天生需要一个舞台让他们散发光芒、展现自我特质，以及接受观众的掌声。这个星座象征着阶级意识、特权与领导统驭力，犹如贵族一般，在每一个领域都容易以一种戏剧性的方式出人头地。他们有强烈的自尊心，他们字典里没有普通、低级或是羞怯，他们会把握每一分每一秒展现自我，甚至相当自我地等着世界改变来适应他的脚步。

**狮子座的星座符号**

一条狮子尾巴

狮子座掌管着运动、休闲等娱乐项目；代表着人类不断发掘自己潜质的能力。

中篇：运程
第十章 星座运程

## 674 狮子座的守护星和守护神是什么？

狮子座代表强烈的爱。它的守护星是太阳，在太阳的眷顾下，狮子座的人有着开朗的个性，也象征着创造、热情和尊敬。

狮子座的守护神为太阳神阿波罗（Apollo）。他是主神宙斯与暗夜女神勒托所生之子。他掌管着缪斯众女神，可以唤起人们倾注于圣歌中的各种情感。

狮子座源自古老的传说。据说，巨人堤丰和蛇妖厄格德相恋时，月亮上掉下来一个孩子，这是上天赐给这对夫妇的孩子，他们给他取名为阿尼。

阿尼白天是一头凶猛的狮子，到了晚上，就变成了一个金发蓝眼的少年。阿尼深爱着自己的妹妹许德拉，她是一只九头蛇妖。但许德拉认为阿尼终有一天要回到天上，他们的爱会没有结果，她拒绝了阿尼的爱。但阿尼愿意为许德拉做任何事，包括为她去死。许德拉深受感动，于是他们相爱了。

英雄赫克里斯奉神谕杀死阿尼和许德拉，阿尼不愿与他为敌，但为了保护许德拉的安全，他决定与赫克里斯决战。阿尼安慰许德拉："在这个世界上，除开你，没有人可以杀死我！"

许德拉很爱阿尼，她决定抢在阿尼之前击退赫克里斯。但尽管她有九个头，终敌不过赫克里斯，最终被赫克里斯杀死。赫克里斯把随身带的箭全部浸泡在许德拉流出的蛇血里。

傍晚，阿尼找到了赫克里斯。他朝赫克里斯猛扑过去，赫克里斯拔剑与阿尼相战，但赫克里斯根本没法杀死阿尼。赫克里斯想到那些浸毒的箭，于是瞄准阿尼射了过去。一支、两支没有射中，第三支箭射中了阿尼的心脏。那浸着许德拉毒血的箭一下子射进了阿尼破碎的心。阿尼倒在地上变成了人并死去。

阿尼死后，宙斯让阿尼的元神回到了天上化为星星，就是今天我们看到的狮子座。由于阿尼是为爱而死，因而属于狮子座的人也被赋予了勇于为爱情牺牲的性格特点。

狮子座守护神：阿波罗

阿波罗被视为司掌文艺之神，主管光明、青春、医药、畜牧、音乐等，是人类的保护神、光明之神、预言之神、迁徙和航海者的保护神、医神以及消灾弭难之神。

## 675 狮子座的人工作情况怎样？

狮子座的人具有相当的领导能力，这是一种天赋的才能。所以，举凡老板、首席歌手、校长、队长、首领等，都非狮子座人莫属。因为敢作敢当、勇敢与自信，都是众人叹服的特质，而这些正是狮子座人与生俱来的性格。如果狮子座的人没有在工作中发挥领导特质，那么他一定将精神放在别的地方了。在工作上展现出高度的自信，做事雷厉风行，挑战权威，在挑战中寻求刺激，获得成就感是狮子座人的特点。自信与欲望是狮子座人前进的动力，但过分的自信与傲慢也会成为阻碍狮子座人事业发展的绊脚石。

| 狮子座人适合的职业大全 | |
|---|---|
| • 自主创业者 | • 政治家 |
| • 经理 | • 经济学家 |
| • 高级化妆品店店主 | • 演员 |
| • 空姐 | • 行政官员 |
| • 教育家 | • 收藏家 |
| • 金融人士 | • 经纪人 |
| • 演艺人员 | |

## 676 狮子座有怎样的人际关系？

### 狮子座的属性

| 狮子座的属性 | | | |
|---|---|---|---|
| 性格特征 | 正面 | | 有领导力 |
| | | | 雍容华贵 |
| | | | 心胸宽广 |
| | 负面 | | 刚愎自用 |
| | | | 死要面子 |
| | | | 奢侈浪费 |
| 管辖时间 | | | 7.23～8.22 |
| 元素 | | | 火 |
| 守护星 | | | 太阳 |
| 代表部位 | | | 心脏 |
| 幸运色 | | | 金黄色 |
| 幸运宝石 | | | 黄金 |
| 幸运花 | | | 向日葵 |
| 幸运方位 | | | 东北方 |

狮子座的人精明能干，擅长交际，能与周围的人建立良好的人际关系；个性开朗，富有正义感，十分受朋友的欢迎，在很多场合都是众人瞩目的焦点。狮子座的人自尊心很强，有时过于以自我为中心，有时候做事不擅长协调，不喜欢接受他人的意见，自视清高。这一点是狮子座人致命的缺点，如果狮子座的人想要改善人际关系，就一定要多接纳别人的意见。

## 677 狮子座的人有财运吗？

狮子座的人爱慕虚荣，有浪费倾向，虽然财运一向不错，但是开销也很大。狮子座的人不小气，但是给人的印象是花钱大手大脚，喜欢浪费，即使是花该花的钱时。

狮子座的人十分慷慨，喜欢仗义疏财，很少能做到量入为出；喜欢送朋友礼物，对遇到困难的朋友会主动帮忙。建议狮子座的人多学习理财知识，以免家财散尽，老无所养。

## 678 狮子座的人婚姻情况如何？

狮子座的人通常是理想主义者，也是乐观主义者。他们相信自己与众不同，所以对恋人的要求极高：对方必须如明星般闪亮迷人，水准超人一等，随时带给人惊喜，最重要的是超凡脱俗。虽然狮子座人自己像个君王，但他们绝对不会爱上个唯唯诺诺的服从者，无论男女，他们都渴求被宠爱。忠诚是一项必须具备的美德，他们不能容忍背叛或欺骗，因为那严重地伤害了他们的自尊心。

狮子座的幸运花：向日葵

## 679 狮子座的人健康状况如何？

狮子座代表心脏，狮子座的人容易患心血管和关节方面的疾病。

狮子座的人健康状况不错，很少生病。但是狮子座的人大多受到肥胖的困扰，因此要注意保持身材，注意养生之道，避免中年后发福不可收拾。另外，狮子座的人性格比较急躁，容易发怒，因此还要注意高血压、动脉硬化和心脏病等疾病。

适合狮子座的人吃的食物有杏仁、核桃、向日葵种子、无花果、柠檬、苹果、桃子、椰子、米、海鲜、甜菜、芦笋和蛋黄等。促进血液循环的食物包括牛肉、羊羔、禽畜、肝脏、酸奶等。李子、梨和橘子能帮助减少心脏压力，要少吃肥腻食物。

**狮子座健康小窍门**

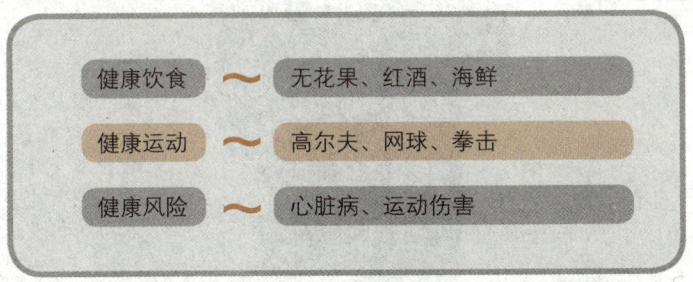

健康饮食 ～ 无花果、红酒、海鲜
健康运动 ～ 高尔夫、网球、拳击
健康风险 ～ 心脏病、运动伤害

## 680 狮子座的人需要注意什么？

狮子座的人重视荣誉，爱表现自己，喜欢自作主张，有时过于自以为是。所以狮子座的人要多注意他人的感受，为他人着想，适度地表现自己，不要给人独断专行的印象。尤其是作为领导者的狮子座人，更是忌讳表现出傲慢的态度，那可能招致别人的反感。

狮子座的人心地善良，性格开朗，如果能处理好人际关系，会给狮子座的人带来很多财富，对工作和感情也会有很大的助益。另外，狮子座的人还很容易轻信别人，要加强自己对人、事、物的判断能力，才不会因为轻信他人遭受损失。

- 狮子座的人要加强对人、事、物的判断力，不轻信他人。
- 狮子座的人要多听取他人意见，不要独断专行。

## 681 处女座的性格特征是什么？

处女座的人，人如其名，具有纯洁、洁癖及正义感等鲜明特征。处女座的人无论年纪大小，都有一颗赤子之心，充满了对过去的回忆及对未来的向往，属于怀揣理想行走的人。处女座的人有极度的洁癖，物质方面表现为爱整洁、干净，厌恶杂乱无章；精神层面表现在对与自己感情观、价值观不符的思想、行为深深的排斥。

处女座的人谦虚、知性、处事谨慎、头脑清晰，分析力强、能明辨是非，他们讨厌不合理的事；有旺盛的批判精神，总是希望世事和他们的主观标准相同，是个完美主义者，极度厌恶虚伪与不正当的事；外表沉默，对外力的冲突，总是采取逃避的态度，他们天生内向、胆怯和孤独，但处女座的人下定决心做某件事情时，会变得大胆、果敢。

**处女座的星座符号**

与天蝎座符号相似，谷物象征着从经验的田野中收获的智慧果实，处女座代表着健康，它掌管药剂学，同时也是统计学和劳动力的代表。

# 682 处女座的守护星和守护神是什么？

处女座代表浪漫的爱。处女座的守护星和双子座一样，都是水星，具有预见未来的能力，因此处女座的人大多诚实、善恶分明、做事谨慎、遵守秩序。守护神为正义女神忒弥斯和农神得墨特尔（Demeter）。

农神得墨特尔和宙斯大帝育有一女泊瑟芬，泊瑟芬是春天的灿烂女神，只要她走过的地方，都会山花烂漫。一天，泊瑟芬和母亲在草地上摘花，她发现一朵紫色的水仙光彩夺目。她走向那朵水仙并摘下了它。眼前出现了一个男子。

泊瑟芬不由自主地向后退去。那男子微笑说道："美丽的女神，你破除了我身上的咒语，挽救了我，我将履行我的誓言，娶你做我的妻子！"泊瑟芬只喊了一声救命，就被一股强大的力量卷进了地面上裂开的裂缝中。

泊瑟芬的母亲听到呼救声后，跑去寻找女儿，却怎么也找不到。人间没有了春天的灿烂女神，种子不再发芽，花朵很快凋谢。这个消息传到了宙斯的耳中，他知道是冥王海地士劫走了泊瑟芬，便下令再一次诅咒他。海地士已爱上了泊瑟芬，他明白自己很快就会陷入昏睡，于是对泊瑟芬说："你把我身上的香气带回人间去吧！"说完，海地士陷入昏睡状态。

春天的时候泊瑟芬从地府返回人间，她把带回来的香气撒在大地上。美丽绚烂的鲜花又开遍了整个大地。然而，海地士那紫色的眸子已深深印在了泊瑟芬的心里。到了冬天，女神忍不住跑到地府探望海地士。这时海地士奇迹般地从昏睡中醒了过来，但到春天泊瑟芬离开他的时候，他会再次陷入睡眠。年年如此，纯洁美丽的泊瑟芬发现自己真的爱上了海地士。

宙斯被这份特别的爱恋感动，规定每年冬天他们都可以相会，并将天上的一个星座封为处女座，作为泊瑟芬为人间所做的一切的奖赏。从此以后，大地寸草不生的冬日就成为泊瑟芬和海地士在地府相会的温馨暖春。

**处女座守护神：得墨特尔**

得墨特尔是众神之王宙斯的姐姐，主司农业，人们称她为农神，其女泊瑟芬是冥王海地士的妻子。

## 683 处女座的人工作情况怎样？

水星最重要的能力是沟通、分析和了解，双子座人偏向吸收信息，而处女座人则着重于解说、翻译以及研究方面，适宜于从事文字工作，会严格地要求内容正确无误。信息传递的过程中，他们会经过一再的评估和考证，再完美地呈现出来。有许多学者都是来自处女座。处女座人是好老师和好学生，理解力强，又擅长记忆与聆听，喜欢搜集信息，也乐于与人交流，学习会是处女座人一生都孜孜不倦的乐事。

**处女座人适合的职业大全**
- 新闻记者
- 播音员
- 编辑
- 讲师
- 作家
- 公务员
- 艺术家
- 评论家
- 分析家
- 调查员
- 工业家
- 律师
- 科学家
- 策划师

### 处女座的属性

| | | |
|---|---|---|
| 性格特征 | 正面 | 勤奋努力 |
| | | 擅长分析 |
| | | 细心、谨慎 |
| | 负面 | 吹毛求疵 |
| | | 杞人忧天 |
| | | 洁癖、唠叨 |
| 管辖时间 | | 8.23～9.22 |
| 元素 | | 土 |
| 守护星 | | 水星 |
| 代表部位 | | 腹部 |
| 幸运色 | | 深绿色 |
| 幸运宝石 | | 黄玉 |
| 幸运花 | | 铃兰 |
| 幸运方位 | | 西南方 |

## 684 处女座有怎样的人际关系？

处女座的人心胸宽广，富有同情心，即使是面对自己不喜欢的人也会和颜悦色，但是处女座的人喜欢管闲事，对朋友做的事情喜欢指手画脚，为此容易得罪人。

处女座的人是个完美主义者，喜欢向朋友们提出建议，用意是好的，但是有时因为表达方式不恰当，反而会招致朋友的反感，所以处女座的人在和朋友相处的时候，要注意对待朋友的态度。

## 685 处女座的人有财运吗？

处女座的人十分理性，擅长理财，真正懂得金钱的价值和利用金钱，不喜欢奢侈浪费，也有很好的储蓄习惯，虽然一生中没有发大财的机会，但是却能在自己的能力范围内，过着安逸的生活。

处女座的人有时过于斤斤计较，眼光要放长远一点，多结交一些心胸宽广的朋友，也许这些朋友能带来一些赚钱的机会，但是要注意的是，结交朋友要真心诚意，不要目的性太强，或者是唯利是图。

# 686 处女座的人婚姻情况如何？

处女座的人是工作狂，他们钟情的对象也一定要能乐在工作中，喜欢阅读，最重要的是随时穿着洁净的犹如全新的衣服。他们对身体健康非常重视，互相照料生病时的彼此。处女座维系感情最好的方法是做共同的一件工作，可能是工作上的同事，也可能只是一起读一本书，那会让他们拥有共同的话题，可以分析、讨论，分享彼此的看法。

处女座的幸运花：铃兰

# 687 处女座的人健康状况如何？

处女座代表腹部，处女座的人容易患胃肠和骨骼方面的疾病。

处女座的人有点神经质，十分重视身体上的小毛病，身体有一点不舒服就怀疑自己患了重大疾病，所以处女座的人要小心患上神经衰弱，或者是心血管方面的疾病，这些疾病大多是精神上的原因引起的。另外，处女座的人容易患肠胃方面的疾病，如便秘、拉肚子、胃病等。但这些病都是不可诉说或显得不是那么厉害的病，上医院看肠胃科虽然有一点帮助，却没法完全解决处女座人的健康问题。处女座人的超完美主义，是所有病源的祸根，很多处女座的人都又瘦又能吃。最好让心理医师帮处女座人做一个压力放松咨询，再请营养师解说放松心情与营养摄取的重要性，这样对身体健康有极大的帮助。

**处女座健康小窍门**

| 健康饮食 | 五谷杂粮、菠菜、动物肝脏 |
|---|---|
| 健康运动 | 室内脚踏车、跑步 |
| 健康风险 | 便秘、拉肚子、胃痛 |

## 688 处女座的人需要注意什么？

处女座的人十分敏感，重视名誉，有上进心，生命力旺盛，追求完美，对未来充满美好的幻想；对别人的失误耿耿于怀，有的时候让人觉得有点吹毛求疵、无法忍受，应该试着多从大处着眼，多看到别人的长处，忽略对方的短处，才会和朋友相处得更加愉快。

处女座的人十分谨慎，严于律己。但是由于过于关注自己的内心世界，只相信自己亲眼看到的东西，有时会忽略很多东西。所以要适当地敞开心扉，多关注人际关系，才能使自己的视野更加开阔。

- 处女座的人不要只沉溺于内心，要多关注人际关系。
- 处女座的人要注意不要吹毛求疵。

## 689 天秤座的性格特征是什么？

天秤座的人爱好美与和谐，仁慈、有同情心，天性善良、温和、体贴、沉着。对善、恶两极端的想法，保持着很平衡的状态，这是天秤座人的个性。一般而言，天秤座的人的生活是平凡和快乐的。天秤座的人会永远保持绝不受伤害的八面玲珑、圆滑态度，所以，他们不喜欢表现出内心的真相。

如天秤座的符号——天平所见，衡量公理、维持和谐是天秤座人的天性，他们憎恶所有的不平衡和非正义。发掘世界上所有不平的事，成为天秤座人一生的职业。由于金星受维纳斯掌管，天秤座对美有相当敏锐的鉴赏能力，他们是十二星座中最有品位的一个星座，也是仅次于处女座的另一个完美主义者。天秤座人将美的注视放到自己的风度和气质上，对视觉艺术，如时下流行的美容、设计、包装以及所展现的风格都非常注意。

**天秤座的星座符号**

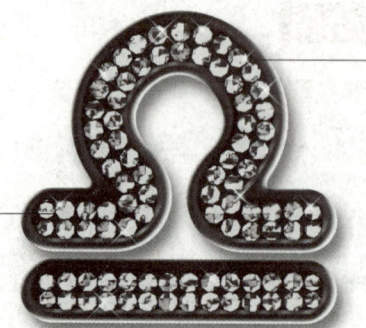

一把四平八稳的秤

天秤座代表着公平和正义，掌管着一个国家的法律与外交；天秤座同时具有谦和有礼的特性。

# 690 天秤座的守护星和守护神是什么？

天秤座代表耐心冷静的爱。天秤座的守护星和金牛座一样，都是金星，代表着安静、温柔和美好，金星赋予了天秤座人整齐和爱美的精神。天秤座的守护神是正义女神忒弥斯与爱神维纳斯。

宙斯有一个女儿名叫忒弥斯，是正义女神，宙斯的弟弟是海神波塞冬。忒弥斯和波塞冬日久生情，他们尊重彼此，爱慕对方。忒弥斯气质如男子，坚毅又不缺乏热情，十分独立又有自己的思想；波塞冬性格深沉。

聪明的人类逐渐学会了建房子、铺道路，但与此同时开始了钩心斗角和互相欺骗。战争和罪恶开始扰乱人们的生活，许多天神不堪纷扰，被迫回到天上居住，只有忒弥斯和波塞冬留了下来，因为忒弥斯始终认为只要对人类加以引导，人类总有一天会醒悟，再恢复以往善良纯真的本性，但是波塞冬却不这样认为，他悲观地劝女神离开人间。女神想留下来拯救人类，于是发生了他们生平的第一次争执。他们争执的问题不断蔓延开来，最后竟牵扯到了彼此的身世上。忒弥斯小看波塞冬不过是一滴眼泪，而波塞冬则嘲笑忒弥斯是私生女的事实。忒弥斯觉得这对她来说是极大的侮辱，找到宙斯仲裁。天后赫拉建议两人比赛，看谁能更让人类感受和平，谁输了谁就向对方道歉。

天庭的广场是他们比赛的地点，由海神波塞冬先展示。只见波塞冬朝墙上一划，裂缝中流出了晶莹剔透的水，让人看了以后感到无限的清凉与舒适。这时候忒弥斯变成了一棵树。红褐色的树干、苍翠绿叶以及金色橄榄，让任何人都能感受到爱与和平。波塞冬和忒弥斯不分胜负，但是，他们已经让人类感到和平了。波塞冬向女神微微一笑，他们俩又和好如初了。宙斯看到这样的喜事，把随身带的秤扔上天空，它就化作今天的天秤座。

**天秤座守护神：忒弥斯**

忒弥斯是法律和正义女神。白袍，象征道德无瑕，刚直不阿。闭眼，表明司法纯靠理智，不靠误人的感官印象。王冠，表明正义尊贵无比，荣耀第一。秤，比喻裁量公平，在正义面前人人皆得所值，不多不少。剑，表示制裁严厉，决不姑息。

## 691 天秤座的人工作情况怎样？

天秤人喜爱美、注重公正，这在选择职业的时候也有很明显的倾向。首先，艺术家或设计师是很适合他们的职业，另一方面，T型台也是天秤座人的天下。视觉美的部分是如此，真善美的部分亦然。他们可能是律师、法官或社会工作者，为了自己的理念奋斗着。具有强烈天秤性格的人，甚至可以成为沟通两国事务的外交官，因为他们不但拥有绝佳的外交手腕和谈判能力，而且擅长找共通性而不是突显两者差异。

**天秤座人适合的职业大全**
- 服装设计师
- 美容师
- 室内设计
- 音乐家
- 珠宝企业顾问
- 律师
- 公关
- 化妆师

## 692 天秤座有怎样的人际关系？

**天秤座的属性**

| 天秤座的属性 | | |
|---|---|---|
| 性格特征 | 正面 | 公正、客观 |
| | | 擅长社交 |
| | | 天生优雅 |
| | 负面 | 优柔寡断 |
| | | 好逸恶劳 |
| | | 不负责任 |
| 管辖时间 | | 9.23～10.22 |
| 元素 | | 风 |
| 守护星 | | 金星 |
| 代表部位 | | 腰部 |
| 幸运色 | | 浅蓝色 |
| 幸运宝石 | | 珊瑚 |
| 幸运花 | | 菊花 |
| 幸运方位 | | 西方 |

天秤座的人把理性与感情把握得很好，懂得两者之间的平衡关系，能够与朋友和平相处，也受到朋友的喜欢，虽然天秤座的人不喜欢出风头，但是不会因此消极退缩。天秤座的人属于行动派，虽然不是十分计较利害得失，但是却会尽量平衡，不会使自己遭受损失，是一个很现实的人。

天秤座的人举止文雅，擅长言辞，很有风度，也正是由于这个原因，天秤座的人很容易取得他人的信任，如果能够充分发挥照顾他人的个性，人缘就会变得更好。

## 693 天秤座的人有财运吗？

天秤座的人是一个典型的享乐主义者，但是由于天秤座本身代表平衡的关系，他们大多懂得量入为出的道理，既不小气，也不奢侈无度，而且收入十分稳定，可以积累下一定的财富。

天秤座的人财运不错，但是不贪财，也并不贪得无厌，虽然不会成为大富翁，但是也不会为缺乏金钱所累，只要不从事投机性行业，一生衣食无忧。

## 694 天秤座的人婚姻情况如何？

因为天秤座人不仅是人间美的化身，另外他们也追求合伙关系。天秤座人的机智、聪颖让他们永远吸引异性；他们深谙如何在平稳的双方关系中加一点点不稳定的因素，使得恋情总是甜蜜如新。他们无法忍受孤独，以至于老是徘徊于边缘地带，也常是三角和多角恋情中的主角，因为他们永远在衡量与选择。整体看来，天秤座是最容易发生异国恋情的星座，他们乐于成为沟通双方的桥梁，可能是不同文化、不同国籍、甚至不同身份的两个阶级。

天秤座的幸运花：菊 花

## 695 天秤座的人健康状况如何？

天秤座代表腰部，天秤座的人容易患头痛和坐骨神经方面的疾病。

天秤座的人体质较差，本身的免疫力不是很强，又不喜欢运动，偶尔还会暴饮暴食，所以还要注意血管和肾方面的疾病。天秤座的人精神经常处于紧张状态中，有可能引起十分严重的偏头痛，所以要保持舒畅的心情，才能保持身体的健康。

天秤座的人可以食用降低油脂、糖的高蛋白食物；可以吃烤鱼、海鲜和禽类(不要吃太多牛肉或猪肉)，低脂肪乳酪、酸奶、新鲜的水果、蔬菜、沙拉和面包。多喝水可以清除体内杂物，避免生病。避免饮用对肾脏有损的高酒精或碳酸饮品。

**天秤座健康小窍门**

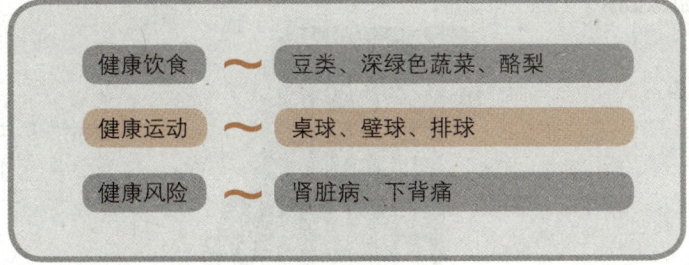

| | |
|---|---|
| 健康饮食 ~ | 豆类、深绿色蔬菜、酪梨 |
| 健康运动 ~ | 桌球、壁球、排球 |
| 健康风险 ~ | 肾脏病、下背痛 |

## 696 天秤座的人需要注意什么？

天秤座的人社交能力很强，与人相处和谐，能结交到很多知心好友，在与朋友发生争执的时候经常打圆场，擅长化解朋友之间的纠纷，能够使事情圆满完成。天秤座的人擅长在社交中充分发挥自己的优势，但是天秤座人的自尊心很强，不愿意承认别人的优点，嫉妒心也强，如果能克服这方面的缺点，对自己的事业会有很大的助益。

天秤座人凡事要求平衡，无论任何事情都能做到中立，态度公正，在决定事情的时候也会尽量考虑每个人的意见，但是考虑得过多有时显得优柔寡断，另外为了维持平衡也会压抑自己内心的愿望，建议天秤座的人要坦诚表达自己内心的想法，这样才有助于自己的发展。

- 天秤座的人需要克服善妒的缺点，坦然承认别人的优点。
- 天秤座的人要坦诚表达自己内心的愿望，不要压抑自己的想法。

## 697 天蝎座的性格特征是什么？

天蝎座的人有谋略、富有洞悉事物重点的能力，敏感、细腻、果决、实际、热情，想象力丰富、主观意识强、意志坚定、有毅力，一般人容易厌倦而逃避的事情，他们往往能坚忍地做下去。机敏、聪明、悟力高，有着强烈准确的第六感，做事常凭直觉。

天蝎座的人个性强硬，非常好胜，这是一种以自我超越不断填补内心深处的欲望。天蝎座的人有着强烈的报复心。与其他星座相比，天蝎座是最为隐晦神秘的，所以具有容易碰到人性阴暗面的倾向，有关性、死亡、邪恶与神性、道德与禁忌的重大事件，迟早都会降临到天蝎座人的生命历程中，并且深深改变他们的想法及行为。

**天蝎座的星座符号**

一只翘着尾巴的毒蝎子。

在西方占星家看来，天蝎座的符号其实是"蛇"，蛇在上古时代被视作"智慧"和"罪恶"的象征。

## 698 天蝎座的守护星和守护神是什么？

天蝎座代表神秘的爱。天蝎座的守护星是冥王星，掌管着世人的生死，象征着深不可测的力量，天蝎座的人从守护星中可以获得敏锐和透视他人内心的能力。天蝎座的守护神是地狱之王普尔德（Pluto）。

传说太阳神阿波罗的儿子法厄同与女儿赫莉居住在美丽辉煌的宫殿里。天生美丽性感的法厄同冲动、自负；妹妹赫莉却没有法厄同那样的美貌，这使得她很无奈，因为她深爱着法厄同。同样喜欢法厄同的还有水泉女神娜伊，她的美貌更胜一等。

一次次被拒绝后，赫莉在无尽的相思与失望中变得忧郁而敏感，她甚至有一点恨法厄同。自负的法厄同却不知道这些，依旧与娜伊保持着恋人的关系。每次赫莉向他表白，法厄同总是以他们是兄妹为由将赫莉拒绝于门外。赫莉无奈之下，想出一个陷害他的谎言。有一天，她说："亲爱的哥哥，我有一件事情要告诉你，你并非天国的子孙，而是我们亲爱的母亲和一个不知名的凡人所生。"因为妹妹一向不说谎，冲动的法厄同就相信了她的话，跑到父亲阿波罗那里去询问。无论阿波罗怎么说，法厄同就是不相信阿波罗是他的亲生父亲。最后，为了证明法厄同是自己的儿子，阿波罗允诺答应他的任何要求。法厄同选择的却是太阳神的太阳车！法厄同根本不会驾驶太阳车，而太阳车关系重大，稍有差池，太阳车就会脱离轨道。可是，法厄同完全听不进父亲的话，跳上太阳车，冲出了时间的两扇大门。

法厄同不知道怎样控制太阳车，任由它在时空里任意地穿梭。他给人类带来了巨大的灾难：草原干枯，森林起火，庄稼烧毁，湖泊变成了沙漠……人们处于水深火热之中，人间怨气冲天。赫莉看着自己造成的悲剧无奈地叹着气，她放出一只毒蝎，咬住了法厄同的脚踝，众神本想趁机拯救他，但是一切都太迟了，全身是火的法厄同和太阳车一起从天空坠落到广阔的埃利达努斯河里。宙斯为了提醒人类自负的弱点，以那只立了大功的蝎子命名了一个星座，叫天蝎座。

**天蝎座守护神：普尔德**

天蝎座守护神，被称为地狱之王。

## 699 天蝎座的人工作情况怎样？

天蝎座的人善于保守秘密，非常适合成为心理学家；适合从事和人的生死相关的职业，比如医护人员、传教士，相关的行业有保险业、丧葬业等。即使他们选择了较一般的职业，但他们的工作内容可能还是离不开这些主题。天蝎座的人可以成为优秀的军人或水手，若善用天赋，亦可在侦探、间谍、科学界大有发展。

**天蝎座人适合的职业大全**
- 外科手术大夫
- 军人
- 心理医生
- 传教士
- 警察
- 侦探
- 水手
- 法医
- 兽医
- 科学家
- 工程师
- 雕塑家

## 700 天蝎座有怎样的人际关系？

天蝎座的人自视清高，自信心十足，但是不轻易相信别人，对朋友也有很深的戒心。如果面对的是不喜欢的人，很少会主动说话，这是天蝎座人的一个缺点，如果天蝎座的人能注意这一点，加强与他人的交流，对事业会有很大帮助。

两个天蝎座的人，可以成为很好的朋友，会彼此信任，患难与共；天蝎座的人和双鱼座的人会成为心有灵犀的好朋友，巨蟹座的人看起来和天蝎座的人关系不错，但只是表面，实际上这两个星座的人很难成为好朋友。

### 天蝎座的属性

| 天蝎座的属性 | | |
|---|---|---|
| 性格特征 | 正面 | 热情、果断 |
| | | 直觉敏锐 |
| | | 严守秘密 |
| | 负面 | 口是心非 |
| | | 占有欲强 |
| | | 复仇心强 |
| 管辖时间 | | 10.23～11.21 |
| 元素 | | 水 |
| 守护星 | | 冥王星 |
| 代表部位 | | 生殖器官 |
| 幸运色 | | 深红色 |
| 幸运宝石 | | 鸡血石 |
| 幸运花 | | 海棠 |
| 幸运方位 | | 东北方 |

## 701 天蝎座的人有财运吗？

天蝎座的人有复杂的金钱关系，他们的金钱离不开生死大事、爱恨情仇和权力相关的事情，金牛座人的金钱则是花费在一些美丽并且保值的物品上。天蝎座的人很少浪费，他们有自己的一套理财计划。

天蝎座的人天生是理财高手，为了获得更多的财富，还会尝试一些比较冒险的投资。但建议不要参与投机性投资，尤其是赌博。天蝎座的人应该脚踏实地地积累财富，进行各种有收益的投资。

## 702 天蝎座的人婚姻情况如何？

天蝎座人的爱情性感、热情并且深刻。他们重视对象外表下的魅力和突破禁忌的勇气，同时他们有强烈的占有欲。仅看这些特质，我们就可以想象天蝎座人的爱情多么惊天动地，甚至带有毁灭性的力量。性是天蝎座人爱情中的重点，他们会为了性而生，追求秘密、深沉的性爱。同时他们也渴求心灵上的默契，这股力量要能震动灵魂深处。天蝎座人追求的爱情是性与灵的完美结合。

通常，天蝎座的人总有足以征服对方的精力和魅力。他们是爱情中的主导者，他们充沛的情感可以从性生活中得到最好的发泄，不过善妒的个性很可能造成天蝎座人情感上致命的打击。

天蝎座的幸运花：海棠

## 703 天蝎座的人健康状况如何？

天蝎座代表生殖器官，天蝎座的人容易患肾脏、膀胱和生殖器官方面的疾病。

天蝎座的人体力良好，生命力顽强，不会轻易向疾病屈服，外表看起来很健康，但其实小毛病很多。天蝎座的人在承担过大压力的时候会头疼，小感冒会引起呼吸系统的疾病，所以天蝎座的人一定不要忽略这些小的征兆，以免招来大病。

天蝎座人的机体需要铁，应多吃些香菜、菠菜、芹菜、洋葱、杏仁和生胡萝卜。此外，天蝎座人的机体还需要镁，以加强抗衰老的能力。

**天蝎座健康小窍门**

| | |
|---|---|
| 健康饮食 ～ | 不要偏食、多吃点平常不吃的食物 |
| 健康运动 ～ | 到海边冥想、森林浴 |
| 健康风险 ～ | 怀孕产子、泌尿疾病、视力问题 |

## 704 天蝎座的人需要注意什么？

天蝎座的人具有旺盛的生命力和敏锐的观察力，擅长推理，这些特点有助于天蝎座人事业的发展。但天蝎座人有时过于谨慎，错过了发展的机会，难免会留下遗憾；有时缺乏客观性，不接受他人的意见，也是天蝎座人的缺点之一，要注意改正。

天蝎座的人对有困难的人，能给予真诚的安慰，但好恶分明的个性，经常明显地摆在脸上，再加上不擅长交际，所以好朋友不多。如果天蝎座的人能够主动扩大自己的交际圈子，尝试结交各种不同类型的朋友，更能把天蝎座独特的观察力发挥得淋漓尽致。

- 过于谨慎的天蝎座人有时候会错过很好的发展机会。
- 如果扩大天蝎座人的交际圈，可以将天蝎的观察力发挥得淋漓尽致。

## 705 射手座的性格特征是什么？

射手座的人乐观、活泼、坦率、自尊心强、多才多艺，有很高的智慧，颇富直觉与鼓舞他人的力量，思想开明，适应力强，有很好的判断力，有处理紧急事务的能力，擅长思考，富崇高的正义感，敏感而聪慧，喜爱自由、诚恳、正直、可靠、慎重。

射手座的人精力充沛，好争论，脾气急躁，对权力有野心，对受磨难及压迫的人有慈悲的心肠；射手座的人对朋友大方，处事圆滑，很懂得外交手腕。他们天生就具备国际性视野，对异国文化感兴趣。他们总是梦想着能到天涯海角去瞧瞧，最好可以环游世界，四海为家，感受不同文化的风情。

**射手座的星座符号**

- 半人半马的弓箭手。
- 射手座的符号代表着射箭的狩猎人；射手座代表着道德、宗教、哲学和法律。

## 706 射手座的守护星和守护神是什么？

射手座代表热情的爱。射手座的守护星是木星。

射手座的守护神是宙斯（Zeus）。宙斯是希腊神话中的主神，第三任神王，是奥林匹斯山的统治者。克洛诺斯和瑞亚之子，掌管天界。他以雷电为武器，维持着天地间的秩序。在宙斯的指引下，射手座的人比其他星座的人拥有更宽阔的胸襟，代表着茁壮成长。

传说在古希腊的大草原上驰骋着一批半人半马的族群。"半人半马"揭示出人性与兽性的相互结合，理性与非理性的相互矛盾，这就是著名的人马部落。他们生性凶猛，但是部落中的射手奇伦是唯一的例外。他生来就是一个善良的男子，他待人坦诚、真挚，谦逊有理，很受大家的喜爱。

有一天，奇伦的朋友赫五力来拜访他。奇伦用赫五力最喜欢的人马族的酒来招待他，赫五力喝完奇伦珍藏的酒仍不罢休，还执意要把全部落的酒都喝光。但酒是部落的公共财产，奇伦无法满足他的要求。赫五力不听奇伦的话，推开奇伦就闯进人马部落的酒室。暴躁的赫五力和凶猛的人马族互不相让，一场战争爆发了。

赫五力力大无比，武艺超群，人马族当然不是他的对手，大战几个回合之后人马族的人纷纷逃跑。赫五力神弓在手，紧紧追赶人马族，借着酒劲，不断进攻。人马族被逼得无路可逃，只好逃到奇伦家中避难。赫五力追到门口大声呼喊："如果你们还不出来，我就进去杀死所有的人。"为了部落，为了友谊，为了和平，奇伦推开门，大步走了出来。就在那一瞬间，赫五力的箭射入了奇伦的身体里。看到朋友被自己的神箭射穿心脏，赫五力惋惜又痛心，而奇伦却用尽最后的力气说道："箭虽锋利，但却穿不透柔软的心；兽性虽疯，但不会泯灭人性。"

此时，奇伦化为闪亮的小星星，飞上了天际，它们聚集在一起，排成人马的样子，那支箭似乎还在他的胸前。人们为了纪念善良的奇伦，便把这个星座取名为射手座。

——鹰是宙斯的标志

**射手座守护神：宙斯**

宙斯是希腊神话中的主神，第三任神王，是奥林匹斯山的统治者。

## 707 射手座的人工作情况怎样？

出于对知识的热情，不少射手座的人研究政治、哲学或法律。因为天神宙斯的全局观念，使射手座人的想法不会只偏向一己之私，他们会秉持伦理和道德的原则做事，而且坚持这个原则。

射手座人适合的职业大全
- 法官
- 律师
- 司法人员
- 外交人员
- 涉及宗教的行业
- 教师
- 广告业者
- 文案撰写者
- 播音员
- 导游
- 国际贸易商
- 运输业者
- 哲学家
- 思想家

射手座的人会以无比的热情投入工作中，时常采取主动接洽的做法，不甘落于人后，所以颇具开拓业务的能力。射手座的人对新事物、新观念、新做法，抱持着尽量吸收的心态，在职场上最容易展现高度的学习能力。

## 708 射手座有怎样的人际关系？

### 射手座的属性

| 射手座的属性 | | |
|---|---|---|
| 性格特征 | 正面 | 坦率幽默 |
| | | 乐于助人 |
| | | 知识渊博 |
| | 负面 | 心直口快 |
| | | 粗心大意 |
| | | 固执己见 |
| 管辖时间 | | 11.22～12.21 |
| 元素 | | 火 |
| 守护星 | | 木星 |
| 代表部位 | | 大腿 |
| 幸运色 | | 紫色 |
| 幸运宝石 | | 紫水晶 |
| 幸运花 | | 紫罗兰 |
| 幸运方位 | | 东南方 |

射手座的人在人群中最能发挥出自己的魅力，无论在什么环境中射手座的人都能交到朋友。射手座的人知识渊博，擅长言辞，但是潇洒不羁的个性经常让人误认为是轻浮随便，这一点要注意。

射手座的人性格坦诚，个性温和，喜欢照顾别人，人际关系处理得很好，对周围的事物高度关注，但缺乏耐心，做事经常半途而废。

## 709 射手座的人有财运吗？

射手座的人相对来说更加注重精神享受，对金钱没有太大的野心和欲望，很少计较金钱的得失，有钱的时候消费起来从不吝啬，也不会贪图眼前利益，但很少能积累下大笔财富。

射手座的人喜欢享受消费时的感觉，看到喜欢的物品就会毫不犹豫地购买下来，有奢侈浪费的倾向，也经常出现财务危机，所以射手座的人要尽量控制自己的购物欲望，尤其是情绪不高的时候。

中篇：运程
第十章 星座运程

## 710 射手座的人婚姻情况如何？

射手座的人喜欢追求真挚的爱情，在爱情方面作风相当大胆，喜欢掌握主动权，而且只要喜欢上对方就会紧追不舍，有时会不顾对方的看法，只按照自己的主观愿望行事。另外，喜欢追求自由的性格也会给人用情不专的感觉。

射手座的幸运花：

射手座的人对于爱情绝不拖泥带水，射手座人爱慕的对象当然也是喜欢冒险、心胸开阔、无拘无束以及活力充沛的异性，但是当他们觉得彼此之间的爱情已经消失或是变质时，便会毫不犹豫地掉头离去，没有任何留恋。

射手们总会给人飘忽不定、方向不定的感觉，同时也拥有孩童般幼稚的心，射手座的人面对爱情时缺乏自信和勇敢的精神。

## 711 射手座的人健康状况如何？

射手座代表关节和大腿，射手座的人容易患呼吸系统、肝、胆方面的疾病。

射手座的人活力旺盛，新陈代谢也比较快，正是这个原因，有时反而会忽略体力透支带来的病痛。射手座的人最容易患肝胆方面的疾病，另外就是呼吸系统的疾病，特别容易因为感冒引发气管炎，所以射手座的人一定要多多关注自己的健康状况。

射手座的人适合吃含高蛋白的烤鱼或禽类，新鲜蔬菜和水果，像甜菜、番茄、李子、樱桃、橘子和柠檬。多喝纯净水，不适合吃的食物包括浓汤、奶油、黄油、糖果和巧克力等。

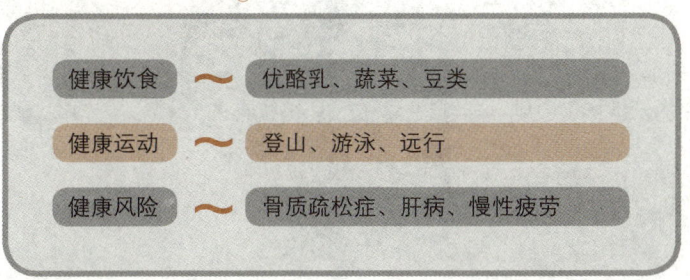

## 712 射手座的人需要注意什么？

射手座的人天生热爱自由，不愿意受到任何束缚，而且缺乏耐心，容易见异思迁，再加上个性率直，容易得罪人，会给自己带来不必要的困扰。射手座的人凡事要慎重一点，事前多加思考，并且要培养自己的耐心，才能建立良好的人际关系网，工作和事业也会更加成功。

射手座的人心胸宽广，正直，人缘好，在别人遇到困难的时候会主动出手相助，做事时也会全力以赴，偶尔会表现得有些急躁，建议射手座的人要给自己放松的空间，才能走得更远。

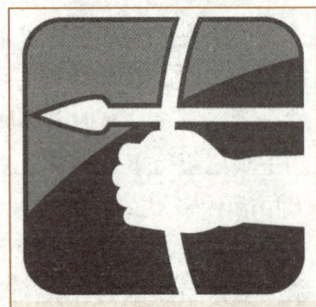

- 射手座的人容易见异思迁。
- 射手座的人要学会放松自己，才能走得更远。

## 713 摩羯座的性格特征是什么？

摩羯座的人保守、谨慎、实际、有责任感、可靠、机智、有主见、尊重权威、看重自己、有抱负、有耐心、守纪律。

摩羯座的人常给人一种严肃、无趣的刻板印象，摩羯座人通常以事业为主，一切都从最现实的观点出发，脚踏实地地从零做起，并追求实实在在的结果。如同攀登山峰一样，摩羯座人的光辉前程，需要用坚持不懈的努力去换取。他们不喜欢碌碌无为、无所事事，在现实的促使下，他们会不断地改进自己的工作质量和生活环境。

摩羯座人有旺盛的企图心，优越的组织能力与耐性，最重要的是，拥有超强的自我控制能力，这样的特质，是成功必备的条件。

**摩羯座的星座符号**

像是一笔画出山羊外形特征的一种古代象形文字。

摩羯座代表认真、踏实的个性，符号中有山羊的头和胡须；山羊本身是吃苦耐劳的动物。

## 714 摩羯座的守护星和守护神是什么？

摩羯座代表孤独的爱。摩羯座的守护星是土星，重视秩序和规则，代表着勤奋与忠诚，意味着学习和承担责任。

摩羯座的守护神是第二代神王克洛诺斯（Cronos），他是天空之神乌拉诺斯与大地之神盖亚之子，后被儿子宙斯推翻。

传说牧神潘恩长得很丑，他每天的工作就是看管宙斯的牛羊。因为长相丑陋，潘恩不敢与众神一起歌唱。潘恩爱慕着神殿里一个弹竖琴的仙子，但由于他害羞又自卑的个性，使得他一直不敢向她表白。

没人了解潘恩丑陋外表下炽热的心，他的一腔愁怨无法排解，只能付诸箫声。他的箫声如怨如慕，如泣如诉，但没有人愿意走近聆听。在天河的尽头有一个美丽的湖泊，湖泊里的水被诅咒过，任何人只要踏进湖泊一步，就会变成鱼。但是潘恩不考虑这些，比起神殿中的喧闹，他更愿静静地在湖泊边上吹箫。

一天，正当众神举行宴会的时候，居住在黑森林里的怪兽却突然闯入了大厅。它们像海浪般排山倒海地袭来，众神都无法抵御它们，纷纷各自逃离了。正弹着竖琴的仙子被这些怪兽给吓坏了，呆立在那里，不知道该往哪里逃。眼看着怪兽冲向仙子了，平时胆小而害羞的潘恩，抛却了一切顾忌，一把抱起仙子奔向门外。怪兽紧跟其后。潘恩知道自己根本不是怪兽的对手，走投无路之际，潘恩突然想起了天河尽头的那个湖泊，于是他朝湖泊跑去。

为了保护仙子，潘恩义无反顾地踏进了湖泊，他自己站在湖泊中央，把仙子高高举在手中。怪兽害怕变成鱼都不敢踏入湖泊，只好失望地离开了。怪兽走后，潘恩小心翼翼地挪到岸边把仙子放下。获救的仙子十分感激潘恩，伸手想把潘恩拉上来，但是潘恩已经不能上岸了，因为他的下半身已经变成了鱼，从此只能生活在这湖泊里了！

宙斯知道了潘恩的事迹后，便以他的形象创造了摩羯座。摩羯座的人在对待感情时，也会像潘恩一样，严谨而内敛，他们对幸福总会有与众不同的理解。

**摩羯座守护神：克洛诺斯**

克洛诺斯是第一代泰坦十二神的领袖，他是天空之神乌拉诺斯和大地之神盖亚的儿子。

## 715 摩羯座的人工作情况怎样?

摩羯座的人不会局限于哪一个工作种类或形态,只要他们下定决心,没有他们做不到的事情。摩羯座人特别了解社会体制或阶层,对身份和长幼地位有特别的直觉。

摩羯座人的雄心壮志是显而易见的,他们对自己当老板,抱持着高度的热忱。他们在行事作风上比较稳健,在职场上最容易展现管理经营的才干。

**摩羯座人适合的职业大全**
- 经济学家
- 政治家
- 建筑业者
- 政府行政人员
- 采矿业者
- 专业技术人员
- 房地产商
- 木匠
- 雕刻家
- 钟表业者
- 土木工程师
- 陶艺业者
- 制图人员

## 716 摩羯座有怎样的人际关系?

**摩羯座的属性**

| 摩羯座的属性 | | |
|---|---|---|
| 性格特征 | 正面 | 雄心万丈 |
| | | 耐力十足 |
| | | 严守纪律 |
| | 负面 | 现实利己 |
| | | 悲观主义 |
| | | 冷酷无情 |
| 管辖时间 | | 12.22~1.20 |
| 元素 | | 土 |
| 守护星 | | 土星 |
| 代表部位 | | 骨骼 |
| 幸运色 | | 棕色 |
| 幸运宝石 | | 土耳其玉 |
| 幸运花 | | 勿忘我 |
| 幸运方位 | | 南方 |

摩羯座的人喜欢按照自己的既定步伐前进,是一个忠实于内心真实感受的人,很少受到外界环境的困扰。他们严于律己,也不喜欢身边的朋友犯错误,不喜欢主动结交新朋友,所以朋友不多。

摩羯座的人有很多梦想,但最大的缺点是不擅长沟通,不喜欢接纳别人的意见,经常一意孤行,也不愿意与人亲近,性格上的缺陷会使身边的人敬而远之,梦想大多很难实现。

## 717 摩羯座的人有财运吗?

摩羯座的人十分现实,擅长理财,也有储蓄的好习惯,积蓄会随着年龄的增长而增加,因此中年之后的摩羯座人经济大多十分稳定。

摩羯座的人天生没有偏财运,所有的财富都是靠辛苦积攒下来的,摩羯座的人很少奢侈浪费,总是把金钱用在该用的地方上。摩羯座人要脚踏实地地赚取财富,不要参与投机性投资。

## 718 摩羯座的人婚姻情况如何？

摩羯座的幸运花：勿忘我

摩羯座人的爱情观是保守传统的，他们需要的是能在事业上、人生规划上一起努力的伴侣，一个可靠的恋人，他们不要鲜花、蕾丝花裙，只要一份简单、坚贞的爱情。摩羯座人严肃、有责任感，是个务实主义者。面对爱情时，摩羯座的人很实际，对方的地位、家庭、生活保障都是他们要考虑的因素。摩羯们对自己要求很高，这使得他们对伴侣也抱着很高的要求。

摩羯座的人对待婚姻非常谨慎，重视真挚的爱情，非常理性，不够浪漫，但他们是忠实的伴侣。他们忠实于家庭及所爱的人。只是他们善良和丰富的感情往往被他们的羞涩掩盖。由于追求完美，不相信自己的能力，使他们经常与爱情擦肩而过。

## 719 摩羯座的人健康状况如何？

摩羯座代表骨骼，摩羯座的人容易患骨骼和消化系统方面的疾病。

摩羯座的人精力充沛，耐力十足，从外表看十分健康，但是身体的内部，尤其是骨骼和消化系统十分脆弱，要注意饮食和意外伤害导致的骨折或脱臼。

想要拥有健康的骨骼、皮肤和牙齿，摩羯座的人应摄入含蛋白质和钙高的食物。新鲜的水果、蔬菜、鱼、鸡蛋和面包，还有乳酪和酸奶都是不错的选择。摩羯座人喜欢的食物往往会形成定势，需要每天让饮食多样化，尝试不同的蔬菜、水果、肉类，全面补充营养。巧克力和被提炼的糖不宜摄入过多。

**摩羯座健康小窍门**

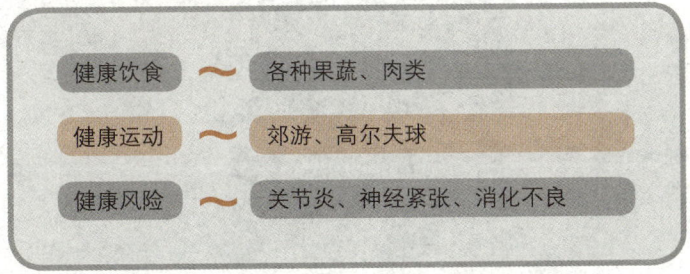

| 健康饮食 | ~ | 各种果蔬、肉类 |
| 健康运动 | ~ | 郊游、高尔夫球 |
| 健康风险 | ~ | 关节炎、神经紧张、消化不良 |

## 720 摩羯座的人需要注意什么？

摩羯座的人拥有旺盛的生命力，对于已经制定好的目标，会用惊人的耐力全力以赴地完成，踏实勤恳，让很多没有恒心的人羡慕不已。但是摩羯座的人有时过于执著，埋头专注于自己的工作，失去了很多观察外界的机会，变成了一个视野狭窄的人。摩羯座的人在忙碌中也要注意多听听别人的意见，会有意想不到的收获。摩蝎座的人从不会重复同样的错误。他们非常小心、沉稳、务实和节俭。他们有所保留的个性可能导致人际关系出现问题。

- 摩羯们做事时不要只顾埋头拉车，也要抬头看路。
- 摩羯们保留的个性可能导致人际关系出现问题。

## 721 水瓶座的性格特征是什么？

水瓶座的人求知欲强、独立、博爱、友善、忠实、可靠、有创意、有远见、智慧、思想新颖、头脑敏锐、善于观察、富有改革精神。

水瓶座的人颇富知性，具有锐利的观察力、推测能力以及富有冒险的开拓精神。求知欲逐渐加强后，会对任何事物都深入思考，对于社会种种的不平等以及矛盾现象，总产生怀疑的态度或不平之心，而逐渐倾向反传统的思想。

水瓶座是十二星座中最富创意和独立性的星座。水瓶座人的思绪像闪电般快速而耀眼，始终走在时代的前沿，给人一种鹤立鸡群、惊世骇俗的感觉。他们总是坚持自己的信念，即使因此显得与周围格格不入，也不会屈从于众人，而是尽情享受孤独的自由。

### 水瓶座的星座符号

水瓶座的星座符号的本意是船夫，它的符号中有两层海波。

占星家将水瓶座的符号解释成两道电波，或者是向外倾洒的水波

## 722 水瓶座的守护星和守护神是什么？

水瓶座代表有个性的爱。水瓶座的守护星是天王星，天王星代表着自我突破和不受约束的智慧。

水瓶座的守护神是天空之神乌拉诺斯（Uranus）。乌拉诺斯从大地母亲盖亚的指端诞生，象征希望与未来，并代表了天空。乌拉诺斯是盖亚的儿子，也是盖亚的丈夫和十二泰坦神、独眼巨人与百臂巨人的父亲。

相传古希腊的特洛伊城有一个叫伊的王子，他爱上了声音甜美的女神海伦。海伦是宙斯的倒水侍女。宙斯也非常喜爱海伦，但又惧怕妻子赫拉。

一天，海伦在神殿偷听到太阳神阿波罗和智慧女神雅典娜要毁灭特洛伊城的消息。为了王子伊，海伦不顾神界的戒律准备降落凡间。但不幸被宙斯的侍卫发现了，宙斯不忍责罚海伦，就把这份罪责转嫁到了与海伦相爱的王子伊身上。宙斯化为一只老鹰，盘旋在特洛伊城的上空，他发现了在花园散步的王子，却被王子俊逸的形象折服。一个罪恶的念头袭上心头。宙斯从天空俯冲下来，把伊带回了神殿。

宙斯把伊带回神殿后，每天逼迫伊给他倒水，这样他就能够每天见到伊。赫拉为此非常嫉妒，她想除掉伊和海伦。赫拉偷偷将海伦放走，并告诉海伦，伊被困在宙斯的神殿中。海伦去解救王子，准备和王子一起私逃下界。这时，赫拉将二人当场捉住并将他们带到宙斯面前。盛怒中的宙斯决定处死伊。射手射出致命一箭的刹那，海伦挡在了伊的胸前，挽救了伊。

赫拉看奸计没有得逞，恼羞成怒地把伊变成了一只透明的水瓶，让他永生永世为宙斯盛水。然而，清水从水瓶中倒出来后都变成了苦涩的泪水。众神见此情景，无不为之动容。于是宙斯便将伊化作一个忧伤的神灵，留在了天上。人们只要一抬头就能看见一群闪亮的星星，像一个透明发亮的水瓶，于是人们便把它叫做水瓶座。

**水瓶座守护神：乌拉诺斯**

乌拉诺斯从大地母亲盖亚的指端诞生，象征希望与未来，并代表了天空。乌拉诺斯是十二泰坦神、独眼巨人与百臂巨人的父亲。

## 723 水瓶座的人工作情况怎样？

水瓶座的人比较重视理论，会去阅读相关的专业书籍，来增强自己对专业知识的了解。行事有大将之风，能把握解决困难的关键所在，反应敏捷。水瓶座的人在职场上最容易展现深入思索的专才。水瓶座的人有很多不同的兴趣爱好，在许多领域都富有创意和技能。他们是出色的计算机科学家、医生、飞行员和作家。

**水瓶座人适合的职业大全**
- 飞行员
- 天文学家
- 占星家
- 心理学家
- 演员
- 导演
- 科学家
- 销售人员
- 电话员
- 发明家
- 学者
- 计算机专家
- 医生

## 724 水瓶座有怎样的人际关系？

**水瓶座的属性**

| 水瓶座的属性 | | |
|---|---|---|
| 性格特征 | 正面 | 人道精神 |
| | | 高瞻远瞩 |
| | | 独立自主 |
| | 负面 | 过分理想 |
| | | 缺乏恒心 |
| | | 特立独行 |
| 管辖时间 | | 1.21–2.18 |
| 元素 | | 风 |
| 守护星 | | 天王星 |
| 代表部位 | | 小腿 |
| 幸运色 | | 水蓝色 |
| 幸运宝石 | | 蓝宝石 |
| 幸运花 | | 兰花 |
| 幸运方位 | | 西南方 |

水瓶座的人大多都是博爱主义者，能与他人和谐相处，具有上进心，做任何事都能持有积极的态度，勇往直前；一旦确定了目标，就会坚持到底，无论遇到什么困难，都意志力顽强，是不达目标不罢休的典型；正是由于水瓶座的人意志力过于坚强，有时给人不通人情的感觉；有时好高骛远，不切实际，过于坚持自己的理想，不喜欢妥协，也因此在团体中受到排斥而变得孤立；他们总是坚持自己的信念，即使因此显得格格不入。

## 725 水瓶座的人有财运吗？

水瓶座的人金钱观念十分淡薄，不擅长理财，喜欢追逐名利，不喜欢储蓄；擅长赚钱，也很会花钱，会为喜欢的东西花光身上最后一块钱。所以水瓶座的人要多学习理财方面的知识，要制订长期的投资计划，这样，财务状况才能稳定，不会出现囊中羞涩的时候。

做风险投资时，要能够有冷静的评估，以保守型投资为妥。

## 726 水瓶座的人婚姻情况如何？

水瓶座的幸运花：兰花

水瓶座的人博爱，对爱情不执著，一般是从友情发展到爱情，没有激情，不喜欢缠绵激烈的爱情，也不会因为爱情失去理智。在婚姻生活中，不喜欢受到约束，要求双方平等，尊重彼此的自由。

水瓶座的人喜欢生活在没有压力的环境中，他们大多不在乎别人的看法，而对于恋人，他们则希望能给予他充分的自由空间，而不要时刻紧盯着他或妄图独自占有。他们认为最理想的相处模式是若即若离，他们的生命从来不会被爱情占据。水瓶座的人对自由的渴望像双子座的人一样强烈，他们讨厌被束缚。

水瓶座的人绝对表里如一，不会使诡计、耍心机，因此，在他们决定开始一段恋情之前，一定会将自己的需要坦诚告知，从来不会说一套做一套。

## 727 水瓶座的人健康状况如何？

水瓶座代表小腿，水瓶座的人容易患血液系统和消化系统方面的疾病。

水瓶座的人外表看起来十分健康，但是消化系统十分脆弱，容易诱发神经性胃肠炎。另外，中年之后，还会有心律不齐的麻烦，如果中年之后发福，要注意高血压、心脏病、循环系统的疾病。

水瓶座的人应该少吃油脂过高和高蛋白质的食物，多吃新鲜的水果、蔬菜和面包。鸡、甜菜、胡萝卜、胡椒、番茄、草莓、菠萝、石榴、无花果、棕色米、酸奶等食物对水瓶座人的健康非常有利。少喝咖啡，它会引起紧张。

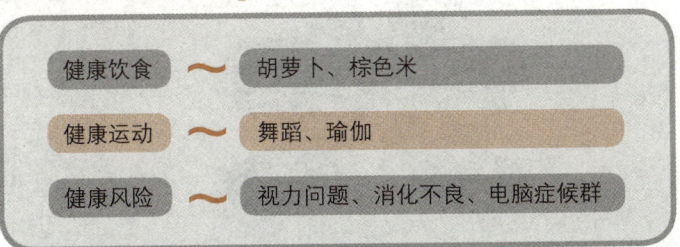

水瓶座健康小窍门

| 健康饮食 | 胡萝卜、棕色米 |
| 健康运动 | 舞蹈、瑜伽 |
| 健康风险 | 视力问题、消化不良、电脑症候群 |

## 728 水瓶座的人需要注意什么？

水瓶座的人有自己独特的风格，感情细腻丰富，人缘好，受到朋友的欢迎，只是有的时候追求完美，会强迫朋友接受自己的想法，不喜欢接受他人的建议。如果水瓶座的人能适度地接受一些他人的建议，给对方发表意见的机会，对改善朋友关系会大有帮助。

水瓶座的人崇尚自由，不喜欢被束缚，一旦觉得自己被约束住了，就会表现出反叛的一面，甚至会做出比较激烈的反抗。建议水瓶座的人在这一方面要多加改善，不要迷失在自己编织的幻想世界中，不要与现实世界脱节。

- 水瓶座的人要适度地接受善意的建议。
- 水瓶座的人在描绘蓝图的时候不要忘记看看现实。

## 729 双鱼座的性格特征是什么？

双鱼座的人天真、清纯、温柔、谦虚、敏感、善解人意、感情丰富、脱俗、适应力强、仁慈、富有同情心、多才多艺。

人类因为有梦想而伟大，双鱼因为有梦想才长大。双鱼座的人，因性格比较脆弱，不太坚定，有时太忠厚，容易受别人的连累。在童话故事里，我们总能看到公主与王子最后幸福生活的结局。双鱼座人从小就做着这样美丽却虚幻的梦，有些人甚至终其一生都沉溺在这个梦中不愿苏醒。在他们眼中，世界总是失真的，为了让事情变得更加圆满，他们甚至会采用一些小手段来掩饰真正的事实。双鱼座人总是不计得失地去帮助和拯救他们眼中的不幸者。

**双鱼座的星座符号**

两道新月形的弧，中间靠一道直线串联。

双鱼座的星座符号看起来就像是两条绑在一起的鱼，一条往上游去，另一条则向下游，完全背道而驰却因中间的一线相连，明显地点出双鱼座天生的双重个性。

# 730 双鱼座的守护星和守护神是什么？

双鱼座代表尽心的爱。双鱼座的守护星是海王星，代表着海一样深不可测的特性，充满着梦幻和神秘的色彩，也代表纯净的内心世界。

双鱼座的守护神为海神波塞冬(Poseidon)。波塞冬是古希腊神话中一位重要的神，即海神、海王、海皇。

相传美神维纳斯带着心爱的儿子——小爱神丘比特，盛装打扮去参加一场豪华的宴会。在这个宴会中，所有的与会人士都是天神，称得上是一场"神仙的盛宴"。

众女神们一个比一个打扮得艳丽，谁也不想被其他人比下去。众男神们则是人手一只酒杯，三五成群地高谈阔论。顽皮的小朋友们，早就按捺不住，玩起捉迷藏来。

当宴会逐渐进入高潮，大家都陶醉于美味的食物与香浓的醇酒时，突然来了一位不速之客，破坏了整个宴会的气氛。这个不速之客，有着非常狰狞的外表以及邪恶的心肠，他出现在宴会上的目的，就是要破坏宴会。显然，他已经达到这个目的了。他伸手把摆设食物的桌子推翻，把美酒摔向水池中，还用可怕的表情，吓坏了在场的每个与会者。大家开始四处乱窜，原本美好的宴会，竟然变得如此惊慌失措，尖叫声、小孩子的哭声不绝于耳。

这时候，维纳斯突然发现丘比特不见了，她紧张得到处寻找，也顾不得那位不速之客的存在了。维纳斯找遍了宴会的各个角落，终于在钢琴底下，找到了吓得发抖的丘比特，维纳斯赶快将丘比特紧紧地抱在怀中。

为了防止丘比特再度与她失散，维纳斯想了一个方法，用一条绳子将两个人的脚绑在一起，然后再变成两条鱼跳进池子中游走了。他们就这样成功地逃离了这个可怕的宴会。

双鱼座守护神：波塞冬

波塞冬是希腊神话中的主神之一，又名涅普顿(Neptune)，是天神宙斯的哥哥，地位仅次于宙斯，掌管海洋，称为海神，拥有强大的法力。波塞冬经常手持三叉戟，那是他的标志。

## 731 双鱼座的人工作情况怎样？

双鱼座的人对各种状况应变自如。双鱼座的人能够同时执行许多不同的任务并能很好地完成任务。虽然他们能独力完成任务，但他们很喜欢在上司的管理下执行任务。

现实生活的不完美与内心世界的理想化是双鱼座人最大的困扰。如果双鱼座的人想合理发挥他们爱幻想的天性，最好的职业是与创作相关的，例如文学写作、音乐创作、广告创意以及摄影等方面的工作。

| 双鱼座人适合的职业大全 | |
|---|---|
| • 作家 | • 水手 |
| • 艺术家 | • 航海家 |
| • 演员 | • 演员 |
| • 护士 | • 检控官 |
| • 诗人 | • 设计师 |
| • 舞蹈家 | • 摄影师 |
| • 慈善家 | • 音乐家 |
| • 祭师 | • 广告创意 |
| • 占星家 | |

## 732 双鱼座有怎样的人际关系？

**双鱼座的属性**

| 双鱼座的属性 | 性格特征 | 正面 | 浪漫、博爱 |
| | | | 乐于助人 |
| | | | 第六感强 |
| | | 负面 | 不善理财 |
| | | | 意志不坚 |
| | | | 依赖心重 |
| | 管辖时间 | | 2.19～3.20 |
| | 元素 | | 水 |
| | 守护星 | | 海王星 |
| | 代表部位 | | 足部 |
| | 幸运色 | | 海绿色 |
| | 幸运宝石 | | 绿松石 |
| | 幸运花 | | 睡莲 |
| | 幸运方位 | | 西北方 |

双鱼座的人感情丰富，富有同情心，朋友有难的时候会主动出手相助，即使是牺牲自己也在所不惜；具有奉献精神，是乐于助人的典型。

双鱼座的人容易相信别人，很少对人产生怀疑，固执己见；双鱼座的人依赖心理很重，一遇到困难就依赖于别人的帮助，缺乏独立性。如果能培养自己的独立性，能增添不少个人魅力。

## 733 双鱼座的人有财运吗？

双鱼座的人缺乏经济观念，有时很奢侈，但是双鱼座的人擅长交际，能认识很多贵人，给自己带来财运。

双鱼座的人富有同情心，过于相信别人，尤其是在财务方面，很容易被人欺骗。要注意加强判断力，克制浪费的欲望，不随便借钱给别人，财务状况就会转好。

## 734 双鱼座的人婚姻情况如何？

双鱼座的人天生多情又浪漫，爱情是双鱼座人生命里不可缺少的一部分。他们总会幻想小说般唯美的情节会在现实的爱情世界里发生，他们总是期待爱情里面他们的真命天子降临。他们缺乏主动性，不喜欢主动示爱，这样有可能会促成不完美的结合。

双鱼座人的爱是灵（精神的爱）与肉（肉体的爱）的结合，他们不但拥有纯情的爱，也渴望激情的爱。他们对爱情缺乏拒绝的能力，常常来者不拒。

双鱼座的幸运花：睡莲

## 735 双鱼座的人健康状况如何？

双鱼座代表足部，双鱼座的人容易患足部疾病和循环系统的疾病。

双鱼座的人神经系统容易出现小毛病。他们喜欢美食，又不加节制，可能会引起肝胆系统的疾病。双鱼座的人新陈代谢缓慢，容易感染传染病。

适合双鱼座人的食物有：瘦牛肉、蛋黄、牡蛎、肾脏、菠菜、葱、莴苣、葡萄干、枣等。少食精制盐，以免引起肿胀，最忌酒精含量高的饮品。

**双鱼座健康小窍门**

| | |
|---|---|
| 健康饮食 ～ | 甜菜、枣 |
| 健康运动 ～ | 太极拳、静坐、游泳 |
| 健康风险 ～ | 胃病、脚部疾病 |

## 736 双鱼座的人需要注意什么？

双鱼座的人善良，不知道怎样拒绝别人，对别人的求助总是来者不拒。即使超出自己能力范围的事情也勉强去做，经常把自己搞得狼狈不堪。为了使自己不再受伤害，双鱼座的人要多培养自己的观察力和洞察力，理智地作出判断。同时结合自己的能力来综合考虑，学会对他人说不。

双鱼座的人具有双重性格，虽然待人亲切，又富有同情心，但是却容易产生嫉妒心，如果能适当地调整自己的心态，就会结交到更多对自己有帮助的朋友。

- 双鱼座的人要培养自己的判断力，学会对他人说不。
- 双鱼座的人应平和地对待事情，防止嫉妒心的滋生。

# 第十一章 血型运程

在已经发现的血型中,常见的有A、B、O、AB四种血型,它们都是由卡尔·兰德斯泰纳发现的。本章主要介绍了血型的分类与特征,不同血型的性格缺点和健康隐患,不同血型的人适合的职业。在此基础上,作者结合十二星座,阐述了不同星座不同血型的人的性格差异。

## *737* 血型都有哪些类型?

常见的血型有四种:O型、A型、B型、AB型,亦即所谓的ABO血型系统。ABO血型系统是1901年美籍奥地利病理学家卡尔·兰德斯泰纳(Karl Landsteiner)发现的,他因为这项重大发现获得了1930年的诺贝尔医学及生理学奖。

事实上,ABO血型只是人类最常见、最早被发现的血型,并不能涵盖人类所有的血型。1926年,兰德斯泰纳发现了MN和P两种血型系统,1940年发现了RH血型。其他科学家也陆续发现了S型、Q型、E型、T型等数十种血型系统。但由于这些血型系统被发现的案例极少,所以一般仍采用ABO血型系统。

| 血型类型 | |
|---|---|
| 常见血型 | 罕见血型 |
| A、B、O、AB | M、N、P、RH、S、Q、E、T |

## *738* A型血人的特征是什么?

A型血的人是天生的完美主义者,为人处世彬彬有礼,怀有牺牲奉献的精神,重视所处环境的整体气质,在团体中往往是居中协调的和事老,乐意为人服务。私下里却是一个喜爱孤独、享受寂寞的独行侠,常掩饰自己的真心,无法全然相信别人。

大多数A型血的人性格都比较内向、朴素,不喜欢交际应酬,但他们有一颗负责任和细腻的心,做事认真、谨慎、细心、追求完美;有很强的发明创造能力和非常强的直觉判断能力。

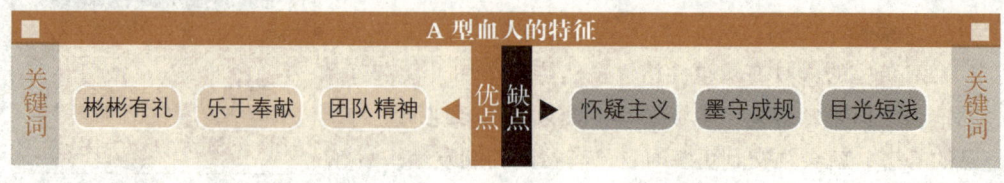

A型血人的特征

| 关键词 | 彬彬有礼 | 乐于奉献 | 团队精神 | 优点 | 缺点 | 怀疑主义 | 墨守成规 | 目光短浅 | 关键词 |

## 739 B型血人的特征是什么？

B型血的人个性爽朗，说起话来单刀直入、开门见山，有时候让人招架不住，但实际上是个刀子嘴豆腐心的人。做事情全凭直觉及印象，重视过程和当下，因此常不计后果地作出决策，又因为耳根子软，会因为别人的劝说而改变主意，可是绝不听从他人命令式口吻的指挥。

B型血人领悟力很强，最拿手的是记忆数字与符号。他们是自由一族，不喜欢被禁锢，喜欢自己定计划表，并按照其实行。碰见自己喜欢的东西，只要中意便不惜代价，很多东西没得到时朝思暮想，到手后热度却马上冷却下来。他们具有脱缰野马般强烈的好奇心，缺乏耐心、毅力，时而懒散，时而心细，尤其健忘。

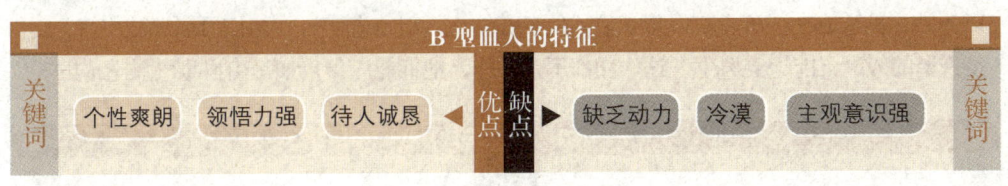

## 740 O型血人的特征是什么？

大多数的O型血人活泼、外向、爱交际、精力旺盛、适应能力强。O型血人有很强的事业心、竞争意识、领导能力和组织能力，重视团队的力量。他们思维活跃，逻辑性强，有很强的责任心和自信心。他们讲求原则，会积极、果断地处理面临的问题。他们会要求队友实事求是、讲究策略，是个非常注重实效的人。

O型血人不够谦虚，认为只有他们自己才能做好事情；好大喜功，太注重个人的利益，对别人时常有敌意或不友好的行为；对紧急的情况常有夸张的感觉；特别渴望成功，急于求成，缺乏耐心，总是因为太忙而不注意周围的人和事。

O型血的人具有外向的性格，不过要注意的是，在情绪不平衡的状态下，O型血的人会表现出易发怒、沮丧和行为失常的性格特征。因此，O型血的人需要注意控制情绪，保持心理平衡。

## 741 AB型血人的特征是什么？

AB型血的人非常重视个人隐私，即使是至亲好友，也难以进入他们的内心世界。

一般AB型血的人都表现出思想敏锐、善于洞察事物本质的能力，同时他们又是最富于同情心和自我牺牲精神的一族。AB型血的人富有内向性气质和外向性气质的双向气质。一方面他们表现得活泼、开朗、精力充沛、热情、友好、随和；有非常强的直觉判断力；主观意识强，自信、灵活性强；感情丰富，复杂多变，时常有自怜的感觉。另一方面，他们时常令人捉摸不定，有时冷淡，有时热情，喜欢表现，有时甚至会表现得有些神经质，话多且烦躁易怒，很在意别人的看法，患得患失。

AB型血的人通常具有很强的自我调节能力，可以在生活的海洋中独自航行。他们可以巧妙、机敏地在谈天中获取想索取的信息和知识。对待老实人，他们可以真诚相待，对待诙谐的人，又能谈笑风生。这一切都不是做作，他们能应付自如是由血型气质造成的。

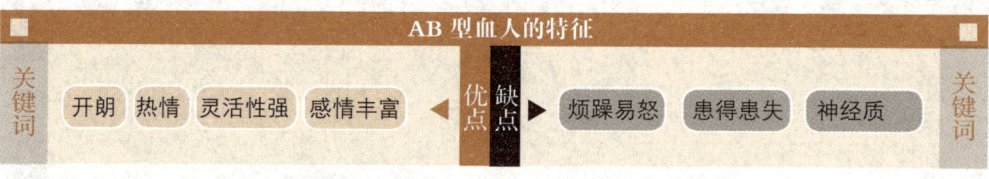

AB型血人的特征

| 关键词 | 开朗 | 热情 | 灵活性强 | 感情丰富 | ◀ 优点 缺点 ▶ | 烦躁易怒 | 患得患失 | 神经质 | 关键词 |

## 742 血型是怎样遗传的？

人类的血型通常分为A、B、O和AB四种。血型的遗传借助于细胞中的染色体。染色体的主要成分是决定遗传性状和功能的脱氧核糖核酸，即人们常说的DNA。

ABO血型系统的基因位点在第9对染色体上。人的ABO血型受控于A、B、O三个基因，但每个人体细胞内的第9对染色体上只有两个ABO系统基因，即为AO、AA、BO、BB、AB、OO中的一对等位基因，其中A和B为显性基因，O为隐性基因。血型的遗传规律参见血型遗传规律表。

### 血型遗传规律表

| 父母血型 | 子女会出现的血型 | 子女不会出现的血型 |
|---|---|---|
| O 与 O | O | A、B、AB |
| A 与 O | A、O | B、AB |
| A 与 A | A、O | B、AB |
| A 与 B | A、B、AB、O | \ |
| A 与 AB | A、B、AB | O |
| B 与 O | B、O | A、AB |
| B 与 B | B、O | A、AB |
| B 与 AB | A、B、AB | O |
| AB 与 O | A、B | O、AB |
| AB 与 AB | A、B、AB | O |

## 743 A型血人有何性格缺点和健康隐患？

A型血人的服务精神有时会被当成伪善、不真诚，不妨敞开心胸，将真实的自我表现出来，凡事不要太执著、好胜，保持轻松愉快的气氛，与人相处不是一件难事。不要那么固执、拘谨，完美的人生不一定是快乐的人生。

A型血的人凡事都有一套完整的规划，连自己的身体也不例外。A型血的人一般而言都能维持身体机能的最佳状况，但常因过度神经质导致失眠，反而影响到体能。最好可以时时维持一颗乐观豁达的心，不需要刻意注意健康状况，只要平时多运动，就能保证身体健康。

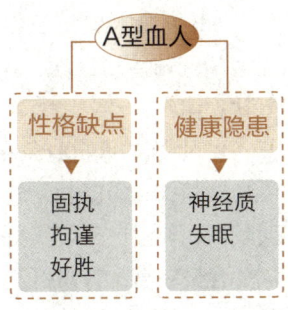

## 744 B型血人有何性格缺点和健康隐患？

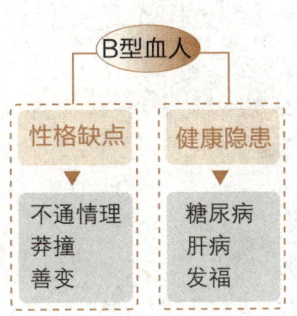

B型血人凡事讲求现实，不通情达理，常常给周围的人莫大的压力。做事太莽撞，决定的事情也很容易变卦，让与他们共事的人无所适从。

B型血人是标准的乐天主义者，在健康方面我行我素。只要他们喜欢，就算导致身体不适也无所谓。B型血人的健康大敌，就是无关紧要的态度和懒散成习的惰性。常常暴饮暴食，容易导致糖尿病、肝病或是肾脏病，身材不到中年就有发福的危机。B型血的人要注意克制自己的欲望，持之以恒地运动，这是维持健康的主要原则。

## 745 O型血人有何性格缺点和健康隐患？

O型血的人性格外向，和谁都谈得来，但固执、独断专行。其实偶尔听听别人的意见，不仅可以沟通自己的想法，更可以让人际关系融洽。

强劲的生命力是O型血人最大的资本，喜怒分明、个性率直、新陈代谢旺盛，有如好动宝宝。过度的疲劳会慢慢损耗O型血人的健康，必须试着让自己变得沉稳、温和。运动有助于身体健康，但是适度的休息和睡眠一样不可缺少。O型血人要学着控制自己的火暴性格，不然会成为脑中风的高危人群。

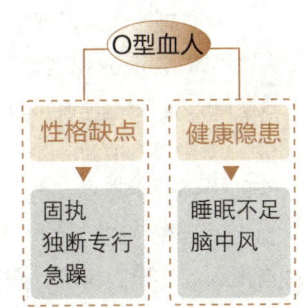

## 746 AB型血人有何性格缺点和健康隐患？

AB型血人要试着学习别人的优点，看淡别人的缺点。AB型血的人善变、性急、神经质、爱发牢骚，容易妥协。

AB型血的人自身免疫能力和抵抗能力都比较弱，容易受疾病和病毒的侵袭。很多癌症在AB型血人中发病率都相对较高，要注意预防。AB型血的人消化功能较弱，体内胆固醇含量较高，容易引发心血管疾病。如果AB型血人爱吃肉食，容易引起脂肪堆积，易患心脏病、糖尿病。

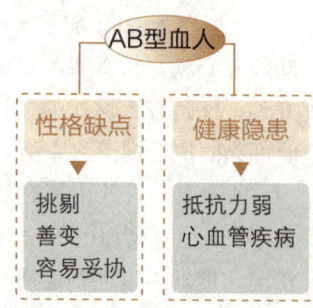

## 747 A型血人适合从事什么职业？

A型血人认真、负责、细心，尊重并乐于遵守各种规章制度、本分，使命感、义务感强，有很强的学习和研讨积极性，是活在当下的人。

根据A型血人的性格可以判断，他们适合在一个固定单位有组织地工作。A型血人适合在科研、经济规划、行政、餐饮等领域发展，适合的职业有作家、歌星、历史学家、建筑师等职业。不宜于驾驶、公关等频繁地接触人、处理问题的职业。

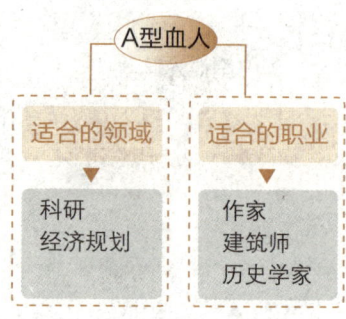

## 748 B型血人适合从事什么职业？

B型血人适合从事有创造性的工作。B型血人在处理事情时，能够迅速地作出决定。在人际交往方面，B型血人有很强的亲和力和社交能力。

B型血人适合从事自由、有创造性的职业。他们调查能力强、主意多，能在研究开发方面发挥才干。B型血人适合在科研、经济、文艺等领域发展。适合的职业有商人、作家、记者、图案设计师、文学家、企划、公关、广告等职业。不宜于医生、测量员等职业。

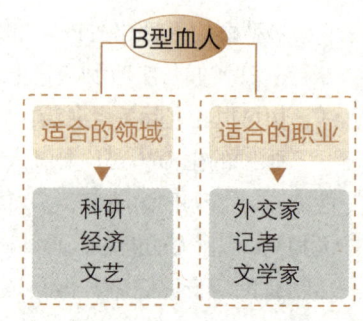

## 749 O型血人适合从事什么职业?

O型血人始终游走在理想和现实之间,常常会有一种莫名其妙的感伤,让人望而生畏。他们容易相处,善良,戒备心弱,能够坦诚地接受别人。在工作中,他们有明确的判断力、行动力,在乎得失。

O型血人适合在经济、动漫、影视、传媒等领域发展,交际能力强,善于组织并把自己放于该组织的核心地位。适合记者、专栏作家、推销员、漫画家、美编、设计师、职业运动员等职业。不适合秘书、财务、会计师等职业。

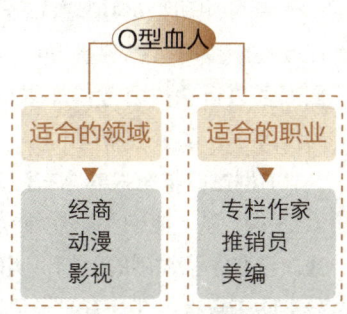

## 750 AB型血人适合从事什么职业?

AB型血人善于社交,能够调解不同的意见,协调人们的关系。他们的适应能力很强,但讨厌竞争,容易半途而废。

AB型血人是职业多面手,精于调和各类关系,有经营管理、分析设计和规划的能力。AB型血人适合在统计、设计、商业推销、金融、文艺等领域发展,适合的职业有节目主持人、相声演员、模特、律师、舞蹈家等职业。不适合会计、美容师等职业。

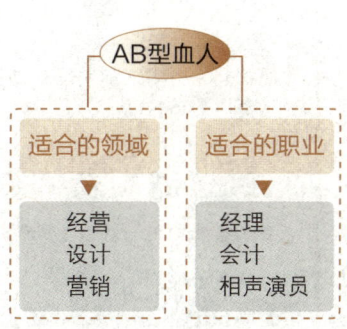

## 751 A型血白羊座人有什么性格特征?

基本上,A型血人和白羊座人的特质相当不同,几乎可以说是背道而驰。A型血人重视传统的生活方式,对于事物的看法相当保守。而白羊座人则视冒险、挑战为人生一大乐趣。这类人经常呈现自我矛盾的状态,有时勇敢、果决,有时优柔寡断。如果能集合两者的优点,那么就能成为战场上的常胜将军。长于协调的A型血人可避免好胜的白羊座人过于张扬、突显,白羊座人冲动、鲁莽的性格也可仰赖A型血人的稳重与耐心来牵制。另一方面,A型血人的消极、悲观可以借白羊座人的相信"事在人为"的自信、努力来加以缓和,两者刚好可以配合得天衣无缝。

| 性格解码: |
| --- |
| 勇敢面对自己的弱点,才能永保常胜! |
| **适合的运动**: |
| 高尔夫球、棒球 |
| **适合培养的兴趣**: |
| 集邮 下棋 |
| **常见疾病** |
| 偏头痛 尿道炎 |

## 752 B型血白羊座人有什么性格特征？

盲目冲动型的B型血白羊座人，经常在别人还在原地踏步时，已三步并两步，走在他人之前。他们大多边行动边思考，如果他们遇到一位做事温吞的慢郎中，多半会跳脚。

B型血白羊座人的座右铭是：即使失败，也比什么都不做强。他们不喜欢维持现状，喜欢向未知挑战。自我主张强烈的他们，明确知道自己的需要，言辞上向来直言无讳，有时难免过于尖锐，刺伤别人仍不自知。然而，欣赏他们这种直率个性的人，会为他们明快、坦率的作风感到痛快淋漓。

| 性格解码：三思而后行，可以减少失败的概率。 |
| --- |
| 适合的运动：拳击 西洋剑 |
| 适合培养的兴趣：话剧 辩论 |
| 常见疾病：尿道炎 皮肤病 |

## 753 O型血白羊座人有什么性格特征？

| 性格解码：行事之前明确行动目的，更能提高行动能力。 |
| --- |
| 适合的运动：滑雪 网球 |
| 适合培养的兴趣：钓鱼 潜水 |
| 常见疾病：秃头 皮肤病 尿道炎 |

如果班上要选一位班长，公司要提拔一位主管，O型血白羊座人绝对是被考虑的人选。白羊座人的积极、勇敢使他们面对挑战时，极少退缩；O型血人的正义感和责任感使他们看到朋友有难时，绝少袖手旁观。O型血和白羊座的特质总在他们身上发挥得恰到好处，他们无论在学校还是在工作岗位上都格外引人注目。但充满竞争心的他们，也常因好胜和人冲突不断。他们常常会闹小笑话，比如请朋友吃饭，吃完饭才发现口袋空空。如果你是他们的朋友，千万别介意，因为他们实在不是故意的。

## 754 AB型血白羊座人有什么性格特征？

AB型血白羊座人从小不是担任班长，就是一群孩子的首领。他们天生具领袖气质，喜欢指挥别人，和许多人在一起时，他们会很自然地成为焦点、中心，不怒而威的气势很容易吸引别人的目光。

此外，AB型血人的冷静、理智经常会将他们真正的企图掩饰得不露痕迹。从外表看来，大家会以为他们是一个领导大家、照顾朋友的好好先生。他们具有开创力、正义感、冷静的判断力和行动力。

| 性格解码：有始有终是成功的关键。 |
| --- |
| 适合的运动：跑步 登山 |
| 适合培养的兴趣：烹饪 下棋 |
| 常见疾病：中风 盲肠炎 便秘 |

## 755 A型血金牛座人有什么性格特征？

金牛座人与A型血人有许多相同之处：同样从容不迫，不愿冒险，宁可绕远路，也要选择一条安全的路，别人一天能决定的事，他们可能要一礼拜，是标准的慢性子。两种特性糅合的A型血金牛座人常常因为他们这种谨慎的做事方式，失败的几率很低。他们颇有责任感，讲义气，所以尽管他们总是慢半拍，还是很受人欢迎的。

A型血金牛座的人，工作能力相当强，艺术鉴赏能力更是一流。但是，自我防卫意识过强、冥顽不化都是他们温和外表下不易为人发现的一面。

> 性格解码：谨慎得让人抓狂，义气得让人痴狂！蜗牛得让人疯狂，
> 适合的运动：散步 骑脚踏车
> 适合培养的兴趣：艺术鉴赏 园艺
> 常见疾病：肾脏病 甲状腺

## 756 B型血金牛座人有什么性格特征？

> 性格解码：应该努力配合别人的步伐！
> 适合的运动：羽毛球 桌球
> 适合培养的兴趣：园艺 烹饪
> 常见疾病：糖尿病 扁桃体炎

我行我素的B型血金牛座人，一向不在乎自己的步伐比别人慢，但又希望保护自己的行动权利，他们宁可悠闲地走在自己的道路上，也不喜欢别人来扰乱自己的脚步。金牛座人的思虑与行动缓慢，不喜欢遇事必须立即反应，再加上B型血人与生俱来的乐天性格，使B型血金牛座人每天逍遥度日。他们会为了自己的目标而努力，但只对他们感兴趣的事，不感兴趣的事，他们就抱以消极的态度，判若两人。如果旁人以命令的口吻要求他们做这做那，恐怕目的没有达到，反而引来他们的反感。

## 757 O型血金牛座人有什么性格特征？

一般而言，O型血金牛座人有金牛座温和、亲切的特性，同时他们也继承了O型血人超凡的美感和鉴赏力。由于对美好的事物特别敏感，他们会经常张开自己的感性之网四处寻觅灵感，等找到符合自己想要的感觉后，他们便开始收网，进而应用在生活中。

当金牛座渗透进固执的O型血气质时，往好处看，是坚持，对于乱七八糟的事绝不妥协。

> 性格解码：为了避免招致误解，应尽量采取变通的做法。
> 适合的运动：慢跑 游泳
> 适合培养的兴趣：雕刻 绘画
> 常见疾病：气管炎 肠胃疾病

## 758 AB型血金牛座人有什么性格特征？

金牛座的人多半重视实际利益，而AB型血人属于冷静型人物。两者结合起来就会产生沉着、思虑周密、不容许自己意气用事的AB型血金牛座人。大家会觉得他们严肃、难以接近，不容易进入他们的内心世界。但他们崇尚和平，无论何时，他们总是笑脸迎人，痛恨暴力相向。但别认定他们是好好先生，若有人侵犯他们，他们也会据理力争，不轻易屈服。由于他们丰富、多感的心思，此型的人对美及艺术大都有独特的鉴赏力。他们经济头脑发达，这一点是金牛座现实性格的表露。

| 性格解码：摆着扑克脸，拒绝别人走进心扉。 | 适合的运动：保龄球 桌球 | 适合培养的兴趣：钓鱼 | 常见疾病：泌尿系统疾病 |
|---|---|---|---|

## 759 A型血双子座人有什么性格特征？

A型血双子座的人大都健谈，他们几乎是为说话而活。他们话题丰富，常令对手叹为观止，擅长以巧舌和人议论，再加上脑子动得快，经常让对手又羡慕又嫉妒。

A型血双子座人是八面玲珑的社交高手。但别以为他们是热情洋溢的人。事实上，理性的A型血因子使他们在内心深处始终存在另一个自我。为了维持这种内在与外在的平衡，他们神经时刻紧绷着，加上A型血的保守与克制，总让他们无法展现真正双子座自由奔放、精力充沛的魅力。

| 性格解码：尽管拥有绝佳口才，也应适时克制自己 |
|---|
| 适合的运动：羽毛球 桌球 |
| 适合培养的兴趣：阅读 写作 |
| 常见疾病：神经衰弱 失眠 |

## 760 B型血双子座人有什么性格特征？

B型血双子座人具有B型血人的随和及双子座人的善于交际。两者结合，使他们相当容易建立人脉。能干的他们，不只是念书和工作在行，连运动、音乐的才能也超凡脱俗。

然而，集优点于一身的他们，可能因一心多用到头来一场空。他们高估自己能力的倾向，加上会同时追求各种事物，最后可能只获得"博而不精"的称号。所以应该确定目标，脚踏实地地去实现目标。

| 性格解码：适度收敛自己卓越的口才有助于人际关系的建立。 |
|---|
| 适合的运动：高空跳伞 滑冰 |
| 适合培养的兴趣：桥牌 |
| 常见疾病：颜面神经痛 肺炎 |

中篇：运程

第十一章 血型运程

## 761 O型血双子座人有什么性格特征？

双子座人的理性思考方式，加上O型血人大方的气度和行动力，使O型血双子座的人都呈现出一种"大人物"的气势。

O型血双子座人旺盛的求知欲，使他们在处理事情时都能采取全方位角度，迅速下判断。充满朝气的人生态度，使他们能活力充沛地游走于各个社交圈。双子座的人具有明显的双重性格，双子座的人是个多情种，经过感情历练方能成熟。

性格解码：别在社交上显得过度八面玲珑。

适合的运动：保龄球 高尔夫球

适合培养的兴趣：辩论

常见疾病：感冒 鼻窦炎

## 762 AB型血双子座人有什么性格特征？

性格解码：表里如一，是做人处事的首要之务。

适合的运动：网球 滑雪

适合培养的兴趣：阅读 戏剧

常见疾病：中风 躁动症

AB型血双子座人性格复杂，他们"一体四面"的内心总是不断地在挣扎、冲突。随机应变是他们的一大本事，在任何情况下，他们都能变出一个适合环境的自己。新点子不断在他们脑袋里萌芽，如有必要，他们还可以将这些点子化为犀利的言辞。

他们对很多事都有好奇心，而且一旦付诸实践，都能做得有声有色，不过兴头一过，热情立刻降温。需要耐心等待结果的事他们不干。好奇、随便、谨慎都是AB型血双子座人的明显性格。

## 763 A型血巨蟹座人有什么性格特征？

A型血巨蟹座的人相当重视社会法规及生活规范。他们喜欢过踏实的日子，这种特性表现在社会上，体现为他们对国家特别忠诚，在日常生活中，则表现为对家庭的热爱。

A型血巨蟹座人敏感、情绪化。当他们受到伤害时，防卫的本能使他们采取逃避的态度，或以歇斯底里的态度逐退任何想侵犯他们的人。

A型血巨蟹座人以家庭为后盾发挥自己的才能。没有一个和谐的家庭，他们很快就会弃械投降。

性格解码：不要只注意眼前，目光要长远。

适合的运动：跑步 游泳

适合培养的兴趣：搜集古董 听音乐

常见疾病：肝病 胃溃疡

## 764　B型血巨蟹座人有什么性格特征？

温情派的B型血巨蟹座人，因为与生俱来的母性本能，看到别人不幸，绝不会袖手旁观。由于对别人过于关心，以致有"管家婆"之称。他们和同伴大多能和睦相处，祸福与共，但是对于同伴以外的人却防卫极深，难以敞开心胸、坦诚相对，兼有人情味和冷酷的一面。B型血巨蟹座的人虽相当感性，不过做事拖泥带水，不够干脆，虽然能同时接纳两种截然不同的意见，但也常因此造成自己的困扰。天生脚踏实地的他们，对思想与宗教性的抽象事物很难认同，是彻底的实用主义者。

性格解码：强烈的排他性格，使他们的母性魅力减半。

适合的运动：快走 游泳

适合培养的兴趣：看画展 参观博物馆

常见疾病：胃下垂 拉肚子

## 765　O型血巨蟹座人有什么性格特征？

性格解码：固执于自我主张，往往造成挫败的人际关系。

适合的运动：郊游 桌球

适合培养的兴趣：考古 听音乐

常见疾病：风湿 暴食症

充满母爱、心胸宽大的典型巨蟹座精神在O型血巨蟹座人身上有明显体现。只要有他们在场，任何场合都会忽然温度升高，变得温馨起来。O型血人积极的特性，也使O型血巨蟹座人在工作上表现杰出，容易得到上级的赏识。

但O型血巨蟹座人不是对每个人都这么情深意重。他们关怀的对象大多是自家人和亲密的朋友。至于其他人，他们很少由衷地付出，大多会依亲疏关系而等级递减。

## 766　AB型血巨蟹座人有什么性格特征？

AB型血巨蟹座的人，总是耐心地为别人排解纷争、解决问题。他们和气，总是笑脸迎人，对于不喜欢的人，他们也很少表现出厌恶感。"大事化小，小事化了"是他们的处世哲学。他们虽然热心助人，却不会好管闲事。在许多纷争中，他们都扮演和平使者的角色。在AB型血巨蟹座人理性的外表下，感情永远占上风。另外，他们会尽力保护自己，俨然一副做好万全准备的模样，回到家中，他们会撤去所有的心防，此时若有任何事刺激了他们，他们的反应会相当强烈。

性格解码：以自然的态度面对人群，可以减少受伤的几率！

适合的运动：划船 羽毛球

适合培养的兴趣：绘画 音乐欣赏

常见疾病：胆囊炎 肝硬化

## 767 A型血狮子座人有什么性格特征？

要描述A型血狮子座的人相当容易，一句话：他是国王！

由于受A型血人自我克制的影响，A型血狮子座人比其他类型的狮子座人收敛了很多，也最能善解人意。他们重视正义的磊落个性，使其领袖气质更具魅力；他们努力工作的特性，也是其他人的典范。但喜好激进、哗众取宠却是他们的致命伤，而A型血人在意他人眼光的特性，使他们受到挫折后，便容易一蹶不振。但大多时候，开朗是A型血狮子座人最大的特色，他们认为如此才能使自己更加耀眼。

性格解码：有时应停下脚步检讨自己的想法和行为。

适合的运动：回力球 网球

适合培养的兴趣：野营 阅读

常见疾病：驼背 心肌梗塞

## 768 B型血狮子座人有什么性格特征？

性格解码：切忌一意孤行，应偶尔为他人着想。

适合的运动：高尔夫球 保龄球

适合培养的兴趣：戏剧 电影

常见疾病：高血压 动脉硬化

个性奔放的B型血狮子座人，心里藏不住任何秘密，他们从不压抑自己，感情起伏极大，似乎随时都有可能爆发。

他们的自我表现欲很强，具有喜爱戏剧性或豪华事物的倾向，所以他们不喜欢太平凡的生活，加上B型血人的开放性格，使他们这一特点更为明显。他们精力旺盛，有超强的集中力，即使失败了，也能很快爬起来。不过，他们对需要孜孜不倦付出努力的事物深感棘手，因为缺乏耐心的他们，是不可能一二十年只专注于同样一件事的。

## 769 O型血狮子座人有什么性格特征？

心胸宽大、不拘小节，是O型血狮子座人最吸引人的魅力之处。如果他们是一位主管，对部属的过失不太计较，还会运用巧妙的技巧让部属自行反省。若是遇到意志消沉的朋友，他们更会以天生爽朗的个性来激励对方，展现出太阳星座特有的气度与胸襟。

但充满活力的他们，在行动的同时，总不忘自吹自擂，不禁让人怀疑他们的动机。狮子座人的烈焰和O型血人的独断在O型血狮子座人身上汇集到了一起，更显得自负。

性格解码：自傲及嚣张的气焰是人际关系中的障碍。

适合的运动：冲浪 滑冰

适合培养的兴趣：电影 话剧

常见疾病：肝脏病

## 770 AB型血狮子座人有什么性格特征？

AB型血狮子座的人，虽然给人威严的印象，但并非傲慢不可接近。与人相处时，他们显得和蔼可亲，该严肃时，他们也能立刻收起笑容，令人望而生畏。

在人群中，他们永远是最显眼的明星，他们总有一套可以使自己大出风头的哲学，而这些多半是天生气质造就的。他们对别人的请求从不推脱，颇具绅士风度。但如果付出得不到回报，他们便会收起和气的态度。AB型血狮子座人的内心世界如果无法像表面上冷静、理智、开朗、大方，他们可能就是天下最寂寞的人。

性格解码：过分陶醉在别人的赞美中，会失去方向。

适合的运动：棒球 篮球

适合培养的兴趣：话剧 辩论

常见疾病：心脏病 冠状动脉硬化

## 771 A型血处女座人有什么性格特征？

性格解码：别拘泥小节，完美不见得能带来幸福。

适合的运动：快走 慢跑

适合培养的兴趣：看展览 书法

常见疾病：神经性肠胃炎 胃溃疡

A型血处女座人在血型上所显示的气质及占星学上的性格是最为吻合的组合。两者同样追求完美、行为谨慎、工作勤奋、注意琐事、擅长分析，可以说A型血加强了处女座的所有特性。

A型血处女座人人如其名，具有无比纯洁的心灵，经常为夹在现实与理想之间苦恼。但是他们过度的洁癖以及严苛的标准，往往令人受不了，锐利的批判眼光总会让他们的嘴巴得罪一些人。

大多A型血处女座的人较保守传统，若能发挥其优点，大可维系国家秩序与道德，小可独善其身，否则会成为狭隘的利己主义者。

## 772 B型血处女座人有什么性格特征？

对于B型血处女座人来说，他们内心经常有两种想法在交战，因为他们的处女座性格与B型血特质是完全背道而驰的。表面看来，他们乐观、开朗，但处理事情时，仍小心谨慎。

B型血处女座的人不爱表现自我，他们往往在经过内心交战后，仍遵循传统形式与习惯。然而，他们的内心却有B型血人的倾向。他们具有旺盛的求知欲与研究热忱，对各种事物都很有兴趣，属于学者型的人物。

性格解码：切忌流于吹毛求疵，随意批评他人！

适合的运动：划船 溜冰

适合培养的兴趣：绘画 集邮

常见疾病：胃溃疡 神经性肠胃炎

## 773 O型血处女座人有什么性格特征？

天生循规蹈矩的O型血处女座人，不但脑筋灵活，而且处理事情的能力一流，与守护星同为水星的双子座不分轩轾。O型血处女座人有直爽的一面，只是冷静、理性的处女座人在行动之前，总会三思而行，给人无懈可击的感觉，掩盖了O型血人的热情。

O型血处女座人严于律己，对别人易抱颇为严厉的批判态度。他们总会睁大眼睛，明白地对他人的敷衍了事表示不满，因而也造成了一种病态的洁癖，凡事都喜欢干干净净。

性格解码：打开心门才能享有更丰富的人生。

适合的运动：滑雪 骑单车

适合培养的兴趣：社工 手工艺

常见疾病：肠胃疾病 失眠

## 774 AB型血处女座人有什么性格特征？

性格解码：乐于与人分享，你会发现自己并不寂寞。

适合的运动：跳绳 有氧运动

适合培养的兴趣：服装设计 纸牌

常见疾病：消化不良 头晕

处女座人的批判精神，加上AB型血人独特敏锐的分析能力，成就了凡事都能周详计划，预计得失，然后再付诸行动的AB型血处女座人。

AB型血处女座人的求知欲极强，对任何事都非常认真，有时显得吹毛求疵，令人不敢恭维。但他们是各行各业的抢手人才，他们的团结互助心及自我要求，使他们在就业市场上的行情居高不下。

AB型血处女座人过分执著于原则，给人古板、不通人情的印象。主观的批判态度，也常让他们被孤立，或陷入口舌之争中。

## 775 A型血天秤座人有什么性格特征？

精彩地度过一生是A型血天秤座人生活的最大宗旨。为了留给别人美好的印象，他们不喜欢和人争辩，凡事都采取中庸的立场。当面临选择性的问题时，他们通常都不会立即回答，他们总会让自己的天平维持在最好的角度。尽管他们有优柔寡断的毛病，他们仍深受欢迎。适当的应对进退让四周的人如沐春风，简练的谈吐，更使人乐于与他们交谈。然而，在他们优雅的外表下，对人和事物都喜欢以外表为评价标准，所以不免会有受骗的经验，是一个相当容易受人左右的人。

性格解码：不要凡事假手于他人，应培养自我的意见。

适合的运动：慢跑 有氧运动

适合培养的兴趣：旅行 看电影

常见疾病：肾结石 腰疼

## 776 B型血天秤座人有什么性格特征？

B型血天秤座的人兼具客观思考与公正的判断力，他们虽是现实派人物，却又具有重视外表和不在意周围眼光的两种极端个性。

B型血人的特性原是性情多变、感情起伏剧烈的类型，但天秤座人理性的思考方式却将这种特性压制下来。所以尽管他们内心经常会激烈翻腾，却能理智地控制感情，而且不为他人发觉。

B型血天秤座人天性乐观，即使曾经有过艰苦的岁月，却很难在他们脸上留下痕迹。他们和任何人都淡然处之，很少会树立敌人，是一位谦谦君子。

性格解码：生活态度应更积极，克服优柔寡断的缺点。

适合的运动：滑雪 网球

适合培养的兴趣：写作 摄影

常见疾病：胃下垂 坐骨神经痛

## 777 O型血天秤座人有什么性格特征？

性格解码：只重表面不重内涵的人。

适合的运动：健美操 游泳

适合培养的兴趣：写作 朗诵

常见疾病：神经衰弱 肝病

O型血天秤座的人性格及气质上最大的特征，就是优异的唯美意识。他们高度的谈话技巧，也使接触他们的人，不会感到厌烦，自古以来，社交界的名流中，有不少O型血天秤座的人士。

但一味追求唯美，使O型血天秤座人相当重视外在形式，形成了他们好逸恶劳的性格。在工作上欠缺积极的态度，使人认为他们是粗俗浅薄的家伙。

O型血人中有许多黑白分明的人，这种特性在天秤座人身上显得相当极端，一种是倾向天秤座人的老牛拖车、犹豫不决型；一种则是倾向O型血人的是非分明型。

## 778 AB型血天秤座人有什么性格特征？

AB型血天秤座人，无论何时都能表现出从容、怡然的神态。他们的理性绝对胜过感情，很难看到他们慌张、手足无措的模样。即使被卷入纷争，他们也会出污泥而不染。在担任裁判的角色上，他们确实是实至名归。

AB型血天秤座人易形成怕事、处处讨好人的性格，没有主见，过于世故。

性格解码：勇敢表达自己的意见，让别人了解你。

适合的运动：高尔夫球 游泳

适合培养的兴趣：社交舞 艺术创作

常见疾病：肾脏病 皮肤病

## 779 A型血天蝎座人有什么性格特征？

A型血天蝎座人外表内敛、诚实、神秘，但在这层面纱底下却蕴含着无穷的热情和强烈的企图心，一旦爆发出来，将会造成极大的震撼。不过以A型血人的慎重，这种威力只会波及自己或背叛自己的人。

由于A型血天蝎座的人相当善妒、固执，因此能够交心的人极少。然而，一旦有值得托付的人和事，他们势必会献出全部的热情。"动如脱兔，静如处子"是他们最好的写照。而在人生过程中，他们也经常以这股热情为武器，在事业上通常都能获得极高的成就。

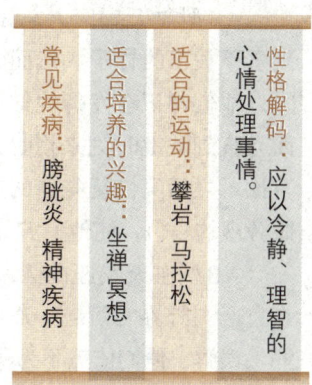

性格解码：应以冷静、理智的心情处理事情。
适合的运动：攀岩 马拉松
适合培养的兴趣：坐禅 冥想
常见疾病：膀胱炎 精神疾病

## 780 B型血天蝎座人有什么性格特征？

性格解码：排他性会使生活显得阴郁，不妨放开心胸。

适合的运动：手球 攀岩

适合培养的兴趣：专题研究 围棋

常见疾病：神经痛 偏头痛

好恶分明的B型血天蝎座人，平常给人安静、内敛的印象，然而，一旦有状况，就会表现出出人意料的大胆行动。但他们自己却泰然自若，继续他们的行为。

由于B型血的影响，当B型血天蝎座人认为是没有兴趣的事情时，他们就会立刻放弃。他们的这项特性往好处想，是为了有效地利用时间；往坏处说，是他们做人太现实了。他们会因人不同而有冷漠或古道热肠的极端表现，因而使他们的人际关系大受影响。

## 781 O型血天蝎座人有什么性格特征？

O型血天蝎座人很少谈论自己，在团体中，他们总扮演冷静的旁观者，仔细而认真地观察周围的人和事。

O型血天蝎座的人如果认为你值得交往，便会完全信赖，并用敏锐的第六感完全掌握你的心思。由于极端的自我保护，他们很可能经常会将自己关在封闭的世界中，而他们强烈的独占欲，也使他们对到手的东西，绝不轻易松手。

性格解码：如果过于神秘，善意也会遭人误解。

适合的运动：拖曳伞 风浪板

适合培养的兴趣：围棋 集邮

常见疾病：生殖器疾病 耳鼻喉疾病

## 782 AB型血天蝎座人有什么性格特征？

AB型血天蝎座人总是在安静的角落里独坐着，一副事不关己的样子。然而，当每个人都忽略他们的存在时，他们却正在发挥他们锐利的洞察力及敏感的直觉，而且直到关键时刻来临时，他们才出场提出一针见血的言论，之后又恢复先前的宁静。他们这种退居幕后，冷眼旁观的角色，使他们宛如一位披着神秘面纱的先知。

AB型血天蝎座的人最弱的一环是人际关系。他们在自己与外界间筑起一道沉默的高墙，任凭外界如何猜测、误解，他们依然不为所动。

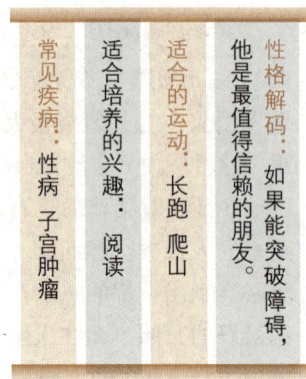

性格解码：如果能突破障碍，他是最值得信赖的朋友。

适合的运动：长跑 爬山

适合培养的兴趣：阅读

常见疾病：性病 子宫肿瘤

## 783 A型血射手座人有什么性格特征？

性格解码：要改掉自己口无遮拦的毛病。

适合的运动：骑马 射箭

适合培养的兴趣：兜风 烹饪

常见疾病：支气管炎 肝炎

A型血射手座人最大的魅力在于他们开放、热情的个性。这种个性表现在工作上，就是具有旺盛的冒险心，他们会不断提高目标，督促自己去达成，并从中获得无上的满足。

A型血射手座人喜好自由，如果他们意识到有被绑住的危险，就会千方百计地逃离，让企图圈住他们的人死心，这种举动有时会为他们引来善变的坏名。一般而言，A型血射手座的行动范围既广且深，别人总可以见到他们精神饱满地四处奔跑，换来的就是一群会让他们受益不尽的好朋友。

## 784 B型血射手座人有什么性格特征？

B型血人最大长处在于具有独特的创造力，如果能再结合射手座人的决断力和实践能力，肯定能在这快速变化的信息化时代取得先机。

B型血人与射手座人的特长颇有相合与相辅相成的效果，所以便会呈现出一个性格豪爽，兼具优秀战斗力的B型血射手座。

性格解码：学习与他人相处是成功的步骤之一。

适合的运动：足球 高空跳伞

适合培养的兴趣：公益活动 朗诵会

常见疾病：肝炎 坐骨神经痛

## 785 O型血射手座人有什么性格特征？

全身洋溢着南国儿女特有的明朗气质的O型血射手座人，即使和人初次见面，也能在短时间内打成一片。O型血人的敏捷行动力，加上射手座人的机动性，造就了O型血射手座人的果断力。

好奇心强、喜爱变化的O型血射手座人是一流的创意者。但这种倾向表现在行动上，可能变成反复无常，使旁人不知所措。一切强调快速的他们，是相当随意的人，脱口而出的毛病往往使他们得罪不少人，幸而他们的开朗弥补了这个缺点。别人往往对他们的鲁莽一笑置之。

| | |
|---|---|
| 性格解码 | 多替别人着想，斟酌自己的言行。 |
| 适合的运动 | 高空跳伞 |
| 适合培养的兴趣 | 交际舞 参观博物馆 |
| 常见疾病 | 气喘 扁桃体炎 |

## 786 AB型血射手座人有什么性格特征？

| | |
|---|---|
| 性格解码 | 做事别虎头蛇尾，否则会功亏一篑。 |
| 适合的运动 | 滑雪 慢走 |
| 适合培养的兴趣 | 戏剧 电影 |
| 常见疾病 | 肝硬化 肝炎 |

射手座人的积极行动加AB型血人的理智，便形成了AB型血射手座人冒险犯难的精神以及能够果断舍弃己见的决断力。他们头脑冷静，思考敏捷，有一根肠子通到底的直爽，也有立刻付诸实践的行动力，他们讨厌拖泥带水。这种既可爱又富魅力的气质，即使没有很好的克制力，仍不失为一个很好的伙伴。

AB型血射手座人最怕善后，要他们替自己闯下的祸收拾烂摊子，他们必然唉声叹气，他们常因冲刺太快而失败。但他们不会因此沮丧消沉，对他们而言，失败也是一种艺术。

## 787 A型血摩羯座人有什么性格特征？

A型血摩羯座人不易亲近，社交能力极差，但是讲义气、求好心切的性格，使他们颇得别人信赖。而A型血人缜密、乐于助人的特性，让他们有成为企业负责人的条件，只是苛刻的行事标准，总给人缺乏人情味的印象。A型血摩羯座人幽默，尽管他们话不多，但却经常会在紧要关头说出叫人喷饭的笑料。

| | |
|---|---|
| 性格解码 | 当机会来临，就应该抓紧！ |
| 适合的运动 | 体操 登山 |
| 适合培养的兴趣 | 手工艺 绘画 |
| 常见疾病 | 关节风湿症 神经痛 |

## 788 B型血摩羯座人有什么性格特征？

说好听一点，B型血摩羯座的人是特立独行者，说难听一点，则是难以沟通的顽固派。但别因此认为他们是阴沉、抑郁的人。事实上，在B型血的影响下，他们乐天、开朗。

然而，自视甚高、厌恶成为失败者的B型血摩羯座人，对己对人都非常严格，常使他们周围的人喘不过气来。他们不肯随便浪费时间，同事要邀他们去唱卡拉OK，他们也可能会因为第二天的工作加以拒绝，总之，他们是和时间赛跑的人。

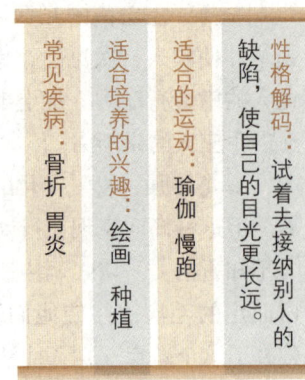

性格解码：试着去接纳别人的缺陷，使自己的目光更长远。

适合的运动：瑜伽 慢跑

适合培养的兴趣：绘画 种植

常见疾病：骨折 胃炎

## 789 O型血摩羯座人有什么性格特征？

O型血摩羯座人的最大特点是坚韧不拔，他们具有极高的忍耐力，一般人可能早就放弃的工作，他们总会欣然接受并默默完成。对于这样的摩羯座人，想不对他们致敬都很难。在表达自己的意见时，他们很坚持，如同端坐在金字塔前的狮身人面像一样，总是以不变应万变。

虽然他们从不怨天尤人，但在他们身上似乎总能发现一种无法言语的悲剧色彩。他们时常会显现出悲伤情绪，从而会做出一些让人扫兴的举动。

性格解码：如果能将心扉打开，人生将更精彩。

适合的运动：篮球 划船

适合培养的兴趣：雕刻 音乐欣赏

常见疾病：骨折 脱臼

## 790 AB型血摩羯座人有什么性格特征？

AB型血摩羯座的人温驯、小心翼翼、极有耐心。AB型血摩羯座人极为可靠，加上拥有一流的耐力和毅力，无论他们面临的环境多恶劣，他们都会保持慎重而勤勉的态度。他们夺取成功的法宝就是坚持到最后一秒。在别人眼中，他们永远都带着一副诚恳的笑容，冲动、浮躁这些个性上的缺陷似乎都和他们无缘。

性格解码：找个人倾诉一下心事，也许会更舒服。

适合的运动：慢跑 骑单车

适合培养的兴趣：旅游 听讲座

常见疾病：风湿 关节炎

## 791 A型血水瓶座人有什么性格特征？

A型血水瓶座人比较矛盾，说他们亲切、友善，有时却显得冷漠、无法捉摸；说他们富有同情心，可他们总是和人保持一定的距离。

A型血水瓶座人既有A型血人理想主义的特点，又综合了水瓶座人的正义感，因此他们一般都比较热衷于改革事业、反战运动以及慈善活动等。他们对革命运动有着高度的热忱，但由于强烈的自我观念，使得他们不肯轻易承认错误。他们有很强的人人平等的意识，痛恨以权压人，生平最讨厌的就是藐视弱者的人。

**性格解码**：别总是固执己见，多听听别人的观点。

**适合的运动**：棒球 篮球

**适合培养的兴趣**：阅读 旅行

**常见疾病**：低血压 肠胃疾病

## 792 B型血水瓶座人有什么性格特征？

B型血水瓶座人拥有水瓶座人喜欢与众不同的特点和B型血人不凡、豪放与乐观的特质，因此，在他们的人生字典里，不会出现"害怕"这个词。

他们具有超强的适应能力，无论他们身处何种环境，总能给人一种随和、可亲的印象，因而人缘很好。但是，有时因为过于豪放，不能及时对周围人的情绪作出恰当的反应。有时他们会表现得很自恋，觉得世界似乎是为他们而存在的，因而总会把别人对他们言听计从视为理所当然。

**性格解码**：别太过自信主观，多多参考别人的建议。

**适合的运动**：跳水 棒球

**适合培养的兴趣**：滑翔 阅读

**常见疾病**：血管硬化 胃溃疡

## 793 O型血水瓶座人有什么性格特征？

O型血水瓶座的人大都比较重感情，尤其在乎朋友间的感情。他们的人际关系很好，总是考虑到对方的立场，想尽办法让别人感到愉快。但如果干涉他们的隐私，他们很难接受。

O型血水瓶座人主张多变而快乐的生活态度。他们冷静、一针见血的特性，往往会给人高傲的感觉。

**性格解码**：多让自己开朗、宽宏的特性发出光芒，将有助于拓展人生。

**适合的运动**：网球 旅行

**适合培养的兴趣**：歌剧 摄影

**常见疾病**：精神失调 风湿

## 794 AB型血水瓶座人有什么性格特征？

AB型血水瓶座的人最大的特征就是理性，这使他们看起来就像一部井然有序的机器，在任何时候他们都会对周围的事物保持高度敏感性，并保持超然的态度。

解决复杂问题是AB型血水瓶座人最大的专长，他们可以不断地变换角度来加以巧妙地分析，进而做出准确的判断。他们思想的自由性及见解的独到，经常会使人叹为观止。而他们从事的事业也往往具有开创性和前瞻性。AB型血水瓶座人在处世态度上具有强烈的理性倾向。

| 性格解码：别总是强调自己意见的重要性，也要多听听别人的建议。 | 适合的运动：软式网球 桌球 | 适合培养的兴趣：旅游 登山 | 常见疾病：消化不良 低血压 |

## 795 A型血双鱼座人有什么性格特征？

| 性格解码：为免受制于人，要先学会保护自己。 |
| 适合的运动：溜冰 滑雪 |
| 适合培养的兴趣：义工 饲养宠物 |
| 常见疾病：风湿 支气管炎 |

A型血双鱼座人能迅速地感受到别人的感觉并反映出来，而A型血人具有的服务精神，使A型血双鱼座人的这一特色表现得更加明显。

A型血双鱼座人让人感动的是他们对周围人无私的奉献。但是他们的这种善良却经常遭人利用，所以在感情的路上，他们往往比别人走得更辛苦，因为他们总会在不考虑对方值不值得自己付出的情况下就付出了真情。A型血双鱼座人经常表现出十足的神秘感。他们想法独特，天马行空，让人捉摸不透。

## 796 B型血双鱼座人有什么性格特征？

对于感性胜于理性的B型血双鱼座人而言，他们对事物反应特别敏锐，甚至连他人微妙的心理变化他们也能发现。这种太在乎别人看法的个性使得他们很容易因为别人的一句话而伤心不已，这一点有时会让人觉得他们多少有些神经质。

| 性格解码：来者不拒的个性，小心被人利用。 |
| 适合的运动：散步 骑单车 |
| 适合培养的兴趣：旅行 露营 |
| 常见疾病：神经衰弱 足癣 |

B型血双鱼座人的性格既有光明的一面，也有阴暗的一面。他们的阴暗面主要来自双鱼座的性格，而他们的光明面则主要源于B型血的性格。有时他们因揣测别人的想法而贬低自己，表现得很消极；但可能刹那间，他们又完全推翻了这种想法，变得异常积极。

## 797 O型血双鱼座人有什么性格特征？

世界上除了O型血双鱼座人，再没有其他更好说话的人了。实际上，正是由于双鱼座人的多面性，才使得他们可以用比较宽容的态度来对待人，而且对别人特别尊重，其程度几乎让人怀疑他们是否有自己的主见。他们有很强的同情心，用悲天悯人来形容他们一点也不为过，也许有一天他们会突然背起包袱，去往某个落后山区，实施他们的博爱行动。

事实上，O型血双鱼座人不仅是一个好人，在O型血特质的影响下，他们也能冷静分析，思考面临的现实。只是有时因过于相信别人而让自己蒙受损失，因过分关心别人的事而放弃了自己的原则。O型血双鱼座人避免伤害的最好途径就是多培养判断力，不要因过分关注别人而亦步亦趋活在别人的阴影下，丢失了自己的人生意义。

O型血双鱼座人相信爱情至上，他们不会玩爱情游戏，为了心爱的人，他们可以牺牲自己的一切，并且不奢望对方会给以相同的回报。O型血双鱼座人在工作上缺乏主见，容易半途而废。

> 性格解码：把握好现实和理想之间的平衡度。
> 适合的运动：散步 自行车越野
> 适合培养的兴趣：戏剧 电影
> 常见疾病：胃溃疡 心肌梗塞

## 798 AB型血双鱼座人有什么性格特征？

AB型血双鱼座的人个性跟流浪的吉卜赛人的个性很相似，他们的情绪就像夏季的天气一样，变幻不定。他们可能会因为阳光普照而欢喜，也可能会因为秋叶满地而伤感，而且他们会因为情绪的改变而作出不同的反应。

谦虚的美德在AB型血双鱼座人的身上体现得很充分，争强好胜、相互较劲这类词永远不会和他们联系起来。他们很重承诺，认为只要受人之托就该忠人之事。他们不会记仇，经常原谅别人，即使因此受伤也毫无怨言。在朋友中他们是最好的倾听者。但是，温和谦虚的性格使得他们很难坚持自己的原则，因而总是会给人懦弱和言行不一的感觉。他们经常会怀疑自己的能力，做事情畏首畏尾，严重缺乏自信心。

AB型血双鱼座的人有着强烈的情绪化倾向。特别是在爱情方面，即使对方再完美，只要他们不喜欢就绝不会点头。AB型血双鱼座的人容易被世间价值观左右，在寻找结婚对象时，会比较在意对方的经济实力、家庭背景等。

> 性格解码：培养乐观的人生态度可以使自己更具信心。
> 适合的运动：划船 潜水
> 适合培养的兴趣：手工艺
> 常见疾病：神经系统疾病

# 第十二章 改运求吉

人类研究命理，通过不同的角度判断人的运势，除开让人了解自己的性格特点和预知未来外，很大程度上是希望采取一定办法避免灾祸，延续幸福。善行、修养、名字、职业、交友、饮食、方位、颜色等都是改运求吉的重要方面。本章就详细介绍了这些改运求吉的具体方法。

## 799 改运之前先要了解什么？

每个人出生时年、月、日、时的干支组成了四柱八字，这就是我们所说的"命"，后天的大运流年就是"运"，"命"和"运"加在一起就是"命运"。"命"是注定的，但运却是可以改变的，人类研究命理学和找专业人士测命，都是为了让我们的运更好。

改运，主要和八字、五行有关，属命理学的范围；另外，还和自身的生活环境息息相关，这是古代环境文化学的范围。中国人改运，多采用五行改运法，所以改运之前必须知道自己喜好的五行是什么。通过自己八字旺弱程度，来确定八字的五行用什么，忌什么，喜什么。比如八字喜水，那就对应穿与水相关的服饰，用与水相关的物品。一般来说，改运以八字的"喜用"五行为主，只以自己的年支属相的五行为主是不够的。

五行是一个磁场，性格和运气都在受磁场的影响。换个说法，人的命运是由自己八字的五行决定的，比如火命的人性格急躁，追求享受，凡事都马马虎虎，做事没有计划，脑子一热就做，如果同时有旺水来相克或引导，则不至于烧成"大火"。可见，改运即是运用五行的生、合、帮、扶或克、泄、冲、破来调整五行，最终达到改运的作用。

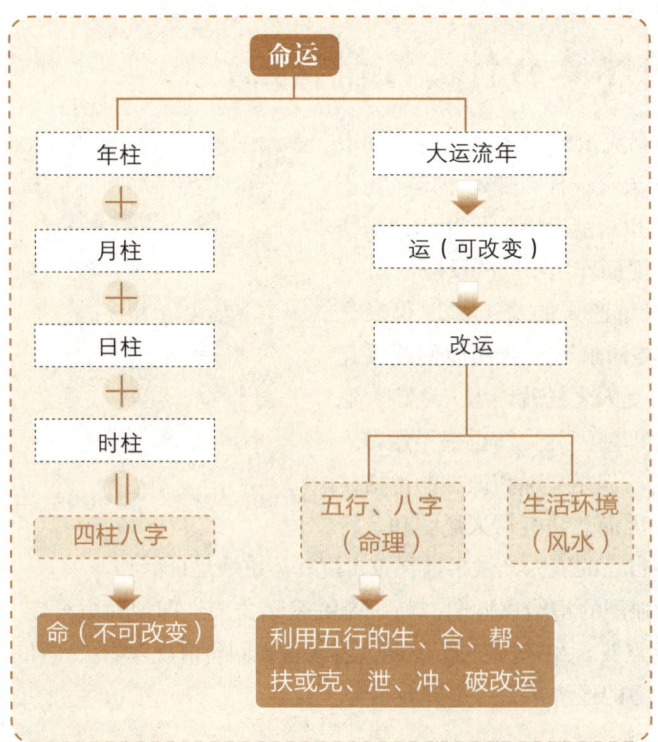

## 800 怎样判断自己喜好的五行？

我们可以先了解五行的特性，再对照自己喜欢的事物，判断自己喜好的五行。

木的特性：生长、升发、舒达。有此类特点的事物归属于木。

火的特性：温热、上升、升腾。有此类特点的事物归属于火。

土的特性：生化、承载、受纳。有此类特点的事物归属于土。

金的特性：清洁、肃降、收敛。有此类特点的事物归属于金。

水的特性：滋润、向下、寒凉。有此类特点的事物归属于水。

**五行与季节、颜色、生肖的对照关系**

| 五行 | 木 | 火 | 金 | 水 | 土 |
|---|---|---|---|---|---|
| 季节 | 春天 | 夏天 | 秋天 | 冬天 | 夏秋之交 |
| 颜色 | 绿色 | 红色 | 白色 | 黑色 | 黄色 |
| | 青色 | 紫色 | 金色 | 蓝色 | 茶色 |
| | 翠色 | | 银色 | 灰色 | 褐色 |
| 生肖 | 猴 | 虎 | 鼠 | 蛇 | 牛龙 |
| | 鸡 | 兔 | 猪 | 马 | 羊狗 |

## 801 如何通过行善积德来改运？

积德行善是一个很好的改运方法。俗话说的"一善解百灾"就是这个道理。人们通过行善积德来改运或者弥补自己的过失。

我们在帮助他人时，必然会损失一部分自己的利益，例如金钱、时间、物资等，原本属于自己的东西给了他人，这样自然会将一些灾难化解，达到一个新的平衡。所以，平时多做善事，往往会逢凶化吉，避免灾难。

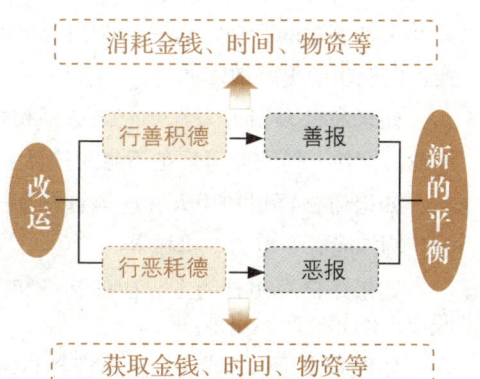

## 802 如何通过改善修养来改运？

改善修养改运是指将自己五行缺失的性格调整过来，以至达到一个平衡，让自己的心态、思想做到平和、不冲动，将自己的缺点改正，完善自己的性格。

改善修养可以采用练气功、练书法、绘画、养鸟、栽花种草、学习文化科学知识等方法。

## 803 如何通过名字来改运？

如果一个人的名字不符合自身的阴阳五行，可以通过改名字来改运。

首先，根据四柱八字阴阳五行的组合，找出该人的用神。

其次，将用神的五行演变成汉字，这个汉字能够代表五行，接着进行汉字搭配，汉字的五行以笔画数来确定。

然后，将与用神相背的字换为与用神五行相生相扶的字。换字时可以将用神的五行属性体现在名字中。

名字除了笔画，还有一些特殊的含意，这些含义一般要和八字用神相符，不要使用一些过于生僻和拗口的字，原则是念起来要吉祥、顺口。

| 名字改运 | |
|---|---|
| 1 | 找用神 |
| 2 | 判断用神五行 |
| 3 | 将与用神五行相背的字换为相生相扶的字 |

## 804 如何通过职业来改运？

职业改运法，就是根据行业所属的五行以及十神的寓意，再结合自己的四柱喜用神五行所属之行业及十神寓意的行业，选择一个对自己有帮助的职业，促使事业更好地发展。

如果命格喜用神为木，应该选择和木有关联的职业，文化、纺织业等都是不错的选择。

如果命格喜用神为火，应该选择和火相关的职业，例如能源、电力、机械等。

如果命格喜用神为土，应该选择和土有关联的职业，例如矿产、房地产等。

如果命格喜用神为金，应该选择和金相关联的职业，例如银行、金融等。

如果命格喜用神为水，应该选择和水相关联的职业，例如渔业、航海等。

| 喜用神 | 适合的职业领域 |
|---|---|
| 木 | 文化、教育、林业、造纸、纺织业等。 |
| 火 | 能源、电力、百货、机械等。 |
| 土 | 矿产、房地产、农业、牧业等。 |
| 金 | 银行、金融、保险、五金、制造业等。 |
| 水 | 渔业、航海、游泳馆、酒店管理等。 |

## 805 如何通过交友来改运？

交友改运是指人们通过交往不同的朋友来改变自己的运气。

根据八字喜用神的五行衰旺，选择和自己的八字相匹配，对自己有利的五行八字的人，自己和朋友经常在一起，有形无形中会受到感染，对自己有利。

## 806 如何通过饮食来改运？

饮食改运是指通过变换饮食结构，或者食物的种类来改变自己的运气。

食物也有五行属性，根据八字喜用神的五行衰旺，选择和自己的八字相匹配的食物，对自己的运气大有裨益。

## 807 如何通过变换方位来改运？

不同的方位代表不同的五行，不同的方位传递给人的信息是不同的。在选择方向时，要结合命局中所有的字，要首选用神本气最旺的方向，次选生扶用神的方向，千万不要选择冲克用神和冲克原神的方向。

如果四柱以木为喜用神，适合在出生地的东方发展生活。住宅、事业、床位、办公室等最好选择东方或者东南方。忌西方。

如果四柱以火为喜用神，适合在出生地的南方发展生活。住宅、事业、床位、办公室等最好选择南方或者东南方。忌北方。

如果四柱以土为喜用神，适合在出生地的南方发展生活。住宅、事业、床位、办公室等最好选择南方或者西南方。忌东方。

如果四柱以金为喜用神，适合在出生地的西方发展生活。住宅、事业、床位、办公室等最好选择西方或者西北方。忌东南方和北方。

如果四柱以水为喜用神，适合在出生地的北方和西方发展生活。住宅、事业、床位、办公室等最好选择北方或者西方。忌南方。

## 808 如何通过颜色来改运？

从命理学角度看，颜色是和一定的五行相匹配的，人们可以根据自己的生辰八字来选择对自己有利的颜色，这样就可以改变五行的气场，改变自己的运气。

命局喜金，金为白色；命局喜水，水为蓝色、灰色、黑色；命局喜木，木为青色、绿色；命局喜火，火为红色、咖啡色；命局喜土，土为黄色。

## 809 如何通过环境来改运？

近年来，世界各国都在提倡"环境保护"，环境不仅与我们的健康有关，还关系到我们自身的命运。下面介绍几种通过改变环境来增加运势的方法：

1. 烟囱排出的气，一般都是污气、废气，这种气属于死气、衰气，是阴气。如果大门对着烟囱，阴气不断流入室内，是大不吉。可以试着协调烟囱的方位，如果无法让烟囱停止排气，只能常常关闭自家的大门。

2. 大门如果正对走廊，其形如利剑穿心，这样的格局叫"穿心剑"。如果住宅内的进深小于走廊的长度，是大凶，可在进门处设置一个屏风，既美观，又可避其锋芒，增添祥气。

| 情况 | 改运方法 |
|---|---|
| 大门正对烟囱。 | 更改烟囱方位或常常关闭大门。 |
| 大门正对走廊，住宅内进深小于走廊长度。 | 在进门处设置屏风。 |
| 住宅风水不佳。 | 在客厅养金鱼。 |
| 窗户正对玻璃幕墙的大厦 | 设置百叶窗户。 |

3. 金鱼常被称为风水鱼，可弥补家居风水上的缺陷，并令住宅充满活力。而水有生命之母的称号，是影响家居风水好坏的重要条件。房子就像人，有了水就可以气场顺畅，居住者也更加健康。所以，最好在客厅放个鱼缸，养几条可爱的金鱼。

4. 若窗户正对着玻璃幕墙的大厦，家中必然会有阳光等反射进来，使人情绪不安，这是"光煞"。可以挂上百叶窗帘，有阳光反射的时候拉上，这样能挡住光煞。若有来自东北和西南面属土的煞气，可用属木的木质百叶帘挡煞。

## 810 哪些住宅格局可以增强财运？

1. 堂前有水的住宅。风水学对住宅的明堂一向很重视，因为堂前有水，可以聚财。此水要曲折环抱，轻缓柔和，清澈干净，才能生旺财气。

2. 城门水局的住宅。城门水局者，能旺偏财，并且生效迅速。不过，当运过后则会衰败。

3. 有良好形格的住宅。良好的形格是指，住宅外形方正，周边环境无冲煞，屋内布局良好，阳光充足，空气流通等等。

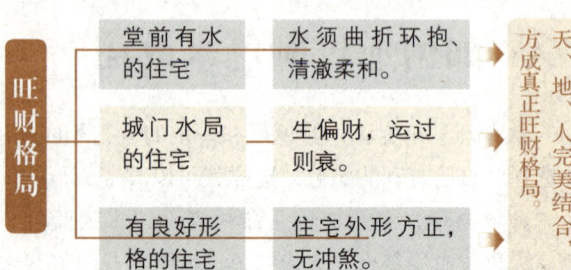

# 811 如何通过化妆来改运？

彩妆开运的理论根据是五行学说，运用五行生旺之理，把五行的色彩元素融入彩妆艺术之中，以水旺木，以木旺火，以火旺土，以土旺金，以金旺水。同时，在彩妆中添加檀香、精油等香料，营造迷人芬芳，为你带来好的人缘和运气。人变得有魅力，自然爱情、事业会更加顺利，财运也会向你聚集。

1. 额头开运妆：去除额头特别是印堂附近的杂毛，再刷上明亮的粉色腮红，让整个额头显得光洁明亮。

2. 眉毛开运妆：想要增强爱情运，要定期修饰眉形，用棕色细眉笔勾勒眉线；想增强考试运和人缘运，可在眉尾用紫色的眉粉轻轻掠一下，这叫喜上眉梢；若要增强事业运，可在眉尾三分之二处画上眉峰，使眉毛成弓形，呈蓄力以待之势；常修剪眉毛，保持眉清目秀，可以防小人。

3. 眼部开运妆：不同颜色的眼影，有着不同的开运含义，红色的眼影，可增强你的桃花运和人缘，让你获得一份好姻缘；黄色的眼影，有助于增强不动产财运，同时它能带来幸运，适合面试时化妆；绿色的眼影，可加强事业运和文昌运，让你职场得意，考场顺心；蓝色和黑色的眼影，有助于家运昌隆，家庭和谐，也可增强偏财运；金色和白色的眼影，则象征金钱财富。

4. 唇部开运妆：嘴唇的颜色与事业有关，唇色暗淡，说明事业受阻；嘴唇干燥脱皮，说明人缘差，缺桃花运。若想增强桃花运和人缘关系，应选择粉红色和桃红色的口红；若想事业顺利，则以棕色和豆沙色的口红为佳。

5. 鼻部开运妆：鼻翼被称为财库，要保持光泽和明润。

| 化妆改运 | |
|---|---|
| 额头开运妆 | 去除印堂附近杂毛，刷上粉色腮红，可让额头光洁明亮。 |
| 眉毛开运妆 | 棕色细眉笔勾勒眉线，可增强爱情运。 |
| | 眉尾用紫色的眉粉轻掠，可增强考试运和人缘运。 |
| | 眉尾三分之二处画上眉峰，可增强事业运。 |
| | 常修剪眉毛，可以防小人。 |
| 眼部开运妆 | 红色眼影，可增强桃花运和人缘。 |
| | 黄色眼影，可增强不动产财运。 |
| | 绿色眼影，可加强事业运和文昌运。 |
| | 蓝色和黑色眼影，有助于家运昌隆，增加偏财运。 |
| | 金色和白色眼影，象征金钱财富。 |
| 唇部开运妆 | 唇色暗淡，说明事业受阻。 |
| | 嘴唇干燥脱皮，说明人缘差，缺桃花运。 |
| | 粉红色和桃红色的口红，可增强桃花运和人缘关系。 |
| | 棕色和豆沙色的口红，可让事业顺利。 |
| 鼻部开运妆 | 鼻子上有粉刺或黑头，不利于财运。 |
| | 保持鼻翼部分的光泽和明润，可增财。 |

## 812 如何选择合适的数字号码改运？

数字是和五行相对应的，"河图"记载："天一生水，地六成之；地二生火，天七成之；天三生木，地八成之；地四生金，天九成之；天五生土，地十成之。"从中，我们可以概括出五行的数字：木为3、8，火为2、7，金为4、9，水为1、6，土为5、0。

人们可以根据四柱喜用神五行所属的数字，来选择对自己有帮助的数字，将数字运用于生活中，例如门牌号、车牌号、电话号码、手机号码、楼层、证件号等，这样可以改运。

例如，你八字的喜用神为木、火，可以选用数字3、8或2、7，但是不要选用4、9或1、6。

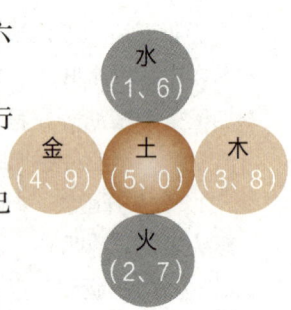

## 813 如何增强感情运？

1. 家里有宽敞的玄关，可以聚集更多的客人，从而提升家庭的社交运和人气。人缘足了，爱情运自然也得以提升。玄关内外的格调要一致，可在玄关附近安置绿色植物，或放置绿色的拖鞋架，可以让家人更具人气和魅力。

2. 玄关之处，要灯光明亮，干净整洁，有观叶植物和新鲜花朵。客厅的东南方摆上百合花，东方摆上火鹤，西南方养双数金鱼，茶几上铺花布桌巾。卧房北方摆心上人的照片，有新鲜的花香或芳香精油。床罩、床单及被子，以粉红色系为主。

3. 厨房保持干燥，东南方摆上红、橘或白色的花，净化环境，增强桃花运。洗手间若无窗户，需摆放紫色花来消煞。盥洗用品摆放整齐，洗脸台摆上粉红色花。浴室较大者，可在西南方位摆万年青，以玫瑰精油来熏香。

4. 客厅的西北方代表丈夫，西南方代表妻子。可在大厅的西北方挂一幅婚纱照，象征丈夫对妻子的浓浓爱意；同理，把婚纱照摆放在西南方代表妻子的爱意。

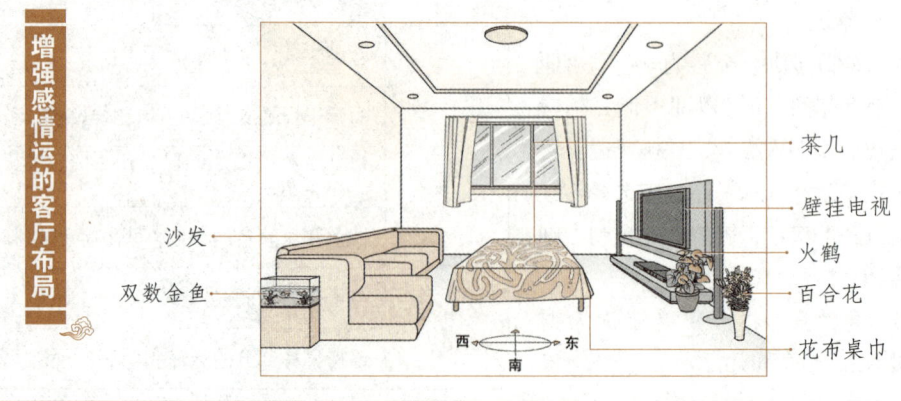

增强感情运的客厅布局

## 814 如何选择合适的颜色改运？

我们可以利用五行的相生相克原理来调和颜色，使周围的环境达到一个平衡，就可以改变自己的运气。

使用白色过多，会导致金气过旺，适当加入一些红色，就可以克制过旺的金气。

使用绿色过多，会导致木气过旺，适当加入一些白色，就可以克制过旺的木气。

使用蓝色或黑色过多，会导致水气过旺，适当加入一些土黄色，即可克制。

使用红色过多，导致火气太旺，适当加入一些蓝色，就可克制。

使用黄色过多，会导致土气过旺，适当加入一些绿色，就可以克制过旺的土气。

**五行的颜色**

| 金 | 木 | 水 | 火 | 土 |
|---|---|---|---|---|
| 白色 杏色 金色 | 青色 绿色 | 黑色 蓝色 | 红色 紫色 | 黄色 棕色 |

## 815 怎样根据五行选择汽车？

与自己有关的风水，不仅包括居住环境和家居风水，还包括自己经常用到的物品，例如汽车。汽车风水的好坏可以直接影响人的生命和财富。

1. 汽车的颜色要与车主的五行相一致。如果车主的五行属土，应驾驶黄色、咖啡色的车，车内装饰颜色也要与车身颜色相一致；如果车主的五行属火，应驾驶红色、紫色的车；如果车主的五行属金，应驾驶白色、金色的车；如果车主的五行属木，应驾驶绿色的车；如果车主的五行属水，应驾驶黑色、蓝色的车。

2. 不同国家生产的汽车也有不同的五行作用，比如中国车五行属土，美国车五行属金，德国车五行属火，日本车五行属木，部分欧洲车五行属水。

3. 汽车的外形不同，五行归属也不同。比如，具有棱角形元素的汽车属金，具有瘦长形元素的汽车属木，具有圆形元素的汽车属水，具有尖形元素的汽车属火，具有方形元素的汽车属土。

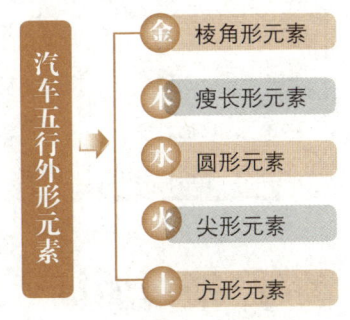

汽车五行外形元素 → 金 棱角形元素 / 木 瘦长形元素 / 水 圆形元素 / 火 尖形元素 / 土 方形元素

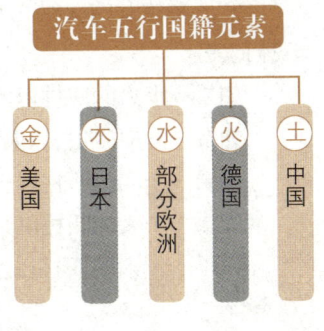

**汽车五行国籍元素**

| 金 | 木 | 水 | 火 | 土 |
|---|---|---|---|---|
| 美国 | 日本 | 部分欧洲 | 德国 | 中国 |

## 816 如何判断不同食物的五行属性？

古人把食物分为五味：酸、甜、苦、辣、咸。五味与五脏的关系是：甜入脾，酸入肝，苦入心，辣入肺，咸入肾。五味与五行的关系是：辣属金，酸属木，咸属水，苦属火，甜属土。

根据颜色来判断食物的五行也可以：

五行属金的食物：所有白色食物。如：米饭、豆腐、白萝卜、薏仁、杏仁、椰菜花、白菜、茯苓。

五行属木的食物：所有绿色食物。如：芹菜、韭菜、荠菜、菠菜、青豆、青瓜、青苹果、猕猴桃。

五行属水的食物：所有黑色食物。如：葡萄、黑豆、黑枣、木耳、冬菇、紫菜、芝麻、黑荞麦、香菇。

五行属火的食物：所有红色食物。如：胡萝卜、番茄、西瓜、红椒、红豆、苹果、草莓、枸杞、红枣、柿子、红米。

五行属土的食物：所有黄色食物。如：大豆、花生、菠萝、木瓜、南瓜、莲子。

**食物的五行属性**

| 五行 | 金 | 木 | 水 | 火 | 土 |
|---|---|---|---|---|---|
| 五味 | 辣 | 酸 | 咸 | 苦 | 甜 |
| 五脏 | 肺 | 肝 | 肾 | 心 | 脾 |
| 颜色 | 白色、金色 | 绿色、青色 | 黑色、蓝色 | 红色、紫色 | 黄色、棕色 |
| 食物 | 米饭、豆腐 | 芹菜、韭菜 | 葡萄、黑豆 | 胡萝卜、番茄 | 大豆、花生 |

## 817 如何通过选择不同的饮食来改运？

在选择饮食的时候，我们可以根据自身的五行和食物的五行来选择，这样有助于我们改运。

如果一个人的四柱以木为喜用神，适合食用温性的食物，肉食动物的肝、胆等。

如果一个人的四柱以火为喜用神，适合食用热性的食物，肉食动物的小肠、心肝等。

如果一个人的四柱以土为喜用神，适合食用中性食物，肉食动物的肺、胃等。

如果一个人的四柱以金为喜用神，适合食用凉性食物，肉食动物的肺、大肠等。

如果一个人的四柱以水为喜用神，适合食用寒性食物，肉食动物的肾、膀胱、鱼类等。

# 下篇

## 梦占

梦是一种主体经验，是人在睡眠时产生想象的影像、声音、思考或感觉。人们认为，梦是现实的一种潜意识，可以映照现实。我国古代就有很多关于梦境的阐释，所谓"以日月星辰占六梦之吉凶：一曰正梦，二曰噩梦，三曰思梦，四曰喜梦，五曰寤梦，六曰惧梦"。梦兆阐释最早源于殷墟卜辞，影响最大的是周公解梦。

# 第十三章 梦见自然事物

梦可以分为哪些类别？梦境的内容与哪些因素有关系？占梦需要注意什么？人们对这些问题都充满了好奇与探究。本章在解答这些问题的基础上，为我们罗列了许多梦见不同自然事物的预示。这些预示可以更好地帮助我们了解自己的内心，趋利避害。

## 818 梦可以怎样分类？

梦是各式各样的，精彩纷呈，现实有的，现实没的，都可能出现在梦中。根据梦的内容，我们可以把梦分为以下类型：

1.病梦：指因身体某个部位不适及疾病所产生的梦。这些梦在一定程度上预示着疾病的发生，所谓"因其所病，见之于梦"。人睡觉时比醒着时更容易感应体内微小的刺激，有时轻微的病理刺激，白天不能引起大脑皮质层的反应，人入睡时却摄入潜意识系统而编入梦。

2.噩梦：噩梦往往会给梦者带来较大的心理负担。出现这类梦的多属身体虚弱的人，当其独居一室时，若有所畏惧、猜疑、情志过度，则会出现噩梦。

3.创伤梦：指现实的恐怖经历反复在梦里再现。这类事件多是突发的，可怕的，如车祸、遭受抢劫、地震、火灾、被人强奸等。做这种梦多是现实的恐怖经历不被内心接纳而反射到梦中。

4.性梦：指与性有关的梦。不仅仅指性交的梦，而是泛指与性相关的梦。如梦见赤身行走，或梦见性象征物等。清教徒、青春期男女、性生活不满意的成年已婚男女常做与性相关的梦。

5.除以上常见的梦外，另外还有转梦、寄梦、借梦、反梦、精梦、因梦、喜梦、时梦等。

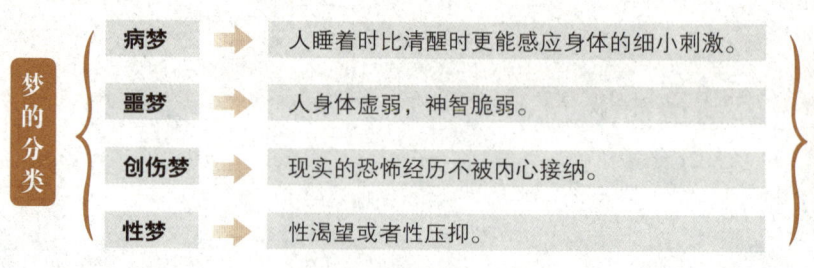

其他的梦：转梦、寄梦、借梦、反梦、精梦、因梦、喜梦、时梦等。

下篇：梦占

第十三章 梦见自然事物

## 819 梦境的内容与哪些因素相关？

梦从一般的意义上看就是对近期日常生活的潜意识反映。梦境的内容主要与以下几个方面有关：

1. 生理疾病。一些反复出现的梦境可能与某些疾病有一定的联系：患有心血管疾病的人，往往会梦见被追赶、心中恐惧、呼喊不出声音，或梦见自己从高处坠落，还没到地面就突然惊醒；患有肺部疾病的人，常常会梦见自己的胸部受压，身负千斤重担行走，或梦见自己呼吸困难，甚至窒息；腰部或肾部有病的人常梦见自己被人突然从背后踢了一脚或刺上一刀，醒后仍感疼痛等。

2. 生活中的重大事件。有人经常梦见刚死去的亲人或朋友，这是由于亲人的死对自己内心的打击很大，需要一定的时间来消除，并没有什么象征意义。

3. 职业的影响。编辑经常梦见自己写作的内容，老师会梦到自己上课的场景，医生会梦见医院里的病人等。

4. 性对梦境的影响。性属于人类的生理本能，成年人做了性梦是非常正常的，尤其是青春期的年轻人或性生活不满意的成年人。

5. 情绪障碍。当一个人的某种情绪被激发出来以后，就会做一些稀奇古怪的梦，甚至会梦见某种刺激而号叫或大哭。

另外，与梦境的内容相关的因素还有个人的生活习惯、性格、爱好、价值观等。

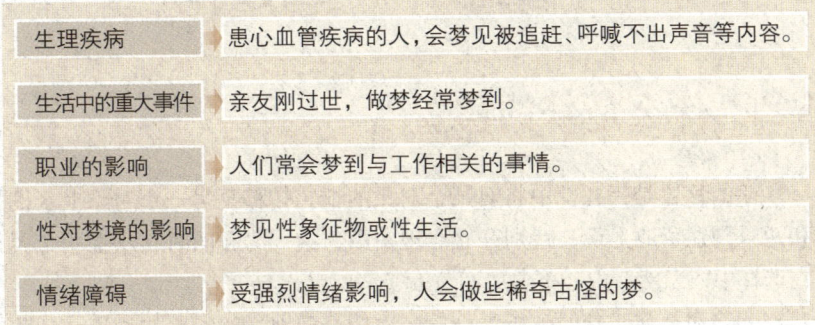

| 影响梦境内容的因素 | | |
|---|---|---|
| | 生理疾病 | 患心血管疾病的人，会梦见被追赶、呼喊不出声音等内容。 |
| | 生活中的重大事件 | 亲友刚过世，做梦经常梦到。 |
| | 职业的影响 | 人们常会梦到与工作相关的事情。 |
| | 性对梦境的影响 | 梦见性象征物或性生活。 |
| | 情绪障碍 | 受强烈情绪影响，人会做些稀奇古怪的梦。 |

## 820 什么是梦的凝缩？

梦的凝缩是指在梦中将内心爱或恨的几个对象凝缩成一个形象表现出来，也就是在梦中，将数人合为一人。例如将A的相貌、B的衣服、C的职业、D的性格、E的爱好，统统汇集到一个人身上，而梦中这个人究竟长什么样子根本看不清。很多人都有这种经历，梦中有一个人，像是这个人，又像是那个人，或者本来是这个人，一转眼又变成那个人了，这就是梦的凝缩作用。

## 821 什么是梦的象征？

梦是一个人内心记忆的"贮藏间"，也是开向外部信号空间的窗户。人们梦中事物的象征即是用一种中性事物来象征替代自己所忌讳的事物，可减少或避免引起梦中自我的痛苦或创伤。

弗洛伊德认为，梦中的各种事物都是一种象征，代表了另外一种意义，它们都有固定的解释。比如复杂的机器象征着生殖器，有力量的物体象征着男性等。弗洛伊德认为：梦者清醒时，对梦的象征意义并不知道，梦者所有关于梦的知识是潜意识的；梦的象征意义不是特有的，而是日常生活的一部分；象征和性有着特殊的关系，性是人类在进化中最原始的部分，而梦原本保留着人类原始的情形，所以梦里会有很多性的象征。

荣格对梦的象征意义的阐释与弗洛伊德的观点存在着分歧。荣格认为，象征是一种有意义的意象，而象征来源于潜意识，某些象征的意义相对固定，但大多象征具有可变动性。尤其是人的个体存在差异，使某件物品在不同人的梦中起着不同的象征意义。荣格的观点受到大多数人的认同。

## 822 什么是梦的移置？

梦的移置是指在梦中将对某个对象的情感转移至另一个对象上。例如一男子梦见和两只狗在草地上玩，特别开心。现实中，这一男子同时喜欢上两个属狗的女性，正在选择中，当然，内心更希望两位女子同时爱上自己。

弗洛伊德在《梦的解析》中第一次较全面地说明移置的作用："我们可以假定，在梦的工作中有一种精神力量在发生作用，它一方面消除具有高度精神作用的那些元素的强度，另一方面则利用多重决定作用，从具有低度精神价值的各元素中创造出新的价值，然后各自寻找途径进入梦的内容。这种精神力量就是移置。"另外，弗洛伊德在书中还为移置提出了两种类型："我们迄今为止所讨论的移置作用，还只包含着某种特殊观念为另一有较密切联系的观念所置换，用以促成凝缩作用……我们的分析表明，还存在着另一种移置作用，它表现为有关思想在言语表达上的改变……移置作用的结果，一种情况可以是以一个元素代替另一个元素，在另一种情况下其结果则是一个元素的言语形式为另一元素的言语形式所代替。"

## 823 什么是梦的投射？

梦的投射是指在梦中将自己某些不好的愿望与意念投射于他人，而减轻对自我的谴责。比如一个已婚男士梦见妻子与别的男人接触，其实在现实中，是他对妻子不满，或者是有了追求其他女性的意念。再比如，一个患强迫症的学生在上五年级时，有一段时间不断地做一个奇怪的梦：到理发店里去理发，一个身材高大，表情凶恶的男人拿着刀砍下了他的头。通过和孩子的交流得知：这个孩子在生活中经常受到父亲的打骂，从而对父亲有了某种愤怒，而又不能直接反抗，所以孩子把潜意识中对父亲的愤怒转移到了梦境中，那个砍头的理发师就是父亲的化身。

其实，梦是白天思想、行为的一种反映，也就是说，所有的梦都是对现实的投射，当这种投射是正面形式时，梦反映的是自己的欲望；当这种投射是负面时，梦反映的则是焦虑。科学地释梦就是从梦境中发现梦者的潜意识，分析梦者的情绪和心理状态，从而解决和调整，使梦者的心理走向健康。

**梦的投射**

## 824 什么是梦的变形？

梦的变形是指在梦中将潜意识的欲望或意念，用其他相反的形式表现出来，也就是通常说的反梦。例如某大学女生梦见她的语文老师手捧鲜花向她求婚，她高兴极了。其实，是她爱上了已婚的老师，而老师对她并没有任何不同寻常的行为。只是她自己内心的意念受到了超我的压抑，才做了反梦。

## 825 为什么"梦有五不占"?

我们现代的解梦,古代称之为占梦术。占梦术规定"梦有五不占,占有五不验"。所谓"梦有五不占",就是指五种梦不能入占。

1. 神魂未定时做的梦不占。古人认为,人在神魂未定的状态下呈现的梦象只是自己的浮想,不是"真梦",所以占此梦无意义。

2. 妄虑的梦不占。妄虑梦是由于白天各种邪想而做的梦,纯是自己的想象,没有什么天机,不是真梦,所以不占。

3. 自己知道是凶梦不占。梦者本人知道梦的玄机,而且是凶兆,就不用再去占。如果此人想寻找心理安慰,强行占卜,那么,此梦肯定就不灵验了。

4. 梦没有做完就被惊醒,不占。真梦是完整的,古代占梦者认为,梦是一种神明向人晓谕的象征语言,如果中途醒来,神谕未明,不可轻易占卜。

5. 梦境记忆不全不占。人在睡眠时,大脑没有得到充分休息,会出现杂乱无章的情节,不是真梦,不需要占。

| 梦有五不占 |
|---|
| 神魂未定时做的梦不占。 |
| 妄虑的梦不占。 |
| 自己知道是凶梦不占。 |
| 梦没有做完被惊醒不占。 |
| 梦境记忆不全不占。 |

## 826 为什么梦"占有五不验"?

梦与占梦者是双向选择的,占梦者有五不占,梦对占梦者也有要求,即所谓的"占有五不验"。

1. 占梦者不通晓梦的本源,不验。占梦者必须对宇宙万物的道理参究透彻,才能占断天下之梦。

2. 占梦者术业不精通,不验。占梦者要熟读梦书,掌握基本的占梦方法。只有这样才能遵循正确的途径,将神之所示,明白无误地破译出来。

3. 精诚未至者,不验。有些梦象明白易懂,有些梦象扑朔迷离,这就要求占梦者必须虚其神明,以精诚的态度去感知梦境所示。

4. 削远为近小者,不验。指占梦者不能将道与术分裂。占梦虽属小术,但其中也蕴含着大道之理,可以由术而通向大道。

5. 占梦者不能依违两端,否则不验。梦中所预示的吉就是吉,凶就是凶,占梦者不能含糊其辞,依违两端。

| 梦占五不验 |
|---|
| 占梦者不通晓梦的本源,不验。 |
| 占梦者术业不精通,不验。 |
| 精诚未至者,不验。 |
| 削远为近小者,不验。 |
| 占梦者不能依违两端,否则不验。 |

## 827 梦见日、月、星和光预示着什么？

梦境里出现日、月一般都是好的，通常都是升官、胜利、发财或孕育了日后能成大器的胎儿之意。

梦见有月光的夜晚，是愉快的象征；对于未婚男子来说，是吉祥顺利的征兆。已婚女人梦见晚上无月亮，是想疼爱丈夫，却力不从心。

梦见日月昏暗，代表梦者情绪比较低落，事业不顺利；对于老年人来说，可能身体上有某些不适，也可能是棘手的问题正待解决；对于孕妇来说，表示孕妇在担心自己的宝宝，感悟孕育生命的艰难，这是吉梦。

梦见太阳突然进入口中，象征你将取得重大成就，会成为令人瞩目的对象；对于新娘或主妇来说，将来会怀上或已经怀上了必定成为大人物的宝宝。

梦见灼热的太阳，代表你的事业会更上一层楼。

病人梦见太阳破晓而出，代表身体很快就会康复。

梦见海上日出，预示着你的劳动将要有结果，日后好运连连，家业兴隆。

## 828 梦见天气阴晴变化预示着什么？

梦见白天，前途光明；梦见晴天，生活安宁；梦见阴天，会有痛苦；梦见云彩，会遇到坎坷；梦见太阳附近有云彩，意味着在贵人的帮助下能摆脱困境；梦见在云彩里飞翔，会成为居住区的领袖；梦见乌云涌起一片，这是由于自我主张太强烈引起了众人的不满，以后要注意你的言行，以免朋友们联合排斥你；梦见天空忽然乌云密布，代表你的消化系统出现了问题，不要吃刺激和不宜消化的食物。

## 829 梦见雨、雪和雷预示着什么？

梦见狂风暴雨马上来到，预示自己的好事要接二连三来到。对于已婚女子来说，会生活丰裕，家庭收入剧增；对于未婚女子来说，将与有钱人成婚；对于未婚男子来说，将会娶一个有钱的女子为妻；对于商人来说，预示要发大财。

梦见下雪，预示着近期工作能升迁。

梦见雷声隆隆，预示着近期有财运。

梦见自己被雷劈，暗示好运将要降临，对于病人来说，身体即将康复。

梦见雷声隆隆，预示着近期有财运。

对于已婚女子来说，会生活丰裕，家庭收入剧增。

梦见狂风暴雨马上来到，预示自己的好事要接二连三来到。

## 830 梦见地震和山崩预示着什么？

梦见黄土自天空落入家里，预示凡事顺利。

梦见大地裂开，缝隙逐渐变大，暗示着近期将得到升迁。

梦见山崩海啸，预示着会遇到波折或危机，也可能是目前内心非常痛苦，白天压抑而晚上释放出来；对于未婚男女来讲，表明恋情可能会出现大的波折；对于已婚男女来讲，表明婚姻可能潜伏着大的危机。

梦见天塌地陷，代表自己或亲人的身体健康出现了问题，应尽快去医院做检查；另外，也可能是心理方面的问题，心中存在着嫉妒、恐惧，又有些焦虑过度、心灰意冷。

梦见泥石流，意味着会有不可预料的灾难；对于孕妇来说，要注意肚里的宝宝；对于男人来讲，要准备好迎战事业发展道路上的困难。

| 梦的内容 | 梦的预示 | 梦的内容 | 梦的预示 |
|---|---|---|---|
| 地面发光 | → 财运发达 | 地面凹陷 | → 家运衰退 |
| 黄土自天空落入家里 | → 万事顺利 | 大地裂开，缝隙逐渐变大 | → 近期将得到升迁 |
| 山崩海啸 | → 会遇到波折或危机 | 泥石流 | → 不可预料的灾难 |

## 831 梦见沙漠、峡谷和沼泽预示着什么？

梦见沙漠，说明你内心有很多秘密，这些难以言说的秘密已经引起内心的不安，如果说出来心情就会舒畅。

男人梦见自己在峡谷中享乐，会生病或遇到困难。

女人梦见自己在峡谷里享乐，会与丈夫发生口角或分居。

男人梦见和妻子或情人在峡谷里享乐，暗示两人将要发生矛盾。

梦见自己和敌人在峡谷里欢聚，暗示两人的关系会陷入困境。

梦见自己和朋友在峡谷里吃喝玩乐，预示着一切顺利。

梦见从沼泽地通过，预示自己将遇到困难；对于已婚女人来说，会被家庭琐事所困扰。

梦见沼泽地，暗示着自己避免了一些重大危险。

梦见自己陷入沼泽之中，暗示自己的健康状态出了问题，将会卧床不起。

梦见往沼泽中扔石头，要注意自己的言行，避免与下属或朋友发生争吵，影响名誉。

梦见浑身沾满污泥，说明自己身体强壮。

——沙漠

梦见沙漠，说明你内心有很多秘密。

## 832 梦见大海和浪涛预示着什么？

男人梦见大海，不久会有令人振奋的消息。

女人梦见大海，预示着自己肩上的担子会越来越重。

商人梦见大海，意味着生意兴旺，进财如流水。

梦见大海涨潮，预示着会遇到重重困难。

梦见自己站在海岸上，生活会有不幸；对于病人来说，病情会恶化；对于学生来说，学习成绩会不理想；对于失业者来说，虽然有很多就业机会，但自己都不能胜任。

梦见惊涛骇浪，预示着会遇到风险与阻力；对于男性来讲，表明在投资上会出现风险；对于女性来讲，表明在工作上会遇到一定的阻力。

## 833 梦见各种水体预示着什么？

无论你的梦里出现哪一种水体，梦中的水总是喻示着生命的精华，代表了精神的洗礼和重生。

梦见瀑布，预示着将会如愿以偿；如果瀑布平缓，表示生活稳步上升。

梦见自己从很远的地方赶去看洪水，预示着正在思索的难题已经有头绪了。

梦见自己掉进洪水里，预示着在情感方面将出现问题。

梦见有很多水的湖泊，预示身体健康，生活安逸。

梦见干涸的湖泊，预示着病魔即将缠身，或者钱财紧张。

梦见到处都是水，象征着你想尽快从烦乱的生活中挣脱出来，渴望过上宁静的生活。

梦见飞流直下的瀑布，预示着社会地位会得到提升。

华夏第一高瀑——望乡台瀑布，位于中国重庆四面山风景区。

## 834 梦见各种矿藏预示着什么？

梦见煤炭，预示着会有危险和困难。对于已婚女人来说，丈夫会病魔缠身，或者死亡；对于寡妇来说，帮手会遭到不幸；对于男人来说，将会遇到贫困和争斗。

梦见藏匿的金银财宝，预示着不幸的到来；男人梦见聚积的珍宝，将会钱财紧张；女人梦见珠宝，代表怀孕或即将分娩；未婚女子梦见财宝，预示着将要找到一位有钱的丈夫；商人梦见财宝，生意将会亏损；梦见把自己的财宝送给别人，预示着财神即将到来。

| 梦的内容 | 梦的预示 | 梦的内容 | 梦的预示 |
|---|---|---|---|
| ● 赤铁矿 | → 婚姻不顺 | ● 商人梦见做铁器生意 | → 能发大财 |
| ● 女人梦见使用铁质炊具 | → 家庭开支会入不敷出 | ● 梦见背铁 | → 走出困境 |
| ● 大理石 | → 好运来 | ● 用大理石建房 | → 继承很多遗产 |

## 835 梦见花朵预示着什么？

梦见花园里的花都枯萎了，预示着大难临头。

梦见采摘鲜花，将有好事到来，要财有财，要福有福。

梦见手里的花凋谢或落在地上，预示着健康状况出了问题。

梦中闻到花香，将会见到久违的亲人；对于病人来讲，预示着病情好转。

梦见自己踩踏鲜花，预示着灾难和死亡的降临。

梦见花更加好看，预示着你的一生会幸福。

梦见花预示着好运、吉祥、幸福和欢乐。

## 836 梦见草预示着什么？

草象征着人的寿命，梦见草，预示着长寿。

梦见割草，预示着生活中的温饱问题都没有满足，寿命也在减少。

梦见别人扛着青草来到自己面前，则预示着发财。

梦见杂草丛生，证明你有着健康、积极的心理，需要从事具有挑战性的工作。

梦见杂草丛生，证明你有着健康、积极的心理。

草象征着人的寿命。

## 837 梦见蘑菇预示着什么？

大多数蘑菇都是小伞的形状，用细细的茎托起大大的帽子，好像一碰就会碎。这种脆弱的易碎品象征着家庭的脆弱，只有好好珍惜，用心维护才能走得长远。梦见蘑菇，预示着家庭生活将越过越好；梦见吃蘑菇，预示着健康长寿；梦见蘑菇被毁坏，预示着家庭即将破裂。

蘑菇象征着家庭的脆弱。

梦见蘑菇被毁坏，预示着家庭即将破裂。

梦见吃蘑菇，预示着健康长寿。

## 838 梦见各种树木预示着什么？

梦见爬大树，证明你的体力充沛，健康状况良好，可以去从事更具挑战性的工作。

梦见种树，预示着财运的到来，也可能会收到意想不到的礼物。

梦见在竹林中漫步，预示着你将在某方面脱颖而出，演艺方面的机会比较大。

梦见在有树木和池塘的院子中散步，证明你的交际状况良好，还可以继续发展新的朋友。

梦见银杏树叶散落一地，预示着情感不顺或者恋情会中断。

梦见树上结满果实，预示着你将受到年长者的热爱，但最好不要彼此相爱。

梦见爬大树，证明你的体力充沛。

梦见在森林中徘徊，预示着你爱的人迷恋其他异性，即将离你而去。

梦见树木枯萎，预示着运势不好，事情不顺利，经常劳而无功。

## 839 梦见喜鹊、百灵等鸟类预示着什么？

梦见百灵鸟在快乐地歌唱，预示着将有好消息。

梦见一只受伤或死亡的百灵鸟，是在暗示贪婪会导致丧失本身的东西。

梦见大雁南飞，预示着朋友、家人将会团聚。

梦见大雁受伤，预示着在外漂泊的人将要听到亲人的消息。

杜鹃的习性是喜新厌旧，所以梦见杜鹃，就象征着不会长久。女人做了这样的梦，则意味着失去丈夫的爱。

梦见杜鹃或听到杜鹃歌唱，预示要发财必须做出艰苦的努力，但是获得的钱财会很快丧失。

## 840 梦见鸵鸟、仙鹤等预示着什么？

梦见凤凰，暗示着将有贵人帮助。

梦见凤凰站在自己身上，预示着母亲将会生病。

梦见天鹅，预示着将要见到失散的朋友。

梦见鸵鸟，象征着即将不幸。因为鸵鸟总是把头埋在沙子里躲避灾难。

梦见追赶鸵鸟，预示着追赶不幸。

梦见鸵鸟追赶自己，则暗示着自己将战胜对手。

梦见向鸵鸟开枪或攻击鸵鸟，意味着自找困难或者自己的过失将导致自己遭受损失。

商人梦见仙鹤，预示着名利双收；梦见一只仙鹤，预示着你将与伴侣分开。

梦见仙鹤，预示将取得功名。

寡妇梦见仙鹤，将不会再嫁；
考生梦见仙鹤，会金榜题名。

## 841 梦见藤本植物预示着什么？

藤本植物本身会受到它所依附的攀缘物的限制。梦见这种植物，暗示着梦者在现实生活中受到周围环境诸多因素的限制，个人的才华、能力或者抱负无法实现，在梦中将自己的压抑和郁闷转化成藤本植物表现出来。

梦见藤条，预示着将因为自己的过失而受到惩罚。藤条是一种刑具，用来责罚人的，在梦中就象征着惩罚。学生梦见藤条，会因为自己的偷懒而成绩下降；职员梦见藤条，会因为自己工作中的失误而受到惩罚；已婚女子梦见藤条，意味着由于自己的过失，将导致夫妻感情破裂。

藤本植物是一种依附性植物，它代表着服从和恭顺。

梦见藤本植物，暗示着梦者在现实生活中受到周围环境诸多因素的限制。

## 842 梦见鹰类预示着什么？

鹰在天空高高翱翔，象征事业飞黄腾达，所以梦见鹰，意味着事业要上一个新的台阶，此时可以考虑开辟新的领域。

梦见放鹰抓鸟，预示着事业的成功。

梦见秃鹫打架，暗示着外出的路上会发生灾难，但能死里逃生。

梦见猫头鹰，是不祥之兆。对于未婚男子来说，会娶一个好斗的妻子；对于已婚女人来说，丈夫的病短期内不会好转；对于未婚女子来说，意味着要嫁到不如娘家的家族。

梦见猫头鹰落在自己的屋顶上叫声不断，预示着家人要得重病，甚至将要家破人亡。

梦见猫头鹰从自己的头顶飞过，预示着不久就要离世。

| 鹰 | 秃鹫 | 猫头鹰 |
|---|---|---|
|  |  |  |
| • 梦见抓鹰，预示事业将失败。<br>• 梦见鹰落在自己头上，预示着将晋升。 | • 梦见秃鹫落在树上，预示着将战胜对手。<br>• 梦见开枪打秃鹫，预示着困难即将过去。 | • 梦见猫头鹰多为不祥之兆。梦见攻打猫头鹰，意味着将要扫除一切障碍取得成功。 |

## 843 梦见鸽子、麻雀等预示着什么？

梦见鸽子，婚姻美满，会得到无数钱财；梦见飞翔的鸽子，预示着将会陷入困境；男人梦见卧着的鸽子，预示着生活会幸福、安逸；已婚女子梦见鸽子，代表不久会怀孕，并且是个漂亮的男孩；梦见用枪打鸽子，预示着忧愁消散；梦见猫咬鸽子，代表灾难即将临头；梦见自己将鸽子送人，将会名扬天下；梦见有很多麻雀，预示着大吉大利，一切随心所愿；梦见自己或别人抓麻雀，预示着将有麻烦或不幸；梦见麻雀吃虫子，预示着失财，要留意自己的财产；梦见打死麻雀，预示着功亏一篑，生意或工作将彻底失败。

## 844 梦见大象、骆驼等大型动物预示着什么？

梦见骑大象，预示着名声提高，社会地位也会提升。

梦见发怒的大象朝自己冲来，暗示自己要坚持不懈才能取得成功。

梦见只有一颗牙的大象，暗示自己要一心一意才能成功。

梦见大象糟蹋树木，预示着很快将会渡过难关。

梦见大象用脚踩住狮子，预示着自己将击败强大的对手。

骆驼擅长长途跋涉，梦见骆驼，就意味着要长途旅行，并且有所收获。

孕妇梦见恐龙，预示着将要生一个健康聪明的孩子。

梦见恐龙追自己，预示着生活上会出现麻烦。

梦见自己跟恐龙做朋友，预示着自己有好人缘。

大象

梦见大象，预示着成功。

已婚妇女梦见小象，预示着要生一个漂亮的男孩。

## 845 梦见老虎和狮子预示着什么？

梦见老虎朝自己扑来，意味着困难重重。

梦见骑着老虎，预示着财运增加。

梦见开枪打老虎，代表自己克服困难，将会取得成功。

梦见捕捉老虎，预示着自己的朋友将会变成敌人。

梦见老虎扑向别的动物，代表你在为朋友的处境担忧。

梦见老虎扑向别人，预示着将会发生重大事故，但是能死里逃生。

梦见与狮子相遇，预示着将有强大的对手出现，或者要生病。

梦见自己被狮子咬伤，预示着你能克服困难。

少女梦见狮子，预示着将会嫁给一位权力大的男子。

老虎

女人梦见老虎，自己和孩子都会生病。

男人梦见老虎，事业上会遇到困难。

## 846 梦见斑马、长颈鹿等食草动物预示着什么？

梦见斑马，代表你的财源旺盛；女人梦见斑马，会得到娘家送的礼物。

梦见捕获的鹿在跳跃，意味着自己的心灵将会被释放，感到身心轻松。

梦见松鼠，意味着你的努力将有所收获。女人梦见松鼠，意味着即将与丈夫分离；农民梦见松鼠，预示着丰收。

梦见捕捉松鼠，或者把松鼠拿在手里，预示着将会找到藏匿的财宝，或者得到一笔意想不到的钱财。

斑马

梦见骑斑马，意味着将要出国旅行。

梦见被斑马踢到，预示倒霉的日子要来到。

## 847 梦见熊猫、猴子等动物预示着什么？

熊猫是国宝，梦见熊猫，预示着你有异性缘，说不定有人暗恋你。

梦见和大猩猩搏斗，预示着会跟别人发生摩擦。

梦见和大猩猩玩，预示着自己将会受到别人的认可。

梦见猴子，预示着自己将会受骗；孕妇梦见猴子，会生一个丑陋的男孩；少女梦见猴子，要嫁给一个易怒嘴碎的男人。

梦见猴子蹲在地上，预示着要生病。

梦见猴子走动或跳跃，将会遇到困难或麻烦。

梦见向猴子开枪，或打死了猴子，预示能降服敌人。

梦见猴子凶恶地向自己扑来，预示着会家破人亡。

梦见猴子发怒，预示着将会与朋友或邻居为敌。

猴子

梦见猴子吃东西，预示生活会变贫困。

梦见熟睡的猴子，预示将要出国旅行。

## 848 梦见蛇预示着什么？

梦见一对蛇，预示着分家；商人梦见一对蛇，预示着发大财。

梦见蛇咬住自己，代表好运到，但是梦见蛇咬住家人，则会遇到忧愁或不幸。

梦见蛇咬伤敌人，预示着敌人会互相残杀，并且两败俱伤。

梦见打死蛇，意味着能征服敌人。

梦见蛇钻进洞里，预示着家里会被偷或被劫。

梦见蛇捕捉老鼠或青蛙，将会收到不幸的消息。

梦见蛇与猫斗，预示着所有的灾难都已经过去。

梦见家中有群蛇，意味着财源不断流进家；反之，群蛇从家中出去，意味着经济困难。

女人梦见蟒蛇，证明自己一生光明磊落。

梦见毒蛇，预示着自己正处于麻烦之中，需要小心处理对待。

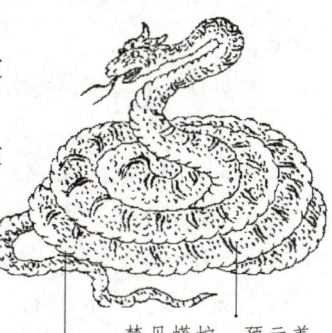

**蛇**

梦见蟒蛇，预示着自己会受到伤害。

梦见与蟒蛇争斗，最后躲开了，预示着自己会遇到灾难，但有惊无险。

## 849 梦见蚂蚁、蜘蛛等昆虫预示着什么？

梦见自己被蚂蚁团团围住，预示着死期将至，或者有重大困难。

农民梦见蚂蚁在自己的头顶或家里乱跑，意味着风调雨顺，久旱的庄稼得救；对于商人来说，则会财源滚滚。

梦见自己喝的饮料中有蚂蚁，预示着你的内脏有疾病。

梦见餐桌上有蚂蚁，预示着居住在远方的亲人即将登门。

梦见床上有蚂蚁，暗示着身患重病。

梦见蜘蛛织网，暗示你必须艰苦奋斗，才能取得成绩；对于已婚女人来说，意味着生意兴旺，可以扩大业务；对于病人来说，意味着会闯过危险期，身体逐渐好转。

**蜘蛛**

梦见蜘蛛落到自己身上，预示厄运即将到来。

梦见蜘蛛捉苍蝇，预示你将来会在可怕的事故中丧生。

## 850 梦见牛、羊、猪、马等家畜预示着什么？

梦见牛上坡、骑牛、牵牛上山、牛出门，都预示着好事将至。

梦见马身上有各种装饰或背着东西，预示着丰衣足食。

梦见马紧跟着自己，预示着不久将被授予名誉头衔。

男人梦见绵羊，会发财；女人梦见绵羊，则夫妻生活幸福。

梦见母绵羊群，预示着会成为大公司的决策者；对于商人来说，会有一笔大生意；对于养羊人来说，将会减少收入。

梦见羊羔，预示着好消息将至；如果是一群羊羔，一切平安；已婚男女梦见羊羔，预示着婚姻美满；未婚男女梦见羊羔，预示着即将成婚。

梦见猪向自己扑过来，预示着会患传染病。

**牛**

梦见牛角抵触人，预示着将劳而无功。

梦见小牛犊，预示着将心想事成。

## 851 梦见鲨鱼预示着什么？

梦中的鲨鱼代表钱财。

梦见死鲨鱼，预示着将要破财。

商人梦见鲨鱼，预示着漂洋过海出国做生意，能赚大钱。

船员梦见鲨鱼，预示着所从事的工作收入丰厚。

梦见成群的鲨鱼，预示着要调动工作，收入会增加。

梦见鲨鱼扑向别人，预示着会有灾难降临。

**鲨鱼**

梦中的鲨鱼代表钱财。

梦见死鲨鱼，预示着将要破财。

## 852 梦见猫、狗等宠物预示着什么？

梦见打猫或者抓猫，预示着有人窥视自己的财产，但财产不会受损失。

梦见听到狗叫，预示着会有人来侵犯。

梦见狗咬自己，预示着会与朋友产生分歧，当心受到孤立。

梦见狗向自己走来，预示着会交上好朋友，或者是受到朋友的帮助。

梦见狗跟在母狗后面行走，暗示身边的朋友心怀叵测。

梦见母狗和小狗快乐地在一起，预示着你的朋友会给你带来意外的惊喜。

梦见自己深爱的宠物，意味着将有忧愁和烦恼。

未婚男女梦见家养的宠物，预示着婚姻之路不顺。

猫

梦见喂猫，暗示病情会好。

梦见猫，预示着自己的行为会被人指责，财产会被偷。

## 853 梦见鱼类预示着什么？

梦见死鱼，预示着会遇到困难；男人梦见死鱼，意味着事业不顺；女人梦见死鱼，意味着生活艰难，全家温饱都成问题；商人梦见死鱼，预示着生意亏损。

梦见买鱼，暗示你将会得到亲属的赠予，或者会继承亲属的地产。

梦见有人送给自己鱼，意味着将被邀请参加婚礼。

女人梦见鱼在水中游，预示着自己的行动会受到丈夫的限制，内心很压抑。

梦见鱼在浅水中挣扎，或者正在忍受缺水的痛苦，则预示着你的工作处处不顺，正在挣扎中，但是上级并不理解，还会被降职。

梦见捞到金鱼，预示着将有一次奇遇发生，很可能是在街上碰到旧友。

鱼

梦见活鱼，要去海上游玩。

梦见吃鱼，预示着感情或恋情会受到小小的打击。

## 854 梦见青蛙、螃蟹、虾等预示着什么？

梦见青蛙，马上就会有难；男人梦见青蛙，会生病；女人梦见青蛙，会有很大开销，花钱消灾；商人梦见青蛙，生意会亏损。但如果是许多只青蛙，则寓意相反，病人的身体很快康复，商人能发大财。

梦见螃蟹，预示百病消散，身体健康。

在梦中，鱼和虾都代表着金钱。梦见鱼预示将得到很多钱，梦见虾预示得到少部分钱。

梦见虾在水中游，暗示着你的事业进展比较顺利，不用担心会赔钱。

梦见吃虾，表示你的生活拮据，入不敷出。

在梦中，田螺、螺蛳代表着福，梦见自己在水中捡田螺、螺丝，预示着收入会增加，有财运。

**青蛙**

梦见用石头砸青蛙，预示着会调动工作。

梦见被青蛙咬伤，预示着一切困难将要过去。

## 855 梦见鸡、鸭、鹅等家禽预示着什么？

梦见母鸡，预示即将成功；如果是许多母鸡，则是财源广进的先兆。

梦见杀鸡、鸭、吃鸡、鸭等肉，都预示着好事来到。

梦见买鸡、抱鸡，只要是把鸡归为己有，都是预示着财运滚滚而来；未婚的会找到伴侣；已婚的会有子女。

未婚女子梦见许多小鸡，会成为大户人家的主妇；男人梦见雏鸡，会做官或晋升；商人梦见雏鸡，会财源旺盛；青年男女梦见雏鸡，意味着爱情美满；学生梦见雏鸡，会在班级起主导作用。

梦见小鸡病怏怏的，暗示着困难或霉运会到来，可能钱财有损，或者身患疾病。

梦见鸭子在马路上走，意味着眼前的困难很快就会过去。

**鹅**

梦见吃鹅肉，预示家人会生病。

梦见鹅、鸭一同在水里游，意味着有两个很好的异性朋友，或者是将有婚外恋。

下篇：梦占
第十三章 梦见自然事物

## 856 梦见海洋动物预示着什么？

梦中的鳄鱼代表苦难，梦见鳄鱼，预示着会受到敌人的侵犯，或者会有人与你为敌；梦见摆脱了鳄鱼，就预示着避免了危险。

梦中的海豹代表强大的敌人。

梦中的海龟代表幸福吉祥，梦见海龟，就预示着家庭幸福，生活美满。

梦见河蚌，预示着会与人发生争吵；梦见吃河蚌，预示着身体可能会有小病；梦见拣河蚌，预示着幸运之神的来临。

梦见鲸鱼，象征你的母亲或家庭中的女性；如果梦见被鲸吞食而看到珍贵的石头或珠宝，象征着你这一段时间一直在为伪装自己而感到压抑，在潜意识里发现了真实的自我，很想表现出真实的自我。

海龟

未婚男女梦见海龟，将和意中人结婚。

已婚女人梦见海龟，预示丈夫会更加宠爱自己。

## 857 梦见乡村田园预示着什么？

梦见在离大海边不远的乡村走来走去，预示着你将爱上一个比自己大很多的人，而且自我感觉很好，但这是一段没有结果的爱情。

梦见在农村的学校上学，预示着交际关系会出现问题。

城市居民梦见自己在乡下的住宅，预示着你的内心向往着奢侈、放荡的生活方式。

商人梦见自己在乡下的住宅，预示着将会成立一个十分兴旺的商圈。

已婚女人梦见自己在乡下的住宅，会生男孩。

已婚女人梦见自己在乡下的住宅，预示会生男孩子。

梦见在乡村的路上行走，表示学业或工作很顺利。

# 第十四章 梦见人造事物

弗洛伊德认为，梦是探究心灵的窗户，可以揭示潜藏在人内心深处的愿望。历代以来，有不少人对梦境的阐释进行了拓展与完善，到今天，梦境成了分析一个人精神的主要手段。梦有正梦与反梦之分，所以梦见美好的事物不要洋洋得意，梦见糟糕的事情不要沮丧，应具体参照相关的梦析来更好地了解自己的需求，趋利避害。本章主要讲述了梦见一些人造事物的暗示与预示。

## 858 梦见桥预示着什么？

梦中的桥代表着成功，因为桥连接着两岸，象征着通过努力获得成功。
梦见过桥，预示着你的努力没有白费，很快就会赢得成功，千万不能放弃。
梦见过独木桥，预示着通过自己的努力就能获得成功。
梦见从桥上掉下来，预示着一切都会落空。

梦见从桥上掉下来，预示着一切都会落空。

梦中的桥代表着成功，因为桥连接着两岸，象征着通过努力获得成功。

梦见过桥，预示着会取得成功。

## 859 梦见粮食预示着什么？

粮食是人生存的必需品，所以梦中的粮食代表着财富。
梦见粮食，是财运降临的象征。
梦见粮食颗粒饱满，预示着能发大财。
梦见粮食籽粒干瘪，预示着发点小财。
梦见收获粮食，则意味着发财。
梦见地上撒满粮食，表示会抛弃财富，而且家里会发生争吵。

粮食是人生存的必需品，所以梦中的粮食代表着财富。

梦见粮食颗粒饱满，预示着能发大财。

## 860 梦见农田和耕作预示着什么？

梦见种田，意味着你在集体中受到大家的肯定，人际关系也很好。

梦见在田园里耕作，预示着将要有所收获。对于未婚男女来说，预示着即将步入婚姻的殿堂；对于商人来说，预示着将要接到一笔大生意；对于学生来说，预示着自己的努力会有所回报。

梦见操作播种机，预示着会结识新的朋友。

## 861 梦见捕鱼预示着什么？

男人梦见捕鱼，预示着会遇到困难。

女人梦见捕鱼，预示着会嫁给有钱的老公，或者将依靠富有的丈夫，生活愉快。

病人梦见捕鱼，预示着病情短期内不会有所好转。

梦见张网捕鱼，预示着好运来到。

梦见别人捕鱼并吃鱼，预示着从事的工作一切顺利。

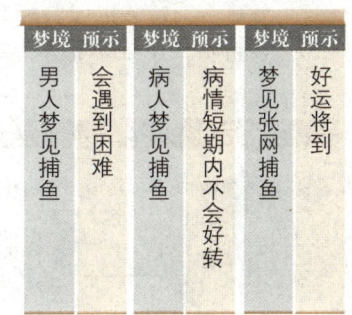

| 梦境 | 预示 | 梦境 | 预示 | 梦境 | 预示 |
|---|---|---|---|---|---|
| 男人梦见捕鱼 | 会遇到困难 | 病人梦见捕鱼 | 病情短期内不会好转 | 梦见张网捕鱼 | 好运将到 |

## 862 梦见收获预示着什么？

梦见收获，预示着辛苦没有白费，肯定会有好事发生，你所关心的事也会心想事成。

梦见遍地的稻谷，预示着你的财运更好，金钱会增加。

梦见收割水稻，预示着将要遇到自己的意中人。

梦见打谷的场面，预示着你将拥有美好的未来。

梦见别人或自己在打谷，预示着你的前途一片光明，可以毫不犹豫地往前闯。

梦见收成不好，暗示你做事要谨慎，以免受到别人的算计。

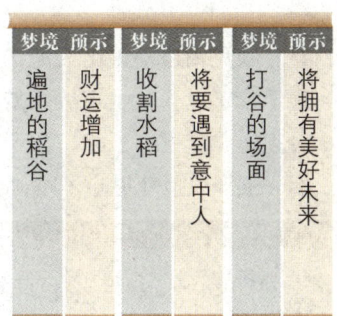

| 梦境 | 预示 | 梦境 | 预示 | 梦境 | 预示 |
|---|---|---|---|---|---|
| 遍地的稻谷 | 财运增加 | 收割水稻 | 将要遇到意中人 | 打谷的场面 | 将拥有美好未来 |

## 863 梦见火预示着什么？

梦中的火，即是财，钱像火一样，在生活中是一把双刃剑，是必需品，但还会给自己带来灾难。

梦见火，预示着会有大财到来；对于恋爱中的男女来说，则意味着恋情进展顺利。

梦见家里着火，会过上富足的物质生活。

梦见火被扑灭，预示着经济受损，或者失去爱情。

梦见火山爆发，预示着将有大财，但并不是好事。这些钱可能不是从正道来的，会招惹是非，或者有命挣钱没命花钱，也就是用命换钱。

梦见大火冒着黑烟，预示着将会生一场大病。

梦见自己坐在篝火旁，或者有个温暖的壁炉，说明你目前生活很幸福，内心很满足。

| 梦的内容 | 梦的预示 | 梦的内容 | 梦的预示 |
| --- | --- | --- | --- |
| 大火烧到自己 | 财运会追上你 | 自己周围全是火 | 将有贵人扶持 |
| 家里着火 | 会过上富足的物质生活 | 火被扑灭 | 经济受损 |
| 火山爆发 | 将有大财 | 大火冒着黑烟 | 将会生一场大病 |

## 864 梦见道路预示着什么？

梦见街道上人山人海，预示着可怕的事故将要发生。梦见在狭窄的街道上行走，预示着家里会发生事故。梦见自己面前有好几条路，究竟走哪一条路举棋不定，捷报会频传。梦见忘了路，预示着会有好事；未婚男子梦见忘了路，会找到志同道合的情侣；工作人员梦见忘了路，会升职加薪。

| 梦的内容 | 梦的预示 | 梦的内容 | 梦的预示 |
| --- | --- | --- | --- |
| 曲曲折折的道路 | 以后的工作很辛苦 | 道路突然不见了 | 愿望成空 |
| 小偷梦见忘了路 | 通过自己的努力能发正当财 | 未婚男子梦见忘了路 | 会找到志同道合的情侣 |
| 病人梦见忘了路 | 会得到很好的治疗 | 独自行走 | 对手将增多 |

下篇：梦占
第十四章 梦见人造事物

## 865 梦见楼房预示着什么？

梦见楼房，象征着幸福的生活：如果梦中的楼房庄严美观，气势不凡，预示着你将享尽荣华富贵；如果楼房很普通，意味着你的生活平静舒适；如果是破旧的楼房，预示着生活平淡，衣食无忧。

梦见仰望高楼，预示着你对异性的憧憬。

梦见爬上高楼，暗示你内心渴望有个情人。

梦见站在高楼的顶楼向下看，心里有点害怕，暗示你内心对性爱既害怕又期待。

梦见楼房，象征着幸福的生活。

梦见破旧的楼房，预示的你生活很平淡，衣食无忧。

梦见在楼顶向下看，心里有点害怕，预示你内心对性爱既害怕又期待。

## 866 梦见塔和堡垒预示着什么？

男子梦见塔，能高升；女人梦见塔，预示着家庭幸福，自己会怀孕，丈夫身体强壮；未婚男子梦见塔，会娶一位美貌、贤淑的姑娘；未婚女子梦见塔，会嫁给有声望的人；商人梦见塔，会赚到大钱。

部队军官梦见塔，预示着能打胜仗，或顺利完成上级任务。

梦见攀登塔，预示着能渡过难关。

梦见铲平金字塔，预示着即将升官。

梦见很多塔，意味着要出国访问。

梦见堡垒，暗示着烦恼即将到来。

梦见堡垒正在被攻破，预示着烦恼将被消除。

梦见被毁坏的堡垒，预示着自己会失败。

塔

梦见修建塔，预示着名声受到损害，甚至臭名远扬。

梦见很多塔，预示要出国访问。

## 867 梦见房子预示着什么？

梦中的房子，象征着你自己。

梦见正在打扫房间，表示你想改变，想解脱束缚，也可能是患了感冒、外伤等小病。

梦见在装修房子，表示你这一段时间心情过度紧张，需要放松心情。

梦见房子被毁坏，或者是破旧的房屋，暗示你快要生病，或者已经生病了，一定要注意身体。

梦见盖房子，表示你对自己的人生观有了新的认识，在精神上重获新生。

梦见搬家，预示着麻烦将到来，或者会有新情人出现，而且会闹出桃色纠纷。

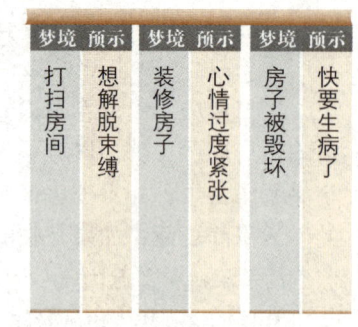

| 梦境 | 预示 | 梦境 | 预示 | 梦境 | 预示 |
|---|---|---|---|---|---|
| 打扫房间 | 想解脱束缚 | 装修房子 | 心情过度紧张 | 房子被毁坏 | 快要生病了 |

## 868 梦见厕所预示着什么？

男人梦见在公厕里大小便，预示着健康状况出现了问题，或者已经生病。

女人梦见在公厕里大小便，预示着将会受到周围人的污辱和歧视。

梦见在自家的厕所里大小便，预示着一切困难都会过去；如果女人做这个梦，则意味着自己会成为家族公认的出色的家庭主妇。

病人梦见在自家的厕所里大小便，预示着身体很快就会康复。

梦见自己在厕所里，由于门锁损坏或找不到钥匙而无法出来，预示着你的行为会给家人或朋友带来麻烦。

| 梦境 | 预示 | 梦境 | 预示 | 梦境 | 预示 |
|---|---|---|---|---|---|
| 男人梦见在公厕里大小便 | 健康状况出现了问题 | 女人梦见在公厕里大小便 | 将会受到周围人的污辱和歧视 | 自己困在厕所无法出去 | 你会给朋友或家人带来麻烦 |

## 869 梦见地图预示着什么？

梦见地图，预示着远方的亲友即将回来。

梦见查找地图，预示着即将出远门。

梦见正在画地图或制作地图，预示着财运将到。

少女梦见画地图，预示着恋情不顺。

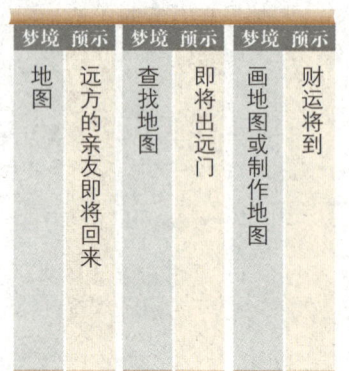

| 梦境 | 预示 | 梦境 | 预示 | 梦境 | 预示 |
|---|---|---|---|---|---|
| 地图 | 远方的亲友即将回来 | 查找地图 | 即将出远门 | 画地图或制作地图 | 财运将到 |

## 870 梦见室内景物预示着什么？

梦见昏暗的灯光，预示着家里有人会生病。与妻子分居的男人梦见房子里的灯光明亮，预示着很快就会看到妻子。梦见灯光灭了又亮，亮了又灭，预示着亲人将病重或离世。

梦见自己的书架放着很多书，预示着你有过人的才能，正期待着机遇。如果梦见自己的书架空空如也，暗示你不要错过好时机。梦见桌子，预示着家里将出现大的开支；但对于女人来说，则预示着家里将会产生矛盾。梦见坐在桌边吃饭，预示着你将受到尊重；对于商人来说，预示着生意兴隆。

| 梦的内容 | 梦的预示 | 梦的内容 | 梦的预示 |
| --- | --- | --- | --- |
| 家里的灯光耀眼 | 财源广进 | 昏暗的灯光 | 家里有人会生病 |
| 灯光灭了又亮，亮了又灭 | 亲人将病重或离世 | 自己的书架放着很多书 | 你很有才能，正期待机遇 |
| 桌子 | 家里将出现大的开支 | 坐在桌边吃饭 | 你将受到人们的尊重 |

## 871 梦见各类市场预示着什么？

梦中的家电市场，代表着你希望自己的才华或能力得到别人的认同，或者你正期待着伯乐的出现。如果梦见你在家电市场中逛，代表你正在努力寻找机遇。如果梦见你在购买家电，预示着你的伯乐即将出现。

梦中的服装店，代表着情感与服饰。如果男人梦见自己在挑选服装，挑到满意的，代表着你找到了情感的家园；如果没有相中的，说明你是个花心的人。

梦中的鱼鸟市场，代表着效益与机遇。如果你在鱼鸟市场中看到鱼，预示着你将获得效益或者有很好的机遇。

| 梦的内容 | 梦的预示 | 梦的内容 | 梦的预示 |
| --- | --- | --- | --- |
| 百货公司的货物应有尽有 | 内心的欲望非常高 | 你在百货公司挑选商品 | 你的购买欲强 |
| 你在家电市场中逛 | 你在寻找机遇 | 你在购买家电 | 伯乐将出现 |
| 你在旧物市场逛 | 你正面临着新的选择 | 在鱼鸟市场中看到鱼 | 你将获得效益或者有很好的机遇 |

## 872 梦见地下室预示着什么？

梦见自己藏在地下室或地道里，预示着灾祸即将到来：如果是已婚女人，将会得重病；如果是有身孕的女人，可能会流产；如果是病人，预示着自己的病无法医治。

梦见别人在地下室里，预示着你会官运亨通，或者加薪升职。

梦见妻子在地下室里，预示着你会更加富有。

梦见朋友在地下室里，预示着会有贵人和朋友帮助。

| 梦的内容 | 梦的预示 |
| --- | --- |
| 朋友在地下室里 | 会有贵人和朋友帮助 |
| 妻子在地下室里 | 你会更加富有 |
| 别人在地下室里 | 你会官运亨通 |
| 已婚女人梦见自己在地下室 | 会患重病 |
| 有身孕的女人梦见自己在地下室 | 可能会流产 |
| 病人梦见自己在地下室里 | 病情严重到无法医治 |

## 873 梦见门预示着什么？

梦见从敞开的大门进来，预示着你将掌控全局，商人可以控制市场，官员可以收拢人心。

梦见大门紧闭，预示着困难或灾难的降临。

梦见铁大门，意味着你的内心充满着生机，并且会为了生存而拼搏进取。

梦见全副武装的士兵守卫大门，预示着你将会在军事部门工作。

梦见正想进大门，但被门卫拦住，预示着会有不顺心的事情发生。

孕妇梦见顺利进了大门，预示着可以顺利地生下男孩。

孕妇梦见顺利进了大门，预示着可以顺利地生下男孩。

梦见大门紧闭，预示困难或灾难会降临。

梦见正想进大门，但被门卫拦住，会有不顺心的事情发生。

## 874 梦见楼梯预示着什么？

梦见楼梯里到处都是垃圾，预示着你的身边有着不正当的勾当。

梦见扫楼梯，预示着清除一切忧愁，将要迎来幸福生活，病人会很快康复，犯人会很快释放。

梦见爬楼梯，意味着你在现实中力求上进，如果是下楼梯，则意味着对现实不满。

梦见正在上楼梯，却被看不见的力量拉扯着滚下楼梯，而没有受伤，还看到一片美景，暗示你"退一步海阔天空"，你现在正在努力的目标可以放弃掉。

梦见正在上楼梯，遇到了朋友，还越聊越高兴，说明你目前的工作太累了，应该停下来，好好放松一下，调整好身体和心态再投入战斗。

梦见楼梯失火，预示前途顺利。

梦见气派的楼梯，预示威望将得到提高。

梦见楼梯无限延伸，你爬得精疲力竭，但还是看不到终点，暗示你现在的努力不值得，或者你内心在挣扎，正在思考是不是应该放弃现在的想法。

## 875 梦见阳台和走廊预示着什么？

已婚男人梦见在阳台上睡觉，预示着生活幸福、家庭美满。

已婚女人梦见在阳台上睡觉，意味着将生一个漂亮的孩子。

未婚男子梦见在阳台上睡觉，预示着不久将成家立业。

梦见修理阳台，预示着将会遇到灾难，或者能够花钱消灾。

梦见在走廊上徘徊，预示你内心充满了疑惑。

梦见走廊笔直、整洁，预示着一切顺利。

梦见走廊蜿蜒曲折，预示着你会遇到一些小麻烦，但肯定能够解决。

梦见自己站在走廊上，预示着你正处于一个过渡期，也许是职位有所变动，也许是生活或工作的地点发生了变化。

已婚女人梦见在阳台上睡觉，意味着将生一个漂亮的孩子。

已婚男人梦见在阳台上睡觉，预示生活幸福。

梦见修理阳台，预示会遇到灾难。

## 876 梦见钥匙预示着什么？

梦见找到了钥匙，预示着高兴的事将要发生。
梦见丢失了钥匙，预示着什么事都做不好，心情也很低落。
梦见购买钥匙或配钥匙，预示着事情进展不顺利，但并没有糟糕到极点。
女人梦见拿到丈夫的钥匙，预示着将来能够掌握家庭的财政大权。
梦见钥匙断了，预示着什么事都做不好，一切努力都会半途而废，或者生意破产。
梦见从强盗或小偷那里找到了钥匙，预示着会招惹官司。

| 梦的内容 | 梦的预示 |
| --- | --- |
| 找到钥匙 | 将发生高兴的事 |
| 丢失钥匙 | 诸事不顺 |
| 购买钥匙或配钥匙 | 事情进展不顺，但有挽回余地 |
| 女人梦见拿到丈夫的钥匙 | 将来能掌握家庭的财政大权 |
| 钥匙断了 | 一切努力都会半途而废，或者生意破产 |
| 从强盗或小偷那里找到钥匙 | 会招惹官司 |

## 877 梦见瓷器和玻璃预示着什么？

梦见瓷器，预示着最近会有人请客吃饭，或参加宴会。
梦见瓷器被损坏，预示着你会因为言语的过失而与人发生口角，所以一定要注意自己的言行，什么话想好了再说。
梦见手里拿着玻璃杯，预示着好事的到来，工作中的你会升职加薪，已婚者会有子女，未婚者会找到满意的伴侣。
梦见自己透过玻璃看人，预示着你的观点会受到别人的反对，所以在发表意见时，一定要慎重。
梦见自己打碎玻璃，预示着你会有出色的成绩，而且会得到别人的赞同和认可。

梦见自己透过玻璃看人，预示你的观点会受到别人的反对。

梦见把玻璃安进窗户，预示生活会很幸福。

梦见自己打碎玻璃，预示你会有出色的成绩，而且会得到别人的赞同和认可。

## 878 梦见地板和天花板预示着什么？

梦见地板，预示着财富和幸运之神即将光临。
梦见木地板，预示着你的努力很快得到回报。
梦见陶瓷地板，预示着你的生活很幸福。
梦见正在保养地板，预示着你的财运不错。
梦见地板断裂，预示着你可能会破财。
梦见地板上溢满水，表示你的腿脚会有点小问题。
梦见发霉的木地板，预示着家里人将生病。
梦见天花板漏水，预示着你的消化系统有点问题，比如消化不良、肠胃炎等。

| 梦的内容 | 梦的预示 | 梦的内容 | 梦的预示 |
| --- | --- | --- | --- |
| 地板 | → 财富和幸运 | 木地板 | → 努力快得到回报 |
| 陶瓷地板 | → 生活幸福 | 保养地板 | → 财运不错 |
| 地板断裂 | → 会破财 | 地板溢满水 | → 腿脚会有问题 |

## 879 梦见沙、砖、石头和石灰预示着什么？

病人梦见一堆沙子，预示着病痛加重。梦见在沙子上行走，预示着要换个环境，或者搬家。梦见搬运沙子，预示着将身负重任。梦见有人向自己的头上撒沙子，预示着朋友会欺骗你。

梦见烧好的砖，预示着好运连连；如果是砖坯，则预示着前方有危险。

梦见黑石头，预示着你将受到敌视；梦见白石头，预示着家产分配方面有分歧。梦见自己砸石头，预示着自己的艰苦奋斗将有收获。梦见别人用石头砸自己，预示着你的名声会得到远扬。囚犯梦见在石头上行走，意味着即将出狱。

| 梦的内容 | 梦的预示 | 梦的内容 | 梦的预示 |
| --- | --- | --- | --- |
| 石头 | → 生活艰苦 | 在墙上抹石灰 | → 能躲过对手的暗算 |
| 买石灰 | → 会有很多男人与你为敌 | 在石头上行走 | → 你的生活舒适、安逸 |
| 用石头砸人 | → 大难临头 | 女人梦见石头 | → 患胃病 |

## 880 梦见公园、广场和立交桥预示着什么？

梦见在公园里散步，预示着你将会和意想不到的人碰面，或者收到远方友人的消息，或者会遇到真正的爱情。

梦到热闹的公园，代表你对生活很满意，行动也很积极。

梦到冷清的公园，代表你内心消极，而你的运势也会下降，本来开心的事也会消失。

梦见宽阔的广场，说明你工作顺利，生活美满。

梦见绿草如茵、鲜花遍地的广场，说明你生活快乐而幸福。

梦见广场上有和平鸽，预示着你会心想事成。

梦见广场上有许多人和你打招呼，说明你的人缘很好，不管做什么事都会得到朋友的帮助。

梦中的立交桥，代表的是成就与友谊。男性梦见立交桥，表明你是一位胸怀大志的人，预示着你的事业蒸蒸日上。女性梦见立交桥，表明你是一个善于交际的人，意味着你会拥有很多朋友。

| 梦的内容 | 梦的预示 |
| --- | --- |
| 在公园里散步 | 将和意想不到的人碰面 |
| 热闹的公园 | 你对生活很满意 |
| 冷清的公园 | 你内心消极 |
| 宽阔的广场 | 工作顺利，生活美满 |
| 绿草、鲜花遍地的广场 | 生活快乐而幸福 |
| 广场上有和平鸽 | 你会心想事成 |

## 881 梦见动物园和游乐园预示着什么？

梦见在动物园逛，意味着你的生活、工作不稳定。

梦见在动物园里看各种动物，预示着你的人际关系很好，可以与各种人相处。

男性梦见动物园，预示事业蒸蒸日上。

女性梦见动物园，预示你心中充满母爱。

梦中的游乐园，代表着冒险与浪漫。梦见游乐场，预示着你内心期望参与冒险与快乐的活动。如果是男性，说明他富有冒险精神，喜欢比较刺激的活动；如果是女性，说明她喜欢浪漫的事情。

未婚男女梦见与恋人一起去游乐场，预示着对婚姻和未来的生活会怀着浪漫的期待。

| 梦的内容 | 梦的预示 |
| --- | --- |
| 男性梦见动物园 | 事业蒸蒸日上 |
| 女性梦见动物园 | 心中充满母爱 |
| 男性梦见游乐园 | 喜欢刺激活动 |
| 女性梦见游乐园 | 喜欢浪漫的事情 |
| 未婚男女梦见与恋人一起去游乐场 | 对婚姻和未来饱含憧憬 |
| 孩子们在儿童乐园中玩 | 快乐和幸福将环绕着你 |

## 882 梦见自助餐厅、酒吧和快餐厅预示着什么？

梦中的自助餐厅，意味着面对丰盛的食物，无从选择。预示着你将面临选择，但内心充满了矛盾，不知如何选择。如果你在梦里挑选了食物，想一想那些食物的特点，或许是对你现实的暗示。

梦见酒吧，预示着你内心期望刺激的事情发生。

男人梦见酒吧，意味着你内心期待一种平衡。

女人梦见酒吧，意味着内心有许多情感想找人倾诉。

梦见和恋人或爱人一起去酒吧，预示着感情浪漫，生活幸福。

梦中的快餐厅是紧张与忙碌的象征。梦见快餐厅，是你的生活过于紧张的一种表现。若是梦见遍地的快餐厅，表明你的工作比较紧张劳累，应适当地放松一下。

| 梦的内容 | 梦的预示 | 梦的内容 | 梦的预示 |
|---|---|---|---|
| 自助餐厅 | 面临选择 | 女人梦见酒吧 | 情感需要倾诉 |
| 酒吧 | 内心期待刺激的事情 | 和恋人去酒吧 | 感情幸福 |
| 男人梦见酒吧 | 内心期待平衡 | 快餐厅 | 紧张忙碌 |

## 883 梦见飞行物预示着什么？

梦见飞机，预示着旅行与成功。梦见自己看见飞机，预示着你将有一次愉快的旅行。梦见自己开飞机，预示着你的努力将有回报。梦到乘飞机出国，飞机飞行平稳，预示着你正在实现心中的梦想，而且比较顺利；如果飞行出现颠簸，预示着你在实现梦想的旅途上会遇到困难。

男性梦见宇宙飞船预示着你会取得卓越成就。梦见人造卫星，代表的是成果、成功与成绩。

梦见自己乘飞机旅行，预示亲人生病或死亡。

梦见飞机，预示将要去旅行。

梦见和朋友乘飞机，预示合伙做事情会非常顺利。

## 884 梦见船舰预示着什么？

梦见船中有水，预示着财运到。

梦见乘船看见日月，预示着很快就要晋升。

梦见坐船渡海，预示着你的愿望快要实现或者是将肩负重任。

梦见与别人同坐在船上，预示着你最近会搬家。

梦见你坐在船上睡着了，预示着会因为你的疏忽而给小偷或坏人以可乘之机，提醒你特别注意防范。

梦见潜水艇，预示着将会遭遇不测。

梦见自己在潜水艇里，预示着会破财。

梦见乘坐游艇，预示着生意越来越好。

梦见别人乘快艇，预示着灾难将至。

女人梦见丈夫驾驶游艇，暗示感情不和。

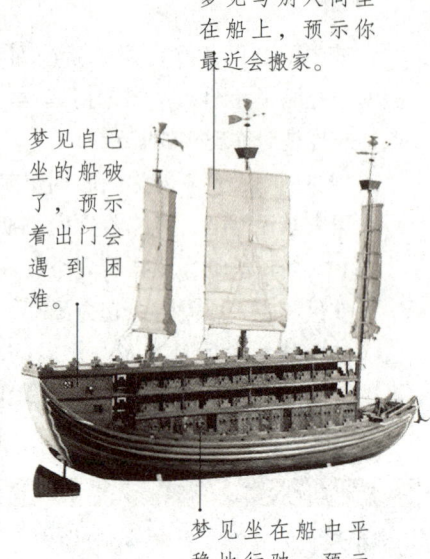

梦见与别人同坐在船上，预示你最近会搬家。

梦见自己坐的船破了，预示着出门会遇到困难。

梦见坐在船中平稳地行驶，预示着一切顺利。

## 885 梦见交通标志预示着什么？

梦中的交通标志，是事业发展的象征。梦中出现交通标志，表明在你心中，已经把事业提到意识日程中来。梦见通行的交通标志，表明你的生活和事业一帆风顺。梦见禁止通行的交通标志，预示着前行中会出现暂时的停滞。

梦中的红灯，代表的是前进中的小障碍。梦中出现红灯，暗示你内心对目前的状况非常担忧；梦见闯红灯，暗示你在做事时不要一时头脑发热、感情用事。

梦见绿灯，表示你心中希望计划能顺利实施。男性梦见绿灯，表明事业会一帆风顺；女性梦见绿灯，预示着生活幸福，内心满足；梦见绿灯突然熄灭，预示着你会遇到一点小挫折。

梦见斑马线，表明你希望以积极进取的态度面对人生。梦见顺利通过人行道，预示着你诸事如意。

| 梦的内容 | 梦的预示 |
| --- | --- |
| 交通标志 | 最近看重事业的发展 |
| 通行的交通标志 | 生活和事业一帆风顺 |
| 禁止通行的交通标志 | 前行中会出现暂时的停滞 |
| 闯红灯 | 做事不要头脑发热 |
| 绿灯 | 希望计划能顺利实施 |
| 斑马线 | 希望以积极的态度面对人生 |

## 886 梦见各种汽车预示着什么？

梦中的汽车意味着收获与成功。梦中出现汽车，表明你希望心中的愿望能够快速实现。

旅游者梦到汽车，预示着平平安安。

男人梦到无车轮的车，预示着事业有成。

梦见警车，表明你害怕别人知道你心中的秘密；梦见乘坐警车，意味着不久之后你的社会地位将有所提高；梦见被带入警车，表明你会遇到暂时的挫折。

梦中的救护车代表男女关系。梦中出现救护车，是你内心对感情错事的一种恐惧心理。男性梦见救护车，是提醒你不要在生活中放纵自己；女性梦见救护车，是在暗示你不要玩感情游戏。

商人梦到汽车，预示着生意兴旺。

女人梦见轿车，家里会有财。

工作人员梦见轿车，会得到提升。

## 887 梦见与车相关的行为预示着什么？

梦见搭错车，意味着你有些搞不清状况，或者用的方法、做的决定是错误的，你已经偏离目标。搭错车也预示你的工作不符合你的人生规划，或者你因为寂寞难耐而匆忙决定了自己的人生伴侣。

梦见开车，预示你希望别人能够按照你的意愿行事。男性梦见开车，表明你握有生活的主导权；女性梦见开车，表明你是一个很独立的人，不喜欢受人约束。

梦见无照驾驶，是自己内心深处对你的过度自信的一种警示。

梦到车祸，不是说最近会发生什么不幸的事情，而是呈现了你内心的冲突过程。

梦见自己被车撞，预示着你的身体很健康。

梦见朋友被车撞，预示着你的人际关系很好。

梦见亲人被车撞，预示着生活幸福。

## 888 梦见车轮和刹车器预示着什么？

- 旅行者梦见车轮声，预示旅程将圆满结束。
- 女性梦见车轮，预示婚姻生活不顺利。
- 梦中的车轮代表细心。

梦见运转的车轮，预示着一生将在繁华和低落的生活状态中起伏。

男人梦见车轮的印迹，预示会交好运；女人梦见车轮的印迹，预示父母希望你能回家看望他们；商人梦见车轮的印迹，预示生意兴隆；农民梦见车轮的印迹，预示今年能丰收。

梦见车轮，表明你处事细心，能做到有备无患；梦见丢失车轮，预示你要学会自我控制，不能粗心大意；梦见车轮瘪了，预示凡事都会有些磕磕绊绊，不用太计较。

梦中的刹车器代表事业和情感的困惑。梦见刹车器是你内心犹豫不决的心理表现。男性梦见刹车器表明你正被工作上的烦恼困扰；女性梦见刹车器，表明你正陷入情感的困惑中，不知何去何从。

## 889 梦见方向盘、通道和加油站预示着什么？

梦中的方向盘是主动权和自立的象征。男性梦见方向盘，表明你希望掌握事情的主导权；女性梦见方向盘表明你很独立，希望把握自己的命运。

梦见通道，预示发展与帮助。梦中的通道，表明在你心中希望事情能够得以顺利地实施。男性梦见通道，预示着事业上的不断发展；女性梦见通道，意味着会得到异性的帮助。

如果梦见屏障，预示着困难与麻烦。

梦中的加油站是财运与友情的象征。梦见去加油站加油，预示着财运即将到来。男性梦见在加油站加油，预示财运将到；女性梦见在加油站加油，表明会得到贵人的帮助。

- 梦中的方向盘是主动权和自立的象征。
- 男性梦见方向盘，表明你希望掌握事情的主导权。
- 女性梦见方向盘表明你很独立，希望把握自己的命运。

## 890 梦见服装预示着什么？

服装的梦，代表的是对生活的追求与热爱。梦见五颜六色的衣服，表明你是一位非常热爱生活的人。

梦中的新衣服，代表新的友谊与新的成功。梦见自己穿新衣服，表明你交际能力很好，有很多朋友。中年人梦见自己穿新衣服，表明晋升的机会到了，只要稍作努力即可成功；老年人梦见自己穿新衣服，预示着家庭和美，晚年幸福。梦见别人给自己新衣服，预示着最近会有意外的收获，或有横财。

年轻女性发现自己的新衣服上有补丁，预示自己在幸福来临之际，会有麻烦。

- 中年人梦见自己穿新衣服，预示着有晋升的机会。
- 梦见五颜六色的衣服，预示着你热爱生活。
- 梦见自己穿新衣服，预示着，你的交际能力很好。

## 891 梦见质地不同的衣服预示着什么？

梦见穿了一件丝绸上衣，预示着一切顺利；但如果穿着一身丝绸服装，预示着财运受损。

梦见穿丝绸衬衣，暗示着将出席婚礼；少女梦见穿丝绸衬衣，预示着将会订婚；未婚男子梦见穿丝绸衬衣，预示着将娶美女为妻。

梦见赠送丝绸衣服给别人，预示着会有好消息。

梦见穿丝绒衣服，预示着将要倒霉。对于已婚女人来说，家里的人会接连生病；对于未婚女子来说，不容易找到自己满意的对象；对于未婚男子来说，将会有人来提亲，但都不满意；对于商人来说，预示生意会破产。

男人梦见毛衣，预示着将会陷入某种重复劳动；女人梦见毛衣，预示着将会遇到意中人。

梦见穿羊毛衬衣，预示健康会每况愈下。

| 梦的内容 | 梦的预示 | 梦的内容 | 梦的预示 |
|---|---|---|---|
| 穿丝绒衣服 | → 将要倒霉 | 穿丝绸上衣 | → 皆顺 |
| 穿一身丝绸服装 | → 财运受损 | 穿丝绸衬衣 | → 将出席婚礼 |
| 卖丝绸服装 | → 找到满意的工作 | 买丝绸衣服 | → 孩子会成家 |

## 892 梦见款式不同的衣服预示着什么？

梦见穿着别人的外套，预示着你的朋友将给你安全感。

梦中的内衣是内心情感的外在表现。女性梦见自己身着内衣，预示在情感方面别上当；男性梦见自己穿内衣，预示别在性生活方面栽跟斗；梦见有很多内衣，表明你面临的问题很多；梦见内衣很少，表明你很有财运；梦见穿着内衣内裤在外面走动，预示着呼吸系统有病。

梦见穿雨衣，意味着自己很有安全感。

工作人员梦见穿裤子，会升官；商人梦穿裤子，预示着将去国外旅行；梦见穿破的、脏的裤子，预示着努力奋斗就能发财。

- 梦见穿衬衣，预示着你身体健康。
- 梦见买新衬衣，预示着将去远方旅行。

梦见穿衬衣，意味着身体健康；梦见买新衬衣，意味着去远方旅行。

梦见穿夹克，预示着要生病。女人梦见穿皮夹克，预示着会找到如意郎君。

梦见妻子穿羽绒衣等防寒服，预示着妻子将要离开你；梦见自己身上穿的羽绒衣破了，预示着你会受到挫折。

## 893 梦见不同颜色的衣服预示着什么？

梦见穿蓝衣服，预示着要去海上旅行。

梦见蓝衣服，预示着生活劳碌。

梦见穿白衣服，预示着你将受别人委托做不想做的事。

病人梦见买白衣服，预示着病情恶化。

梦见一群穿紫衣服的人，预示着你将为了一己私利，做出伤人甚至违法的事。

梦见穿黑衣服，预示着灾祸的降临。

女人梦见红衣服，暗示着与生理有关的一切。

| 梦的内容 | 梦的预示 |
|---|---|
| 穿蓝衣服 | 要去海上旅行 |
| 穿白衣服 | 将受人委托做不想做的事 |
| 穿黑衣服 | 灾祸将降临 |
| 病人梦见买白衣服 | 病情恶化 |
| 未婚男性梦见红衣服 | 将走桃花运 |
| 已婚男性梦见穿红衣 | 幸运会降临到妻子身上 |

下篇：梦占

第十四章 梦见人造事物

## 894 梦见裙子和结婚礼服预示着什么？

梦中的短裙，是意想不到的旅行的象征。女性梦见短裙或身着短裙，表明你是一个干净利落的人，预示着你可能有一次意想不到的旅行；男人梦见短裙，暗示着内心渴望谈一场恋爱。

梦见漂亮的长裙子，预示着将会有大喜的事。

梦见穿婚纱，预示着会有贵人帮忙，或者会有人保护你。

男人梦见穿婚纱，预示着婚姻不顺。

女性梦见穿旗袍，预示着正在寻求经济依靠。

梦中的结婚礼服，是幸福爱情的象征。梦见自己穿着结婚礼服，表明你心中渴望有美好的家庭生活，预示着你将拥有幸福的爱情；梦见别人穿结婚礼服，表示你将会有一个轻松愉快的工作，而且会认识许多新朋友。

| 梦的内容 | 梦的预示 | 梦的内容 | 梦的预示 |
| --- | --- | --- | --- |
| 短裙 | 欲望与情感 | 朋友穿婚纱 | 会有不幸 |
| 女性梦见舞裙 | 生活快乐 | 男性梦见舞裙 | 生活如意，不要陷入情感纠葛中 |
| 男性梦见围裙 | 有福气 | 女性梦见围裙 | 能寻得好夫婿 |

## 895 梦见睡衣、胸罩和纱巾预示着什么？

梦中的睡衣是事业和感情双丰收的象征。男性梦见睡衣，表明你是一位把精力全部投入事业的人，对感情也很认真；女性梦见睡衣，表明你很重视家庭生活，预示着你的生活甜蜜温馨。

梦中的胸罩代表的是社交活动与内心的情感。女人梦见胸罩，预示着社交活动增多，而且会成为众人关注的对象；男人梦见胸罩，预示着你是个特立独行的人。

梦见买胸罩，说明你是一个稳重的人。

梦见素色的纱巾，预示好事来临；梦见花纱巾，预示着生活丰富多彩；梦见方形纱巾，预示你将会赢得异性的喜欢；梦见长纱巾，预示会得到异性的关心。

| 梦的内容 | 梦的预示 | 梦的内容 | 梦的预示 |
| --- | --- | --- | --- |
| 新娘子的面纱 | 时来运转 | 普通面纱 | 心中有小秘密 |
| 黑色面纱 | 你的生活充满神秘 | 买胸罩 | 你很稳重 |
| 睡衣 | 事业和感情双丰收 | 胸罩 | 社交活动与内心的情感 |

457

## 896 梦见纽扣、领带和腰带预示着什么？

梦中的扣子象征着事业得心应手。
梦见新纽扣，预示着事业顺利。
梦见旧纽扣，预示着事业会遇到障碍。
中年男子梦见旧衣服钉着新纽扣，预示着会购买新的住宅。
未婚男性梦见新纽扣，预示着会娶到美娇妻。
梦见自己怎么也系不好领带，预示着你正在为糟糕的人际关系发愁。
梦见自己的领带歪了，预示着将碰到令你尴尬的场面。
梦见旧腰带，预示着会有困难。
梦见新腰带，预示着会获得好的名声和好运。
梦见腰带断了，预示着工作不顺利，或者处境对自己极为不利。

纽扣

梦见新纽扣，预示着事业顺利。

## 897 梦见鞋子预示着什么？

梦见在鞋店买新鞋，预示着财运下降。
梦见穿红鞋，预示着自己正努力地保持自己的形象。
梦见靴子破了，预示着事情不顺利。
梦见擦靴子，意味着坏运气被赶走。
梦见穿旧皮鞋，预示着生活会遭厄运。
梦见皮鞋开胶，预示着一切不顺或有灾难发生。
未婚男子梦见拖鞋，预示着努力会有回报；未婚女子梦见拖鞋，预示着会嫁给品德高尚的人为妻。

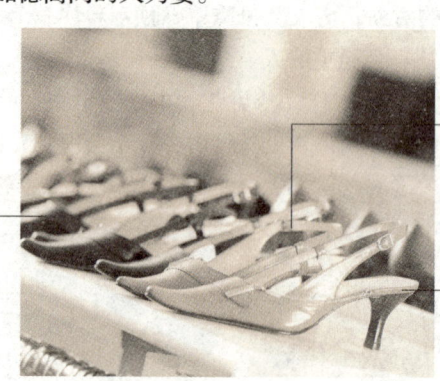

商人梦见皮鞋，预示着会找到好项目。

梦见凉鞋破裂，预示着将要搬家。

梦见穿凉鞋，预示着破财或生病。

## 898 梦见各种饰物预示着什么？

梦中的手提包或钱包，都是女性性器官的象征。梦见在找钱包或在包里的东西，预示着你对目前的性生活不满足，渴望性满足。梦见将包里的果汁或水弄洒了，表示你非常担心能否避孕成功，很害怕怀孕。

梦见双肩包，象征着一次愉快的旅行或休假，预示着近期你的各个方面都很顺利。

梦中的项链是爱意的象征。女性梦见项链，表明你很有魅力，有很多人喜欢你；男性梦见项链，表明你的生意或工作很成功；梦见有人送项链给你，预示你会获得美满的爱情。

梦见针饰，表示最近你会有小小的满足；梦见拾到针饰，预示最近会交好运；梦见被针饰刺伤，预示会遇到小麻烦。

梦中的耳环是爱情幸福及工作进步的象征。女性梦见自己戴耳环，预示着家庭幸福，婚姻美满；男性梦见耳环，预示着工作会有大的进展；梦见别人送给自己耳环，预示着诸事顺利。

| 梦的内容 | 梦的预示 | 梦的内容 | 梦的预示 |
|---|---|---|---|
| 金手镯 | 财源旺盛 | 银手镯 | 事业进展顺利 |
| 玉手镯、木手镯 | 感情真挚 | 未婚男子梦见戒指 | 将与意中人结为夫妻 |
| 未婚女子梦见戒指 | 遇到一见钟情的爱情 | 已婚男女梦见戒指 | 婚姻幸福 |

## 899 梦见帽子、头盔和披肩预示着什么？

梦中的帽子，预示着快乐和提升。梦见帽子，不管男性还是女性，社会地位都将得到提高，事业也会获得成功。梦见戴帽子，表明你的焦虑与麻烦即将成为过去；梦见礼帽，预示着提升与运气。

梦中的头盔预示着安全存在隐患。梦见头盔表示你内心希望得到保护。梦见自己戴头盔，表明期待事事平安。

梦中的披肩预示着关心与帮助。梦见披肩，表示你渴望得到帮助与关爱。

| 梦的内容 | 梦的预示 | 梦的内容 | 梦的预示 |
|---|---|---|---|
| 帽子 | 地位提高 | 戴帽子 | 麻烦将过去 |
| 礼帽 | 提升与运气 | 戴头盔 | 期待平安 |
| 别人戴头盔 | 有暂时的麻烦 | 披肩 | 会得到异性的关怀 |

## 900 梦见家具预示着什么?

梦中的家具代表家庭与财运。梦见家具表明你对家的依赖和渴望。

梦见摆设好的家具,预示着好运到。

梦见摆放凌乱的家具,预示着妻子会生病。

梦见单独的家具,预示着会破财。

梦见新家具,预示着会离开家乡去经商。

梦见拍卖别人的家具,是仇视有钱人的征兆。

梦见木制的家具,表明你的家庭生活幸福如意。

梦见金属家具,表明你的财运很好。

女人梦见变卖家里的家具,暗示了内心对丈夫的不满。

梦见壁橱挂满衣物,预示你生活得很充实,很乐观;梦见壁橱杂乱无章,表明你的生活没有规律;梦见壁橱内空无一物,预示你的生活态度消极。

男性梦见沙发,表明你工作繁忙,希望能休息一下,调整心境;女性梦见沙发表明你希望有一个温馨幸福的家。

| 梦的内容 | 梦的预示 |
| --- | --- |
| 新家具 | 会离开家乡去经商 |
| 单独的家具 | 会破财 |
| 摆放凌乱的家具 | 妻子会生病 |
| 摆设好的家具 | 好运到 |
| 金属家具 | 你的财运很好 |
| 拍卖别人的家具 | 你仇视有钱的人 |

## 901 梦见帐篷、毛毯和帷帐预示着什么?

女人梦见帐篷,预示着丈夫会担任要职。

失业者梦见帐篷,预示着将在旅游行业找到工作。

商人梦见帐篷,预示着将去国外发展生意。

梦见很多帐篷,预示着对手将对你发起攻击。

梦见扎帐篷,预示着生活艰苦。

军官梦见很多帐篷,意味着将要参加战斗。

梦见购买新帐篷,预示着生活安逸,官运亨通。

梦见自己盖着毛毯,预示着一生幸福,生活安逸。

男人梦见买毛毯,预示着即将成亲,妻子是持家能手。

男人梦见盖着破旧的毛毯,预示着妻子会生一场大病,甚至死亡。

女人梦见盖着破旧的毛毯,预示着丈夫会死亡。

| 梦的内容 | 梦的预示 |
| --- | --- |
| 女人梦见帐篷 | 丈夫会担任要职 |
| 失业者梦见帐篷 | 将在旅游行业找到工作 |
| 商人梦见帐篷 | 将去国外发展生意 |
| 扎帐篷 | 生活艰苦 |
| 未婚男女梦见帷帐 | 会遇到美好和谐的爱情 |
| 已婚男女梦见帷帐 | 内心性欲的体现 |

## 902 梦见家用电器预示着什么？

梦中的电脑是信息的整理，代表着过去、现在和未来。在有些人的梦里，还象征自己具备的天赋或者个人潜力。比如梦见电脑被盗，就预示着失去了发挥个人天赋和潜力的机遇。

梦中的冰箱具有多重含义，一方面代表性生活的自慰，暗示了你在感情上的冷漠或性方面的冷淡；另一方面代表家庭情况。梦见冰箱，预示着你的家庭生活舒适安逸；梦见往冰箱里放食物，表明你目前的繁荣将会持续下去；梦见从冰箱中取食品，表明你家里会有客人来。

梦中的电扇代表利益，生意人梦见台扇，预示着开设新厂能够获利，加入商会能增加知名度。

梦见电视，预示着生活中会有波动，或者说你的生活中会出现戏剧性的情节。

梦见电视的画面中出现地震或海啸，预示着工作会有很大变动。

梦见自己对剧情很不满，预示着你对现实的不满。

梦见收音机正在播放，而且声音很响，预示着你的身边有小人，或者会给你带来麻烦。

| 梦的内容 | 梦的预示 | 梦的内容 | 梦的预示 |
| --- | --- | --- | --- |
| ● 对剧情不满 | → 折射对现实不满 | ● 电脑 | → 天赋和潜力 |
| ● 冰箱 | → 性生活的自慰 | ● 从冰箱取食品 | → 有客人来 |
| ● 电扇 | → 利益 | ● 电视 | → 生活有波动 |

## 903 梦见火车预示着什么？

梦见坐在高级列车上，预示着你的人际关系方面出现了小问题。

梦见火车穿过隧道，预示着你的愿望可能会实现。

梦见火车正在吃力地爬坡，预示着你的精神状态不好，如果长期这样，会患上神经衰弱。

梦见自己坐的火车发生事故，预示着人际关系恶化。

梦见火车出轨，预示着你近期会遇到一些挫折和困难。

梦见火车爆炸，预示着家人团圆；如果是旅游者，则预示着旅途顺利。

梦见坐火车去旅行，预示着生活幸福。

# 904 梦见日用品预示着什么？

梦见牙刷，预示着你在寻找某种东西；梦见用牙刷刷牙，预示着你想忘记一些事情；梦见刷牙时牙刷折断，预示着你将会生病。

梦中的伞代表的是事业上的安全和情感上的不安全。对于事业来讲，梦中的伞是安全、顺利的意思。若伞有破裂，表明你距离成功还有一段距离，还需努力。对于感情来说，伞具有"散"的意思，梦见伞多半是提醒你要注意感情问题。梦见在阳光下打太阳伞，预示着会有好消息；梦见丢了太阳伞，预示着办事不顺；未婚男女梦见太阳伞，预示着能找到意中人；梦见打雨伞，预示着你能克服眼前的困难，最终得到幸福；商人梦见买伞，预示着生意会倒闭。

梦见手里的镜子掉在地上破碎了，预示着大难临头；男人梦见照镜子，预示着你的朋友爱撒谎；病人梦见得到了一面镜子，预示着病情恶化；未婚男女梦见拾了一面镜子，预示着找到如意对象；已婚女子梦见镜子，预示着丈夫会移情别恋；梦见擦镜子，预示着事业繁荣，生活幸福。

对工作来说，梦见剪刀，预示你可能遇到困难，但经过努力最后会圆满解决。对情感来说，梦见剪刀，暗示会情感破裂。男子梦见使用剪刀，预示着与妻子分离；女人梦见使用剪刀，预示着以后会勤俭持家。

如果梦见的是女用化妆品，则当心名誉受损而影响生意或工作。

**镜子**

梦见镜子里你的影子很清晰，预示着身体健康，事事顺心，反之，则运气不好。

梦见镜子，暗示着内心渴望改变。

**剪刀**

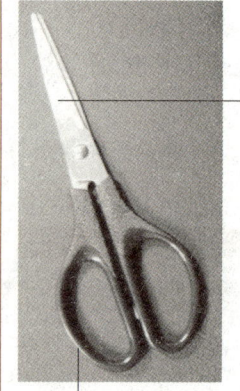

梦中的剪刀预示着暂时的困难与感情上的波折。

裁缝梦见使用剪刀，预示着工作中会遇到小麻烦。

**化妆品**

男性梦见使用或购买男用化妆品，是好兆头。

女性梦见使用或购买化妆品，预示着好运连连。

# 905 梦见床、被褥、枕头和窗帘预示着什么？

梦中的床在不同的情景下有不同的含义。梦见床，意味着在未来的岁月里，一切都会平安。

梦见自己睡的床着了火，预示着爱人会生病。

少女梦见床，预示着即将出嫁。

已婚女人梦见床，预示着即将怀孕。

梦见自己躺在床上没有入睡，预示着即将生病。

梦见躺在陌生人的床上，预示着夫妻将要分离。

梦见躺在肮脏的床上，预示着你将一贫如洗，或者大病一场。

梦见睡在撒满鲜花的床上，预示着将离世。

梦见自己在床上又蹦又跳，预示着你将丢东西。

老年人梦见从床上掉到地上，预示着自己将死亡。

梦到自己躺在床上偷偷哭泣，预示着将要遇到大的事故。

梦见自己睡在床上，表明生活平静安逸。

梦见和家人睡在床上，预示你的生活很幸福。

梦见和异性睡在床上，预示会有一段婚外情。

梦见小小的童床，代表希望和快乐。

梦见吊床，预示你处事要小心谨慎。

梦中的被褥代表幸福和快乐，梦见被褥，表明你内心对家庭的情感。

已婚男子梦见盖被子，预示着与妻子分离。

已婚女人梦见盖被子，意味着生活幸福。

未婚男子梦见盖被子，预示着娶到美女。

| 梦的内容 | 梦的预示 | 梦的内容 | 梦的预示 |
|---|---|---|---|
| ●童床 | ➡ 希望和快乐 | ●在陌生的床上 | ➡ 夫妻分离 |
| ●少女梦见床 | ➡ 出嫁 | ●已婚女人梦见床 | ➡ 怀孕 |
| ●躺在床上没有入睡 | ➡ 生病 | ●大枕头 | ➡ 有财运 |
| ●吊床 | ➡ 处事要谨慎 | ●床罩 | ➡ 重逢与迁居 |
| ●床单 | ➡ 浪漫与宁静 | ●盖被子 | ➡ 幸福快乐 |

## 906 梦见电话预示着什么？

梦见可视电话是事业与朋友的象征；梦见打电话表示你内心充满不安，如果是在打公用电话，则不安来自工作方面；如果是在打手机，则不安来自私事。

梦见正在电话里说话，预示着你内心期望自己受到身边人的欢迎。

梦见拨错号码，预示着将在工作上出错。

梦见自己打电话给别人，预示着身边的人会给你设置障碍。

学生梦见老师打电话到家里，预示着学习成绩提高。

梦见恋人给你打电话，暗示感情将出现第三者。

如果你在打电话时听不清对方的声音，预示着感情上会出问题。

**手机**

梦见手机出了问题，预示着会与人发生口角。

梦见买手机，预示着近期会结交到新朋友。

**电话**

梦见电话，表示你心中希望有一个倾诉对象。

梦见电话，是与人倾诉和遇到新朋友的象征。

## 907 梦见相机预示着什么？

梦中的相机是了解与被了解的象征。梦见相机，一般表明你的内心有探究人心理的意味。另一方面，梦中的照相机象征着渴望改变。

梦见别人给你拍照，预示着你想把自己的心事找人倾诉出来。

梦见替别人拍照，预示着你默默对一个人的关心得到对方的认可。

梦见相机丢了或被偷，预示着会有意外的财运，或者是彩票中奖，或者是捡到什么，或者生意上挣大钱。

| 梦的内容 | 梦的预示 |
|---|---|
| 别人给你拍照 | 你想把自己的心事找人倾诉出来 |
| 替别人拍照 | 你默默对一个人的关心得到对方的认可 |
| 相机丢了或被偷 | 会有意外的财运 |
| 胶卷 | 礼物与朋友 |

## 908 梦见食物预示着什么？

梦见吃美味佳肴，预示着大难临头。
梦见吃粗茶淡饭，预示着身体健康，或者会在运动比赛中取得好成绩。
梦见大量食物，预示着你内心正处于心灰意冷的状态。
女人梦见大量食物，预示着经济困难。
梦见没有食物或者没有买到食物，预示着能赚大钱。
梦到自己不小心把食物弄翻，弄脏了衣服，预示着感情方面不顺利。
梦见想吃东西，却因食物腐烂不能吃，预示着你担心自己会生病，或者是你有性恐惧。
梦见吃鱼，意味着身体强健。
梦见食用鸡蛋做的食物，预示着家里要生男孩。
梦见吃干烙饼，预示着生意破产。

| 梦的内容 | 梦的预示 | 梦的内容 | 梦的预示 |
| --- | --- | --- | --- |
| 美味佳肴 | ⟶ 大难临头 | 粗茶淡饭 | ⟶ 身体健康 |
| 大量食物 | ⟶ 心灰意冷 | 没有食物 | ⟶ 能赚大钱 |
| 弄翻食物，弄脏衣服 | ⟶ 感情不顺利 | 吃鱼 | ⟶ 身体强健 |

## 909 梦见汤圆和粽子预示着什么？

梦中的汤圆象征着如意与圆满。梦见吃汤圆，预示着人际关系处理得很融洽，而且很快有一个大团聚。
梦见做汤圆，预示着工作上技能增加或学习能力增强。
梦见买汤圆，预示着自己交际能力增加，会结识新朋友。
孕妇梦见吃汤圆，预示着自己和孩子的身体健康。
工作人员梦见吃汤圆，预示着工作能力会提升。
学生梦见吃汤圆，预示着会取得好成绩。
商人梦见吃汤圆，预示着一切顺利。
梦见粽子，预示着生活幸福。
孕妇梦见粽子，预示着自己和孩子身体健康。
梦见吃粽子，预示着会有好运。
病人梦见吃粽子，身体很快就会康复。

## 910 梦见各类糕点预示着什么？

梦中的面包一般是母爱的象征。梦见面包，表明你内心对母爱有着深深的依赖之情，希望在母爱的关怀下生活成长。

梦中的馒头，是努力后成功的象征。梦见自己做馒头，表明你希望通过自己的努力获得成功；梦见自己在吃馒头，表明你为人光明磊落，表里如一；梦见馒头没有蒸起来，预示可能遇到困难。

梦中的煎饼代表进步与友谊。梦见自己做煎饼，预示你在社交能力上有长足发展。

梦中的饼干是如意与成功的象征。梦见自己做饼干，预示社交有新的收获；梦见吃饼干，预示会遇到小麻烦。

蛋糕

梦见蛋糕很甜，预示近期你会得到馈赠。

梦见蛋糕，暗示心中充满喜悦。

## 911 梦见鸡蛋和三明治预示着什么？

梦中的鸡蛋代表好运，梦中出现鸡蛋，表明你希望事情有个圆满的结局。

梦见煮鸡蛋，预示着生活幸福，家庭和睦。

少女梦见鸡蛋，说明你很有魅力，有很多追求者。

孕妇梦见煮鸡蛋，预示着会生男孩。

梦见捡鸡蛋，预示着你的事业之路并不平坦，但那些小麻烦都会解决。

犯人梦见捡鸡蛋，预示着将罪加一等。

商人梦见捡鸡蛋，预示着竞争对手将出现。

梦见吃鸡蛋，预示着家里会生男孩。

梦见别人吃鸡蛋，预示着你在处理人际关系方面得心应手。

梦见一筐鸡蛋预示你的努力会给你带来成功。

梦见在自己家中吃三明治，预示目前的情况会得到改善。

梦见在餐厅食用三明治，提醒你交友要谨慎。

鸡蛋

梦见吃鸡蛋，预示家里会生男孩。

梦见捡鸡蛋，预示事业发展受阻。

## 912 梦见酒预示着什么？

梦见很多瓶装酒，预示着生活更加富裕。

男人梦见给妻子一杯酒，预示着夫妻恩爱。

女人梦见给丈夫一杯酒，预示着即将怀孕。

梦见一人独自坐在墙角饮酒，预示着将要提升。

在梦中喝醉酒，暗示了你内心很想逃避现实。

梦见和朋友拼酒，或者自己拼命地喝酒，预示着将会招惹是非。

梦见与几个人一同饮酒，但是他们都不喝，只看着你吃喝，预示着大祸临头，甚至死亡。

梦见和朋友一起饮酒，代表你目前的生活很安逸。

梦见和父亲、兄长一起喝酒，预示着家里会出现事故，或者是亲人会生病。

梦见别人倒了一点点酒给你喝，暗示身边的人对你有敌意；如果你拒绝喝，意味着你会突破现状、飞黄腾达。

**葡萄酒**

梦见自己喝酒，预示着财运到，好事连连。

梦见葡萄酒，预示着你有非凡的交际能力。

## 913 梦见饮料预示着什么？

梦见买饮料，预示着你想侵占别人的财产，很快就会因此产生麻烦。

梦见卖饮料，预示着你是一个守财奴，很富有却很吝啬。

梦见桶装饮料，预示着生意兴隆，但是家庭关系并不好。

梦见自己喝的饮料中有蚂蚁，预示你内脏器官有疾病。

梦见牛奶或酸奶，是心中情感的体现，是情欲的象征。

**茶**

梦见倒茶，预示将有意外惊喜。

梦见喝茶，表示你心中想了解异性，也希望异性了解你。

**咖啡**

梦见可可与咖啡，预示将有兴奋的事情发生。

## 914 梦见蜂蜜和果酱预示着什么？

梦中的蜂蜜代表着幸福的生活。
未婚男子梦见女人送给自己蜂蜜，预示着将要和女友结婚。
已婚男人梦见女人送给自己蜂蜜，预示着妻子更爱你。
梦中的果酱代表着生活过得有滋有味，令人羡慕。
梦见果酱瓶碎裂，预示着由于自己的原因，毁掉了来之不易的幸福生活。
梦见正在制作果酱，预示着工作顺利，生活如意。
已婚女人梦见吃苹果酱，预示着将来会生一个漂亮的男孩。
病人梦见果酱，预示着身体很快就会康复。
梦见苹果酱，预示家庭生活圆满幸福。
梦见菠萝酱，预示你会得到非常热烈的情感。
梦见番茄酱，预示你最近可能会与一位异性产生感情。

**蜂蜜**

已婚男人梦见女人送给自己蜂蜜，预示着妻子会更爱自己。

未婚男子梦见女人送给自己蜂蜜，预示将会和女友结婚。

## 915 梦见糖果预示着什么？

梦见糖果，暗示了内心期望一场真正的恋爱。
梦见吃糖果，预示着好运连连。
已婚女人梦见吃糖果，预示着将要参加娘家举办的婚礼。
未婚男子梦见吃糖果，预示着婚礼会办得十分隆重。
未婚女子梦见吃糖果，预示将会嫁给一个有钱的好老公。
犯人梦见糖果，预示着将有亲友来看望自己。
梦见送给别人糖果，预示着将要被提拔，或者结束一段感情。
梦见别人送给自己糖果，预示着权力增大，或者有新的恋情发生。

**糖果**

梦见自己做糖果，预示着眼睛会有病。

病人梦见吃糖果，意味着病情恶化。

## 916 梦见干果预示着什么？

梦见吃干果，预示着生活幸福。

女人梦见干果，暗示着家中要办喜事。

女人梦见吃干果，预示着家中会生小孩。

梦见瓜子，预示着一切不如意都将过去，以后的人生将非常顺心，生活和睦、爱情美满、孩子成才。

梦见送给别人核桃，预示着将受到嘉奖。

梦见收到别人送的核桃，意味着会失去朋友。

男人梦见吃杏仁，预示着生活顺利、事业成功。

未婚女人梦见吃杏仁，预示着感情上会有波折。

**核桃仁**

女人梦见核桃，预示着家里会有矛盾。

病人梦见吃核桃，预示着病情加重。

## 917 梦见牛奶和咖啡预示着什么？

梦见卖牛奶，意味着将会交好运。

梦见把牛奶洒在地上，预示着将要高升。

女人梦见给孩子喂牛奶，预示着家庭幸福。

梦见挤牛奶，或喝咖啡，预示着你的钱财将被小偷盯上，或者会遇到抢劫。

梦见挤母水牛的奶，意味着将继承一大笔遗产。

梦见挤母山羊的奶，意味着会获得荣誉。

梦中的咖啡屋、茶坊、酒吧，代表你内心渴望浪漫的情调，如果出现在已婚者的梦中，意味着将有婚外情；如果出现在未婚者的梦中，预示着将有一段浪漫幸福的爱情。

**牛奶**

梦见喝牛奶，预示着将有大的损失。

梦见牛奶，暗示你会生病。

## 918 梦见蔬菜预示着什么？

梦中的蔬菜代表着成功，梦见许多蔬菜，代表着你的成功给你带来更多的收获。

梦见买菜，预示着事业成功。

梦见种菜，预示着生活中会遇到很多困难。

梦见做菜，预示着朋友给你设置了圈套，让你破财。

梦见衣服上有菜汁，预示着爱情方面会有波折，或者有情敌出现。

梦见黄瓜、南瓜结得很多，自己采摘了许多，预示你给自己找了一大堆麻烦。

梦见芹菜代表幸福与成功。

梦中的甜菜代表事业与感情。梦见收割或种植甜菜，预示爱情美满幸福。

梦中的南瓜代表幸福的爱情。

梦中的西红柿，象征男女感情。

梦中的萝卜，是进步与成功的象征。

## 919 梦见水果预示着什么？

梦中的水果有两层意思，一是代表富有，二是象征女性性器官。

梦见成熟的水果，象征着生活的幸福和富有。

梦见未成熟的水果，象征着不幸和痛苦。

梦见吃成熟的水果，预示着好运即将到来，或者是期待着一段恋情。

梦见吃腐烂的水果，预示着灾难即将到来，或者你对性爱感到厌烦。

梦见树上枯萎的果子，预示着你将寻找到宝藏。

梦见给大家分水果，预示着你不会理财，钱财会被你挥霍一空，最后流浪街头。

女人梦见从别人那里得到水果，预示着丈夫会找到一位得力的助手或接班人。

女人梦见卖水果，预示着将与丈夫分离。

梦见买水果，预示着身体健康，病人会很快康复，老人会身体强壮。

| 梦的内容 | 梦的预示 |
| --- | --- |
| 未成熟的水果 | 不幸和痛苦 |
| 吃成熟的水果 | 好运即将到来 |
| 吃腐烂的水果 | 灾难即将到来 |
| 树上枯萎的果子 | 你将寻找到宝藏 |
| 买水果 | 身体健康 |
| 摘水果 | 将有儿子 |
| 女人梦见卖水果 | 将与丈夫分离 |

# 第十五章 梦见个人活动

梦与现实有着千丝万缕的联系，它能够反映人的人格特征、心理状态、内心渴望、疾病预兆。根据梦境的预示，我们可以适当调节我们的行为与心理，以求得一种更好的生活状态。本章主要阐释了梦见与情爱、恐怖事物、人物、身体、节庆、学校生活等相关内容的具体预示。

## 920 梦见腿脚预示着什么？

梦见大腿不听使唤，预示着以后的生活并不会富裕。
男性梦见女性的小腿，提醒你要讲信用才能办事顺利。
女性梦见男性的小腿，提醒你要对前程充满信心。
梦见幼儿的小腿，预示着你的愿望都会实现。
梦见灵活有力的小腿，预示着你的婚姻美满，或者恋情顺利。
商人梦见自己长了好几只脚，预示着挣钱就像捡钱一样，会发大财。
梦见脚烫伤，预示着会因自己的一时糊涂而遭受重大损失。
梦见脚肿大，预示着入不敷出，生活拮据。
梦见脚受伤，预示着工作不顺，或者会生病。
梦见双脚残疾，预示着会受到小人的诬告或诽谤。
梦见脚脏了，预示着会有婚外情，或者你内心有性厌恶感。
梦见自己的手脚被绑住，预示着你已经生病了。
梦见自己的脚后跟，预示着你对任何事情都没有信心做好。
梦见坚硬的脚后跟，预示着你将踌躇不前。

| 梦的内容 | 梦的预示 | 梦的内容 | 梦的预示 |
| --- | --- | --- | --- |
| ● 大腿受伤 ⟶ | 财产受损 | ● 脚被砍 ⟶ | 有官运 |
| ● 洗脚 ⟶ | 内心欲望太多 | ● 踢别人的脚 ⟶ | 会受辱 |
| ● 坚硬的脚后跟 ⟶ | 踌躇不前 | ● 手脚被绑住 ⟶ | 你已经生病 |
| ● 双脚残疾 ⟶ | 受到小人诬告 | ● 脚肿大 ⟶ | 入不敷出 |

## 921 梦见约会预示着什么？

梦见约会，代表情感的发展。

梦见和恋人约会，预示你的恋爱会有好结果。

梦见和情人约会，预示不要陷入感情纠葛中。

梦见与朋友约会，预示你会获得真挚的友情。

梦见与陌生人约会，告诉你遇事要三思而后行。

| 梦的内容 | 梦的预示 |
| --- | --- |
| 与陌生人约会 | 遇事要三思而后行 |
| 和异性朋友约会 | 你目前的恋爱会有新的变化 |
| 在电影院约会 | 你长久的单恋将会有结果 |
| 在游乐场或公园约会 | 你心目中的恋人会主动接近你 |
| 在美术馆或博物馆约会 | 你将认识更优秀的对象 |
| 在餐厅或咖啡馆约会 | 身处热恋中的人正在清醒 |
| 在街上约会 | 将收到意外的情书 |

梦见和异性朋友约会，预示着你目前的恋爱会有新的变化。

梦见在海边或山上等户外约会，预示着对方会越来越爱你。

梦见在电影院约会，预示着你长久的单恋将会有结果。

梦见在游乐场或公园约会，预示着你心目中的恋人会主动接近你，开始一段美好的恋情。

梦见在美术馆或博物馆约会，预示着你将认识更优秀的对象，也就是说你会移情别恋。

梦见在餐厅或咖啡馆约会，预示着身处热恋中的人正在清醒。

梦见在街上约会，预示着将收到意外的情书。

## 922 梦见求婚预示着什么？

梦中的求婚，预示着心仪已久的恋情。青年男子梦见向心爱的姑娘求婚，说明你仍然不知道如何对那位姑娘表达爱意。

青年女子梦见有人向自己求婚，或梦见自己的情人向自己求婚，说明你对男友并不十分了解，他的所作所为让你很迷茫，很不安。

已婚男女梦见异性向自己求婚，说明自己对平淡的婚姻生活产生了厌倦，很想来一段刺激的婚外恋。

| 梦的内容 | 梦的预示 |
| --- | --- |
| 求婚 | 心仪已久的恋情即将到来 |
| 已婚男女梦见异性向自己求婚 | 自己对平淡的婚姻生活产生了厌倦 |
| 遗失婚戒 | 梦者可能存在婚姻上的纠纷和麻烦 |
| 捡到一枚戒指 | 开始建立一项新的联系 |
| 女人梦见丈夫给自己戴戒指 | 夫妻感情和睦 |
| 结婚戒指丢失 | 夫妻将会吵架 |

下篇：梦占
第十五章 梦见个人活动

## 923 梦见接吻预示着什么？

梦见想逃避某个你喜欢的人的吻，意味着有不太重的疾病或一次恼人的经历。如果避开这个人，暗示一切平安如意。

梦见接吻，预示着用巧妙的方法解决了矛盾或者困难。

梦见吻陌生人，预示着你会凭着自己的品德，赢得所有人的尊重，而且会战胜对手。

梦见吻自己的对手，预示着双方很快会冰释前嫌，化敌为友。

梦见吻恋人，预示着两人之间的矛盾会解决，感情会更深厚。

梦见吻妻子和孩子，预示着你内心认识到自己没有好好地疼爱他们，正在自责中。

未婚者梦见与恋人接吻，预示着即将登上婚姻的殿堂。

梦见和不熟悉的人接吻，预示着会上别人的当。

| 梦的内容 | 梦的预示 | 梦的内容 | 梦的预示 |
| --- | --- | --- | --- |
| ●接吻 | →爱情顺利 | ●吻陌生人 | →赢得尊重 |
| ●吻自己的对手 | →冰释前嫌 | ●吻妻子和孩子 | →自责 |
| ●吻不熟悉的人 | →会上当 | ●吻暗恋的人 | →暗恋无果 |

## 924 梦见离婚预示着什么？

婚姻由烦恼构成，梦中的离婚代表恩爱。

梦见同学或朋友离婚，说明那个人的婚姻感情并不美满。

梦见由你提出和情人解除婚约，说明你是个很有上进心的人。

梦见离婚的丈夫，表明你还没有从婚姻里边走出来，对前夫还怀有感情。应正确衡量你们现实的关系，如果有复婚的可能就积极争取，如果真的不能在一起了，就忘掉过去，重新开始。

梦见丈夫要与自己离婚，说明你很爱你的丈夫，但是你的信心不足，害怕失去他。

| 梦的内容 | 梦的预示 | 梦的内容 | 梦的预示 |
| --- | --- | --- | --- |
| ●离婚 | →烦恼解决，感情更浓 | ●被解除婚约 | →情敌出现 |
| ●朋友离婚 | →朋友婚姻不美满 | ●丈夫提出离婚 | →你爱丈夫，但不自信 |
| ●离婚的丈夫 | →对前夫仍怀有感情 | ●提出解除婚约 | →你很有上进心 |

## 925 梦见婚礼预示着什么？

婚礼在梦中有两层含义：一方面代表责任感和使命感，梦见结婚，除开直接表达结婚的愿望外，还具有决断的意思；另一方面，梦中的婚礼代表着病痛或死亡。

梦见结婚，预示你将升迁，事业前程似锦。

| 梦的内容 | 梦的预示 |
| --- | --- |
| 度蜜月 | 婚讯与眷恋 |
| 新郎新娘 | 渴望爱与被爱 |
| 和分手的情人结婚 | 你已经和情人彻底地分手了 |
| 自己当新娘 | 爱情运上升 |
| 自己当主婚人 | 工作顺利，官运亨通 |
| 恋人嫁给别人 | 婚事会因亲友的去世而耽搁 |
| 黑色婚礼 | 你认为好的事情或想法，实际上是糟糕的或负面的 |

梦见参加婚礼，或梦中出现婚礼，预示着你近期将参加葬礼，或者爱情运受挫。

男女青年梦见结婚，预示着会生病，或即将离开人世。

梦见和老年人结婚，预示着将得到意外的遗产。

梦见自己当新娘，预示着爱情运上升。

梦见自己成了主婚人，预示着工作顺利，官运亨通。

梦见自己的恋人嫁给别人，预示着婚事会因亲友的去世而耽搁。

梦见黑色婚礼，预示你认为好的事情或想法，实际上是糟糕的或负面的。也表示你最近发现有的事情与你最初的想法大相径庭，你正在考虑拒绝。

## 926 梦见送花预示着什么？

梦见别人给自己送花，预示着喜事临头。

女人梦到自己送花给别人，预示着即将和亲人分离，或亲人会到远方去。

女人梦见别人送花给自己，预示着你有很多追求者，需要慎重挑选。

| 梦的内容 | 梦的预示 |
| --- | --- |
| 恋人梦见花束 | 爱情会更深 |
| 病人梦中闻到花香 | 身体会康复 |
| 手里的花掉落 | 会患恶疾 |
| 花束的花朵枯萎 | 愿望不会实现，恋情会中断 |
| 头戴花冠 | 要当地区领导 |
| 送花环 | 婚姻幸福，擅长文学 |
| 鲜花被踩在脚下 | 灾难和死亡会降临 |

男人梦见自己送花给别人，预示着将和情人发生纠纷。

男人梦见别人送花给自己，预示着只要稍加努力，你就会在事业上取得令人瞩目的成就。

## 927 梦见怀孕预示着什么？

已婚未孕者梦见怀孕，这是日有所思，夜有所梦，预示不了什么。

已经生过孩子者梦见怀孕，一是代表生活幸福，二是说明妻子对丈夫的表现不满，很想回到怀孕时的幸福生活中。

少女梦见怀孕，如果梦境很快乐，说明自己很想谈恋爱，想感受幸福；如果梦境是苦恼的，预示着将有烦心事。

恋爱中的女性梦见怀孕，如果梦境是快乐的，说明你非常幸福；反之，说明你的生活方式不正常。

有性生活的未婚女性梦见怀孕，说明自己害怕避孕失败。

男人或老人梦见怀孕，预示着生活幸福。如果是家里人或亲人怀孕，自己过分担心或关注，也会做自己怀孕的梦，这说明不了什么。

| 梦的内容 | 梦的预示 | 梦的内容 | 梦的预示 |
|---|---|---|---|
| 怀孕 | 财富增加 | 妻子怀孕 | 获得意外之财 |
| 已婚女性梦见自己怀孕 | 丈夫将发财 | 孕妇 | 事情进展顺利 |
| 有性生活的未婚女性梦见怀孕 | 害怕避孕失败 | 少女梦见怀孕，梦境快乐 | 渴望恋爱 |

## 928 梦见恋人预示着什么？

梦见恋人不顾你的感受独自去玩，预示着你将开拓新领域的工作，可能是调动部门，可能是扩大事业。

有恋人的人梦见与别人结婚，预示着会与恋人分手，或者会遇到危险。

已婚的人梦见自己的伴侣成了别人，预示着自己的伴侣有越轨的行为。

梦见伴侣与陌生的异性窃窃私语，好像在说自己的坏话，预示着你的伴侣有情人。

梦见与爱人拥抱时看到对方的表情，感觉非常害怕，预示着爱人有了别的恋人。

| 梦的内容 | 梦的预示 | 梦的内容 | 梦的预示 |
|---|---|---|---|
| 与伴侣冷战 | 伴侣有健康困扰 | 你犹豫是否救掉在河里的爱人 | 你目前处于困境之中 |
| 与爱人发生性关系 | 两人的关系紧张或已经疏远 | 抱住将分别的爱人痛哭 | 两人将分手 |
| 梦见伴侣成了别人 | 伴侣有越轨行为 | 伴侣和你说话，你却不回答 | 你们沟通太少，对方不满 |

## 929 梦见做爱预示着什么？

关于做爱的梦应根据具体的梦境来阐释。做爱的梦对于成年人来说非常正常，正常得就如吃饭睡觉一样。当性激素分泌过多的时候，都会做这种梦。梦中的性，除了正常的生理需求外，还会代表占有欲和权力。

| 梦的内容 | 梦的预示 |
| --- | --- |
| 自己做爱且体验愉悦 | 你心中充满温馨与愉悦 |
| 自己做爱但体验一般 | 你正压抑着某种情感 |
| 别人在做爱 | 不要误入歧途 |
| 与陌生的异性做爱 | 你的性压抑太久 |
| 与外表不漂亮的异性做爱 | 你的审美观成熟了 |
| 与亲人乱伦，不做自责 | 希望与亲人关系更加亲密 |
| 做爱 | 占有欲和权力 |

梦见自己做爱且体验愉悦，表明在你心中充满了温馨与愉悦。

梦见自己做爱但体验一般，表示你正压抑着某种情感，但未来你的情感是令人羡慕的。

梦见别人在做爱，是提醒你不要误入歧途。

梦见与陌生的异性做爱，或者只记得和异性做爱，看不清对方的长相，这说明你的性压抑太久了，只是为了发泄。

梦见与外表不漂亮的异性做爱，预示着你审美观的成熟，你在看人的时候会深入到对方的内心，这种梦会随着心理成熟而消失。

梦见与亲人乱伦，不做自责，这说明你与亲人的关系紧张，希望与亲人关系更加亲密。

## 930 梦见同性恋预示着什么？

有关同性恋的梦，并不是指梦者有同性恋的倾向，而是一种对自己的心理安慰，主要反映了梦者最近和异性的关系紧张或者不信任，而同性反而最能了解自己的思想和感情。

异性恋梦见与同性做爱，说明你在恋爱方面和人际关系方面都出现了问题。

| 梦的内容 | 梦的预示 |
| --- | --- |
| 自己被某位同性吸引 | 渴望父母之爱、亲朋好友的关心 |
| 和同性做爱 | 你正压抑着某种情感 |
| 爱人是同性恋 | 你的性压抑太久 |
| 与爱人在感情上有了微妙的变化 | 你的审美观成熟了 |
| 鳏寡孤独者梦见同别人同性恋 | 有机会旅行，吉 |
| 未婚男女梦见同别人同性恋 | 爱情虽有风波，还是会成功 |
| 与好朋友亲吻 | 关系融洽，你很喜欢这位朋友 |
| 同性恋梦见同性恋 | 没有任何隐喻 |

## 931 梦见私奔等预示着什么？

梦中出现私奔不是好的象征，代表着爱情失意。梦中出现私奔，表明你对这场恋情并没有认识清楚，采取的是不妥当的行为。

梦见与人私奔，表明你的爱情令你沮丧，提醒你在感情上要慎重。

已婚男人梦见和别的女人私奔，预示着自己将惹祸上身。

梦见与情人私奔，预示着外出时会遇到不测。

女性梦与人通奸，预示你将难以维持丈夫的爱，你的脾气和敌意也很容易爆发。

女生梦见看到别人脱衣服，预示着一家人一团和气。

男生梦见看到别人脱衣服，预示你正想着如何击败对手，心情处于忧郁中。

梦见丈夫与人私通，说明你很爱你的丈夫，预示丈夫将发财。

梦见妻子与人私通，是一个与现实相反的梦。

| 梦的内容 | 梦的预示 |
| --- | --- |
| 妻子的轻视与冷漠 | 你爱着妻子，但感情已到终点 |
| 丈夫与人私通 | 丈夫将发财 |
| 背叛妻子 | 不安与自卑 |

| 梦的内容 | 梦的预示 |
| --- | --- |
| 丈夫的轻视和冷漠 | 不安感与第三者插足 |
| 自己变得放荡 | 性需求压抑太久 |
| 私奔 | 爱情令你沮丧 |

## 932 梦见旅游预示着什么？

梦见独自去旅行，预示着晚年生活很幸福。

女人梦见一个人去旅行，预示着声誉受损。

梦见和妻子一起去旅行，预示着婚姻幸福，生活美满。

梦见和朋友一起去旅行，预示着将会受到众人的尊敬。

病人梦见独自去旅行，预示着病情会恶化。

士兵梦见独自去旅行，预示着将会在前线立功。

| 梦的内容 | 梦的预示 |
| --- | --- |
| 独自旅行 | 晚年生活幸福 |
| 和妻子一起去旅行 | 婚姻幸福 |
| 病人梦见独自去旅行 | 病情恶化 |

| 梦的内容 | 梦的预示 |
| --- | --- |
| 女人梦见独自旅行 | 声誉受损 |
| 和朋友一起去旅行 | 受众人尊敬 |
| 与旅行者交谈 | 生意会破产 |

## 933 梦见道别预示着什么？

道别是下一次相聚的开始。梦中的道别意味着某种转变。

梦见与同学道别，表明梦者在内心深处不愿与朋友分离。

梦见与友人道别，表明梦者很留恋与朋友相处的美好时光。

梦见好友来道别，意味着梦者的好友可能要离开人世。

| 梦的内容 | 梦的预示 |
|---|---|
| 与朋友道别 | 你内心深处不愿意与朋友分离 |
| 朋友或亲人跟你道别 | 他们可能会离世 |
| 曾经喜欢的人跟自己道别 | 他(她)对你还有牵挂 |
| 为别人宣读告别词 | 社会地位会得到提高 |
| 让自己离开祖国 | 生意破产 |
| 在告别时讲话 | 对手将给自己带来损失 |
| 告别 | 更换工作 |

男子梦见与自己的妻子道别，意味着沉疴会每况愈下。

已婚女人梦见与丈夫道别，意味着丈夫的收入减少，自己会为生活担忧受累。

梦见告别，预示着更换工作，或者会为推掉朋友的帮助而后悔。

梦见在告别时讲话，预示着对手将给自己带来损失。

梦见让自己离开祖国，预示着生意破产。

梦见为别人宣读告别词，预示着社会地位会得到提高。

梦见已经去世的朋友或亲人跟你道别，说明你在内心深处思念着他们，不能遗忘。

## 934 梦见道歉、祝贺和节庆预示着什么？

梦中的道歉，预示着朋友重归于好。

梦中出现道歉的情景，说明你的内心正在为某事发愁。

梦见向别人道歉，预示着你正面临艰难的抉择，有可能失去某位朋友。

梦见别人向自己道歉，说明你做事很仗义，朋友们都很尊敬你。

| 梦的内容 | 梦的预示 |
|---|---|
| 道歉 | 朋友重归于好 |
| 向别人道歉 | 可能失去某位朋友 |
| 别人向自己道歉 | 朋友们都很尊敬你 |
| 向别人表示祝贺 | 你重感情，通情达理 |
| 别人向自己表示祝贺 | 事业取得大的进展 |
| 过节 | 日常的开销会增大 |
| 参加节日游行 | 爱情运会上升 |

梦见向别人表示祝贺，说明你是一个重感情，通情达理，热情好客，注重礼仪的人。

梦见别人向自己表示祝贺，预示着有好事到，有可能是事业取得大的进展。

梦见过节，预示着将有事情发生，需要花很多钱，或者说日常的开销会增大。

梦见参加节日游行，预示着爱情运的上升，会有很多异性向你提出约会或告白。

## 935 梦见惊讶、羡慕和感激预示着什么？

梦见惊讶的梦，预示着将有令人惊讶的好消息。

梦见自己对某人或某事感到惊讶，预示着你将步步高升，你会为好运的到来而惊讶。

梦见你使别人感到惊讶，预示着你将会有意外的财运。

梦中的羡慕，象征着友谊。

梦到你在羡慕别人，而且很想成为像他一样的人，预示着你将交到志同道合的朋友，因为你是一个能够顾及别人感受、替别人着想的人，别人都很愿意和你交朋友。

梦中的感激，象征着友谊和声誉。

梦见感激别人，说明你是一位通情达理的人，预示着你有很好的人缘。

梦见别人感激你，说明你是一位真诚对待朋友的人，预示着你将会获得良好的声誉。

| 梦的内容 | 梦的预示 | 梦的内容 | 梦的预示 |
|---|---|---|---|
| 对人或事感到惊讶 | → 步步高升 | 使别人惊讶 | → 有意外财运 |
| 羡慕 | → 友谊 | 羡慕别人 | → 交到志同道合的朋友 |
| 感激 | → 友谊和声誉 | 别人感激你 | → 获得良好的声誉 |

## 936 梦见虐待和思念预示着什么？

梦见别人残忍地虐待自己，预示你对自己处理的某件事情感到不满。

梦见你虐待别人，预示你会不顾他人感受而从事某项工作，但是最终受损的是自己。

梦见自己被男友或老公虐待，预示你将遇到困难，并且无人帮忙，或者内心期望被了解。

梦见自己变成虐待狂，预示着你的人际关系将出现紧张状况，小心成为众矢之的。

梦见被虐待狂追，预示着有人暗恋你。

| 梦的内容 | 梦的预示 | 梦的内容 | 梦的预示 |
|---|---|---|---|
| 别人虐待自己 | → 对自己处理的某件事不满 | 虐待别人 | → 做事不顾他人感受而自己受损 |
| 被伴侣虐待 | → 遇难无人帮助 | 变成虐待狂 | → 人际关系紧张 |
| 被虐待狂追 | → 被人暗恋 | 思念 | → 亲情与感情 |

## 937 梦见灵魂和十字架预示着什么？

梦中的灵魂，象征着思想与个性。

梦见自己的灵魂，预示着一切烦恼、忧愁、痛苦、困难都将过去。

未婚者梦见自己的灵魂，是提醒你不要被恋人

| 梦的内容 | 梦的预示 |
| --- | --- |
| 自己的灵魂 | 一切烦恼、忧愁、痛苦、困难都将过去 |
| 未婚者梦见自己的灵魂 | 不要被恋人的物质条件或外在现象迷惑 |
| 梦见别人的灵魂飘荡 | 表明你缺乏生命力，预示你平时太关注精神层面，缺乏实际生活实践 |
| 十字架 | 内心有愧疚，希望获得原谅 |

的物质条件或外在现象迷惑，一定要清醒地认清恋人的真实面目，对自己的终身幸福负责。另外，还要谨慎处理财务方面的事情。

梦见别人的灵魂飘荡，表明你缺乏生命力，预示你平时太关注精神层面，缺乏实际生活实践，有害于身体健康。

梦中的十字架代表奋斗后的成功与欢乐。

梦见十字架，一是说明你心中有悔疚，希望得到原谅，二是说明你感到生活和事业给你的压力太大，很想找机会放松。

梦见十字架，预示着通过你的艰苦奋斗，会取得成功。如果你正在努力中，一定不要放弃，成功的喜悦是属于你的。

## 938 梦见画预示着什么？

未婚男子梦见画，预示着恋情出现危机。
未婚女子梦见画，预示着长时间嫁不出去。
商人梦见画，预示着生意将受损。
工作人员梦见画，预示着升职加薪。
梦见会动的画，预示着日常开支会增加。
梦见会说话的画，预示着你的生活幸福，身体健康。
梦见裸体画，预示着精神稳定，神清气爽。
梦见出家人的画，预示着生活安逸。
梦见妻子或情人的画，预示着两人会分离。
梦见买画，预示着即将面临忧愁和痛苦。
梦见赠送给别人画，预示着结交新朋友。

·梦见素描，象征朋友与情感。
·梦见油画，代表快乐与温馨。
·梦见图画，象征生机与爱心。

## 939 梦见考试预示着什么？

梦中的考试代表心想事成与缺乏自信。工作紧张的人很容易梦见考试，而且多梦到考卷上的题量很大，还有很多题不会做，这说明你的精神处于紧张、恐惧、焦虑、压抑等状态中，需要好好放松。

| 梦的内容 | 梦的预示 |
| --- | --- |
| 考试作弊被抓 | 你对考试非常紧张，想取得好成绩 |
| 参加考试 | 能够克服困难取得成功 |
| 自己监考 | 会声名远扬 |
| 考试未通过或不及格 | 能取得好成绩 |
| 被赶出考场 | 考试不能通过 |
| 考试题很难 | 处理事情有欠缺考虑的地方 |
| 答案 | 机遇与努力 |

梦见考试作弊被抓，预示着你对考试非常紧张，又想取得好成绩。

梦见参加考试，预示着能够克服困难取得成功。

梦见自己监考，预示着将会声名远扬。

梦见自己被赶出考场，预示着考试将不能通过。

梦见考试题很难，预示着你处理事情有欠缺考虑的地方，从而使事情无法顺利进行下去。

梦见答案，代表机遇与努力。

梦见成绩单是意思相反的梦。梦见成绩特别好，是在提醒你戒骄戒躁，梦见成绩单不好，预示能取得好成绩。

## 940 梦见迟到、旷课和批评预示着什么？

迟到的梦是在提醒你不要轻易许诺或浪费财物。

梦见上课迟到，说明你平时的生活、学习过于紧张，你需要适当休息放松。

梦见赴宴或开会迟到，预示着你最近做了错事，周围有很多人都在指责你。

| 梦的内容 | 梦的预示 |
| --- | --- |
| 上课迟到 | 需要适当休息放松 |
| 赴宴或开会迟到 | 周围有很多人都在指责你 |
| 自己迟到 | 不要许下不能实现的诺言 |
| 自己旷课 | 你希望减少负担 |
| 别人旷课 | 你有厌学的心理 |
| 别人批评自己 | 你处事能够听取大家的意见 |
| 自己批评别人 | 你处事能严格要求自己，而且能够影响别人 |

梦见自己迟到，预示不要许下不能实现的诺言。

梦见他人迟到，警示你要节约，不要浪费你的财物。

梦见早退，预示处事要有恒心与信心。

梦见旷课代表压力与厌学，说明你心中的压力很大。

## 941 梦见乐曲预示着什么？

梦见听音乐，预示着将有好运到。
梦见很多人在奏乐、歌唱，预示着家里的老人会去世。
梦见应邀出席音乐会，预示着你会得到别人的尊重。
梦见自己吹奏乐器，听众却很伤心，预示着会一时冲动而得罪朋友。
病人梦见听音乐，预示着病情好转。
女人梦见自己在歌唱，没有听众，预示着会因重大事故或疾病去世。
青年男子梦见情侣奏乐，或唱着美妙的歌，预示着自己一生都处于宁静而致远的境界。
梦见自己为别人伴奏，说明你很仗义，愿意为朋友付出，从来不计回报。
梦见别人为自己伴奏，说明你的人际关系处理得很好，遇到事情总有人主动帮忙。

| 梦的内容 | 梦的预示 | 梦的内容 | 梦的预示 |
| --- | --- | --- | --- |
| 听音乐 | 好运 | 多人奏乐 | 老人离世 |
| 应邀出席音乐会 | 你会得到别人的尊重 | 吹奏乐器，听众伤心 | 得罪朋友 |
| 病人梦见听音乐 | 病情好转 | 女性梦见自己在歌唱，没有听众 | 将去世 |

## 942 梦见老师和同学预示着什么？

如果你正在学习某项技能或参加培训，梦见以前的老师是很正常的现象，没有隐喻。
梦见跟老师打招呼，预示着你加薪晋职，或者会结交到一位志同道合的朋友。
梦见同性同学，说明你的人际关系出现了问题。
梦见异性同学，说明你对朋友很不满，现在正处于孤立的状态。
梦见与同学打架，预示着你与周围的人积极交往，与大家相处得很融洽。

| 梦的内容 | 梦的预示 | 梦的内容 | 梦的预示 |
| --- | --- | --- | --- |
| 老师讲课 | 得到帮助 | 老师备课 | 成绩提高 |
| 跟老师打招呼 | 加薪晋职 | 同性同学 | 人际关系有问题 |
| 异性同学 | 孤立状态 | 与同学打架 | 交际良好 |

## 943 梦见文具预示着什么？

梦见花花绿绿的文具盒，预示着将有一次浪漫的旅行。
梦见装满用品的文具盒，预示着你将取得好成绩。
梦见空空的文具盒，预示着你会遇到困难，但最终会克服它。
梦见铁笔，预示着将取得很强的威信。
梦见钢笔，预示着财运旺盛。
梦见石笔，预示着生活贫困，生意破产。
未婚男子梦见钢笔，预示着会娶一位高素质的妻子。
梦见用鹅毛笔写字，预示着会有一笔大生意，或意外的财富。
失业者梦见鹅毛笔写字，预示着将找到一份办事员的工作。
梦见使用旧笔、断裂的笔写字，预示着破财。
梦见很多笔，预示着会成为一个大机构的负责人。
梦见做笔的生意，预示着会追回欠款。
梦见橡皮擦，预示着你稍有不慎，事情就会出错。
梦见用橡皮擦修改错误，说明你是一个知错能改的人。
梦见墨水，预示着顺心如意。
梦见墨水洒了，预示着财源兴盛，生意兴隆。

- 橡皮擦：梦中代表不足之处。
- 梦见用橡皮擦改错说明你是知错能改的人。
- 梦见用涂改液改错则说明你缺乏自信。

## 944 梦见军队和军人预示着什么？

梦中的军队代表着前途与运气。

梦见军队处于立正姿势，或者正在前进，或者军队胜利，都预示着自己会取得成功。

梦见军队离去或打败仗，则预示着不幸、倒霉、失败。

梦见陆军，象征稳步前进。梦见海军，象征前程与事业，预示前程无忧，一帆风顺。

梦见空军，代表事业将有大的发展。

军人在梦中代表新的转机。梦见军人，表明你对军人有着敬慕之情，甚至希望自己也成为其中的一名。

| 梦的内容 | 梦的预示 |
| --- | --- |
| 行军 | 你有美好的前程 |
| 军队立正、胜利 | 自己会取得成功 |
| 别人成为军人 | 你的事业井然有序 |
| 空军 | 事业将有大的发展 |
| 军人 | 你对军人有着敬慕之情，甚至希望自己也成为其中的一名 |
| 陆军 | 稳步前进 |
| 自己批评别人 | 你处事能严格要求自己，而且能够影响别人 |

## 945 梦见战争、和平和英雄预示着什么？

梦中的战争，意味着工作与感情方面的纠葛。
男性梦见战争，表明你在工作中会出现矛盾与纠纷。
女性梦见战争，表明你在感情中会发生纠纷与纠葛。
梦中的和平，代表顺利与幸福。
男性梦见和平，是事业顺利的象征。
女性梦见和平，是生活幸福的标志。
但如果梦见安静，则预示着不安静。
中年人梦见自己成了英雄，预示着身体更强壮。
老年人梦见自己成了英雄，预示着即将离世。
病人梦见自己成了英雄，预示着病情正在恶化。
已婚女人梦见英雄，预示着将生贵子。

| 梦的内容 | 梦的预示 |
| --- | --- |
| 战争 | 工作与感情方面的纠葛 |
| 和平 | 顺利与幸福 |
| 安静 | 不安静 |
| 中年人梦见自己成了英雄 | 身体强壮 |
| 老年人梦见自己成了英雄 | 即将离世 |
| 病人梦见自己成了英雄 | 病情恶化 |
| 已婚女人梦见英雄 | 将生贵子 |

## 946 梦见敌人预示着什么？

敌人可以是自己的反对者，也可能是自己人性中的另一面。
梦见敌人，预示着好运来。
梦见自己的敌人受到惩罚，预示着能够战胜敌人。
梦见抓住或打败敌人，预示着愿望能够实现。
梦见敌人来侵犯自己，预示着生意兴旺，财运上升。
梦见被敌人打伤，预示身体强壮。
梦见自己故意让敌人胜利，预示着你能够巧妙地战胜敌人。
梦见晕倒在敌人面前，预示着能够战胜敌人。
梦见敌人昏迷，预示着能够摆脱敌人的纠缠，战胜敌人。
梦见敌人的画或画像，预示着大难临头。
商人梦见自己用匕首刺伤敌人，预示着生意越来越差。
商人梦见与敌人拥抱，预示着会收购竞争对手的生意。

| 梦的内容 | 梦的预示 |
| --- | --- |
| 敌人 | 有好运 |
| 敌人受到惩罚 | 能够战胜敌人 |
| 打败敌人 | 愿望能够实现 |
| 敌人来侵犯自己 | 生意兴旺，财运上升 |
| 被敌人打伤 | 身体强壮 |
| 敌人昏迷 | 能够摆脱敌人的纠缠，战胜敌人 |
| 敌人的画或画像 | 大难临头 |

## 947 梦见武器预示着什么？

梦中的武器代表着性和权力。

女人梦见男人手持武器攻击她，说明生活中有男人对她有性侵犯或性欲望。如果女人很恐惧，或者逃跑，说明她期待着男人在性方面更主动一些。

男人的梦中出现武器和女人时，说明男人正期待着性行为。

当男人的生活过于紧张、焦虑时，也会梦见武器，此时武器没有隐喻。

梦见原子弹等核武器，说明你利用职权谋取了不正当利益，心存恐惧。

梦见原子弹爆炸，说明你很害怕有人来破坏你用心建立起来的生活。

梦见核弹、原子弹被拆毁，说明你内心的焦虑感消失了。

梦中的坦克象征竞争与健康。梦见威猛的坦克，表明在竞争中你的对手实力较强，提醒你要智取；梦见坦克向你驶来，让你心存恐惧，表明你的健康可能出现问题，预示要注意身体。

| 梦的内容 | 梦的预示 | 梦的内容 | 梦的预示 |
| --- | --- | --- | --- |
| 大炮 | → 担忧他人健康 | 武器 | → 性与情 |
| 原子弹爆炸 | → 害怕生活被破坏 | 女人梦见男人攻击她 | → 遭遇性侵犯 |
| 原子弹 | → 谋私、恐惧 | 男人梦见武器 | → 性渴望 |

## 948 梦见警察预示着什么？

梦见站着的警察，预示着会有危险。

梦见自己被逮捕，预示着你会受到政府官员的喜欢。

梦见与警察吵架，预示着仇人和强盗会对自己不利。

未婚男子梦见与警察吵架，预示着将带着恋人去远方。

男人梦见请求警察帮助，预示着生活幸福安全。

女人梦见求助于警察，预示着很快会从心理阴影中走出来。

梦见警察打自己，预示着会破财，或因为贪污公款而受到处罚。

梦见自己当了警察，预示着声誉受损。

梦见与警察交谈，预示着即将晋升。

女人梦见与警察交谈，预示着丈夫的朋友或保镖会受伤。

囚犯梦见与警察谈话，预示着很快出狱。

商人梦见与警察交谈，预示着竞争对手会给自己下圈套。

## 949 梦见悲伤预示着什么？

梦中的悲伤，象征幸福。悲伤的梦是典型的反梦，意味着忧伤和烦恼都会远去。

梦见自己悲伤不已，预示着幸福的降临。

梦见自己心酸难过，预示着将有小人捣鬼。

梦见全家人都在悲伤，预示着将要举行一场婚礼。

| 梦的内容 | 梦的预示 |
|---|---|
| 全家人都在悲伤 | 将要举行一场婚礼 |
| 仇人悲伤 | 能打赢官司 |
| 为亲友的损失伤心 | 生活将更幸福愉快 |
| 加入了伤心的人群中 | 将结交患难与共的朋友 |
| 别人悲痛 | 一切顺利 |
| 哭泣 | 好运与如意 |

梦见仇人悲伤，预示着能打赢官司。
梦见为亲友的损失而伤心，预示着生活将更加幸福愉快。
梦见加入了伤心的人群，预示着将结交患难与共的朋友。
梦见别人悲痛，预示着一切顺利。
男人梦见悲伤的场面，预示着你的事业顺利。
女性梦见悲伤的事情，意味着生活快乐。
梦见哭泣，象征好运与如意。

## 950 梦见欢乐预示着什么？

梦见自己欢快，意味着将受到忧愁的困扰。
梦见心情愉快，预示着将遇到不幸和灾难。
老人梦见自己欢乐，预示着由于体力透支而卧床不起。

梦见亲人欢乐，预示着亲友过分的言行，使家庭关系紧张。

| 梦的内容 | 梦的预示 |
|---|---|
| 梦见大笑 | 不好的事情要发生 |
| 微笑 | 朋友间的友谊更融洽 |
| 与孩子一起欢笑 | 家庭幸福、快乐 |
| 与恋人一起欢笑 | 爱情会更深厚真挚 |
| 自己欢呼 | 心中有十分高兴的事情 |
| 狂喜 | 三思而后行 |
| 某件事情非常开心 | 你在工作方面会有不错的成绩 |

梦见全家人都很快乐，预示万事大吉。
有病的男人梦见自己很愉快，预示着很快就会身强体壮。
士兵梦见自己十分愉快，预示着即将成为俘虏。
梦见为某件事情非常开心，预示着你在工作方面会有不错的成绩。如果是恋爱中的男女做此梦，预示着你们的感情进展很顺利。
梦见狂喜，预示着三思而后行。

## 951 梦见自杀预示着什么？

梦见自己自杀，预示着身体健康，病灾全无。
梦见别人自杀，预示着烦恼、病痛的到来。
商人梦见自杀，预示着财运将至。
病人梦见自杀，预示着身体即将痊愈。
女人梦见自杀，预示着家庭收入可观。
梦见丈夫自杀，预示着会与丈夫长期分离，或者离婚。
梦见妻子自杀，预示着家庭美满，生活幸福。
梦见朋友自杀，预示着朋友对你的事情放手不管。
梦见仇人自杀，预示着仇人的力量越来越大。
警察梦见别人自杀，预示着将会因为自己的过失受到责罚。

| 梦的内容 | 梦的预示 | 梦的内容 | 梦的预示 |
|---|---|---|---|
| 自杀 | → 压力与消沉 | 自己自杀 | → 身体健康 |
| 别人自杀 | → 烦恼病痛到来 | 妻子自杀 | → 家庭美满 |
| 朋友自杀 | → 朋友不管你 | 警察梦见别人自杀 | → 受责罚 |

## 952 梦见偷窃和劫持预示着什么？

梦见偷窃别人的东西，预示着会有意外的收获。
梦见别人偷自己或自己家的东西，预示着财产会受到损失。
女人梦见家里被盗，预示着会与丈夫分离或者离婚。
梦见钱包被偷，预示着人际关系紧张，或会与朋友发生纠纷。
梦见遭受闯空门，预示着金钱运的上升，或许很轻松的劳动就能换取很丰厚的报酬。
梦见自己劫持了别人，说明你尊敬他人，或者很想模仿那位你所尊敬的人。

| 梦的内容 | 梦的预示 | 梦的内容 | 梦的预示 |
|---|---|---|---|
| 劫持 | → 成功与平安 | 别人遭劫持 | → 朋友的消息 |
| 自己遭劫持 | → 战胜对手 | 自己劫持别人 | → 有自己的信仰 |
| 抢钱 | → 受人尊重 | 钱包被偷 | → 人际关系紧张 |

## 953 梦见生气和歇斯底里预示着什么？

梦中的生气，预示着损失。梦见自己生气，预示有不愉快的事情。梦见别人对你发脾气，预示着你的朋友非常直率。

梦中的愤怒代表好的消息。

梦中的厌恶有两层含义，一方面表明你是一个爱憎分明的人，另一方面说明你是一个挑剔的人。

梦见憎恨，预示一个与现实相反的梦。

梦见义愤填膺，预示着短暂的不顺利。

梦中的歇斯底里，象征着压力与烦恼。

梦见他人歇斯底里，说明你正承受着外界强大的压力，预示着你将坚强地面对外界的压力。

| 梦的内容 | 梦的预示 |
| --- | --- |
| 生气 | 损失 |
| 自己生气 | 有不愉快的事情 |
| 别人对你发脾气 | 你的朋友非常直率 |
| 愤怒 | 好的消息 |
| 厌恶 | 你是一个爱憎分明的人；你是一个挑剔的人 |
| 他人歇斯底里 | 你承受着外界巨大的压力，预示着你将坚强地面对外界的压力 |
| 自己歇斯底里 | 你内心饱含苦闷，想找一个渠道发泄出来 |

梦见自己歇斯底里，说明你内心非常苦恼，很想找个机会发泄出来，预示着你的好朋友将给你提供一些忠告，对你很有帮助。

## 954 梦见哭预示着什么？

| 梦的内容 | 梦的预示 |
| --- | --- |
| 自己哭 | 一切称心如意 |
| 放声大哭 | 欢乐出现 |
| 别人死了，自己哭泣 | 将得到财产 |
| 敌人涕零泪下 | 你会陷入困境 |
| 别人号啕大哭 | 灾难临头 |
| 亲友哭天抢地 | 家里的男人有大难 |
| 听见葬礼上的哭声 | 好消息将至 |

梦见自己不断哭泣，泣不成声，预示着大喜将至。

女人梦见自己泪流满面，预示着自己更懂得照顾家庭，更加体贴丈夫、关心孩子。

梦中听见悲惨的哭声，预示着你面临困境，但只要努力克服，就可以走出困境。

梦到你为了亲友的不幸而痛哭流涕，预示着你遇到了一点不顺心的事，也预示你会和那位亲友的关系更密切。

梦中听见葬礼上的哭声，预示着好消息将至。

病人梦见泪洒衣襟，预示着很快会康复。

犯人梦见泪涌如潮，预示着亲友将来探望他。

梦见因看到死人而哭，预示着你的愿望无法实现，或者会发生口角。

梦到自己躺在床上很难过，偷偷地流泪，预示着将会遇到重大事故。

## 955 梦见双胞胎预示着什么？

梦中的双胞胎，象征着好事成双、喜事连连，预示着成功与健康。

已婚男女梦见双胞胎，预示着事业成功。

未婚男女梦见双胞胎，预示着将要成家立业。

女人梦见自己生双胞胎，说明自己对事情的看法很成熟，或者说决定的事情肯定能够实现。

商人梦见双胞胎，预示着财源广进。

病人梦见双胞胎，预示着身体正在恢复中。

犯人梦见双胞胎，预示着不久将被释放。

梦见三胞胎，预示着你担心的事情会很顺利。

梦见妻子生了三胞胎，预示着你目前遇到的所有困难都会解决。

| 梦的内容 | 梦的预示 | 梦的内容 | 梦的预示 |
| --- | --- | --- | --- |
| 双胞胎 | → 成功与健康 | 病人梦见双胞胎 | → 身体康复 |
| 商人梦见双胞胎 | → 财源广进 | 犯人梦见双胞胎 | → 将被释放 |
| 三胞胎 | → 事情顺利 | 妻子生三胞胎 | → 困难都会解决 |

## 956 梦见先祖预示着什么？

梦见先祖，预示着平安与殊荣。梦见先祖，表明你对先人有着敬仰之情。

梦见先祖面容安详，和蔼可亲，预示平安幸福将围绕着你。

梦见先祖进屋后消失，预示着你需要某人的帮助，可是他却不会帮助你。

梦见已故的祖父母想对自己说什么话，预示着将要发生事故，提醒你要加倍小心。

梦见已故的祖父带着农具去种地，预示着家里人会调动工作或搬家。

梦见已故的祖父背着孙子或领着出去，预示孙子将会离开人世。

| 梦的内容 | 梦的预示 | 梦的内容 | 梦的预示 |
| --- | --- | --- | --- |
| 先祖 | → 平安与殊荣 | 先祖慈祥 | → 平安幸福 |
| 祖先进屋后消失 | → 需要人帮助却无人 | 已故祖父种地 | → 调动或搬家 |
| 已故的祖父抚摸孙子 | → 孙子会生病 | 已故的祖父背着孙子出去 | → 孙子将去世 |

## 957 梦见女人预示着什么？

梦中的女人根据人数多少有不同的意思。男人梦中的女人有三种预示含义：

一是无意义的，只是白天思想的折射。

二是代表了母亲。梦中的含义要看具体梦境，如果梦中的女人表现得很消极，预示着你应当更独立；反之，你应该多和母亲沟通，建立亲密的感情。

| 梦的内容 | 梦的预示 |
| --- | --- |
| 梦见美貌的少女 | 祥瑞 |
| 梦见成群的女人 | 顺利和快乐 |
| 与陌生女人交往或同行 | 注意保管钱财，以免丢失 |
| 与熟悉的女性单独相处 | 生活上的冒险会给你带来名誉上的损失 |
| 女人 | 代表母亲或阿尼玛 |
| 梦见女性对你充满威胁 | 内心希望不道德的事情发生 |
| 女性对你很友好 | 你对自己性格的某些方面不够了解 |

三是代表了你的阿尼玛。每个男性心中的女人形象，其实就是男人本身女性化的一面，这是每个男人都有的。而且这个阿尼玛是男人心中最完美的女人形象。如果梦中的阿尼玛对你很友好，预示着你对自己的某方面还不了解；如果阿尼玛对你充满威胁，预示着你内心期望着不道德的事情发生，但是受到道德的束缚，内心充满矛盾。

梦见与熟悉的女性单独相处，关系暧昧，表明你有外心，预示生活上的冒险会给你带来名誉上的损失。

## 958 梦见男人预示着什么？

| 梦的内容 | 梦的预示 |
| --- | --- |
| 老年男性 | 受到男孩的喜爱 |
| 中年男性 | 将与朋友介绍的男孩相处愉快 |
| 女人梦见男人 | 需要休息，这是健康警钟的提醒 |
| 从未谋面的陌生男子 | 即将与人发生争执 |
| 年轻男孩 | 将有花花公子型的男孩追求你 |
| 阿尼姆斯与你关系紧张 | 担心丈夫不忠 |
| 男人梦见男人 | 你有不安感 |

女性梦见男人可能存在三种意义。

一种是对现实的折射，没有什么预示的含义。

一种代表父亲。男人情绪不好，预示你和父亲关系紧张，需要改善。

一种代表女性心中的阿尼姆斯。阿尼姆斯是荣格提出来的一种重要原型，代表着女性身上的男性倾向。一定程度上反映了女性心里的集体男性形象。

下篇：梦占

第十五章 梦见个人活动

## 959 梦见朋友预示着什么？

梦见很多朋友一起去旅行，预示着会有快乐的事情发生。

梦见与朋友一起被老师责骂，预示着考试会有好成绩。

梦见与朋友一起大吃大喝，预示着将有意外的开支。

梦见和朋友一起喝茶，说明你是一个愤世嫉俗的人，理想远大，但不切实际，即使有目标，也不去行动。

梦见与朋友一起读书，预示着你进入新领域会有好的发展前途。

梦见与朋友一起工作，预示着你的人缘很好。

梦见朋友与异性相处得很好，预示着爱情运不佳。

梦见好朋友，预示着你想得到什么，或者现实中有你必须让步的事，而你并非心甘情愿。

梦见豺狼等猛兽追赶朋友，预示着朋友帮不上你的忙。

梦见把朋友赶出家门，预示着你错看了朋友，会因此受损。

| 梦的内容 | 梦的预示 | 梦的内容 | 梦的预示 |
| --- | --- | --- | --- |
| 讨厌朋友 | 压力、困难消失 | 好友成仇人 | 人际关系出现危机 |
| 已故的朋友 | 物质上会遇到困难 | 和小商贩交朋友 | 生意日渐兴隆 |
| 朋友找你玩 | 桃花运 | 和清洁工交朋友 | 财运昌盛，名声显赫 |

## 960 梦见亲戚预示着什么？

梦中的亲戚，象征着人缘。

梦见亲戚，说明你很在意别人对你的看法。

梦见坏亲戚，说明你正在说服别人，想把自己的观念强加给他。

男人梦见男性亲戚，预示着将得到别人的尊重。

女人梦见男性亲戚，预示着将陷入困境。

女人梦见女性亲戚，预示着会生一个男孩，或者家里将有一场喜事。

梦见和亲戚吵架，预示着家里有人会生病。

梦见一个亲戚与世长辞，预示着孩子即将成家立业。

梦见与表兄弟相处得很好，预示着家庭和睦，生活美满。

梦见叔父叔母与父母争吵，预示着易患肠胃系统疾病。

梦见全家人去亲戚家做客，预示着将结交新朋友。

## 961 梦见不同职业的人预示着什么？

梦见当报刊编辑，预示着会受到别人的尊重。

男人梦见裁缝，预示着自己会富有；女人梦见裁缝，预示着婆婆家会有喜事。

梦见厨师正在准备宴会，预示着将有喜庆的事情发生。

梦见和法官相遇，预示着家里会发生争执，或者为了打官司会破费钱财。

梦见道士、施道者，预示着一切吉祥。

梦见海军，预示着将有危险发生。

梦到体育教练，预示着你的投资得不到回报。

男人梦见理发师，预示着只有长时间努力才能获得成功；女人梦见理发师，预示着自己对现实的期望太高；梦见自己去理发或正在理发，提醒你需要对自己已有的观点、信念或各种意见、方案进行修正。

梦见魔术师表演魔术，预示着会上朋友的当；梦见自己表演魔术，预示着可以战胜对手。

梦见老板，而他来自生活的另一个角落，预示着老板对你的管制太严；梦见老板变成了自己的亲人，说明你对工作尽心尽力，将工作当成了自己的事业。

梦见司机一边开车一边抱怨你，预示着你对生活充满了抱怨；梦见自己开着车在高速公路上行驶，说明你最近精神愉快，生活快乐。

梦见铁匠，预示着你坚强的意志必定克服困难，取得成功。

梦见屠夫，预示着灾祸临头。

梦见消防员，预示着你身边有可靠的朋友。

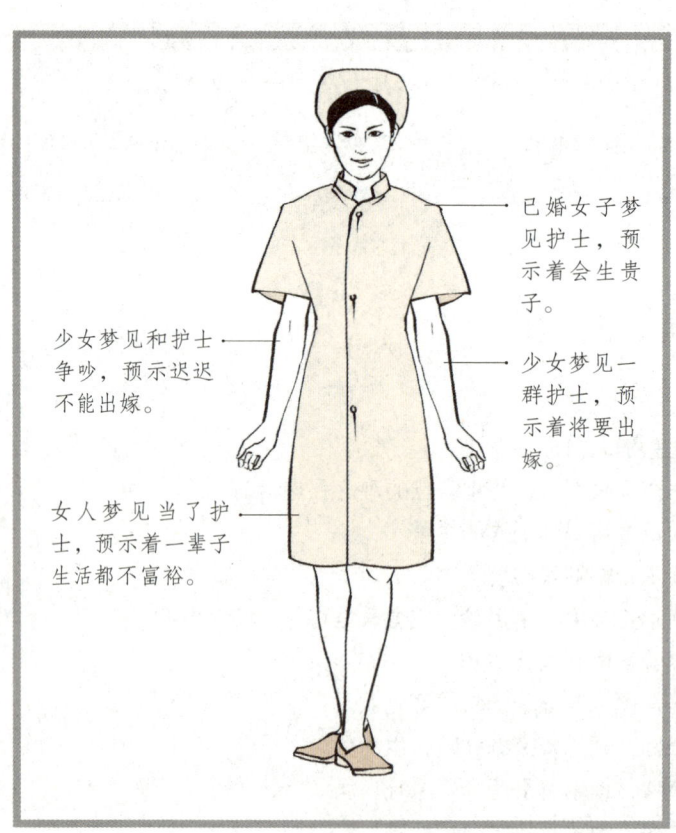

已婚女子梦见护士，预示着会生贵子。

少女梦见一群护士，预示着将要出嫁。

少女梦见和护士争吵，预示迟迟不能出嫁。

女人梦见当了护士，预示着一辈子生活都不富裕。

下篇：梦占

第十五章 梦见个人活动

## 962 梦见长辈预示着什么？

梦见长辈或者与长辈交谈，都预示着好运将至。

梦见与长辈吵架，预示着将要遭遇不幸，或者生病，或者破财。

梦见长辈轻轻拍打自己的后背，说明你对眼前的问题固执己见，不听劝告，提醒你不要冲动，必须理智地解决问题。

梦见祖父母责骂母亲，预示着你将生病，需要去看病。

| 梦的内容 | 梦的预示 |
| --- | --- |
| 长者 | 吉利与长寿 |
| 长者健康 | 你将长寿且很少生病 |
| 你对长者有礼貌 | 诸事顺利，吉利昌盛 |
| 与长辈吵架 | 将生病或破财 |
| 给祖父母捶背 | 技能或学业方面有进步 |
| 祖父母躺在病床上 | 家中会发生矛盾 |
| 在世的母亲死了 | 会得到母亲的祝福或表扬 |

梦见给祖父母捶背，预示着技能或学业方面有进步。

梦见祖父母躺在病床上，预示着家中会发生矛盾。

梦见母亲，预示着会有灾祸，或者有病痛。

梦见在世的母亲死了，预示着会得到母亲的祝福或表扬。

病人梦见母亲抱着自己，预示着一切痛苦都将过去。

梦见母亲打自己，预示着你将会因为个人原因与人发生争执。

## 963 梦见血预示着什么？

梦见喝血，预示着发财。

梦见血液从伤口处流出来，预示着失败和破产，或者是健康方面出了问题。

梦见鲜血，预示着将要发财。

梦见床铺或衣服上有血迹，意味着将身患重病，或受刑事案件牵连。

梦见别人的床铺或衣服有血迹，意味着自己将战胜仇人。

梦见自己的手在流血，预示着你的事业和工作方面有厄运。

| 梦的内容 | 梦的预示 |
| --- | --- |
| 别人的床铺有血迹 | 自己将打败仇人 |
| 喝血 | 发财 |
| 伤口流血 | 失败和破产 |
| 自己衣服上有血迹 | 将患重病，或受司法困扰 |
| 自己的手流血 | 事业和工作方面有厄运 |
| 鼻子出血 | 你手中的权力对你不利，但破财可以免灾 |
| 手指流血 | 意外失去财钱，使生活贫困 |

梦见鼻子出血，预示着你手中的职权对你不利，但是破财就可以消灾。

梦见手指流血，预示着意外失去钱财，比如被骗走巨额钱财，使生活贫困。

梦见手指被咬断，一直在流血，预示着财产会让人骗走。

## 964 梦见坠楼和溺水预示着什么？

梦中的坠楼，象征着困难与疾病。

梦见自己从楼顶上失足掉下来，在下落时惊慌而醒，是在提醒你身体已经有疾病了，需要注意身体。

梦见亲人跳楼，预示着亲人会遇到困难。

梦见亲人跳楼未遂，预示着困难很快就会过去。

梦见别人从楼顶上失足掉下来，预示着你会遇到麻烦，但不会给你造成什么损失。

梦见孩子溺水，预示着小孩会遇到困难。

梦见孩子溺水时被别人救了，预示着孩子会得到别人的帮助。

梦见自己被水淹，预示着会遇到困难或旧疾复发。

梦见快要被水淹死时获救，预示着别人会帮助你减轻灾难带来的损失。

| 梦的内容 | 梦的预示 | 梦的内容 | 梦的预示 |
| --- | --- | --- | --- |
| 坠楼 | → 困难与疾病 | 亲人跳楼 | → 亲人会遇到困难 |
| 亲人跳楼未遂 | → 将渡过难关 | 别人从楼顶失足掉落 | → 遇麻烦 |
| 溺水 | → 旧病复发 | 孩子溺水 | → 小孩会遇到困难 |

## 965 梦见烧伤和死里逃生预示着什么？

梦见自己身处大火中不能逃出，显示你阳气旺盛，虚火攻心，建议在医生指导下进行调养。

梦见别人在大火中不能逃出，你十分着急，预示近期亲近的朋友会传来不好的消息。

商人梦见被烧伤，预示着会找到赚钱的好项目。

梦见别人被火烧伤，预示着人际关系很融洽。

犯人梦见别人被火烧伤，预示着有人与你结仇。

梦见从水中死里逃生，预示你的工作将出现新的转机。

| 梦的内容 | 梦的预示 | 梦的内容 | 梦的预示 |
| --- | --- | --- | --- |
| 火 | → 健康问题或坏的消息 | 烧伤 | → 生活幸福 |
| 别人被火烧伤 | → 人际关系融洽 | 商人梦见被烧伤 | → 有赚钱的项目 |
| 大火中逃生 | → 各方面将有突破 | 莫名危险中逃生 | → 情场得意 |

## 966 梦见身患绝症和垂死预示着什么？

梦见自己得绝症，预示着你的身体更强壮，另一方面，也说明你在生活中比较孤单，内心希望受到家人、同学、朋友的注意和关心。

病人梦见得绝症，预示着身体更健康或疾病即将痊愈。

梦见亲人得了绝症，意味着亲人的身体会更健康。

梦见朋友得了绝症，意味着朋友的身体很健康，而且你们的关系也更融洽。

梦见自己身患重病即将离世，预示着曾经带给你欢乐和幸福的事情，现在可能成为威胁你安全的事物。

梦见别人将离世，预示着你的朋友最近运气不佳。

梦见猛兽将死，预示你将躲过负面影响。

梦见温顺的动物或自己养的动物将死亡，而你非常难过，主大凶。

| 梦的内容 | 梦的预示 |
| --- | --- |
| 自己得绝症 | 你在生活中比较孤单，内心希望受到家人、同学、朋友的注意和关心 |
| 病人患绝症 | 身体即将痊愈 |
| 朋友患绝症 | 朋友身体健康，你们的关系更融洽 |
| 自己身患重病即将离世 | 曾经帮助你的事物，现在可能成为威胁你安全的事物 |
| 别人将离世 | 你的朋友最近运气不佳 |
| 猛兽将死 | 你将躲过负面影响 |

## 967 梦见病痛预示着什么？

| 梦的内容 | 梦的预示 |
| --- | --- |
| 儿女生病 | 孩子身体健康 |
| 自己生病卧床不起 | 有贵人助你升官 |
| 朋友有病 | 会失去朋友的帮助 |
| 亲人生病 | 家人身体健康 |
| 学生梦见自己有病 | 考试不理想 |
| 囚犯梦见自己有病 | 不久会出狱 |
| 病人梦见自己生病 | 病情正在转好 |

梦中的病痛代表着承受痛苦的能力，梦中的病意味着承受能力的增强，当然身体就更健康。

梦见亲人生病，预示着家人身体健康。

梦见本来有病的亲人病愈，预示着病情加重。

女人梦见生病，预示着即将怀孕。

少女梦见生病，预示着会和男友分手。

未婚男子梦见生病，预示着将娶到亭亭玉立的美女为妻。

梦见妻子生病，预示着家里会遇到不幸。

女人梦见丈夫生病，预示着丈夫健康长寿。

梦见敌人卧床不起，预示着敌人会战胜你。

病人梦见自己生病，预示着病情正在转好。

囚犯梦见自己有病，预示着不久会出狱。

## 968 梦见毁容和流产预示着什么？

梦中的毁容，象征着高兴的事与异性缘。

梦见自己被毁容，说明你非常在意自己的仪表。

男性梦见自己被毁容，预示着将要发生一件令你意想不到的高兴事。

女性梦见自己被毁容，预示着你有着极好的异性缘，遇到任何困难都会有异性帮忙。

梦中的流产，象征着损失。

男性梦见流产，预示着你会有所损失，可能是经济方面的，也可能是情感上的挫折。

女性梦见流产，预示着你可能太专注于工作，需要注意自己的健康问题。

孕妇梦见流产，表明你非常在乎这个孩子，希望他健康成长，实际上也预示着胎儿一切发育良好。

| 梦的内容 | 梦的预示 | 梦的内容 | 梦的预示 |
| --- | --- | --- | --- |
| ● 流产 | ⟶ 损失 | ● 毁容 | ⟶ 异性缘 |
| ● 被毁容 | ⟶ 在意仪表 | ● 男性梦见被毁容 | ⟶ 发生高兴的事 |
| ● 女性梦见流产 | ⟶ 健康出问题 | ● 男性梦见流产 | ⟶ 经济或情感有损失 |

## 969 梦见失聪、失明和失声预示着什么？

耳朵、眼睛和语言是我们与外部世界交流、把握信息来源的重要渠道。梦见自己失聪，预示在现实中，有人为你设置信息障碍，对你产生不利。

梦见自己失聪，预示着你将受到朋友的欺骗，财产受损。

梦见亲友失聪，预示着你会中敌人的圈套。

梦见和失聪的人交谈，预示着你会神经衰弱。

梦见失明预示着提醒。梦见自己失明，预示着你所信任的人中有人欺骗你。

梦见别人失明，预示行事要从长远考虑。

梦见失明后恢复视力，预示糟糕的事情即将过去。

梦见失声，预示要提防身边的小人。

梦见自己失声，预示着你无法表达你的思想，人们总是误会你。做业务工作的人做类似的梦，预示着你的业绩很差。

梦见失声后又能开口说话了，预示你的正直、善良让身边的小人停下了伤害你的事情。

失声的人梦见自己失声，预示着你的朋友中有小人。

下篇：梦占
第十五章 梦见个人活动

## 970 梦见饥饿预示着什么？

梦中的饥饿，象征前途和财运。梦见自己饥饿，意味着精神缺乏，内心得不到平静、幸福和满足。

梦见饥饿后饕餮一顿，预示好运将长期伴随你。

梦见自己被饿死，预示着你将非常贫困，或者说你的心灵受到了重大打击。

梦见饥荒，预示着生意会遇到一点小麻烦。

梦见饥荒结束，预示着前途光明，充满希望。

梦见别人饥饿，预示着好运降临。

梦见最初挨饿，后来食物充裕，预示着将有收获。

梦见妻子和孩子挨饿，预示着将面临失业。

梦见很多人沿街乞讨，预示着居住区要遭饥荒。

病人梦见饥饿，预示着病情好转。

| 梦的内容 | 梦的预示 |
| --- | --- |
| 自己被饿死 | 贫困，或者心灵受到重大打击 |
| 饥荒 | 生意会遇到小麻烦 |
| 饥荒结束 | 前途光明，充满希望 |
| 别人饥饿 | 好运降临 |
| 最初挨饿，后来食物充裕 | 将有收获 |
| 妻子和孩子挨饿 | 将面临失业 |
| 很多人沿街乞讨 | 居住区要遭饥荒 |

## 971 梦见打鼾预示着什么？

梦中的鼾声代表与异性的关系及工作的调动。

男人梦见自己打鼾，预示着生活幸福安逸。

女人梦见自己打鼾，预示着自己很会生活，会珍惜幸福，会心疼丈夫，会处理好家庭关系。

商人梦见自己打鼾，预示着生意兴隆，能击败竞争对手。

出门在外的人梦见自己打鼾，预示着很快和家人团聚。

旅游者梦见打鼾，预示着将会丢失钱财，一定要小心保管。

梦见听到别人打鼾，预示着家庭生活祥和安宁。

梦见听到敌人打鼾，预示着敌人会来骚扰你，或者说对你发起进攻。

病人梦见鼾声大作，预示着身体会很快康复。

| 梦的内容 | 梦的预示 |
| --- | --- |
| 男人梦见自己打鼾 | 生活快乐幸福 |
| 女人梦见自己打鼾 | 会生活，会珍惜幸福 |
| 商人梦见自己打鼾 | 生意兴隆，能打败竞争对手 |
| 别人打鼾 | 工作会得到好的调动 |
| 犯人梦见打鼾 | 会很快出狱 |
| 打喷嚏 | 思念亲人 |
| 打哈欠 | 缺乏活力与生机 |

## 972 梦见手术预示着什么？

梦中的手术预示着较小的损失。

梦见小的手术，预示你在经济上可能有较小的损失；梦见大的手术，预示你健康方面可能出问题；梦见手术正在进行中，预示着一切忧愁和烦恼都已经成为过去；病人梦见开刀做手术，预示着很快恢复健康；梦见让亲戚给自己做手术，预示着将与那个亲戚产生分歧；男人梦见做手术，预示着别人都讨厌你；梦见正在接受腹部手术，预示着将得到意想不到的金钱；梦见动手术时昏了过去，预示着身体很快会康复，或者身体会更健康。

如果梦见心脏手术，预示你的健康状况出了问题。另外，"心"在生活中除开生理的含义外，还有感情的含义。可能表示遇到一段感情，你不知道是否该投入，自己是否能承担；可能表示你快要结婚了，但你对你们的婚姻还具有不确定性。梦夸大身体的危险程度，旨在强调你对感情的重视程度。

| 梦的内容 | 梦的预示 | 梦的内容 | 梦的预示 |
| --- | --- | --- | --- |
| ● 小手术 → | 经济受损 | ● 大手术 → | 健康出问题 |
| ● 正在手术 → | 烦恼过去 | ● 亲戚给自己做手术 → | 将与他产生分歧 |
| ● 接受腹部手术 → | 将得偏财 | ● 手术时晕倒 → | 身体会康复 |

## 973 梦见感冒、发烧和头晕预示着什么？

梦见感冒，表明你很注意身体健康。梦见自己感冒，预示要节约开支；梦见别人感冒，预示处事要保持冷静。

梦见发烧是一个反梦，是愿望实现的象征；梦见自己发烧，你最担心的事情永远不会发生；梦见别人发烧，你将遇到好的事情；梦见孩子发烧，预示你的愿望可以实现。

梦见头晕，预示应小心、谨慎。如果身体本身不好，梦见头晕应去医院检查。

| 梦的内容 | 梦的预示 | 梦的内容 | 梦的预示 |
| --- | --- | --- | --- |
| ● 感冒 → | 注意健康 | ● 自己感冒 → | 节约开支 |
| ● 别人感冒 → | 处事保持冷静 | ● 自己发烧 → | 担心的事不会发生 |
| ● 感冒、发烧、咳嗽 → | 将与别人合伙经商 | ● 头晕 → | 小心、谨慎 |

## 974 梦见药物预示着什么？

梦见买药，预示着将生病。

梦见店员或医生在给你介绍药，预示着你遇到了难题，但得不到帮助。

梦见喝中药，暗示着你的身体有某种潜在的疾病。

梦见煎中药，预示着你的病正在好转。

梦见在伤口上涂药膏，预示着将有灾难。

梦见买药膏，预示着你或家人会受皮外伤。

梦见制作药膏，预示着从事医疗行业能赚大钱。

梦见卖药，意味着终日接触病人、接触疾病，你将会生病。

梦见给妻子或孩子吃药，象征着家庭和睦。

| 中药煎熬小窍门 | |
|---|---|
| 容器 | 砂锅、搪瓷器皿，禁用铁器器皿。 |
| 浸泡 | 入煎前冷水浸泡20分钟左右。 |
| 水量 | 煎药用水量以浸过药面1-3厘米为佳。 |
| 时间 | 根据药性而定，一般药为30分钟。 |

## 975 梦见毒药预示着什么？

梦见毒药，意味着一切忧愁和困难都成为过去。

梦见给陌生人毒药，预示着身边有口是心非的朋友。

梦见给朋友毒药，预示着朋友们都很喜欢你。

梦见给妻子毒药，预示着夫妻感情美满。

梦见给丈夫毒药，预示着丈夫身体更强壮。

梦见给亲戚毒药，预示着将继承遗产。

医生梦见毒药，预示着财源广进。

卖药者梦见毒药，预示着顾客源扩大。

梦见喝毒药，预示着健康会出问题。

病人梦见喝毒药，病情会加重。

女人梦见喝毒药，会家破人亡。

失业者梦见喝毒药，能找到工作。

工作人员梦见喝毒药，会被解雇。

犯人梦见喝毒药，很快会出狱。

| 梦的内容 | 梦的预示 |
|---|---|
| 把毒药给了高级官员 | 会得到官员的喜欢，能提职增薪 |
| 别人给自己毒药 | 预示祥瑞，做梦者会身体健康，延年益寿 |
| 病人梦见喝毒药 | 病情会加重 |
| 女人梦见喝毒药 | 家破人亡 |
| 失业者梦见喝毒药 | 能找到工作 |
| 工作人员梦见喝毒药 | 被解雇 |
| 犯人梦见喝毒药 | 很快会出狱 |

## 976 梦见裸体预示着什么？

梦见自己裸体，预示着生活越来越贫穷，或者会有病痛，或者会受到侮辱。
梦见自己裸体站在街上，预示着将会有重大损失。
梦见妻子或女友裸体，预示着你们的感情会越来越淡。
梦见其他女人赤身裸体，预示着你将获得意外之财。
梦见赤裸的男人，说明你内心充满了忧愁、悲伤，对生活很消极。
病人梦见自己裸体，预示着病情会恶化。
梦见和裸体者说话，预示着健康状况越来越差，或者会生一场大病。
梦见有人剥光了自己的衣服，预示着经济会出现危机。
梦见裸体画，说明你的精神很好，情绪也很稳定。

| 梦的内容 | 梦的预示 | 梦的内容 | 梦的预示 |
| --- | --- | --- | --- |
| ● 自己裸体 → 病痛或侮辱 | | ● 自己裸体站在街上 → 重大损失 | |
| ● 赤裸的男人 → 内心忧愁 | | ● 和裸体者说话 → 健康状况变差 | |
| ● 裸体画 → 精神好 | | ● 病人梦见自己裸体 → 病情恶化 | |

## 977 梦见头发预示着什么？

梦见脱发，预示着健康状况已经亮起黄灯，需要及时做检查加以调养。
梦见头发乱而掉落，预示着子孙会发生不幸。
梦见拔头发，说明你心理负担很重，非常期待有人来替你分担。
梦到绑辫子，预示着目前的问题或困难将会得到解决。
老年人梦见白头发，预示着健康长寿。
刚开始长白头发的中老年人梦见白头发，预示着地位会提升，而且会受到人们的尊敬。
年轻人梦见自己的头发变白，或者都染成白发，是在提醒你将会被朋友出卖或遭情人遗弃。
梦见黑头发，说明你的生命力、生殖力、精神都非常充沛。
梦见假发，预示着你错过了发财的机会。

梦中的秀发预示着健康与如意。

梦见用梳子梳头，预示着生活幸福舒适。

梦见头发变白，预示着感情会出现问题。

## 978 梦见五官预示着什么？

梦见自己的眼睛肿而不疼，预示着生活幸福。

梦见女人的眼睛化了妆，预示着经济要受损失。

梦见别人朝自己使眼色，预示着将生大病。

梦到自己的眉毛长长了，预示着你会健康长寿。

梦见自己的鼻子很好看，预示着事事顺利；反之，则不祥。

梦见鼻尖上长脓疮，预示着即将提升。

梦见大鼻头的人，预示着会与朋友吵架，或者生意受损。

梦见有人抓住了自己的鼻子，预示着会很不情愿地帮别人做事。

梦见自己的耳朵被割，预示着你安排的事情可以顺利完成。

梦见别人的耳朵被割，预示着你将受到苦难或病情的折磨。

梦见自己掏耳朵，或让别人掏耳朵，预示着好消息将至。

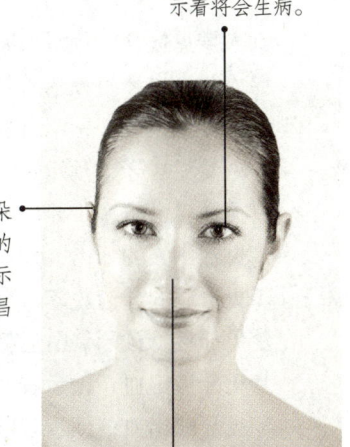

梦见眼睛发红，预示着将会生病。

梦见耳朵里长毛的人，预示着财运昌盛。

梦见鼻子流血，预示着灾难降临。

## 979 梦见胳膊预示着什么？

梦见自己的胳膊健壮，肌肉发达，预示着你的努力会得到领导的认可，而受到提拔任用。

梦见胳膊患病或不中用，预示着会破财，或者下岗、被降职等。

已婚的女人梦见自己的胳膊患病或不中用，预示着丈夫或儿子会得重病或遭遇其他的不幸。

梦见自己的一只手断了，预示着将陷入痛苦之中，或者钱财将受损。

梦见胳膊流血，预示着生活贫困潦倒。

梦见胳膊上的汗毛很长，预示着财运很昌盛，而且处境会有大的改善。

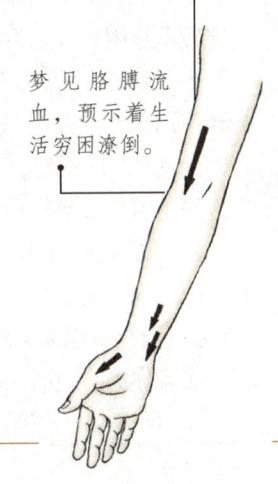

梦中出现胳膊，预示着你人缘好，深受大家的欢迎。

梦见胳膊流血，预示着生活穷困潦倒。

## 980 梦见牙齿预示着什么？

女人梦见拔牙，预示着家庭和睦，生活富裕。
男人梦见拔牙，预示着将要发大财。
农民梦见拔牙，预示着会获得大丰收。
商人梦见拔牙，预示着能做一笔大生意，发大财。
梦见数自己有多少牙齿，预示着有人会污辱你。
梦见数别人的牙齿，预示着将战胜对手。
梦见自己的牙齿脱落，会与人发生争吵，或者健康会出问题。
梦见牙疼，预示着财运将至，也可能家庭出现小矛盾。
梦见牙齿出血，预示着家人会生病。
梦见牙龈出血，预示着家里会发生不幸的事情，也可能破财消灾。
梦见假牙，表示你会得到朋友的帮助。
梦见掉牙，预示父母或其他亲人身体不好。
梦见剔牙，预示需注意身边虚伪的朋友。

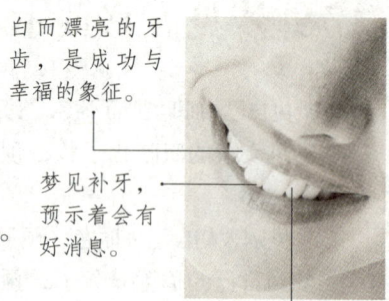

白而漂亮的牙齿，是成功与幸福的象征。

梦见补牙，预示着会有好消息。

梦见拔牙，预示着商机的到来或者事业出现转机。

## 981 梦见人体不同部位预示着什么？

梦见肚脐，象征着冒险与新的爱情。

梦见自己的腹部，预示你的努力和辛苦工作会迎来成功，而且名声大噪。

梦见自己的腹部隆起，预示着你将突破重重困难，获取成功。

梦见自己的腹部干瘪，预示着你会轻信别人的挑拨而与朋友断交。

梦见因饥饿而呈现的不健康的腹部，预示着你会感染传染病。

梦见鲜血从腹部流了出来，预示着你的家人会发生意外。

梦见自己的肠子，预示着你会生病，或者你的身边有危险。

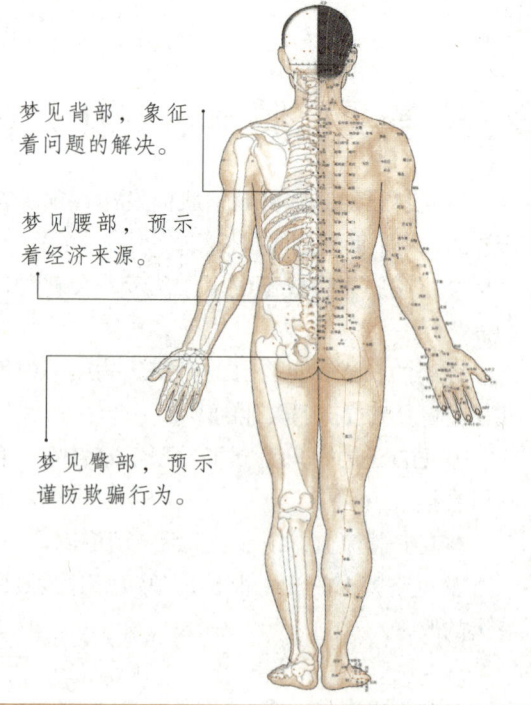

梦见背部，象征着问题的解决。

梦见腰部，预示着经济来源。

梦见臀部，预示谨防欺骗行为。

## 982 梦见内脏预示着什么？

梦见割内脏，预示着身体健康，或者病情会好转。

梦见肝脏，预示着你的情绪很压抑，正在寻找时机爆发。

梦见肝脏受到损害，暗示你会因为自己的情绪不佳而导致人际关系紧张。

梦见肺不好，提醒你肺部有病，而且说明你平时多愁善感，情绪不稳定，会影响你的身心健康。

梦见肺部有积水或者黏液，预示着你患有肺炎或支气管炎等疾病。

梦见肾，提醒你要注意自己的身体。

梦见自己的心脏跳动异常，或者停止跳动，预示着灾祸的降临。

梦见自己在数心脏跳动的次数，说明你的生活不检点，甚至放荡。

梦见自己把手放在胸口上，预示着生命会有危险。

梦见自己或亲人死于心脏病，预示着此人健康长寿。

梦见自己的胃部难受，说明你精神压力很大，你必须把压抑在心中的情绪发泄出来。

梦见胃胀、疼痛，预示着你得了很严重的病。

梦见东西慢慢地进入胃，说明你体力透支，或者因为某些事情没有办好而后悔。

梦见别人的肠子，预示着你正在为亲友担心。

梦见动物的肠子，预示着你的生活越来越好。

**肠子**

梦见肠子纠结在一起，预示着将有灾难或意想不到的坏事发生。

梦见肠子完好或很整齐，预示着一切顺心。

梦见自己的肠子，预示着你最近过于紧张劳累，需要休息。

## 983 梦见售卖预示着什么？

梦见卖东西，预示着将有额外的收入。

梦见别人卖东西，预示着会有好机遇。

梦见自己卖东西，预示着有财运。

女人梦见自己卖东西，预示着将得到一份意外的厚重礼物。

男人梦见自己卖东西，预示着收入会大大增加。

| 梦的内容 | 梦的预示 |
| --- | --- |
| 出售 | 收入和礼物 |
| 促销 | 推动与促进 |
| 梦见别人促销 | 你希望有人助你一臂之力 |
| 自己促销 | 希望对事情的发展起到推动作用 |
| 拍卖 | 效益与财运 |
| 拍卖成功 | 你会获得大的效益 |
| 拍卖未成功 | 财运还未到来 |

## 984 梦见钱财预示着什么？

**大同铜钱**

- 梦见金币，代表的是事业与家庭。
- 梦见铜币，代表小的压力与麻烦。
- 梦见银币，代表小的负担。

梦中的钞票，象征着财富。

梦见丢失或找不到钞票，预示着将会失去经济来源，或者下岗。

梦见得到钞票，预示着生意兴隆，工资上涨。

梦见有巨款进账而欢天喜地，预示着将发生事故而受伤。

梦见正在数钞票，预示着财运上升。

梦见捡到皮包，正不知如何是好，失主出现了，预示着你的人际关系很好，或者是你将得到一笔酬金。

梦见钱包中塞满硬币，预示着你的所作所为会受到外界的非议。

梦见有人给你钱，预示着目前的工作能顺利完成。

梦见一张钞票从天而降，预示着你的能力正在提高。

梦见许多金钱从天而降，预示着你将破财。

梦见祖父母给你零用钱，预示着你有极好的财运。

梦见存钱、领钱，预示着你渴望谈恋爱，或是渴望有性爱。

梦见捡钱，预示着生活幸福。

## 985 梦见银行预示着什么？

梦见自己在银行里存了很多钱，预示着你的财富和声望越来越高，会成为众人尊敬的对象。

梦见在银行取钱，预示处事要小心谨慎。

梦见抢银行，预示着你对目前的生活状况不满，非常渴望财富。

梦见持枪抢银行，说明你是一个办事谨慎的人，在工作中可以将压力转化为动力，取得良好的发展。

梦见拿刀威胁银行的工作人员，预示着将有牢狱之灾。

梦见抢银行成功，预示着最近有额外的收入。

梦中的银行代表事业与生活。

梦见冷清的银行，预示着你会遇到暂时的困难。

梦见热闹的银行，预示着事业发展顺利。

## 986 梦见店铺预示着什么？

商场

梦见在超市买食品，预示着朋友之间来往密切。
梦见杂货铺，预示着家里一团糟。
梦见在时装店买衣服，预示着恋情不顺，或者婚姻感情出现了麻烦。
梦见修鞋店，预示着家庭将有额外的开支。
女人梦见珠宝店，预示着将有新的首饰。
梦见香水店，预示着会结交上层人物，不仅给自己带来财运，亲友也会跟着沾光。
梦见花店，代表情感与生活。
梦见钟表店，代表事业与感情。
梦见一排商店，预示着好运连连，心想事成。
病人梦见去商场，预示着身体即将痊愈。
士兵梦见去商场，预示着将因为行为不轨而受到处分。

梦见自己坐在商场里，预示着生意越来越差。

梦中的商场，代表财运与馈赠。

梦见商场顾客很多，预示最近财运很好。

## 987 梦见市场预示着什么？

梦中出现市场，如果梦中的市场环境良好，预示你以后的生活将会很富裕；如果梦中的市场秩序混乱或者空无一物，预示你要抓住机会，不要错失发展良机，不然会一无所获。

梦见集市，预示着家里会有额外的巨大开支。
梦见和妻子一块儿去市场购物，预示着财运上升。

| 梦的内容 | 梦的预示 |
| --- | --- |
| 市场 | 财运与机遇 |
| 市场环境良好 | 以后的生活富裕 |
| 市场空空荡荡或者秩序混乱，空气污浊 | 会错失机会，导致不好的后果 |
| 逛市场 | 好运来 |
| 乘坐交通工具去市场 | 灾难到 |
| 自己去市场买东西 | 会成为众人追捧的名人 |
| 单身的人梦见去市场买东西 | 你的感情会受到挫折 |

梦见逛市场，预示着好运来。
梦见乘坐交通工具去市场，预示着灾难到。
梦见自己去市场买东西，预示着会成为众人追捧的名人。
单身的人梦见去市场买东西，预示着你的感情会受到挫折。

## 988 梦见开业和生意预示着什么？

梦中的开业庆典，象征着财运与地位。
梦见参加自己的开业庆典，预示着好运到来，事业稳固，财源广进。
梦见参加别人的开业庆典，预示着你将结交新的朋友，而且社会地位将得到提高。
梦见开业庆典时鞭炮总是放不响，预示着你的生意惨淡。
梦见开业庆典时鞭炮震耳欲聋，预示着财源旺盛，生意兴隆。
梦中的生意代表效益与财运。
梦见自己跟别人谈生意，预示近期会获得利润。
梦见自己正在做生意，预示着将有财运。
梦见自己赚钱，一般为反梦，预示着生意会有亏损。
梦见亏损多为反梦，预示着可能赚取丰厚的利润。

| 梦的内容 | 梦的预示 | 梦的内容 | 梦的预示 |
|---|---|---|---|
| 开业庆典 | → 财运与地位 | 参加自己的开业庆典 | → 财源广进 |
| 开业庆典时鞭炮放不响 | → 生意惨淡 | 生意 | → 效益与财运 |
| 亏损 | → 赚取丰厚的利润 | 盈利 | → 钱财可能外流 |

## 989 梦见保险、假钱和股票预示着什么？

梦见开保险公司，预示着生意将越来越坏，最后破产。
梦见当了保险公司的代理人，预示着会因朋友的帮忙发财。
梦见保险箱，预示着爱情的到来，而且你视爱情如财产。
梦见假币，预示着你将和小人发生冲突，或者会有厄运，一定要谨言慎行。
梦见收假钱，预示着你内心感到非常压抑，工作的压力很大，或者正失业在家。
商人梦见收假钱，预示着生意有了困难，经济比较拮据。
梦见你正在打电话下单或排队买股票，预示着将有一笔可观的意外之财。

| 梦的内容 | 梦的预示 | 梦的内容 | 梦的预示 |
|---|---|---|---|
| 假钱 | → 厄运 | 成为保险公司职员 | → 生意兴隆 |
| 股市大涨 | → 财产会受损 | 家人参加保险 | → 赚取丰厚的利润 |
| 炒股 | → 渴望挣到大钱 | 商人梦见炒股 | → 谨慎投资 |

## 990 梦见纳税、账目和印章预示着什么？

梦到自己去缴税，预示着经过你的努力奋斗，终于取得了成果。

梦到自己缴不出税款来，预示着近期事事不顺心。

梦到别人去缴税，预示着你会因为生活贫困而向朋友借钱。

已婚女子梦见缴税，预示着即将与丈夫分离。

商人梦见缴税，预示着能发大财。

农民梦见缴税，预示着庄稼歉收。

梦中的账目，象征着盈余或损失。

梦中出现账目，说明内心比较在意经济上的收入与开支。

梦见账目清楚，预示着由于你的精打细算，会有一笔可观的存款。

工作人员梦见印章或公章，预示着将要得到提升。

商人梦见印章或公章，预示着生意兴隆。

梦见印章，预示提升与收益。

画家梦见把印章盖到一幅画作上，预示着将要成为有名的画家。

> 梦见自己盖印章，预示会获得良好的经济收益。

## 991 梦见信用卡、执照和价签预示着什么？

梦中的信用卡，象征着信誉与财运。

梦见信用卡，预示着你正在为某件事情做充分的准备，而且一定会成功。

梦见自己使用信用卡，说明你是一位很重信誉的人。

梦见使用别人的信用卡，说明你的财运很好。

梦中的执照，代表两性间的感情。

未婚男女梦见执照，表明希望有人给自己示爱、求婚。

已婚男女梦见执照，表明对性充满渴望。

梦中的价签代表擅长经营与理财。

梦见价签，表明你很注意事物的各个方面。

男性梦见价签，表明你是一个很会经营的人，无论从事什么职业，都会有所成。

女性梦见价签，预示你是个出色的家庭主妇，很会经营家庭。

信用卡预示信誉和财运。

> 梦见自己使用信用卡，预示你是一位很重信誉的人。
> 梦见使用别人的信用卡，预示你的财运很好。

## 992 梦见合同和信函预示着什么？

梦见签合同，说明你有独立的意识，准备成就一番大事。

商人梦见签合同，预示着会扩大生意。

青年男女梦见写信，预示着爱情进展顺利。

少女梦见收到男青年的信，预示着能找到意中人。

梦见接到好朋友的来信，预示着与异性朋友相处得很愉快。

梦见没有收到信，预示着生意亏损，或者生活贫困。

梦见写信，预示着你在为无人懂你而苦恼，或者预示着你的身体很强健。

梦见你去邮寄很多封信，或收到大量的信，预示着生意将越做越大。

梦见信封，预示着会结交新朋友，或者和朋友之间的误会会消除。

商人梦见信封，预示着将收到顾客有效的信息反馈，获得更大的利益。

| 梦的内容 | 梦的预示 | 梦的内容 | 梦的预示 |
|---|---|---|---|
| 合同 →  | 提升与成就 | 自己执行合同 → | 取得出色成就 |
| 信函 → | 远方的消息 | 无字的信函 → | 暂时有困扰 |
| 很多来信 → | 名声大噪 | 别人给自己写信 → | 与人发生口角或生意失败 |

## 993 梦见招聘和就职预示着什么？

梦中的招聘，象征着机会，也预示不要骄傲自满。

梦见应聘，说明你对目前的职位不满意，想找一个能发挥自己才能的地方，或者说有换工作的想法。

梦见查阅广告上的招聘启事，然后出去应聘，预示着你目前生活拮据，梦境提醒你，必须用辛苦的劳动才能赚钱养活自己，才能有所积累。

梦见自己正在阅读招聘广告，预示着你的对手会出其不意地攻击你。

梦见自己招聘别人，预示着行事不要骄傲，以免带来不良结果。

| 梦的内容 | 梦的预示 | 梦的内容 | 梦的预示 |
|---|---|---|---|
| 招聘 → | 机遇与自满 | 阅读招聘广告 → | 对手的意外攻击 |
| 自己招聘别人 → | 有不良结果 | 就职 → | 成功与社会活动 |
| 就职典礼 → | 渴望成功 | 宣誓就职 → | 事业稳步发展 |

## 994 梦见彩票和利息预示着什么？

彩票多数情况下不会中奖，所以梦中的彩票，象征着沮丧。

梦见彩票，预示你不要把时间浪费在无用的事情上。

梦见购买彩票，预示着生意或工作会遇到麻烦。

男人梦见购买彩票，预示着心情沮丧。

女人梦见购买彩票，预示着丈夫会失去经济来源，或者家庭生活会变贫困。

梦见没有中奖或中奖，预示着会得到一笔遗产。

梦中的利息，象征变化与开支。

梦见利息，预示你将为经济上的事情烦恼。

梦见得利，预示你的生活将会发生很大的转变。

梦见支付利息，预示你花钱没有计划，大手大脚。

| 梦的内容 | 梦的预示 |
| --- | --- |
| 购买彩票 | 生意或工作会遇到麻烦 |
| 男人梦见购买彩票 | 心情沮丧 |
| 女人梦见购买彩票 | 丈夫会失去经济来源 |
| 没有中奖或中奖 | 会得到一笔遗产 |
| 利息 | 你将为经济上的事情烦恼 |
| 得利 | 生活将会发生很大的转变 |
| 支付利息 | 你花钱没有计划 |

## 995 梦见地狱、世界末日和咒语预示着什么？

梦中的地狱，象征着压力。梦见地狱，说明你内心有着极度的恐慌情绪。

梦见身处地狱，预示你的工作或生活压力过大，让你处于焦虑中。

梦见他人身处地狱，预示你在为身边的朋友担心。

梦见世界末日，预示着事事顺心。

梦见自己活着，等着世界末日的到来，说明你是不折不扣的享乐主义者，要预防坏人利用你的弱点欺骗你。

女性梦见世界末日，提醒你不要被有钱有势的男人迷惑，尤其是你的上司，要找一个真正爱你的人。

梦见你用咒语控制别人，预示着你有领导身边人的力量。

年轻女性梦见受人控制，预示要小心对待任何事情，可能有危险靠近。

梦见看见别人被催眠，预示家庭和事业可能出现混乱情况，或者会出现健康问题。

| 梦的内容 | 梦的预示 |
| --- | --- |
| 身处地狱 | 工作或生活压力很大 |
| 他人身处地狱 | 你担心朋友的安危 |
| 世界末日 | 事事顺心 |
| 自己平静地等待世界末日的到来 | 你是一个享乐主义者 |
| 女性梦见世界末日 | 不要被有钱有势的男人迷惑 |
| 你被别人催眠或被控制 | 你的敌人正在诱惑你，后果很严重 |
| 你用咒语控制别人 | 你有领导身边人的力量 |

## 996 梦见死刑、棺材和坟墓预示着什么？

梦见自己被判死刑，预示着你的身体会更强健，所有的病都会痊愈。

梦见别人被判死刑，预示着你要通过艰辛的努力才能获得成功。

工作人员梦见棺材，预示着你这一段时间的表现很出色，会得到领导的赏识，很快会升职加薪。

商人梦见棺材，预示着财运上升，最近财源滚滚、生意兴隆。

坟墓象征着死亡与埋葬，但是在梦中，坟墓有不同的含义。

梦见坟墓上长出了树，是吉祥的梦，预示着财运亨通，名声远扬，加官晋爵。

梦见坟墓上的树枝被折断，预示着困难和灾难的降临。

梦见自己在墓地徘徊，预示着你的内心有着疑虑和困惑，不知道该作出什么决定。

梦见走进开着口的坟墓，预示你内心渴望摆脱烦恼，获得安宁。

| 梦的内容 | 梦的预示 | 梦的内容 | 梦的预示 |
|---|---|---|---|
| 死刑 | 健康与成功 | 棺材 | 反梦\吉祥 |
| 坟墓 | 死亡与埋葬 | 寒冷季节在墓地徘徊 | 目标需长时间努力 |
| 温暖季节在墓地徘徊 | 去特别的地方 | 走进坟墓 | 尘封伤痛，遗忘过去 |

## 997 梦见死人和鬼怪预示着什么？

梦见与死人交谈，预示着即将威名远扬，成为大家瞩目的焦点。

梦见与已经死了的人进餐，预示着健康长寿。

梦见把死人抱在怀里，或呼喊死人的名字，预示着即将去世。

梦见掩藏尸体，说明在现实中，你遇到了很棘手的麻烦，或者守着一个秘密，它使你充满了焦虑和恐惧，精神处于崩溃的边缘。

梦中的魔鬼，象征着凶险与仇人。

梦见和魔鬼打斗，预示着自己将健康长寿，或者仇人会给你造成损失。

| 梦的内容 | 梦的预示 | 梦的内容 | 梦的预示 |
|---|---|---|---|
| 已故的妻子 | 将娶有教养的女人 | 已故的丈夫 | 一生恪守贞节 |
| 尸体燃烧 | 学业进步 | 与魔鬼交谈 | 你将做错事 |
| 魔鬼 | 将遇到危险 | 被鬼怪打 | 有凶险 |

## 998 梦见天堂和伊甸园预示着什么？

梦中的天堂，象征着美好。

年轻人梦见天堂，预示着一生无忧无虑、生活美满、爱情甜蜜。

病人梦见天堂，预示着病体痊愈以后，身体会越来越健康。

死囚梦见天堂，预示着会由于某种原因免于一死。

旅游者梦见天堂，预示着旅行会很愉快，而且在目的地还能发财。

| 梦的内容 | 梦的预示 |
| --- | --- |
| 天堂 | 旅行与生活 |
| 病人梦见天堂 | 身体会越来越健康 |
| 美丽的天堂 | 你将有一次神奇的旅行 |
| 神秘的天堂 | 你的生活充满幻想 |
| 伊甸园 | 婚姻与爱情 |
| 未婚者梦见伊甸园 | 恋情浪漫温馨 |
| 已婚者梦见伊甸园 | 婚姻美满，感情甜蜜 |

商人梦见天堂，预示着客户增加，需求量上升，生意将越做越大，财源滚滚。

梦见美丽的天堂，预示着你将有一次神奇的旅行。

梦见神秘的天堂，预示着你的生活充满幻想。

梦中的伊甸园，象征着婚姻与爱情。

未婚者梦见伊甸园，预示着你的恋爱非常顺利，而且富有浪漫气息。

已婚者梦见伊甸园，预示着你的婚姻幸福美满，而且经常有惊喜出现。

## 999 梦见祈祷、牧师和天使预示着什么？

梦中的祈祷是社会地位和身体健康的标志。

男性梦见祈祷，预示社会地位将得到提高。

女性梦见祈祷，预示家人身体健康。

梦见一群人在祈祷，预示你会得到大家的帮助。

梦中的赞美诗象征喜讯。

梦中听到赞美诗，预示着会有高兴的事情发生。

梦中吟唱赞美诗，预示着你的生活会舒适、安逸。

梦见书写赞美诗，预示你的愿望会稳步实现。

梦见牧师，预示你行事要小心，避免上当受骗。

梦与牧师商谈，预示签订合同要小心陷阱，应按照法律规定行事。

梦中的天使，象征纯洁与慈悲。

梦见天使，预示你渴望得到母亲的爱护，或者内心恐惧死亡。

梦中的天使，象征纯洁与慈悲。

梦见天使，预示你渴望得到母亲的爱护，或者内心恐惧死亡。

## 1000 梦见僵尸预示着什么？

梦见僵尸，如果梦境是快乐的，预示着你会从以前的悲伤中走出来，快乐地生活；如果梦境是悲伤的，则预示着父母或孩子将有意外。

梦见僵尸复活，如果僵尸是死去的父亲，预示着家庭中会出现意见的分歧，如果僵尸是死去的朋友，预示着生活贫困。

梦见僵尸从棺木中出来，预示着很久没有音讯的朋友即将出现在你面前。

梦见与僵尸说话，预示着会有好消息，正在进行的事情也会成功。

梦见僵尸哭泣，预示着会遇到小麻烦。

梦见僵尸进入家中，预示着生活幸运。

梦见自己抱着僵尸，预示着财运到来，僵尸越臭越恶心，财运越大。

| 梦的内容 | 梦的预示 |
|---|---|
| 梦见僵尸，梦境快乐 | 走出悲伤 |
| 与僵尸说话 | 有好消息 |
| 僵尸进入家中 | 生活幸运 |

| 梦的内容 | 梦的预示 |
|---|---|
| 梦见僵尸，梦境悲伤 | 亲人将有意外 |
| 僵尸哭泣 | 有小麻烦 |
| 自己抱着僵尸 | 有财运 |

## 1001 梦见刀和剑预示着什么？

梦见锋利的剑，预示着会遇到危险。

梦见插入剑鞘里的剑，预示着你在危难时会得到贵人的相助。

梦见拿剑去刺别人，预示着敌人会对你有所伤害。

梦见别人拿剑刺自己，预示着一切烦恼都将过去。

士兵梦见别人赠送自己宝剑，预示着将获得军功。

商人梦见别人赠送自己宝剑，预示着会战胜竞争对手。

梦见自己拿着刀走路，或拿刀自杀，都预示着财运兴旺。

梦见拿刀与人互砍，预示着会遇到旧恋人，还很有可能步入婚姻的殿堂。

**越王勾践的剑**

梦见挂在墙上的剑，预示着生活愉快、心绪安宁。

梦中的剑，象征着危险。